国别化汉语中介语动态语料库建设与研究

胡晓清等◎著

中国社会科学出版社

图书在版编目(CIP)数据

国别化汉语中介语动态语料库建设与研究 / 胡晓清等著 .—北京：中国社会科学出版社，2018. 12

ISBN 978-7-5203-3767-0

Ⅰ. ①国… Ⅱ. ①胡… Ⅲ. ①汉语-中介语-语料库-研究 Ⅳ. ①H1

中国版本图书馆 CIP 数据核字(2018)第 287828 号

出 版 人 赵剑英
责任编辑 任 明
责任校对 李 剑
责任印制 郝美娜

出 版 中国社会科学出版社
社 址 北京鼓楼西大街甲 158 号
邮 编 100720
网 址 http：//www. csspw. cn
发 行 部 010-84083685
门 市 部 010-84029450
经 销 新华书店及其他书店

印刷装订 北京君升印刷有限公司
版 次 2018 年 12 月第 1 版
印 次 2018 年 12 月第 1 次印刷

开 本 710×1000 1/16
印 张 26.25
插 页 2
字 数 429 千字
定 价 90. 00 元

凡购买中国社会科学出版社图书，如有质量问题请与本社营销中心联系调换
电话：010-84083683

本 书 作 者

（按音序排列）

董婷婷　胡晓清

刘丽媛　王　艳

许小星

目　　录

绪论（代序）

语料库（corpus）是以电子形式保存的语言数据库，是语言研究的一种普遍资源。目前国内外已经建成了许多大规模语料库，为语言研究提供了极大便利。国外语料库在四个阶段的发展后与应用紧密结合。自 1959 年英国 Quirk 开始建立“英语用法调查”（SEU）开始，在经历手工语料库、第一代电子语料库和第二代电子语料库阶段后，英语语料库语言学研究范围不断扩大，建库实践不断丰富，库容规模不断拓大。目前，国外语料库除著名的第一代电子语料库 BROWN 语料库、LOB 语料库和 LONDON-LUND 口语语料库，第二代电子语料库 COBUILD 语料库、朗文语料库网外，比较成熟、有特色的还有 AHI 语料库、OTA 牛津文本档案库、BNC 英语国家语料库、ACL/DCI 美国计算语言学学会数据采集计划、LDC 语言数据联合会、RWC 日语语料库、亚洲各语种对译作文语料库等。上述语料库有的进行了详细的韵律标注，有的为辞典编纂而建，有的使用了 TEI 编码和 SGML 通用标准置标语言的国际标准。在使用上，有的实施会员制，会员间共享语料库；有的付费使用；也有的部分开放共享。而美国计算语言学学会倡议的数据采集计划 ACL/DCI 则成为以动态性、流通性为主要特征的第三代语料库的代表。第四代语料库则注重语料的言思情貌整一（顾曰国，2013）①，以多模态语料库为建设目标。同时，众多学者基于语料库开展了大规模的研究，特别是对语料库进行了语法标注研究，将自动语法标注的正确率由 77%提高到 99.5%，超过了人工标注所能达到的最高正确率。（冯志伟，2002）② 在众多语料库中，朗文语料库

---

① 顾曰国：《论言思情貌整一原则与鲜活话语研究——多模态语料库语言学方法》，《当代修辞学》2013 年第 6 期。

② 冯志伟：《框架核心语法与自然语言的计算机处理》，《汉语学习》2002 年第 2 期。

网由三大语料库组成，包括朗文/兰开斯特英语语言语料库、朗文口语语料库、朗文学习者英语语料库，形成了一个覆盖极广，分则自成体系、合则可靠互助的库群，是众多语料库中特色较鲜明的一种语料库建构形式，值得我们学习和借鉴。

而国内语料库的建设与研究几十年来进展迅速。国内 20 世纪 20 年代开始建设的语料库主要为非机读语料库，自 1979 年始建可机读语料库。在英语研究领域，建立了 JDEST 英语专门用途语料库、中国学习者英语语料库（CLEC）、中国学习者英语口语语料库（COLSEC）、中国学生英语口笔语语料库（SWECCL）、香港科技大学学习者语料库（HKUST Learner Corpus）、中国英语专业语料库（CEME）等及一批双语平行语料库。在汉语本体研究领域，最初建立汉语语料库的目的仅是为字频、词频统计服务，代表性的为北京语言大学《汉语频率词典》项目专用语料库。之后建成的台湾中央研究院平衡语料库（Sinica Corpus）、中文五地区共时语料库（LIVAC 语料库）、“现代汉语研究语料库”（北京语言文化大学）、北京大学现代汉语语料库、“汉语精加工语料库”以及“面向辞书编纂的大型通用语料库”（鲁东大学中文信息研究所）、《人民日报》语料库、《作家文摘》语料库、中科院现代自然口语语料库、北京语言大学的第三代动态流通语料库、中国传媒大学的广播电视文本语料库、传媒有声语言语料库等现代汉语通用或专用语料库，则已经在语料库语言学和汉语语言学本体研究中发挥了重大作用。而在研的国家社科重大招标项目“汉语国际教育背景下的汉语意合特征研究与大规模知识库和语料库建设”更是将汉语特征研究与语料库建设融为一体，使本体语料库建设更加凸显目标性。

在汉语教学与研究领域，中介语语料库建设与研究卓有成效。1993 年北京语言学院开始建设“汉语中介语语料库”，1995 年完成，是为国内第一个中介语语料库。该语料库收集了不同国别、不同语言背景、不同学级、不同年龄性别的外国留学生原始语料 350 万字，其中经过标注加工的熟语料 100 万字。作为国内第一个大规模汉语中介语语料库，虽然它未完全对外开放，但在汉语语料库的研究、汉语中介语研究和对外汉语教学理论研究上已经发挥了重大的作用。基于该语料库进行的多项研究，为建立和发展汉语作为第二语言的语言学习理论奠定了基础。2008 年，北京语言大学又建成了以 424 万字的 HSK 高等考试中作文考卷为原始语料的

“HSK 动态作文语料库”，目前已向用户免费开放。国内其他高校如南京师范大学、中山大学、暨南大学、鲁东大学、南京大学等也陆续建设了 90 万字到 400 万字语料不等的各类中介语语料库。基于上述语料库开展的一系列研究丰富了中介语语料库建设理论，对汉语词汇语法习得研究、汉语认知研究起到了重要的推动作用。北京语言大学在建的“全球汉语中介语语料库”联合国内外众多高校、机构拟采集全球汉语生语料 5000 万字，加工熟语料 2000 万字，成为超大规模汉语中介语语料库的试水者。同时基于上述中介语语料库进行的中介语语料库建设研究、汉语中介语研究不断走向深入，并进入了汉语中介语语料库建设及中介语研究的宏观理论探索阶段。已建成或在建的汉语中介语语料库建设呈现多元化发展。从用途来看，除通用语料库（general corpus）外，也有为某一特定目的而设计的专门语料库（specific corpus），如美国莱斯大学建立的医患对话语料库和课堂教学语料库；有面向某一国别的国别化语料库，如鲁东大学胡晓清教授团队的“国别化汉语中介语动态语料库”；从语料分布时间来看，有共时性的语料库，也有历时性的语料库；从语料语体来看，有书面语语料库也有口语语料库。在语料库建设的基础上，语料库语言学作为语言研究的一种新的方法与策略，得到了广泛运用。特别是国内外关于语料库建构研究、语料库应用研究已经进入一个厚积薄发的阶段，取得了丰硕的成果。

在语料库建设和语料库语言学不断推进的大背景下，本团队 2011 年申请了国家哲学社会科学项目“国别化汉语中介语动态语料库建设与研究”（项目编号 11BYY050），优秀结项后，又于 2016 年申请了“多维参照的国别化汉语中介语动态语料库库群构建与研究”（项目编号 16BYY108）。在项目进行过程中，围绕国别化汉语中介语语料库的建设和研究，项目组进行了大量的工作，取得了若干成果。本书对“多层偏误标注的国别化汉语中介语动态语料库”的建设及基于该语料库进行的相关研究进行了介绍和总结，既是对前期工作的一个全面梳理，也是对后期工作的一个前瞻和规划。

本书分为上下两篇，上篇是多层偏误标注的国别化汉语中介语动态语料库的建设情况，主要介绍了语料库的整体框架和建设过程。

“多层偏误标注的国别化汉语中介语动态语料库”主要包括以下三个模块：

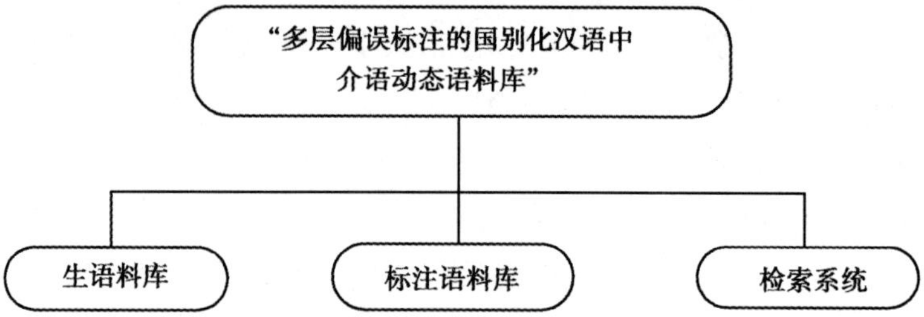

生语料库中保存有 400 万字原始语料，语料版本分为图片版和文字版，语料来源于学习者在作业和考试中的作文和造句。

标注语料库中保存有 300 万字熟语料，主要进行了基础标注层面的机器自动词性赋码、人工纠偏、基本句式标注；偏误标注层面的标点偏误标注、字偏误标注、词偏误标注、句法偏误标注、篇章偏误标注。

检索系统由语料加密软件以及用户检索平台两部分组成，其中，用户检索平台包括检索界面和底层的算法软件包两部分。

下篇是基于多层偏误标注的国别化汉语中介语动态语料库，以汉字层面、词汇层面、句法层面、对外汉语教学方面为对象所开展的一些初步的示例性的研究，还不够系统和完善。在后期的研究中，我们将进一步对总库进行描述，不断深入对不同层面的国别化汉语中介语研究。

上篇

多层偏误标注的国别化汉语中介语动态语料库建设

第一章

多层偏误标注的国别化汉语中介语动态语料库建设的必要性

语料库语言学的研究不但要基于本体语料库，也需要大规模中介语语料库的支撑。目前国内中介语语料库的数量尚满足不了语料库语言学发展的需求。而第二语言习得与汉语教学研究更迫切要求建立规模大、种类全、功能细的汉语中介语语料库。

截至目前，国内已开发的中介语语料库主要有“汉语中介语语料库”、“HSK 动态作文语料库”以及南京师范大学汉语中介语偏误信息库、中山大学中介语语料库、暨南大学留学生语料库等。其中“HSK 动态作文语料库”全开放使用，其他语料库部分开放或封闭使用。很多人包括部分学者曾对单国别汉语中介语语料库的建设有所质疑，认为多国别中介语语料库中已包含的国别其中介语情况可在多国别语料库中检索、提取，与其建设单国别中介语语料库，不如加大多国别语料库的规模。对此，我们有不同意见。

从语料数量来看，目前语料库中韩国留学生中介语语料不够充足。如“汉语中介语语料库”100 万字加工语料中朝鲜语占 15%（陈小荷，1996）①，即韩国学生汉语中介语加工语料为 15 万字。其他中介语语料库未见国别抽样具体数据，但只要是平衡语料，韩国留学生语料应不超过 100 万字。（基于“HSK 动态作文语料库”总规模 400 万字、南京师范大学语料库 100 万字、中山大学语料库 100 余万字、暨南大学 400 万字的初步数据信息）如语料再进行程度分级，分布到每个层级的韩国学生中介

---

① 陈小荷：《“汉语中介语语料库系统”介绍》，《第五届国际汉语教学讨论会论文选》，北京大学出版社 1996 年版，第 9 页。

语语料会更少，这样无法为单国别中介语偏误研究和国别化汉语教学提供足量的语料。因此有必要建设较大规模的针对韩国留学生的国别化汉语中介语语料库。

从语料层级来看，目前规模最大的“HSK 动态作文语料库”采自高级汉语水平考试作文语料，因此，语料均为高级学段作文。“汉语中介语语料库”中 15 万字韩国学生语料若分布到初、中、高三级，每一层级语料量会更少。其他类同。这就使基于中介语语料库进行汉语字、词、句、篇的难度序列研究受到分层级语料数量不足的制约。因此有必要对分层级中介语语料库予以关注。

从语料动态性来看，文中所涉中介语语料库均为动态语料库，但侧重点各有不同。“HSK 动态作文语料库”的动态性偏重于历时的可扩充性，即可随着 HSK 高级考试的逐年进行不断补充新的语料。然而，库中很难收录同一学习者的历年动态语料。“汉语中介语语料库”本意也要对同一学习者不同学习阶段语料进行跟踪收集，以便开展跟踪性调查研究。然而在取样时为了“使核心语料中各种属性的语料分布比较均匀”不得不“损有余而补不足”（陈小荷，1996）①，规定同一作者的语料一般最多抽取 4 篇。如此便无法开展学习者个案跟踪研究。要想使中介语语料既能满足面向全体学习者的偏误规律研究需要，同时可展开面向单一学习者的个案跟踪研究，语料库建设中的动态性就要既考虑一般意义的历时动态，也要注意针对部分学时较长，学级跨初、中、高三段的学生，对其进行语料的足量跟踪收集。我们在建的语料库即关注于此。

从语料加工情况来看，各中介语语料库基于不同研究目的和用途加工项目也不尽相同。“汉语中介语语料库”主要进行了文字预处理、断句、分词、词性标注等加工，未对学习者偏误进行标注。其他语料库有的主要进行了句法属性和偏误标注；有的侧重于偏误标注，未进行分词。如果考虑到全面研究的必要进行更多层面的加工标注，语料库会更高效、实用。我们的语料库则试图在语料加工上更加全面、细致。

另外，多国别中介语语料库在语料加工中制定的规范和规则应该是面向所有汉语学习者的普适性规律，为此有时要排除、忽略只影响某一国别

---

① 陈小荷：《“汉语中介语语料库系统”介绍》，《第五届国际汉语教学讨论会论文选》，北京大学出版社 1996 年版，第 9 页。

的特殊情况。而单国别语料库可根据单一国别语料的实际情况，制定最适合该国别偏误研究的标注规范，避免宝贵的个性化偏误现象湮没于宽泛的规则中。

因此，建设一个规模大、数量充足、层级鲜明、加工细致的单国别动态语料库是非常必要的，也是完全可行的。

第二章

多层偏误标注的国别化汉语中介语动态语料库概况

第一节　语料库构成

“多层偏误标注的国别化汉语中介语动态语料库”包括生语料库、标注语料库和检索平台三个模块。

第一个模块：生语料库

生语料库中保存有400万字原始语料，分图片版和文字版两个版本，主要收录了来自鲁东大学、烟台大学、南京师范大学、全北大学［韩］等高校的韩国籍汉语学习者在平时作业和考试中的语料，形式为造句和作文。

第二个模块：标注语料库

标注语料库中保存有300万字熟语料，主要进行了基础标注层面的机器自动词性赋码、人工纠偏、基本句式标注；偏误标注层面的标点偏误标注、字偏误标注、词偏误标注、句法偏误标注和篇章偏误标注。

第三个模块：检索系统

检索系统由语料加密软件以及用户检索平台两部分组成，其中，用户检索平台包括检索界面和底层的算法软件包两部分。

语料加密软件和用户检索平台是基于Qt语言研制开发的。其中，语料加密软件主要完成了语料加密、语料解密和对语料属性信息的去隐私操作。利用软件可以对语料源进行自动加密和自动解密，大大提高语料源的安全性，在加密过程中自动将语料属性信息中的写作者姓名用阿拉伯数字进行替换，既实现了去隐私操作，又不影响语料查询中的纵向跟踪处理。用户检索平台使用户可按照不同的条件和要求完成对所需的字表、词表、语料属性信息、语料的各种统计数据、语料偏误标注和基础标注进行查询统计、对生语料和标注语料进行全篇检索查询、对语料跟踪性检索等功能。

第二节　语料库建设

一　语料来源

现有的中介语语料库多为平衡语料库，以中国国内比较有影响的“HSK 动态作文语料库”（400 万字）和中山大学、南京师范大学自建的汉语中介语语料库（均为 200 万字）为例，三个语料库均为平衡语料库，虽然未见国别抽样具体数据，但只要是平衡语料，韩国留学生语料应不超过 100 万字，远远不能满足汉语国际教育的国别化研究。

“多层偏误标注的国别化汉语中介语动态语料库”共容纳生语料 400 万字，其中 300 万字为在华学习的韩国留学生汉语中介语语料，100 万字为在韩国大学中文系就读的学习者的中介语语料。

从语料采集方式来看，语料来源于学习者在日常学习和考试中产出的中介语笔语语料。与考试语料相比，作业语料中的语言表现的自然性更强，但学习者在写作过程中也可能会查阅工具书和参考资料，导致出现水平失真的情况。考试语料避免了学习者写作时对工具书和其他学习资料的依赖，但学习者受到考试中压力和焦虑的影响，所以只能在一定程度上反映学习者当下的写作水平。考试语料与作业语料两者互辅互补，更全面地展示了学习者的实际学习水平。

从语料的动态性来看，语料横向上覆盖了初级、中级和高级三个学段。“多层偏误标注的汉语中介语动态语料库”按照学习者所在的年级分为初级、中级、高级三个层级，又按照学生所在的自然班分为 2—4 个层次。初级对应一年级，有一上（学生为零起点）、一下两个层次；中级对应二年级，分为二上和二下两个层次；高级对应三年级和四年级分为高 1、高 2、高 3、高 4 四个层次。语料库中初级学段的语料占到 18.6%，中级学段的语料占到 52.2%，高级学段的语料占到 29.1%。层级的不平衡也体现了语料库的真实性。初级学段学生汉语水平不高，输出的更有限。高级阶段的学生相对较少，语料也不多。中级水平的则语料较多，一方面学习者人数较多，另一方面学生已有一定的表达能力，输出的语料也较多。按照学习者在校学习的时长来看，学习一个学期的学习者的语料占到36%，学习两个学期的学习者的语料占到30.9%，学习三个学期及以上的学习者的语料占到33%以上。通过对留学生中介语语料长期跟踪搜集，从相对动态和绝对动态两个维度扩大语料库的容量和规模。力求对二语学习者（群体/个体）获得第二语言能力的渐进过程做出准确的呈现与描述。

二　语料加工

（一）标注模式的确立

从用户的角度讲，对语料库的标注覆盖面越广越好，加工越深越好。从标注实践来看，目前的中介语语料库的标注几乎不可能像汉语母语者语料库那样进行计算机自动标注，人机互助的标注也在起步阶段，语料标注主要依靠人工进行，对语料和标注项目的理解，标注的速度、精度、准确度都受到标注员素质的影响。因此偏大求全的标注模式并不可取，也不现实（肖奚强，2014）①。经过多轮讨论、听取了行内专家意见、参考了国内已建成汉语中介语语料库的经验，我们最终确立了“基础标注+偏误标准”的标注模式，偏误标注范围涵盖标点、字、词、句、篇章五个层面（如表2-1所示）。正确标注与偏误标注的部分标注项相对照，对语料中的正确语言表现进行标注。目前，对正确句式的标注已经完成。

表2-1　　偏误标注标记集一览

<table>
<tr><td colspan="9">偏误标注</td></tr>
<tr><td colspan="4">标点层面偏误</td><td colspan="5">篇章层面偏误</td></tr>
<tr><td>标点错误</td><td>标点缺失</td><td colspan="2">标点多余</td><td>指代偏误</td><td>关联错误</td><td colspan="3">上下文语义缺乏联系</td></tr>
<tr><td colspan="9">字层面偏误</td></tr>
<tr><td>别字</td><td>错字</td><td>不规范字</td><td>拼音字</td><td>缺字</td><td colspan="2">无法识别的字</td><td>多字</td><td>繁体字</td></tr>
<tr><td colspan="9">词层面偏误</td></tr>
<tr><td>用词不当</td><td>缺词</td><td>多词</td><td>标记词不当</td><td>生造词</td><td>词序颠倒</td><td>外文词</td><td>离合词</td><td>存疑词</td></tr>
<tr><td colspan="9">句层面偏误</td></tr>
<tr><td>句式偏误</td><td>句法成分多余</td><td>句法成分缺失</td><td>句法成分搭配不当</td><td colspan="2">语序错误</td><td>重叠错误</td><td>句式杂糅</td><td>存疑</td></tr>
</table>

① 肖奚强：《汉语中介语语料库标注的全面性及类别问题》，《世界汉语教学》2014年第3期。

（二）标注规范的制定

诚如学界同人所说，“目前的汉语中介语语料库建设缺乏统一标准，建库实践带有较大的随意性，标注的内容、方法与代码各不相同，这样建成的汉语中介语语料库在规模、功能、质量、用法等方面存在诸多局限，不能完全适应汉语教学与研究的需要，也不便于实现资源共享”（张宝林，2013）[①]。目前国内比较成熟、影响较大且在网上公布的汉语中介语语料库是北京语言大学的“HSK 动态作文语料库”，规则比较系统、全面，在征得崔希亮教授同意的前提下，我们的基础偏误类型参照了“HSK 动态作文语料库”的偏误标记形式。在此基础上，根据国别化语料的实际情况，对其进行了细化和完善，形成了科学性、操作性较强的“国别化汉语中介语动态语料库标注规范 2.0”及配套的标注手册。

在此基础上，对标注员进行培训，经过多轮研讨、试标和审核，安排有资质的标注员对语料进行加工和标注。并要求标注员在标注过程中随时对语料中出现的“标注规范”之外的“新情况”和“特殊情况”进行总结和归纳，通过小型研讨会的形式来确定和统一标注方案，进一步完善了标注手册。

（三）标注方式的选取

在对语料进行加工时，最理想、最省力的方式莫过于机器自动标注。然而，中介语语料中由于大量偏误的存在，机器标注难度较大。如何在机器标注和人工标注间找到一种平衡，实现两种标注方式的有机结合，是我们在项目实施过程中努力探索的一点。

目前，在汉语中介语语料库建设中，分词和词性标注一般由自动分词软件来完成。基于中介语语料的特殊性，自动分词的错误率较高。所以我们在分词和词性标注层面使用“机标人助”的方法，在机器自动标注后由标注者对标注结果进行严格的审查与修正。在对正确基本句式标注和偏误标注时采用人标机助方式。

对正确句式和偏误进行标注时一般采用人工标注方式。这种方式的优势是可人工判别句式种类和偏误类别，增加了标注的可感度。但这种标注方法对标注员而言是一项十分繁重的工作，不仅费时费力，而且标注代码

---

① 张宝林：《“全球汉语中介语语料库建设和研究”的设计理念》，《语言教学与研究》2013 年第 5 期。

的一致性较差，标注质量难以保证。在对我们开发的旧库进行数据提取时即出现过由于语误附码（error tagging）格式不统一导致数据提取困难的问题。为了减轻标注员的记忆负担和标注难度，提高标注效率，也为了保证标注代码形式上的一致性，我们开发了配套的标注工具，利用辅助标注工具添加代码，使正确句式标注和偏误标注的代码添加自动化，大大提高了标注正确率，实现了基础标注和偏误标注的人标机助。

三　语料数据存储与检索

（一）数据库建设

项目一共建设了三类数据库，第一类是生语料库和标注语料库。首先对本学校和合作单位的韩国留学生作业和考试中的语料加以收集，将语料图片转录入计算机，并进行语料属性信息的登录和匹配，完成生语料库的构建。在此基础上，按照标注规范和标注手册，利用辅助标注工具对生语料进行标注、加工，最终生成标注语料库。这两个库都经过加密，包含在检索系统的算法软件包中，为检索系统提供数据来源。

第二类数据库是字表和词表，这一类数据库是利用 Qt 软件搭建的语料库数据统计与分析平台自动生成的，以 txt 文本形式提供给用户使用。

第三类数据库是利用语料库数据统计与分析平台对生语料库和标注语料库中各种信息、数据进行统计汇总形成的信息数据库，其结果是依据查询条件查询后直接显示在界面上。

（二）检索软件开发

在语料库标注的基础上，我们开发了配套的语料库检索软件，旨在为汉语中介语研究者和汉语国际教育教师提供基础语料和研究平台。用户可以从学校、性别、写作方式、写作类型、学习水平等多个角度对语料中字、词、句、篇章、标点符号的各种偏误表现和正确表现进行检索查询。用户可以方便地根据简单元素或析取元素对所需的语料属性信息、语料的各种统计数据、语料偏误的统计结果进行提取。

检索软件包括语料加密程序和语料处理程序两个模块。语料加密程序一方面提高了语料源的安全性，另一方面在加密过程中自动对语料属性信息进行去隐私化处理。利用语料处理程序可实现对语料库的查询、检索和各项数据的统计、汇总。主要包括以下三个功能：

1. 可以对偏误语料、基础标注语料、跟踪语料进行有条件查询和检索。

2. 可以对生语料和标注语料这两类语料进行全篇检索；可以从横向和纵向两个维度对语料进行跟踪检索；可以通过字、词、词串、多词等多个元素对所需语料进行统计和查询；可以从基础标注和偏误标注两个层面下的各类标注元素对所需语料进行统计和查询；语料查询结果既可以定位到句子，也可以定位到语篇。

3. 所有的处理结果可以保留词性标记，也可以不保留词性标记。

第三章

多层偏误标注的国别化汉语中介语动态语料库建设

多层偏误标注的国别化汉语中介语动态语料库建设主要建设流程如下所示：

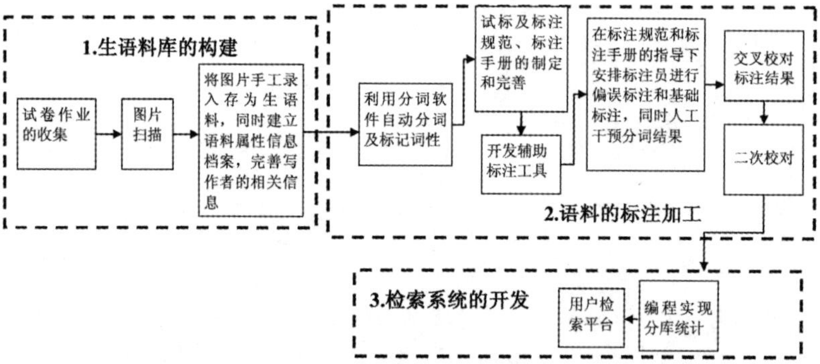

图 3-1　语料库建设流程

第一节　生语料库建设

一　语料的收集

“多层偏误标注的国别化汉语中介语动态语料库”的语料来源主要有两个渠道，一个是鲁东大学国际教育学院从 2006 年至今韩国留学生在校期间的作业和考试语料。另一个是合作单位（包括南京师范大学、烟台大学、韩国全北大学等）提供的韩国学习者的作业和考试语料。我们将纸质语料进行扫描存为 .jpg 格式，并将图片按次序编号。编号做到

“一篇一号”，确保语料图片与录入后的语料在内容和序号上是完全对应的，便于后期检索软件中可以将图片和语料直接匹配。

二　语料的录入

组织人员将图片语料人工录入计算机保存为 word 格式，依照“无差别录入”原则，对别字、外文、繁体字、拼音等原样录入。不规范字和错字无法依样录入，在相应处录入标记［G］和［C］，无法识别的字录为标记［#］。每一篇语料都进行语料属性登记。在标题记录了该语料的编号、写作者来源（所在学校）、姓名、性别、出生年月、国籍、写作日期、所在年级、写作类型（作文/造句）、写作场合（考试/作业）等 10 余项信息。(外校提供的生语料部分写作者信息不全，信息不全的部分用 0 来补位。)

语料原图片与人工录入后的语料格式如下例所示：

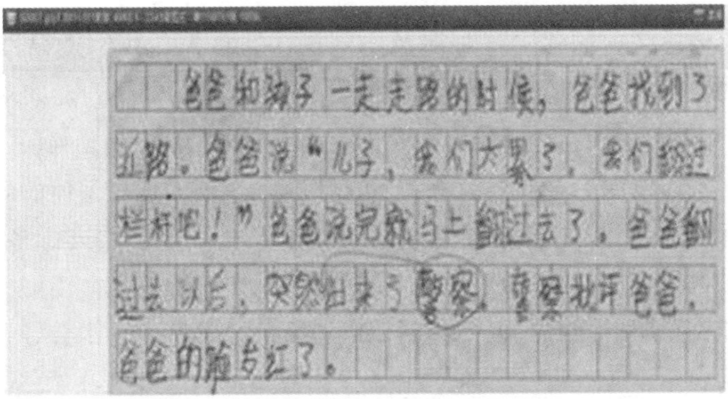

图 3–2　原始图片截图

00087/LDU/200903/金旻智/K/2.2A/M/198812/20090702/ZWZY/如此示范
爸爸和孩子一走路的时候，爸爸找到了近路。爸爸说 “儿子，我们太累了。我们翻过栏杆吧!”爸爸说完就马上翻过去了。爸爸翻过去以后，突然出来了警察。警察批评爸爸，爸爸的脸发红了。

图 3–3　人工录入语料截图

第二节　标注语料库建设

一　标注原则的确立

（一）多维度标注原则

从语料加工情况来看，各中介语语料库基于不同研究目的和用途，加工项目也不尽相同。“汉语中介语语料库”主要进行了文字预处理、断句、分词、词性标注等加工，未对学习者偏误进行标注。其后的汉语中介语语料库多对语料中的各种偏误现象做了不同程度的标注，而忽略了学习者正确的语言表现。如果考虑到全面研究的必要，进行更多层面的加工标注，语料库会更高效、实用。由此确立了对语料进行分词、词性标注、基础句式标注和偏误标注的多维度标注原则。

（二）多层次标注原则

对具体标注项的标注有时涉及不同层次。首先，我们遵循“从大到小”原则，即遵循篇章>句式>句法成分>词>字的优先序列。如对同一个偏误，首先检视是否存在篇章偏误，再看句式以及句法成分偏误、再看词层面、字层面偏误。这样可有效避免标小略大、重局部轻整体的现象。同时，在保证不遗漏高层偏误信息的前提下，对下一层偏误进行多层标注，这样一则可保证标注的一致性，二则可尽量保留有用信息。当然，若干情况下不能完全照搬该原则，而应对偏误进行细致分析，否则会导致标注结果不准确。

对语料细致全面的加工和标注，便于使用者从不同层面、不同角度对韩国学生学习过程中的问题进行全面或单项研究。

二　标注项目及标记集的确立

“语料标注内容的全面，标注操作的准确度和一致性，标注代码的标准化与通用化，是提升语料库质量和价值的关键所在”（张宝林，2013）①。北京语言大学的“HSK动态作文语料库”，规则比较系统、全

① 张宝林：《“全球汉语中介语语料库建设和研究”的设计理念》，《语言教学与研究》2013年第5期。

面，在征得崔希亮教授同意的前提下，我们的标注规范中偏误标注类型参考了“HSK 动态作文语料库”的标注体系，并按照单国别语料固有的规律和特点对其进行了细化完善。

字层面的问题。韩国学生处于汉字文化圈内，有一定的汉字基础，理应在字层面出现偏误的情况减少。但在具体标注中，韩国留学生字层面的偏误出现率极高，特别是存在笔画书写不规范的情况，如将“竖弯钩”写为“竖提”，“反犬旁”的第一笔“撇”写成“横”等。检索了部分语料，发现这种现象比较普遍，因此我们增加了“不规范字”类型，标记为［G］。

词层面的问题。原来确定的词层面标记主要有错词标记｛CC｝、缺词标记｛CQ｝、多词标记｛CD｝，举凡词层面出现的偏误都归为上述几类。而我们认为错词既然有下设的细类，就应一并给出不同的偏误标记，以方便后期对偏误结果的提取利用。因此，我们将词层面的偏误分为词序颠倒｛CCX｝、用词不当｛CCH｝、生造词｛CCZ｝、离合词｛CCL｝、外文词｛W｝、多词｛CD｝、缺词｛CQ｝七个种类。

句层面的问题。根据现有语法研究成果，结合中介语实际情况，我们将句层面偏误分为三个层次：句式层面、句子成分层面、短语层面。句式层面由原来的 11 种扩充到 16 种，增加了形容词谓语句、名词性谓语句、像字句、否定句、疑问句 5 种句式。新增了短语层面，共分为定中搭配不当、状中搭配不当、主谓搭配不当、动宾搭配不当、述补搭配不当、主宾搭配不当、介宾搭配不当、成分标记词不当等 8 种情况。如果缺少了搭配层面的偏误标注，这部分偏误可能会标记为词层面的用词不当，检索时只能提取出被标记词，无法检索到前后搭配，对后续研究不利。

篇章层面我们也细化为上下文语义缺乏联系、关联错误、指代错误三类。

国别化汉语中介语语料库中的基础标注除词性标注外，增加了正确句式的标注。而汉语中句式的类别在本体研究中各家多有争论，如按照本体研究结果确立标注的句式难以厘清理论上的分歧。同时，中介语语料库的建设主要是为了日后进行中介语研究，判断一个句式重要性的一个重要指标应该是该句式在中介语中的使用率与偏误度。因此，我们标注的正确句式所涉类别与偏误标注中的句式偏误的类别等同，以便于后期针对性地进行研究。

三　标注规范的确立

在前期“多层偏误标注汉语中介语动态语料库（Ⅰ期）”标注规范的基础上，通过完善，制定出新的标注规范。

语料标注从偏误标注和基础标注两个维度展开。偏误标注从字、词、句、篇章、标点五个层面进行，基础标注除分词和词性标注外，对正确句式进行标注。

（一）偏误标注

1. 标点处理

[BC]：错误标点标记，用于标示使用错误的标点符号。把错误标点移至［BC］中 BC 的后面，并在［BC］前填写正确的标点符号。例如：

生语料：我们要学习他勤奋，刻苦的精神。

标注后：我们/r 要/v 学习/v 他/r 勤奋/a、［BC，］/w 刻苦/a 的/u 精神/n。/w

[BQ]：空缺标点标记，用于标示应用标点符号而未用的情况。把［BQ］插入空缺标点之处，并在［BQ］中 BQ 的后面填写所缺的标点符号。例如：

生语料：大女儿是十三岁小女儿是十岁。

标注后：大/a 女儿/n 是/v 十三/m 岁/q ｛ZQs｝［BQ，/w］小/a 女儿/n 是/v 十/m 岁/q ｛ZQs｝。/w

[BD]：多余标点标记，用于标示不应用标点符号而用了的情况。把多余的标点移至［BD］中 BD 的后面。例如：

生语料：后来我遇到很多，很好的中国朋友。

标注后：后来/t 我/r 遇到/v 很多/m ［BD，/w］很/d 好/a 的/u 中国/n 朋友/n。/w

2. 字处理

[C]：错字标记，用于标示写作者写的不成字的字。用［C］代表错字，在［C］前填写正确的字。在标注时需要对错误的分词结果进行调整。如下例所示：

生语料：这个电视剧是我和她们一起生活的内答。

标注后：这个/r 电视剧/n 是/v 我/r 和/p 她们/r 一起/d 生活/v 的/u

内［C］容［B答］/n｛ZQs｝。/w

［G］：不规范的字，用于标记写作者写得不太规范的汉字。用［G］代表错字，在［G］前填写规范的字。同上，在标注时需要对错误的分词结果进行调整。

如下例几种情况均属于不规范字。例如以下几种情况：

这（走之旁不规范）
事（长横不出头）
觉（部首写成了党字头）
狼（反犬旁像提手旁）
今（点写成横）

［#］：无法识别的字的标记，用于标示无法识别的字。每个不可识别的字用一个［#］表示。分词软件会将“［#］”也做分词处理，需调整分词结果。注意［#］后无词性。

标注示例：我/r 不但［B仪］/c 在/p 课堂/n 上/f 认真/a 地/u｛CCB的/u｝｛CJ-zxy听讲/v｝［#］并且/c 一/d 有/v 时间/n 就/d 跟/p 我/r 的/u 中国/n 朋友/n 练习/v 口语/n 发音/v 等/v。［BC；］/w

［B］：别字标记，用于标识把甲字写成乙字的情况。别字包括同音的、不同音而只是形似的、既不同音也不形似但成字的，等等。把别字移至［B］中B的后面，并在［B］前填写正确的字，并注意调整分词结果。例如：

生语料：她的姓各很外xiàng。

标注后：她/r 的/u 性［B姓］格［B各］/n 很/d 外向［Pxiàng］/a｛ZQxw｝。/w

［L］：漏字标记，用于标示作文中应有而没有的字。用［L］表示漏掉的字，并在［L］前填写所漏掉的字。如：后悔［L］（表示“悔”在原文中是漏掉的字。）例如：

原句：父亲问他想什么。[①]

① 根据上下文，按照写作者的本意来看，是写作者把“理想”一词漏写了“理”，从而导致分词软件把“想”切分为动词。我们先补出“理［L］想”，并给出该词的词性“/n”。

生语料：父亲问他想什么。

标注后：父亲/n 问/v 他/r 理［L］想/n {CJ－sy 是/v} 什么/r {CJs}。/w

[D]：多字标记，用于标示作文中不应出现而出现的字。把多余的字移至［D］中D的后面。如：我的［D的］，表示括号中的"的"是多余的字（原文中写了两个"的"）。

标注示例：我/r 很/d 有/v 兴致/n 地/u 跟/p 他/r 聊/v 起/v［D起/v］天/n 来/v。/w

[F]：繁体字标记，用于标示繁体字。把繁体字移至［F］中F的后面，并在［F］前填写简体字。

例如：记忆［F憶］、单［F單］纯、养［F養］分。

如果该繁体字同时又是别字，则先标繁体字标记，再标别字标记。

标注示例：俭朴［F樸［B僕］］。

如果繁体字有书写错误，则先标繁体字标记，再标错字标记。

标注示例：后［F後［C］］。

[Y]：异体字标记，用于标示异体字。把异体字移至［Y］中Y的后面，并在［Y］前填写简体字。

标注示例：偏［Y徧］。

[P]：拼音字标记，用于标示以汉语拼音代替汉字的情况。把拼音字移至［P］中P的后面，并在［P］前填写简体字。如果学生既给出正确汉字又给出拼音，标为在拼音处标记为［PD］（意为拼音多余）。

例如：

生语料：我们打 sǎo 的时候，我的做事是 lā jí rēng diào。

标注后：我们/r 打扫［Psǎo］/v 的/u 时候/n，/w 我/r 做/v {CCH 我/r}的/u 事/n {CCH 做事/v} 是/v<垃［Plā］圾［Pjī］/n> {CJX2} <扔［Prēng］/v 掉［Pdiào］/v> {CJX1} {CJP–dz} {CJs}。/w

如果别字、拼音嵌套，标注方法如下：

生语料：她的艮 yǎn 睛很大，她的 bízi 很高。

标注后：她/r 的/u 眼［B艮［PDyǎn］］睛/n 很/d 大/a {ZQxw}，/w 她/r 的/u 鼻［Pbí］子［Pzi］/n 很/d 高/a {ZQxw}。/w

3. 词处理

{CCX}：词的构成成分写错顺序的标记，简称错序词。

把写错的词移至｛CCX｝中 CCX 的后面，并在｛CCX｝前填写正确的词。要给填写出的正确的词打上正确的分词标记和词性，并抹掉｛CCX｝内错序词的词性标记。

标注示例：众所周知/i｛CCX 众所知周｝

｛CCZ｝：生造词的标记。指学生自造的，或在母语中可能有而汉语中不存在的词。

因为生造词不是一个词，所以要抹掉｛CCZ｝内原有的词性标记和词性。

标注示例：来/v 看/v 表演/v 的/u 人/n 都/d 说/v 我/r 的/u 演技/n｛CCZ 演技［Pji］力｝很/d 好强/a｛CJP-zw｝。/w

｛CCH｝：该用甲词而用乙词的标记。由于写作者对词义的理解有偏差，其选用的词不能正确表达他想表达的意思，甚至和其想表达的意思相反。尽管“词不达意”，但不违背语法规则，无语法错误。

标注示例：“我/r 给/p 你/r 介绍/v 我/r 的/u 特长/n｛CCH 特技/n｝。/w

｛CLH｝：离合词错误标记，用于标示各种和离合词相关的错误。标在有错误的离合词的后边，表示前边的离合词用法有误。离合词暂时以《现代汉语八百词》后附录的离合词表为准。(见《汉语离合词语集》)

标注示例：我快要毕业/v｛CLH｝大学｛CQ 了｝。/w

｛W｝：外文词标记，用于标示以外文词代替汉语词的情况。把外文词移至｛W｝中 W 的后面，并在｛W｝前填写相应的汉语词。

生语料：我听说他得了冠军，我很高兴，也非常 proud。

标注后：我/r 听说/v 他/r 得/v 了/u 冠军/n，/w 我/r 很/d 高兴/a，/w 也/d 非常/b 骄傲/a｛Wproud｝。/w

｛CQ｝：缺词标记，用于标示作文中应有而没有的词。在缺词之处加此标记，并在｛CQ｝中 CQ 的后面填写所缺的词。例：

标注示例：我/r 和/c 我/r 最好/d｛CQ 的/u｝朋友/n 是/v 学校/n 里/f｛CCH 以内/f｝最/d 好/a 的/u 运动员/n｛ZQs｝。/w

｛CD｝：多词标记，用于标示作文中不应有而有的词。把多余的词移至｛CD｝中 CD 的后面。

标注示例：我们/r 到/v 学校/n 的/u 时候/n，/w 很/d 多/a 学生/n｛CD 们/k｝和/p 父母/n 已经/d 来/v 了/y。/w

{**CY**}：不清楚或无法理解的词用 {CY} 标示，表示“存疑”，标在该词的后面。与生造词不同。生造词是标注者可以准确理解其想表达的意思，也可以对错误进行修改的词，而对于 {CY} 词标注者无法理解，不知道如何修改。

标注示例：虽然/c 这么/r 多年/m 都/d 没/d 见面/v 过/v {CLH}，/w但/c 我/r 和/p 他们/r 的/u {CY 忆/x 惯/v}，/w 是/v 忘/v 不/d 了/v 的/u。/w[①]

{**TYC**}：同音词偏误标记。

标注示例：晃眼/a：孩子/n 刚才/t 还/d 在/v 这儿/r，/w 一/d {TYC 晃/v 眼/n} 工夫/n 就/d 不/d 见/v 了/u。/w

{**CCB**}：成分标记词不当。(限制在结构助词“的”“地”“得”、时态助词“着”“了”“过”之间的混用及结构助词和时态助词之间的混用)

标注示例：每个/r 周末/n 她/r 请/v 我们/r 去/v 她/r 家/n 品尝/v 料理/n [BQ，/w] 味道/n 很/d 好/a {ZQxw} [BQ，/w] 像/p 妈妈/n 做/v的/u {CCB 得/u} 一/m 样/q {ZQx *}。/w

4. 句处理：

(1) {CJ}

标记 {CJ} 用于标示有句式偏误的句子。一般标在有错误的句子之后、该句标点之前，并用小写汉语拼音字母简要标明病句的错误类型。

句子错误类型可细分为：

{**CJba**}：把字句错误标记。

标注示例：他/r 离婚/v 后/f {CJ-zy 才/d} {CQ 把/p} 这些/r 事情/n 告诉/v 我/r {CJba}。/w

{**CJbei**}：“被”字句错误标记。

标注示例：因为/p 我/r 新/a 买/v 的/u 数码/n 相机/n {CQ 被/p} 偷/v 走/v 了/u {CJbei}。/w

{**CJbi**}：比字句错误标记。

---

① 提示：对于“忆惯”“诡道”这样的词，虽然无法理解写作者想表达什么，但肯定的是写作者是把它们当作一个词来看的，但经过分词软件的加工，这类未登录词必然会切分开，为了后期程序可以自动提取准确的信息，我们用 {CY} 的标记将这类词整个都括起来，原分词后给出的词性不变。

标注示例：他们/r 身体/n 都/d 很/d 好/a ｛ZQxw｝［BQ，/w］妈妈/n比/p 爸爸/n 更/d ｛CCH 很/d｝ 好/a ｛CJbi｝。/w

{CJl}：连字句错误标记。

标注示例：那/r 时候/n 我/r ｛CQ 连/p｝“/w 你好/l”/w 也/d 不/d 会/v ｛CJl｝。/w

{CJy}：有字句错误标记。

标注示例：但是/c 我/r 觉得/v 贤雅/nr 很/d ｛CJ-sy 有/v｝ 魅力/n ｛CJy｝。/w

{CJs}：是字句错误标记。

标注示例：你/r 平时/t ｛CJ-sy 是/v｝ 小肚鸡肠/a 的/u 人/n 吗/y ｛CJs｝？/w

{CJsd}：“是……的”句错误标记。

标注示例：这样/r 的/u 施舍/v 是/v 会/v 伤害/v 他们/r 的/u 自尊心/n ｛CQ 的/u｝ ｛CJsd｝。/w

{CJcx}：存现句错误标记。

标注示例：城墙/n 里/f 是/v ｛CCH 有/v｝ 很/d 繁华/a 的/u 市区/n ｛CCH 市/n 内/f｝ ｛CJcx｝ / ｛CJy｝。/w

{CJjy}：兼语句错误标记。

标注示例：他/r 不/d 能/v ｛CQ 和/c｝ 女儿/n 们/k 一起/d 玩/v 或者/d 辅导/v ｛CCH 领导/v｝ ｛CJ-by 她们/r｝ 学习/v ｛CJjy｝ ｛CJfd｝。/w

{CJld}：连动句错误标记。

标注示例：我/r 几/m 个/q 月/n 前/f 参加/v 过/u 高级/a 考试/v，/w 那/r 次/q<是/v> ｛CJX2｝ <我/r 只/d> ｛CJX1｝ 想/v ｛CJ+sy 试试/v｝［BD、/w］碰碰/v ｛CJ+dy 我/r 的/u｝ 运气/n ｛CJld｝。/w

{CJshb}：双宾语句错误标记。

标注示例：他/r 是/v 我/r 的/u 财神爷/n ｛ZQs｝，/w 我/r 要/v 钱/n 的/u 时候/n，/w 他/r 就/d ｛CJ-sy 给/v｝ 我/r 钱/n ｛CJshb｝。/w

{CJxw}：形容词谓语句错误标记。

标注示例：声援/v 的/u 场面/n ｛CJ+sy 成为/v｝ ｛CJ-zy 很/d｝ 壮［C］观/a ｛CJxw｝。

{CJfd}：否定句错误标记。

标注示例：这/r 次/q 放假/v 好像/p 没/d ｛CCH 不/d｝ 放假/v 一/m

样/q ｛CJfd｝。/w

｛**CJx**｝：像字句错误标记。

标注示例：虽然/c 他/r 的/u 个子/n 很/d 高/a，/w 但是/c 他/r 的/u 脸/n 还/v ｛CJ-sy 像/v｝ 小孩/n ｛CCH 小童/nr｝ ｛CJx｝，/w 很/d 可爱/a。/w

｛**CJmw**｝：名词性谓语句错误标记。

标注示例：我/r 弟弟/n ｛CJ + sy 是/v｝ 今年/t 十八/m 岁/q ｛CJmw｝/｛CJs｝， ［BC。］/w 但是/c 弟弟/n 身高/n 一/m 米/q 八五/m、/w 体重/n 八十八/m 公斤/q ｛ZQmw｝。/w

｛**CJyw**｝：疑问句错误标记。

标注示例：/w 你/r 有/v 什么/r ｛CJ-by 事/n｝ ［BQ？/w］ ｛CQ 怎么/r｝那么/r 着急/a ｛CJyw｝？/w

（2）｛CJ-/+｝

标记｛CJ-/+｝用来标示句法成分的缺失/多余的偏误。一般标在有错误的句子之后、该句标点之前。｛CJ-｝是句子成分残缺错误的标记。用于标示由于成分残缺造成的病句。标在成分残缺之处；｛CJ+｝是句子成分多余错误标记。用于标示由于成分多余（赘余）造成的病句。在短横后边标明所缺成分/多余成分的名称，该名称用小写代码表示；在小写代码之后填写所缺的具体词语。

句子成分采用层次分析法的观点，共8种：

｛**CJ-/+zhuy**｝：主语残缺或多余标记。

标注示例：他/r 的/u 作品/n 杜绝/v 了/u ｛CJ-zhuy 人们/n｝ 不/d 喜欢/v 诗歌/n 文学/n 的/u 现象/n。/w

｛**CJ-/+wy**｝：谓语残缺或多余标记。

标注示例：如果/c 两/m 个/q 小时/n 以后/f 回家/v 我/r 的/u 家/n 进了小偷［B 愉］/n ｛CJ-wy 怎么办/l｝ ｛CJyw｝？［BC.］/w

｛**CJ-/+sy**｝：述语残缺或多余标记。

标注示例：但是/c 周末/n 的/u 时候/n 他/r 常常/d ｛CJ-sy 陪/v｝ 女儿/n 们/k 一起/d 玩/v。/w

｛**CJ-/+by**｝：宾语残缺或多余标记。

标注示例：所以/c 平时/t 他/r 不/d 能/v 和/c 女儿/n 们/k 一起/d 玩/v 或者/c 辅导/v ｛CJ-by 她们/r｝ 学习/v ｛CJjy｝。/w

{CJ-/+buy}：补语残缺或多余标记。

标注示例：比赛/v 以后/f，/w 他/r 找/v {CJ-buy 到/v} 我/r。/w

{CJ-/+dy}：定语残缺或多余标记。

标注示例：我/r 来/v 中国/ns 以后/f {CJ+dy 中国/ns} 生活/n 中/f 发生/v 了/u 一/m 件/q 事/n。/w

{CJ-/+zy}：状语残缺或多余标记。

标注示例：我/r 的/u 心/n 咚［Pdòng］咚［Pdòng］/y {CQ 地/u} {CJ-zy 快/d} 跳/v 出来/v 了/u，/w

{CJ-/+zxy}：中心语残缺或多余标记。

标注示例：我/r 在/p 中国/n 生活/v {CJ-zxy 的/u 时间/n} 虽然/c 不/d 长/a，/w 但是/c 很/d 满意/v。/w

有时成分的多余或残缺发生在短语层面，按照句法层面来处理。

标注示例：她/r 比/p 我们/r 早/a 起床/v。/w {CJ-sy 起床/v} 以后/t自己/r 做饭/v。/w

（3）{CJP-＊}

标记 {CJP-＊} 用于标示句法层面搭配不当造成的偏误。根据搭配错误类型，将其细分为以下几类：

{CJP-dz}：定中搭配不当标记。

标注示例：自己/r 有/v 双/q 聪明/a 能干/a 的/u 手/n，/w 什么/r 都/d 能/v 创造/v 出来/v {CJP-dz}。/w

{CJP-zz}：状中搭配不当标记。

标注示例：他/r 慢慢/d 地/u 冲/v 进去/v {CJP-zz}。/w

{CJP-zw}：主谓搭配不当标记。

标注示例：他/r 的/u 作品/n 杜绝/v 了/u 人们/r 不/d 喜欢/v 诗歌/n 文学/n 的/u 现象/n {CJP-zw}。/w

{CJP-db}：动宾搭配不当标记。

标注示例：这么/r 一来/c，/w 导致/v {CCH 产生/v} 了/v 小/a 店/n的/u 没落/v {CJP-db}。/w

{CJP-sb}：述补搭配不当标记。

标注示例：他/r 看/v 出来/v {CCH 起来/v} 我们/r 是/v 韩国/ns 人/n {CJP-sb}。/w

{CJP-zb}：主宾搭配不当标记。

标注示例：谦虚/a 是/v 人们/r 最/d 基本/a 的/u 品质/n ｛CCH 道理/n｝ ｛CJP-zb｝ ｛CJs｝，/w 也/d 是/v 人们/r 的/u 美德 ［B 的］ /n ｛ZQs｝。/w

｛CJP-jb｝：介宾搭配不当标记。

标注示例：好/a 习惯/n 对/p ｛CCH 向/p｝ 我们/r 的/u 生活/n 影响/v 很/d 大/a ｛CJP-jb｝。/w

（4）句式层面其他偏误

｛CJZR｝：句式杂糅错误标记，用于标示把两种不同句式、两种不同说法混在一起的病句。标在句子末尾，标点之前。

标注示例：我们/r 照/v 了/u 一/m 张/q 照片/n，/w 照片/n 中/f 带/v着/u 天真烂漫/a 甜/a 甜/a 笑/v 着/v ｛CJZR｝。/w

｛CJX｝：语序错误标记，用于标示由于语序错误造成的病句。先把发生语序颠倒的几个部分分别用<>括起来，并打上 ｛CJX｝ 的标记，并在 ｛CJX｝ 中用阿拉伯数字标出正确语序中出现的先后序列。

标注示例：我/r 给/v 你/r<我/r 的/u 丈夫/n> ｛CJX2｝ <介绍/v 一下儿/m> ｛CJX1｝。/w（表示 ｛CJX2｝ 前的内容应放在 ｛CJX1｝ 内容之后）

｛CJcd｝：重叠错误标记，用于标示句中动词的重叠错误，包括重叠方式上的错误，也包括不该用而用重叠，或该用而不用重叠的情况。标在出现重叠错误的词语之后。

标注示例：还有/c 我们/r ｛CJ-zy 应/v｝ 对/p 绿色/a 食品/n ｛CJ-sy 加以/v｝ 研究/v 研究/v ｛CJcd｝。/w

该句添加能愿动词“应”后仍然不对，缺少“进行/加以”，有一部分动词在一些格式中不能直接做谓语，需要形式动词的支撑。这种错误建议标注为句层面下的缺少述语。

｛CJgd｝：固定格式错误标记，用于标示固定格式搭配上的错误。

“一……就……” 缺少 “一” 或者 “就”、“越来越”、“在……看来”、“看上去”、“……的是”、“对……来说”、“特别是”、“V 来 V 去”等都属于固定格式。

标注示例：一/d 提/v 到/v 旅行/v，/w 我/r ｛CJ-zy 就/d｝ 想/v 起来/v 了/u1994 年/t 的/u 欧洲/ns 旅行/v ｛CJgd｝。/w

｛WWJ｝：未完句标记，用于标示没写完的半截的句子。标在未完成句的末尾处。

标注示例：她/r 的/u 男/b 朋友/n 是/v 个/q 大胆/a 的/u 男子汉/n {ZQs}，/w 其实/d 他/r 是/v 我/r 丈夫/n 的/u 朋友/n。/w 我/r 丈夫/n 的/u 朋友/n 一定/d 好/a 的/u 不/d 是/v {WWJ}

{CJ?}：句处理存疑标记，用于标示错误类型不清楚的，或错误类型标注很不方便的，或句义不明且有语法错误的病句。标在存疑病句之后、该句标点之前。

标注示例：我/r 听/v 了/u 她/r 的/u 声音/n 好像/p 嘛/y 女/a 的/u 样子/n 了/u {CJ?}。/w

{dyde}："的"的多余标记。

标注示例：我/r 想念/v 我/r {CD 的/u} 在/p 韩国/ns 的/u 父母/n {dyde}。/w

5. 篇章处理：(包括复句)

{CP-……P}：篇章错误标记，用于标示篇章错误。大括号的前半和后半分别表示有错误的篇章的起点和终点，在起点处标 CP，在终点处标 P。所谓篇章错误，主要指句子和句子之间在衔接方面的错误。最典型的情况是每个单句都正确，但作为一个整体来看则句子相互之间缺乏联系，不能构成一个紧凑、自然、流畅的成段表达。而产生这种情况的原因，可能是语义方面的，也可能是连接方式方面的。

{CP-yy……P}：上下文语义缺乏联系的标记。

包括前后句意义无关、缺少过渡句、上下文语义冲突。

标注示例：我有两个孩子，一个女儿，还有一个儿子。女儿长［L］像跟和我一样，儿子也是跟我差不多。女儿今年高中二年级，所以现在学习很努力，半夜回家的时候太累了。但是女儿每天都对 {CCH 向} 我说"妈妈，谢谢您，不要等我，你也是准备考试很累 {CJs}" {CJ-zhuy 女儿} 这样说［BQ,］{CP-yy 我对女儿尤其感谢。为了明年她考上大学！P}

{CP-gl……P}：关联词语偏误的标记。

(1) 关联词语误用、多用、漏用，标记为 {CP-gl……P}。句内把多用、漏用、错用的关联词语按照多词 {CD}、缺词 {CQ} 和该用甲词而用乙词 {CCH} 来标记。

标注示例：{CP-gl 家是应该给人舒适 {CCH 舒服} 感和幸福感 {CJs}。如果 {CCH 所以} 能感受到这样的感觉我可以拿钱让保姆来做家

务。P}

（2）在语料库中，韩国留学生受母语影响频繁使用“然后”和“还有”用来表示顺承、因果、递进、并列等关联义，我们将其先处理为篇章问题，再在内部标注是词多还是词层面的误用。

标注示例：{CP-gl 我朋友的外貌 {CJ+sy 是} 五官 [B 馆] 端 [B 喘] 正 {CJs}。{CD 然后} 她的身高 165cm 以上 [BQ。] P}

（3）“反正”的误用

标注示例：我在房间休息的时候，突然来 {CCH 过来} 了 {CQ 个} 中国朋友，手上拿 {CCH 带} 着一个<一点> {CJX2} <大> {CJX1} 的箱子。{CP-gl 我有点儿吃惊，<还是 {CCH 反正} > {CJX2} [BD,] <我> {CJX1} 接待 {CCH 接应} {CQ 了} 她。P}

{CP-zd……P}：用来标记指称问题引发的错误。

（1）主语、宾语省略不当造成理解的困难。因为省略的内容往往充当句子成分，所以缺少的成分还要按照句层面错误来处理。

标注示例：{CP-zd 他是一个会计 [BQ,] 周围的人说他有能力 [BQ,] 还说 {CJP-zhuy 他} 相当温和 [BQ、] 可亲 [BQ。] P}

（2）代词冗余。多用的代词还要按照句层面句子成分多余处理。

标注示例：{CP-zd 他每天晚上 7 点 45 分，{CJP+zhuy 他} 一定看电视里的运动新闻。P}

（3）指代混乱，指在文中没有明确性别的前提下，人称代词的混乱使用造成的指代不明。如果性别已明确“他/她”混用按照别字处理。

标注示例：{CP-zd 她天天 6 点起床，背着沉重的书包去上课。下课以后也不让她 {CCH 我} 休息。再去补习班。每天她这样忙忙碌碌地过日子。P}

（二）基础标注

基础标注是对正确的语言表现进行标注，目前基础标注仅在句式层面展开。正确的句式分为完全正确的句式和基本正确的句式两类。前者指的是完全无误的句子或是仅有字层面的偏误不影响句式正确表达的句子；后者指的是有词层面偏误但不影响句子主干的句子和有句法层面的偏误但不影响句子主干的句子。

{ZQ}，该标记用来标示完全正确的句子。完全正确的句子包括以下两种情况，一个是没有任何错误无须修改的句子；另一个是句中虽然有字层面的偏误（如别字、错字、异体字、拼音字、多字等）但不影响句式的正确使用，这类句子也标记为完全正确。

标注示例：我/r 是/v 韩国/ns 人/n ｛ZQs｝。/w（完全无误的句子）

标注示例：你/r 为［B 办］什么/r 笑/v ｛ZQyw｝？/w（有字层面偏误的句子）

｛ZQ＊｝，该标记用来标示基本正确的句子。包括以下几种的情况。

（1）有词层面偏误但不影响句子主干的句子。如下例所示，句宾语是定中结构，该定中结构中定语和中心语之间缺少结构助词“的”，但句子主干未受影响，因此标为正确的“是”字句。但考虑到毕竟与只有字层面偏误的、完全无误的句子有所不同，为便于研究，将其标为“有问题的正确‘的’‘是’字句”，标注符号为｛ZQs＊｝

标注示例：他/r 是/v 我/r 最/d 好/a ｛CQ 的/u｝ 朋友/n ｛ZQs＊｝。/w

（2）有句法层面的偏误但不影响句子主干的句子。如下例中：“下课”后缺少状语“就”，存在句子成分偏误及固定格式“一……就”的偏误，但句子主干为连动句，未受大的影响，应标注为有问题的正确连动句，标注符号为｛ZQld＊｝。

标注示例：他/r 一/m 下/v 课/n ｛CJ-zy 就/d｝ 回家/v 照顾/v 妈妈/n ｛CJgd｝ ｛ZQld＊｝。/w

但如果句法偏误已经影响了句子主干，则将其标注为偏误句式。如在汉语中，形容词谓语句中的形容词很少直接充当句子的谓语，一般要与修饰成分或补充成分共现，所以形容词谓语句中缺少/叠加修饰成分的（状语）或缺少/叠加补充成分，或修饰成分、补充成分相冲突的，都视为影响了句子主干，标注为错误的形容词谓语句。

标注示例：那时/r 我/r ｛CJ-zy 有点儿/d｝ 飘飘然/a ｛CJxw｝。/w

据此，最终确立基础标注和偏误标注的双维度标注体系下的 102 个标注项目，并按照汉语拼音缩写确定标注代码。标注清单如下：

表 3-1　　语料标注代码（1）

偏误标注	偏误类型	符号代码	偏误类型	符号代码	偏误类型	偏误类型
标点层面	标点错误	［BC］	标点缺失	［BQ］	标点多余	［BD］

续表

偏误标注		偏误类型	符号代码	偏误类型	符号代码	偏误类型	偏误类型
字层面		别字	[B]	错字	[C]	不规范字	[G]
		漏字	[L]	多字	[D]	异体字	[Y]
		拼音字	[P]	繁体字	[F]	无法识别的字	[#]
词层面		多词	{CD}	缺词	{CQ}	用词不当	{CCH}
		生造词	{CCZ}	离合词	{CLH}	外文词	{W}
		词序颠倒	{CCX}	同音词	{TYC}	成分标记词不当	{CCB}
篇章层面		上下文语义缺乏联系	{CP-yy}	关联错误	{CP-gl}	指代错误	{CP-zd}
句层面	句式层面	把字句	{CJba}	"被"字句	{CJbei}	比字句	{CJbi}
		连字句	{CJl}	有字句	{CJy}	是字句	{CJs}
		是……的句	{CJsd}	存现句	{CJcx}	兼语句	{CJjy}
		连动句	{CJld}	双宾句	{CJshb}	形容词谓语句	{CJxw}
		否定句	{CJfd}	像字句	{CJx}	名词性谓语句	{CJmw}
		疑问句	{CJyw}				
	短语层面	主语的残缺或多余	{CJ-/+zhuy}	谓语的残缺或多余	{CJ-/+wy}	述语的残缺或多余	{CJ-/+sy}
		宾语的残缺或多余	{CJ-/+by}	补语的残缺或多余	{CJ-/+buy}	定语的残缺或多余	{CJ-/+dy}
		状语的残缺或多余	{CJ-/+zy}	中心语的残缺或多余	{CJ-/+zxy}		
		定中搭配不当	{CJP-dz}	状中搭配不当	{CJP-zz}	主谓搭配不当	{CJP-zw}
		动宾搭配不当	{CJP-db}	述补搭配不当	{CJP-sb}	主宾搭配不当	{CJP-zb}
		介宾搭配不当	{CJP-jb}	"的"的多余	{dyde}		
	其他	语序错误	{CJX}	句式杂糅	{CJZR}	重叠错误	{CJcd}
		固定格式错误	{CJgd}	未完句	{WWJ}	存疑句	{CJ?}

语料标注代码（2）

基础标注	基础类型	符号代码	基础类型	符号代码	基础类型	符号代码	基础类型	符号代码
完全正确的句式	有字句	{ZQy}	把字句	{ZQba}	“被”字句	{ZQbei}	存现句	{ZQcx}
	是字句	{ZQs}	比字句	{ZQbi}	兼语句	{ZQjy}	否定句	{ZQfd}
	连字句	{ZQl}	疑问句	{ZQyw}	双宾句	{ZQshb}	是……的句	{ZQsd}
	像字句	{ZQx}	连动句	{ZQld}	形容词谓语句	{ZQxw}	名词性谓语句	{ZQmw}
部分正确的句式	有字句	{ZQy *}	把字句	{ZQba *}	“被”字句	{ZQbei *}	存现句	{ZQcx *}
	是字句	{ZQs *}	比字句	{ZQbi *}	兼语句	{ZQjy *}	否定句	{ZQfd *}
	连字句	{ZQl *}	疑问句	{ZQyw *}	双宾句	{ZQshb *}	是……的句	{ZQsd}
	像字句	{ZQx *}	连动句	{ZQld *}	形容词谓语句	{ZQxw *}	名词性谓语句	{ZQmw *}

第三节　开发检索系统

为语料加工的便利和准确及后续研究中语料提取的便捷，共开发了三种软件，即辅助标注软件、语料加密软件以及用户检索平台。其中，用户检索平台包括检索界面和底层的算法软件包两部分。

辅助标注软件是在 VC2008 环境下开发的。该软件按篇对语料进行标注，可随时保存和中止标注工作。标注时，标注员在确定要标注的对象后，通过点击鼠标右键，利用弹出菜单，可自动添加偏误标注和基础标注的标注代码，既提高了语料标注的效率，又保证了所添加的标注代码在形式上的准确性和一致性。

辅助标注工具界面截图如下：

语料加密软件和用户检索平台是在 Qt 环境下开发的。其中，语料加密软件主要完成了语料加密、语料解密和对语料属性信息的去隐私操作。利用软件可以对语料源进行自动加密和自动解密，大大提高了语料源的安全性，在加密过程中自动将语料属性信息中的写作者姓名用阿拉伯数字进行替换，既实现了去隐私操作，又不影响语料查询中的纵向跟踪处理。用户检索平台能使用户按照不同的条件和要求完成对所需的字表、词表、语料属性信息、语料的各种统计数据、语料偏误标注和基础标注的查询统计、对生语料和标注语料的全篇检索查询、对语料跟踪性检索等功能。

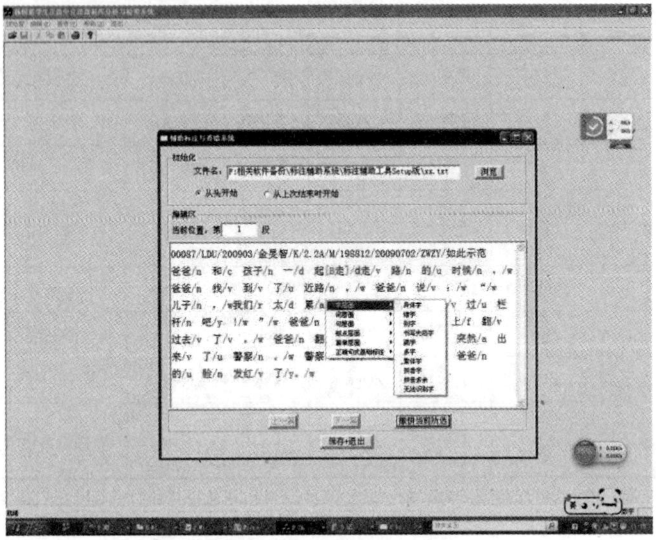

图 3-4 辅助标注工具界面截图

第四章

语料库建设中遇到的问题与解决方案

一　自动分词和词性标注

生语料收集整理好后，利用北京大学计算语言学研究所开发的分词系统对其进行自动分词和词性标注。因为中介语语料库本身就是一个繁复的错字、错词、病句库，大大影响了自动分词的准确度和精度。所以利用自动分词软件进行自动分词后，需人工对分词结果进行校对。需要校对分词软件对正确语料的误切，包括交互型歧义字段和组合型歧义字段引起的误切等，更重要的是对非规范用法错误分词或错误标注词性的校对。对这部分非规范词（如生造词、错序词），各个语料库在处理时采用了不同的方法。如“汉语中介语语料库”采用了“猜测其词性标记并记下可信度”（陈小荷，1996）① 的方法。“HSK 动态作文语料库”则“遇到这样的词就记下来，分词前输入词表，从而保持分词的正确”（张宝林、崔希亮，2004）②。我们的做法是抹去非规范词的词性标记，只在替代的规范词后标注词性。非规范词只标注偏误类型、不标注词性的好处是可以避免因猜测词性造成的标记不准，从而也避免了最后词频统计的精度失准。对这部分不标注词性的非规范词，我们将其单独提取整理成非规范词表，供下一步研究使用。

如图 4-1 所示：写作者把“一起走路”的“起”写为“走”，分词软件自动切分为“一/d 走走/v 路/n”，标注员在标注时既要将第一个

---

① 陈小荷：《“汉语中介语语料库系统”介绍》，《第五届国际汉语教学讨论会论文选》，北京大学出版社 1996 年版，第 9 页。

② 张宝林、崔希亮：《关于“HSK 动态作文语料库”的建设构想》，《第三届全国语言文字应用学术研讨会论文集》，教育部语言文字应用研究所 2004 年版，第 11 页。

00087/LDU/200903/金旻智/K/2.2A/M/198812/20090702/ZWZY/如此示范
爸爸/n 和/c 孩子/n 一/d 走走/v 路/n 的/u 时候/n ，/w 爸爸/n 找/v 到/v 了/u 近路/n 。/w 爸爸/n 说/v ：/w “/w 儿子/n ，/w 我们/r 太/d 累/a 了/y 。/w 我们/r 翻/v 过/u 栏杆/n 吧/y !/w ”/w 爸爸/n 说/v 完/v 就/c 马上/d 翻/v 过去/v 了/v 。/w 爸爸/n 翻/v 过去/v 以后/f ，/w 突然/a 出来/v 了/u 警察/n 。/w 警察/n 批评/v 爸爸/n ，/w 爸爸/n 的/u 脸/n 发红/v 了/y。/w

图 4-1　语料分词后截图

00087/LDU/200903/金旻智/K/2. 2A/M/198812/20090702/ZWZY/如此示范
爸爸/n 和/c 孩子/n 一起[B 走]/d 走路/v 的/u 时候/n，/w 爸爸/n 找/v 到/v 了/u 近路/n。/w 爸爸/n 说/v：/w“/w 儿子/n，/w 我们/r 太/d 累/a 了/y{ZQxw}。/w 我们/r 翻/v 过/u 栏杆/n 吧/y!/w”/w 爸爸/n 说/v 完/v 就/c 马上/d 翻/v 过去/v{CD 了/u}。/w 爸爸/n 翻/v 过去/v 以后/f，/w 突然/a<出来/v 了/u>{CJX2}<警察/n>{CJX1}。/w 警察/n 批评/v 爸爸/n，/w 爸爸/n 的/u 脸/n 红/b{CCH 发红/v}了/u{CJxw}。/w

图 4-2　语料标注后截图

“走”标注为“起”的别字，也要将分词结果调整为“一起［B 走］/d 走路/v”。在词层面，处理错序词和自造词时将不规范词替换为规范词后，只给规范词添加上正确的词性标记，而抹掉不规范词原有的词性标记，即原不规范词的词性标记缺省。

二　基础标注与偏误标注的接口

在前一章中我们介绍过目前已对 300 万字语料中的 16 种句式进行了偏误标注和基础标注。正确句式的标注由于中介语语料的特殊性与偏误标注发生撞车现象，急需将交叉部分厘清，否则会出现双重标准标注问题。下面通过“是”字句和“有”字句的实例对基础标注和偏误标注的原则加以说明。

【有偏误的“是”字句】

例 1：秋天/n 的/u 北京/ns 是/v 一/m 年/q 中/f 最/d 美丽/a 的/u 季节/n {CJP-zb} {CJs}。/w

例 2：我/r {CJ-sy 是/v} 小李/r 的/u 妈妈/n {CJs}，/w 你/r

是/v 谁/r? /w

例 1 中由于主宾搭配不当，影响了“是”字句的基本结构，属于有偏误的“是”字句。在该句末尾除了要打上主宾搭配不当的标记 {CJP-zb} 外，还要打上错误的“是”字句的标记 {CJs}。例 2 中“我小李的妈妈”中缺少述语动词“是”，属于有偏误的“是”字句。除了要补出述语动词“是”外，在该小句的末尾打上错误的“是”字句的标记 {CJs}。

【正确的“是”字句】

例 3：我/r 是/v 韩国/ns 人/n {ZQs}。/w

例 4：这儿/r 是/v 我/r 的/u 学校 [C] /n {ZQs}。/w

例 5：他/r 是/v 我/r 最/d 好/a {CQ 的/u} 朋友/n {ZQs ∗ }。/w

例 6：谦虚/a 是/v 人们/r 最/d 基本/a {CCH 基础} 的/u 品质 {CJP-dz} {ZQs ∗ }。/w

在第三章已经提到，“基础标注”中将正确句式分为完全正确和基本正确两大类。例 3 完全无误，无须修改，标记为完全正确的“是”字句，在句末打上完全正确的“是”字句的标记 {ZQs}。例 4 中的“校”是错字，属于字层面的偏误，字层面的偏误不影响句式的正确度，故将该句也标记为正确的“是”字句。例 5 中缺少助词“的”，属于词层面的偏误，句子主干未受影响，因此将其归为正确的“是”字句。但考虑到毕竟与只有字层面偏误的、完全无误的句子有所不同，为便于研究，将其标为“有问题的正确是字句”，标注符号为 {ZQs ∗ } 。例 6 中“基础的品质”属于句法层面定中搭配不当的偏误，该偏误不影响“是”字句主干“谦虚是品质”的语义和句法结构不造成影响，也将其归为“有问题的正确是字句”，标记为 {ZQs ∗ }。

但句法层面的偏误如果已经影响了句子主干应标注为偏误句式。比如下面两个例子。

例 7：那时/r 我/r {CJ-zy 有点儿/d} 飘飘然/a {CJxw}。/w

例 8：考试/v 失败/v 了/y，/w 我/r {CJ+zy 真/d} 难堪/a 极/d 了/u {CJxw}。/w

例 7 和例 8 是形容词谓语句。在汉语中，形容词谓语句中的形容词很少直接充当句子的谓语，一般要与修饰成分或补充成分共现，所以形容词谓语句中缺少/叠加修饰成分的（状语）或缺少/叠加补充成分，或修饰成分、补充成分相冲突的，都视为影响了句子主干，标注为错误的形容词谓语句。

因此，在基础标注与偏误标注同时进行的中介语语料库中，为了有效避免规范间的冲撞，使正确句式标注和偏误句式标注不会出现缠绕混杂，应将正确句式分层处理，以形式为主，兼顾意义，尽量准确判断何谓正确句，何谓偏误句。

三　对不同层面偏误的辨别和处理

前文提及本语料库对偏误的标注遵循“从大到小”的优先原则。这样一则可保证标注的一致性，二则可尽量保留有用信息，提升偏误标注和后续理论研究的价值。这是一条总体原则，对大多数偏误具有指导性。但标注中我们发现，若干情况下不能完全照搬该原则，而应对偏误进行细致分析，否则会导致标注结果不准确。

（一）词层面和篇章层面偏误的辨别和处理

在 CSL（Chinese as Second Language）中，汉语篇章教学往往针对中、高级水平的学习者展开。实际上，汉语学习的各个阶段都会出现篇章连贯和衔接方面的偏误，只是不同学习阶段所出现的篇章偏误类型和比例有所差别。我们将篇章层面的偏误限制在指称问题引发的偏误、关联词语不当引发的偏误、上下文语义缺乏联系三个大类。其中代词的缺失、混用常常会导致指代不明、指代混乱的问题；代词的多余导致了表义的重复累赘，打断了句子原有的连贯性。在汉语中，同一话题链的各小句，如果主语一致，一般情况下会共用一个主语，如果不承前或蒙后省略其他主语会让人觉得累赘，文气不通畅。标注时仅通过对代词简单地添加或删除即可纠偏。但如果处理为词层面的问题，或句法层面的句子成分缺失或多余，那么篇章层面的问题即被放过，在后期的提取中就会漏掉此类“似错非错”的偏误。如下例所示：

例 9：{CP－zd 我/r 去/v 过/u 不少/m 地方/n，/w 但/c {CJ＋zhuy 我/r} 还是/d 觉得/v 杭州/ns 是/v 最/d 美/a 的/u 城［L］市/

n。/w {CJ-zhuy 我/r} 听/v 人/n 说/v 过/v "/w 上/v 有/v 天堂/n，/w 下/v 有/v 苏/j 杭/i" /w [BQ。/w] P}

这段话中的代词"我"有时多余，有时缺失。不标篇章偏误，对中介语来说，似乎讲得通。但会使最后的提取结果中缺少这部分语料，对篇章研究不利。因此，此处应适当从严，应标尽标。但是，下面的情况不能机械地一概搬用从大到小原则。如：

例 10：{CP-gl 我/r 朋友/n 的/u 外貌/n {CJ+sy 是/v} 五官 [B 馆] /n 端 [B 喘] 正/a {CJs}。{CD 然后/c} 她/r 的/u 身高/n165cm/n 以上/f {ZQmw *} [BQ。/w] P}

例 11：　{CP-gl 我/r 来/v 中国/ns {CQ 的/u} 时候/n 会/v {CCH 能/v} 说/v {CQ 的/u} 汉语/n 太/d 少/a {ZQxw}，/w 而且/c {CCH 还有/c} 完全/d 听/v 不/d 懂/v {CCH 清楚/a}。/wP}

例 12：为了/p 学/v 外语/n,/w 不仅/c {CJ-zy 要/v} 学/v 语言/n [BQ,] 还/d {CCH 还有/c} 应该/v 知道/v 那个/r 国家/n 的/u 文化/n 或者/c 生活/vn 习惯/n 或者/c 经济/n 发展/vn 的/u 情况/n。/w

例 13：我/r 听说/v 四川/ns 菜/n 很/d 辣/a，/w 但是/c 我们/r 点/v 的/u 菜/n 不/d 太/d 辣/a {ZQxw} {ZQfd}，/w 也/d {CCH 还有/c} 不/d 油腻/a。/w

韩国留学生受母语影响频繁使用"然后"和"还有"来表示顺承、因果、递进、并列等关联义，如例 10、例 11，这类偏误按照从大到小的序列首先处理为篇章偏误层面下的关联词语使用不当的问题，将有语义关联的句子用篇章偏误的标记 {CP-gl……P} 括起来，然后再对使用有误的"然后""还有"进行多词、缺词或词语替换的标注。

而如例 12、例 13 所示，韩国留学生也常常用"还有"表示"还""也"的意思，这种情况只视为词层面的问题，不处理为篇章问题。

因此，我们必须注意，有些偏误尽管字面形式相似，但由于引发偏误的原因不同，最后标注的偏误类型应属于不同的层面。这种情况一定要根据具体句义有针对性地处理，不能完全套用"从大到小原则"，也不能对同一个词语偏误归类化处理，而应根据具体情况一一加以甄别。当然，这也是人工标注的优势所在，其灵活性是机器自动标注无法比拟的。

（二）句法层面和字层面偏误的辨别和处理

一个熟练的标注者在标注时容易因熟而机械，即常常出现“望形判错”的失误。在句法层面和字层面偏误的辨别上我们遇到过以下情况：

一是对“的”“地”“得”的处理。标注规范中结构助词“的”“地”“得”之间的混用标记为“成分标记词使用不当”，属于句法层面的偏误。如例14所示：

例14：

标注前：我/r 记/v 的/u 很/d 清楚/a。/w

标注后：我/r 记/v 得/u {CCB 的/u} 很/d 清楚/a。/w

但这不是绝对的。如例14，写作者将“记得”一词误写为“记的”，应该属于别字的问题。而且这里的“得”“的”都不是结构助词，因此不应归入“成分标记词使用不当”一类中。

例15：

标注前：他/r 说/v 的/u 话/n 我/r 还/d 记/v 的/u。/w

标注后：他/r 说/v 的/u 话/n 我/r 还/d 记得 [B 的] /v。/w

二是对量词偏误的处理。在中介语语料中常常出现名量搭配不当的偏误。标注规范中将量词的错用归为句层面偏误下的定中搭配不当。如例16所示：

例16：

标注前：他/r 从来/d 没/d 说/v 过/u 一/m 种/q 抱怨/v 的/u 话/n。/w

标注后：他/r 从来/d 没/d 说/v 过/u 一/m 句/q {CCH 种/q} 抱怨/v 的/u 话/n {CJP-dz}。/w

而在例17中，“一步电视剧”中的“步”经过自动分词后被打上量词的词性标记，所以标注者很容易将其处理为定中搭配不当。而实际情况是，韩国留学生的别字偏误主要有两种类型，一类是形近别字，另一类是音同别字。此处出现偏误的原因更趋近于“步”“部”因同音而成为别字，宜将其处理为别字层面的偏误。

例 17：

标注前：我/r 最/d 喜欢/v 的/u 一/m 步/q 电视剧/n 是/v 《/w 大长今/nr》/w ［BQ。/w］

标注后：我/r 最/d 喜欢/v 的/u 一/m 部［B 步］/q 电视剧/n 是/v 《/w 大长今/nr》/w {ZQs}［BQ。/w］

（三）词层面和句法层面偏误的辨别和处理

词层面和句法层面的偏误一般情况下应优先考虑句法层面。但涉及部分特殊词语则需做两层标注。比较典型的是“着”“了”“过”的问题。在语料库中，由“着”“了”“过”的缺少或多余引发的偏误占有相当高的比例。规范中明确规定“着”“了”“过”作为动态助词的缺少、多余统一处理为词层面的偏误，如例 18。但在例 19 中，“了”的缺失关涉“把”字句的成句条件，故不能简单标注“缺词”，而应同时标注“把”字句偏误。

例 18：他/r 原来/d 在/p 东祥机电/nt 工作/v，/w 可是/c 前年/t 换/v {CQ 了/u} 公司［B 可］/n。/w

例 19：小林/nr，/w 喝/v 完/v 以后/f，/w 记住/v 把/p 小/a 锅/n和/c 杯子/n 洗/v {CQ 了/u} {CJba}。/w

因此，词层面和句法层面偏误的辨别和处理有时可以两层标注。

（四）词层面和字层面偏误的辨别和处理

有时，从语料字面来看，有些偏误拿不准是词层面还是字层面的。这时，要结合学习者的实际，加以综合判断。如：

例 20：姐姐/n 跟/p 我/r 差/v2/m 岁/q，/w 有的/r 时候/n {CCH 时/n} 跟/p 朋友/n 一样/a。/w

韩国留学生常常将“时”和“时候”混用，字面上很像漏字。实际上由于这两个词在韩语中的对应词只有一个，韩国留学生在使用汉语词时容易将其混淆。因此，库中统一将其处理为词层面偏误下的“该用甲词而用乙词”（CCH），而不处理为漏字。再如：

例 21：我/r 的/u 心里/n {CCH 心理/n} 很/d 高兴/a {ZQxw *}。/w

例 22：这样/r 的/u 孩子/n 更/d 容易/a 出现/v 心理/n {CCH 心里/n} 问题/n。/w

“心理”和“心里”的混用也是韩国留学生的通病，同样将其处理为 CCH，而不处理为别字。这样便于后期对两组词的用法加以仔细区别和研究。

四 句法层面偏误的层次问题

（一）句法结构偏误与句法成分偏误的层级关系

句法层面的偏误包括句式错误、句法成分的缺失/多余、句法成分搭配不当、句式杂糅、语序错误等九种情况。实际上，句式偏误和句法成分的缺失/多余、句法成分搭配不当之间并不是简单的平行关系。如果一个句子出现句法成分的缺失/多余或句法成分之间的搭配不当等偏误，同时该句又是 16 个“句式错误”类型之一，那么要对该句进行分层标注，除标记句法成分的偏误，还要打上句式错误的标记。这种交叉的关系如图 4-3 所示。

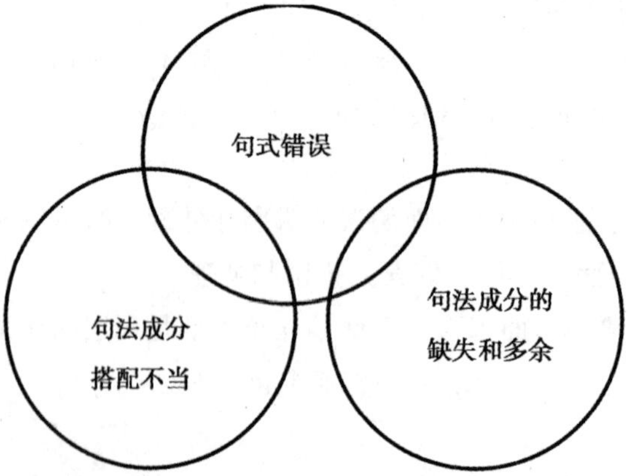

图 4-3 句法结构偏误与句法成分偏误交叉文氏图

特殊句式是汉语 L2 学习者学习的重点和难点。在标注中发现，有些句法成分层面的偏误，实际上是由于写作者对特定句式的句法语义特点没有掌握或没有完全掌握造成的。

例 23：

标注前：但是/c 我/r 觉得/v 贤雅/nr 很/d 魅力/n。/w

标注后：但是/c 我/r 觉得/v 贤雅/nr 很/d {CJ-sy 有/v} 魅力/n {CJy}。/w

例 24：

标注前：他/r 大/a 笑/v 地/u 走/v 过去/v 了/u。/w

标注后：他/r 大/a 笑/v 着/u {CCB 地/u} 走/v 过去/v 了/u。/w {CJld}。

例 23 既缺少述语“有”，同时也是“有”字句的句式偏误。例 24 中写作者试图描写“他”走路的状态方式，套用了最常用的状中结构。在现在的语法体系中，“大笑着走过去”这类句子被划入连动句的范围，所以要对该句偏误分两层进行标注，一是成分标记词不当，二是连动句偏误。

（二）短语层面偏误的处理

库中可见到在短语内缺少某个成分的偏误，如介宾短语内出现缺少宾语或缺少介词的问题。这种偏误虽然出现在短语内部，但由于我们没有单设短语层面的偏误，因此将其统一标注为句法层面的偏误。如：

例 25：我/r 找/v 她/r 向/p {CJ-by 她/r} 倾诉/v。/w

例 25 中，“向她倾诉”是介宾短语中缺少介词宾语“她”，标记为句层面的“缺失宾语”。

另外，有的句子在短语层面未见偏误，从句法层面看，如去除修饰、限定成分，只保留基本句干，句法搭配也合理。而将修饰、限定成分考虑在内则句子语义不通。如：

例 26：我/r 手心/v 出/v 了/u 一/m 身/n 冷汗/n {CJP-zw}。/w

例 26 是主谓谓语句，谓语部分“手心出了一身冷汗”又是一个“主语+谓语+宾语”结构的小句。“手心出冷汗”“出冷汗”和“出了一身冷汗”的搭配都没有问题，但“手心”和“冷汗”的修饰语“一身”无法搭配。虽然它们不在同一个句法层次上，不是典型的句法成分搭配不当，但考虑到这类偏误数量不多，单立一条标注规范不经济，所以从大处着手，将这类情况标注为句层面的“主谓搭配不当”，待到后期提取偏误后再做进一步的细分。

五　标注员培训

语料库的标注质量关乎语料库的信度，而标注质量的高低则取决于标注规范是否科学完善和标注员的标注水平。

一个标注员同时承担着对语料正误的判别、标注项的选取、标注代码的添加、分词结果的校对等多项工作。选取语言学基础扎实、了解对外汉语教学状况、初步熟悉外国留学生语言实际情况者作为标注员，其意义无须赘述。但即使是符合上述标准的标注员仍需加强培训。张宝林(2010)① 建议“通过专门课程的形式，详细讲述标注规范的各项细则，并通过反复的实际标注训练，使标注人员深入了解并切实掌握标准（疑为‘标注’笔误）的规范与标准……”非常有针对性和实效。我们的做法是集中强化训练，以两个月为期，进行 6—8 批训练语料的标注，每次标注结束后进行集中校正、集体讨论。标注员熟悉标注规范、反复试标的过程也是不断发现问题，不断完善标注规范，细化偏误类型的过程。事实证明，一支经过培训的专业素养较高的标注队伍的确会在标注过程中发现很多弥足珍贵的问题，正是在他们的慧眼下，我们的标注规范才逐渐得以完善。

为了减轻标注员的记忆负担和标注难度，提高标注效率，也为了保证标注代码形式上的一致性，我们开发了配套的辅助标注工具，利用辅助标注工具添加代码，实现了语料库基础标注和偏误标注的人标机助，大大提高了标注质量。

---

① 张宝林：《汉语中介语语料库建设的现状与对策》，《语言文字应用》2010 年第 3 期。

在第一次标注完成后，进行交叉校对二次过滤，加强对语料标注过程的监控。

最后由专人审核统稿，提高语料标注正确率和一致性。

第五章

语料库检索平台的功能与使用

在国家社科基金的支持下，“多层偏误标注的国别化汉语中介语动态语料库”检索平台于2014年5月正式运行，该平台下的软件有“语料加密软件”和“语料查询软件”两个部分。该平台支持对“多层偏误标注的国别化汉语中介语动态语料库”中生语料和熟语料的检索和统计，也支持使用者自己提供的生语料和熟语料的检索和统计。

第一节　软件的功能与特点

一　软件功能

（一）查询功能

软件可以对偏误标注语料、基础标注语料、跟踪语料进行有条件查询和检索。

查询条件分为学校、性别、写作方式（考试/作业）、写作类型（作业/造句）和学习水平（初/中/高）五类。

对偏误语料可从字、词、句、标点、篇章五个层面进行处理；

字层面查询既可以“按字查询”，也可以“按偏误查询”。“按字查询”可以显示被查询字在字层面偏误各子类中的分布情况，在实例结果中既可以显示针对被查询字的所有偏误实例的汇总，也可以显示被查询字在特定偏误子类中的偏误实例。

字层面查询中的“按偏误查询”，选择一个偏误子类后，查询结果可以显示在该偏误子类所有的偏误实例，也可以显示该子类偏误在所有汉字中的分布情况和具体实例。

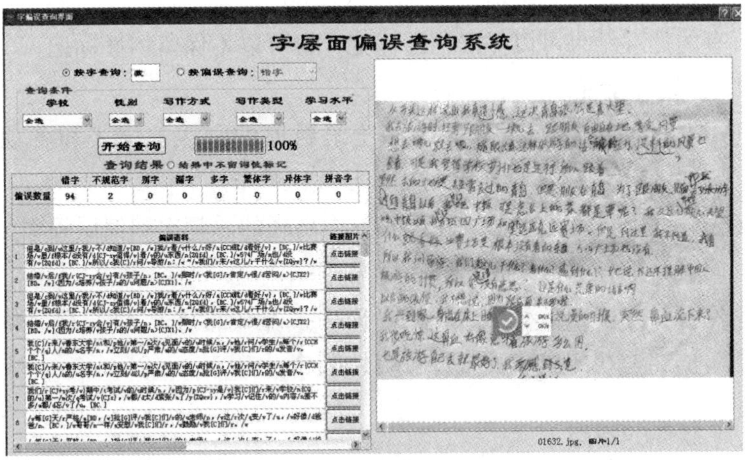

图 5-1 检索软件字层面偏误查询系统按字查询界面

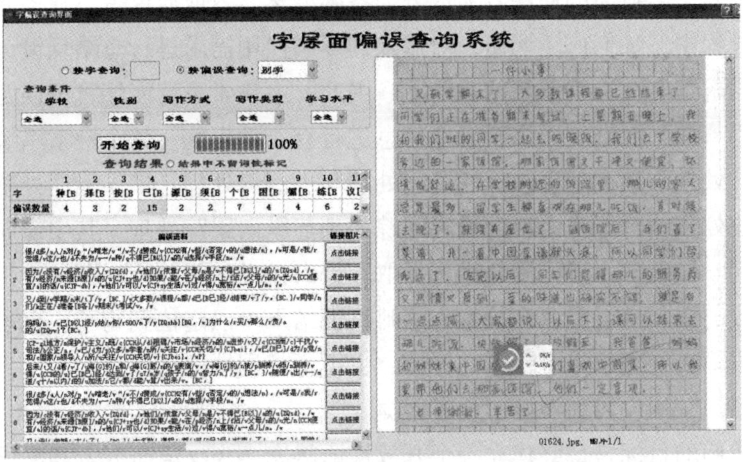

图 5-2 检索软件字层面偏误查询系统按偏误类型查询界面

词层面偏误查询系统功能基本相同，可以按特定词查询该词所有的偏误情况，也可以查询词层面下不同的子偏误类型在语料中的分布、频次和相应实例。标点层面偏误查询系统可按特定标点查询也可按偏误类型查询；句层面和篇章层面的偏误查询系统都可直接按照偏误类型进行查询。

对基础标注语料可从正确句式和部分正确句式两个方面进行处理；对跟踪语料可从纵向和横向两个维度进行处理。

软件可以对生语料和标注语料两个版本进行全篇检索，可从字、词、词串、多词等多个元素对所需语料进行提取和查询，语料查询结果可以定位到句子也可以定位到语篇。

所有的处理结果可以保留词性标记，也可以不保留词性标记。

（二）统计功能

利用本软件可以为用户提供基于语料库的字表、词表和各项数据统计。

字表、词表显示了字、词在语料库中出现的总频次和偏误频次，以及在字、词层面下各子偏误中的分布情况。

此外，软件可以自动对标注语料库中“基础标注信息”和“偏误标注信息”的类型、频次和频率进行统计汇总。

二　软件的特点

第一，面向应用，功能齐全。

中介语语料库的使用者大部分为各类型学习者或研究者。在检索软件开发过程中，我们广泛调研，对用户的不同使用需求进行总结反馈，并将这些需求落实在检索系统的功能上。因此，本检索系统能够将偏误定位到原始语料源，能够利用语料属性信息进行有条件查询。整个检索系统涵盖了统计处理与查询处理；标注语料处理与生语料处理；偏误标注处理与基础标注处理；对标注语料的横向跟踪处理与纵向跟踪处理，其中横向检索可对同学段的学习者的语料进行提取和检索，纵向跟踪可对同一学生在多个学段的语料进行提取和检索。语料查询结果可以定位到句子，也可以定位到语篇，处理结果可带词性标记，也可不带词性标记。

第二，用户界面友好、检索便捷。

我们的目标是最终建立一个开放性语料库，为汉语研究者和汉语教师提供基础语料和研究平台，以便使本语料库成为促进汉语教学和研究的有效资源。因此，用户检索系统的开发应本着开放、友好、便捷的原则，使用户可以方便地根据简单元素或析取元素对所需的语料属性信息、语料的各种统计数据、语料偏误的统计结果进行提取。

第三，兼容性强，使用价值高。

中介语语料库检索平台是基于 Qt 语言开发的，所有的功能都是直接操作语料库，并通过现场处理实现的。以往的中介语语料库检索系统只能读取软件提供方提供的语料处理结果，不能处理用户自己的语料。但我们的检索系统可以处理基于相同标注规则的任何语料，大大提高了检索软件的使用价值。

第二节　软件使用说明

一　语料加密

将所需检索的生语料和熟语料存为 . txt 格式，然后打开“语料加密软件”，自动生成文本框，点击“已标注语料”，再点击“执行语料加密程序”，在自动生成“打开文件”文本框中，打开所需加密的已标注好的 . txt文件，点击“打开”，等待运行完毕，语料自动加密完成。如需加密的文件是未标注的生语料，点击文本框中“生语料”，步骤同上（见图 5-3）。

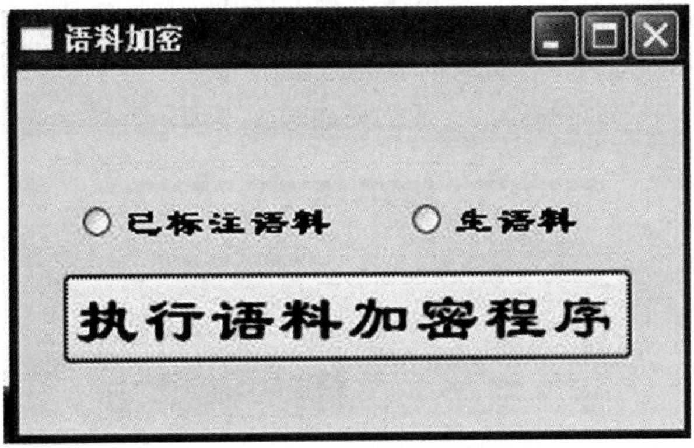

图 5-3　语料加密界面

语料加密完成后，会自动生成“已改名的标注/生语料”“已加密的标注/生语料”两个 . txt 文件。如语料无须加密则可将语料存为 . txt 格式，直接运行“语料查询软件”。

二　语料查询

打开“语言查询软件”在登录窗口输入用户名“qt”，输入密码“123456”，确认，进入查询检索界面，先打开“语料预处理”对所需检索的标注好的语料或生语料进行解密，解密完成后就可以进行相应的查询检索和统计了（见图 5-4）。

图 5-4 检索软件界面

“多层偏误标注的国别化汉语中介语动态语料库”检索软件包括以下组成部分。

（一）生语料查询

打开“MainwWindow”菜单中的“生语料查询”标签，点击“按词篇查询”进入“生语料查询系统”，该系统可以按“多词查询”也可以按篇章查询。查询条件有“学校”“性别”“写作方式”“写作类型”和“学习水平”五项。按篇章查询出的结果是一整篇语料。按多词查询，可以按字检索、按词检索、按词串检索，也可以检索多个词，多个词之间用“，”分开。如我们在“按多词查询”框中输入“因为，所以”，点击“开始查询”，查询完毕后，生成结果如图 5-5 所示。

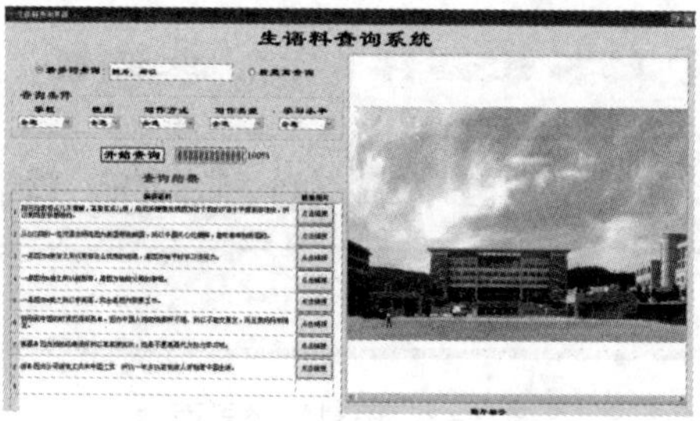

图 5-5 生语料查询系统界面

（二）字表

打开“MainwWindow”菜单中的“字表”标签，点击“分析”，自动生成字表。字表包括“字”、该字在语料中出现的总频次和偏误频次，以及该字在字层面偏误下“错字”“不规范字”“别字”“漏字”“多字”“异体字”“繁体字”“拼音字”8 个子偏误中的分布情况。

（三）词表

打开“MainwWindow”菜单中的“词表”标签，点击“分析”，自动生成词表。词表包括“词（带词性）”、该词在语料中出现的总频次和偏误频次，以及该词在词层面偏误下“词的构成成分写错顺序”“生造词”

“该用甲词而用乙词”“外文词”“缺词”“多词”“成分标记词不当”7个子偏误中的分布情况。词层面偏误下的“存疑词”“离合词的错误”“同音词引发的偏误”，因为在标记的时候是以句为单位打标记的，没有落实到具体词上，所以没有把针对特定词的这三种偏误的统计纳入词表，这三类子偏误在词层面偏误的查询中可以检索到。

（四）偏误查询

打开“MainwWindow”菜单中的“偏误查询”标签，选择要查询的偏误层面。以字层面偏误查询系统为例，点击“偏误查询”标签下拉菜单中的“字层面偏误查询”，并进入“自层面偏误查询系统”。该查询系统中包括“按偏误查询”和“按字查询”两类。具体来看：

按偏误查询，可以选择字层面偏误下的所有子偏误。如选择“按偏误查询”中的“别字”，点击开始查询。出现字层面偏误查询系统界面（见图5-6）。

图5-6　字层面偏误查询系统界面

查询结果中同时出现两个文本框，“偏误语料”文本框（图5-7），显示的是所有存在别字偏误的语料，并可链接相应的图片。“偏误数量文本框”（图5-8），分别显示了出现别字偏误的“字”的具体情况，如“已［B”共计15例，点击“已［B”就可出现，“已”别字偏误的15个具体的实例，并可链接相应的图片（见图5-9）。

再来看“按字查询”功能，可以显示特定字在字层面偏误下的所有分布情况和具体实例。如选择“按字查询”，输入“我”，然后“开始查询”，查询完毕后显示“我”有错字94例，不规范字2例，“偏误语料文本框”显示出“我”在字层面所有偏误的具体实例并可链接相应的图片。同样，也可以双击“错字94”，只显示“我”在错字层面下的偏误情况（见图5-10）。

图 5-7　字层面偏误查询系统界面

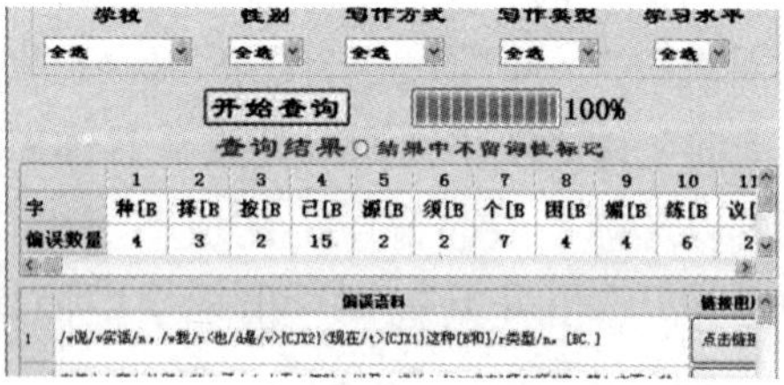

图 5-8　字层面偏误查询系统界面

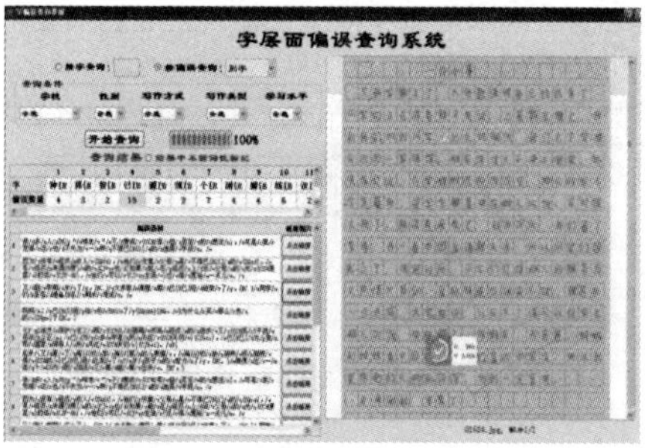

图 5-9　字层面偏误查询系统界面

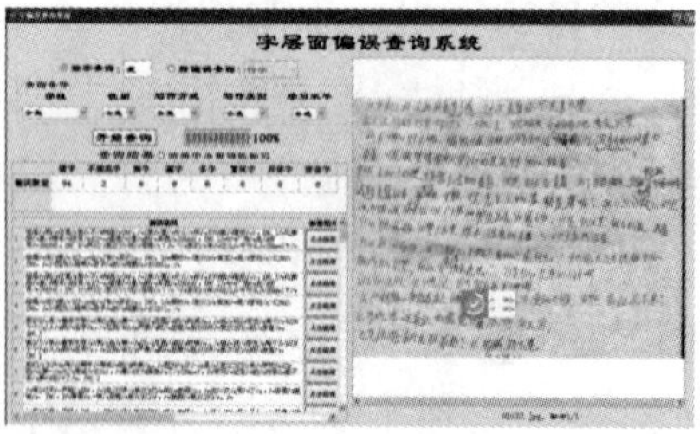

图 5-10　字层面偏误查询系统界面

（五）基础标注

打开“MainwWindow”菜单中的“基础标注”标签，点击“查询”，进入“基础标注查询系统”，可以对标注语料中标注好的基础信息进行查询。目前基础标注只进行到了“句型”（共计16种），查询系统可以“按句型查询”和“按正确度查询”。按正确度查询，分为“正确句式”和“部分正确句式”；按句型查询显示该句型的“正确”和“部分正确”的所有句子。如希望查询结果不带词性标记，那么在开始查询前，点击“结果中不留词性标记”的按钮。在查询结果下数据条后点击链接可以链接到相应的图片。

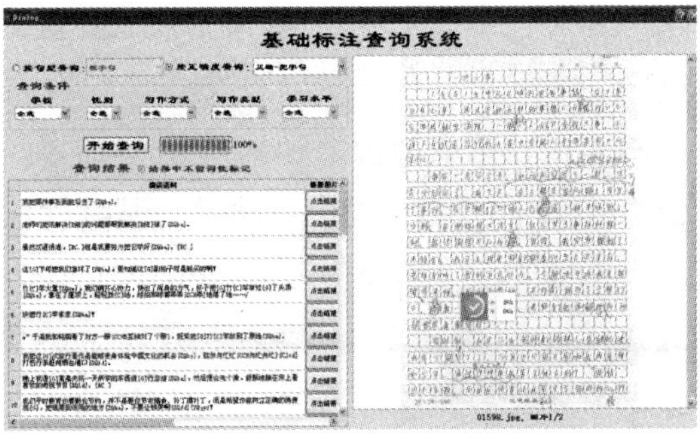

图5-11　基础标注查询系统界面

（六）跟踪语料查询

跟踪语料可以对标注好的语料进行横向和纵向跟踪。点击“横向跟踪”，选择要提取的年级（分为四个年级），即出现特定年级的所有语料。点击“纵向跟踪”，然后在子菜单中先点击“提取学期数”，提取完毕后，可以选择在某校学习1个或多个学期的学生在学习期间所有的语料。如果希望所提取的语料不带词性，可以在横向/纵向检索前，选择“不保留分词标记”。

（七）全篇查询

打开“MainwWindow”菜单中的“全篇查询”标签，点击“按字词篇查询”，进入“全篇检索查询系统”，该系统可以依照不同的查询条件，“按字查询”“按词查询”“按多词查询”和“按整篇查询”。如选择“按整篇查询”，点击“开始查询”，查询完毕后出现全篇检索查询系统界面（见图5-12）。

在查询结果中显示整篇语料。点击整篇语料后的“点击链接”，即可

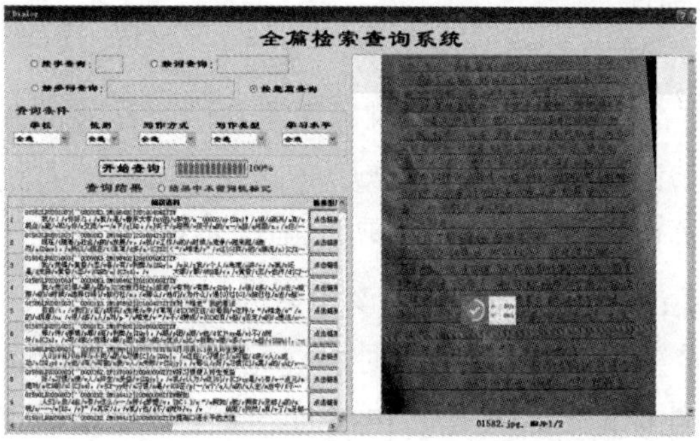

图 5-12　全篇检索查询系统界面

链接到相应的图片。

（八）语料统计

打开“MainwWindow”菜单中的“语料统计”标签，点击“字词句信息汇总”，再点击“执行统计”，程序自动对“基础标注信息”和“偏误标注信息”进行统计汇总（见图 5-13）。

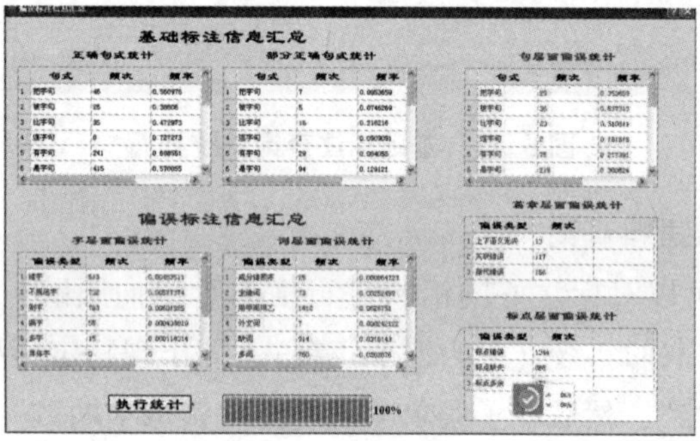

图 5-13　语料统计界面

第六章

语料库的特点

第一节 语料具有单纯性，针对性强

本语料库中 400 万字的生语料和 300 万字的标注语料均为韩国留学生汉语中介语语料。从语料库的标注来看，多国别中介语语料库在语料加工中制定的规范和规则应该是面向所有汉语学习者的普适性规律，为此有时要排除、忽略只影响某一国别的特殊情况。而单国别语料库可根据单一国别语料的实际情况，制定最适合该国别偏误研究的标注规范，避免宝贵的个性化偏误现象湮没于宽泛的规则中。从语料库的使用来看，大规模的国别化汉语中介语动态语料库的建设为针对韩国学生的汉语中介语研究、汉语教学研究，特别是对韩汉语教学用字表、用词表的制定、分级和检验提供了足够数量的语料支撑，因此针对性强。

第二节 语料层次分明，递进性强

如前文所述，本语料库语料分为初级、中级、高级三个大的层级。在每一层级中根据学习者所处班级还可细分为两到四个次层级。如初级语料分为零起点到一学期学生语料、一学期到两学期学生语料。中级以此类推。高级则分为三年级第一学期、第二学期，四年级第一学期、第二学期四个小的层级。根据层级细化的中介语语料统计出的字表、词表及字、词、句、篇层面的偏误频次、偏误类型，可为汉语字、词、句难度等级排序提供佐证，由此得出的研究结果可更有效地指导汉语教材编写、学习型词典编纂等，因此深具理论意义和实践价值。

第三节　语料控制严，真实性强

语料的真实性包括两层含义，一是文字的真实性，即收录的语料忠实原来的语言文字面貌，在对图片语料进行录入时，基本遵从“就错录错”原则，书写错误和书写格式均原样录入，以全面反映学生的实际语言表现。对错字和不规范字的处理方式是给出正确的汉字然后在其后标注上［C］［G］标记，在检索系统中，录入语料与图片语料相对照，图片语料真实呈现错字或不规范字原貌。二是水平的真实性，即收集的语料是学习者真实语言水平的反映。“多层偏误标注的国别化汉语中介语动态语料库”收录了在鲁东大学（及其他院校）学习汉语的韩国留学生在平时作业和学期课程考试中的造句和作文语料，日常作业与考试相比的语料的自然性较强，考试的作文和造句又避免了学习者查阅资料，两者互辅互补，更全面地展示了学习者的实际学习水平。

语料库中的语料分布主要集中在中级，而初级、高级学生的语料偏少，初级学段的学生汉语水平不高，输出语料有限，高级学段学生数量较少，语料也不多。但中级学生人数较多，且到这个学段已经有一定的表达能力，语料输出较多。语料的相对平衡性也客观反映了语料库收集的真实性。

第四节　语料采集具有连续性，动态性强

“HSK 动态作文语料库”的动态性偏重于历时的可扩充性，即可随着 HSK 高级考试的逐年进行不断补充新的语料。然而，库中很难收录到同一学习者的历年动态语料。“汉语中介语语料库”在取样时为了“使核心语料中各种属性的语料分布比较均匀”（陈小荷，1996）① 规定同一作者的语料一般最多抽取 4 篇，如此便无法开展学习者个案跟踪研究。要想使中介语语料既能满足面向全体学习者的偏误规律研究需要，同时可展开面向单一学习者的个案跟踪研究，语料库建设中的动态性就要既考虑一般意

① 陈小荷：《“汉语中介语语料库系统”介绍》，《第五届国际汉语教学讨论会论文选》，北京大学出版社 1996 年版，第 9 页。

义的历时动态，也要注意针对部分学时较长，学级跨初、中、高三段的学生，对其进行语料的足量跟踪收集。所以语料库既可以对同学段学习者的语料做横向跟踪，也可以对同一学生、同一学生群体在不同学段、不同年级的语料做纵向跟踪，其连贯性的动态语料对汉语学习的个案研究极具价值。

第五节　语料加工细致、全面，准确度高

本语料库的语料均进行了属性登录、基础标注和偏误标注。语料属性完备全面，详细记录了每一篇语料写作的背景情况，如与图片配对的语料编号、写作日期、所在学期、写作者所属学校、写作者姓名编号、写作者的性别、年龄、学段等；基础标注分为分词、词性标注及对正确句式的标注；偏误标注从字、词、句、篇章、标点五个层面展开。

另外，针对具体标注项的检视和标注也要全面，我们遵循的标注原则是从大到小原则。如对同一个错误，能按篇章错误处理的即按篇章错误处理，否则按句式错误处理，其次按句子成分错误处理，再次按词的错误处理，最后按字的错误处理。总之，遵循篇章>句式>句法成分>词>字的优先序列。这样一则可保证标注的一致性，二则可尽量保留有用信息。

对语料细致全面的加工和标注，便于使用者从不同层面、不同角度对韩国学生在学习过程中所出现的问题进行全面或单项研究。

第六节　语料库使用便捷，应用性强

我们的目标是最终建立一个开放性语料库，为汉语研究者和汉语教师提供基础语料和研究平台，以便使本语料库成为促进汉语教学和研究的有效资源。因此，用户检索系统的开发本着开放、友好、便捷的原则，用户可以从学校、性别、写作方式、写作类型、学习水平等多个角度对语料中字、词、句、篇章、标点符号的各种偏误表现和正确表现进行检索查询。

可以方便地根据简单元素或析取元素对所需的语料属性信息、语料的各种统计数据、语料偏误的统计结果进行提取。

下篇

基于多层偏误标注的国别化汉语中介语动态语料库的研究

第七章

基于多层偏误标注的国别化汉语中介语动态语料库的汉字研究

汉字是汉语的书写符号系统。汉字作为汉语的载体，在语言学习过程中的地位和作用不容忽视。汉字学习不但影响留学生听、说、读、写技能的提高，也影响其学习汉语的信心和兴趣。加强对外汉字教学研究已经成为对外汉语教学界的共识。汉字书写偏误可以从一个侧面反映出学习者在学习汉字时所遇到的认知和记忆方面的问题，同时可以折射出学习方法、教学方法以及教材等方面的问题和不足，因此对汉字偏误进行研究非常有必要。对外汉语教学界对外国留学生的汉字书写偏误做了大量的研究工作。纵观前人对汉字偏误的研究，无论是面向汉字文化圈还是非汉字文化圈的研究，都从不同的角度对留学生在汉字习得中出现的偏误进行了分析。我们将前人对汉字书写偏误类型的研究主要归纳为以下几种：部件的改换（形近改换、义近改换和类化改换）；部件的增加或减损（增加义符和减损义符）；部件的变形与变位（母语迁移变形和部件镜像变位）。笔画偏误主要表现在：笔画形状、笔画组合关系、笔顺和笔画数目。偏误产生的原因主要有内因和外因两个方面：内因表现在认知方面；外因主要表现在母语负迁移、目的语负迁移、文化因素负迁移和教学误导方面。

虽然前人对汉字偏误已经有了大量研究，很多研究采用了动态研究的方法，对历时的关注有很大突破，但研究也存在一些问题：

第一，语料的完整性、系统性和准确性需要进一步提高。

第二，语料库建设不足，基于单一国别原始语料，利用语料库，结合学习者自身因素的考察，对各类偏误进行综合分析的研究还比较欠缺。

第三，对偏误产生原因的分析尚不够全面，需要进一步探究。

第四，不能仅仅着眼于偏误，同时要重视正确的用法以及学生因为困难而回避的内容。

第五，亟须研制对韩汉字教学用表。

本文基于多层偏误标注的国别化汉语中介语动态语料库对汉字开展的研究分为两个阶段，第一阶段通过对“多层偏误标注的国别化汉语中介语动态语料库（Ⅰ期）”中43万字的文本语料的出现偏误的汉字进行归纳和统计，建立“韩国留学生汉语中介语汉字偏误数据库”，该库下设3个子库，包括错字库（1375例）、别字库（1863例）和书写失范字库（2211例）。并对“韩国留学生汉语中介语汉字偏误库”中出现的汉字偏误进行详细、科学的分类；第二阶段基于“多层偏误标注的国别化汉语中介语动态语料库（Ⅱ期）”中150余万字的语料建立“韩国留学生汉语中介语汉字库”，通过考察韩国留学生所用汉字在《汉字等级大纲》中的分布和使用情况，并结合韩国留学生所用汉字与韩文汉字的对比分析，研制出对韩汉字教学用表。

下面我们按照研究的两个阶段对基于多层偏误标注的国别化汉语中介语动态语料库所开展的汉字层面的研究成果加以总结。

第一节　韩国留学生汉字偏误研究

一　韩国留学生汉字偏误研究类型

我们对“多层偏误标注的国别化汉语中介语动态语料库（Ⅰ期）”中的43.32万字语料对韩国留学生的汉字偏误情况及类型进行了穷尽性探查，语料中出现汉字偏误5449例，其中错字1375例，别字1863例，书写失范字2211例。在所有偏误现象中，书写失范现象是最为严重的，占到了全部偏误比重的40.58%，其次是别字，约占34.19%，再者是错字，约占25.23%。通过对3个子库中汉字各类偏误及下位类型的归纳和研究，对偏误类型进行了详细的分类，并在此基础上探求韩国学习者汉字偏误产生的原因。

（一）错字统计及偏误类型分析

我国的汉字源远流长，汉字的产生，有据可查的，是在约公元前14世纪的殷商后期，这时形成了初步的定型文字，即甲骨文，距今已三千四百多年。自汉字产生之后，每朝每代都会出现错字，南北朝时期，改字造字风盛，错字书写达到了顶峰。方块字的字形本身在以汉语为母语的本族人中写错的概率就很高，这在母语非汉语的韩国学生身上写错的概率就更高了。

在43.32万语料中测查出的1375例错字经过分类统计，得出下表：

表7-1　　**错字偏误数量统计**

偏误类型	次类偏误	偏误数量（例）	合计（例）	比例（%）	
笔画*缺失或赘加形成的错字	单笔画缺失	401	662	29.16	48.14
	单笔画赘加	196		14.25	
	多笔画缺失	18		1.31	
	多笔画赘加	47		3.42	
部件**缺失或赘加形成的错字	部件缺失	69	107	5.02	7.78
	部件赘加	38		2.76	
部件变更形成的错字	同化变更	70	467	5.09	33.96
	形似变更	354		25.75	
	音同、音近变更	38		2.76	
	无规律变更	5		0.36	
位置变更形成的错字	笔画移位	27	45	1.96	3.27
	部件移位	18		1.31	
笔画和部件的离析与重组		44	44	3.20	
部件结构布局错误		50	50	3.64	

1. 笔画缺失或赘加形成的错字

笔画是指汉字在书写过程中有始有终完成的最小的连笔单位。① 书写时，笔画数量的增减势必会产生错字。笔画数量的增减可以分为单笔画的减少、单笔画的增加、多笔画的减少、多笔画的增加四类，其中，需要明

* 本文中笔画的划分与称谓主要以张静贤《现代汉字教程》为依据，同时参考黄伯荣、廖序东主编《现代汉语》。

** 本文中部件信息参考由国家语言文字工作委员会中文信息司提出的《信息处理用GB.13000.1字符集汉字部件规范》中的《汉字基础部件表》。

① 王宁：《汉字学概要》，北京师范大学出版社2001年版，第64页。

确的是，在因笔画数量的增减而造成的错字中，多笔画的增减不包括部件或形素的增减，因部件或形素的增减而造成的错字我们将会在下面一节单独说明。

（1）单笔画缺失

单笔画缺失指的是在汉字书写过程中，在既定位置上某一笔画缺失的偏误。

通过对语料库中 1375 例错字偏误字样分析，共筛选出单笔画缺失字样 401 例。从表 7-1 中我们可以看出，单笔画缺失造成的偏误在错字偏误中居首位，占到了错字偏误总数的 29. 16%。如下表所示：

表 7-2　　　　　–错字偏误数量统计（前为正字，后为错字）

德—德	真—真	望—望	喜—喜	鳄—鳄
很—很	很—佷	鞋—鞋	意—意	会—会
事—事	经—经	美—美	慕—慕	婚—婚
我—我	述—述	聊—聊	蓬—蓬	的—旳
婢—婢	普—音	邻—邻	泼—泼	般—般
钱—钱	还—还	终—终	为—为	房—房
就—就	初—初	我—我	书—书	界—界
济—济	眉—眉	朝—朝	厦—厦	感—感
帮—帮	你—你	国—国	蒙—蒙	唇—唇
瘦—瘦	算—算	扔—扔	离—离	尊—尊
突—突	划—划	领—领	司—司	润—润
宿—宿	照—照	察—察	带—带	错—错
集—集	借—借	填—填	赢—赢	鸟—鸟
买—买	脸—脸	笑—笑	烫—烫	微—微
黝—黝	耀—耀	叠—叠	镇—镇	愿—愿
脾—脾	啤—啤	转—转	定—定	岛—岛
壮—汢	钱—钱	参—参	彩—彩	压—压
通—通	议—议	冷—冷	少—少	博—博
恭—恭	嘛—嘛	舞—舞	蔬—蔬	揍—揍
囊—囊	髦—髦	隆—隆	盏—盏	简—简

我们对 401 例因单笔画缺失产生的错字按所缺笔画进行归纳统计（见图 7-1），可以看出横笔缺失与点笔缺失出现的概率是很高的，折笔

出现偏误的情况最少。

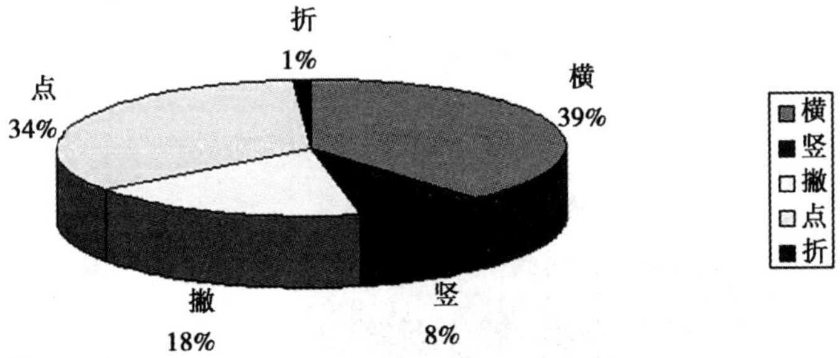

图 7-1　单笔画缺失类型

（2）单笔画赘加

单笔画的增加指的是在规范汉字形体的任意位置赘加一笔画。汉字的笔画数是既定的，汉字笔画的位置也是既定的，所以在汉字中，不论在什么位置，但凡出现增笔现象都会产生错字。通过对语料库中 1375 例错字偏误字样分析，共筛选出单笔画赘加字样 196 例，样例如下表所示：

表 7-3　　单笔画赘加字样表（前为正字，后为错字）

租—租	神—神	琴—琴	奶—奶	武—武
心—心	韩—韩	腻—腻	冲—冲	鞋—鞋
互—互	顾—顾	衍—衍	寓—寓	暖—暖
礼—礼	忘—忘	物—物	厌—庆	减—減
突—突	伟—伟	际—际	赛—赛	礼—礼
决—決	忙—忙	友—发	屋—屋	他—他
式—戎	祈—祈	驶—驶	害—害	遗—遗
羡—羡	他—他	似—似	奥—奥	害—害
念—念	望—望	班—班	爱—爱	事—事
致—致	语—语	逝—逝	吃—吃	药—药
犯—犯	建—建	堂—堂	时—时	更—更
迹—迹	脾—脾	春—春	复—复	考—考
炸—炸	主—圭	唱—唱	压—庄	概—概
呢—呢	呀—呀	来—来		

我们对 196 例因单笔赘加而形成的错字进行统计得出下图，从图 7-2 中可以看出，点笔赘加的情况是最为常见的，点笔的赘加有 108 例，占

55%。其他容易出现赘笔的还有横笔、撇笔，分别占到24%和15%，通过对这些容易赘加的笔画的分析我们可以看出，这些笔画的形态都十分短小，赘加笔画之后与规范汉字的形态相似度很高。

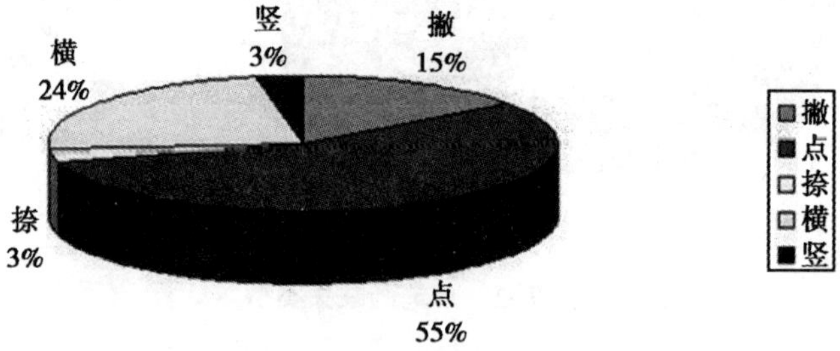

图 7-2　单笔画赘加类型

（3）多笔画缺失

多笔画缺失是指 2 个或者 2 个以上笔画的缺失。多笔画缺失可以分为两种情况，一种是多笔画部件或形素的减少，另一种就是除去多笔画部件或形素所剩下的其他的类型。多笔画部件或形素的减少我们在这一小节不多说明，我们在下面的小节中会详细介绍。

通过我们测查，多笔画缺失一共 18 例字样，占错字偏误字样总数的 1.31%。单笔画缺失造成的偏误数量远大于多笔画缺失造成的偏误数量。如：

表 7-4　　多笔画缺失字样表（前为正字，后为错字）

迹—迹	爸—㔾	虚—虗	道—道
奥—奥	羹—羹	爵—爵	突—突

“迹”是由形旁“辶”（chuò）跟声旁亦组成的形声字，声旁“亦”中左右两点省略形成了错字。“爸”是由形旁“父”跟声旁“巴”组成的形声字，形旁“父”省掉“乂”只写为“八”，从而产生错字。“虚”是由示音部件“虍”（hū）跟部件“业”组成的形声字，示音部件“虍”省写为“户”。“道”是由部件“辶”跟部件“首”组成的形声字，“首”省略横、撇两笔写为了“首”。“奥”中的“米”省掉末端撇、捺 2 笔，“奥”便错写为了“奥”。“羹”是由部件“羔”、“美”组成的会意字，“美”省掉前两笔“丷”便错写成了“羹”。“爵”中的“罒”仅写为一

个横笔。“突”由部件“穴”和“犬”组成，“穴”中下面两点缺失，“突”变写为了“宊”。

（4）多笔画赘加

多笔画赘加是指 2 个或者 2 个以上笔画的赘加。多笔画赘加也可以分为两种情况，一种是多笔画部件或形素的赘加，另一种是除去多笔画部件或形素赘加所剩下的其他情况的赘加类型。多笔画部件或形素的赘加我们在这一小节同样不多做说明。

经过我们的测查，多笔画赘加共 47 例，占错字偏误字样总数的 3.42%。如：

表 7-5　　多笔画赘加字样表（前为正字，后为错字）

貌—貌	貌—貌	分—分	册—册	欲—欲
磨—磨	美—美	样—様	兜—兜	

“貌”写为“貌”，“豸”（zhì）误加了两个撇笔。“貌”还有写为“貌”的，“豸”不但误加了两个撇笔，而且还在右侧误加了“乀”，误加的笔画数量达到 4 画。“分”写为“分”，“刀”的左右分别误加两点。“册”也在其中误加两点写为“册”，如同两个“丹”字。“欲”写为“欲”，“欠”中的部件“人”误加了两点写为“火”。“磨”是由形旁“石”跟声旁“麻”组成的形声字，其中，“麻”是由部件“广”跟部件“林”组成的会意字，在“磨”中，“麻”中的“木”赘加撇笔写成了“禾”。“美”是从“羊”从“大”的会意字，“大”误加两点写为“火”，“美”便错写成了“美”。“样”是由形旁“木”跟声旁“羊”组成的形声字，“羊”误加一个撇笔一个捺笔，写为“美”，“样”便错写成了“様”。“兜”赘加两个横笔错写为“兜”。

在这一节中，通过对笔画缺失或赘加造成的错字进行统计我们发现以下特点：第一，笔画缺失或赘加形成的错字在所有偏误中占首位；第二，单笔画缺失在笔画缺失或赘加形成的错字及所有偏误中出现的概率最高；第三，单笔画缺失、单笔画赘加数量远高于多笔画缺失、多笔画赘加。

2. 部件缺失或赘加形成的错字

汉字的构形单位是部件。当一个形体被用来构造其他的字，成为所构字的一部分时，我们称其为所构字的部件。如“人”“止”是“企”的部件；“木”“叔”是“椒”的部件；“冖”（mì）、“元”“寸”是“冠”

的部件。① 我们把汉字进行拆分，拆到不能再拆的最小单元，这些最小单元就是汉字的基础构形元素，我们称为形素。② 如对“诺”的层层拆分：

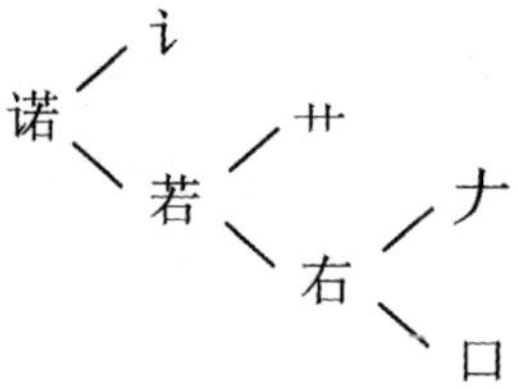

“诺”最先拆分出的是部件“讠”和部件“若”，“讠”再深层次拆分没有意义，所以是最小单元，“若”能拆分为“艹”和“右”，“艹”不能再继续拆分，而“右”可以继续拆分为“𠂇”和“口”。

（1）部件缺失

部件缺失是指在汉字书写过程中，因这样或那样的原因造成部件缺少的偏误。我们共测查出 69 例因部件缺失而形成的错字，占错字偏误总数的 5.02%。如：

表 7-6　　部件缺失字样表（前为正字，后为错字）

噪—㗊	寒—𡨄	街—往	愿—厡	廓—廓
穿—穿	奔—夵	游—㳺	流—㐬	谢—谢

“噪”是由部件“口”跟部件“喿”（zào）组成的，“喿”进行拆分得到的形素是三个“口”和一个“木”，“噪”写为“㗊”出现了形素缺失现象。“寒”中部件“宀”缺失直接误写为“𡨄”。“街”第一次进行拆分得到的部件是形旁“行”跟声旁“圭”，“行”又可拆分为形素“彳”跟“亍”，“街”写为“往”便是误省掉了形素“亍”。“愿”第一次进行拆分得到的部件是形旁“心”跟声旁“原”，“原”还可以继续拆分为形旁“厂”（hǎn）跟形旁“泉”（泉），“泉”又可以分解为“白”跟“小”（水），将形素“小”省略掉便误写为了“厡”。“廓”第一次拆分出部件“广”跟部件“郭”，“郭”又可以拆分为“享”跟“阝”，

① 王宁：《汉字学概要》，北京师范大学出版社 2001 年版，第 67 页。

② 王宁：《汉字构形学讲座》，上海教育出版社 2000 年版，第 21 页。

“享”又可拆分为“亠”“口”“子”，“亠”“口”缺失，“廓”便写为了“廓”。“穿”是从“牙”从“穴”的会意字，“牙”跟“穴”也是第一次拆分得到的部件，“穴”又是由形旁“宀”跟声旁“八”构成的形声字，“宀”跟“八”是不能再拆分的形素，形素“八”缺失，“穿”就误写为“穿”。“奔”写为“奔”是误将“卉”中的“十”省掉所致。“游”是从“㫃”汓聲的形声字，“㫃”又可拆分为“方”跟“人”（𠂉），形素“𠂉”缺失，“游”便写为了“游”。“流”直接省略掉形旁“氵”错写为“㐬”。“谢”是由形旁“讠”跟声旁“射”组成的形声字，第一次拆分得到的部件是“讠”跟“射”，其中“射”又可以拆分为“身”跟“寸”，“寸”缺失，“谢”便写为了“谢”。

（2）部件赘加

部件赘加，与部件缺失相反，是书写汉字过程中误加部件的偏误。有的部件赘加是无规律可循的；有的部件赘加则呈现出规律性，究其原因，是学生在书写汉字时受前一个字或者后一个字的影响而产生错字。

我们共发现 38 例部件赘加字样，占错字偏误总数的 2.76%。与部件缺失相比，部件赘加的情况出现得较少。在偏误总量中，部件缺失或赘加占 7.78%，位居第三位。

表 7-7-1　　部件赘加字样表（1）（前为正字，后为错字）

初—袑	鼓—皷	脖—脖	着—遳	梦—梦

“初”本是从“衤”从“刀”的会意字，将“初”写为“袑”是因为“刀”下添加了部件“口”，“刀”便成了“召”。“鼓”是从“壴”从“支”的会意字，部件“壴”下误加一“口”便成了“喜”，“鼓”便写成了“皷”。“脖”是从“月”（肉）从“孛”的形声字，“孛”可拆分为“𡗗”（米），跟“子”，“孛”写为“㪍”，误加一“口”。“着”写为“遳”，误加了一个“辶”部件。“梦”误加了一个“冖”部件而错写为“梦”。

以上这种部件的赘加是没有规律的，是因为记忆不深出现的偏误现象，以下部件赘加是有规律的。如：

表 7-7-2　　部件赘加字样表（2）（前为正字，后为错字）

（况）且—沮	每（次）—海	（决）定—淀	（苹）果—菓

“且”多与“况”组合成“况且”来用，受“况”左右结构的影响，“且”也容易被同化为左右结构的“沮”。其他的，诸如“每次”中的“每”，“决定”中的“决”，“苹果”中的“果”均如此。

3. 部件变更形成的错字

部件或形素的变更指的是本应写为 A 部件或 A 形素却写为 B 部件或 B 形素。部件或形素的变更同样会产生错字，按照原因我们将其分为 4 类，第一，同化变更；第二，形似变更；第三，音同、音近变更；第四，无规律变更。在语料中共有 467 例字样，占错字偏误字样总数的 33.96%，居第二位。

（1）同化变更

部件的同化指的是两个邻近的不同的部件，其中一个受到另一个的影响而变得跟它相同或相近。所谓的同化变更，指的是在书写时受前一个字或者后一个字甚至是自身部件的影响而发生的部件间的同化现象。

这类偏误在语料中出现的概率不高，共有 70 例，占错字偏误字样总数的 5.09%。

表 7-8　　部件同化变更字样表（前为正字，后为错字）

据—谌	信—桔	磁—镃	骗—骎
努—努	翻—䎙	始—肝	游—漩
码—砀	转—转	架—枈	教—㸑

有的是在书写时受前一个字或者后一个字的影响，将一个部件写成另一部件，如“证据”中的“据”受“证”的影响将“扌”换写为“讠”。“相信”中的“信”受“相”的影响，将“亻”换写为“木”。“开始”中的“始”受“开”的影响，将“女”换写成“开”。“旅游”中的“游”受“旅”的影响，“子”写为了“𠂉”。“教师”的“教”受“师”的影响，将“攵”写成“币”。“磁铁”中的“磁”受“铁”的影响，将“石”换写成“钅”。“努力”中的“努”受“力”的影响，将“又”写成了“力”。“受骗”中的“骗”受“受”的影响，将“扁”写成了

“受”。“号码”中的“码”受“号”的影响，将“马”写成了“号”。

有的是在书写时受自身部件的影响，将一个部件写成另一部件，如“架”将左上角的部件“力”写成“口”，“架”便写成了“枈”。“转”将形旁“车”写成了声旁“专”，声旁未变。“翻”是由形旁“羽”跟声旁“番”组成的形声字，受“羽”左右二“习”的字形构造的影响，“番”也写为左右二“番”，“翻”便写为了二“番”二“习”的“𦑝”。

（2）形似变更

形似变更是指汉字相似部件间的相互混淆。汉字是由笔画组成的，常用的汉字笔画有 28 种*之多，笔画数量繁多；其次，汉字是由众多的笔画在一定的平面区域内组配而成的，笔画的组合体—部件容易发生形似混淆现象。一些留学生在汉字书写中，由于忽视部件间的细微差别而产生错字。形似变更在部件变更中出现最为频繁，共 354 例，占错字偏误字样总数的 25.75%。

据我们的测查，易混部件主要有以下几组：

表 7-9　　易混部件样表

刂—刂	阝—卩	巳—㔾	斥—反	𠂒—攵
内—肉	疒—广	白—臼	心—⺗	臼—囟
攵—又	气—乞	干—千	瓜—爪	吅—皿
鸟—乌	几—儿	礻—衤	冖—冂	艹—廿
厶—人	土—士	已—己—巳		

经统计，因为形似而造成部件的混同共有 34 组，我们依次进行举例说明：

“艹”与“卄”经常混同，如“苗”会写为“𦬁”，“昔”会写为“昔”。“阝”与“卩”经常混同，如“郎”会写为“即”，“即”会写为“郎”。“㔾”常混同为“巳”，如“犯”会写为“犯”，“㔾”写为“巳”者未曾发现。“斥”常混同为“反”，如“诉”会写为“讴”，“反”写为“斥”未曾发现。“𠂒”经常混同为“攵”，如“游”会写为“游”，

* 28 个常用汉字笔画：点、横、竖、撇、捺、提、竖钩、弯钩、斜钩、卧钩、竖弯、竖弯钩、横折提、横折弯、竖提、横钩、横折、横折钩、横撇、撇折、撇点、横折弯钩、竖折、竖折弯钩、竖折折撇、横撇弯钩、横折折折勾、竖折撇。

“夂”写为“夊”者未曾发现。“肉”与“内”经常混淆，如“腐”会写为“腐”，“纳”写为“纳”。“勹”经常混同为“⺈”，如“跑”会写为“跑”。“同”常混淆为“问”，如“筒”会写为“筒”。“心”与“灬”常混淆，如“感”会写为“感”，“庶”下面的“灬”会写为“心”。“臼”常与“囟”混淆，如“鼠”上部的“臼”会写为“囟”，“傻”上的“囟”会写为“臼”。“攵”经常会混同为“又”，如“收”会写为“収”。“气”经常会写为“乞”，如“汽”会写为“汔”。“干”和“千”经常会混同，如“杆”会写为“杆”，“迁”会写为“迁”。“瓜”和“爪”经常混同，如“爬”会写为“爬”，“狐”会写为“狐”。“吅”常会写成“皿”，如“鳄”中的“吅”常会写成“皿”。“鸟”跟“乌”经常混淆，如“鹤”会写为“鹤”，“坞”会写为“坞”。“几”和“儿”经常会混淆，如“党”会写为“党”，“机”会写为“机”。“礻”经常与“衤”发生混同，如“初”的“衤”会写为“礻”，“礼”的“礻”会写为“衤”。“冂”经常会写为“冖”，如“高”会写为“高”。“艹”经常会写为“廿”，如“菜”会写为“菜”。“东”经常会写为“东”，如“练”会写为“练”。“见”常会写为“贝”，如“觉”下的“见”常会写成“贝”。“儿”常会写成“八”，如“兄”中的“儿”会写为“八”。“儿”也经常会写为“人”，如“说”中的“儿”会写成“八”。“厂”常会与“厂”发生混同，如“后”会写为“后”，“顾”会写为“顾”。“厶”经常会写为“人”，如“钩”中的“厶”经常会写为“人”。“士”常会写为“土”，如“吉”会写为“吉”。“⺈”会经常写为“𠂉”，如“趋”会写为“趋”。“疒”会写为“广”。如“瘦”会写成“廋”。“白”和“臼”经常混淆，如“鬼”会写为“鬼”，再如“鼠”上部的“臼”会写为“白”。“刂”常会写为“刂”，如“师”的左边会写为“刂”。“已”“己”“巳”三个部件经常会发生混淆，如“记”会写为“记”等。

（3）音同、音近变更

汉字中存在大量的形声字，形声字是由声旁和形旁构成的，形旁承担示义作用，声旁承担示音作用。音同、音近变更形成错字指留学生在书写形声字时由于声旁形体记忆不扎实，仅仅记住了声旁的音而忘记了声旁的形，于是采用了同声或者是声近部件代替的方法完成该字而产生错字。音同音近变更可以分为音同变更和音近变更两类，音同的标准可以扩展到音同调异。这类偏误较少，共38例，仅占错字偏误字样总数的2.76%。

音同变更如下例所示：

表 7-10　　音同变更样表（前为正字，后为错字）

领—颍	胆—脾	糕—稿	搁—挌

“领”是由声旁“令”跟形旁“页”组成的形声字，声旁“令”被“另”替代，“领”也就写为了“颍”。“胆”是由声旁“旦”跟形旁“月”（肉）组成的形声字，“旦”被“单”替代，“胆”也就写为了“脾”。“糕”是由声旁“羔”跟形旁“米”组成的形声字，“羔”被“高”替代，“糕”也就写为了“稿”。“搁”是由声旁“阁”跟形旁“扌”组成的形声字，“阁”被“各”替代，“搁”也就写为了“挌”。

音近变更如下例所示：

表 7-11　　音近变更样表（前为正字，后为错字）

捣—抅	骄—骹	淅—澌

“捣”是由声旁“岛”跟形旁“扌”组成的形声字，“岛”和“鸟”因为音近、形似，“岛”被“句”替换，“捣”便写为了“抅”。“骄”是由声旁“乔”跟形旁“马”组成的形声字，“乔”被“交”替代，“骄”便写为了“骹”。“淅”是由声旁“析”跟形旁“氵”组成的形声字，由于音近，“析”被“斯”替代，“淅”便写为了“澌”。

形声字的形旁只起到示音的作用，与汉字的意思没有太大的联系，但是汉字选定了形旁、声旁就成了约定俗成的形声字，虽然一些新造的汉字在造字理据上更直观，如“骹”，但为了汉字的规范健康发展，任何脱离了规范形体的新造字，即使造字理据合理，有利于汉字的识记，也是不符合规范汉字标准的，应算错字，是应该禁止的。

（4）无规律变更

因部件或者形素的变更所造成的错字可以分为有规律性变更和无规律性变更两类，上面我们提及的同化变更，形似变更以及音同、音近变更就属于有规律性变更一类。无规律性变更指的是除去同化变更，形似变更，音同、音近变更之外的变更方式。通过测查，我们发现，这种没有规律的部件变更所出现的概率是很低的，我们仅发现 5 例。虽然偏误实例少见，但我们仍将其作为一种类型进行分析：

表 7-12　无规律变更样表（前为正字，后为错字）

蹈—蹘	材—付	倒—御	醒—碮	黄—黄

“蹈”是由形旁“足”和声旁“舀”组成的形声字，在“蹘”中，“舀”下部的“臼”写为了“亚”，“臼”写为“亚”毫无规律。“材”中的形旁“木”写为了“亻”，这两个部件的变更替换也是毫无规律的。“倒”中的“刂”写为了“亍”，“醒”中的“酉”写为“石”，以及“黄”中的“艹”写为“立”，都不是同化作用造成的变更，并且无论是在形体相似度还是在读音相似度上，它们之间都有较大的区别，实属没有规律的变更。

4. 位置变更形成的错字

古代汉语中，汉字部件组合的随意性很强，只要不改变该汉字的造字理据便可以，如现行的“群”写为“羣”“群”均可，再如“峰”写为“峯”“峰”均可。现当代汉语中，汉字有了明确的规范，汉字部件组合的随意性变成了固定性，任何改变笔画位置、部件位置的书写都会造成错字的产生。我们将位置变更形成的错字分为笔画移位形成的错字和部件移位形成的错字两个类型。

位置变更造成的错字比较少，共 45 例，占错字偏误字样总数的 3.27%。

（1）笔画移位

笔画移位是指汉字在书写过程中，笔画的类型和数量没有发生变化，只是笔画的位置发生了变化。汉字确立了规范形体后，笔画也就有了确定的位置，任何改变笔画位置的书写都是错误的，都会产生错字。

我们共测得 27 例因笔画移位形成的错字，占错字偏误总量的 1.96%。如：

表 7-13　笔画移位形成的错字样表（前为正字，后为错字）

哭—哭	司—司	为—为	们—们	以—以	国—国

“哭”是由部件“吅”和“犬”组成的，“犬”右上角点笔移位至撇笔下，便写成了“太”，“哭”便写为了“哭”。“司”中的横笔在“口”之上，横笔移位至“口”下，“司”便写为了“司”。“为”中有两个点

笔，“为”上的点笔在撇笔的左侧，将改点笔移位至撇笔右侧，“为”便写为了“为”。“门”中的点笔应该在“丨”与“𠃌”起笔的中间，点笔过于靠下变作内置，“们”便写为了“们”。“以”中的点笔是在“竖提”与“人”之间，并在“竖提”的提笔之上，将改点笔置于竖提正上，“以”便写为了“以”。“国”是由“囗”（wéi）跟“玉”组成的，其中“玉”的点笔放置于首笔之上，“国”便写为了“国”。

值得注意的是，笔画的移位是有度的，我们根据移位程度的大小将这些偏误汉字归为错字和书写失范字，如“犬”中的点笔下移至撇下，移位幅度大，自然是错字。笔画移位的幅度很小，但终究是发生了移位，改变了规范汉字的结构，显得不协调不美观，我们把这一类归为书写失范字，具体情况我们在下文会详细分析。

（2）部件移位

部件移位是指汉字在书写过程中，部件的类型和数量没有发生变化，只是部件的位置发生了变化，任何改变部件位置的书写都是错误的，都会形成错字。

部件移位产生的错字仅 18 例，占错字偏误总数的 1.31%。如：

表 7-14　　部件移位形成的错字样表（前为正字，后为错字）

限—[illegible]	影—[illegible]	健—[illegible]	啊—[illegible]
师—[illegible]	翻—[illegible]	拜—[illegible]	岗—[illegible]

“限”是左右结构的汉字，左右不见换位便写为了“[illegible]”，“影”“师”“啊”也是如此。“健”也是左右结构的形声字，与“限”不同，“健”的部件“亻”放置在了“廴”与“聿”之间。“翻”是左右结构的形声字，与大多数左右结构的形声字不同，“翻”的声旁“番”在左侧，形旁“羽”在右侧，受这一规律的影响，留学生在书写“翻”时有时会遵循这一规律将声旁“番”放置在右侧写为“[illegible]”。“拜”是左右结构的汉字，因为左右部件形体上有一定的相似度，所以这两个部件在位置布置上有时会出现互换现象，“拜”便写为了“[illegible]”。“岗”是上下结构的形声字，受形声字多为左右结构的影响，“岗”的形旁“山”会放置在声旁“冈”的左侧写为“[illegible]”。

5. 笔画和部件的离析与重组

离析与重组本是汉字形体演变过程中出现的汉字形变现象，是一对文字学术语，离析与重组现象作为一种偏误类型也出现在留学生书写的文本语料中。关于汉字形体偏误范畴中离析与重组的定义，没有专家学者对其做过界定，本文借鉴王立军教授在《宋代雕版楷书构形系统研究》中关于“汉字形变”现象对“离析”和“重组”的定义，再经我们的整合，对离析与重组界定如下：所谓离析，是指一个笔画或者部件发生分裂，变成两个或者几个部分，也就是我们所说的断笔。离析按照结果可以分为离析后重组和离析后不重组两类；所谓重组，是指两个或者几个笔画、部件在书写时进行组合，变成一个部分。离析与重组共测得错字样例 44 例，占偏误总数的 3.2%。

离析后不重组指的是，笔画进行了离析，但是离析后的笔画与其他的笔画是相离关系，离析后不重组的结果就是笔画数量的增加。如：

表 7-15 笔画离析后不重组形成的错字样表（前为正字，后为错字）

长—长	以—以	牙—牙	象—象
免—免	阝—阝	敢—敢	概—概

“长”与“以”都是“𠃊”出现了离析现象，“长”中的“𠃊”被横笔离析为一个竖笔和一个竖提，“以”中的“𠃊”离析为竖笔和提笔两个笔画。“牙”中的竖折“𠃊”离析为一个竖笔和一个横笔，“概”中的“旡”也是这类。“象”中的第 6 笔撇离析为一个竖笔和一个撇笔，同理，“免”中的第 6 笔撇也是离析为一个竖笔和一个撇笔。“阝”共 2 笔，横折弯钩“㇌”容易离析为横折和弯钩两笔。“敢”中的横折“𠃍”离析为一个横笔和一个竖笔。

除此之外，容易出现离析的笔画还有很多，如：“𠃌”容易离析为一个横笔和一个竖钩。如“用”、“刚”等；“㇇”容易离析为一个横笔和一个撇笔，如“水”、“又”等；“𡿨”容易离析为一个撇笔和一个点笔，如“女”等；“㇊”容易离析为一个横折笔和一个提笔，如“讠”等；“㇈”容易离析为一个横笔和一个竖弯钩，如“九”“几”等，同样，横折弯“㇍”容易离析为一个横笔和一个弯笔，如“没”等；“㇉”容易离析为一个竖笔和一个折撇，如“专”等；“㇉”容易离析为一个竖笔和一个横折笔，如“马”“凹”等。

离析后重组指的是，某一笔画产生了离析现象，离析后的笔画中至少有一个笔画与其他的笔画重新组合，从而产生了新的笔画，这种偏误可能会造成笔画的增加。

表 7-16　笔画离析后重组形成的错字样表（前为正字，后为错字）

云—云	牙—牙

笔画离析后重组的实例不是很多，我们仅仅找到了“云”跟“牙”两例，“云”中的“𠃋”离析为一个撇笔和一个折笔，折笔同点笔发生了笔画的重组现象，二者重组为一个“乛”。“牙”中的“𠃊”也发生了离析，离析后的竖笔同上面的横笔重组成一个不规则的笔画“𠂆”。

部件的离析与重组是指，部件因为其笔画发生离析与重组，部件出现分裂或者合并现象。部件的离析与重组与笔画的离析与重组密不可分。如：

表 7-17　部件离析形成的错字样表（前为正字，后为错字）

便—便	象—象	免—免	局—局
央—央	果—果	良—良	遇—遇

以上 8 组偏误均是因为笔画出现离析而导致部件离析的例子，“便”第 8 笔撇笔离析为两个撇笔，“更”便被离析为“丆”“史”两部分。“象”第 6 笔撇离析为一个竖笔和一个撇笔，“象”被离析为“⺈”“罒”“豕”三部分。同样，“免”也因为第 6 笔撇笔的离析而被离析为“⺈”“罒”“儿”三部分。“局”第 3 笔撇笔离析为一个竖笔和一个撇笔，竖笔参构成了“口”，撇笔参构成了“句”，于是“局”就被离析为了“口”“句”两部分。“央”第 4 笔撇笔离析为竖笔和撇笔，“央”被离析为“㠯”“八”两部分。“果”的竖笔离析为两个小竖笔，“果”便被离析为“田”“木”两部分。“良”的“𠄌”离析为一个竖笔和一个短竖钩，“良”便被离析为了“丶”“曰”“𧘇”三部分。“禺”第 7 笔竖笔离析为一个短竖和一个撇笔，竖笔参构成了“田”，撇笔离析后又出现了笔画

重组，与提笔重组为“𠃋”，“禺”便被离析为“田”“冂”两部分。

以上是部件离析的情况，我们再看一下部件重组的情况，部件重组现象的发生还是因为笔画的重组而造成的。如：

表 7-18　　部件重组形成的错字样表（前为正字，后为错字）

鳄—鳄	易—易	韩—韩	傲—傲	美—美	表—表

“鳄”中的“吅”部件重组为“皿”，“鳄”便写为了“鳄”。“易”中的首笔竖与第 5 笔撇重组为一个大的撇笔，“易”便写为了“易”。“韩”中的第 2 笔撇在宋体印刷体上写为竖，一些学生受此影响，与第 8 笔竖重组为一个大的竖笔，“卓”便写为了“車”。“傲”的第 6 笔竖与第 7 笔撇重组成一个大的撇笔，同理，“美”的第 6 笔竖与第 8 笔撇重组为一个大的撇笔，“表”的第 4 笔竖与第 5 笔撇重组成一个大的撇笔。

6. 部件结构布局错误

部件结构布局错误指留学生在习用汉字时，对方块形状特点及部件认识不够，没有处理好立体结构的汉字同部件之间的空间关系而产生错字偏误的现象。汉字字形是不断演变的，在其发展演变的历史中，以甲骨文、金文、小篆为代表的古文字形带有较强的象形意味，汉字呈现出多种字形并存的局面。隶变是古今文字的分水岭，隶变以后的汉字摆脱了物象性，独立的笔画正式形成，笔画取代小篆的线条，变圆曲为方直，汉字的整体形态由小篆的长圆形演变成为略扁的方体态。隋唐之后，楷书完全成熟，楷书具备方正形态，匀称、均衡的美学原则也极具体现，组构成字的部件之间还要互相避就、补充。

我们析得 50 例字样，占错字偏误字样总数的 3.64%。如：

表 7-19　　部件结构布局错误字样表（前为正字，后为错字）

落—落	这—议	婚—婚	题—是页
多—夕夕	帮—都	前—前	播—播

“落”是上下结构的汉字，写为“落”变作左右结构。“这”是半包围结构的汉字，“辶”中的捺笔缩短便写为近似于“讠”，“这”便写为了左右结构的“议”。“婚”写为“婚”左右结构的布局没有变化，变的

是部件“女”本应是作左部件占一半的字格，“婚”中的部件“女”居于左上占四分之一的字格。“题”是半包围结构的汉字，“是”末笔没有捺出，“题”便写为了左右结构的“是页”。“多”是上下结构的汉字，写为“夕夕”变成了左右结构。“帮”是上下结构的汉字，写为“邦巾”便成了左右结构。“前”是上下结构的汉字，写为“前”变成了左右结构。“播”是左右结构的汉字，与“婚”的偏误不同，“播”写为“播”变成了上下结构。

通过我们的测查，上下结构写为左右结构，半包围结构写为左右结构，这两种偏误类型所占的比例是最大的，应引起教学的重视。

（二）别字统计及偏误类型分析

汉字的音、形、义有同、近、异的区别，当其进行交叉时便出现了正字与错别字。别字的偏误类型主要分为音同音近别字、形近别字和不规律别字三类，但有相当大部分别字可以同时归为两类，为此我们新增音同形近别字、音近形近别字两类。通过对 43. 32 万文本语料的穷尽性测查得出别字 1863 例，约占所有偏误总数的 34. 19%。别字偏误字样数量见下表：

表 7-20　　别字偏误数量统计

<table>
<tr><th>偏误类型</th><th colspan="2">次类偏误</th><th>偏误数量（例）</th><th>合计（例）</th><th colspan="2">比例（%）</th></tr>
<tr><td rowspan="3">音同音近别字</td><td colspan="2">音同别字</td><td>859</td><td rowspan="3">975</td><td>46. 11%</td><td rowspan="3">52. 33%</td></tr>
<tr><td rowspan="2">音近别字</td><td>声同韵异</td><td>64</td><td>3. 44%</td></tr>
<tr><td>声异韵同</td><td>52</td><td>2. 79%</td></tr>
<tr><td rowspan="5">形近别字</td><td colspan="2">笔画的缺失或赘加</td><td>47</td><td rowspan="5">354</td><td>2. 52%</td><td rowspan="5">19%</td></tr>
<tr><td colspan="2">部件的缺失或赘加</td><td>103</td><td>5. 53%</td></tr>
<tr><td colspan="2">相似笔画变更</td><td>56</td><td>3. 01%</td></tr>
<tr><td colspan="2">相似部件变更</td><td>99</td><td>5. 31%</td></tr>
<tr><td colspan="2">笔画部件位置变更</td><td>49</td><td>2. 63%</td></tr>
<tr><td>音同形近别字</td><td colspan="2"></td><td>448</td><td>448</td><td colspan="2">24. 05%</td></tr>
<tr><td>音近形近别字</td><td colspan="2"></td><td>79</td><td>79</td><td colspan="2">4. 24%</td></tr>
<tr><td>不规律别字</td><td colspan="2"></td><td>7</td><td>7</td><td colspan="2">0. 38%</td></tr>
</table>

1. 音同音近别字

整字层面上的音同音近别字指在汉字书写的过程中，将某一字 A 写成了读音相同或相近的另一字 B。现代汉语中，虽然汉字数量众多，但汉字的读音却只有几百个，每个字音都包含几十乃至上百个同音字，同时还存在大量音近字，因此，音同音近字之间容易出现使用混淆的情况。

本文共有音同音近别字 975 例，占别字偏误总数的 52.33%。

(1) 音同别字

音同别字指声母、韵母均同，声调可不同的同音字。我们共测得同音别字 859 例，占别字偏误总数的 46.11%，不仅在 Ba 型中占优势，而且在所有别字类型中也是出现概率最大的类型。如：

表 7-21 音同别字样表（前为正字，后为别字）

或者—或着	观察—观查	凑合—凑和	启事—启示
名片—明片	朗诵—朗颂	权利—权力	班级—般级
没工夫—没功夫	不计其数—不记其数	爱不释手—爱不失手	
甘拜下风—干败下风	大显身手—大显伸手		

(2) 音近别字

音近别字是声母或韵母相同、声调可同可不同的字，我们又可以将其分为声母相同韵母不同的别字和声母不同韵母相同的别字。通过对语料分析统计，共发现音近别字 116 例，占别字偏误总数的 6.23%。

声同韵异的情况字样如下：

表 7-22-1 音近别字样表（1）（前为正字，后为别字）

得—地	顾—国	两—连	越—与	看—可	所—素

通过对 116 例音近别字统计，发现声同韵异别字共 64 例，占别字偏误总数的 3.44%。

声异韵同的情况字样如下：

表 7-22-2 音近别字样表（2）（前为正字，后为别字）

此—以	在—才	髓—水	教—效

通过对 116 例音近别字统计，发现声异韵同别字共 52 例，占别字偏误总数的 2. 79%。

2. 形近别字

形近别字指本应写为字 A 却写成了与 A 字形相近的字 B 而产生的偏误现象。缺笔与增笔，以及部件的缺失与赘加在韩国留学生的汉字书写中是经常出现的偏误，笔画、部件缺失与赘加的后果是产生汉字偏误，具体来说，不成字的汉字偏误是错字偏误，成字的汉字偏误则是别字偏误。与错字同理，我们将形近别字按笔画缺失或赘加、部件缺失或赘加、相似笔画变更、相似部件变更和笔画部件位置变更五个小类来具体分析。

语料中共发现形近别字 318 例，占别字偏误总数的 17. 07%。

（1）笔画的缺失或赘加

笔画的缺失或赘加是指字 A 因缺少或添加一笔变成字形与 A 相近的字 B 而产生的偏误现象。汉字中有许多的形近字，有时仅仅一笔之差就会是几个不同的字，对留学生来说，这无疑是记忆的难点。在 318 例形近别字中，Bb1 型别字共 41 例，占 2. 20%。如：

表 7-23　笔画的缺失或赘加形成的别字样表（前为正字，后为别字）

矛盾—予盾	小鸟—小乌	休息—体息	衰老—哀老

“矛”字因撇笔缺失写为“予”字。“鸟”字因点笔缺失写为“乌”字。“休”字因赘加横笔写为“体”字。“衰”字因赘加横笔写为“哀”字。

（2）部件的缺失或赘加

部件的缺失或赘加是指字 A 因缺少或添加某一部件变成字形与 A 相近的字 B 而产生的偏误现象。与笔画的缺失或赘加一样，很多别字也会出现部件缺失或赘加的情况。共测得 Bb2 类偏误 98 例，占别字偏误总数的 5. 26%。如：

表 7-24　部件的缺失或赘加形成的别字样表（前为正字，后为别字）

感—咸	责—绩	都—者	进—井	掌—撑
虽—虫	故—做	趣—取	眼—艮	柔—矛

（3）相似笔画变更

相似笔画变更指本应写为字 A，却把其中某一笔画写为相似的其他笔画而导致写为字 B 的偏误现象。汉字中有为数不少的形近字，主要表现在笔画相似和部件相似两个方面。相似笔画变更造成的别字有 51 例，占别字偏误总数的 2.74%。

表 7-25　　相似笔画变更形成的别字样表（前为正字，后为别字）

考—老	瓜—爪	究—穷	见面—贝面

（4）相似部件变更

相似部件变更指本应写为字 A，却把其中某一部件写为相似的其他部件而导致写为字 B 的偏误现象。相似部件变更形成的错字比重比较高，有 90 例，占别字偏误总数的 4.83%。

表 7-26　　相似部件变更形成的别字样表（前为正字，后为别字）

迁徙—迁徒	小偷—小愉	读书—续书	幻想—幼想
膏药—盲药	沏茶—彻茶	拔河—拨河	官司—官可

（5）笔画部件位置变更

笔画部件位置变更指因为笔画或部件的位置发生变化产生的别字。这类偏误有 38 例，占别字偏误总数的 2.05%。如：

表 7-27　笔画部件位置变更形成的别字样表（前为正字，后为别字）

自己—自已	已经—巳经	入场—八场	太阳—犬阳
陪理—部理	杏花—呆花	案子—桉子	出入—出人

3. 音同形近别字

音同形近别字指由于音同且形近的原因而形成的别字偏误。我们在语料库中测得这类别字有 448 例，占别字偏误总数的 24.05%。如：

表 7-28　　音同形近别字样表（前为正字，后为别字）

辨别—辩别	历史—厉史	等候—等侯
爆炸—暴炸	圆形—园形	坐落—座落
煤炭—煤碳	宣泄—渲泄	消费—销费
噪声—燥声	城市—成市	妨碍—纺碍
根据—跟据	按摩—按磨	洽谈—恰谈

4. 音近形近别字

音近形近别字指由于字音相近且字形也相近而形成的别字偏误。这类别字偏误共测得 79 例，占别字偏误总数的 4.24%。如：

表 7-29　　音近形近别字样表（前为正字，后为别字）

幸福—辛福	传—转	挣—净	脸—险	较—效

5. 不规律别字

在别字中，绝大部分都可以分门别类进行统计分析，但也有极少数不规律现象出现，我们将其归为不规律别字。在数据库中我们共测得 7 例不规律别字，占别字偏误总数的 0.38%。它们分别是：

表 7-30　　不规律别字样表（前为正字，后为别字）

很快—很对	取出—打出	成绩—走绩	大树—大高
胜利—战利	地图—纸图	恋爱—亲爱	

（三）书写失范字偏误类型分析

在所有偏误现象中，书写失范现象是最为严重的，占到了全部偏误的 40.58%，共计 2211 例。我们将从笔形失准、汉字书写笔顺的丧失、汉字美学结构的丧失和手写印刷体四个方面进行说明。根据数据库字样，各类书写失范字统计数据如下表所示：

表 7-31　书写失范字数量统计

<table>
<tr><th>偏误类型</th><th colspan="2">次类偏误</th><th>偏误数量（例）</th><th>合计（例）</th><th colspan="2">比例（%）</th></tr>
<tr><td rowspan="6">笔形失准</td><td rowspan="3">钩笔失范</td><td>钩笔缺失</td><td>943</td><td rowspan="6">1930</td><td>42.65</td><td rowspan="3">46.63</td></tr>
<tr><td>钩笔赘加</td><td>59</td><td>2.67</td></tr>
<tr><td>钩笔变形</td><td>29</td><td>1.31</td></tr>
<tr><td colspan="2">点笔失范</td><td>418</td><td colspan="2">18.91</td></tr>
<tr><td colspan="2">“辶”旁失范</td><td>357</td><td colspan="2">16.15</td></tr>
<tr><td colspan="2">“彐”“口”等失范</td><td>124</td><td colspan="2">5.61</td></tr>
<tr><td>汉字书写笔顺的丧失</td><td colspan="2"></td><td>177</td><td>177</td><td colspan="2">8.01</td></tr>
<tr><td rowspan="2">汉字美学结构的丧失</td><td colspan="2">字结构倾侧偏敧</td><td>44</td><td rowspan="2">59</td><td>1.99</td><td rowspan="2">2.67</td></tr>
<tr><td colspan="2">汉字笔画拥挤、稀疏</td><td>15</td><td>0.68</td></tr>
<tr><td>手写印刷体</td><td colspan="2"></td><td>45</td><td>45</td><td colspan="2">2.04</td></tr>
</table>

1. 笔形失准

笔形失准，是指笔画的书写没有达到规范程度，笔画在形态方面有失水准。汉字是横平竖直的方块字，一些韩国留学生会因为对汉字笔画了解不深，加之受到韩文的影响，造成笔形失准现象。我们共测得 1930 例笔形失准字样，占书写失范偏误字样的 87.29%。按书写失范笔形分为钩笔书写失范、点笔书写失范、“辶”旁书写失范和“彐”“口”等失范四类。

（1）钩笔失范

钩笔失范指汉字书写中钩笔书写不符合规范汉字要求的偏误现象。在所收录的书写失范例字中，钩笔书写失范现象非常严重，共测得 1031 例，占书写失范字偏误总数的 46.63%。钩笔的出现在汉字笔画当中是最晚的，是伴随着成熟楷书的出现而出现的，有钩笔的笔画有：横折钩、竖钩、横钩、竖弯钩、竖折折钩、斜钩、弯钩、横折弯钩、横折折折钩、横斜钩，以及形似钩笔的提笔，如竖提、横折提等。钩笔书写偏误现象主要有三种类型：钩笔缺失、钩笔赘加以及钩笔变形。

①钩笔缺失

钩笔缺失指本应带有钩笔的汉字在书写过程中将钩笔遗失的偏误现象。在书写失范偏误字样中共测得 943 例钩笔缺失字样，占书写失范偏误字样的 42.65%。

表 7-32　　钩笔缺失字样表（前为正字，后为别字）

才—才	事—事	月—月	用—用
楚—楚	几—几	我—我	见—见
钱—钱	弟—弟	讲—讲	子—子
执—执	热—热	奶—奶	风—风

通过我们的测查，在这 12 种带有钩笔或者是提笔的笔画中，我们都找到了钩笔缺失的实例，钩笔缺失是一个普遍的现象，在大多数的韩国留学生的文本语料中都存在这一偏误现象，我们随机抽查了 10 位不同层次水平的韩国留学生的 10 篇作文作业，我们发现 9 个学生只有某几个字会有钩笔，如“比”“少”等，只有 1 位学生书写时带有规范钩笔。

②钩笔赘加

钩笔赘加指本没有钩笔的汉字在书写过程中随意添加钩笔的偏误现象。钩笔的赘加有的是因为留学生在汉字习得中形近笔画混淆造成的钩笔的赘加，如“⺄”与“乁”笔形相近，只有一个钩笔的区别，习用过程中不加注意就会混淆，将“没”中的“几”写为“几”，如“忙”最后一笔写为“乚”等。还有的是学生汉字习得过程中的自身书写问题，如“辶”的笔尾赘加钩笔，“现”的首笔追加钩笔都是留学生的无心之举而造成的。

在书写失范偏误字样中共测得 59 例钩笔赘加字样，占书写失范偏误字样的 2.67%。如：

表 7-33　　钩笔赘加字样表（前为正字，后为别字）

没—没	忙—忙	这—这	现—现

③钩笔变形

钩笔变形指本应写为钩笔 A 却写为其他类型钩笔 B 的偏误现象。在书写失范偏误字样中共测得 29 例钩笔变形字样，占书写失范偏误字样的 1.31%。如：

表 7-34　　钩笔变形字样表（前为正字，后为别字）

钱—钱	化—化

钩笔变形的偏误不多见，我们共测查得出 29 例。主要有两种类型，一种是钩笔置向的改变，如“钅”中的竖钩本应钩向右上，将钩笔钩向左上，“钱”便写为了“钱”。另一种形近带钩笔笔画的混同，如“化”中竖弯钩写为近似于斜钩“㇂”，“化”便写成了“仪”，其他的诸如“比”“毕”“晚”等均是如此。

（2）点笔失范

点笔失范指汉字书写中，点笔书写不符合规范汉字要求的偏误类型。通过测查，点笔失范共 418 例，占书写失范偏误的 18.90%。如：

表 7-35　　点笔失范字样表（前为正字，后为别字）

还—还	的—的	尽—尽	终—终
火—火	难—难	亲—亲	门—门
学—学	出—出	火—火	原—原
背—背	考—考	平—平	我—我

“还”写为“还”，“的”写为“的”，这是将点笔“丶”写成了近似于短撇“丿”。“尽”写为“尽”，“终”写为“终”，是将点笔“丶”写成了近似于提笔的“㇀”，“⺀”便写成了“冫”。“火”写为“火”，是将撇点“丿”写为了短撇“丿”，“难”写为“难”，是将点笔“丶”写为了短撇“丿”。“亲”写为“亲”是将点笔“丶”写为了捺笔“㇏”。“门”写为“门”是将点笔“丶”写为了近似于短横的“-”。“学”写为“学”是将点笔“丶”写为了近似于短竖的“丨”。“出”写为“出”，是将短竖写为了点笔。“火”写为“火”，“原”写为“原”是将短撇笔“丿”写为了近似于点笔的“丶”。“背”写为“背”，是将第 2 笔短横“-”写为了近似于点笔的“丶”。“考”写为“考”，“平”写为“平”是将横笔写为了近似于撇笔的斜横笔。“我”写为“我”是将首笔撇笔写为了横笔。

通过对笔形失准的实例的分析，我们发现点笔出现笔形失准的概率是最高的，点笔“丶”最常写为近似于撇笔、提笔、短撇、捺笔、短横、短竖等笔画，也有的笔画写为近似于点笔，如短竖、短撇、短横等。

（3）“辶”旁失范

“辶”旁失范指留学生书写带有“辶”的汉字时出现“辶”不符合

规范汉字要求的偏误类型。汉字中的“辶”会被写成韩语中的子音“ㄴ”上加一点，如“这”“远”“还”。经测查，此类偏误共357例，占书写失范偏误的16.15%。

表7-36　“辶”旁失范字样表（前为正字，后为别字）

还—	这—	道—

以上三字的“辶”都写为“之”，而没有“辶”的折笔。这类偏误大量存在，带有“辶”的字经常出现这类偏误。

（4）“彐”“口”等失范

除了以上书写失范类型外，还有一些其他经常出现偏误的情况，我们共测查出124例，占书写失范偏误总数的5.61%。如：有的笔形失准是因为笔画的长度不当，在汉字结构中，本该贯出的却没有贯出，本该不贯出的笔画却写为贯出，这同样是因为笔形的失准而造成的书写失范汉字，主要表现在“⺕”的书写上。如：

表7-37　“彐”“口”等失范字样表（前为正字，后为别字）

雪—雪	事—事

“雪”中“彐”的中间横笔是不贯出的，在“雪”中横笔写为了贯出。“事”中“⺕”的横笔是贯出的，在“事”中横笔不贯出，写为“彐”。这些本该贯出却没有贯出，本该不贯出却写为贯出，都是书写失范现象写法，所写成的汉字毋庸置疑也都是书写失范字。

韩语文字中有大量的不发音的零声母“○”，因此汉字中的“口”有时会写为“○”，如“吃”会写为“o乞”等。也有的汉字部件写为近似于英文字母，如“卩”写为近似于“G”，如“聊”写为“聊”等。

2. 汉字书写笔顺的丧失

汉字书写笔顺的丧失也就是逆笔，不按笔顺书写汉字而造成的偏误现象。笔顺也就是行笔的顺序，是完成一个字的书写过程，汉字笔画的笔顺规则是：先横后竖（如：“干”），先撇后捺（如：“八”），从上到下（如：“主”），从左到右（如“林”），先进后关（如：“田”），先中间后两边（如：“水”），从外到内（如：“回”）等。汉字部件的书写顺序是先左后右（如：“树”），先上后下（如：“悲”）等。因为我们分析的语料是已经书写完毕的文本语料，下笔的顺序我们无从得知，因此笔顺不是我们主要考察的内容，但是有一些文本语料会体现出留学生的书写轨迹。

本文笔顺规范参考国家语委和新闻出版署于1997年4月联合发布的《现代汉语通用字笔顺规范》。行笔按序进行最基本的要求是笔画的独立，笔画的粘连就会产生连笔现象，连笔进而会产生逆笔现象，这都是与汉字笔画的笔顺规则相违背的。逆笔指的是逆向行笔，我们的书写笔顺是先左右后，从上到下，违反了这个书写原则都会产生逆笔现象，逆笔的出现是与笔画的粘连密不可分的，逆笔也是书写笔顺的丧失。

通过对语料进行筛选，共测得这类偏误177例，占书写失范偏误总数的8.02%。

表7-38　不按笔顺书写汉字而造成的偏误样表（前为正字，后为别字）

出—	解—	睡—	电—

“出”第一笔竖折与第二笔竖发生笔画粘连，出现由下往上的逆笔，“解”中的“牛”发生笔画粘连，出现由右往左的逆笔，“睡”中的“目”出现了由右往左的逆笔，右侧部件出现了由下往上的逆笔。“电”中的“曰”第二笔横折和第四笔横发生粘连，出现了由右向左的逆笔。

3. 汉字美学结构的丧失

汉字书写达到美学结构所要遵循的最基本的两个原则是支撑平稳和分布匀称。楷书的出现也就预示着汉字形体演变的终结。楷书发展到宋代，其形体已基本上稳定下来，楷书所具有的美学结构原则也就很明显地体现了出来。组构汉字是靠形态各异的笔画，笔画的组合不是机械地叠加，“笔画与笔画之间相互依附，相互支撑，隐含着无数的引力与张力。书写活动中的笔画分布、笔画变化，都在悄然受着这些力量的影响，这就是书写中的力学原则，也就是美学原则。只有当这些力量达到平衡时，字符的形体才能相对稳定，才会合乎人们的审美情趣。”① 我们将美学结构的丧失分为汉字结构的倾侧和偏敧及汉字笔画拥挤、稀疏两个方面，共析得偏

① 王立军：《宋代雕版楷书构形系统研究》，上海教育出版社2003年版，第63页。

误字样 59 例，占书写失范偏误字样总数的 2.67%。

（1）汉字结构倾侧偏敧

汉字是方块二维字体，是汉字的平稳造就了汉字的方块形态，也就是我们经常说的“横平竖直”，相反，“横不平竖不直”也就是我们所说的汉字结构倾侧偏敧。

完全的“横平竖直”只能在楷书印刷体中见到，手写体中的横笔是略向右倾斜 5 度。在教学过程中，我们也发现，很多的留学生在书写时纸张上沿与桌面水平线的夹角能达到 45°，书写时不标准的写姿也是造成汉字结构倾侧偏敧的原因。通过对语料筛选，发现这类偏误共 44 例，占书写失范偏误总数的 1.99%。

表 7-39　汉字结构倾侧偏敧造成的偏误样表（前为正字，后为别字）

就—	觉—	街—	望—
平—	喜—	学—	内—

从上述例子中我们能够很明显地发现，这 8 个字均向右上倾斜 30°—45°，字的倾斜大大影响了汉字的美观度。

（2）汉字笔画拥挤、稀疏

汉字笔画拥挤或稀疏是由于留学生在汉字书写过程中，不懂得汉字讲求视觉美感，而将汉字视为简单的、机械的笔画的累加而造成的书写失范现象。汉字结构的美学原则要求汉字笔画疏密有度，笔画分布的匀称是汉字疏密有度的决定性因素。为了让汉字呈现出疏密有度的匀称美感，在千百年的汉字形体演变中形成了让就机制。让是避让，就是填补，让就是指在一个汉字中，不同部件的笔画之间的避让与填补。通过对语料进行分析，发现这类偏误共 15 例，占书写失范偏误总数的 0.68%。如：

表 7-40　汉字笔画拥挤、稀疏造成的偏误样表（前为正字，后为别字）

模—	种—	机—
松—	妙—	激—
费—	宜—	就—

一些汉字在独用或充当偏旁时形体是不一样的，有的变化很大，有的变化很小，如“衣”独用写为“衣”，在充当形旁时写为“衤”，“心”在独用时写为“心”，在充当左形旁时写为“忄”，变化都很大，因为很多的留学生并不在意他们之间的联系，当作两个实体来记忆，所以这些偏旁在书写的时候几乎不会出错。还有一类汉字在独用和充当偏旁时变化比较小，如“木”与“木”，“禾”与“禾”等，仅仅是最后一撇笔变作了点笔，形体方正变作细长，这就是让就。大多数的留学生在书写时并没有让就的概念，将这些偏旁也当作独用汉字的形体识记，所以在书写时有很多学生将偏旁的形体写为独用时的形体。

“模”“种”“机”三个字的左边“木”“禾”的捺笔没有遵循让就原则而书写过长，使字整体看起来不够美观。

“妙”“松”“激”三个字的结构十分松散，如“激”的楷书形体横纵比例是 1∶1，而在我们测查的这个例子中，横纵比例已经达到了 1∶1.71，横势过于突出致使各部件显得十分松散。

“费”“宜”“就”三个字的结构十分拥挤，如“费”中的“弗”与“贝”已经粘连在了一起，“宜”中“宀”的横笔与“且”的横笔也几乎发生粘连。

4. 手写印刷体

手写印刷体书写失范字，指在书写过程中受印刷体汉字的影响而形成的带有印刷体汉字特征的不符合规范汉字要求的手写体汉字。我们现在通行的教材、报纸等读物大多是用宋体印刷的，印刷体与书写体是有一定的差别的，如“一”是印刷体，“—”是书写体，“氵”是印刷体，“氵”是书写体。留学生在汉字学习过程中，由于对印刷体的摹写而经常产生书写失范字。我们在语料库中共测得这类偏误 45 例，占书写失范偏误的 2.04%。如：

表 7-41　　手写印刷体造成的偏误样表（前为正字，后为别字）

决—	浊—	况—	漫—

经过测查我们发现，“氵”“冫”是最容易受印刷体字形误导的，并且这两个部件出错的概率也是比较高的，虽然不是很大的问题，但为了规范汉字，也理应引起重视。

另外，有的留学生在汉字书写的时候随意赘加装饰性笔画，如捺笔写为“㇏”，撇笔写为“丿”，竖笔写为“亅”等，虽然这些都是一些比较小的书写失范写法，出现这种偏误的次数也是十分有限的，但是仍要引起我们的重视。

二　韩国留学生汉字偏误原因分析

（一）主观原因

1. 留学生群体性认知差异

外国人普遍觉得汉字难学难记，留学生的认知和习得的特点是不容忽视的重要原因。我们将从中韩认知方式、母语负迁移、过度概括、镜像变位四个方面予以阐释。

（1）中韩认知方式不同

前人对人类大脑进行研究发现，左脑掌管语言、计算、科学研究等抽象思维；右脑负责音乐、绘画、舞蹈、艺术、空间知觉等形象思维。与韩国语不同，汉语作为表意文字，形声字数量多，因此两大半球都起作用，不存在绝对意义上的一侧优势。

人的语言功能区主要有两个：位于前脑的“布洛卡区”和位于后脑的“威尼克区”。汉语属于典型的孤立语，汉字带有图形的意味，习得汉字和汉语更多地使用布洛卡区，通过“视觉—图形—阅读—语言”进行认知；韩语是典型的黏着语，是阿尔泰语系的一支，由21个元音和19个辅音拼写而成，在书写的过程中更多地通过“听觉—语音—听说—语言”的方式利用威尼克区来掌握语言。虽然韩国也存在大量的韩文汉字，但由于中韩母语习得认知方式的不同，使得韩国留学生在学习汉语和汉字时辨识和记忆能力相对较弱，对汉字习得带来一定影响。

从认知心理学方面来考察，学习者在学习汉字时依次要经历“混沌阶段”“清晰阶段”“模糊阶段”① 三个阶段。在学习的初期，学习者处于摸索阶段，对汉字的感知力差，记忆水平也低。因此初级班学生书写汉字容易出现一些不规律的失误现象。随着学习的深入，教师对汉字结构的讲解及书写示范对学习者起到了很重要的作用，他们开始有意识地调整学习策略及记忆方法，学习难度逐渐降低。到第三个阶段，学习者由于汉字

① 佟乐泉、张一清：《儿童语言学习若干问题研究》，《世界汉语教学》1993年第2期。

量的增加，学习能力得到很大提高，可以对汉字进行理性归纳概括，汉字记忆逐渐从形象记忆转为偏旁部件的框架记忆。中高级阶段，不规则的书写失误率降低，有规律的汉字书写偏误增加，大量的部件偏误及别字在中高级阶段开始出现。

（2）母语负迁移

所谓的“母语迁移”指的是在第二语言的习得过程中，学习者的第一语言即母语的使用习惯会直接影响第二语言的习得，并对其起到积极促进或者是消极干扰的作用，积极促进的作用是母语正迁移，消极干扰的作用是母语负迁移。

韩国处于朝鲜半岛的南部，中国自古就与朝鲜半岛上的各个王朝保持着紧密的联系，两地在政治、经济、文化等方面联系密切，尤其是在文化方面，汉字和儒家文化曾对朝鲜半岛产生了深远的影响。1441 年世宗大王创立韩国文字之前，朝鲜半岛上的人们是用汉字来记录自己的语言的。韩国文字产生之后，汉字并没有退出韩国历史的舞台，依旧顽强地生存在韩国的日常生活中。

存在于韩语当中的汉字我们称为韩文汉字，韩文汉字主要源于中国，但韩文汉字与汉语汉字同中有异，如：以—以，罗—羅，“以”是汉语汉字，首笔是竖钩，而韩文汉字“以”首笔是竖，汉语汉字中的竖钩是一个笔画，在韩文汉字中是竖和提两个笔画，二者之间有细微的差别；“罗”是汉语汉字中的简化字，而韩语中的“羅”是未曾简化的繁体字。许多韩国留学生不注意这方面的差别，在母语负迁移的影响下，常会出现汉字偏误现象。

1972 年，韩国文教部规定了 1800 个基础教育用汉字，这批汉字虽然在形体上与汉语汉字十分相近，但是大多数还是有细微差别的。有过韩文汉字教育背景的留学生在汉语汉字习得过程中受到母语负迁移的影响明显，在汉字书写过程中常会出现源于韩文汉字负迁移的错字或者是书写失范字。

（3）过度概括

概括是通过观察个别事物推断出一般性的法则、规则或结论的普遍的学习策略，它是人类认识世界的重要手段，有助于学习者洞悉事物的本质，抓住事物间的内在联系，找出其共性或带有规律性的东西。如果概括超过了一定的度便会产生过度概括（Overgeneralization），它指“学习者把他所学的有限的、不充分的目的语知识，用推类的办法不适当地套用在目的语新的语言现象上，造成偏误，也称为过度泛化”①。Ellis② 认为，在语言学习的过程中，学习者（儿童或成人）往往先学会宽域规则，并且倾向于把它们过度使用，造成过度概括的错误，这类错误在母语习得和外语学习的过程中都会出现，在一定程度上是不可避免的。

留学生在学习了汉字“胖”“腿”“脏”等带有“月”部的汉字后，类推得出与肉相关的汉字带有“月”部，因此在写“心”“手”等字时，也会误加“月”部，造成错字。留学生在学习中常因过度概括产生错字、别字和书写失范字。

在留学生汉字学习的初级阶段，母语负迁移所造成的汉字书写偏误占多数，到中高级阶段，过度泛化造成的偏误逐渐增多，这是学习者内化规则过程中所产生的偏误。Brown③ 在论述母语干扰和过度概括之间的关系时说：“母语对外语的干扰仅仅是概括的一种形式，即把先前的母语经验错误地加以运用，而过度概括则是把以前学过的外语的材料错误地应用于当前的外语学习之中。”所以，过度概括和母语干扰可以看作是同一心理过程的不同语言表现。

（4）镜像变位

留学生在汉字书写过程中，有时候会把部件的位置写错，比如“影”本是“景”在左，“彡”在右，写作“”，便成了“景”在右，“彡”在左，把应该在左边的部件写在右边，或把应该在右边的部件写在左边。这种偏误现象发生的概率并不是很低，以至于形成了有系统的偏误，叫作部件镜像变位，也叫作镜像错位。

镜像变位在空间方位上具有相对、相反的特点，有的是左右方位变位，有的是上下方位变位。部件通常所占据的位置常常成为镜像变位的原型，部件往往从不常占据的位置移到部件通常所占据的位置，形成镜像变位。④

---

① 刘珣：《对外汉语教育学引论》，北京语言大学出版社 2000 年版，第 195 页。

② Ellis, R., *The Studies of Second Language Acquisition*, Shanghai: Shanghai Foreign Language and Education Press, 1994.

③ Brown, H. D., *Principles of Language Learning and Teaching*, Englewood Cliffs, N. J.: Prentice-Hall, 1980.

④ 肖奚强：《外国学生汉字偏误分析》，《世界汉语教学》2002 年第 2 期。

镜像变位并不是只有留学生书写的时候才出现的偏误，于古于今，于中于外，于老于幼均会出现镜像变位现象，如有学者对《中国甲骨学史》所摹《甲骨文编》中的520个甲骨文进行统计，共发现129个存在镜像变位的异体字。① 镜像变位也会发生在我们有汉语背景的中国人的汉字书写上，我们在写一些结构复杂的合体字的时候，也难免会出现部件位置错置现象。由此观之，“镜像变位”并不是只有留学生才会出现的汉字书写现象，而是人类在认知过程中的一种共同现象，人类共同的认知生理机制造成了汉字的镜像错位。空间知觉，特别是左右方位知觉发展的不完善，容易导致汉字左右部件的颠倒和混淆，这使得人们在书写汉字笔画、部件时经常发生镜像变位现象。

除了共同的生理机制的原因，留学生汉字书写中的镜像变位还有自己的特殊缘由。虽然汉字对于韩国留学生来说不像非汉字文化圈的学生那么陌生，但是由于汉字在韩国实用性的削弱，加之在华学习期间学习的汉字数量庞大，一般的韩国留学生对汉字也感觉十分陌生、抽象，这些缺乏汉字书写熏陶的韩国留学生，笔顺的概念模糊，所以在他们看来，汉字像是毫无头绪、无从下笔的蜘蛛网，所以汉字书写的过程应该称作是汉字书画的过程更为恰当。所以在这一“书画”的过程中，笔画、部件的随意安排，方位的随意移动也就不足为奇了。而且由于留学生在汉字记忆上有困难，很多的留学生在记忆不深的情况下就会随意拼凑汉字。对基本笔画、部件形状记忆不深，就会导致局部的镜像变位——笔画、部件变位；在整字上，如果只记得汉字的大体轮廓，而缺乏对部件方位的准确了解，则会导致整字的变位。

镜像变位是跟学生部件位置的意识不强紧密相关的，学生不太注意某些部件经常出现的位置，很少将已学汉字某一共同部件的位置进行对照，因此在汉字书写的时候出现镜像变位偏误的概率就增加了。如：“口”作为部件时常用在汉字的左边，只有三个汉字例外：加、知、和，只有在这三个场合中“口”才会放在右边，“氵”作为部件常用在汉字的左边，没有用在右边的。如学生不能通过学习自主完成汉字规律的概括总结，教师在教学中应根据学生认知特点进行引导。

① 原新梅：《非汉字文化圈留学生汉字偏误“镜像错位”析》，《河南社会科学》2003年第6期。

2. 留学生个体性差异

除了韩国留学生的整体认知差异以外，学生个体的差异性也是偏误产生的重要原因。我们将从学习水平、学习态度和方法、学习动机三个方面予以阐释。

（1）学习水平

按照所掌握的汉语水平，留学生可以分为初级、中级和高级三个级别。在出现汉字书写偏误的概率上，学习水平同偏误概率是呈反比的，也就是说，随着汉语学习水平的提高，汉字书写过程中出现偏误现象的概率是会降低的。但是，各个水平阶段的留学生所出现的偏误类型是不同的，初级阶段的留学生因为接触汉语的时间短，积累的汉语词汇量少，因而出现别字偏误的情况是低于中高级水平的留学生的，初级阶段的留学生最容易出现汉字偏误的类型是书写失范字和不规律错字，这与接触汉语的时间短，对汉字文化了解不深是分不开的。

中高级阶段的留学生因为学习汉语的时间比较长，对汉字文化有一定了解，汉字的书写过程中开始注意汉字的规范性与汉字结构的美观性，因此在汉字规范度上有了一定程度的提高，初级阶段容易出现的笔画失真、结构倾斜，以及倒笔现象大有改观。中高级别的留学生因为词汇量的增加，容易出现别字和错字，但与初级阶段相比，中高级阶段偏误明显带有规律性。究其原因是随着词汇量增加以及所学笔画类型、部件类型的增多，在记忆不深的情况下，极易出现汉字混淆、笔画混淆以及部件混淆现象，从而导致汉字偏误的产生。

（2）学习态度和方法

所谓学习态度，一般指学生对学习及其学习情境所表现出来的一种比较稳定的心理倾向。留学生的学习态度主要是指他们在汉语习得过程中的努力程度，表现为学习汉语的精神。积极的学习态度能够使留学生在汉字习得过程中具备敏锐的洞察力，发现韩文汉字和汉语汉字之间的异同关系，对留学生的汉字习得起到积极促进作用。相反，很多留学生对汉字有陌生感和畏难情绪，这造成了留学生以被动的心态学习汉字。很多留学生还没有开始学习汉语之前就认为汉字难读、难记、难写。我们对 50 名鲁东大学国际交流学院 2009—2010 第二学期在读的学生进行了调查，75%的同学认为汉字难学，70%的同学认为学习内容太多，除了完成老师布置的作业外，不再练习写汉字。可见大部分留学生练习写汉字的态度是被动的，学生对汉字的陌生感和畏难情绪造成的被动学习态度是造成汉字偏误频发的重要原因之一。

另外，在汉语学习过程中，很多留学生对正确书写汉字缺乏必要的认识，认为写字是小事，只记音、形、义，汉字书写无所谓；或者在学习过程中不注意音、形、义的细微差别，不注意汉字出现的环境等，非常容易出现汉字偏误。

科学合理的学习方法在汉语习得过程中会起到事半功倍的效果，不科学的学习方法则是造成汉字偏误的重要因素。江新、赵果对初级阶段外国留学生汉字学习策略的研究发现：留学生在学习汉字时字形策略和重复策略使用较多，而归纳策略使用较少。初级留学生偏误类型主要集中在笔画的缺失和笔画间的混用上，由于这一阶段留学生学习汉字最常用记忆整体字形和机械重复的策略，这可能是书写汉字时常常出现“缺胳膊少腿”“丢三落四”的原因之一。

（3）学习动机

学生的学习受多方面因素的影响，包括学生的学习兴趣、学习态度、个人的学习水平、外来鼓励等，同时，学习动机的影响也非常显著。传统教育心理学把学习动机定义为引起学生学习活动，维持学习活动，并促使该学习活动趋向教师所设定教学目标的内在心理历程。美国心理学家沃尔福克（A. E. Woolfolk）说：“学习动机不只是涉及学生要学或想学，还涉及更多的含义，包括计划、目标导向、对所要学习与如何学习的任务的反省认知意识、主动寻求新信息、对反馈的清晰知觉、对成就的自豪与满意和不怕失败。”

学习动机是直接推动学生进行学习的一种内部动力，是激励和指引学生进行学习的一种需要。对知识价值的认识、对学习的直接兴趣、对自身学习能力的认识、对学习成绩的归因四个方面是学生学习动机的主要内容。学习动机和学习的关系是辩证的，学习能产生动机，而动机又推动学习，二者相互关联。动机具有加强学习的作用，动机高的学生，其成就也高；反之，高成就也能导致高动机。

学习动机体现在韩国留学生在汉字学习过程中。在汉字教学过程中我们发现：具有较强学习动机的留学生会制订学习计划，有目标地进行汉字学习；当遇到挫折时，他们会理性地分析原因并反省自己的学习方法，主动寻求解决方法；达到目标后有成就感和自豪感，从而进一步激发他们汉字学习的热情；缺乏学习动机的留学生则没有具体的学习目标，学习比较盲目，不能有计划有目的地学习汉字，导致汉字学习效果不理想，汉语学习兴趣降低。或者有一定学习目标，但受挫后无法持续学习，容易半途而废。要提高留学生学习汉字的兴趣，就要激发他们的学习动机，调动其学习的积极性，使学生的学习由“被动学习”转变为“主动学习”，提高其学习质量。

（二）客观原因

1. 汉字本身的原因

除了留学生主观方面的原因以外，汉字作为客观原因是造成偏误的重要原因。本小节将从汉字形体复杂、汉字数量多、音同音近字异体字多三个方面予以阐释。

（1）汉字形体复杂

汉字的字体是不断演变的，从古文字演变到今文字，汉字也就由具体生动的物象性演变到了抽象的符号性。隶变是古文字和今文字的分水岭，隶变之后汉字正式进入了今文字阶段。汉字的构字零件可以分为笔画、部件、整字三级。一个汉字与另一个汉字只能靠笔画、部件的位置、长短等来加以区分，掌握不当便会造成偏误。

①笔画笔顺复杂

笔画是组构汉字最小的单位，指把汉字拆开，得到的最小的形状不同的线条。到了楷书阶段，现在我们所用到的笔画已经全部生成。一个汉字无论有多少笔画，多少部件都要均衡地分布在方方正正的框架里，形成整整齐齐有棱有角的方块字。方块汉字是二维的平面文字，笔画组合形式非常丰富，集音、形、义于一体。

一般我们说一个汉字有多少画，也就是说组构这个汉字有多少个独立的最小单位。张静贤在《现代汉字笔形论》① 中认为，汉字的基本笔形有6种，派生笔形有25种。

笔画笔顺造成汉字偏误的原因主要表现在三个方面：

第一，汉字笔画繁多，具有差异性、相似性以及符号性，而且现阶段笔画名称并不统一，难以识记，容易造成混淆。留学生经常出现笔画书写

---

① 张静贤：《现代汉字笔形论》，《第二届国际汉语教学讨论会论文集》，北京语言学院出版社1988年版，第6页。

失范及笔画混用现象，导致错字和书写失范字形成。心理学实验发现，人的记忆分为短时记忆和长时记忆。短时记忆指信息保持在一分钟以内的记忆，信息容量有有限性和固定性的特点。长时记忆指一分钟以上直至许多年甚至保持终身的记忆，是对短时记忆重复加工的结果。记忆的容量为 7±2个单位，即在 5 到 9 个单位之间波动①。这里所说的单位，内涵不定，可以小到笔画，中到部件，大到整字。据统计，7000 个现代汉语通用字中，平均笔画 10.75 画，笔画最少的两个字为“一”“乙”，最多的是 36 画的“齉”。其中 9 画的汉字最多，有 785 个，占 11.21%；10 画有 761 个占 10.87%；11 画 726 个占 10.37%。由于汉字表形而不表音的特点，对汉字进行短时记忆时是以形状编码（即线条结合与线条间距离的空间码）为主的。因此，多笔画汉字在学生汉字学习过程中是难点就不足为奇了。这也可以作为很多韩国留学生经常会因笔画数量的增减产生汉字偏误的解释。

第二，汉字书写规则复杂。虽然韩国留学生大部分有汉字基础，但是在韩国的汉字教学中并不十分重视汉字书写规则的教学，因此在韩国留学生语料中会出现大量书写失范字甚至会出现错字。与拼音文字相比，汉字书写规则非常复杂，汉字书写要求先横后竖，先撇后捺，先上后下，先左后右，先外后内，先进入后关门，先中间后两边。虽然语料中字样是静态汉字，我们没有对留学生汉字书写过程进行考察，但是从语料中也不难发现一些不遵循书写规范有逆笔现象的字样。

第三，汉字书写中的笔画变形是留学生学习的难点。在汉字书写过程中，由于笔画所处的位置不同，许多笔画会在笔画的长短、方向、弧度上出现一些变形，甚至有的笔画会完全改变，这给留学生汉字学习造成了很多困难。如“心”“点”“半”“忙”中的点；“千”“大”“左”“化”的撇；“人”“是”“处”“送”的捺；“代”“家”“皮”“老”的钩。这些是留学生经常出现偏误的字样，究其原因，是学习者尚未掌握笔画变形。

②部件复杂

传统文字学理论中汉字的结构单位只有偏旁部首，但在近年的汉字教学，特别是对外汉语教学中出现了部件的概念。部件大于或等于笔画，小于或等于整字。部件的拆分只根据字形，不考虑声旁、形旁等理据性。

① 王甦、王安圣著：《认知心理学》，北京大学出版社 1992 年版，第 138 页。

部件作为新出现的概念，在拆分方面很难把握，学术界对汉字部件的数量的归纳也不统一。据统计，3500 个常用汉字中，共有 384 个部件，其中单笔画部件 8 个，多笔画部件 282 个，常用复合部件 94 个。根据崔永华（1997）[①] 统计，成字部件和不成字部件的比例为 218∶213；可称谓部件与不可称谓部件比例为 255∶176。

28 个常用笔画组构成了 384 个常用部件，数量庞大。部件形体的复杂性，以及一些部件之间的形近性，都成为留学生识记的障碍。特别是不成字部件和不可称谓部件，难于记忆，会加重学习者的负担。部件缺失赘加及部件变更在偏误字样语料库中分别占 7.78%和 33.96%，仅次于因笔画造成的偏误。肖奚强[②]认为，外国学生汉字书写偏误，除了少数蒙眬阶段初学者出现不规律的失误以外，成系统的偏误大多与部件有关。

汉字书写要遵循让就原则，相同部件在汉字不同的位置会有不同的变化。见下表[③]：

表 7-42　　部件位置表

部件名	部件在汉字中所处的位置					
	左边	右边	上边	下边	中间	一角
口	吃	知	只	台	问	绍
女	好	妆		要		努
木	松	休	李	果	困	想
子	孩	仔	孟	学		存
力	加	助		男	办	架
又	对	仅	圣	友	树	慢
山	峰	汕	岁	岳		岛
日	明	阳	早	昏	间	婚

这些部件的变化都给留学生识记汉字造成了困难，留学生很容易移花接木、张冠李戴，出现部件变更。崔永华对初级阶段留学生错别字做了统计，750 个字样中，形错字 623 个，占 83.07%，其中因部件错误造成的

① 崔永华：《汉字部件和对外汉字教学》，《语言文字应用》1997 年第 3 期。

② 肖奚强：《外国学生汉字偏误分析》，《世界汉语教学》2002 年第 2 期。

③ 周健：《汉字教学理论与方法》，北京大学出版社 2007 年版，第 61 页。

偏误占80%。在本文语料库中，因部件造成的汉字偏误有574例，占错别字偏误总数量的41.74%。可见，因部件造成的汉字偏误是留学生常出现的偏误现象，在日后的汉字教学中需要提高重视度。

③间架结构复杂

黄伯荣在《现代汉语》① 中指出，现代汉字的笔画与笔画之间存在着相交、相接、相离三种组合方式，如“人”的撇笔与捺笔是相接关系，“十”的横笔与竖笔是相交关系，“三”中的三条横笔是相离关系。合体字中，部件与部件间的组合关系主要分为四大种九小类：左右组合(1. 左右结构：清、艳；2. 左中右结构：街、淮)、上下组合（3. 上下结构：音、华；4. 上中下结构：意、裹)、包围结构（5. 两面包围：庆、句；6. 三面包围：凶、门；7. 四面包围：国、围)、框架组合（8. 一层框架：巫；9. 两层框架：噩)。

无论是笔画间的空间关系，还是部件间的方位关系，都展现出汉字复杂的间架结构，这是留学生出现汉字偏误的重要原因之一。如“人”二笔本是相接，留学生写作笔画相离；部件密集的上中下结构、左中右结构或是写得拥挤不堪，或是写得稀疏零乱，书写失范字十分常见。有的留学生对汉字的间架结构记忆理解不深，错字偏误也层出不穷，如“庆”写为上部“亠”下部“仸”的上下结构。有的合体字因为部件繁多复杂或部件位置比较灵活而出现偏误，如“彡”在组构汉字时位置灵活多变，有时出现在左侧，如“须”，有时出现在右侧，如“影”，在学习者记忆不深的情况下，“影”有时会写为“彡景”，“景”在右，“彡”在左。

（2）汉字数量庞大，不规律汉字众多

汉字与拼音文字不同，汉字作为语素文字，数量非常庞大。关于汉字总数的记载也不尽相同。秦代《仓颉》《博学》《爰历》有3300字，汉代扬雄的《训纂篇》5340字，许慎《说文解字》有9353字。魏晋南北朝私造汉字风盛，汉字的异写字、异体字日渐增多，使汉字的数量不断增加，晋吕忱《字林》收录12824字，后魏杨承庆《字统》收录13734字，南朝梁顾野王《玉篇》收录16917字。到了唐代初期，虽然有过几次规模较大的正字运动，但是汉字的数量并没有消减，唐代孙强

① 黄伯荣、廖序东：《现代汉语》（增订四版），高等教育出版社2007年版，第146、148页。

增字本《玉篇》收录 22561 字，宋朝司马光修《类篇》收录 31319 字，到了清代，《康熙字典》收录汉字已达 47000 字。近现代的汉字字书收字数量也十分惊人，1959 年日本诸桥辙次的《大汉和辞典》收录 49964 字，1971 年张其昀的《中文大辞典》收录 49888 字，1990 年徐仲舒主编的《汉语大字典》收录 54678 字，1994 年冷玉龙的《中华字海》收录多达 85568 字。

作为记录现代汉语的现代汉字到底有多少，现在各个专家各执一词。虽然众多字书收录汉字的数量十分惊人，动辄五六万甚至七八万，但是其中百分之九十以上的都是极为罕见的偏僻字或者是早已退出历史舞台的废弃字。1988 年国家语委发布的《现代汉语通用字表》，所含 7000 通用字的覆盖率高达 99.999%以上，《现代汉语常用字表》所含的 3500 常用字覆盖率也可达到 97.97%。

汉字数量繁多，但高频字相对集中。2006 年《中国语言生活状况报告》的绿皮书统计：最常用的 581 个汉字可以覆盖全部媒体语料的 80%，934 个汉字覆盖全部语料的 90%，2414 个汉字覆盖率达到 99%。虽然掌握 3500 常用字便可以无障碍阅读、交际，但是对于在华学习时间只有几年的留学生来说，这个汉字量是巨大的。1992 年国家汉办制定了《汉语水平词汇与汉字等级大纲》，其中《汉字等级大纲》共收录留学生在华学习应掌握的 2875 个汉字，分为甲、乙、丙、丁四级。虽然与 7000 通用字相比数量相对较少，但是对于留学生来说 2875 个汉字仍是学习的难点，而且汉语旧字组新词的能力很强，很少创造新字，所以学会 2875 个汉字并不意味着就可以完全读懂媒体语料的内容，这也给留学生学习汉字造成了心理障碍。

形声字是汉字的主体，占 80%以上。邢红兵对《汉语水平词汇与汉字等级大纲》中的 2875 个汉字进行统计分析，形声字有 2090 个，占总数的 73%。其中声旁完全表音的占 23%，部分表音的占 42%，完全不表音的占 35%。7000 通用字中可以完全表音（声韵调全同）的同时构字数量在 4 个字以上的声旁只有 18 个：代、段、奂、皇、阑、历、廉、卢、农、容、式、斯、唐、希、析、休、建、庸。

汉字虽有理据性，但也有大量不规律的汉字存在，大量的形声字形旁和声旁的示义和示音功能比较弱，规律性不强，增加了学习者在学习汉字时认知和记忆的难度。

（3）音同、音近字、异体字数量多

一音多字，一字多音是现代汉字的一大特点。现代汉语中，音节数量比汉字数量少得多，汉语的21个辅音声母，与39个韵母一共组构基本音节415个，分声调计算也只有1300个左右。现代汉字的7000通用字中，平均每个声韵相同音节约有17个字，平均每个声韵调完全相同的音节也有5个字以上，同音字数量非常多。《新华字典》中，b字母的63个音节中，只有8个音节没有同音字，c的110个音节中，只有18个没有同音字。音近字的数量也就更多了，据统计，一个“yi”音下，就有63个汉字之多。

在汉字习得过程中，有的留学生对汉语双音节词汇读音的记忆要扎实于双音节词汇形体的记忆，所以在留学生在书写汉语词汇的过程中，往往会出现同音替换的“张冠李戴”现象，如“结婚”有的学生会写作“接婚”，因为他们仅仅记住了“jie hun”这个音，“结”与“接”是同音字，所以音同、音近字的大量存在，造成了学习者在书写汉字时常常出现别字现象。

汉字在数千年的发展过程中，产生了很多形体不同，但音义全同，具有相同功能的异体字，异体字的出现造成了一些汉字一字多形。中华人民共和国成立初期，国家本着从俗从简的原则对汉字进行了整理，精简了汉字笔画，精简了汉字数量，确定了汉字字形。1965年，中国文字改革委员会和文化部向出版社印刷单位发布了《印刷通用汉字字形表》，规定了6196个标准汉字印刷体，使印刷用的铅字字形尽量接近于手写楷体，这符合文字的社会性和文字发展的趋势，取得了比较好的成效。

虽然几十年来对汉字的整理取得了很好的成效，但异体字并没有完全消失，仍旧存在于日常生活中。比如“餐”写为左上角的“歺”；“花”的草字头写为两个十字；“丰”字第一笔写为撇笔等。异体字不仅出现在社会的大街小巷，如“仃車就歺”，也出现在学习课堂，特别是年纪较大的老教师，或者个别学科的教师，如古代汉语等，在教学过程中经常会误写一些异体字或繁体字，增加了留学生产生汉字偏误的概率。

2. 学习环境的原因

学习环境作为留学生学习汉语的外界存在，对留学生汉字习得有重要的影响。偏误产生的学习环境方面的原因主要集中在教学模式的制约、教师误导、学习工具的误导和社会学习环境的误导四个方面。

（1）汉字教学模式的制约

现阶段的对外汉语教学中，汉字教学处于从属地位。20 世纪 50 年代提倡“先语后文”的教学模式，即只教拼音、口语，不教汉字，半年后再集中学习汉字。后来提出“语文同步”的思想，但是由于常用词汇的等级与汉字难度等级不一致的现象，汉字教学成为词语教学的附庸，汉字偏误大量出现。近年来提出的“语文分开”“字本位教学法”等，虽然都在汉字教学方面取得了一定的成果，但是都没有很好地满足教学实践的需要。

汉字教材分为两种，一种是综合课本后的汉字教学内容，由于课堂教学目标和课型特点的制约，汉字作为汉语综合课的附属，没有得到相应的重视和应有的地位。综合课中，汉字的教授往往是“以词带字”，生字出现顺序是根据文章的需要而并非根据汉字的构形规律，虽然“随文识字”，可以利用语境更好地理解汉字的意义，但字量和字形往往不符合学习者的学习水平，初级阶段往往出现较为复杂的汉字，这使得学生在学习汉字时没有规律可循，增加了学习的难度。另一种是专门的汉字教材，有张静贤编著的《现代汉字教程》（现代出版社 1992 年版）和李大遂《简明实用汉字学》（北京大学出版社 1993 年版）等。近年来，明确贯彻“字本位”教学法，体现“字—词”原则编写的教材，要算巴黎第七大学白乐桑（Joel Bellassen）和北京语言文化大学张朋朋合编的《汉语语言文字启蒙》（*Methode d’initiation a la langue et a l’ecriture chinoises*）了。这是一本以“字本位”理论为指导的汉语教材，在总体设计上力图体现汉语字与词的关系，循汉语的本来面目进行汉字教学。

教学模式的不成熟和对汉字地位缺乏足够的认识，使得汉字成为制约汉语学习的瓶颈。

（2）教师误导

在留学生汉语习得过程中，主客观的影响一直贯穿其中，在客观环境的影响下，毋庸置疑，教师的作用是十分重要的。留学生对汉语及汉文化了解不深，缺少独立的鉴别力，因此，留学生会毫无保留地相信教师。教师的话语，以及板书都会成为留学生模仿的对象。而教师教学中存在的一些问题，则可能误导学生，使之产生汉字偏误。

因教师的误导而产生的汉字偏误大都是由教师手写体造成的，这主要表现在生字词教授和汉字书写交流过程中。我们所说的生字词教授指的是教师对留学生生字词的教授，因为生字词的陌生性与新鲜性，教师第一次的讲解教授会在留学生的思维中产生深刻的印象，这就是所谓的“先入为主”。教师在汉字教授过程中由于有字词表的对照，写错字、别字的可能性很低，但可能会出现书写失范字，如笔顺偏误等。汉字书写交流的过程指的是不以汉字教授为主要目的，而以交流为主要目的过程，如板书的书写过程，作业批改、阅评的过程，以及便条、书信都是汉字书写交流的过程。在汉字书写交流过程中，教师经常会在书写板书，批注作业的过程中使用手写草体，尤其是板书的书写过程中，因为时间的紧迫性，出现书写失范字、别字乃至错字的概率还是很高的，这些偏误汉字都会成为留学生汉字习得过程中模仿的对象。

教师的汉字基本能力欠缺是造成留学生汉字书写偏误的一个外部原因之一，这主要表现在因记忆偏差而出现的别字、错字和书写失范字，因独特认知背景的特点而出现的旧体字、因书写失范而出现的草体字、汉字笔画逆笔等。教师的这些汉字基本能力的欠缺既可表现在汉字教学过程中，也可发生在汉字书写交流过程中，而以后者居多。因此，教师欠缺汉字基本能力大多数是在无意识的情态下表现出来的。

首先，因记忆偏差而出现的别字、错字和书写失范字。信息在大脑中有记忆，但遗忘也是难免的，对于经常接触汉字的教师来说，在课堂教学过程中，教师也会出现因“提笔忘字”而出现错字、别字现象。记忆偏差还表现在对错误信息记忆的长期性上，有的教师在最初的汉字识记过程中接触到的就是错误的汉字信息，如不规范的笔顺等，长期性的错误汉字信息形成了教师在汉字教授过程中的负面作用，会对留学生的汉字书写产生一定的负面影响。

其次，因独特认知背景而出现的旧体字。有一些对外汉语教师有着深厚的古代汉语、中国传统文化等学科的背景，旧体字知识扎实，因此在对外汉语教学过程中，尤其是在古代汉语、中国传统文化等课堂上，这些有独特认知背景的教师在板书书写时，会有意无意出现旧体字，留学生对这一汉字信息的不正确处理也会造成汉字识记的偏误。

最后，因书写失范而产生的草体字。草体字是书写者在规范汉字的基础上，经过笔画的变形、省减而成的，草写是速写的必然产物。草体字在对外汉语教师书写中出现的概率是十分大的，板书、作业批文、书信等都会出现草体字。草体字是教师书写规范汉字的意识不强而无意识造成的，教师这种无意识书写经过留学生的摹写加工后便成了汉字偏误，对留学生的汉字学习产生了不利的影响。

（3）学习工具的误导

留学生汉语习得过程中除了教师课堂的面授可能会导致偏误之外，课堂教学工具、留学生的学习工具也可能导致偏误产生。多媒体课件、教材、词典、电子词典、手机、电脑都是留学生汉字习得的重要途径，这些学习工具都有一个共同的特点，那就是呈现在留学生面前的字体都是宋体字。宋体字是宋朝在楷书字体的基础上发明的印刷字体，今天的宋体字和楷体字有一定的差别，而楷体字更接近于日常的手写体汉字。如："海""海"前面的"海"是宋体字，后面的"海"是楷体字，宋体"氵"的第三笔行笔过程类似于"√"，所以，有的留学生在书写"氵"的时候常常会写成"氵"，第三笔提往往写为了"√"。楷体字"氵"的第三笔我们就能很直观地认出提笔。

留学生在汉字习得过程中，受到宋体字的干扰，很容易书写失范字，如果没有教师适时的指导，出现的偏误现象得不到应有的及时的纠正，汉字偏误在留学生的思维中固定下来，就会直接导致汉字偏误的产生。

（4）社会学习环境的误导

前文已经讨论了留学生在韩国获得的韩文汉字基础对汉字偏误产生的影响，这里不再赘述。留学生在华汉语习得离不开学习环境，学习环境可以指学校课堂的环境，也可以指整个社会环境。本节我们所说的学习环境指留学生在华期间，学校课堂的学习环境之外的社会学习环境。

规范、和谐的社会学习环境必然有利于留学生汉语习得，反之，定会有碍于留学生的汉语习得。对于留学生的汉字习得，社会学习环境中的诸如广告牌、报刊等凡是汉字载体，均会产生一定的影响。我们生活中众多的汉字载体中的汉字并不是全都符合规范的，尤其是非正规性的广告招牌，因为受汉字文化中的趋俗、趋简观念的影响，以及受限于受教育的水平，或多或少地会出现书写失范字、别字或者错字现象，这些现象对留学生的汉字习得产生了潜移默化的负面影响，因而增加了偏误汉字产生的概率。

第二节　对韩汉语教学用字表的研制

在对外汉字教学领域，《汉语水平词汇与汉字等级大纲》中的汉字字表是我们关注的重点也是目前对外汉字教学的重要依据，但《汉字等级大纲》的制定依据决定了它对不同国家、不同文化背景的学生的难易度应该是不一样的。因此在对外汉字研究领域，研究者开始有意识地将国内的汉字字表与国外不同国家制定的汉字字表进行比较研究，探索适应不同国家的汉字教学，即进行“国别化”汉字教学，但在制定“国别化”汉字字表方面还是空白。因此，基于单一国别汉语中介语语料库，建立对韩汉字教学用表，对国别化对外汉语汉字教学及研究、字典编纂有极其重要的意义。

在前期的研究中，我们基于“多层偏误标注的国别化汉语中介语动态语料库（Ⅰ期）”中的43.32万字语料对韩国留学生的汉字偏误类型及出现偏误的原因进行了系统的研究。在后续研究中，我们将语料库扩容到150万字，一方面对前期汉字偏误类型及分布统计结果进行了验证；另一方面，结合韩国留学生汉字使用中的偏误情况、使用频度及韩国留学生使用汉字在《汉语水平词汇汉字等级大纲》① 中的分布情况，制定对韩汉字教学用表。

一　韩国留学生汉字使用情况考察

基于“多层偏误标注的国别化汉语中介语动态语料库（Ⅱ期）”中150字的语料对韩国留学生汉字使用情况进行了多角度的考察和分析。

（一）韩国留学生汉字使用字量情况

通过计算机软件MATLAB对韩国留学生语料的检索，我们提取出150万语料中出现的所有汉字，共3533个。这3533个汉字与《汉字等级大纲》汉字字量相比较，情况如下图所示：

韩国留学生使用的汉字包括在《汉字等级大纲》中的有2741个，占《汉字等级大纲》的94.35%，其中涵盖了甲乙两级汉字1604个，丙级字

① 1992年6月北京语言学院出版社出版了由国家汉办汉语水平考试部研制的第一版《汉语水平词汇与汉字等级大纲》，大纲包括《词汇等级大纲》和《汉字等级大纲》两部分，每部分都设置了甲、乙、丙、丁四个等级。《汉字等级大纲》中包括甲级字800个，乙级字804个，丙级字590个、丙级字附录11个，丁级字700个、丁级字附录30个，共计2905字。1994年，国家汉办对《词汇等级大纲》的词目、词序以及词性标注等方面进行了修订，但对《汉字等级大纲》未做任何改动。《汉字等级大纲》是定性与定量相结合制定而成的具有较高科学性的常用字表，也是目前我国对外汉字教学与研究最具权威性的大纲。

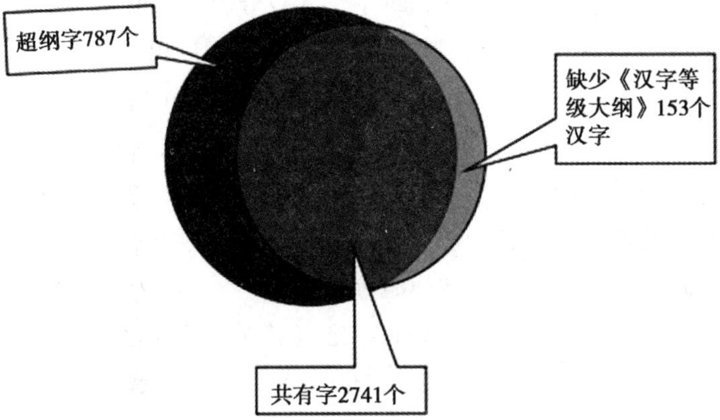

图 7-3　韩国留学生汉字使用情况与《汉字等级大纲》汉字的比较

566 个，丁级字 582 个。韩国留学生实际使用的汉字中缺少丙级字 35 个，丁级字 118 个，这些汉字分别是：

丙级字：磅、钞、陈、堤、丁、缸、焊、洪、辊、歼、灸、僚、咙、窿、铝、蔑、譬、侨、顷、申、蚀、孙、诬、朽、锈、墟、窑、踊、凿、渣、盏、帜、铸、驻、幢。

丁级字：凹、芭、捌、掰、谤、雹、舶、簸、埠、谗、秤、雌、氮、缔、掂、淀、镀、舵、堕、蛾、讹、贰、诽、秆、汞、棺、硅、捍、瑚、蝗、凰、秽、桨、茎、晶、玖、凯、勘、糠、亢、炕、抠、寇、挎、蕾、犁、荔、镰、潦、磷、箩、骡、酶、檬、谬、穆、撵、捻、柠、钮、坯、萍、仆、柒、沏、砌、掐、钳、锹、钦、氢、鹊、榷、叁、桑、筛、珊、晌、捎、穗、唆、谭、膛、滔、藤、桐、椭、桅、瘟、隙、厦、衔、衅、锌、徐、穴、汛、壹、咏、铀、榆、酝、沼、蔗、蜘、旨、掷、蛛、缀、冯、戈、沪、聂、彭、曹、粤、邢、袁。

另外，通过检索我们发现韩国留学生使用的汉字中包括 787 个《汉字等级大纲》中没有的汉字。其中有 69 个字包括在韩国 1800 个常用汉字中，它们分别是：

乾、仕、仲、佐、儒、募、吏、吾、囚、坤、姊、巳、廷、昔、昭、暇、殉、浦、涯、淑、畿、瞬、矢、祭、簿、耶、苟、郡、亥、亨、僧、冥、卒、卯、卿、厥、夷、契、妃、孰、庶、恕、憎、拂、敦、汝、焉、爵、祀、祈、豚、逸、遂、酉、伦、寝、帐、悯、兹、矫、禅、笃、纬、诺、贮、钝、闰、韩、鹤。

经过分析，我们发现这些超纲字，大致分属以下四类：

一是表示地名、风景名胜名的汉字，比如：韩（国）、（京）畿（道）、（木）浦、釜（山）、蔚（山）、（大）邱、（雪）垩（山）、（蓬）莱、杭（州）、（深）圳、栖（霞）、淄（博）、颐（和园）、（昆）嵛（山）、峨（眉山）等。

二是表示姓氏、人名的汉字，例如：尹、姚、谭、蔡、玎、轲、娅、鎬、姝、昭、渶、昊、炯、坤、旭等。

三是某些汉字的别字，比如：伦（论）、巳（已）、闰（润）、阮（院）、锖（镜）、雯（需）、莲（梿）、哴（郎）、苯（笨）、诰（话）、陼（堵）等。

四是《词汇等级大纲》未收录的词或熟语中的汉字，例如：嘟、囔、忐、忑、朦、胧、坎、坷、腼、腆、吝、啬、尴、尬、蚂、蚱、嚎、啕、妯、娌、猖、獗、蹓、跶、鹌、鹑、鹦、鹉、澎、湃、耄、耋、蟋、蟀、崎、岖、觊、觎、霹、雳、缧、绁、憔、悴、狰、狞、琵、琶、傀、儡、轱、辘、蜈、蚣、癞、蛤、蟆、（花）卉，等等。

通过对韩国留学生汉字实际使用情况的考察可以发现，《汉字等级大纲》在字量方面对韩国留学生来说是合适的，韩国留学生实际使用的汉字覆盖了《汉字等级大纲》全部汉字的 94.37%。他们语料中出现的超纲字使用频度一般较低，使用频次在 10 次及以下的字占到全部超纲字的 80.94%，其中有关地名的汉字多与他们的生活、旅游经历相关；姓氏、人名用字体现了韩国的民族文化；另外一些由于音近或形近造成的别字超出了《汉字等级大纲》的范围；《词汇等级大纲》未收录词多为学生通过查字典获得。

（二）韩国留学生汉字使用频次分级

利用 MATLAB 软件我们还提取了韩国留学生汉字使用频次，并且按照使用频次的多少进行降序排列，然后依据《汉字等级大纲》甲、乙、丙、丁各个等级的汉字数量将 3533 个汉字进行了等量的分级，依次记作 A、B、C、D，超过 2905 个汉字以外的部分记作 E。3533 个汉字在《汉字等级大纲》甲、乙、丙、丁四级汉字中分布情况如下：

表 7-43　韩国留学生所用汉字在《汉字等级大纲》中的分布情况 单位：个

等级分段	甲	乙	丙	丁	超纲字
A（800）	603	170	17	9	1
B（804）	166	380	174	65	19
C（601）	24	175	170	143	89
D（700）	7	67	154	235	237
E（628）	0	12	51	122	443

通过对上表的分析，我们发现韩国留学生使用的汉字中 A 段与《汉字等级大纲》甲级字的共有汉字有 603 个，重合率为 75.38%；B 段汉字与乙级字的共有汉字有 380 个，重合率为 47.26%；C 段汉字与丙级字相同汉字有 170 个，重合率为 28.29%；D 段汉字和丁级字相同的汉字有 235 个，重合率为 33.57%；另外 E 段汉字还包含了乙、丙、丁三级汉字中的 185 个汉字。从以上的分析数据可以看出，一方面，韩国留学生实际使用的 A、B 段汉字中，分别是甲级字与乙级字所占的比重最高，但是，C、D 段的汉字中，却分别是乙级字与超纲字所占的比重最高；另一方面，韩国留学生使用的汉字按照使用频次高低依据《汉字等级大纲》各等级的字数进行分段后与甲、乙、丙、丁四个等级汉字的重合率并不高，除了和甲级字的重合率为 75.38%以外，其他各级都在 50%以下。以上分析表明《汉字等级大纲》的制定只根据目的语（汉语）的字词频度来分级的情况与韩国留学生汉字实际使用频度并不相符，因此制定对韩汉字教学用表时需根据韩国学习者的实际情况进行调整。

二　韩国留学生所用汉字与韩文汉字的对比分析

中韩两国有着悠久的历史渊源关系，韩国使用汉字的历史也十分悠久。韩国曾经借用汉字作为自己的文字使用，虽然到了 20 世纪 70 年代（1970 年），韩国政府实施了韩文专用化的政策，使汉字的使用越来越受到限制，不过很多刊物里比较重要的部分还是用汉字。在日常生活的口语中有很多汉字词，书面语中也用了相当多的汉字，因此韩国学生对汉字有一定的修养，在学习汉语之前多半学会了不少汉字，起码学过韩国科学和技术教育部指定的 1800 个常用字。这既是有利条件，同时也是不利条件。有利的是韩国学生相比非汉字文化圈的学生在学习汉字时更容易接受和掌握汉字；不利的是，韩文汉字的字形同现行的中国汉字不完全相同，同时也有别于中国古代的繁体字，这成为韩国留学生汉字偏误产生的重要原因。因此，我们将韩国留学生的汉字偏误字与韩国 1800 个常用字进行比较。

（一）韩国常用汉字在《汉字等级大纲》中的分布考察

目前韩国通行的 1800 个常用汉字是 2000 年 12 月由韩国科学和技术教育部颁布的，其中包括 900 个初中汉字，900 个高中汉字，经核对，这两部分汉字有一个字“球”重叠，因此实际上是 1799 个字。经过我们考察，韩国常用汉字与《汉字等级大纲》汉字的整体对比情况如下图：

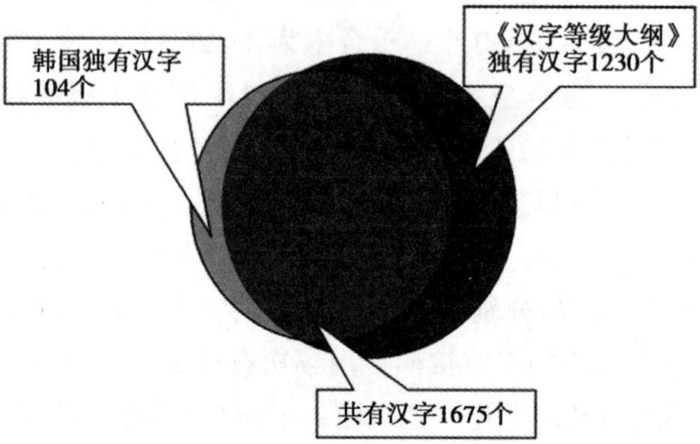

图 7-4　韩国常用汉字与《汉字等级大纲》汉字对比

通过上图我们可以看出，韩国独有汉字仅有 104 个，占总数的 5.78%。这 104 个独有字分别是：

乾、仕、仲、佐、儒、募、厄、吏、吾、哉、囚、坤、壬、姊、巳、廷、戊、戌、昔、昭、暇、殉、浦、涯、淑、沓、畿、癸、瞬、矢、簿、粟、耶、苟、邑、郡、亥、亨、值、僧、兮、冥、卒、卯、卿、厥、夷、契、奚、妃、妾、婢、孰、寅、尚、庚、弘、恕、恣、憎、拂、敦、晚、朔、檀、殆、汝、濯、焉、玄、矣、祀、祈、罔、豚、逸、遂、酉、倫、寢、憫、玆、矯、祿、禪、篤、緯、螢、諾、謁、貯、賃、賜、軒、鈍、銃、閏、韓、驛、鴻、鶴。

其中“沓”字是韩国人利用汉字创造的“国字”，读音为［tap］，字义为“水田”。

韩国常用汉字包括在《汉字等级大纲》中的有 1675 个，占总数的

93.06%，占《汉字等级大纲》汉字的57.66%。这些共有汉字在《汉字等级大纲》甲、乙、丙、丁各级的分布情况如下：

表7-44 韩国常用汉字与《汉字等级大纲》共有字在《汉字等级大纲》中的分布情况

字别比例 等级	初中（个）	高中（个）	合计（个）	比例1（占韩国常用字,%）	比例2（占《汉字等级大纲》,%）
甲	521	171	692	38.28	23.82
乙	232	312	544	30.22	18.73
丙	76	195	271	15.06	9.33
丁	44	139	183	10.17	6.30

如上表所示，两者的共有汉字中，甲级字最多，依次是乙、丙、丁级字。如此看来，韩国的常用汉字与《汉字等级大纲》有很强的共性，如果韩国留学生在掌握了这些共有汉字的基础上学习汉字应该会事半功倍，但是，通过我们对韩国留学生汉字偏误的统计说明韩国留学生汉字书写的实际状况并不乐观，这表明韩国留学生的汉字基础在汉字习得过程中产生了一定的负迁移。

（二）韩国常用汉字与中国现行汉字的比较

公元3世纪左右汉字传入当时的朝鲜，直到1446年朝鲜正式公布了朝鲜文字，称为“训民正音”，在此之前，韩国只有语言没有记录语言的文字，大部分使用的是当时中国的汉字，还有小部分引自日本的汉字，另外还有韩国自造的汉字。中国现行的汉字经过1956年和1964年汉字简化改革与之前的汉字相比已经发生了翻天覆地的变化。因此，韩国的常用汉字字形与中国现行汉字不同，也不等同于我们之前的繁体字。我们将韩国常用汉字与中国的现行汉字进行了比较。

韩国常用汉字与现行汉字，经过我们对比整体上分为三种情况：字形完全相同、字形微差、字形完全不同。这三种情况的汉字各自所占的比例如下图所示：

韩国1800个常用汉字中，与中国现行汉字字形完全相同的有614个，占韩国常用汉字总数的34.11%；字形微差的汉字有518个，占总数的28.78%；字形完全不同的汉字数量最多，有669个，占总数的37.17%。下面对这三种情况的汉字进行具体分析。

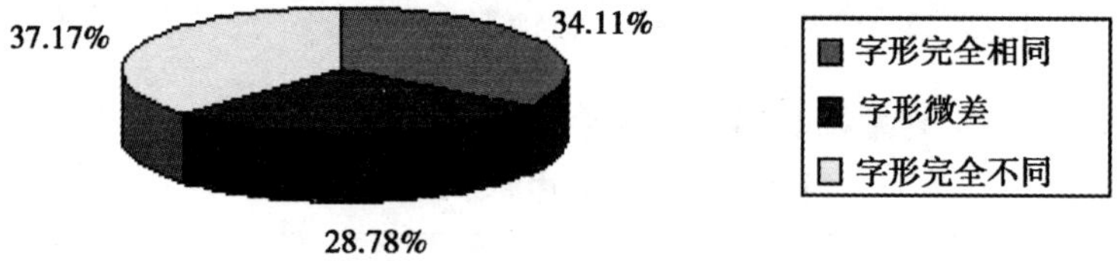

图 7-5 韩国常用汉字分类

1. 字形完全相同的汉字

字形完全相同的汉字指韩国常用汉字中与中国现行汉字字形完全一致的汉字。这类汉字共 614 个，其中包括在《汉字等级大纲》中的有 577 个，独有字 37 个。这些汉字在《汉字等级大纲》和韩国常用汉字中的分布情况如下：

表 7-45 字形完全相同汉字在《汉字等级大纲》中的分布 单位：个

汉字大纲 / 韩国常用	甲	乙	丙	丁	合计
初中	207	91	32	25	355
高中	39	93	58	32	222
合计	246	184	90	57	577

由于与中国现行汉字字形相同，韩国留学生如果已经学习过这 577 个韩国常用汉字，那么会在他们学习中国汉字时起到正迁移的作用，这时候这些中国汉字的学习是一个熟悉与巩固的过程。

2. 字形微差的汉字

字形微差的汉字指韩国常用汉字与中国现行汉字相比在笔画或部件上存在细微差异的汉字。这类汉字共 518 个，其中与《汉字等级大纲》共有的汉字有 474 个，独有字 44 个。这些汉字在《汉字等级大纲》和韩国常用汉字中的分布情况如下：

表 7-46 字形微差汉字在《汉字等级大纲》中的分布 单位：个

汉字大纲 / 韩国常用	甲	乙	丙	丁	合计
初中	142	70	16	12	240

续表

韩国常用＼汉字大纲	甲	乙	丙	丁	合计
高中	40	80	62	52	234
合计	182	150	78	64	474

韩国常用汉字与中国现行汉字相比存在细微差异主要是由于笔画和部件的微小差异造成的，其中笔画微差又分为笔画相似、笔画移位、笔画长短结构差异、笔画离析；部件微差包括部件形状微差、部件形变差异、部件离析。

（1）笔画相似

笔画相似主要发生在点笔、横笔和捺笔，点笔分为两种情况，一种情况是将点笔写作小短竖；另一种是将点笔写为小短横。例如：

表 7-47　　韩国常用汉字与中国现行汉字之差异样表

（前为韩国常用汉字，后为中国现行汉字，下同）

京—京	信—信	培—培	舟—舟
今—今	均—均	抵—抵	食—食

横笔微差是把某些中国汉字中的横笔写作提笔，比如：

表 7-48　　韩国常用汉字与中国现行汉字之差异样表

屯—屯	判—判	慧—慧

另外还有将捺笔写作“㇏”，在捺笔的上端加一点笔，像丈、父。

（2）笔画移位

笔画移位是指韩国汉字与对应的现行中国汉字相比某一笔画的位置发生了微小的变化。例表如下：

表 7-49　　韩国常用汉字与中国现行汉字之差异样表

尤—尤	才—才	奏—奏	卷—卷

（3）笔画长短结构差异

笔画长短差异是将横笔或竖笔拉长或变短，例表如下：

表 7-50　　韩国常用汉字与中国现行汉字之差异样表

丑—丑	仙—仙	雪—雪	害—害

（4）笔画离析

笔画离析，在对韩国留学生的汉字偏误进行分析时已经提过，这里是指现行中国汉字中某个完整的笔画对应到相应的韩国汉字中时分裂为两个或几个笔画。笔画离析主要集中在以下几种：

表 7-51　　韩国常用汉字与中国现行汉字之差异样表

ㄥ—ㄥ	ㄴ—ㄴ	ㄴ—ㄴ	ㄱ—ㄱ
ㄑ—ㄑ	ㄋ—ㄋ	ㄣ—ㄣ	丿—丿

上述几种笔画在现行中国汉字中都是一笔，而在韩国汉字中都分裂为两笔。ㄥ分裂为一竖一提，像云、私；ㄴ变为一竖一提，比如以、比；ㄑ从折点处断为两笔，上端的笔画稍微拉长，像女字，字形微差汉字中包含“女”字作为偏旁的韩国汉字都存在此笔画的离析现象；ㄴ、ㄱ都由横折变成一横一竖，只是方向相反，像牙、敢；ㄋ分裂为横折与横撇，比如及字；ㄣ在韩国汉字中分裂为短竖和横折钩，像弗、拂、第；丿断裂为两段，上段变为竖，比如免、卑、差。

（5）部件形状微差

部件形状微差是指韩国汉字的某个部件与相对应的中国汉字的部件形状相似，只存在微小差异，从而造成两种汉字微差。部件形状微差主要集中在以下几种部件：

表 7-52　　韩国常用汉字与中国现行汉字之差异样表

爫—爫（暖—暖　乳—乳）	户—户（遍—遍　篇—篇）
丷—丷（伴—伴　平—平）	丷—丷（增—增　送—送）
八—八（分—分　松—松）	月—月（情—情　晴—晴）
辶—辶（道—道　速—速）	儿—八（空—空　深—深）
示—礻（祈—祈　祖—祖）	幺—幺（畜—畜　系—系）

续表

朩—木（麻—麻　述—述）	

（6）部件形变差异

在现行中国汉字中当某个汉字作为一个部件存在于另一个汉字当中时，这个汉字有时会发生形变，像“土”变为“土”，“木”变成“木”。这种汉字作为部件发生形变的情况在韩国汉字和中国汉字中存在差异，有些在中国汉字中发生了形变，在韩国汉字中却仍保持原字形，而有些在中国汉字中没有发生形变，在韩国汉字中却存在形变。主要集中在以下几种部件：

表 7-53　　　　韩国常用汉字与中国现行汉字之差异样表

儿—儿（酒—酒）	木—朩（茶—茶）
七—七（切—切）	身—身（射—射）
己—己（改—改）	可—可（歌—歌）
亡—亡（望—望）	小—小（妙—妙）

（7）部件离析

韩国汉字中由于部件离析而与中国汉字存在微小差异的情况较少，在518个字形微差汉字中仅有一例：

傲—傲

3. 字形完全不同的汉字

字形完全不同的汉字指韩国常用汉字与相应的现行中国汉字在字形上有很大差异的汉字。这类汉字在韩国常用汉字中所占比重最高，共669个，其中与《汉字等级大纲》共有的汉字有646个，独有字23个。这些汉字在《汉字等级大纲》和韩国常用汉字中的分布情况如下：

表 7-54　　字形完全不同汉字在《汉字等级大纲》中的分布　　单位：个

大纲 / 韩国常用	甲	乙	丙	丁	合计
初中	172	73	29	7	281

续表

大纲 / 韩国常用	甲	乙	丙	丁	合计
高中	92	141	77	55	365
合计	264	214	106	62	646

韩国常用汉字与中国现行汉字之所以存在较多的字形不同的汉字，是因为中华人民共和国成立以后，中国政府进行了汉字的整理和简化工作，建立并推行了科学适用的正字法，确立简化字、整理异体字、确定印刷字形规范，实现了书面用字的规范与统一。而韩国常用汉字则仍保留了这部分汉字的原有字形，我们又称其为“未简化字”，因此这里所说的与《汉字等级大纲》的共有字是韩国常用汉字相对应的现行中国汉字。

通过以上对韩国常用汉字与中国现行汉字的比较考察，韩国 1800 个常用汉字中与中国现行汉字字形完全不同的汉字所占比重最高，占到 37.17%。虽然这一部分韩国常用汉字与中国的繁体字并不完全等同，但在语料库中我们把这一类的偏误记作繁体字。字形完全相同的汉字所占比例为 34.11%，这一部分常用汉字是韩国留学生习得汉字的基础及优势。韩国 1800 个常用汉字中，与现行中国汉字相比字形微差的汉字所占比重最低，占 28.78%，但是字形越是存在微小差异，识记与再认时越困难，更容易产生偏误。

（三）韩国留学生所用汉字与韩国常用汉字的相关性比较

1. 全部使用的汉字和韩国常用汉字的比较

韩国留学生 150 万语料中共出现了 3533 个汉字，这些汉字与韩国 1800 个常用汉字比较，经过我们的考察其中包含了 1160 个韩国常用汉字，占韩国常用汉字的 64.44%，占全部使用汉字的 32.83%。按照上文韩国常用汉字与中国现行汉字比较的分类进行统计，如下表所示：

表 7-55　　韩国留学生所用汉字中韩国常用汉字分类统计

	字数（个）	比例（%）
字形完全相同（614）	598	33.22
字形微差（518）	502	27.89
字形完全不同（669）	60	8.97

字形完全相同的汉字共 614 个，出现在韩国留学生语料中的汉字有 598 个，占韩国常用汉字的 33.22%，仅有 15 个字没有使用，它们分别是：

僚、厄、哉、戊、戌、桑、申、畓、癸、粟、邑、堤、壬、徐、洪。

字形微差的汉字共 518 个，出现了 502 个，占韩国常用汉字的 27.89%，未出现的汉字如下：

妾、婢、奚、兮、寅、庚、弘、恣、朔、檀、殆、濯、玄、矣、穴。

以上两类韩国常用汉字在韩国留学生所用汉字中的使用情况达到了两类汉字总数的 97.17%，占全部使用汉字的 31.14%。

第三类韩国常用汉字由于是未简化字，与现行中国汉字存在较大差别，而提供语料库语料的留学生接受的汉字教学是对现行中国简体字的学习，所以这类汉字在语料库中的使用率较低，仅出现了 60 字。

2. 偏误字与韩国常用汉字的比较

对于语料库中韩国留学生的汉字偏误，除了依照偏误记录原则对错字和别字分别进行统计外，我们还利用 MATLAB 软件提取了凡是出现偏误的汉字（错字、别字或错字、别字兼有，不计频次）字目表，共提取出偏误字 1319 个。

韩国 1800 个常用汉字与中国现行汉字字形完全相同的共 614 个，仅占总数的 34.11%，另外还有 1186 个汉字与中国的现行汉字存在差异，我们将韩国留学生的汉字偏误字（主要是错字）与韩国的常用汉字进行比较发现，韩国留学生的某些错字偏误是受韩国常用汉字的影响产生的，分为两种情况：

一种情况是由于韩国常用汉字与中国现行汉字存在微小的差异，学生在学习中国汉字时忽略了这种差异产生了偏误。这一类型的错字偏误在语料库中集中发生在以下 61 字，它们分别是：

以、分、勇、寒、叫、夜、妙、差、少、市、平、微、念、急、批、敢、新、望、步、比、消、甚、益、省、神、突、置、者、茶、被、解、象、送、逝、隔、雪、零、骨、场、世、此、歉、车、疼、管、当、习、迹、堪、发、扬、闹、化、换、义、张、泳、永、毕、怜、像。

以上这些汉字韩国留学生忽略了汉韩汉字间的微小差异，用韩国汉字直接替代了中国汉字，造成了偏误。比如“以”写作韩国汉字“以”，“差”写作“差”，“疼”写成“疼”，“雪”写作“雪”，“骨”写成

"骨"。

另一种情况是受韩国常用汉字中未简化字的影响而书写偏误的汉字，具体指在书写汉字时用韩国常用汉字中的未简化字替代现行中国汉字却书写错误的情况，这里不包括书写正确的情况，即我们在语料库中记作繁体字的偏误。这类错字偏误共发现 14 字，它们是：

表 7–56　　受韩国常用汉字中未简化字的影响而书写偏误的汉字

内—內—	梦—夢—	两—兩—
将—將—	纳—納—	动—動—
绿—綠—	卧—臥—	参—參—
教—敎—	卧—臥—	参—參—
教—敎—	郎—郞—	尝—嘗—
爱—愛—	样—樣—	

三　对韩汉字教学用字表的研制及后续研究

（一）对韩汉字教学用字表的选字原则

1. 常用性原则

本文的常用性原则是汉字在语料统计中的常用性，一为韩国科学和技术教育部颁布的 1800 个常用汉字，二为韩国留学生汉语中介语语料库中韩国留学生所用汉字字频统计。

斯金纳言语操作的条件作用理论强调，输入频率是言语获得的主要因素。后来，这一理论遭到了乔姆斯基的反对。心理语言学的兴起又促使语言输入频率在二语习得中得到重视。N. Ellis 等人在大量实验研究的基础上，对语言输入理论进行了深入的研究，并直接提出频率是语言学习、二语习得中的一个关键因素，这个结论得到大多数学者的认同。①

汉字的使用频率是影响汉字学习效果的一个重要因素，江新等（2006）②的实验研究表明，出现频率高的汉字比较容易识记，而且由此字构成的整个

① 刘金珠：《论汉语水平汉字等级大纲的研制》，硕士学位论文，暨南大学，2010 年。

② 江新等：《外国学生汉语字词学习的影响因素——兼论〈汉语水平大纲〉字词的选择与分级》，《语言教学与研究》2006 年第 2 期。

词语也较易掌握，因此汉字的习得还促进了汉语其他语言要素的习得速度。在制定汉字教学用表时，汉字的使用频度是最重要的参考标准。

2. 韩语汉字词常用性原则

韩语的词汇大致分为两大类：固有词和借词。其中借词绝大部分来源于中国，通常称为汉字词。汉字词在现代韩语中占的比例很大，约为百分之七十。这些汉字词在韩语中的使用频率存在差别，김광해（2003）[①] 在《등급별　국어교육용　어휘》中将韩语词汇按使用频率分为四个等级共33825个，经过我们统计，词汇使用频率较高的第一、二等级中，第一等级共1845个词语包含646个汉字词、第二等级共4258个词语包含了1872个汉字词。汉字词在韩语中的使用频度也是制定对韩汉字教学用表的重要参考标准，因为汉字词的使用频率反映了韩国常用汉字的使用频率。

3. 与韩国留学生常用词汇相关性原则

汉语中，一些地名、人名、动植物名的用字，比如“韩”“廷”“猩”等字，在字频统计中多为低频字，《汉字等级大纲》中也未收录，但从韩国留学生的汉字使用情况来看，这类汉字有的使用频度较高。因为这些词与留学生的日常生活相关，所以制定汉字教学用表时应考虑收录这类汉字。本文是基于汉语中介语语料库的研究，语料库中出现的汉字基本反映了韩国留学生日常生活常用词汇，在制定对韩汉字教学用表时应收录与韩国学生日常生活密切联系的汉字。

根据常用性原则，对韩汉字教学用表在选字方面。首先，以韩国1800个常用汉字为重要参考依据，韩国常用汉字表是韩国学习者在未学习汉语前最常用的汉字集合；其次，考虑韩国留学生汉字实际使用情况，即韩国留学生汉语中介语语料库中汉字字频统计；再次，参考《汉字等级大纲》的选字。我们将1800个韩国常用汉字中的异体字进行了合并，如“贊”“讚”合为“赞”，“複”“復”并为“复”，经合并后为1781字。依据韩国汉字词常用性原则将1781个韩国常用汉字与《등급별　국어교육용　어휘》中前两个等级的2518个汉字词进行比照，提取出共现字1213个。韩国常用汉字与《汉字等级大纲》的共有字为1675个，将这部分汉字与前面提取出的1213个汉字做比照，得到共现字1187个。这1187个汉字应作为韩国留学生汉字学习的主体与基础。（韩国留学生基础

---

① 김광해:《등급별　국어교육용　어휘》，도서출판 박이정，2003年第6期。

汉字学习表见本章后附录 1）

最后，参考《汉字等级大纲》，结合语料库中汉字字频统计情况，同时考虑与韩国留学生常用词汇相关的原则进行一定的人工干预，选取了 1663 个汉字，加上之前的 1187 个汉字，对韩汉字教学用表的汉字总量为 2850 字。（对韩汉字教学用表见本章后附录 2）

（二）对韩汉字教学用字表的分级原则

1. 字频

字频是对外汉字教学用字表收字与分级的一个客观标准，《汉字等级大纲》的汉字分级是按照相对应的词频来划分的，显然忽视了汉字的独立性和在教学中的重要性。近年来，汉字教学在教学理论、教材编写的研究上，都有了一定的发展，提出了“字本位”教学这一重视汉字教学的新理论。江新等（2006）[①] 也对《汉字等级大纲》选字与分级以《词汇等级大纲》为依据的制定方法提出了质疑，并提出了两种对外汉语教学字表制定方案：一是以字定词，字词协调；一是各自为政，互相协调。因此，对韩汉字教学用表的制定，我们充分考虑汉字的独立性，将汉字的使用频度作为分级的重要参考标准。

2. 汉字偏误率

目前关于汉字偏误的研究，其研究结果的应用大多是在理论层面上，即提出对外汉字教学对策，鲜有研究将汉字偏误情况应用于汉字教学用表的制定。汉语中介语语料库的汉字偏误在一定程度上客观地反映了学习者对汉字的掌握情况以及存在的问题，有助于今后有针对性地进行汉字教学。将汉字偏误率作为汉字分级的一项标准，打破了以往汉字教学用表收字与分级仅考虑汉语本体语料的局面，而把学习者实际汉字使用情况作为制定对外汉字教学用表的参考维度，更具科学性与客观性。

3. 母语负迁移

对于“汉字文化圈”的学习者来说，已有的汉字基础会对其汉字学习产生一定的迁移作用，这种迁移犹如一枚硬币的两面，积极的影响即“正迁移”能帮助学习者更快、更好地掌握汉字。反之，“负迁移”则对学习者学习汉字发生负面作用，形成干扰。韩国留学生作为“汉字文化

---

① 江新等：《外国学生汉语字词学习的影响因素——兼论〈汉语水平大纲〉字词的选择与分级》，《语言教学与研究》2006 年第 2 期。

圈”学习者的典型代表，一直以来，我们都注意到了他们汉字基础的正迁移，也在有意发挥他们的这种优势，但是结合韩国常用汉字与中国现行汉字的对比情况以及汉语中介语语料库中韩国留学生汉字偏误的情况来看，韩国常用汉字与中国现行汉字的差异是造成韩国留学生部分汉字偏误产生的原因，这部分产生偏误的汉字应引起我们日后教学的高度注意，从而能够系统地、有针对性地克服“负迁移”的不良影响。因此，对韩汉字教学用表在分级时要对这一类的汉字的级别做出调整。

因此我们首先依据字频原则将2850个汉字分为甲、乙、丙、丁四个等级，每个等级的字量参考《汉字等级大纲》的标准，甲级字800个，乙级字800个，丙级字600个，丁级字650个。然后根据汉字偏误率和母语负迁移原则，对具体相关的汉字的级别做调整。

（三）后续研究

1. 本研究存在的不足

首先，对偏误类型归纳还不够全面，少数偏误字的归类不是很明确。本文虽然吸收了各家的偏误类型，同时也提出了新的偏误类型，但留学生的偏误字样是千变万化的，还是有些偏误字不能归入已有的偏误类型。另外，本文语料库为150万字，数量庞大，在汉字偏误的筛选上困难较大，在逐字甄别的过程中发现少数偏误字的归类问题较难，虽然与老师同学讨论后进行了归类，但是缺乏更多专家学者的意见。

其次，偏误数量的统计有待于更加精准。同时由于语料库较大，在统计偏误数量过程中也有遗漏字样的可能，但统计结果不会受到绝对性的影响。

再次，对韩汉字教学用表所包含的汉字可能不够全面。虽然本文语料库为150万字，语料比较丰富，但是肯定不能涵盖韩国留学生所用的全部汉字，这也是目前语料库语言研究的局限。因此，我们制定的对韩汉字教学用表可能漏掉了少量有价值的汉字。

最后，没有将制定的对韩汉字教学用表用于实际教学。限于研究时间，不能将本文制定的对韩汉字教学用表应用于韩国留学生的汉字教学，因此，看不到教学效果，也不知道该表的适用性。

2. 后续研究及展望

鉴于本文的不足，我们认为日后还可以从以下几个方面进行深入的研究与探讨：

第一，将制定的对韩汉字教学用表用于韩国留学生的汉字教学。我们可以先进行实验教学，经过一段时间的学习后，对学习结果进行检测，根据反馈结果对字表进一步进行调整。

第二，进行非汉字文化圈与汉字文化圈汉字偏误对比。韩国作为汉字文化圈的代表，我们对其汉字偏误进行了归类统计，但是非汉字文化圈和汉字文化圈在汉字偏误方面的异同还需要我们将来进一步进行讨论。将汉字文化圈和非汉字文化圈的汉字偏误进行对比研究，找出二者的异同，突出不同文化背景下留学生汉字偏误的差异，提出制定“国别化”汉字教学用表的必要性，这将有利于世界范围“国别化”对外汉字教学的发展。

第三，分层级制定汉字教学用表。本文的语料在层级上兼顾初、中、高三种层级，在每一层级上又根据学习者所处班级细分为二到四个次层级，目前制定的对韩汉字教学用表是一个总表，日后我们可以根据不同层级学生的汉字偏误特点制定适用于不同层级学生的汉字教学用表。

附录1：韩国留学生基础汉字学习表

一丁七三上下不丙中丹主乘乙九事二于五人介他付代件任企休但住作使例供便俗保修候健偶元兄先光共兵其具典再冠冬刀刑列利制刷刺前副力功加助勤勿包化北十千午卓南博占危原友叔取受口古句只召可史右司各合名吐向君否告周味呼命和品唱善器回因困固土在地垂域基堂塔墓墨士夕多大太夫央失奇子孔存孝季寸寺封小局川工左己布希常幅干年建弄式强形彩役彼往待律徐得御德心必忍志忠快忽思性怨怪恐恒恩息患惠想愚感慕慰成我或戚所手打技把投折抽拍拓招持指授掌提搜操支政故救散敬整料斤日旦旬明易星映昨是普智暇暴曲最月有服朝期木未末本朱材村束杯林果架某染柔格械模欲止正此武死殊段殿毛水永江沈河油泉泊波注泳洋洗洞洪活浴海淡湖源漆漠漫火炎然照燥爆牛物特犯猛玉王珍珠班球理生用由甲申男界略番疑登白百皇皮盟目相眉看知石破碧示票祭禁秋科秩移稀程竹笑符等答策算籍米羊美老耐肉肝肺胃背胞胡自舌舍色花苗若苦英草菊菜落葬蒸血行街谷豆赤走起趣足路身里重野量金附雨需面首黑丈世乳互亡交亦京今仙令以仰伴似位佛依侵信倍

停催像充免入全八公六冷出分切初判到券刻割努勇半印卵卷去反吟吸唐商四均塞境增壁外奉奏女奴好如妄妨妹妻始姑姓委姻姿娘婚媒字孤宅宇守安完宗官宙定客宣室害家容宿寂寄密富察射尊少尖就屋展山巡巨差市帝席平幸幼幽床序底店府度座庭康廊引弟弱影微忘忙念急恨悔悲情意慧房才批抑抗拒拜拳排探接推援收改放效敢文新方施旅旋族旗景暑暖暗望松板校核根案梅植次歌步母每毒比氏民沙治法派流浪消涉深混渡港溪演激父版率琴甚留畜疫疲疾病症痛益盲直省眼着督睦社祖祝神福秀私秒稿究空突立章童端第管篇粉精糖素索紫缺罪置署考者肖能脚腐臣至致舞航般船良茶著蔬藏虎衣表被裁裕西要角解言誓警象豫距辛辰辱迎近迷退送逃途通速造遇道避部都酌配酒醉防限院陶隔障雄雅集雪零震音食高鬼魂麻乱亚来系仓个伟备传伤价仪亿偿优儿内两册冻别则创划剧剑动务胜劳劝区协即参员问丧单严国围园圆图团执报场坟墙坛压坏壮寿奋侄妇孙学宫实宁审写宝将专对导层属峰岛岩师帐带库广厅吊张弹后复征爱态惨惯虑庆欲忧愤宪忆应恋战戏扫换挥损择击担据扩摄教败敌数断升时畅暂历书会东查条弃业极荣构概乐楼标样树桥机横坚检权叹欢岁归杀气冰污决况泪净清汤准温满渔汉渐潜泽浊湿济滥灾无烟热灯营烛争为状狱奖独获猎兽现环产画异当发尽监真研确础祸礼税种称窗穷竞笔节范筑简妆粮纪约红纳纯纸级细终弦组结络给统丝绝经绿维纲绪线练总绩织继续罚罢罗义习圣闻联声职肃脉脑肠脏台与兴旧华万叶着苍莲荐艺药兰处虚号虫众术卫冲装见规视亲觉览观计讨训记访设许评词试诗话该认诞诱语诚误诵说课调谈请论谦讲谢谣证识谱译议护读变让赞丰负财贫货贩责贵买费贸贺资赏贤卖质迹践车军软较轻辈输舆转辞辩农连进游运过达递远适迟选遗边郎邮乡医铅银铜铭录钱炼镇镜钟铁鉴矿长门开间关阵阴陆阳队阶际随险隶双杂离难云电灵青静韵响项顺颂领头题颜愿类显风飞饮饭饰养余馆马骑骚验体斗鱼鲜鸟凤丽麦黄默点党齐齿龙

附录 2：对韩汉字教学用表

甲级字：的我了是一不他有很人们以时在这个好来天你得学到去上子说国后生么她要为也中就所家看可多没都儿候那想地起对会样和过事但话妈心还着能下小自友觉现吃朋然因经点老年成别常发出方最做情作习什次给孩真高打开回面间工感意而比力女道气前己如动活东知定语果跟喜从长欢怎于只当每吧法韩行西听难爸金今见太公问车用身山买游电钱重之把爱边让眼头服三分旅外考母业理找第师等明水同又无越快结才手饭像件海汉婚应吗相呢白走机且实受日容该已种题体关亲信期几父美本非再直正性试文解物名完二兴风男平近司认先进努课烟其更放变台花李告级帮全月教决格交五安思向口住被夫通运晚总特虽留路十北望早玩衣加啊些少京始商办门原化景脸病市坐记视书干忘品班照提终菜差场弟系失房校者喝助色姐主笑世幸亮象酒健处表易张利节连带影各写忙准死管错便福使况半由哪害马星满包离热界苦功店丈反火周合深它四岁务光假诉较漂希部度消持备皮球王内刚流声急算院乐任员此位智康整城代保随单空条轻网广养青必济接产量谢需红识昨故远岛论睡毕怕目环改社往费境突待尽英叔息何音展脑担求印字绩丽困坏哥或善骆参收冷驼步报强拿庭严睛请足累导叫历似慢除怪观神续入倒礼伤园恩穿讲谁雨南遇民适贵食优聊朴职般医至黑许念舍紧妻言钟谈顾句顺首客惊精八味调六与传万惯取答术片背狼达恋唱跑久绝休式春趣育并坚肯架价愿清忆继乎毛吸根静竟却温午嘴馆减脚奶选志懂香败护验犯飞雪双响造爬洗奇简共鱼板类赛制数站林命效介哭夜复绍义黄即梦宿送另貌落舒呀计极约号料偷良演染切读俩室尔质奥烦惠汽显注画团资刘敬引立千互郑充您基激松鼻阳危鞋程百建究压油圆形狗元乱净歌够票抱卖床掉巴树兄争街态误悔农胖永吵州迟古刻脱怨官领密初哈丢细爷修药装仅瓶怀痛污队及剧末议转短拉断富秋贤购绿堂束耳责评泰存石熟破政亏区具销际独妇赶联七缺冬拆练磨珍辈围货罗

批尊姑洋专疼玉权甚负停指块妹右择将忍举麻渐顶左遗军克娘益壮炒沉肉未线查露穷依低换挑赞靠投梁虑统宜享土标模婆证辛

乙级字：德郭免讨村姻泳祝瘦抽泪恼途弃源冲折鼓厚草获银症治排胜夏朗烈旁屋龄暑跳布肥弄材设虎救战案翻培秀罪率泡微既居骗确鲜宝顿胡扫则段敢恶暖操厉刑缘规示俗颜察户慌镜蒙碰退乡异增致肤杀守份呼羡须袋奈值暴忽龙普惜史底眉推宣概借散图腿饿招餐称预挣状固临慕震追鲁省糟座警浓野允据阿搬逛迷醉蛋柳闷势勇暗采端府牌附楼型船锅积判醒延聪角偏威迎归嘛米按敏戏律扭谓灯付浪令厅避恐懒脾荐冒艺超池毒闻遍残戴划默泼辅扔占扮孤偶软维支兜戒闹返宽私止呆河士肚辣码硬愉冰瓷华迹夸凡检款贫桌鸡技聚庆劝悉氛挂凭素速训厌乘科族登拾牙蓬财浩灵兵粗圾垃租博瓜炼否牛承烂例苗曾吹封惹淑饮矮寒集慰虚悠溜墙抓彩奖器烧仙纸众挫险匆股九卫余镇摇云茶尝锻览挺闲窗蓝犹钻纪劲沙血串控莱迫研宠疾疑营丰巧丧鸭副配诚埋盼聘尾叶珠层盖击骂拍补刺灰企圈宾楚润朝川湖邻鱿豆季江摊扬灾挨疗杂赚奋糊闪升章促防慧凉欺柱零柔征钉罚仍授帅胆吉泄贝怜踢廷哲闭伙木群仁铁咱访患振创酱兰胃废勤替吊荣沈舞爆鬼局托晨捐誉潮疯含拥横汤滑牢篇稳箱滋狂猎描伞豫脏笔抖佛卡糖肿祖丑坦伟忧遭擦厂惑津昆啤屁撇炸纯醋朵冠井鸟启损置插沟谅融涉圣输筒吐悟彼蹭繁纷降略贸陌骑雅杯宫秘某派腾妆佳赏项碍啡咖饶寿疏述拔典盾卷列苹桥索贞撞奔尘趁范抗齐辞谷皇禁扑泉弱桃甜透羞傲骨隐录塞摔童姓姨饱憋杭尚稍洲诞赌憾祸俊励茫帽拜虫拒盘施斯田辆驴誓樱植仔兑甲兼骄竞玲伦坡爽限亚逐驳毫愧宁悲搭斗恭喊挥毁艰劣矛纳陪踏滩裕弊饼躲刮猫湿欣灿妨腐搞航盈筑组畅垂粉哄寄监琴洒逃棒播策触刀钢络套偿瘩疙盛酸献寻尤熬攻谨沮孔碌诗释腰猪哎壁杠糕耐售译涌竹属匙拐旧魅铺戚映慈奉昏摸郁仗幅蕉淋灭墨幕疲栽齿淡帝剩蔬碗握席阴宰账遵汗赖猛敲叹贴掩幼钥猜隔谎捡阶亡猩炫衷癌歹荡供尖箭倾赢诱援扎怖酬港髦堑拳慎趟

雄瘾躁掌旦逗棍霉娃沿颐阵唇嘟额嫁键斤签伸询狱沾障哀递仿翩泣刹躺卧暂织堆君恳赔撤叨浮贺狠恢肩烤阔飘嫂塑嘻愁构浇磕捞频藏崇怒歉挽赵著弹冻饰巳颂霞熊幽予澡执测讽焦旷腔

丙级字：抢曲淘添歪协杨倍笨丹呵啦篮遛旗抬乌坠鹅痕巨酷括刷雾媳吓艳邮悦载宗版伴挡订番狐洁棵狸莫炮枪遥溢俑肠催筋欧谦涂噪波闯夺旱晃揭杰库乃泥丝掏咸祥欲阅卑堪虐探弯畏宙皱拌滨羹挤媚妙凝撒萨竖窝乙债芝措瞪渴陆洛吞孝羊奏缠敌豪苏梯孕召葱搓堵柜截惧蛮逆舌审蒜丸详炎呗颤嘿寂距刊颗蜡瞒嫩尼佩披若寺嗦徒驮湾旭绪央椅毅紫础钓肺浸眶帘梅腻浦屈鼠要陶委薪衍痒币碟缓拘唠漏轮眠庙漠嗯盆捧萄桶违咬移伯倡撑臭拂革幻抹浅晴武瞎哑亿谊寓庄薄厨督愤核恨吼昧葡乞侵贪阻艾柄踩峰混跨坤棱弥瑞射砸诈涨综斑绊榜碧脆悼惦哆袱傅膏侯剂锦纠寥蚂喷锁颖娱宇浴晕咒疤辨糙昌盗杜捷扩铃拧挪叛绳碎秃翼编扶盒汇均蜜囔牵悄柿肃纹陷杏序咽乏贩阁郊椒狡舅秒欠稀宴岳惭蹬滴董妒鸽忌窟裤眯扇驶拖蚁蒸嘲雕敷抚钩猾鉴饺轿缆愣盲劈匹拼秦锐骚唯迅讶伊酉崭煮唉辰伏浑嫉夹煤渺沛裙汪煦嘱膀彻惩鳄枫缝丐耗荒届扣胧麦朦乓乒绕胎忐烫忑兔拓哇熄匣盐氧滞扁尺辍蛤雇凌履铭摩魔寞匿哦恰渠燃扰煞斜址捉毙惨苍耽祷肝勾滚饥煎俭剪践坎坷葵郎粱搂盟梢狮缩屯伍熏贼贬咨罢巢锄喘盯泛釜岗估咕寡姜咳滥雷侣谋募瀑森傻逝薯瞬塌汰蚊仪喻杖睁弛抵符灌猴孟汝蛇牲诵亭蔚偕凶胸仰逼仇档捣渡敦芳辉拷癞裂隆蟆芒氓牧睦抛瞧牺焉邀羽域匀攒闸寨朱胞脖柴崔叮洞衡筷魁莲链粮仑尿诺祈洽嗓嗽顽旺惟夕厢岩耀婴灶绑鄙粹腹葛捆笼迁潜惬丘刃摄殊恕押黝跃葬辩辫裁衬杆竿贡贯驾睫聋姆酿曝棋涩搜喂溪婿耶狈踌贷党蹈噩蜂咐赋壶讥径俱垮栏炉勉纽漆梳饲塔碳梧勿喧吁

丁级字：稚堡卜厕踏菲覆冈桂哗祭嘉拣娟姥梨吏萝锣腼嚷霜宋稣遂瘫腆暇嫌歇胁谐悬莹诸侈凑寸跌乖涵鹤痪脊娇晋炯揪菊呐翘衫擅奢唐宛析嬉巷蔫窈咦抑佑枣皂斩帐罩卓

蔼 扒 傍 拨 玻 剥 勃 抄 澈 迪 坊 逢 搁 裹 哼 宏 绘 肌 喇 厘 璃 黎 瘤 怦 僻
铅 娶 雀 哨 跆 塘 剃 晰 袖 旬 逊 汁 脂 秩 懊 叭 甭 鞭 磁 哽 辜 辑 剑 巾 倦
嚼 矿 吝 芦 鹿 掠 迈 囊 淇 囚 犬 晒 尸 铜 翁 沃 吾 潇 酗 芽 役 愚 燥 窄 湛
澳 绷 痹 册 岔 蝶 赴 伽 甘 胳 割 瑰 禾 葫 蝴 豁 跤 韭 橘 诀 慨 啃 俐 拢 脉
馒 莓 媒 鸣 溺 谱 芹 趋 绒 税 硕 隧 瓦 伪 膝 虾 峡 肖 卸 讯 燕 吆 页 液 泽
侄 忠 骤 岸 昂 邦 惫 濒 膊 捕 诧 叼 锋 尬 尴 稿 耿 巩 奸 茧 胶 搅 藉 疚 爵
廊 剖 茄 揉 啬 氏 衰 涛 填 枉 妄 吻 械 丫 疫 蝇 舆 浊 兹 柏 蹦 磋 稻 笛 陡
盹 钝 伐 帆 肪 粪 溉 擀 罕 惶 煌 僵 匠 劫 竭 矩 掘 枯 腊 勒 粒 陵 陋 馁 攀
颇 岂 嵌 券 壤 乳 矢 屎 涮 祀 蹄 屉 艇 捅 蛙 袜 腕 呜 宪 削 晓 畜 蓄 旋 淹
冤 赠 咋 浙 姿 搀 痴 赤 翠 邓 殿 刁 栋 蹲 惰 俄 峨 凤 辐 俯 菇 轰 讳 矫 扛
廉 榴 玫 墓 拟 袍 抨 歧 遣 怯 沁 驱 儒 勺 甥 兽 墅 甩 烁 蹋 坛 痰 谭 毯 馅
宵 蟹 腥 汹 恤 循 谣 摘 宅 兆 遮 枝 昼 爪 砖 拙 颁 呈 储 凳 叠 缎 炖 沸 龟
跪 亥 荷 恒 徊 唤 畿 籍 溅 浆 皆 憧 憬 框 馈 伶 岭 浏 卵 啰 茅 咪 沫 牡 霓
趴 徘 凄 契 谴 瘸 韧 辱 纱 啥 陕 漱 撕 惕 舔 凸 妥 婉 韦 纤 泻 崖 涯 妖 姚
羿 茵 鹰 佣 愈 烛 踪 笆 豹 崩 辟 蔽 臂 菠 搏 蝉 阐 炊 蠢 怠 痘 妃 坟 焚 耕
轨 皓 虹 汲 颊 稼 诫 赳 砍 拦 晾 拎 珑 垄 卢 吕 逻 茂 枚 蘑 坪 署 讼 帖 巫
携 屑 叙 靴 雁 倻 夷 倚 亦 吟 哟 御 蕴 辙 筝 挚 粥 拄 茁 棕 埃 跋 扳 趵 碑
敝 贬 侧 禅 铲 敞 怅 臣 耻 翅 绸 揣 囱 锤 绰 丛 颠 垫 仃 睹 剁 绯 翡 吩 俘
苟 汩 罐 憨 阂 赫 亨 烘 喉 贿 魂 碱 贱 疆 鲸 儆 桔 咀 倔 菌 郡 峻 瞰 慷 恪
溃 斓 娌 敛 涼 辽 麟 虏 赂 缕 蔓 棉 暮 奴 殴 庞 螃 烹 窃 娆 饪 冗 删 耸 艘
溯 髓 梭 蜓 彤 屠 挖 惋 吴 锡 袭 淆 啸 邪 惺 暄 巡 殉 蜒 幺 逸 殷 庸 粘 辄
侦 枕 肢 妯 酌 琢 揍 佐 暖 瓣 丙 秉 泊 簿 槽 馋 潺 扯 橙 惆 摧 逮 奠 爹 纺
吭 拯 仕 卿 蔡 绽 卯 灼 崎 岖 俸 诡 橱 诲 颓 藻 渤 哺 憔 悴 冥 沐 贮 隶 韵
仓 纲 渔 丁 徐

第八章

基于多层偏误标注的国别化汉语中介语动态语料库的词汇研究

现代认知心理学认为，一个人在学习一种外语时，他对外语的语音、词汇、语法、文字等的敏感度是不同的。这就使一个人在语音、词汇、语法、文字方面的学习难度等级和进取程度随之不同。词汇作为语言的一种重要组成部分，与语言系统中的其他部分密切联系，在语言学习中发挥着核心作用。因此，汉语中的词汇教学时对外汉语教学中至关重要的环节。而汉语中的词汇既有所有词汇所普遍具有的概念意义，也融汇着汉民族的思维方式和文化习俗，因此，词汇教学在汉语教学和研究中占有非常重要的地位。本文基于“多层偏误标注的国别化汉语中介语动态语料库（Ⅰ期）”，对韩国学习者汉语中介语词汇偏误进行了较为细致的考察与研究，并在此基础上提出对韩汉语教学用词表的研制进行了初步的探索。

第一节　韩国留学生汉语词汇偏误研究

本研究基于“多层偏误标注的国别化汉语中介语动态语料库（Ⅰ期）”中 100 万字韩国留学生汉语中介语语料，从中提取出用词不当、词序颠倒、缺词、多词、外文词、生造词共计 6 类词层面的偏误及其相应例句，然后将提取到的语料按照目标词、偏误词、例句的形式进行整理，分别建立 Excel 表，生成“韩国留学生汉语词汇偏误语料库”，下设 6 个子库。如图 8-1 所示。在对词层面偏误进行整理的基础上，构建了易混淆词表、生造词词表、外文词词表、词序偏误词词表（见本章后附录），以便进一步地研究。

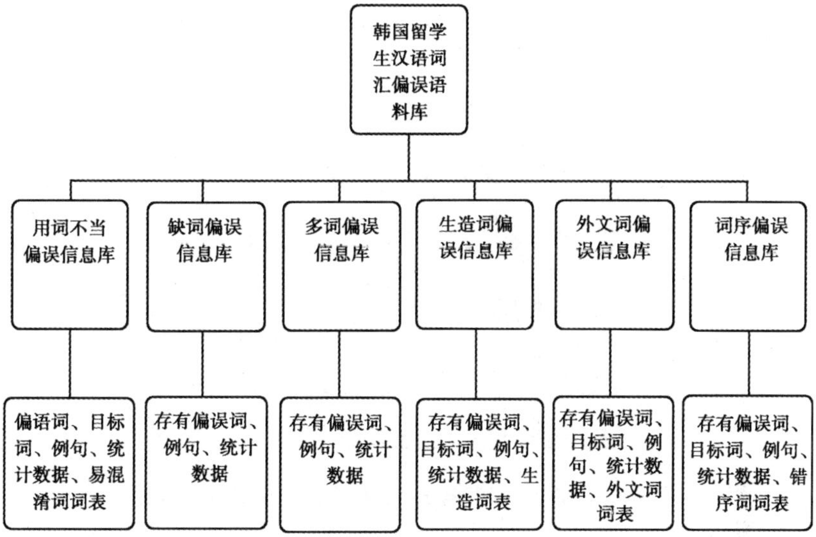

图 8-1 “韩国留学生汉语词汇偏误数据库”构成

表 8-1 “韩国留学生汉语词汇偏误数据库”子库“用词不当偏误数据库”示例

	A	B	C
1	目标词	偏误词	例句
2	去/v	{CCH上/v}	那/r天/q是/v我/r去/v {CCH上/v} 学校/n的/u最后/d一
3	一/m句/q话/n	{CCH3一点/m}	我/r和/p她/r一/m年/q的/u时间/n一/m句/q话/n {CCH3}
4	说/v	{CCH说话/v}	我/r和/p她/r一/m年/q的/u时间/n一/m句/q话/n {CCH3}
5	里/f	{CCH以内/f}	我/r和/c我/r最好/d {CQ的/u} 朋友/n是/v学校/n里/f
6	想法/n	{CCH心/n}	我/r和/p他/r一起/d练习/v的/u时候/n,/w我/r的/u
7	希望/v	{CCH想/v}	所以/c有时候/d，/w我/r希望/v{CCH想/v}他/r变成/v
8	奖品/n	{CCH品/n}	他/r给/v我/r他/r的/u奖品/n{CCH品/n}。/w
9	时候/n	{CCH时/n}	他/r取得/v冠军/n的/u时候/n{CCH时/n}我/r一边/c高
10	不/d/舒服a	{CCH2不安/a}	我/r心里/s很/d{CCH太/d}不/d舒服/a {CCH2不安/a}
11	很/d	{CCH太/d}	我/r心里/s很/d{CCH太/d}不/d舒服/a {CCH2不安/a}
12	而且/c	{CCH而/c}	一个/m人/n说/v得/u很快/d,/w而且/c{CCH而/c}常常
13	只是/c	{CCH只/d}	还有/c一个/m人/n不/d说/v话/n,/w只是/c{CCH只/d}
14	清楚/a	{CCH明显/a}	可是/c我/r记/v得/u{CJP-ZF的/u}很/d清楚/a{CCH明显}
15	记得/v	{CCH记/v}	还/d记得/v{CCH记/v}她/r出生/v时/n大/a声/Ng{CQ地}
16	犹犹豫豫/a	{CCH吞吞吐吐/a}	她/r的/u性格/n像/v比/p我/r大/a的/u成人/n,/w有事
17	的话/y	{CCH的/u时候/n}	她/r的/u性格/n像/v比/p我/r大/a的/u成人/n,/w有事

“韩国留学生汉语词汇偏误数据库”中，共计 15856 例。其中用词不当 5233 例，涉及易混淆词词组 225 组；缺词 5616 例；多词 4186 例；生

造词 460 例，共有生造词 373 例；词序颠倒 107 例，涉及词序偏误的词共有 76 例；外文词 139 例，使用外文词 42 例；离合词偏误 125 例。

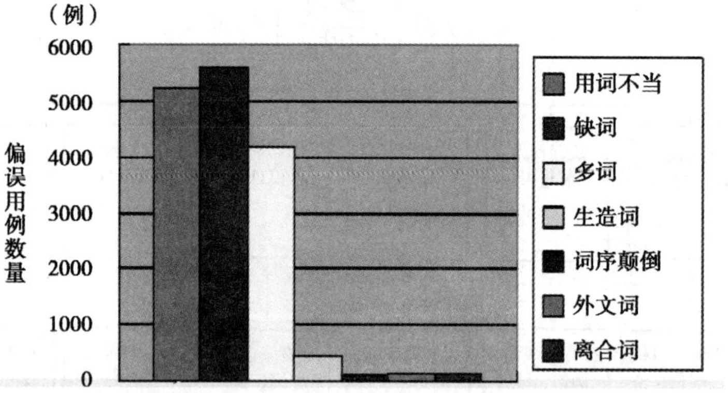

图 8-2　词汇偏误数据库个类偏误统计

一　韩国留学生汉语词汇偏误类型

通过对“多层偏误标注的国别化汉语中介语动态语料库（Ⅰ期）”中的 100 万字语料中韩国留学生汉语词语的偏误情况进行统计，词汇层面的偏误可分为语义偏误、词语缺失或多余、非汉语词和离合词偏误四大类偏误。

（一）语义偏误

语义偏误是指由于写作者受到词汇量的限制或对词义的理解有偏差，选用的词不能正确表达其想表达的意思，该用目标词却用了其他词语，从而导致词语使用和搭配等方面的偏误，主要表现为用词不当。用词不当的偏误句虽然是“词不达意”，但并没有违背语法规则，无语法错误。通过对语料库的检索，这类偏误共有偏误句 5233 例，约占全部词汇偏误的 33.07%。

汉语的词义，包括理性意义和附加意义，理性意义是词义中的主要部分，附加意义附着在词的理性意义之上表达人或语境所赋予的特定感受。无论是在理性意义还是附加意义上理解错误，都会影响词语使用的准确性，从而出现不同层面的偏误。加之汉语和韩语在一定程度上有渊源关系，很多汉语词语的意义和韩语词语的意义存在相似性的同时，也有差异性，但是韩国学生在理解汉语的词义时往往会和母语对比，造成对有些汉语的词义理解不完整或不正确，这就导致了用词不当偏误的产生。

表 8-2　韩国留学生汉语词汇语义偏误数量统计

<table>
<tr><th>偏误类型</th><th colspan="2">次类偏误</th><th>偏误数量（例）</th><th>合计（例）</th><th colspan="2">比例（%）</th></tr>
<tr><td rowspan="3">理性意义偏误</td><td colspan="2">理性意义相同或相近的词的偏误</td><td>1933</td><td rowspan="3">5155</td><td>37. 51</td><td rowspan="3">98. 51</td></tr>
<tr><td rowspan="2">理性意义不同的词的偏误</td><td>非同语素词</td><td>2085</td><td>40. 45</td></tr>
<tr><td>同语素词</td><td>1137</td><td>22. 06</td></tr>
<tr><td rowspan="2">附加意义偏误</td><td colspan="2">感情色彩偏误</td><td>35</td><td rowspan="2">78</td><td>44. 87</td><td rowspan="2">1. 49</td></tr>
<tr><td colspan="2">语体色彩偏误</td><td>43</td><td>55. 13</td></tr>
</table>

1. 理性意义偏误

理性意义是词义的核心词，它反映的是客观对象的主要特征。词典中对词语的释义就是对词的理性意义的概括。在词义成分中，理性意义是附加意义的基础。词语在使用上的偏误主要是由于对词语的理性意义掌握不全面，或理解有偏差造成的。

（1）理性意义相同或相近的词的偏误

理性意义相同或相近的词是指意义基本相同或意义之间存在某种联系，但词义所概括的侧面和重点又有细微差别的一组词。此类偏误共有偏误例句 1933 例，约占理性意义偏误总数的 37. 51%。

汉语是有着丰富表达功能的一种语言，存在大量理性意义相同或相近的词，因此当留学生只注意词语之间相同或相近的地方，而对词义所反映的侧面、重点和角度不了解，忽略同义词或近义词之间的细微差别时，就会在应该用甲词的地方用了乙词，形成偏误。通过对偏误语料信息的分析，这些偏误大多出现在中高级阶段写作者的作文语料中，因此可见，在中高级阶段的韩国留学生中，同义词或近义词混用是一个普遍的问题。例如：

例 1：我/r 来/v 中国/ns 的/u 时候/n 会/v 说/v 的/u 汉语/n 太/d 少/a，/w 而且/c 完全/a 听/v 不/d 懂/v ｛CCH 清楚/a｝。/w

例 2：这个/r 经历/n ｛CCH 经验/n｝ 给/p 我/r 留下/v 了/u 特别/d 好/a 的/u 记忆/n。/w

“懂”和“清楚”在作补语时，在“了解”这个意义上有相似性，但是“懂”侧重知道、明白，“清楚”侧重让人辨认，如果单独看短语“听不懂”或“听不清楚”完全是可以的，但是和上文语义相联系的话，就可以知道此处应用“懂”。“经验”是名词，指由实践得来的知识或技能。“经历”有两种词性：一是动词，指亲身见过、做过或遭遇过；二是名词，指亲身见过、做过或遭遇过的事。在“实践、亲身经历”这个意义上，“经验”和“经历”这两个词意义相近，所以学生混用了二者。例如：

例 3：看/v 完/v 少林寺/ns 后/f 回来/v 的/u 时候/n ｛CCH 时间/n｝ 已经/d 是/v 下午/t 了/y ｛ZQs ＊｝。/w

例 4：我/r 的/u 小小的/z 两/m 只/q 眼睛/n 已经/d 充满/v 了/u 委屈/a ｛CCH 冤枉/a｝ 的/u 泪水/n ｛ZQcx ＊｝。/w

上例中的“时间”和“时候”都是表示时间的名词，但在表示一段时间时，“时间”所指的时段长度界限明显，其前后通常有表示具体钟点或日期的时间，例如：旅行只用了一天的时间。而“时候”所指的时段长度界限模糊，它的前面通常有表示该时段具体特征的修饰语，例如：春天的时候。而在韩国语中，没有“时间”和“时候”的区分，只有一个词“시간”来表达汉语中这两个词的意义。所以韩国留学生由于没有掌握好汉语中两词在使用上的细微差别，出现了偏误。同样，“冤枉”和“委屈”在理性意义上都是指受到不公平的待遇，但在语义的轻重上不同，“冤枉”的语义比“委屈”更重一些。

有两种情况要单独提出。一是单双音同义词的混用，二是将语素义等同于词义的偏误。

①单双音同义词混用

汉语是讲究韵律的语言，汉语词汇古今的发展使得音节有了双音化的趋势。以前是用一个音节表示一个词，现在慢慢演变为双音节。吕叔湘(1984)① 认为“双音化”有两种表现：一种是把单音节的词凑成双音节，另一种是把双音节的词在复合词中缩成单音节。这些单双音节同义词的使

① 吕叔湘：《汉语语法论文集》（增订版），商务印书馆 1984 年版。

用就成了困扰韩国留学生的一大问题，他们往往会出现由音节搭配不当而产生的偏误。例如：

例 5：我 们/r 家/n {CCH 家 庭/n} 有/v 四/m 口/q 人/n {ZQy}。/w

例 6：我 们/r 想/v：/w "/w 我 们/r 不/d 应 该/v 忘 记/v {CCH 忘/v} 他/r，/w 我们/r 以后/f 也/d 应该/v 帮助/v 别人/r。"/w

韩国留学生最容易出错的单双音节同义词还有"时"和"时候"，学生经常将二者混用。例如：

例 7：他/r 戒/v 赌/v 了/u，/w 他/r 三 十/m 岁/q 的/u 时 候/n {CCH 时/n} 回/v 到/v 学校/n。/w

例 8：如果/c 谈/v 恋爱/n 只/d 看重/v 表面/n 的/u 东西/n 时/n {CCH 时候/n}，/w 两/m 个/q 人/n 的/u 关系/n 不/d 可能/a 持续/v 很/d 长/a 时间/n。/w

例 9：至 少/d 学 生/n 时 候/n 的/u 任 务/n 是/v 学 习/v，/w 所以/c 我/r 反对/v 打工/v。/w

例 7 是在应用"时候"时，用了"时"，例 8 是应用"时"而用了"时候"。

②语素义等同词义

语素是构成词的音义结合的最小单位，它不是独立使用的句子成分。有的词是由一个语素构成的，有的是由多个语素构成的，词义并不一定等于构成词的两个或多个语素义之和，单个语素的意义也不一定能代替整个词的意义。例如"黄瓜"一词，它的词义并不等于"黄"加"瓜"。但是在韩国留学生的语料中就会出现将语素义混同于词义的情况，即以语素代替整个词语。如：

例 10：我们/r 坐/v 了/u 三/m 个/q 小 时/n 的/u 公共/b 汽车/n 辛苦/a 地/u 到/v 了/u 她/r 所/c 在/v 的/u 演唱会/n 现场/n。{CCH 场/n} /w

例 11：我/r 高中/n 一/m 年级/n ｛CCH 年/q｝ 的/u 时候/n，/w 我/r 迷恋/v 一个/m 韩国/ns 的/u 女/b 歌手/n。/w

例 12：因此/c 去/v 海/n ｛CCH 海/n｝ 旅游。/w。

例 13：我/r 还/d 记得/v ｛CCH 记/v｝ 拉斯维加斯/ns 很/d 漂亮/a 的/u 风景/n。/w

以上这些例子都是学生因为将语素义等同了词义而出现的词语意义偏误。例 10 中的“场”表示“适应某种需要的比较大的地方”这个意义时，是语素义，不能单独做句子成分，只能和别的语素组合成词，如“会场”“操场”“广场”等。例 10 就混淆了二者，将语素义当作词义来使用，从而出现了词义偏误。同样其他例子中的“年”“海”“记”等都是作为语素义出现的，不能作句子成分，应分别改为由它们和其他语素所构成的合成词“年级”“海边”“记得”。

（2）理性意义不同的词的偏误

汉语中的一些词在以汉语为母语的本族人看来意义差别较大，或者用法上也有明显的区别，一般不会用错，但是对留学生来说，却常常出错。这些理性意义不同的词中，有的外形上比较接近，有着一个相同的语素，有的虽然没有相同语素，但意义上有一定的相似性。

①同语素词的误用

这里的同语素词是指两个词在构词上有一个相同语素。虽然两个词有一个相同的语素，但在词的理性意义上并不相同，甚至完全相反。许多留学生在没有掌握这些词的词义和用法的情况下，只是望文生义，最后造成偏误。如“心里”和“心理”是偏误率较高的一组词，二者经常混用。

例 14：不过/c 她/r 心理/n ｛CCH 心理/n｝ 有/v。/w

例 15：身体/n 健康/n 心理/n ｛CCH 心理/n｝ 应该/v 舒服/a。/w

“心里”和“心理”首先在外形上比较相近，这是造成二者混用的一个主要因素。另外“心里”和“心理”在“心”表示“感受、观点”这种意义上也有一定的相似点，但是二者在理性意义上是完全不同的，“心里”指的是内心，也包含了当事人此时此刻的感受、观点和期待。“心理”指的是产生“情绪、观点、期待、感受”的心理活动，是意识和潜意识的共同作用。

有些词的意义差别较大，甚至完全相反，对于以汉语为母语的人来说，完全不会用错，但是对有些韩国留学生来说，却常常出错。例如：

例 16：可是/c 这个/r 还/d 没/d 忘记/v ｛CCH 记住/v｝。/w

“忘记”和“记住”是两个意义完全相反的词，如果单独看“可是这个还没记住”这句话，是完全正确的，但是如果结合上下文，我们知道这个经历是让他不能忘记的记忆，而并非不能记住，所以用在这段话中并不妥，但仅仅因为“记住”和“忘记”有着一个相同的语素“记”，学生便将它们误用。

②非同语素词的误用

非同语素词是指在构词上没有相同的语素、在理性意义上也不同的一组词，这样的词对于以汉语为母语的人来说可能完全没有联系，更不会混用，但对于韩国留学生来说情况却不一样。例如：

例 17：我/r 一直/d 以为/v 我/r 很/d 酷/a，/w 可/d 其实/d ｛CCH 本来/d｝ 不/d 是/v 这样/r 的/u。/w 所以/c 我/r 对/p 自己/r 很/d 生气/a，/w 气愤/a 得/u 要命/a。/w

例 18：回/v 学校/n 的/u 路上/s 我们/r 坐/v 的/u 公/b 车/n 路过/v ｛CCH 遇到/v｝ 蓬莱/ns 非常/d 漂亮/a 的/u 海/j 边儿/n。/w

例 19：我/r 把/p 我/r 的/u 计划/n 实现/v ｛CCH 掌握/v｝ 了/u 一点/m，/w 可是/c 我/r 还/v 不/d 满足/v，/w 我/r 想/v 继续/v 坚持/v 下去/v。/w

“本来”是指原先、原有的，“其实”表示所说的是实际情况，多含转折意义。根据文意“我一直以为我很酷”，其后是表示转折的意义，所以应该改为“其实”。“遇到”是指“碰到”，对象一般是人，坐的公车应该是途中经过某地，所以应用“路过”。“掌握”是指了解事物，因而能充分支配或运用，从例句的第一句和第二句话意义相关性来看，只能是完成或实现了一部分计划，所以不满足，而不应是掌握了一点计划。

由此可见，韩国留学生的汉语词语混用的范围不仅包括我们传统意义上的近义词或同义词混用，还应包括一些意义虽然不同但包含相同语素的词，或虽然不包含相同语素但意义在一定语境下有相似性的词语。正是如此，我们更应该根据中介语语料库将韩国留学生的易混淆词词表单独列出，以便于结合学习者的实际进行词语辨析。

2. 附加意义偏误

词的附加意义是指附加在词的理性意义之上，表达了说话者的感情态度或者其他方面的特点和语用风格，是人们在长期使用过程中约定俗成的。这种附加意义包括两种色彩意义，一是感情色彩，二是语体色彩。学习者如果对汉语的两种附加色彩意义理解不当，在运用词语时就会出现偏误。

（1）感情色彩偏误

感情色彩是指词在理性意义之外所附带的某种感情成分，表明说话人对有关事物的赞许、褒扬或厌恶、贬斥的感情，一般可分为褒义色彩、贬义色彩和中性色彩三类。在对语料的分析中我们发现，韩国留学生在词语感情色彩上的偏误主要是对褒贬义色彩认识不清，从而产生使用上的混淆。例如：

例 20：但是/c 我/r 的/u 毛病/n {CCH 习惯/n} 屡教不改/i，/w所以/c 他/r 打/v 了/u 我/r 一/m 顿/q。/w

例 21：要不然/c 会/v 带/v 来/v 恶劣/a 的/u 后果/n {CCH 结果/n}。/w

“习惯”作为名词是指“在长时期里逐渐养成的、一时不容易改变的行为、倾向或社会风尚”，是中性词；而“毛病”则是指“缺点、坏习惯”，带有贬义色彩，根据语境，应该是使用贬义色彩的词，所以应改为“毛病”。“结果”的一个义项是“在一定阶段，事物发展所达到的最后状态”，是中性词，既可以用于好的方面，也可以用于坏的方面；“后果”指最后的结果，多用于坏的方面，带有贬义色彩。上面这句话的“恶劣”一词即限定了贬义语境，所以应使用符合语境的“后果”一词。

（2）语体色彩偏误

语体色彩又叫文体色彩，有些词语由于经常在特定的语体中使用，便带上了某种语体所特有的色彩。① 语体色彩包括书面语和口语两大类。在韩国留学生的作文语料中我们发现，有些学生分不清书面语和口语的区别，出现了书面语和口语混用的偏误。大部分偏误为应用书面语词而误用为口语词的情况，这样的偏误共有很多。例如：

例 22：结束/v 了/u 这/r 一/m 次/q 旅游/v 后/f，/w 我/r 的/u 眼界/n 开阔/v 了/u，/w 而且/c 是/v 加深/v 友谊/n ｛CCH 交情/n｝的/u 机会/n。/w

例 23：什么/r 时候/n ｛CCH2 多/m 会儿/q｝ 我/r 能/v 变成/v 大方/a 的/u 人/n 呢/y？/w

例 24：我/r 要/v 送/v 他/r 到/v 机场/n，/w 他/r 再三/d 辞谢/v，/w 不得不/d 就/v 此/r ｛CCH 这儿/r｝ 告别/v，/w 送/v 君/n 千/m 里/q，/w 终/d 有/v 一/m 别/d 嘛/y。/w

“交情”“多会儿”都是带有口语色彩的词语，而学生在作文的叙述中却使用了这些口语词，不符合书面语对语言色彩的要求。例中，上下文都是典型的书面语色彩如“再三辞谢”“告别”“送君千里，终有一别”等，但在中间却出现“就这儿告别”这种明显的口语色彩，所以应该为“就此告别”，才符合整体的书面语色彩。

上面是应用书面语词而误用为口语词的情况，下面我们来讨论一下应用口语而选择书面语的偏误。众所周知，韩语中至今还保留着许多古代汉语词语，韩语本身又具有复杂的敬语系统，所以在口语表达或一般的非正式书面语体中，韩国学生习惯于使用正式、庄重的词语，因而显得过于郑重、拘谨，不够自然得体。因为我们所收集的语料全部是学生的纸质语料，其中大部分是书面语，只有一小部分对话或造句中涉及口语，所以对于应用口语而选择书面语的偏误较少，如：

例 25：夜里/t 很/d 多/a 人/n 在/p 船/n 上/f 照/v 照片/n，/w 有的/r 年轻/a 男女/n 一/m 对/q 对/q 说/v 着/u 悄悄话/n ｛CCH3 密/Ag 语/n 交谈/v｝。/w

① 黄伯荣、廖序东：《现代汉语》（增订五版），高等教育出版社 2011 年版，第 220 页。

“密语交谈”多用于较严肃的场合，是书面语，而文中是写“年轻男女”的交流，用“密语交谈”太过正式，应该用“说着悄悄话”。

（二）词语缺失或多余

词语缺失或多余是偏误比重最大的一部分，在全部词汇偏误中占62.23%。根据语料库的实际情况，我们将这两种偏误按照偏误词的词性进行归类，词性以北京大学计算语言学研究所制定的现代汉语的词类体系为标准，具体包括名词、动词、形容词、数词、量词、代词、副词、介词、连词、助词、拟声词、叹词、语气词等，其中名词、形容词又可分为若干下位小类。根据语料的实际情况，我们对词语缺失和词语多余进行了下面的分类，以下所举例子中，有些除了在词语层面上有偏误，在句子结构方面也有偏误，这里略去不分析。

1. 词语缺失

词语缺失是指缺少应有的词语而出现的偏误，下文我们简称为缺词。缺词在语料库中共有5614例，约占词汇偏误总数的35.42%。我们根据所缺词语的词性，将缺词的类型进行划分。下图是词语缺失类型比例图。

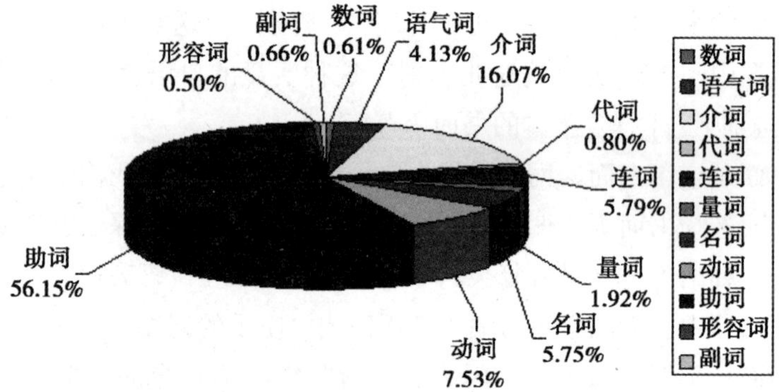

图8-4　词语缺失类型比例

（1）名词缺失

韩国留学生在实际写作过程中，出现缺少名词偏误的概率很小。因为名词是表示人和事物的名称的实词，负载着主要的、实际的意义，所以作为词层面的偏误并不是很多。这类偏误在语料库中共有323例，占全部词语缺失的5.75%。共有三种主要情况，一是缺少表人或事物的普通名词，二是缺少时间词，三是缺少方位词。其中缺少时间词的偏误最少，只有3

例，偏误词为“后来”和“现在”。缺少方位词的偏误最多，有 285 例，偏误词以“里”“上”“中”“后”概率最高。具体例子如下。

例 26：听说/v 开发区/n 医院/n 对/p 韩国/ns ｛CQ 人/n｝ 很/d 贵/a，/w 所以/c 他们/r 不/d 去/v 那/r。/w（缺少普通名词“人”）

例 27：刚/d 出现/v 的/u 时候/n 在/p 法律/n 上/f 没/v 问题/n，/w 可是/c ｛CQ 后来/t｝ 犯罪率/n 每年/r 都/d 增加/v。/w（缺少时间词“后来”）

例 28：在/p 小孩子/n 们/k 的/u 包/n ｛CQ 里/f｝ 有/v 吃/v 的/u 东西/n，/w 比如/p 香蕉/n、/w 汽水/n、/w 面包/n 等等/u。/w（缺少方位词“里”）

缺少普通名词的用例共有 35 例，涉及偏误的普通名词并不成系统，一般都只有一两个用例，如上面的例 26 是缺少名词“人”，语料库中只有两例。但“时”例外。在这 35 例缺少名词的用例中，有 15 例是缺少“时”的情况。例如：

例 29：那/r 是/v 我/r 年轻/a ｛CQ 时/n｝ 的/u 一个/m 春天/t，/w 满/a 天/n 满/a 地/n 都/d 是/v 很/d 香/a 的/u 花/n，/w 我/r 和/p 朋友/n 一起/d 去/v 黄山/ns 了/u。/w

（2）动词缺失

动词缺失的偏误用例共有 423 例，占全部词语缺失的 7.53%。此类偏误共涉及 31 个动词，偏误用例数量在前三位的是“会”（150 例）、“要”（84 例）、“能”（78 例）。例如：

例 30：我/r 相信/v 中国/ns 经济/n 也/d ｛CJ-zy 会/v｝ 发展/v 得/u 很/d 快/a。/w

例 31：我/r ｛CJ-zy 要/v｝ 陪/v 他/r，/w 所以/c 一起/d 去/v 北京/n 生活/v。/w

例 32：我/r 不/d 知道/v 什么/r 时候/n ｛CJ-zy 能/v｝ 再/d 去/v 青岛/ns 的/u 栈桥/ns，/w 看/v 栈桥/ns 的/u 夜景/n。/w

动词缺失中偏误相对较多的词还有“应该”（15 例）、“可以”（21 例）、“起”（15 例）等，通过数据可以看出，动词缺失中缺少的主要是助动词，共有 362 例，占全部动词缺失偏误的 85.58%。

表示行为动作类的动词缺失偏误共有 50 例，如“去”（2 例）、“开始”（3 例）、“上”（4 例）、“说”（2 例）等词。另外缺少表示心理活动的动词和趋向动词共 11 例，分别为“想”（9 例）、“下去”（1 例）、“起来”（1 例）。如：

例 33：我们/r {CJ-zy 想/v} 找/v 一/m 家/q 幽静/a 的/u 酒吧/n，/w 所有/b 的/u 酒吧/n 都/d 有/v 自己/r 的/u 特色/n，/w 我们/r 终于/d 找/v 到/v 了/u 合适/a 的/u 酒吧/n。/w

例 34：照/p 此/r {CQ 下去/v} 他/r 为/p 买/v 毒品/n 耗尽/v 收入/n，/w 甚至/d 犯罪/v。/w

例 35：还有/c 他/r 的/u10/m 根/q 手指/n 上/f 都/d 戴/v 了/u 戒指/n，/w 看/v {CQ 起来/v} 像/v 富人/n 的/u 样子/n。/w

（3）形容词缺失

缺少形容词的偏误用共有 28 例，占到词语缺失偏误的 0.50%。只涉及 3 个偏误词，分别是“对”“好”“一样”。“对”和“好”的缺失只是个别学生的偶然偏误现象，并不成系统，所以不作为我们讨论的重点。这里要讨论的重点是“一样”的缺失。例如：

例 36：第二/m 天/n 我们/r 去/v 新天地/nz，/w 新天地/nz 被/p 人们/n 称为/v 中国/ns 的/u 巴黎/ns。/w 那儿/r 很/d 繁华/a，/w 要/v 什么/r 都/d 有/v，/w 我/r 感觉/v 好像/v 在/p 欧洲/ns {CQ 一样/a}。/w

通过分析我们发现，缺少“一样”的情况大部分是当句中出现了“好像”一词时，虽然“我感觉好像在欧洲”这句话在语法上也是正确的，但如果结合上文语境的话，那就要加上“一样”了。

（4）数词缺失

语料库中缺少数词的偏误例句共有 34 例，占到词语缺失偏误的

0.61%。其中主要是缺少数词“一”，有27例，其他只是个别偏误。缺少数词“一”有两种情况，一是在量词前缺少“一”，二是在“一……就……”固定格式中缺少“一”，如：

例37：我/r 等/v 那样/r 的/u ｛CQ 一/m｝ 天/n，/w 希望/v 早日/d 收到/v 您/r 的/u 来信/v。/w

例38：有/v 一个/m 朋友/n ｛CQ 一/m｝ 喝酒/ v 就/d 声音/n 大/a，/w 说/v 得/u 很/d 动听/a。/w

例37是只有量词，漏掉了数词的情况，韩国留学生在表达“一天”时经常只说“天”而漏掉“一”，说出“今天是和朋友见面的天”这样的句子。例38是“一……就……”格式中缺少“一”的情况，主要是学生对固定格式的掌握尚未内化。

（5）量词缺失

韩语中虽然也有量词系统，但是与汉语的量词系统有很大差别，所以学生在涉及量词时出现了很多偏误。量词缺失的偏误例句有108例，占全部词语缺失的1.92%。其中缺少“个”的情况最多，有57例，另外还有缺少“次”“层”“种”“件”等常用量词的，但偏误用例较少，具体数据见表8-2所示。例如：

例39：可是/c 政府/n 不/d 取消/v 这/r ｛CQ 个/q｝ 计划/n。/w

例40：这/r ｛CQ 次/q｝ 采访/v 的/u 主题/n 是/v 单身/n。/w

例41：他/r 是/v 一/m 个/q 有/v 着/u 多/m ｛CQ 种/q｝ 文化/n 的/u 国家/n。/w

下表是语料库中涉及的缺失的量词及其偏误数量。

表8-2　　量词缺失数量统计

缺少的词	例句数量（例）	缺少的词	例句数量（例）
｛CQ 部/q｝	1	｛CQ 届/q｝	1
｛CQ 层/q｝	1	｛CQ 句/q｝	4
｛CQ 场/q｝	1	｛CQ 口/q｝	1

续表

缺少的词	例句数量（例）	缺少的词	例句数量（例）
{CQ 次/q}	13	{CQ 条/q}	1
{CQ 点/q}	3	{CQ 位/q}	2
{CQ 段/q}	3	{CQ 些/q}	5
{CQ 份/q}	1	{CQ 所/q}	1
{CQ 个/q}	57	{CQ 种/q}	9
{CQ 件/q}	4		

（6）代词缺失

代词缺失共有 45 例，约占全部词语缺失的 0.8%。有缺少人称代词、缺少疑问代词、缺少指示代词三种情况。

缺少人称代词的偏误用例仅有 5 例，偏误词有 4 个，分别为："自己"（2 例）、"大家"（1 例）、"你"（1 例）、"他"（1 例）。例如：

例 42：我/r 觉得/v 她/r 家/n 只有/c 她/r {CQ 自己/r}，/w 还有/c 她/r 家/n 很/d 富裕/a，/w 你/r 应该/v 倒插门/v。/w

缺少疑问代词的偏误用例有 15 例，偏误词有 5 个，分别为："什么"（6 例）、"为什么"（5 例）、"如何"（2 例）、"怎么"（1 例）、"哪"（1 例）。例如：

例 43：{CQ 怎么/r} 那么/r 着急/a？/w

例 44：我/r 也/d 根本/d 不/d 知道/v 孩子/n {CQ 为什么/r} 这么/r 和/p 我/r 唱对台戏/l。/w

例 45：这样/r，/w 向/p 比/p 我/r 先/d 来/v 的/u 前辈/n 学/v {CQ 如何/r} 工作/v 的/u 一/m 天/q，/w 发生/v 了/u 我/r 现在/t 想/v 起/v 也/d 不知不觉/d 脸/n 就/d 红/a 了/v 的/u 那/r 件/q 事/n。/w

所有缺少代词的偏误中，缺少指示代词的偏误用例是最多的，共有 25 例，偏误词较多，共有 13 个，分别为："这"（4 例）、"这样"（4

例)、“每”（3 例)、“别的”（2 例)、“那”（2 例)、“那样”（2 例)、“其中”（2 例)、“各”（1 例)、“另”（1 例)、“那儿”（1 例)、“那里”（1 例)、“那时”（1 例)、“之”（1 例)。例如：

例 46：所以/c，/w 她/r 这样/r 的/u 人/n 和/c 像/p 我/r {CQ 这样/r} 急性子/n 的/u 人/n 很/d 容易/a 成为/v 最好/d 的/u 朋友/n。/w

例 47：可是/c 他们/r 上/v 有/v 老/a 下/v 有/v 小/a，/w 挣/v {CQ 那/r} 一点儿/m 钱/n 是/v 绝对/a 不够/a 的/u。/w

（7）副词缺失

副词缺失共有 37 例，约占全部词语缺失的 0.66%。主要是缺少“并”“才”等语气副词，“很”“更”等程度副词。其中大部分的偏误是缺少与关联词语相搭配或固定格式中的副词，例如：

例 48：这/r 件/q 事/n 一/d 失败/v {CQ 就/d} 再/d 不/d 能/v 挽回/v 了/u。/w

例 49：在/p 这样/r 的/u 情况/n 下/f，/w 尽管/c 我/r 学/v 了/u 很/d 长/a 时间/n 英语/n，/w 遇到/v 外国人/n 的/u 时候/n {CQ 却/d} 一句话/n 也/d 说/v 不/d 出来/v。/w

（8）介词缺失

介词缺失共有 902 例，约占全部词语缺失的 16.07%。偏误最多的词为表示地点的介词“在”，共有 338 例，占全部缺少介词的 37.47%。如：

例 50：我们/r 一边/c 聊/v 天/n 一边/c {CQ 在/p} 九寨沟/ns 的/u 周围/f 转悠/v。/w

偏误比较普遍的词还有“对”（87 例)、“把”（82 例)、“被”（51 例)、“从”（48 例）等。例如：

例 51：我们/r 以前/f 去/v 过/u 一/m 次/q，/w {CQ 对/p} 蓬

莱/ns 很/d 熟悉/v。/w

例 52：我们/r {CQ 把/p} 这/r 种/q 反复/d 的/u 过程/n 叫/v "/w 学习/v 的/u 时间/n" /w。/w

例 53：因为/p 我/r 新/a 买/v 的/u 数码/n 相机/n {CQ 被/p} 偷/v 走/v 了/u。/w

例 54：他/r {CQ 从/p} 读/v 小学/n 到/v 读/v 高中/n，/w 经常/d 获得/v 第一/m 名/q。/w

"把""被"等这些特殊的介词不但在词层面有偏误，而且还涉及句法层面的偏误，对于这些偏误，本文不做讨论。

(9) 连词缺失

缺少连词共有 325 例，约占全部词语缺失的 5.79%，是词语缺失中比较重要的一类。在这类偏误中，主要是缺少关联词。缺少表示并列关系的连词最多，共有偏误用例 115 例，占全部缺少连词的 35.38%。其中以缺少"和"最多，共有 93 例。例如：

例 55：老人/n 要求/v 实用/a 的/u 东西/n，/w 价格/n {CQ 和/c} 质量/n 是/v 最/d 重要/a 的/u。/w

另外，缺少表示因果关系的连词共有 63 例，约占全部缺少连词的 19.38%；缺少表示转折关系的连词，共有偏误用例 52 例，约占全部缺少连词的 16%；缺少表示让步关系的连词，共有 21 例；缺少表示假设关系的连词，共有 21 例，全部为"如果"；缺少表示递进关系的连词，11 例；缺少表示条件关系的连词，共有 22 例；缺少表示选择关系的连词，共有 12 例；缺少表示顺承关系的共有 8 例。如：

例 56：在/p 韩国/ns 没有/v 这样/r 的/u 习惯/n，/w 喝酒/v 的/u 时候/n 剩下/v 也/d 没/v 关系/n，/w {CQ 所以/c} 一/d 开始/v 我/r 一点/m 也/d 不/d 明白/v 这/r 句/q 话/n 的/u 意思/n。/w（缺少因果关系连词）

例 57：我/r 真/a 的/u 想/v 去/v 玩儿/v，/w {CQ 但是/c} 如果/c 今天/t 不/d 学习/v，/w 很/d 难/a 明白/v 上课/v 的/u 内容/

n。/w（缺少转折关系连词）

例 58：知道/v 较/d 多/a 单词/n 的话/y，/w 跟/p 别人/r 对话/v 的/u 时候/n，/w {CQ 即使/c} 自己/r 说/v 的/u 话/n 有/v 语法/n 上/f 的/u 错误/n，/w 对方/n 也/d 大概/d 知道/v 你/r 要/v 说/v 的/u是/v 什么/r。/w（缺少让步关系连词）

例 59：{CQ 如果/c} 我/r 有/v 机会/n，/w 想/v 再/d 去/v 那儿/r。/w（缺少假设关系连词）

例 60：不仅/c 脸/n 变/v 得/u 红红/a 的/u，/w {CQ 而且/c} 每/r 次/q 做/v 游戏/n 的/u 时候/n，/w 我/r 总是/d 连/d 头/n 也/d 不敢/v 抬/v。/w（缺少递进关系连词）

例 61：{CQ 只要/c} 坚持/v 努力/a，/w 我们/r 都/d 能够/v 成功/a。/w

例 62：甚至/d 休假/v 的/u 日子/n 晚上/t 也/d 不/d 睡觉/v，/w 看/v 书/n {CQ 或者/c} 玩/v。/w（缺少选择关系连词）

例 63：挑/v 来/v 挑/v 去/v 还/d 没有/d 找/v 到/v 合/v 我/r 口味/n 的/u 东西/n 的话/y，/w 特别/d 是/v 我/r 要/v 买/v 的/u 是/v 衣服/n 的话/y，/w {CQ 那么/c} 我/r 一/m 件/q 也/d 不/d 买/v。/w（缺少顺承关系连词）

关联词的缺失不但在词层面有偏误，对于整个段落或整篇文章也有影响，对于篇章层面的偏误，我们这里不做讨论。

（10）助词缺失

助词缺失的偏误是词语缺失中偏误句最多的一类，共有 3152 例，约占全部词语缺少的 56.15%。主要是缺少结构助词“的”和动态助词“了”的偏误，语料中共检索到缺少助词“的”1475 例，占全部缺少助词的 46.80%；缺少“了”共有 1328 例，占全部缺少助词的 42.13%。两者的偏误就占了全部缺少助词的 88.93%，其他缺少的助词都只是个别情况。例如：

例 64：我/r 和/c 我/r 最好/d {CQ 的/u} 朋友/n 是/v 学校/n 里/f 最/d 好/a 的/u 运动员/n。/w

例 65：过/v {CQ 了/u} 一会儿/m 安静/a 以后/f，/w 她/r 说/v

完/v 了/u。/w

"的""了"等这些特殊的助词不但在词层面有偏误，而且还涉及句法层面的偏误，本文只讨论其作为词层面的偏误，而不讨论其句法层面的偏误。

（11）语气词缺失

语气词缺失共有232例，占全部词语缺失的4.13%。其中缺少语气词"了"的例子最多，共有186例，占全部缺少语气词的80.17%。其次是"呢"（16例）、"吧"（13例）、"吗"（12例）、"啊"（3例）、"嘛"（2例）。例如：

例66：可是/c 两/m 年/q 的/u 时间/n 对/p 我/r 来/v 说/v 太/d 漫长/a {CQ 了/y}。/w

例67：那么/r 明天/t 见面/v {CQ 吧/y}。/w

例68：我/r 能/v 找/v 到/v 坐/v 船/n 的/u 地方/n {CQ 吗/y}？/w

例69：B/n：/w 我/r 过/v 的/u 好/a {CQ 啊/y}！/w

（12）词缀缺失

词缀缺失仅有5例，全部为缺少"们"，如：

例70：拿/v 我/r 来/v 说/v，/w 结婚/v 以后/f 我/r 和/p 丈夫/n 从来/d 没/d 打/v 过/u 架/v，/w 我/r {CQ 们/k} 夫妻/n 俩/m 相差/v 五/m 岁/q。/w

2. 词语多余

相对于词语缺少出现的偏误，因无故增添词语使其在语句中表达了和已有词相同或相近的意义，从而造成语句的表意重复，就是词语多余，下文简称多词。多词在语料库中共有4200例，约占词汇偏误总数的26.40%。

我们将多词按照多余的词的词类进行划分，根据语料库的实际情况，分为名词多余、动词多余、形容词多余、数词多余、量词多余、代词多余、副词多余、介词多余、连词多余、助词多余、语气词多余、词缀多余。下图是词语多余的比例图。

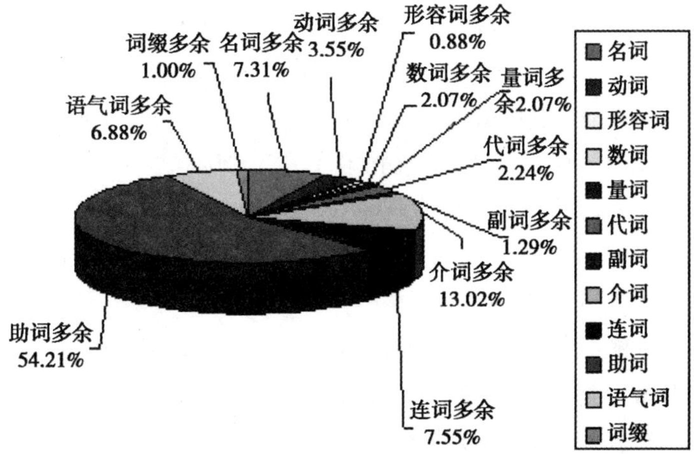

图 8-5　词语多余比例

（1）名词多余

名词多余主要是偏误词在语句中表达了和已有词相同或相近的意义，从而造成语句的表意重复。这类偏误在语料库中共有 307 例，约占全部词语多余的 7.31%。共有三种主要情况，一是表人或事物的普通名词多余，二是时间词多余，三是方位词多余。

普通名词多余共有 121 例，约占全部名词多余的 39.41%。如下例中“大气”和“空气”在语句中表义重复。

例 71：因为/c 煤烟/n 的/u 排放/v，/w 所以/c ｛CD 大气/n｝ 空气/n 不/d 好/a。/w

时间词多余共有 12 例，占全部名词多余的 3.91%。例如：

例 72：最后/t 三来/c，/w 网络/n 电话/n 可以/v 用/p 视频/n 通话/v。/w

“最后”和“三来”都是用于列举不同情况的词，在语义上重复多余。

方位词的滥用和误用是韩国留学生较为普遍的偏误，韩国学生在习得和使用汉语方位词系统时就会出现诸多的困难。语料库中方位词多余共有175例，约占全部名词多余的57.00%，也就是说名词多余中一半以上都是方位词多余。其中偏误用例较多的方位词是“上”（38例）、“中”（37例）、“里”（29例）、“后”（19例）等。例如：

例73：到/v 飞机场/n ｛CD 上/f｝ 我们/r 休息/v 一会儿/m 乘/v 上/f 了/u 飞机/n。/w

例74：放假/v 期间/n ｛CD 中/f｝，/w 我/r 还/d 跟/p 中国/n 朋友/n 一起/d 去/v 了/u 学校/n 附近/s 的/u 海滩/n。/w

例75：跳绳/v 是/v 用/v 一/m 根/q 绳子/n，/w 双手/n ｛CD 里/f｝ 握/v 着/u 绳子/n，/w 然后/d 转动/v 绳子/n 跳/v。/w

例76：我/r 希望/v 成功/a 的/u 奥运会/nz ｛CD 后/f｝ 给/p 中国/ns 带/v 来/v 经济/n 的/u 增长/n、/w 发展/n 等等/u。/w

（2）动词多余

动词多余共有149例，约占全部词语多余的3.55%。动词多余中偏误用例最多的是助动词多余，共有74例，约占全部动词多余的49.66%。其次是表示动作行为的动词多余，共有64例，约占全部动词多余的42.95%。表示心理活动的动词和趋向动词多余共有11例，不到全部动词多余的8%。由此可见，动词多余的情况大部分是助动词多余和表示动作行为的动词多余，例如：

例77：俗话/n ｛CD 会/v｝ 说/v：/w “/w 很/d 多/a 病/n 都/d 是/v 你/r 的/u 心里/s 来/v 的/u。/w” /w

例78：同时/c 我们/r 相信/v 他们/r 未来/t ｛CD 可以/v｝ 能/v 成为/v 很/d 有名/a 的/u 艺术家/n。/w

例79：他/r ｛CD 能/v｝ 会/v 找/v 到/v 别的/r 好人/n 的/u。/w

例80：他/r 说/v：/w “/w 我/r 走/v ｛CD 来/v｝ 了/u 五十/m 里/q 山路/n，/w 千万/d 让/p 我/r 寄/v 吧/y。/w” /w

（3）形容词多余

形容词多余的偏误用例并不多，共有 37 例，不到全部词语多余的 1%。例如：

例 81：他/r 长/v 得/u 和/p 我/r 一/m 样/q 高/a，/w 也/d 和/p 我/r 一样/u ｛CD 高/a｝ 不/d 高/a 不/d 矮/a。/w

例 82：天池/ns 的/u 边缘/n 呈/v 天蓝色/n，/w 中间/f 因为/c 深度/n 达/v 到/v373/m 米/q ｛CD 深/a｝，/w 所以/c 显得/v 湛蓝/z 湛蓝/z 的/u。/w

形容词多余的情况大部分会涉及语句的杂糅，即学生既想用这个句式又想用另一个句式，结果将二者混在一起使用。这种偏误属于句层面的偏误，本文不再讨论。

（4）数词、量词多余

数词、量词多余的情况共计 87 例，占到词语多余总偏误的 2.07%。仅数词多余的情况是很少的，只有 13 例，一般都是量词多余或数量短语多余。共计 74 例，其中，量词多余的偏误用例共有 51 例，偏误词最多的是“个”，共有 34 例。偏误原因主要是学生对数量词使用规则不明确，例如：

例 83：自/p 恐龙/n 灭绝/v 以来/f，/w 地球/n 上/f 的/u 动物/n 已/d 经历/v 了/u 五/m ｛CD 次/q｝ 六/m 次/q 大规模/b 的/u 灭绝/v，/w 都/d 是/v 由/p 自然/a 的/u 因素/n 造成/v 的/u。/w

例 84：我/r 只不过/d 是/v ｛CD 个/q｝ 他/r 的/u 下人/n，/w 我/r 不/d 敢/v 提出/v 意见/n，/w 只/d 能/v 把/p 他/r 的/u 话/n 告诉/v 别人/r。/w

数量短语多余的偏误有 23 例，偏误词为“一点儿”（18 例）、“一下”（5 例）。例如：

例 85：圆圆/a 的/u 脸/n，/w 皮肤/n 黑黑/a ｛CD 一点儿/m｝ 的/u。/w

例 86：所以/c 我/r 还/d 不/d 能/v 说/v：/w “/w 请/v 你/r 不/d要/v 去/v ｛CD 一下/m｝。”/w

（5）代词多余

代词多余的偏误用例共有 94 例，约占全部词语多余的 2.23%。虽然比例并不大，但是却集中在几个代词的偏误上，反映出学生对某些代词运用上的问题。代词多余中偏误较多的词为指示代词，共有 71 例，约占全部代词多余的 75.53%；疑问代词多余共有 7 例，约占全部代词多余的 7.45%；人称代词多余有 8 例，约占全部代词多余的 8.51%。通过对例句的分析，学生在列举不确定的事物或想代指前面的事物时经常会出现代词多余的情况。例如：

例 87：我/r 妈/n 的/u 爱好/v 是/v 亲手/d 织/v 毛衣/n，/w 做/v ｛CD 什么/r｝ 东西/n。/w

例 88：｛CD 这个/r｝ 原因/n 是/v 很/d 多/a 人/n 一起/d 用/v 洗衣机/n。/w

（6）副词多余

副词多余的偏误用例共有 54 例，约占全部词语多余的 1.29%。例如：

例 89：首先/c，/w 有/v 单人/b 床/n 。/w 单人/b 床/n 很/d 干净/a。/w 窗户/n ｛CD 就/d｝ 下面/f 有/v 电视/n。/w

例 90：｛CD 果然/d｝ 那/r 时候/n 是/v 冬天/t，/w 但是/c 比/p 韩国/ns 还/d 冷/a，/w 所以/c 逛/v 街/n 的/u 时候/n 很/d 难受/a。/w

例 91：｛CD 凡是/d｝ 涉外/a 婚姻/n 不/d 是/v 都/d 那么/r 不/d 好/a。/w

上面三例都是副词多余的情况，如果单独看“窗户就下面有电视”“果然那时候是冬天”这两句话是可以说的，但是将它们放到具体的语言环境中结合上下文语义，就是副词多余了。第三例是属于语义表达混乱的情况，结合作者的意图，应该将“凡是”删除。

（7）介词多余

介词多余的偏误用例共有547例，约占全部词语多余的13.02%，是词语多余中除了助词多余外比例最大的一类。偏误在前三位的词为“在”（207例）、“对”（104例）、“给”（39例），约占全部介词多余的63.99%。偏误用例在10例以上的介词还有“把”（31例）、“从”（21例）、“为”（21例）、“被”（20例）、“向”（18例）、“和”（11例）、“让”（10例）。例如：

例92：我/r 在/p 中国/ns 烟台/ns 留学/v 了/u 一/m 年/q 多/a，/w 我/r 感觉/v ｛CD 在/p｝ 这儿/r 好像/v 我/r 的/u 老家/n 似的/u。/w

例93：所以/c 我/r 这个/r 学期/n 呢/y，/w 我/r ｛CD 把/p｝ 全心/d 倾注/v 在/p 我/r 的/u 成绩/n 上/f。/w

例94：丈夫/n 和/c 儿子/n 眼睛/n 太/d 小/a，特别/d 是/v 笑/v 的/u 时候/n，/w 他们/r 的/u 眼睛/n 像/v ｛CD 和/p｝ 扣/v 眼/n 一样/a。/w

（8）连词多余

连词多余的偏误用例共有317例，约占全部词语多余的7.55%。连词多余主要表现为关联词语的滥用，即在一个不需要使用关联词语的语句中使用关联词语，或在两个语句中重复使用相同的关联词语。其中表示并列关系的连词多余偏误最多，共有107例，约占连词多余的33.75%；其次是表示因果关系的连词，共有85例，约占连词多余的26.81%；再次是表示转折关系的连词，共有56例，约占连词多余的17.67%。例如：

例95：祝/v 你/r 身体/n 健康/n，/w 学习/v 进步/v ｛CD 和/c｝，/w 工作/v 顺利/a！/w

例96：我/r 已经/d 有/vHSK/n 10/m 级/q，/w 还有/v TOEFL200/n 分/q，/w ｛CD 所以/c｝ 有/v 电脑/n 资格证/n。/w

（9）助词多余

助词多余的偏误用例是所有词语多余偏误中最多的，共有2277例，约占全部词语多余的 54.21%。偏误词较多的主要是结构助词“的”（1180 例）、“了”（899 例）等，例如：

例 97：这时/r，/w 我/r 感到/v {CD 了/u} 这个/r 地方/n 的/u 一切/m 好像/p 都/d 是/v 为了/p 他/r 一个/m 人/n 存在/v 的/u 感觉/n。/w

结构助词“的”多余的偏误主要是出现在定语和中心语之间不加“的”时，还有对“是”字句和“是……的”句式的混淆，例如：

例 98：因为/c，/w 他/r 是/v 我/r {CD 的/u} 最/d 亲密/a 的/u 朋友/n。/w

例 99：但/c 这/r 是/v 我/r 第一/m 次/q 坐/v 船/n 去/v 旅游/v {CD 的/u}。/w

另外，“着”的多余也是韩国留学生常见的偏误，共有 46 例。例如：

例 100：新/a 行业/n 不断/d 出现/v {CD 着/u}，/w 有的/r 现有/b 行业/n 逐渐/d 消逝/v。/w

例 101：我/r 觉得/v 你们/r 公司/n 的/u 广告/n 唱/v {CD 着/u} 空城计/n，/w 不/d 是/v 吗/y？/w

（10）语气词多余

语气词多余的偏误用例共有 289 例，约占全部词语多余的 6.88%。语气词多余的偏误词比较集中，其中 209 例都是语气词“了”的多余，还有“呢”（29 例）、“吧”（23 例）等语气词的多余。例如：

例 102：她/r 出生/v 的/u 时候/n 我/r 很/d 小/a，/w 才/d 五/m 岁/q {CD 了/y}。/w

例 103：朋友/n：/w 别/d 担心/v {CD 吧/y}。/w

例 104：我/r 不/d 知道/v 怎么/r 说/v {CD 呢/y}，/w 所以/c 用/p 韩语/n 说/v 了/u，/w 但是/c 他们/r 都/d 听/v 懂/v 了/u。/w

（11）词缀多余

词缀多余的偏误用例并不多，只有 42 例，约占全部词语多余的 1.00%。其中 34 例是“们”的多余，表现为在不能加“们”的名词后加“们”，和不需加“们”的语境下加“们”。例如：

例 105：我/r 不知不觉/d 闭/v 上/v 眼睛/n 听/v 到/v 湖水/n 的/u 声音/n、/w 各种各样/l 的/u 鸟/n {CD 们/k} 叫/v 的/u 声音/n。/w

例 106：我/r 在/p 北京大学/nt 教/v 学生/n {CD 们/k}。/w

例 107：长白山/ns 太/d 高/a，/w 所以/c 大/a 部分/n 旅客/n {CD 们/k} 都/d 坐/v 缆车/n。/w

3. 小结

词语缺失和词语多余中，有些涉及词与句法双重偏误，本文只分析其词层面偏误。通过上面的分析，我们发现，词语缺失和词语多余两类偏误的共同点在于：易产生缺失或多余偏误的词类是相同的，各词类内部易产生缺失或多余偏误的小类也是相同的，且偏误词较为集中。偏误最多的都是助词，并且结构助词“的”和动态助词“了”“着”的偏误都在前三位；其次是介词的偏误，“在”“对”是排在前两位的偏误；量词的偏误虽然都比较少，但呈现规律性，主要是“个”的偏误；代词缺失和多余的偏误中，指示代词是偏误最多的小类；连词缺失和多余中，主要是关联词的偏误。由此可见，在对韩汉语教学中，教师应着重提醒学习者注意占偏误类型比重较大的偏误类别，讲清易出现缺失和多余的词语的用法和使用条件，尽量避免偏误出现。

词语缺失和词语多余两类偏误的不同点在于：动词缺失的偏误较多，而动词多余的偏误较少；形容词缺失和多余的偏误词不同，缺失的词较为集中，而多余的词较分散，不成系统。通过两种偏误不同点的对比，可以使学生在运用不同词类的词语时注意常见的偏误问题，有效预防词语缺失或多余，教师也能更深入地了解各类词语的教学难点和重点所在，从而进行偏误预治。

（三）非汉语词

非汉语词即出现了汉语中没有的词的情况，分为生造词、外文词和错序词。非汉语词偏误共有697例，约占全部词汇偏误的4.40%。虽然所占比重小，却是词汇层面偏误不可忽视的一部分。

1. 生造词

生造词是指学生想表达母语中对应词的意义，但由于掌握的汉语词汇量有限，又为了满足交际表达需要，自己按照母语构词方式或汉语构词方式创造出的不符合汉语构词习惯、词义含混的词，这类词在汉语中不存在，母语者也不能接受。语料库中共有生造词373个，偏误例句460例，约占非汉字词偏误的66%。通过对373个生造词的分析，又将其分为因义生词、偷换语素、仿照造词、词语杂糅、简称泛化和汉字词直译六个小类。具体统计情况如下表所示。

表8-3　　　　生造词偏误类型

偏误类型	偏误词数量（个）	偏误例句数量（例）	占全部生造词偏误的比例（%）
因义生词	160	188	40.87
偷换语素	24	24	5.22
仿照造词	35	42	9.13
词语杂糅	17	18	3.91
简称泛化	12	13	2.82
汉字词直译	125	175	38.04

下面我们就对这六个小类做具体分析。

（1）因义生词

当学生汉语词汇量不足，或临时找不到合适的词语时，便会因义生词，即学生根据以前学过的字或词的意义，结合自己的表达需要将其自由组合而创造出来的汉语中不存在的词。例如：

例108：偶尔/d 想/v 半途而废/v ｛CCZ 废而中途｝，/w 那时/r 我/r 的/u 老公/n 鼓励/v 我/r，/w 非常/d 感谢/v 老公/n。/w

上例的作者是二年级二班的学生，属于中级汉语水平，上例是学生作业作文中的一句。在课堂中曾经出现过“半途而废”一词，学生由于记忆模糊或其他问题而造出“废而中途”。类似情况还有“暖开花（春暖花开）”“阿拉八哑（乱七八糟）”“山尾（山脚）”“飞灯（孔明灯）”

“的伯（出租车司机）”等。

虽然多数生造词是有规律的，我们可以探究其成因，但还有一部分是学生根据自己的思维方式创造出来的，我们将这部分词也归入“因义生词”一类。例如：

例 109：他/r 突然/a 小小不言了/u，/w 他/r 的/u 性格/n 真/d 厉害/a，/w 我/r 觉得/v 不好意思/a。/w

例 110：还有/c 我/r 有/v 一个/m 认识/v 的/u 人/n 以前/f 他/r 是/v 经理/n，/w 但是/c 他/r 的/u 公司/n 突然/a 起不付了/u，/w 这/r 是/v 他/r 的/u 人生/n 中/f 最/d 难过/a 的/u 事情/n。/w

例 109 中，根据文意，学生想表达的意思是“他突然沉默了”或者“他突然不说话了”，但是学生却生造出“小小不言”，例 110 中将学生想表达的意思是“破产”，但却生造出“起不付”，这两个词既不是汉语中词义的演变，也不是母语中词语的直译，这类词就是无规律可循的因义生词型。

（2）偷换语素

由于学生对词语的记忆或使用不准确，偷换了词语中某个语素，从而自己创造出一个词。如将“一见钟情”写为“一见钟爱”，“晚霞”写为“夕霞”。

例 111：他/r 是/v 高中/n 时/n 的/u 同学/n，/w 我/r 对/p 他/r 一见钟情/v ｛CCZ 一见钟爱｝。/w

例 112：晚上/t 天上/s 美丽/a 的/u 晚霞/n ｛CCZ 夕霞｝，/w 夜晚/t 窗户/n 外/f 蟋蟀/n 的/u 歌声/n，/w 还有/c 各种各样/l 的/u 谷物/n 和/c 水果/n 也/d 成熟/a 了/u，/w 让/p 我/r 觉得/v 不/d 吃/v 也/d 不/d 饿/a。/w

偷换目标词中的某一个语素出现的生造词现象与字层面的别字是有区别的。别字是由于几个字字形相近，或字音相同，而产生的辨别错误。比如把“包子”写成“饱子”，是错别字而不是生造词。而偷换语素出现的生造词现象是被偷换的语素与原语素意义相近，而非字形或字音相近，这也是我们将其放入词层面进行研究的原因。再如：

例 113：太/d 痛苦/a ｛CCZ 疼苦｝ 了/u，/w 所以/c 让/p 太太/n 找/v 王/nr 大夫/n 给/p 他/r 看病/v。/w

“疼”和“痛”的区分一直是留学生学习的难点，学生不知道何时该用“疼”，何时该用“痛”，于是就出现二者混用的情况。上面的例子就是将“痛苦”中的“痛”偷换为“疼”，从而产生了生造词“疼苦”。

（3）仿照造词

第三种情况是学生利用仿照方法，自己造出词语。汉语中有在词根后加“子”构词的情况，如“孩子”“猴子”“鼻子”等。留学生在学习了很多“词根+子”这样的词后，便也用类推的方法将“鹿”说成“鹿子”，“猫”说成“猫子”，表示“嘴”意义的“口”说成“口子”，“耳朵”说成“耳子”，“手指”说成“指子”等。还有“人”作为构词成分构成表人名词时，学生经常仿照已经学过的词自己创造表人名词，如“疯人”“未年轻人”“胖子人”“门卫人”等。

例 114：来/v 中国/ns 以后/f 交/v 了/u 一个/m 朋友/n，/w 他/r 性格/n 温顺/a，/w 身材/n 又/d 高/a 又/d 胖/a ｛CCZ 胖子人｝。/w

例 115：我/r 背/v 着/u 她/r 去/v 门口/s，/w 门卫/n ｛CCZ 门卫人｝ 对/p 我/r 说/v：/w “/w 你/r 的/u 孩子/n 怎么/r 了/v？/w” /w

上面的例子是添名词加词缀的情况，还有一部分形容词的重叠。学生在学习过形容词重叠后，便仿照构词而造出如“整齐齐”“高耸耸”“晶亮亮”“活鲜鲜”等词。

例 116：这时/r 黑乎乎/z ｛CCZ 黑暗暗｝ 的/u，/w 人/n 有时/d 多/a，/w 有时/d 少/a。/w

例 117：做/v 什么/r 事/n 都/d 需要/v 努力/a、/w 热情/a、/w 自信/n ｛CCZ 自信感｝。/w

这部分偏误在初级第一学段中没有出现，大部分出现在初级下到中级学段中，说明学生开始利用生成机制，仿照目的语规则形成生造词。

（4）词语杂糅

所谓词语的杂糅就是把几个不同的词语混杂在一起创造出一个新词语，这个词语语义混乱，表达不明。同一个意义可以采用不同的词语，有时学生由于记忆混淆或表达时既想用这个词语，又想用那个词语，结果造成将两个或多个词语混为一体，这种情况和句式中的杂糅形式类似，所以我们借用句法偏误分析中的“杂糅”说法，将其称为词语的杂糅。词语杂糅的偏误共有 18 例，约占全部生造词的 4.83%，以下例句中，“住房子”“发展达”“首饰品”等都是词语杂糅而成的生造词。

例 118：听说 v 中国人/n 的/u 消费/v 观念/n 中/f 第一/m 是/v 买/v 住房/n {CCZ 住房子}，/w 第二/m 是/v 买/v 车/n。/w

例 119：青岛/ns 给/p 我/r 的/u 印象/n 是/v 非常/d 干净/a 的/u 城市/n，/w 还有/c 街道/n 也/d 很/d 干净/a，/w 建筑/v 也/d 很/d 多/a，/w 是/v 经济/n 发达/a {CCZ 发展达} 的/u 城市/n。/w

例 120：书店/n 里/f 除了/p 书/n 以外/f，/w 还有/v 学习/v 用品/n、/w 办公/vn 用品/n、/w 首饰/n {CCZ 首饰品} 等/v。/w

例 118 中学生想表达的意思是“住房”或者“房子”，但却将二者糅合写出了“住房子”；例 119 将“发展”和“发达”糅合造出“发展达”；例 120 将“首饰”和“饰品”糅合造出“首饰品”。

（5）简称泛化

简称泛化是指学生自己将学过的词语简称规律进行概括，并将其运用到其他词语的减省中，即运用简称规则将某些不能减省的词语进行省略，泛化了简称的使用规则。刘珣认为：“学习者把他所学的有限的、不充分的目的语知识，用推类的办法不适当地套用在目的语新的语言现象上，造成偏误，也称为过度泛化”①。简称规则过度泛化的结果就是产生了汉语中不存在的词语，这类生造词共有 13 个，占生造词偏误总数的 2.83%。例如：

① 刘珣：《对外汉语教育学引论》，北京语言大学出版社 2000 年版，第 195 页。

例 121：听/v 完/v 后/f，/w 我/r 吓/v 了/u 一/m 跳/q，/w 凝视/v 着/u 祖母/n 慈祥/a 的/u 脸/n ｛CCZ3 慈脸｝。/w

例 122：我/r 很/d 喜欢/v 那样/r 的/u 淡/b 淡/b 的/u 颜色/n ｛CCZ4 淡色｝，/w 只/d 看/v 一/m 眼/n 心/n 就/d 安静/a 了/u。/w

例 123：乘车/v 去/v 市/n 里/f 的/u 路上/s，/w 街上/s 的/u 风景/n 正如/p 我/r 听/v 到/v 的/u 那样/r 沁人心脾/a ｛CCZ 沁脾｝。/w

上面三个例子中，学生将“慈祥的脸”减缩写成“慈脸”，将“淡淡的颜色”简称为“淡色”，“沁人心脾”则简称为“沁脾”，都是泛化了简称的规则，将不可以减省的词语进行省略。究其原因，可能有两个，一是学生回避的心理，对于比较烦琐的字或词进行回避，于是减省就成为最好的方法；二是学生对词语掌握得不牢固，记忆模糊，但是为了完成作文，还是使用了不准确的词。

（6）汉字词直译

韩国语和汉语虽然在世界语言谱系中属于完全不同的两个语系，但韩国语受到了汉语的巨大影响，吸收了大量的汉字词，目前常用的汉字词仍占韩语词语的 25%。由于韩语汉字词和汉语词有着密切的关系，韩国学生学习汉语词汇比较容易；但另一方面也因为韩语汉字词与汉语词的差别性，韩国学生学习汉语词汇不够准确。在表达时，学生可能会由于词汇量不足，或汉语中没有母语中对应的词，而进行语码转换即直接对译母语中的汉字词，造出一个汉语中不存在的词。这种类型的生造词在语料库中共有 125 个，偏误用例 175 例，占全部生造词用例的 38.04%。这一类生造词也分为两种情况：

①汉语中有对应意义的目标词

例 124：我/r 也/d 想/v 继续/v 学习/v，/w 我/r 和/p 妈妈/n 以前/f 决定/v 在/p 北京/n 上/v 研究生学院/nz ｛CCZ 大学院｝。/w

例 125：去年/n ｛CCZ 昨年｝ 在/p 宿舍/n ｛CCZ 宿所｝ 生活/v，/w 从/p 星期一/t 到/v 星期五/t 去/v 学校/n 回/v 宿舍/n ｛CCZ 宿所｝ 了/y。/w

例 126：给/p 我们/r 表现/v 了/u 一/m 个/q 艺术家/n ｛CCZ 艺

术人} 成长/v 的/u 过程/n。/w

韩语中表示“研究生学院”这个意义的词是“대학원”，其在汉语中对应的汉字词是“大学院”，汉语中的“去年”在韩语中是“작년”，汉字直接转码过来就是“昨年”。同理“艺术家”在韩语中是“艺术人(예술인)”，“初学者”在韩语中是“初步者（초보자）”。由于学生词汇量没有达到，或并不知道这些意义在汉语词与韩语汉字词中表达的不同，便直接对译母语中表达该意义的词，将其转化为汉字，造出了诸如“大学院”“昨年”等词，形成偏误。

②汉语中没有对应意义的词

例 127：除了/p 周末/n 以外/f，/w 周一/t 到/v 周五/t {CCZ3 周中} 也/d 是/v 经常/d 见/v 面/n。/w

韩语中除了有“周末（주말）”一词，相应的还有“周中（주중）”，表示从周一到周五的时间。而汉语中却只有“周末”一词，没有专门表示“周一到周五”的词，所以，由于韩国学生不了解这种不同，就直接将韩语中的“주중”翻译过来，产生了生造词“周中”。

需要注意的是，在直接翻译汉字词的过程中，学生只是根据语音上的相似来转译，并不真正了解应用的汉字字形，所以还出现了别字现象。例如：

例 128：看/v 着/u 茫茫/z 的/u 大海/n 我/r 突然/d {CCZ 莫然} 产生/v 一/m 种/q 平静/a 而/c 舒畅/a 的/u 感觉/n。/w

上例中，写作者想表达的词义是“突然”，但是他不知道其在汉语中的表达形式，所以就直接翻译韩语中表示“突然”意义的“막연”，汉字词词形应为“漠然”，但是写作者却写出了别字成了“莫然”。

2. 外文词

外文词是指语料中应该使用汉语词但却用外国词语来表达，即以外文词替代汉语词的情况。语料库中共有外文词偏误例句 130 例，占全部非汉字词的 18.65%。共使用外文词 42 个，通过对这 42 个外文词的分析，我们观察到，在42个外文词中，学生采用母语词的有17个，其他25个使用的是英语词。其原因主要是学生的词汇量掌握有限，在不知道想表达的汉语词汇是什么的情况下就采取了以母语或英语代替汉语的补偿策略。这些外文词主要分布在以下几个方面。

（1）人名、地名、专有名词

对于一些人名、地名、专有名词，学生不知道相对应的汉语词语，或者找不到合适的词语，于是就选择使用母语词或英语词。如“爱迪生”“爱因斯坦”“牛顿”“巴西”“伦敦”“撒哈拉”等。使用母语的有“物品二次使用运动”{W 아나바다}，张东健 {W 장동건}。这类词共有25个，占外文词总数的58.14%。例如：

例129：咱们/r 已经/d 走/v 了/u 三十/m 分钟/q，/w 再/d 走/v 大概/d 二十/m 分钟/q 就/d 该/v 到/v 佳世客 {WJusco} /n 了/u 吧/y。/w（佳世客：超市名称，专有名词）

（2）普通名词、形容词、动词

由于受词汇量的限制，学生对有些想表达的词语如“酷”“骄傲”“分配”“虫子”等就会采用母语词。例如：

例130：她/r　叫/v　我/r　虫子 {W 텔레벌레} /n 。/w　因为/p　我/r　长/v　得/u　像/v　虫子 {W 텔레벌레} /n 一样/a。/w

例131：一边/c 害羞 {W 부끄럽다} /v 一边/c 感动/v。/w

学生对一些拟声词和不知道的短语也可能采用母语词。例如：

例132：我/r 说/v “/w 谁呀 {W 누구세요} /l? /w” /w

例133：我/r 眼/n 中/f 的/u 结婚/v 很/d 特别/a，/w 因为/c 结婚/v 时/n 放/v 鞭炮/n （/w 隆隆声 {Wboom} /o）/w。/w

3. 错序词

错序词是指词语内部的构成成分先后顺序不当，造成词序颠倒。词序颠倒后不能成词，所以我们将其归入非汉语词类。语料库中共有错序词84个，偏误句107例，约占非汉语词偏误总数的15.35%，是偏误比例最小的一类。错序词主要集中在双音节词上，韩国留学生在使用这些词时很容易说反，从而影响汉语表达的准确性。其中出现频率相对较高的词是“世界”“身心”“养育”等。例如：

例134：我们/r 同学/n 终于/d 控制/v 不/d 住/v 感情/n，/w 放声大哭/i ｛CCX 放大声哭｝ 起来/v。/w

通过分析发现，大部分的错序词都是韩语中的汉字词，汉字词中虽然有不少跟汉语词相同的汉字按照同样的语序组成的词，但是同时也有些汉字词和汉语词的构成成分相同，但汉字书写顺序不同，我们称为“同素异序词”。所以有些错序词的出现也主要是受到了韩国语中“同素异序”的汉字词的影响。例如：

例135：因为/p 这样/r 的/u 要求/v 很/d 多/a 也/d 很/d 复杂/a，/w 所以/c 我们/r 很/d 难/a 赶上/v 那个/r 要/v 货/n 日期/n ｛CCX 期日｝。/w

例136：好像/d 他/r 的/u 感觉/n 很/d 敏锐/a ｛CCX 锐敏｝。/w

例137：因为/p 她/r 的/u 命运/n ｛CCX 运命｝ ，/w 她/r 不得不/d 当/v 艺术家/n。/w

以上这三个偏误的错序词在韩国语中都是汉字词，他们在汉语里的目标词分别是“日期”“敏锐”“命运”。他们的构词成分是完全一样的，但是词序颠倒，不能成词。

还有些词词序颠倒后仍然是汉语中的一个词，但是与所表达的意义完全不符，这类词我们从语义的角度来判断，即使词序颠倒后成为汉语中的另一个词，但是以同样的意义来看在汉语中就不成词，这样的词也是受汉字词影响而出现的偏误。例如：

例138：我/r 介绍/v ｛CCX 绍介｝ 的/u 内容/n 不/d 是/v 很/d 难/a 做/v 到/v 的/u。/w

例 139：但是/c 爸爸/n 看到/v 女儿/n 比/v 自己/r 难过/a，/w 无可奈何/i 地/u 答应/v ｛CCX 应答｝ 了/u 女儿/n 的/u 婚事/n。/w

“绍介” 是个古语词，在汉语中就表示“介绍”，现代汉语中已经不用，在对外汉语教材中就更没有出现。而韩国语由于受古代汉语的影响还保留“绍介” 一词，表示“介绍”，所以例 138 是受到韩国语的汉字词影响而出现的词序偏误。“应答” 在汉语中表示“回答”，而文中想表达的是“应允、同意” 的意思，在韩国语中“应答” 就是“答应” 的意思。所以我们将此类偏误认定为受汉字词影响的错序词，而非用词不当。

下表是由于受汉字词影响而出现的错序词，共有 7 个。

表 8-4　　　　　　　　　　同素异序词词表

绍介	运命	应答	对应
途中	期日	锐敏	

（四）离合词的偏误

离合词作为一类特殊的动词，是韩国留学生学习的重点也是难点。这类词的特点是语素间的结合不紧密，中间可以加入其他成分，能扩展。对于韩国留学生来说，离合词的偏误情况较多，但是偏误词的范围较小，主要集中在某些词的使用上。

语料库中确定的离合词偏误主要是以《现代汉语八百词》后附录的 233 个离合词为依据，另外，语料中还有泛化了离合词分用规则的情况，将某些不能分开使用的复合词当作离合词分开使用，我们把此类偏误也归入离合词的偏误中考察。离合词偏误语料库中共有偏误用例 125 例，偏误词（包括离合词和复合词）85 个。经过对语料的分析，我们将离合词的偏误按照两个方面进行分类，一是“离” 的形式的偏误，二是“合” 的形式的偏误，并在此基础上进一步划分小类。

1. “离” 的偏误

（1）滥用分用形式

离合词的分用形式一直是学生学习和使用的难点，由于缺乏汉语语感，学生不知何时该用离合词的分用形式，从而出现了滥用分用形式的情况。例如：

例 140：我/r 耐心/a 地/u 劝/v 了/u 他/r 大半/m 天/q，/w 可是/c 他/r 还/d 继续/v 生/v 下来/v 气/n 了/y ｛CLH｝。/w

例 141：在/p 北京/ns 我/r 能/v 看/v 到/v 中国/ns 的/u 文化/n，/w 在/p 黄山/ns 为/p 那么/r 美丽/a 的/u 风景/n 吃/v 了/u 惊/v ｛CLH｝。/w

（2）将普通复合词分用

韩国留学生经常出现的另一类偏误是将某些不能分开使用的普通复合词当作离合词分开使用，在中间插入宾语、补语等其他成分。例如：

例 142：这/r 次/q 考试/v 我/r 糟/a 了/u 糕/x 了/u ｛CLH｝，/w 我/r 的/u 朋友/n 为/p 我/r 鼓劲儿/v。/w（这次考试很糟糕，我的朋友为我鼓劲儿。）

例 143：失/v 多次/d　恋/n　以后/f｛CLH｝，/w　才/d　了解/v　对方/n　的/u　感情/n　。/w（失恋多次以后，才了解对方的感情。）

例 144：你/r　是/v　不/d　是/v　得/v　老板/n　罪/v　了/u ｛CLH｝？/w（你是不是得罪老板了？）

例 145：人们/r　都/d　说/v　你/r　病/v　了/u　，/w 但是/c　我/r　没有/d　放/v　了/u　弃/g ｛CLH｝。/w（人们都说你病了，但是我没有放弃。）

“糟糕”“得罪”“放弃”都是不能分开使用的普通词语，但学生却将它们中间插入“了”或表示对象的名词，用法和离合词类似。

2. “合”的偏误

学生对离合词的使用有趋简避繁的心理，经常只使用离合词的合用形式而避免使用“离”的形式。这里“合”的偏误是指把离合词当作不能分开使用的普通复合词，在离合词后带宾语或将本该插入离合词中间的成分放到离合词后面，还有在应该分开使用时却使用了合用形式。

（1）回避分用形式

由于离合词的分用形式比较复杂，学生对其用法掌握不牢，经常会采用回避分用形式的策略，即该使用离合词的分用形式时却使用其合用形式，这也是离合词偏误中最典型的偏误。例如离合词插入动态助词或数量词时，学生会经常用离合词的合用形式加上动态助词或数量词，而回避插入“过”“完”“一点儿”“起来”等成分。

例 146：报名/v 之后/f 我/r 心里/s 说/v：/w “/w 我/r 真/a 的/u不敢/v 面试/v，/w 虽然/c 已经/d 报名/v 完/v 了/u ｛CLH｝，/w 可是/c 干脆/a 招考/v 文件/n 不/d 及格/v 多/a 好/a 啊/y。” /w

例 147：而且/c，/w 基于/p 钱/n 来/v 选择/v 职业/n，/w 反而/d得到/v 吃亏/v ｛CLH｝。/w

例 148：我/r 和/p 她/r 一/m 年/q 的/u 时间/n 一点/m 也/d 没有/d 说话/v ｛CLH｝。/w

例 149：我/r 脑子/n 里/f 这/r 两/m 种/q 心理/n 吵架/v ｛CLH｝起来/v 了/u。/w

（2）将离合词误用为及物动词

韩国留学生在使用离合词时，容易将其按照及物动词的用法来使用。最常见的就是离合词后加宾语。例如：

例 150：我们/r 动身/v 承德/ns ｛CLH｝。/w

例 151：但是/c 输/v 钱/n 的/u 人/n 告状/v ｛CLH｝ 警察/n，/w他/r 被/p 拘禁/v 了/u。/w

例 152：他/r 为了/p 抚养/v 孩子/n，/w 兼职/b ｛CLH｝ 了/u 两/m 份/q 职/Ng。/w

例 153：学校/n 给/p 我们/r 放假/v ｛CLH｝ 了/u 三/m 天/q ，/w 过/v 清明节/t 。/w

3. 小结

韩国留学生对某些离合词的使用率是很高的，如“见面”“吵架”“吃惊”等，当这些离合词作为普通复合词不分开使用时，正确率很高。但是我们发现，学生虽然能够意识到离合词不同于一般的词和短语，但是仅仅是对于其不能带宾语比较敏感。如很多学生，但是对于离合词更为重要的离析变化却还是掌握不好，多采取回避的态度，所以语料中的离合词例句大都是离合词的合用形式。如语料库中有“吵架”的例句 139 例，但仅有 7 例是使用“吵架”的分用形式“吵了一架”“吵过架”“吵起架来”，其他 132 例全部是用合用形式。而且对离合词的使用有时还有一些顽固性的偏误，如“见面”后带宾语，这与韩国语的负迁移有关。由此可见，离合词的分用形式是韩国留学生应进一步加强学习和练习的重点。

二　韩国留学生汉语词汇偏误原因分析

韩国留学生汉语词汇偏误的产生是多方面因素共同影响的结果，我们主要从语言学、认知方面和学习环境影响三个角度来探讨偏误产生的原因。

（一）语言学原因

1. 汉语语内因素

（1）汉语词汇数量大

汉语词汇复杂繁多。汉语词汇是以单音节语素为基础建构起来的，单音节语素在书写上表现为汉字，所以我们计算单音节语素的数量可以用汉字的数量来计，常用的大概有三千多个，次常用的又有三千多个。汉语的词缀不发达，多数词语都是由两个或两个以上单音节语素相合而成。六千多个单音节语素，以一定的构词法原则组合，可以构成的词有几万个，常用词也会有上万个，而且多音节词所表示的意义比单音节词也要复杂、丰富得多。同时，汉语还有丰富的量词和语气词，大量的固定的四字成语，词汇丰富多彩。虽然留学生在课本上学的词汇只是汉语词汇的一小部分，但是由于遗忘等记忆规律的制约，词汇能够进入长时记忆并长久保持记忆难度不小，即学生需要掌握的词汇量数量仍然较大。所以韩国留学生在学习汉语时，由于需要记忆的词汇数量较大，容易记错、记漏，造成词汇偏误。

同时，汉语还存在大量的同音词。汉语大约只有一千三百多个可以辨别的音节，有限的音节和无限的意义表达使汉语中存在大量的同音词，造成了根据语音辨别词语的困难，这也成为韩国留学生汉语词汇偏误的一个原因。例如语义偏误中的“心里”与“心理”的混用，就是由于同音而产生的偏误。

（2）汉语词汇语义复杂，多义词、同义词、近义词众多

汉语中的多义词易引起词汇偏误。现代汉语词汇系统中，大量的合成

词由单音节语素依一定的构词规则组合而成。大部分构成合成词的单音节语素，特别是组合能力较强的语素，它的意义不是单一的，在发展过程中发生了意义的引申、转化，于是产生了一个语素有好多义项。单音节语素的这些义项与其他语素组合成新词，新词也就同时具有了几个意义，即一词多义现象，新词就成为所谓的“多义词”。多义词的存在增加了学生记忆的负担，同时多义词的各个义项都有与其他意义上有联系的词混淆的可能性，增加了词汇偏误的概率。例如“心”既指一个“身体器官”，也指“思想、感情”，当用于表示“思想、感情”时就容易与其他词混淆，产生偏误。

例 154：我/r 和/p 他/r 一起/d 练习/v 的/u 时候/n，/w 我/r 的/u 心里/s 每/r 次/q 都/d 有/v 两/m 个/q 想法/n {CCH 心/n}。/w

汉语词汇中的同义词、近义词易引起词汇偏误。现代汉语中存在大量表达同一事物现象的同义词、近义词，这些词的意义相同或相近，但在音节、程度、范围、色彩等方面却存在一些差异。理性意义相同或相近的词易产生偏误，如音节数量不等的同义词“男孩—男孩子”，二者意义完全相同，但在形式上具有伸缩性，在使用上也有差别，“男孩”前可以加形容词“大、小”，组成“小男孩”，“男孩子”前不可以加形容词，不能说“小男孩子”。程度不同的近义词，如“失望—绝望”，前者程度轻于后者；使用范围不同的近义词，如“简单—简略”，“简单”使用范围广，能形容言语内容、物体、图形、设计、情节、方法、思想等，“简略”一般用来形容言语内容，使用范围小。在理性意义的基础上，汉语词汇丰富的附加意义也易引起偏误，如感情色彩不同的近义词“成果—结果”，“成果”表示工作或事业的收获，是褒义词，“结果”指事物发展的最后状态，是中性词。当韩国学生不了解或遗忘了其中的差别时，便会出现语义偏误中的理性意义偏误和附加意义偏误。

汉语词汇中存在一词多义的现象，使得语义复杂，加之大量的同义词、近义词的存在又给学生选择和使用正确的词汇增加了难度。韩国留学生在选择词语时容易避繁就简、避难就易、避多就少，所以常使用初级阶段的简单词汇来表达，而放弃了复杂但意义更精准的词语。

2. 汉韩语际因素

“一种事物的特点，要跟别的事物比较才显示出来。……语言也是这样。要认识汉语的特点，就要跟非汉语比较。”（吕叔湘，1977）① 上面我们强调的是汉语词汇本身的特点对韩国留学生词汇偏误形成的影响，这一节我们就要通过两种语言的比较来探讨韩国留学生汉语词汇偏误的原因。

韩国学生在学习汉语时也是通过不断地对比汉语与母语来学习的，所以他们产生的偏误自然也要涉及两种语言的对比。中韩两国语言虽属不同语系，但是两种语言的关系很密切。两者在词汇方面有着很多异同点，汉韩词汇的不同点以及同中有异的部分都对词汇偏误的形成有着重要的影响。

（1）汉、韩词汇的不同点

韩国语是表音文字，可以通过发音和语境来辨别词语的不同语义，所以学生根据发音就可以记忆词汇。而汉语则是表意文字，每个汉字都是形、音、义的统一体，词汇也是形、音、义复杂的组合。记忆汉语词汇，在记音的同时还要记形和义，还要将三者结合起来。汉语词汇的这种特点决定了学习者不能仅根据发音来记忆汉语词。但是很多韩国学生在记忆汉语词汇的时候，总是习惯使用记忆和理解母语词的方法，从词的语音出发，以音记词，最后导致在写作时出现同音词、音近词误用等用词不当的偏误。

汉语和韩语词汇在结构上也存在不少差别。汉语词汇可以分为单纯词和合成词两类，合成词的构词比较复杂，有主谓、动宾、偏正、联合、连谓、兼语等。韩语的词汇虽然也有这些构词方式，但是内部组合方式与汉语还有一定差异。例如汉语动宾结构在韩语中对应的是宾动结构，所以就造成了有些学生写出来的词语是颠倒的，也就是我们所说的错序词。例如：

例 155：成百上千/i 的/u 中国人/n 喜欢/v 下雨/v ｛CCX 雨下｝天/n。/w

从语言类型上来看，韩语属于黏着语，本身有复杂的形态变化，它以词尾的变化来区分词性和时态。而汉语属于孤立语，本身缺乏形态变化，

① 吕叔湘：《汉英语法比较举例》，《外语教学与研究》1977 年第 2 期。

所以汉语的词性标记和时态标记并不明显。由于这种区别，韩国留学生在刚刚接触汉语时，虽然省去了词汇形态变化的麻烦，可以直接运用词语，但却会由于不知道词语的词性而产生词性使用上的偏误。

（2）汉、韩词汇的相似点

韩国与中国的语言文化交流历史悠久，属于“汉字文化圈”，受汉字背景和汉文化的影响，中韩两国在语言文字上有着非常密切的关系。过去，韩国在长期的历史时期内没有自己的文字，汉字成为韩国唯一的正式文字，于是大量汉字词融合到韩语词汇系统之中，成为韩语词汇系统的主干。据统计分析，目前汉字词占韩语词汇的一半以上，而且很多汉字词和对应的汉语词在用法上差别不大，这是两种语言最大的相似点。所以当韩国学生无法用汉语表达时，会不知不觉地借助于大脑中已有的母语汉字词词库，利用韩语中的汉字词一方面会使韩国留学生在学习汉语词汇时形成正迁移，但另一方面，由于汉字与汉语在韩国的语言文化环境中经过长期的使用和演变，很多汉字词的形、音、义已经发生了非常大的变化，与汉语中相应的词有了很大的不同，若韩国留学生还是按照韩语中汉字词的词形和意义来使用汉语词，就会出现偏误。所以汉韩两种语言的“似是而非”正成为韩国留学生使用汉语词汇时产生偏误的一个重要原因。对韩国留学生汉语学习有负迁移作用的汉字词可以分为四种：

①近形同义词

韩语中有些汉字词，词义完全相同，在词形上与对应的汉语词很相似。例如汉语词“独一无二”，在韩语中是“唯一无二”，于是学生便造出这样的句子：

例 156：他是唯一无二的老师。

在汉语词汇量不足或记忆不准确时，韩国学生对于表达汉韩词汇中相同意义的词，会受到母语的影响，照搬韩语中的汉字词形式。这类词虽然词形上与汉语相近，但使用的语素或词语的组合形式跟汉语有区别，不符合汉语表达习惯，因此当韩国学生照搬这样的“近形同义”汉字词来使用的时候就产生了词汇偏误。

②同形近义词

同形近义词是指韩语中的汉字词与对应的汉语词词形相同，词义相近，但在词义范围、义项多少、用法，以及感情色彩上会有一些差异。例如韩语中的“食堂”是与汉语同形近义的汉字词，二者的词义范围有一定的区别，韩语中的“食堂”是指餐馆，而汉语中则指“机关、团体中供应本单位成员吃饭的地方”，词义范围要小于韩语中的“食堂”。汉语的词义范围大于韩语的词如“大学”，汉语里泛指“高等学校的一种”，而韩国语里指“专科学校或高等学校中的分支”。在用法上，如“圆满”一词，在汉语和韩国语中都表示没有缺欠和漏洞、使人满意，但是二者的使用对象有所不同，汉语中仅用于指事情，而韩国语中除了可以用于事情还可用于人，表示人的性格很完美。感情色彩不同的词例如“发觉”，在汉语中是“开始知道”的意思，如“火扑灭了以后，才发觉自己受了伤”；但在韩语里，“发觉”经常作贬义词使用，指“犯罪行为被人揭穿”之义。这类词是对韩国留学生干扰比较大的词，如果韩国学生不知道这些同形近义词在词义范围、使用对象、感情色彩等方面的差异时，就可能产生词汇偏误。

③同形异义词

汉语中的某些词在传承和发展过程中，词的形式没有改变，但意义却发生了变化，词所表示的新概念的外延和内涵完全代替了原来的旧概念的外延和内涵，而韩国语中的对应的汉字词却保存了原来的意义，这类词我们称其为同形异义词。如“小心”，汉语指“注意、留神、谨慎”，而韩语指“胆小”。汉语中“结束”指“完毕”，而韩语中还保留着古代汉语中的意义“捆”。在学汉语的过程中，同形异义词在词形上的相似会导致韩国学生的母语负迁移，他们经常会以韩语中汉字词的意义来理解和运用对应的汉语词，从而影响了汉语表达的准确性，出现用词偏误。

④同素异序词

韩语中有些汉字词和汉语词词义相同，只是汉字书写顺序相反，即所谓的“同形逆序词”。例如易混淆的一组词“到达”和“达到”，“达到”在韩语中就是“到达”。当学生了解这些词在顺序上的不同之处时，会有助于他们理解、记忆，在短时间内掌握更多的汉语词，并且很准确地运用，形成正迁移；反之，如果学生不了解二者词序的差异而照搬母语中的汉字词时，就会形成负迁移，产生词汇偏误。错序词偏误的一个原因就是同素异序词的影响，前面我们已经将其单独列出。

（二）韩国留学生的认知心理原因

1. 母语负迁移

“迁移是心理学的一个概念，指的是已经获得的知识、技能乃至学习方法和态度对学习新知识、新技能的影响。如果这种影响是积极的，就叫正迁移，也可简称为迁移；反之，便叫负迁移或称干扰。”① 母语的认知在第二外语的学习中起着重要的作用，在无法用目的语表达的情况下，大脑总是自然而然地在记忆中寻找已存在的相似概念。② 韩国留学生在运用汉语词语的过程中遇到词语障碍时，会受到韩语的干扰，对那些不熟悉的词语，学生往往先求助于已知的母语知识，把韩语中的词语与之简单对应，进而去理解并运用在句子中。但是当跟韩语中的某个词语的意义对应的汉语词语不止一个的时候，学习者的头脑中没有这些词语相互之间的差别，于是便出现了由韩语母语负迁移导致的汉语词汇偏误现象。另外，韩语中存在很多汉韩同形词，这些词中有些在形式和意义上非常相似，能够给韩国留学生的学习提供方便，起到正迁移的作用。但同时也有些词虽然在形式上相似，意义却十分不同，这些同形不同义的词又给韩国人学汉语带来了负面影响。

经过分析我们发现韩国留学生使用汉语词汇时在语义、非汉语词等方面的偏误都受到了母语负迁移的影响。在语义方面，如将韩语中的意义直接转译为汉语词而出现生造词，如将韩语中的“대학원”直译为“大学院”，实际上汉语中的对译词是“研究生院”。非汉语词中，如生造词中的因义生词、直译母语词、汉字词以及错序词中的同素异序汉字词等都是受了母语负迁移的影响而出现的偏误。

2. 目的语知识泛化

“学习者把他所学的有限的、不充分的目的语知识，用类推的办法不适当地套用在目的语新的语言现象上，造成了偏误，也称为过度概括或过度泛化。”（刘珣，2000）韩国留学生在初级阶段学习并掌握了一定的汉语词汇，但是只是掌握了这些词汇的基本义项，这些词汇的基本义项对他们日后的汉语学习与运用就产生了先入为主的影响。中高级阶段的韩国留学生虽然学了更多的词汇，并且也学习了词汇的其他义项，但学习者不考

---

① 鲁健骥：《对外汉语教学思考集》，北京语言大学出版社1999年版，第23页。

② 甘瑞瑗：《国别化“对外汉语教学用词表”制定的研究：以韩国为例》，博士学位论文，北京语言大学，2004年。

虑或不能考虑具体语义及功能，选用初级阶段学习的简单义词汇代替复杂词汇，或用简单义项代替复杂义项。例如："想"有"考虑"和"认为"的意思，是学生在初级阶段学习的词语，但是有些学生即使到了中高级阶段学习了"考虑""认为""以为"等词，还是会出现"一直想我的未来""我们买票时，想门票很贵"这样不准确的表达，这就是将"想"一词泛化的结果。

学习者在还没充分掌握目的语的规则时，不知道该规则的具体适用范畴和条件，就容易把所学的目的语的规则套用于所有类似的情况。例如学生对于汉语词汇的简称规则没有完全掌握，便将其泛化，出现了汉语中没有的词，如生造词中将简称规则泛化，造出"淡色（淡淡的颜色）""日帝（日本帝国主义）"等词。还有词语多余的现象，学生容易将词语堆砌，造成词语的滥用。

3. 交际策略的影响

影响韩国留学生词汇偏误的交际策略主要是补偿策略和回避策略。补偿策略是指韩国留学生在写作过程中想表达一定的意义时，由于词汇量不足或对目标词语的汉语表达形式记忆模糊甚至遗忘，但为了获得最佳表达效果而采取的一些补救、抵偿措施。例如在书写中出现母语词或者英语词。回避策略是"学生在使用目的语过程中，由于怕出错的心理以及出于一种惰性即缺乏学习的主动性、积极性、艰苦性而采取的一种'避繁就简、避难就易、避多就少'的消极措施"，如词语缺失一类偏误。通过对偏误类型的分析可知学生常用的补偿和回避策略有替代、迂回表达等。

替代有两种情况。一是学生会使用学过的简单的近义词或否定词加反义词进行替代。例如学生会以"不好"来代替"坏"这个词。

例 157：但是/c 他/r 有/v 坏/a ｛CCH 不/d 好/v 的/u｝ 脾气/n。/w

二是用母语词直接代替目标词，如外文词偏误中出现的韩语词、生造词偏误中的汉字词直译等。

迂回表达。韩国学生往往采取用几个简单句描述某个词语的迂回策略来表述，以此补偿自己学习、记忆的不足。在用词不当的偏误中，经常出现的是用短语代替某个词，如下例中学生不会表达"高考"一词，于是使用“上大学的考试”来代替。

例 158：可是/c 她/r 快要/d 高考/v {CCH2 快/d 到/v 上/v 大学/n 的/u 考试/v} 了/u，/w 所以/c 最近/t 呢/y，/w 妈妈/n 和/c 爸爸/n，/w 还有/c 我/r 都/d 帮助/v 她/r 努力/a 学习/v。/w

（三）学习环境原因

1. 教材、工具书的影响

留学生要掌握好汉语词汇，教材的作用非常重要。国别化的汉语教学理念就需要国别化的汉语教材，而目前我国国内编写的对外汉语教材大部分是基于汉语本体理念、方式、方法而编写的，一般为通用型教材，适用对象是不分国别的，这样的教材针对性不强，不能很好地满足各国留学生词汇学习的需求。例如汉字词对于韩国学生来说是个重要的部分，教材中若针对汉字词的使用进行设计，可以促进韩语的正迁移。但是现行的针对韩国学生编写的汉语教材，多是用韩语翻译汉语词，或用韩语词作注释，并没有针对汉字词部分做专门设计，教材不能满足韩国学生的需要。所以缺乏国别化的对外汉语教材，教材的针对性不强是影响韩国留学生汉语词汇掌握的一个重要的原因。

除了作为课堂教学的主要工具的教材，学生在课外使用的辅助工具书如词典也对韩国留学生的词汇使用有着重要影响。一方面，国内适合留学生使用的词典较少，适合韩国留学生的词典更少。韩国留学生所借助的词典往往是汉韩词典，而且大多数学生用的是电子词典。有些电子词典所收词语陈旧，有些对应词是古代汉语词，在现代汉语中已经不再使用。学生在需要某一汉语词时，只是通过母语机械地查询、模仿，并没有对词语意义真正理解，从而产生词语使用上的偏误。另一方面，近义词辨析类的词典也满足不了韩国留学生词语辨析的需求，有些辨析内容细致，但收词过少，一些常用的近义词没有被收录，不能完全达到学生的要求；有些收词量大，但是在辨析内容上就大大简略了。所有这些近义词辨析词典共同的缺点是收录的词是从母语为汉语的学习者角度认为是近义词的词，而没有针对韩国留学生易混淆词进行辨析。所以工具书的问题也学生在词语上使用混淆的一个重要原因。

2. 教学和训练的影响

词汇教学和训练的不得当都对学生理解和准确运用词语有着很大的影响，是学生产生词汇偏误的一个重要原因。

教学对词汇使用偏误的影响有三。一是媒介语。教师在讲解词汇时，可能会借助于媒介语对词汇进行解释，对于教学对象为韩国留学生的教师来说，使用的媒介语或是韩语或是英语。教师会用媒介语给出目标词的对应词，但有时这些对应词并不能将汉语词汇的意义完全概括，媒介语和汉语词的词义是不对等的。鲁健骥在《外国人学习汉语的词语偏误分析》一文中说："除了很少的词以外，两种语言中有对应关系的绝大部分词语之间都存在着程度不同、方面不同的差异。如果在加注对应词或解释时不充分考虑这些差异，就会诱发学生用词方面的偏误。"二是同义替换。当教师使用汉语讲解词汇时，常常会用同义词或近义词来替换被释词。这种同义替换、罗列近义词往往会使学生产生认识上的误区，模糊了近义词之间的界限。三是释义烦琐。一些教师在对词汇进行释义时，没有把握好学生掌握词汇的难易程度，使用了比目标词更为复杂的词汇，释义语言也过于烦琐，造成学生在词汇理解上的混乱。

训练的不得当也是造成词汇偏误的一个原因。一是替换练习。教师给出目标词后，往往会和与其同义或近义的词做替换练习，这种训练强调了词汇之间的联系，但却忽视了近义词之间的区别。如果没有将目标词与近义词的不同使用条件和语境讲解清楚，势必会造成学生混淆这些词语。二是缺乏针对性的训练。词汇训练的基本目的是使学生加强对词汇的记忆、掌握词汇的用法以及与其他词的区别。若对词汇的训练缺乏针对性，没有抓住目标词的特点和区别点进行训练，就会造成学生对词汇用法模糊或掌握不牢固。因此，我们要在对比分析、偏误分析和习得研究的基础上改进课堂教学，要在教材编写和教学参考读物编写的针对性上做出应有的努力。

3. 社会环境的影响

在目的语社会环境中学习汉语有着很多优势，例如目的语环境可以为学习者提供自然生动、丰富多彩的语言输入和学习模仿的语言资源，学习者可以充分利用这些资源，受到积极的影响。但学习者在接触社会环境进行真正的语言交际的同时，除了接受到正确的、标准的汉语普通话外，也会受到很多非正规的汉语或方言的影响。

在方言区生活或者和说方言的中国朋友交流都会对韩国留学生的汉语习得有影响，而这些影响表现在书面语上最明显的就是词汇的使用。例如：

例 159：她/r 的/u 脸型/n 是/v 圆形/n，/w 干巴/a 疵/Ng 咧/v 的/u 黄色/n 皮肤/n，/w 大大/d 的/u 眼睛/n 上面/f 有/v 长/a 睫毛/n……

上例中的"干巴疵咧"是东北方言中的词，意思是"干巴巴"。在正规的课堂教学上，教师是不会教授这样的方言词的，所以学生只能是在社会环境中习得而来。另外，很多学生在学校里学习汉语时，经常会找一些学习韩语的中国朋友一起交流，也就是所谓的"学友"。这些学友可能对汉语教学并不了解，所以在和韩国留学生交流的过程中就会教给他们这样的方言词，而韩国留学生认为这是个非常新鲜有趣的词，于是就在学友的指导下将其用在了作文或者造句中。学友的影响也是学习者社会环境影响的一部分。

第二节　对韩汉语教学用词表的研制的设想

陆俭明先生（2006）充分肯定了"国别化"对外汉语教学用词表的研制①。对外汉语的不断发展需要国别化的教学理念，而国别化的教学理念就需要国别化的汉语教材。前文中我们说过，缺少国别化的教材和工具书是韩国留学生汉语词汇偏误的成因之一，汉语作为第二语言的国别化教学有待于进一步发展。对于作为主要教学依据的教材和工具书来说，选词和收词又是最重要的一个部分。"词表是第二语言教学的基础，科学的词表可以更好地指导对外汉语教学的总体设计、教材编写、课堂教学和成绩测试，使教材更实用，教学更有效。"②鉴于词表对于对外汉语教学的重要性，研制面向不同教学对象的"国别化"词表就显得更为迫切。目前

① 甘瑞瑗：《国别化"对外汉语教学用词表"制定的研究：以韩国为例》序一，陆俭明先生题。

② 刘长征、张普：《对外汉语教学用词表的多元化与动态更新》，《语言文字应用》2008年第2期。

将“国别化”汉语教学理念实例化进行词表研究主要是对泰汉语教学和对韩汉语教学的尝试，对泰汉语词表的研究主要有孙红（2009）① 的硕士学位论文《面向泰国汉语教学“国别化”词表的研制》，万日升（2008）②《对泰汉语初级阶段教学词表研究》，对韩汉语词表的研究主要是甘瑞瑗（2004）③ 的博士学位论文《国别化“对外汉语教学用词表”制定的研究：以韩国为例》。

本文作为国别化的对外汉语教学的研究，试图将偏误研究成果运用到对韩汉语教学用词表的研制中去。甘瑞瑗所建立的“对韩汉语教学用词表”共收入 10037 个词，并将汉字词加以标记。该项研究是“国别化”汉语教学理念的一个实践，得到了很多专家的好评，同时她也在论文中提到研究中存在的问题之一就是“没有涉及词表的分级”，因为“缺乏具有一定代表性的检验语料”。我们认为，词表的分级不但需要双语本体语料库的支持，更应考虑韩国留学生汉语学习中词语的使用频率及偏误出现的频率。因此，本研究中所建立的语料库可以在进一步统计的基础上辅助词表的分级，并为其提供检验语料。但限于目前语料库的规模（100 万字）还达不到检验词表的要求，只有在进一步扩充语料库后才能够真正应用于对韩汉语教学用词表的研制，所以我们目前只对“对韩汉语教学用词表”提供一个优化和分级的构想。

（一）建立中介语词表，进行词频统计

赵金铭、张博、程娟（2003）④ 的《关于修订〈（汉语水平）词汇等级大纲〉的若干意见》中指出，“《大纲》的编制必须以词语的使用频度为原则，用使用频度来衡量词语的常用程度，以进行词语筛选和确定词语的等级”。对“对韩汉语教学用词表”进行分级也应遵循这种原则。甘瑞瑗“对韩汉语教学用词表”的建立是以“常用韩国语语料库”和“动态流通语料库”为基础的，我们认为，这两种语料库在一定程度上能够反

---

① 孙红：《面向泰国汉语教学“国别化”词表的研制》，硕士学位论文，暨南大学，2009 年。

② 万日升：《对泰汉语初级阶段教学词表研究》，硕士学位论文，厦门大学，2008 年。

③ 甘瑞瑗：《国别化“对外汉语教学用词表”制定的研究：以韩国为例》，博士学位论文，北京语言大学，2004 年。

④ 赵金铭、张博、程娟：《关于修订〈（汉语水平）词汇等级大纲〉的若干意见》，《世界汉语教学》2003 年第 3 期。

映韩国学生选择汉语词汇的趋势，但没有结合真正的中介语语料，词汇使用的真实性得不到检验。所以在对韩汉语教学用词表的研制中还应结合汉语中介语语料库来检验词表。

我们先分别建立母库“韩国留学生汉语中介语语料库”的总词表和子库“韩国留学生汉语词汇偏误语语料库”的偏误词词表并进行词频统计。词频统计的目的是得出词汇的使用频率和正确率（或偏误率），为最后的词表分级做准备。词频统计结束后，将统计结果按倒序排列，输出两个词表：按词频排序的词表（词表 1）、按正确率排序的词表（词表 2）。

（二）词表优化

首先，我们将“对韩汉语教学用词表”中的 10037 个词分别在词表 1 和词表 2 中运转一遍，得出按照词频排序的共有词词表、按照正确率排序的共有词词表以及非共有词词表。这些词表对检验和改进“对韩汉语教学用词表”有着重要作用。非共有词词表的作用在于为“对韩汉语教学用词表”提供补充和校正，对于仅存在于“对韩汉语教学用词表”中且正确率低的词可考虑删除，对于仅存在于“韩国留学生汉语中介语语料库”总词表中且使用频率和正确率高的词可考虑加入“对韩汉语教学用词表”，以优化原对韩汉语教学用词表。

（三）词表分级标准

词语的频率在一定程度上体现词语的流通度或使用度，以往词表的分级往往只考虑到了词频而忽视了词语正确率和偏误率，我们将词频和正确率相结合，根据这些词语在中介语语料库中的词频和正确率对词表进行分级。

按照词语的流通度将词语分为最常用、常用、次常用和通用词四个等级。最常用的标准是按使用频率排序在前 1000 的高频词语；常用的标准是排序在 2000 到 3000 的词语；次常用为排序在 3000 到 5000 的词语；通用词为排序在 5000 以后的词语。暂定正确率在 80%以上为正确率高的词语，其标准在实际操作中应有调整。《新汉语水平考试大纲》共有 6 级，分别有 150、300、600、1200、2500、5000。根据词汇量的比例，我们也将“对韩汉语教学用词表”划分为六个等级，并按照比例来确定每个等级的词汇量。以下是词表分级的标准：1 级：最常用、正确率高；2 级：常用，正确率高；最常用、正确率低；3 级：常用，正确率低；次常用，正确率高；4 级：次常用，正确率低；5 级：通用词、正确率高；6 级：通用词、正确率低。

附录1：易混淆词词表（共225组）

1. 爱情—爱	32. 对—对于	63. 还有—还	94. 可能—可以
2. 办法—方法	33. 儿—儿子	64. 回答—答应	95. 可是—但是
3. 帮—帮助	34. 而—而且	65. 回来—回	96. 可惜—遗憾
4. 本来—原来	35. 而—和	66. 回忆—记忆	97. 可以—会
5. 变成—变得	36. 二—两	67. 会—能	98. 可以—可能
6. 变—改变	37. 方法—方式	68. 或者—和	99. 快—赶快
7. 变化—变	38. 方法—办法	69. 记—记得	100. 来—去
8. 别—不	39. 分—分钟	70. 记忆—回忆	101. 来—到
9. 别的—另	40. 分钟—分	71. 记住—记得	102. 离开—分开
10. 别的—其他	41. 感到—感觉到	72. 继续——直	103. 理解—了解
11. 不—别	42. 感到—感受到	73. 家—家庭	104. 理由—原因
12. 不—没	43. 感到—觉得	74. 家人—家	105. 俩—两
13. 不—没有	44. 关联—相关	75. 见到—见面	106. 两—二
14. 成—成为	45. 关切—关注	76. 见—见面	107. 了解—理解
15. 成果—结果	46. 观点—态度	77. 见—看见	108. 零钱—零花钱
16. 吃—吃饭	47. 国—国家	78. 见面—见	109. 另外—其他
17. 吃后悔药—后悔	48. 国家—国	79. 见—遇见	110. 留—留下
18. 愁—发愁	49. 过分—过度	80. 结果—最后	111. 旅游—游览
19. 出来—来	50. 过来—来	81. 她—他	112. 妈—妈妈
20. 出去—去	51. 过—过去	82. 进去—进	113. 吗—呢
21. 从来——直	52. 海—海边	83. 经常——直	114. 满意—满足
22. 达到—到达	53. 好像—像	84. 经过—经历过	115. 没—不
23. 带—戴	54. 合适—适合	85. 经验—经历	116. 没—没有
24. 当—做	55. 和—又	86. 经历—经验	117. 没有—不
25. 当—成为	56. 和—而且	87. 久—长	118. 梦—梦想
26. 当成—成为	57. 后—之后	88. 决心—决定	119. 明天—第二天
27. 当然—理所当然	58. 后来—以后	89. 觉得—想	120. 目的—目标
28. 当时—时候	59. 花样—款式	90. 看—见	121. 哪儿—那儿
29. 道路—路	60. 怀念—想念	91. 看—看见	122. 那儿—那
30. 得到—取得	61. 还是—还	92. 看—觉得	123. 男孩子—男孩
31. 得—取得	62. 还有—而且	93. 看看—看	124. 能—会

续表

125. 抛弃—扔	158. 特别—尤其	191. 一—第一	224. 最初—第一次
126. 期间—时间	159. 特色—特点	192. 以后—后来	225. 做工—打工
127. 前—前面	160. 听到—听说	193. 以后—然后	
128. 前天—前一天	161. 通过—经过	194. 以后—之后	
129. 亲切—热情	162. 完—结束	195. 以内—之内	
130. 侵害—破坏	163. 往往—常常	196. 以前—之前	
131. 去—回	164. 忘—忘记	197. 以为—认为	
132. 去—来	165. 为了—为	198. 又—还	
133. 然后—后	166. 为—为了	199. 又—也	
134. 人—别人	167. 维持—保持	200. 于是—所以	
135. 人间—人类	168. 问问—问	201. 原来—本来	
136. 人们—人	169. 我—我们	202. 愿意—希望	
137. 人—人类	170. 无—没有	203. 再—又	
138. 忍不住—受不了	171. 希望—期盼	204. 这—那	
139. 生—产生	172. 习惯—毛病	205. 这样—这	
140. 时间—时	173. 现代—现在	206. 这样—这么	
141. 时间—时候	174. 想法—看法	207. 这—这样	
142. 时—时候	175. 想—觉得	208. 之后—然后	
143. 身体—身材	176. 想—想念	209. 知道—了解	
144. 使—让	177. 心里—心理	210. 知道—认识	
145. 是—有	178. 心理—心里	211. 只是—只有	
146. 舒服—舒适	179. 心—想法	212. 只有—只	
147. 数—数量	180. 心—心情	213. 只有—只要	
148. 说话—说	181. 心理—心情	214. 只—只有	
149. 说—说话	182. 行动—行为	215. 至多—最多	
150. 似的——样	183. 幸亏—幸好	216. 中—里	
151. 宿舍—宾馆	184. 学习—学	217. 终于—最后	
152. 谈话—交流	185. 学—学习	218. 终于—最终	
153. 虽然—即使	186. 眼—眼睛	219. 资质—素质	
154. 所以—因为	187. 要—需要	220. 走—去	
155. 他—她	188. 也—又	221. 总—总共	
156. 他—它	189. 夜—晚上	222. 自己—自我	
157. 特异—特别	190. 一般—普通	223. 自身—自己	

附录 2：生造词词表（共 368 个）

序号	生造词	目标词	序号	生造词	目标词
1	演技力	演技/n	31	自负心	自信心/n
2	自信感	自信/v 信心/n	32	犯罪者	犯罪/v 人员/n
3	主家人	主人/n	33	科学者	科学家/n
4	作叫	叫作 /v	34	信赖性	信誉/n
5	啤酒巴	酒吧/n	35	收获感	收获/v
6	鹿子	鹿/n	36	软突突	软乎乎/z
7	博徒	赌徒/n	37	妨碍鬼	妨碍/v 休息/v 的人
8	诗作家	诗人/n	38	耳子	耳朵/n
9	导演者	导演/n	39	口子	嘴/n
10	自满心	自满/a	40	学家	学者/n
11	高耸耸	挺拔/a	41	艺术人	艺术家/n
12	翻译师	翻译/n	42	二共	一共/d
13	胖子人	胖/a	43	父父	父亲/n
14	手电灯	手电/n	44	虾子	虾/n
15	周中	周一/t 到/v 周五/t	45	医士	医生/n
16	整齐齐	整整齐齐/a	46	初中学	初中/n
17	指子	手指/n	47	信仰心	自信心/n
18	未年轻人	未成年人/n	48	黑暗暗	黑乎乎/z
19	昨年	去年/n	49	省都	省会/n
20	后进国	落后/a 的/u 国家/n	50	虾子	虾/n
21	吐沫	吐痰/v	51	徒子	弟子/n
22	晶亮亮	亮晶晶/z	52	刚力	韧性/n
23	特产品	特产/n	53	经营人	经理/n
24	疯人	疯子/n	54	盆地区	盆地/n
25	银行员	职员/n	55	初步者	初学者/n
26	构成员	成员/n	56	冰箱机	冰箱/n
27	有点点	一点儿/m	57	烁烁	闪闪烁烁/v
28	猫子	猫/n	58	延命	延长/v 生命/n
29	活鲜鲜	真切/a	59	电杆	电线杆/n
30	精神力	心理/n 信心/n	60	淡色	淡淡的/b 颜色/n

续表

序号	生造词	目标词	序号	生造词	目标词
61	慈脸	慈祥/a 的/u 脸/n	93	疼苦	痛苦/a
62	风习	思想/n	94	身体力壮	身强力壮/a
63	弱女	柔弱/a 的/u 女人/n	95	神清清爽	神清气爽/a
64	沁脾	沁人心脾/a	96	心象	印象/n
65	投合	情投意合/a	97	焦心	焦急/a
66	家服	做/v 家务/n	98	顺坦	顺利/a
67	软磨	软磨硬泡/v	99	自然而言	自然而然/c
68	售员	服务员/n	100	维挂	维护/v
69	一见钟爱	一见钟情/v	101	年光	时光/n
70	晴和	晴朗/a	102	装摆	显摆/v
71	清莹	晶莹/a	103	受奖	领奖/v
72	夕霞	晚霞/n	104	大学院	研究生学院/nz
73	茁然	茁壮/a	105	木皮	树皮/n
74	枪弹	子弹/n	106	软磨儿	软磨硬泡/v
75	莫然	突然/d	107	空蒙	灰蒙蒙/a
76	快意	惬意/a	108	阿拉八哑	乱七八糟/a
77	直天	整天/d	109	直起	直立/a
78	身架	身材/n	110	浮扬	激动/v
79	确准	标准/n	111	支不住	受不了/v
80	管系者	管理者/n	112	吃儿	吃的/n 迅速/a
81	冷铁	冷血/a	113	小小不言	沉默/v
82	人之关系	人际/a 关系 n	114	同伍	同事/n
83	忧心如醒	忧心如焚/i	115	家物	家具/n
84	一如顺风	顺利/a	116	搬停	搬运/v
85	真确	准确/a	117	行李包	行李/n
86	破财性	破坏性/n	118	悲酸	悲痛/a
87	有一无二	独一无二/l	119	单字	汉字/n
88	坐客	乘客/n	120	工蚂蚁	工蚁/n
89	迫不等待	迫不及待/i	121	称誉	称赞/v
90	早睡早觉	早/a 睡/v 早/a 起/v	122	苦劳	辛苦/a
91	非非	非常/d	123	支费	支付/v
92	恼脑	苦恼/a	124	绩级	成绩/n

续表

序号	生造词	目标词	序号	生造词	目标词
125	选告	宣传/v	156	毫无蹉跎	毫不犹豫/i
126	食餐	吃饭/v	157	火伤	伤/n
127	口端头	口头禅/n	158	会子叉	一/m 会儿/n
128	栋杆	顶梁柱/n	159	前岁月	以前/n
129	爱乡心	感情/n	160	重要点	重点/n
130	废而中途	半途而废/v	161	夜天	晚上/n
131	埋心	担心/v	162	山尾	山脚/n
132	活动期	工作/n	163	野情	田野/n 风光/n
133	见物动心	见财起意/l	164	假天	假期/n
134	皮肤色	肤色/n	165	要乐	逗乐/v
135	性品	性格/n	166	嘴上响舌儿	吧塔/o 着/u 嘴/n
136	暖开花	春暖花开/v	167	力士	人们/r
137	早市场	早市/n	168	爆来	飘满/v
138	头脸儿	相貌/n	169	飞灯	孔明灯/nz
139	家口	家庭/n	170	眼形	眼神/n
140	消费者告发中心	消费者协会/nt	171	讨气	要/v 钱/n
141	偏饭	挑食/v	172	愿思	愿望/n
142	临到	遇到/v	173	高底尖	鞋跟/n
143	出市	上市/v	174	夜市场	夜市/n
144	大学校	大学/n	175	大幸	幸运/a
145	失成	失败/v	176	节景	风景/n
146	落坐于	在/v	177	休职	休假/v
147	知惠	知识/n	178	味料	调料/n
148	花销	花/v	179	起不付	破产/v
149	家庭事	家务/n	180	挑引	诱惑/n
150	差点	差异/n	181	小学校	小学/n
151	东南亚洲	东南亚/ns	182	尊属	亲属/n
152	瞎处	坏处/n	183	一天之梦	白日梦/n
153	照直说话	实话实说/v	184	感得	觉得/v
154	增剧	严重/a	185	墙网球	壁球/n
155	宿所	宿舍/n	186	溜远儿	遛弯儿/v

续表

序号	生造词	目标词	序号	生造词	目标词
187	气结	孤独/a	218	家大	老大/n
188	平野	平原/n	219	独儿	孤儿/n
189	凭照	资格证/n	220	入养	收养/v
190	性向	兴趣/n	221	插脚	到/v
191	流毒	有害/a	222	谢心	谢意/n
192	当行儿	应季/b	223	受学	升学/v
193	机内食	飞机餐/n	224	冻库	冰箱/n
194	心散	伤心/a	225	菜牌子	食谱/n
195	操衣	运动衣/n	226	一言	总之/c
196	择食	挑食/v	227	单弱	单薄/a
197	待避	躲/v 到/v	228	梯规制	梯形/n
198	位相	地位/n	229	床布	床单/n
199	入国	入境/v	230	饭具	餐具/n
200	医金	医疗费/n	231	眠床	床/n
201	吸品	毒品/n	232	仰板	天花板/n
202	捐主	捐献者/n	233	镜台	梳妆台/n
203	容过	放过/v	234	节约电力机节约电力控制机	节电器/n
204	余裕	余地/n	235	新入兵	新/a 兵/n
205	门地枋	门槛/n	236	益子	褥子/n
206	花美男	男人/n	237	先立观	先入为主/l 的/u 观点/n
207	内面	里面/f	238	下天	第二/m 天/n
208	的伯	司机/n	239	下下天	第三/m 天/n
209	人便	人/n 的/u 粪便/n	240	红星	明星/n
210	山底	山脚/n	241	登长	播出/v
211	振发	振作/v	242	给买人	购买/v 者/n
212	不拘	无拘无束/i	243	月钱	月薪/n
213	护庇	包容/v	244	主用	利用/v
214	孤孩子	孤儿/n	245	查读	浏览/v
215	留学会	留学生/n 协会/n	246	赔话	道歉/v
216	日数	日子/n	247	炒麻面	炒面/n
217	日益熟惯	慢慢/a 习惯/v	248	谣谎山	骗人精/n

续表

序号	生造词	目标词	序号	生造词	目标词
249	会食	聚会/v	281	短板	缺点/n
250	喜得	愿意/v	282	顺良	温柔/a
251	群鸡二鹤	出类拔萃/a	283	减消	降低/v
252	访听	打听/v	284	同座	同桌/n
253	冲犯	冒犯/v	285	吃食	食物/n
254	打末	倒数/v 第一/m	286	眼气	脸色/n
255	盼子望女	盼望/v 有/v 子女/n	287	生菌	细菌/n
256	妙点	特点/n	288	著者	学者/n
257	头象	脑袋/n	289	回报	回电/n
258	匆匆光亮	炯炯有神/a	290	正时	正点/n
259	恋住	交/v	291	解消	消除/v
260	义理	义气/n	292	接境	接壤/v
261	心气	心眼/n	293	印件	说明书/n
262	成都	城市/n	294	配子	对象/n
263	女丈夫	女中豪杰/n	295	利心	欲望/n
264	摸持	抚摸/v	296	狂犬	疯狗/n
265	黄钱	金钱/n	297	禁示	禁止/v
266	综结	综合/n	298	怀意	怀着/v
267	建物层	楼层/n	299	动脚	走路/v
268	礼行	礼节/n	300	证认	证明/v
269	成去	成长/v	301	到留	剩下/v
270	挂碍	牵挂/v	302	过暑	避暑/v
271	经历书	简历/n	303	日较差	温差/n
272	行止	动作/n	304	心解	了解/v
273	到至	直到/v	305	闹和	闹腾/v
274	入队	入伍/v	306	毛心	激动/v 的/u 心情/n
275	练歌习场	练歌房/n	307	测悟	觉悟/v
276	纹缕儿	皱纹儿/n	308	发恼	烦恼/n
277	停食	消化不良/n	309	进入口	入口/n
278	胆石	胆结石/n	310	日没	日落/v
279	针工	做工/v	311	游串	传染/v
280	退职	辞职/v	312	食艺	厨艺/n

续表

序号	生造词	目标词	序号	生造词	目标词
313	会解	了解/v	345	首饰品	首饰/n
314	恩主	恩人/n	346	初中等	初中/t
315	过食	贪食/v	347	门卫人	门卫/n
316	前张	封皮/n	348	亲父	生父/n
317	花堂	礼堂/n	349	住房了	住房/n
318	保期	截止/v 日期/n	350	天然煤气	天然气/n
319	演剧	演出/v 节目/n	351	优殊	优秀/a
320	生声	声音/n	352	想望	理想/n
321	究问	问/v 个/q 究竟/n	353	海鲜物	海鲜/n
322	装假	耍赖/v	354	服劳	劳动/v
323	乏累	疲倦/a	355	凶毒	凶狠/a
324	筋力	体力/n	356	惯俗	习俗/n
325	欣快	欣然/d	357	逢遇	遇到/v
326	欣慕	羡慕/v	358	赞捐	捐助/v
327	申告	报告/v	359	惭悔	惭愧/v
328	底心	心理/n	360	不由得不	不得不/d
329	希贵	珍贵/a	361	四围	周围/n
330	自独	自立/v	362	常会儿	常常/d
331	吮乳	吸吮/v	363	各中各色	各种各样/a
332	现社代	现代/n 社会/n	364	经练	经历/n
333	南西边	西南边/f	365	况态	状态/n
334	失财	忍/v 不/d 住/v	366	集累	集中/v
335	挑方	释放/v	367	树怨	结怨/v
336	海水面	海平面/n	368	惹厌	讨厌/v
337	秀流	清秀/a			
338	吃心	好胜心/n			
339	时间候	时期/n			
340	前发	刘海/n			
341	发展达	发达/a			
342	壮伟	壮观/a			
343	宏壮	宏伟/a 壮丽/a			
344	演艺人	演员/n			

附录 3：外文词词表（共 43 个）

序号	外文词	目标词	数量（个）	序号	外文词	目标词	数量（个）
1	{Wcool}	酷	1	22	{WHarward}	哈佛	1
2	{Wproud}	骄傲	1	23	{Wgreenland}	格陵兰	1
3	{Wtaxi}	出租车	1	24	{WCoelacanth}	腔棘鱼	1
4	{Wyokohama}	横滨	1	25	{WNewton}	牛顿	1
5	{Wbyebye}	拜拜	1	26	{W 배영남}	裴永男	2
6	{WPARTY}	聚会	1	27	{W 알작지}	沃佐地	1
7	{Wresearch}	查	1	28	{W 장등건}	张东健	1
8	{WBrozil}	巴西	1	29	{W 콴혁수}	权赫寿	1
9	{Wlondon}	伦敦	1	30	{W 산은해}	沈恩惠	1
10	{Wemall}	邮件	1	31	{W 씨모토}	集贸图	4
11	{Wsahara}	撒哈拉	1	32	{W 버그}	虫子	2
12	{Wiraq}	伊拉克	4	33	{W 노동}	劳动	1
13	{Wsunshine}	阳光	1	34	{W 아룽}	阿龙	2
14	{WEdison}	爱迪生	2	35	{W 아나바다}	物品二次使用运动	1
15	{WgoChang}	筒敝郡	3	36	{W 저장}	节省	1
16	{WEVERLAND}	爱尔兰	1	37	{W 배포}	分配	1
17	{WJusco}	佳世客	5	38	{W 변환}	变换	1
18	{WEDISON}	爱迪生	1	39	{W 황진호}	黄真伊	3
19	{Wexample}	例子	1	40	{W 박찬호}	朴赞浩	1
20	{Wboom}	隆隆声	1	41	{W 부끄럽다}	害羞	1
21	{WEinstin}	爱因斯坦	1	42	{W 누구세요}	谁呀	1

附录 4 错序词词表（共 76 个）

序号	偏误词	目标词	序号	偏误词	目标词
1	烦厌	厌烦/v	31	天漫	漫天/b
2	思意	意思/n	32	泳游	游泳/v
3	取骗	骗取/v	33	景山	山景/n
4	世去	去世/v	34	网上	上网/v
5	育养	养育/v	35	耳土其	土耳其/ns
6	界世	世界/n	36	共公	公共/b
7	舍宿	宿舍/n	37	悟觉	觉悟/v
8	口胃	胃口/n	38	力尽筋疲	筋疲力尽/i
9	手随	随手/d	39	奇新	新奇/a
10	雨下	下雨/v	40	山江	江山/n
11	去出	出去/v	41	得不得	不得不/d
12	议建	建议/n	42	左想右思	左思右想/i
13	的真	真的/a	43	边旁	旁边/f
14	放大声哭	放声大哭/i	44	河江	江河/n
15	来于源	来源于/v	45	上网	网上/f
16	应答	答应/v	46	达到	到达/v
17	困穷	穷困/a	47	改更	更改/v
18	续继	继续/v	48	对应	应对/v
19	一顾不屑	不屑一顾/i	49	生病老死	生老病死/a
20	后然	然后/c	50	夜深	深夜/t
21	冰结	结冰/v	51	指戒	戒指/n
22	锐敏	敏锐/a	52	期日	日期/n
23	说来	来说/v	53	改修	修改/v
24	心身	身心/n	54	渐逐	逐渐/d
25	体身	身体/n	55	少不	不少/m
26	比对	对比/v	56	人家	家人/n
27	加更	更加/d	57	刑量	量刑/v
28	绍介	介绍/v	58	轻年	年轻/a
29	息休	休息/v	59	仙神	神仙/n
30	决解	解决/v	60	家私车	私家车/n

续表

序号	偏误词	目标词	序号	偏误词	目标词
61	今如	如今/t	69	慢怠	怠慢/v
62	钱价	价钱/n	70	梦做	做梦/v
63	味气	气味/n	71	切迫	迫切/a
64	己自	自己/r	72	瘾烟	烟瘾/n
65	且而	而且/c	73	码号	号码/n
66	顾照	照顾/v	74	心信	信心/n
67	下剩	剩下/v	75	情剧	剧情/n
68	习学	学习/v	76	运命	命运/n

第九章

基于多层偏误标注的国别化汉语中介语语料库的句法研究

第一节　基于标注语料库的韩国留学生“被”字句研究

在对外汉语教学与研究中，基于中介语语料库的句式偏误研究和习得顺序的考察越来越受到关注，且取得了很大的进展。但由于目前比较成熟可供研究使用的中介语语料库均为平衡语料库，所以无法为单国别中介语偏误研究和国别化汉语教学提供足量的语料。本文尝试通过对比“现代汉语句法语义信息语料库”和“多层偏误标注的国别化汉语中介语动态语料库（Ⅰ期）”两个语料库中“被”字句的使用情况，分析韩国留学生中介语语料库中“被”字句的偏误类型和成因，并为“被”字句教学提供参考。

一　双语料库中“被”字句的使用情况

“多层偏误标注的国别化汉语中介语动态语料库（Ⅰ期）”中共计韩国学习者中介语语料 100 万字；“现代汉语句法语义信息语料库”（取材于中小学语文课文和对外汉语阅读材料，以下称“母语语料库”）共计母语语料 100 余万字。据统计，“母语语料库”中出现的“被”字句共计 691 例（全部为正确用例）。“中介语语料库”作文语料中“被”字句共计 374 例，包括正确用例（267 例）和偏误用例（107 例）。

（一）双语料库中“被”字句的句法结构和语义特征

学界通常用以下句法格式表示“被”字句：

N1+被+N2+V+其他

该格式中的“其他”即动后成分向来被认为是“被”字句句式教学的难点问题，也是学习者容易出现偏误的地方。李珊对“被”字句动后成分的分类是：了/着/过、结果补语、趋向补语、得+……、介词短语、重叠等，这个分类基本符合汉语事实，这些动后成分在“母语语料库”和“中介语语料库”中均有出现。

“被”字句最典型的句式语义特征是强调客体事物受到某种动作或动力的影响产生了某种结果。关于“被”字句各句法成分之间的语义关系，学界已基本达成共识，即“被”字句典型的语义关系是受事为客体，施事为主体。非施事成分充当主体，非受事成分充当客体的“被”字句也占一定的比例。在“母语语料库”中，“被”字句的主体有施事、原因、当事、工具等；客体有受事、客事、处所等。“中介语语料库”中“被”字句各成分之间的语义关系同样比较复杂，从“母语语料库”中提取出的“被”字句的语义结构模式在“中介语语料库”中几乎都有相对应的实例。这与笔者预想的外国学习者掌握的只是“被”字句一些常用、简单用法的结果大大不同。

（二）双语料库中“被”字句的语用功能

“被”字句传统的语用功能是表示不愉快、不如意的感情色彩，吕文华曾言“随着语言的发展，表示中性甚至褒义的‘被’字句正在不断出现甚至大有扩大之势，但目前仍以表示贬义的色彩占优势”。在“母语语料库”中表示不如意色彩的“被”字句共计 318 例，占到总量的 60%之余，表示中性色彩的“被”字句占到总量的 10%之余，表示褒义色彩的“被”字句占到 4.5%左右；在“中介语语料库”中，表示不如意色彩的“被”字句占到 85%之余（见表 9-1）。由此可见，以韩国语为母语的学习者对“被”字句表达不如意色彩的功能更为敏感，他们在表达“遭遇”不幸、不希望的情况的时候更倾向于使用“被”字句。

表 9-1　　中介语语料库和母语语料库中“被”字句语用功能用例

“被”字句的语用功能 / 语料库来源	不如意色彩		中性色彩		褒义色彩	
	例数（例）	比例（%）	例数（例）	比例（%）	例数（例）	比例（%）
中介语语料库	318	85.1	39	10.4	17	4.5

续表

“被”字句的语用功能 / 语料库来源	不如意色彩		中性色彩		褒义色彩	
	例数（例）	比例（%）	例数（例）	比例（%）	例数（例）	比例（%）
母语语料库	414	60.7	228	32.3	49	7

二 中介语语料库中“被”字句偏误情况

中介语语料库共有“被”字句374例，其中107例存在偏误，约占总数的28.6%。我们将中介语语料库中“被”字句的偏误大致分为两类，一类是不应该使用“被”字句而使用了“被”字句，共计32例；另一类是应该使用“被”字句但有偏误（包括应该使用“被”字句却未有“被”字句标记和有“被”字句标记但有其他偏误这两种情况），共计75例。

（一）不该使用“被”字句而使用的偏误类型

1. 无形式标记的被动句中“被”字多余

汉语中表示被动意义的句子主要有两种，一种是有形式标记的被动句，“被”字句就是典型的有形式标记的被动句；另一类是不带形式标记的被动句，也叫作意义被动句，其语法意义重在描述主语位置上的客体所处的的一种状态。这类句子有的可以变换为“被”字句，有的则不能。下面两例中均不应该添加“被”。

例1：可是/c ｛CJ-zhuy 时间/n｝ 太/d 晚/a 商店/n ｛CD 被/p｝ 关/v 门/n 了/y ｛CJbei｝。/w

例2：这/r 件/q 事/n ｛CD 被/p｝ 暴［B 爆］露/v 以后/f ｛CJbei｝［BQ，/w］ 法庭/n 判/v 了/u ｛CJ-by 他/r｝ 死刑/n ｛CJshb｝。/w

2. 主动句中“被”字多余

由于过于强调“被”字句句式意义中“被动义”“遭受义”的特征，学习者在使用中存在“滥用”和“规则泛化”的问题。如用介词“被”代替述语动词“遭遇”“发生”等，造成述语动词的缺失；一些主动句中错误添加了“被”，改变了句子结构，造成句式杂糅，表义混乱。主要有以下几种情况：

(1) 因“被”而述语缺失

例 3：三/m 年/q 后/f 女人/n {CD 被/p} {CJ-sy 遭遇/v 了/u} 交通/n 事故/n {CJbei}。/w

(2) “把”字句和“被”字句杂糅

例 4：后来/t 人们/r 觉得/v {CJ-zhuy 它/r} 跟/p 龙头/n 一样/a，/w 因此/c 都/d 把/p 这/r 怪石/n {CD 被/p} 称/v 为/v 龙头/n 岩石/n {CD 了/u} {CJZR}。/w

(3) 兼语句和“被”字句杂糅

例 5：那时/r 我/r 也/d 疯/v 了/u，/w 再/d 也/d 不/d 会/v 让/v 别人/r {CD 被 [G] /p} 骗/v 我/r 了/u {CJZR}！/w

(4) 介宾搭配不当

例 6：一个/m 哑巴/n 给/p {CCH 被/p} 别人/r 背/v 了/u 十/m 年/q 的/u 黑/a 锅 [G] /n {CJbei} {CJP-jb}。/w

例 7：很/d 多/a 人/n 在/p {CCH 被/p} 地震/n {CQ 中/f} 死/v 了/u {CJbei} {CJP-jb}。/w

(二) 形式上有偏误的“被”字句

以往的以“被”字句为代表的句式偏误研究中，大多从偏误的形式出发将偏误类型简单地归纳为遗漏、误加、误代、错序四类。这样的分类比较概括，缺乏针对性。本文拟先将“被”字句的格式进行分段，再描写偏误类型并探求偏误的成因。

薛凤生（1994）[①] 提出了一种非常简明的“被”字句的格式：

A 被 B+C

这种格式的特点在于把“被”字句分成三段描写，不再特别强调动词后的其他成分。按照这种格式，我们将中介语语料库中“被”字句的偏误进行归纳整合，发现偏误主要存在于“被”字句格式的中后段，即“被 B”和“C”这两段。

1.“被 B”段的偏误

（1）“被”误用为其他介词

例 8：我们/r 觉得/v 要/v 被/p ｛CCH 因/p｝ 风/n 吹/v 到/v 山崖/n 下面/f ｛CQ 了/y｝ ｛CJbei｝。/w

上例中应该使用“被”而使用了其他介词，造成介宾搭配不当。

（2）缺“被”

例 9：因为/p 我/r 新/a 买/v 的/u 数码/n 相机/n ｛CQ 被/p｝偷/d 走/v 了/v ｛CJbei｝。/w

（3）缺“被”同时缺少述语

例 10：每天/r 都/d 有/v 一/m 大/a 堆/q 的/u 纸张/n ｛CJ-sy 被/p 扔/v｝ 在/p 垃圾/n 池/n 里/f ｛CJbei｝。/w

例 11：一/m 位/q 男士/n ｛CJ-sy 被/p 压/v｝ 在/p 一/m 块/q 巨大/a 的/u 石头/n 下面/f ｛CJbei｝。/w

上面两类“被”字句格式均不完整，一类是缺少介词“被”，此类偏误共计 41 例。另一类是缺失“被”和 C 段的述语，该类偏误共计 2 例。

---

① 薛凤生：《“把”字句和“被”字句的结构意义——真的表示“处置”和“被动”?》，戴浩一、薛凤生《功能主义与汉语语法》，北京语言学院出版社 1994 年版，第 34—59 页。

（4）错序

错序有以下几种类型，一类是“被”和 B 位置颠倒，例如：

例 12：所谓/b 白色/n 污染/v 指/v 的/u 就是/v <塑料/n> {CJX2} <被/p> {CJX1} 污染/v 的/u 自然环境/n。/w

另一类是修饰限定述语动词的状语和“被 B”段位置颠倒，例如：

例 13：水/n<被/p 人们/r> {CJX2} <容易/a> {CJX1} 忽略/v {CCH 怠慢/v {CCX 慢怠［B 待］}} {CJP-zw}。/w

2. C 段偏误

（1）核心动词选用不当

“被”字句中 C 段必须是有［+处置性］或［+致使性］语义特征的动词或动词结构，可以是及物动词，也可以是述补短语、述宾短语、及部分动宾式的不及物动词。不符合要求的动词，特别是名词，不能在“被”字句中充当核心动词，而且要注意核心动词与动后的宾语和补语是否搭配。此类偏误共计 5 例。

例 14：原告/n 是/v 打官司/v 的/u 人/n {ZQs}，/w 被告/n 是/v 被/p 起诉/v {CCH 官司/n} 的/u 人/n {CJbei}。/w

例 15：我/r 的/u 另/r 一/m 个/q 朋友/n 被/p 他/r 骗/v {CCH 受骗/v} 了/u {CJbei}。/w

例 16：我/r 20/m 年/q 来/f 享受/v 自由/a，/w 突然/a 去/v 当兵/v［BQ，/w］被/p 国家/n 剥夺/v {CCH 脱离/v} 了/u 自由/a {CJbei} {CJP-db}。/w

（2）核心动词缺失

C 段中的部分偏误是因为缺少了核心动词，导致句子失当。如下例中的“死”“塌”都是不及物动词，不能带宾语，不能直接充当“被”字句的核心动词，而需要另补核心动词，将原不及物动词变为核心动词的结果补语。此类偏误共计 6 例。

例 17：他/r 被/p 日本/ns 人/n {CJ-sy 打/v} 死/v 了/u {CJ-bei}。/w

例 18：所有/b 的/u 房子/n {CJ-zy 都/d} 被/p 地震/n {CJ-sy 震/v} 塌/v 了/u {CJbei}，[BC。] /w

(3) 核心动词冗余

下列“被”字句中已存在核心动词，加上“挨”“受到”等遭受类动词造成核心动词冗余。此类偏误共计 3 例。

例 19：{CP-zd 小/a 时候/n {CJ-zhuy 我/r} 经常/d 被/p 妈妈/n {CJ+sy 挨/v} 批 [G] 评/v {CD 了/u} {CJbei}。/w P}

例 20：她/r 被/p 她/r 的/u 老公/n {CJ+sy 受到/v} {CD 了/u} 虐待/v {CJbei}，[BC.] /w 她/r<忍受/v {CCH 忍耐/v} {CQ 着/u} > {CJX2} <为了/p 她/r 的/u 儿子/n> {CJX1}。/w

(4) 核心动词附带成分的偏误

“被”字句中的谓语动词通常情况下不是光杆动词，多带有“了/着/过”或补语成分。核心动词后带补语占绝大多数，进入“被”字句的补语类型主要有：结果补语、趋向补语、程度补语、数量补语等。这些补语补充说明动作、事件所带来的状态变化或结果。从语义上来看，这些补语有些指向主语，有些指向动词自身。需注意的是，补语所描述的状态、结果需和补语语义所指的成分相搭配，否则会造成偏误。此类偏误共计 7 例。例 21 缺“了”；例 22 和例 23 缺少补语；例 24 如果是“家的东西”可以被“偷走”，但“家”与“偷走”搭配不当，应去掉“走”。例 25 中补语标记词使用不当。例 26 中述语动词后附加成分的标记词使用不当。

例 21：我 [C] /r 朋友/n 被/p 炒鱿鱼/l {CQ 了/y} {CJbei}，/w 他/r 只好/d 卷铺盖/v 离开/v 公司/n。/w

例 22：最后/t {CCH 终于/d} 爸爸/n 被/p 妈妈/n 数落/v {CCH 唠叨/v} 了/u {CJ-buy 一/m 顿/q} {CJbei}。/w

例 23：我/r 到/v 那/r 一/m 看/v {CJ-zy 就/d} 被/p 茫 [B 亡]

茫［B 亡］/b 的/u 大漠/n 吸引/v ｛CJ - buy 住/v｝ 了/y ｛CJbei｝。/w

例 24：而且/c 我/r 家/n 被/p 小偷/n 偷/v ｛CJ+buy 走/v｝ 了/u ｛CJbei｝。/w

例 25：我/r 被/p 火/n 烧/v 得/u ｛CCB 的/u｝ 面目全非/a ｛ZQbei *｝，/w 生活/v 不/d 能/v 自立/v ｛ZQfd｝。/w

例 26：命运/n 已经/d 被/p 老天/n 主宰/v ｛CCH 决定/v｝ 了/u ｛CCB 的/u｝ ｛CJbei｝。/w

（5）错序

此类偏误共有 3 例，分为两类，一类是“被”字句格式中“被 B”段中的 B 与 C 段位置颠倒造成了偏误，如例 27；另一类是“被 B”段与 C 段位置颠倒，如例 28。

例 27：蓬［C］莱/ns 很/d 有/v 魅力/n ｛ZQy｝，/w 我/r 被/p <吸引/v> ｛CJX2｝ <这/r 种/q 魅力/n> ｛CJX1｝ ｛CJbei｝。/w

例 28：妈妈/n<感动/v 了/u> ｛CJX2｝ <被/p 我/r 的/u 心意/n ｛CCH 小/a 意思/n｝ > ｛CJX1｝ ｛CJbei｝。/w

（6）该使用“被”字句而未用

下例中“受了火伤”无法搭配，用“被”字句来表达既符合写作者的本意，句子也更通畅。此类偏误共计 4 例。

例 29：他/r 要/v 当/v 医生/n 然后/d 给/p 像/p 她/r ｛CQ 一样/a｝ 被/p 烧/v 伤/a ｛CCH3 受/v 了/u 火/n 伤/n｝ 的/u 孩子/n 们/k 提供/v 无偿/d 服务/v ｛CJx｝ ｛CJbei｝。/w

上文对“被”字句偏误进行了分段和分类描写，下表是各类偏误的分布情况。

表 9-2　　“被”字句各类偏误的的分布情况

<table>
<tr><th colspan="2">偏误类型</th><th colspan="2">二级偏误</th><th>例数（例）</th><th>比例（%）</th></tr>
<tr><td colspan="2" rowspan="2">不该使用“被”字句使用了“被”字句</td><td colspan="2">应使用无标记被动句</td><td>12</td><td>11.2</td></tr>
<tr><td colspan="2">应使用主动句</td><td>20</td><td>18.7</td></tr>
<tr><td rowspan="6">该使用『被』字句未正确使用</td><td rowspan="4">该使用“被”字句未使用</td><td colspan="2">“被 B”段中的“被”误用为其他介词</td><td>2</td><td>1.87</td></tr>
<tr><td colspan="2">“被 B”段中缺少“被”</td><td>41</td><td>38.3</td></tr>
<tr><td colspan="2">缺少“被”及 C 段的核心动词</td><td>2</td><td>1.87</td></tr>
<tr><td colspan="2">原句述宾无法搭配，需改变句子结构</td><td>4</td><td>3.74</td></tr>
<tr><td rowspan="2">使用了“被”字句但形式有误</td><td rowspan="2">错序</td><td>其他状语和“被 B”段位置颠倒</td><td>1</td><td>0.93</td></tr>
<tr><td>“被”和 B 位置颠倒</td><td>1</td><td>0.93</td></tr>
<tr><td rowspan="6">该使用『被』字句未正确使用</td><td rowspan="6">使用了“被”字句但形式有误</td><td rowspan="2">错序</td><td>“被 B”段中的 B 与 C 段位置颠倒造成了偏误</td><td>2</td><td>1.87</td></tr>
<tr><td>“被 B”段与 C 段位置颠倒</td><td>1</td><td>0.93</td></tr>
<tr><td colspan="2">C 段核心动词选用不当</td><td>5</td><td>4.67</td></tr>
<tr><td colspan="2">C 段核心动词缺失</td><td>6</td><td>5.61</td></tr>
<tr><td colspan="2">C 段核心动词冗余</td><td>3</td><td>2.8</td></tr>
<tr><td colspan="2">C 段核心动词附带成分的偏误</td><td>7</td><td>6.54</td></tr>
</table>

（三）“被”字句偏误原因分析

“被”字句偏误原因既有主观原因，如学习者的认知特点差异等，又有客观原因。本文暂不涉及主观原因，主要分析“被”字句偏误的客观成因。

1. 过分强调对应词

有些教材和教师常将“被”和 by 相对应，再加上韩国留学生受母语的影响，想要表示被动的意义和想表达“遭受”“遭遇”的意义时，常常使有表示被动句的标记“被”，学生才会滥用。在中介语语料库中不该使用“被”字句而使用“被”字句共计 32 例，占到“被”字句偏误总和的将近 30%。非常明显，过分强调对应词，使得学习者在学习过程中被固化一个概念，即要表达“被动”“受动”义时一定需要“被”作为标记，造成学习者在意义被动句中滥用“被”，甚至在主动句中滥用“被”。教学中引入“被”和“by”的对应目的是想加深学习者对“被”字句感性的认识，但过分强调和讲解不当反而给学习者带来了困惑。

2. 过分强调“被”字句格式中“被”与NP2同现

语料中还存在大量“被”字句缺失标记“被”的偏误。通过对语料的观察，在“被B”段缺少“被”的41例偏误中，“被”后无宾语的句子占到90%之多。这可能由于在传统教学法中过分强调“NP1+被+NP2+Vp+NP3”格式中“被”和“NP2”之间紧密的语义关系，造成学生对“被”必与NP2同现的误解，反言之，如不出现NP2则可省略“被”。实际上，“被”字句中的主体无论是否出现在表层结构中，都需要“被”来标记。

3. 对核心动词的研究与讲解不足

中介语语料库中形式上有偏误的“被”字句共计26例，其中与核心动词相关的偏误占到总数的92%，主要包括核心动词缺失、核心动词选用不当、核心动词冗余。由此可见，核心动词的教学是“被”字句教学的重点。

造成核心动词缺失的原因主要是母语负迁移，柳英绿（2000）[①] 的研究认为韩国语被动句和汉语被动句最主要的区别是前者可以只出现与主语NP1语义相关的Vp，不出现属于施动者NP2的Vp，但汉语被动句中缺失属于施动者NP2的Vp则不合法。

而造成核心动词使用有误，包括核心动词选用不当、核心动词冗余等偏误的原因主要还是因为教师、教材对“被”字句述语部分的讲解和研究不足所致。教学中仅向学习者提供有限的、少量的“被”字句的正确示例，远不能让学习者真正掌握“被”字句。所以笔者建议应结合教学大纲对词语的分级，大致给出能进入“被”字句的动词集，特别应注意给出反例，让学习者尽可能准确地掌握哪些动词可以用在“被”字句里，哪些动词不可以用在“被”字句里，这样就可以大大降低“被”字句的偏误率。

三　对“被”字句教学的思考

（一）“被”字句C段的两步教学

在中介语语料库中述语动词为单独动词[②]（包括光杆动词、光杆动

① 柳英绿：《韩汉语被动句对比——韩国留学生“被”动句偏误分析》，《汉语学习》2000年第6期。

② “炒鱿鱼”“放鸽子”紧密搭配，在中介语语料库中视为一个词。单独动词含“炒鱿鱼（了）”“放（了）鸽子”在内。

词+“着/了/过”两种形式）的比例远远高于其他类型，共计211例，占到总数的62%；复杂动词结构（包括动补结构、动宾结构）做谓语的“被”字句共计131例。语料库中“被”字句格式有偏误的75个句子中，单独动词做谓语的句子共计29例，偏误率为39%，复杂动词结构做述语的句子中有偏误的句子共计46例，偏误率高达61%。①

从前文给出的数据来看，中介语语料库中单独动词做述语的“被”字句数量较多，偏误率较低，这说明单独动词用法比较简单，比较容易掌握。因此可考虑将单独动词充当“被”字句述语放在“被”字句教学的第一阶段，将由“动词+其他成分”充当述语的“被”字句放在教学的第二阶段。

语料库中述补结构充当“被”字句谓语的句子中，各类补语出现率如下：结果补语＞动趋复合词＞动量补语＞“得”字结构＞动词重叠。由此可见，结果补语和动趋复合词是留学生使用比较早又掌握比较好的补语，所以这些类型的补语可以先教，其他类型的补语和述宾结构充当谓语的结构和用法在教学中适当延后。

（二）建立“被”字句的类构式

用“A被B+C”的格式表示“被”字句对中国人来说的确是一个很简洁明了的表述，但对于第二语言学习者来说过于简化，容易造成学习者对“被”字句述语形式比较简单的片面认识。为了将“被”字句的结构和用法更加明晰化，本文拟将“被”字句分成两大类，五小类。试图通过这种细化的格式起到“类构式”的作用。

A：N1+被（N2）+Vp

该格式着重描述N1受到外在因素的某种影响。按照核心动词的不同分化为两个子格式，一类是由动作动词充当述语核心动词，一类是由表示感官、心理活动等感知动词充当述语核心动词。

A1：N1+被（N2）+$\mathrm{Vp}_{\text{动作}}$

① 这一部分的统计不考虑不该使用“被”而用的32例偏误在内。正确使用“被”字句的例句和应该使用但格式有偏误的“被”字句共计342例。

A2：N1+被（N2）+Vp心理

格式 B：NP1+被（NP2）+Vp+Np3

该格式的语法意义重在描述 N1 在 Vp 的作用和影响下产生了某种结果。

总的来说，这类格式中的 Vp 有以下几种形式。

B1：NP1+被（NP2）+［V 作/为］+Np3

该格式里的核心动词 V 是称呼任命类动词，如“誉”“称”“尊称”“公认”“唤”“当”“评”“选”“提拔”“任命”等。

例 30：益山/ns 被/p 誉/v 为/v “/w 宝石/n 城市/n”/w。/w

B2：NP1+被（NP2）+［V+在/到/V趋］+Np3

该格式里的谓语是“V+在/到/V趋（V趋如‘入’‘进’等趋向动词）”，这里的核心动词 V 一般具有［+移动］［+处置］的语义特征的动作动词，如“埋”“抛”“带”“扔”“放”“寄”“搁”等，该类动词往往会引发受事成分发生位移。句子中 Vp 后的宾语是主语受 V 所表示的动作行为后所处于的空间位置。

例 31：下课/v 以后/f 我/r 被/p 老师/v 叫/v 到/v 办公室/n 里/f。/w

B3 NP1+被（NP2）+［V/V 成］+Np3

该格式里的 V 多是有［+结果］［+变化］等语义特征的及物动词，如“染”“划”“写”“毁”“剥夺”“判处”，等。

例 32：土地/n 被/p 鲜血/n 染/v 成/v 了/u 红色/n。/w

（三）结语

第一，本文对比了母语语料库和中介语语料库中“被”字句的使用情况，得出了两个语料库中“被”字句的句法、语义、语用特点基本趋同的结论，这提示我们汉语教学中不应过分简化“被”字句。

第二，通过对中介语语料库中“被”字句偏误情况进行了分类统计，得出“被”字句偏误中不该用“被”字句而使用了“被”字句和“被”字句中缺失“被”字标记这两大类偏误比较普遍，而且由于述语使用偏误导致“被”字句偏误占有相当大的比例。

第三，本文对偏误成因进行了分析，得出了三点结论，并以此为据提出了教学对策。

第四，本文未对母语料库中动后成分进行分类统计，因此不能将中介语语料库中动后成分的使用率与之进行对照。这是本文的一个缺憾，也是后续研究的一个重点。

第二节　基于标注语料库的韩国留学生关联词语使用情况研究

中介语的语段、语篇层次，体现了语言学习者综合运用所学语言的能力。但在对外汉语教学中有一个十分引人瞩目的现象：外国留学生经过一段时间的学习，单句表达可以做到基本正确，但成段、成篇的表达则存在“话不连贯，语无伦次”的问题（杨石泉，1984）①，特别是句子与句子缺乏逻辑关系或逻辑关系混乱的现象尤为显著。汉语中介语中的关联偏误引起了许多学者的关注并对此进行了大量的研究。从总体来看，已有的研究大多只停留在对关联偏误类型的表层划分，对其内部构成和具体表现尚缺乏系统、深入的研究；针对某一母语背景的外国学生汉语篇章偏误进行系统、深入考察的研究还不多；对关联关系研究中将研究视角多集中在连词，对其他能表明关联关系的词语关注不够。

许小星利用多层偏误标注的国别化汉语中介语动态语料库中的104万字语料，对韩国留学生的关联词语使用情况进行了统计分析。首先将所有的关联偏误提取出来并进行分类。在此基础上，对各类关联偏误的分布情况、使用特点及典型偏误加以分析。

---

① 杨石泉：《话语分析与对外汉语教学》，《语言教学与研究》1984年第3期。

一　中介语语料库关联词语偏误分布情况统计

关联关系描述的是两个或两个以上的句子之间存在的某种逻辑事理关系。句与句之间的关系非常复杂，每一种关系有不同的词语加以标记，我们将这类词语称为“关系标记词”。恰当地使用关系标记词不仅使小句和小句之间的关系更明确，还能增强段落的逻辑性，如果关联词语出现偏误，不仅分句之间不能连接，语段的连贯性也会受到破坏。邢福义先生①将复句中用来联结分句标明关系的词语大致分为句间连词、关联副词、助词“的话”和超词形式四大类。据此，我们在语料库标注中特别是篇章层面的标注中对分句之间的逻辑事理关系及关系标记词加以特别的关注。

我们提取出篇章层面中关联偏误共计 669 例，并按照《汉语水平等级标准与语法等级大纲》将存在偏误的复句按照小分句间语义关系类别不同分为因果关系、并列关系、假设关系、选择关系、递进关系、转折关系、条件关系、顺承关系八大类。将中介语语料库中篇章偏误中的所有关联偏误进行提取，并按照以上八种句间语义关系类别进行分类并统计，其分布情况如下图所示：

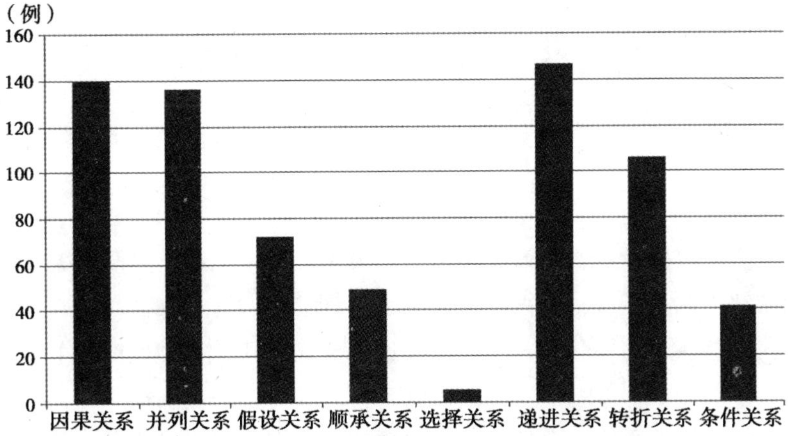

图 9-1　关联偏误在八种句间语义关系中的分布情况

① 邢福义：《汉语复句研究》，商务印书馆 2001 年版，第 28—29 页。

二　韩国留学生汉语中介语关联偏误类型及特点

通过对每一例偏误的仔细考察，我们将关联偏误从形式上分为关系标记词缺失、关系标记词多余和关系标记词错用三大类。

下面依次考察每一类偏误的具体表现及内部构成。

（一）关系标记词缺失

在汉语里几个小分句之间存在关联关系，一般由关联词来连接。有的关联标记词要成对出现，有的可以只出现一个。关系标记词的缺失就是遗漏了标记词造成的偏误，共计 143 例，占关联偏误用例总数的 21.3%。此类偏误在 8 种关联关系中的分布如下图所示：

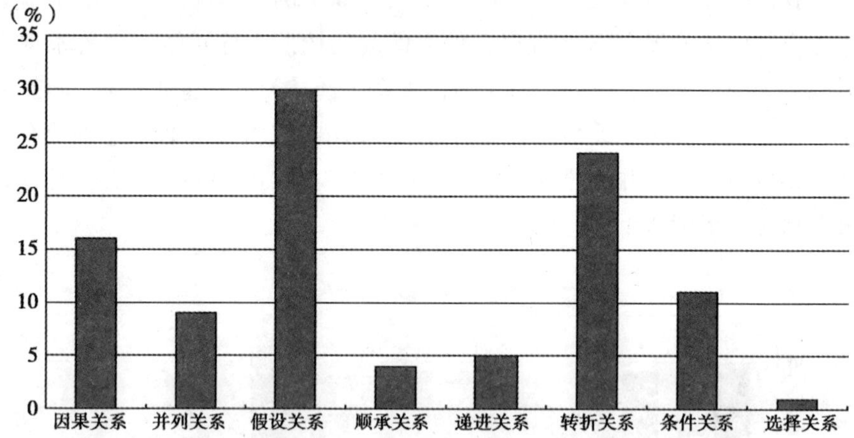

图 9-2　关系标记词缺失在八种关联关系中的分布

按统计数据显示，假设关系、转折关系、因果关系三类语义关系中标记词的缺失尤为显著，所占比例较高，占到总量的近 70%。

我们按照标记词缺失的内容将这一类分为整体遗漏和部分遗漏两大类。

汉语中的关联词语有的是可以单独使用，有的是成对使用。整体遗漏既包括单个使用的标记词的遗漏（如例 33），也包括成对使用的标记词的全部遗漏（如例 34）。

例 33：{CP-gl {CJ-zhuy 我们/r} 好久/m 没/d 见面/v {CQ 了/u}，/w {CQ 因为/c} 我们 [G] /r 毕 [G] 业/v 以后/f 住/v 的/u

地方/n 不/d 一样/a。/wP}

例 34：{CP-gl {CJ+zhuy 我/r} 可以/v 说/v {CQ 不管/c} 遇到/v什么/r 困难/n，/w 这些/r {CCH 这/r} 困难/n {CJ-zy 都/d} 不/d 能/v 割舍/v {CCH 挫折/n} {CJ+dy 我们/r} 人们/r 之间/f 还/d 存在/v {CQ 的/u} 人情/n [BQ。/w] {CJP-db} P}

部分遗漏主要表现在成对使用的标记词的运用上，写作者将成对出现的标记词遗漏掉其中的一个。例如：

例 35：{CP-gl {CQ 只要/c} 孩子/n {CD 的/u} 喜欢/v [BQ，/w] {CJ-sy 提供/v} 什么/r 帮 [Pbang] 助/v 都/d 可以/v [BQ。/w] P}

整体遗漏和部分遗漏两类在八种关联关系中的具体分布如下图所示：

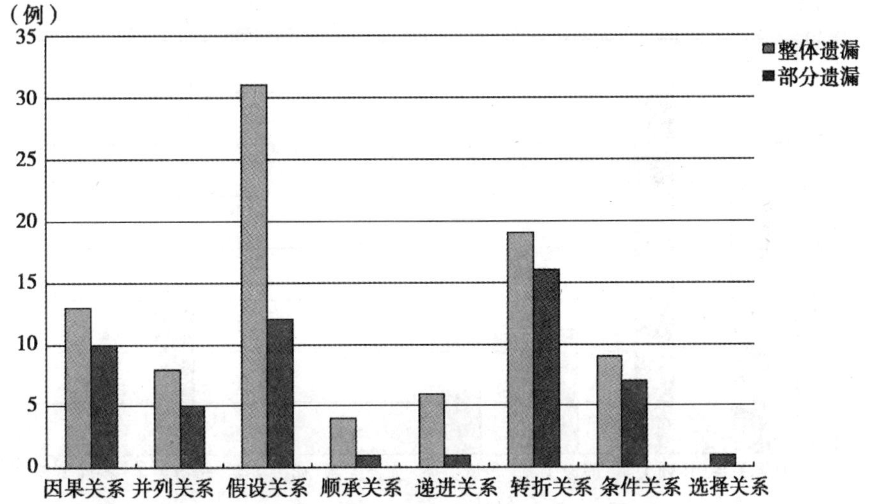

图 9-3　整体遗漏和部分遗漏两类在八种关联关系中的分布

据统计，部分遗漏共计 53 例，占到标记词缺失偏误的 37%。整体遗漏共计 90 例，占到标记词缺失偏误的 63%。成对使用的标记词同时遗漏的占到整体遗漏的 10%。

下表统计了在因果关系、假设关系和转折关系中典型标记词的缺失情况及这三类关系典型标记词在“关系标记词的缺失”整个大类中所占的比例。

表 9-3　　因果关系、假设关系和转折关系在“关系标记词的缺失”整个大类中所占的比例

因果关系		假设关系		转折关系	
关系标记词	所占百分比（%）	关系标记词	所占百分比（%）	关系标记词	所占百分比（%）
缺失“因为”	10.5	缺失“如果”	11.2	缺失“虽然”	11.9
缺失“所以”	10.5	缺失“的话”	14.0	缺失“但是/可是”	14.7

（二）关系标记词多余

关系标记词多余指多加了关系标记词造成的偏误，共计 270 例，占关联偏误用例总数的 40.4%。此类偏误在 8 种关联关系中所占的百分比如下图所示：

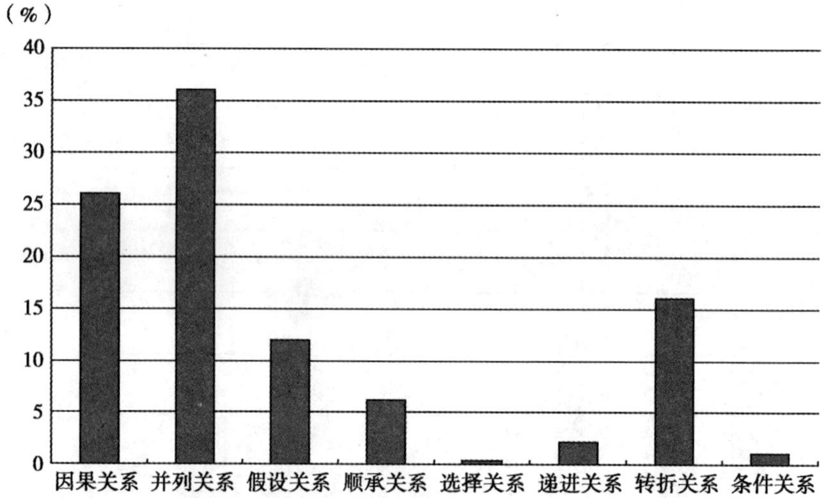

图 9-4　关系标记词多余在八种关联关系中的分布

统计数据显示，关联关系中并列类、因果类、转折类、假设类在标记词多余这一偏误类型中“位列前茅”，且“还有”（并列关系）、“所以”（因果关系）、“可是/但是”（转折关系）和“的话”（假设关系）的多余占到标记词多余总和的 73%。具体分布如下表所示：

表 9-4　并列类、因果类、转折类、假设类在标记词多余类型中的分布

类型	关系标记词	所占百分比（%）
并列关系	多余“还有”	30.4
因果关系	多余“所以”	20
转折关系	多余“可是/但是”	11.5
假设关系	多余“的话”	11.1

关系标记词多余主要涉及以下几种类型：

1. 小分句之间不存在关联关系

例 36：我们/r 的/u 家/n 有/v 四［B 西］/m 个/q 人/n。/w 奶奶/n、/w 爸爸/n、/w 妈妈/n 和/c 我/r。/w 奶奶/n 和/c 妈妈/n ｛CJ-sy 住/v｝在/p 韩国/ns 的/u 家/n，/w 爸爸/n 和/c 我/r 在/v 中国/n。/w 来/v 中国/n 以前/f 爸爸/n 是/v 老师/n，/w 我/r 做/v 建筑/v 设计/v 的/u 工作/n。/w ｛CP-gl 来/v 中国/n 以后/f 爸爸/n 和/p 我/r 上/v ｛CQ 了/u｝鲁东大学/nt，/w ｛CD 所以/c｝现在/t 在/v 鲁东大学/nt ｛CJ+sy 留学/v 在/p｝一/m 年级/n 一/m 班/q。/wP｝

上例中“现在在鲁东大学一年级一班”是对“来中国以后爸爸和我上了鲁东大学”的补充，两个小分句之间无因果联系，故而应该删除“所以”。

2. 误加关系标记词，造成关联关系的杂糅

例 37：我/r 觉得/v 这/r ｛CQ 次/q｝旅游/v 中/f 最/d 印象/n ｛CJ+zy 很/d｝深刻/a ｛CCH 深/a｝的/u 就是/v 自然环境/n 也/d 自然/a 和/c 人/n 融合/v 的/u 九/m 气/n 的话/y ｛CJ?｝，/w ｛CP-gl 虽然/c 济南/ns ｛CJ+sy 是/v｝人口/n 多/a ｛CJs｝［BQ，/w］｛CD 所以/c｝垃圾/n 和［B 呵］/c 污水/n 也/d 多/a，/w 但是/c 加强/v ｛CCH 多多/v｝环境/n 保护/v 运动/v 和/p 政府/n<管理/v>｛CJX2｝｛CD 通/v｝<参与/v>｛CJX1｝的话/u 都/d 能/v 改变/v ｛CCH 变/v｝。/wP｝

上例中，涉及关联关系偏误的小分句共有三个，写作者本意想表达的是“济南人口多，垃圾和污水多”，但采取一些措施的话这些情况都能改变。第一和第二个分句分别描述济南的现实情况，与第三个小分句构成转折关系，但作者在书写中感觉“垃圾和污水多”与“人口多”紧密相关，存在因果联系，故而用了“所以”这一标记词。这样的处理导致关联关系杂糅，使得三个小分句逻辑关系混乱。下例中“如果”“只要”连用，造成假设关系和条件关系的杂糅。

3. 关系标记词复现，造成表意不清

例 38：{CP-gl 他/r 脾气/n 有点儿/v 执拗［B 幼］/a。/w 如果/c他/r 一/m {CD 次/q} 犯/v 牛劲/n，/w 谁/r 也/d 拦/v {CCH 拢/v} 不/d 住/v。/w 但是/c 不/d 经常/d 犯/v 牛劲/n，/w {CD 但是/c} 我/r {CJ+zy 经常/d} 爱/v 这样/r 的/u 弟弟/n。/wP}

上例中单看三个小分句，弟弟脾气执拗 和“不经常犯牛劲”的确存在转折关系；“弟弟脾气执拗”和“我爱这样的弟弟”之间存在转折关系也说得通，但是三个小分句都用转折关系标记词“但是”来连接，造成表意不清。在删掉了第二个“但是”之后，句子之间的逻辑关系就很清楚了。

（三）关系标记词的错用

顾名思义，关系标记词的错用指的是用了关系标记词但选择错误，共计 256 例，占偏误用例总数的 38. 3%。此类偏误在 8 种关联关系中的分布如下图所示：

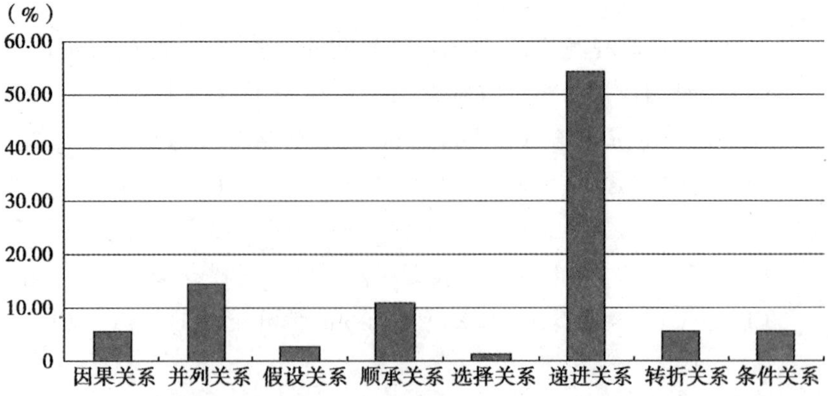

图 9-5　关系标记词错用在八种关联关系中的分布

我们将关系标记词错用这类偏误又分为两大类三个小类。两大类分别是关系标记词与关系标记词的错用（I）和非关系标记词与关系标记词之间的错用（I1）。前者指的是应该使用关系标记词，但错用其他关系标记词，其中又包括错用同类关系标记词（I1）和错用了不同类关系标记词（I2）。

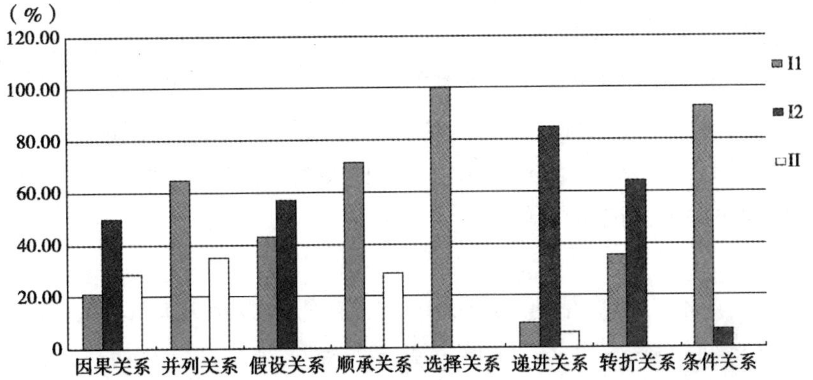

图 9-6　关系标记词错用三种偏误类型在八种关联关系中的分布

综合以上两表的数据来看，I1 类偏误占标记词错用偏误用例总量的 32.8%，主要集中在并列关系、顺承关系中，如顺承关系中“然后”“以后”“后来”的交叉错用；并列关系中“一边……一边”与“既/又……又”“一面……一面”“一方面……一方面”“又”之间的错用。

表 9-5　　关系词错用分布

顺承关系		并列关系	
关系标记词	所占百分比（%）	关系标记词	所占百分比（%）
然后→以后	11.7	既/又……又→一边……一边	14.3
后来→然后	7.1	一面→一边	1.2
后来→以后	6.0	一方面→一边	6.0

例 39：可是/c 我/r 朋友/n 马上/d 跑/v 着/u 去/v 商店/n 买/v 了/u 面包/n，/w 然后/c {CCH 以后/f} 给/v {CQ 了/u} 乞 [B 气] 丐/n，/w 还/c {CCH 还有/c} {CQ 从/p} 包/n 里 [L] 面/f 拿/v 出来/v {CCH 起来/v} {CJ+sy 有/v} 些/q {CD 的/u} 钱/n 给/v乞 [B 气] 丐/n {CJy}。/w

例 40：我/r 的/u 朋友/n 跑/v 过来/v 了/u。/w 我/r 又/c {CCH 一边/c} 高兴/a 又/c {CCH 一边/c} 生气/n {CJgd}。[BC.] /w 可是/c 我/r 心里/s 的/u 一/m 块/q 石头/n 落/v 了/u 地/u。/w

I2 类偏误占标记词错用偏误用例总量的 54.3%，主要集中在转折关系和递进关系中，如表递进关系标的记词“而且”错用为表转折关系的标记词“而”、错用为表并列关系的标记词“还有”；再如将表转折关系的标记词“而”错用为“还有”“也”（均为并列关系标记词），将“虽然”错用为“既然”“无论”（均为条件关系标记词）、“而且”“不仅”（均为递进关系标记词）等。

例 41：那里/r 两/m 个/q 人/n 正在/d 聊聊天儿/v {CJcd}。/w {CP-gl 一个/m 人/n {CJ+sy 是/v} 说/v 得/u {CCB 的/u} 很快/d {CJs}，/w 而且/c {CCH 而/c} 常常/d 发火/v。/wP}

例 42：那/r 一/m 天/q 人/n 很/d 多/a。/w 所以/c 我们/r 又/d 累/a 又/d 忙/a。/w 但是/c 我们/r 都/d 很/d 高兴/a。/w {CP-gl 因为/c 准备/v 的/u 东西/n 都/d 卖/v 了/u，/w 而且/c {CCH 还有/c} 吃/v 的/u 人/n {CJ-zy 都/d} 说/v “/w 好吃/v，/w 好吃/v。/w” /wP}

I2 类偏误占标记词错用偏误用例总量的 12.9%，包括无须使用关系标记词而使用和应使用而未使用两种情况。该类偏误主要集中在顺承关系和递进关系。

表 9-6　　I2 类偏误例词及分布

类型	百分比（%）	类型	百分比（%）
为/p→因为（因果关系）	6.3	和/c→而/c（并列关系）	21.9
乃至/c→以至（因果关系）	3.1	和/c→而且（递进关系）	6.3
导致/v→以至于（因果关系）	3.1	并且（递进关系）→又/d	3.1
以后/f→后来（顺承关系）	12.5	而且（递进关系）→和/c	6.3
以后/f→然后（顺承关系）	12.5	而且（递进关系）→加上/v	3.1
和/c→还有（并列关系）	18.8	而且（递进关系）→以及/c	3.1

例 43：差不多/a 先生/n 不/d 知道/v11/m 点/q 和/c ｛CCH 还有/c｝ 11 点/t2/m 分钟/q 差不多/a 为什么/r 没/d 等/v 他/r ｛CCH 我/r｝ 先/d 出发/v。/w

例 44：现在/t 他/r 已经/d 长/v 大/a 了/u，/w 变成/v 青春期/n 的/u 孩子/n，/w 他/r 还/d 没有/v 逆反/v 心理/n，/w 但/c ｛CJ-zy 也/d｝ 没有/v 上进心/n。[BC.] /w 我/r 怕/v 以后/t ｛CCH 后来/t｝ 我们/r 俩/m 夫妻/n 指望/v 不/d 上/v 他/r。/w

例 45：这 [G] 样/r 长/a 时间/n 地/u 坚持/v 下去/v，/w 就/d 成/v 了/u ｛CD 在/p｝ 中国/ns 乃至/c ｛CCH 以至/c｝ 世界/n 文学/n 史/n ｛CCH 历史/n｝ 上/f 伟大/a 的/u 文学 [G] /n 家/n。/w

第十章

基于多层偏误标注的国别化汉语中介语语料库的教学研究

第一节　针对韩国留学生汉字教学的建议

针对韩国留学生汉字教学研究利用语料库除了进行对韩汉字教学用字表的研制外，教学中也要注意教学内容与中韩汉字、库中高频偏误汉字的关系，采取一定方法进行针对性教学。具体如下：

一　注重中韩汉字对比

韩国留学生具有汉字基础，这在汉语学习中既有有利的方面，又有不利的方面。教师要理性地看待韩文汉字在汉语学习中的作用，注重中韩汉字的对比，总结中韩汉字的异同，增强留学生对中韩汉字区别的认识，在汉字书写时减少韩文汉字对汉语汉字的负迁移影响。一些初级阶段的韩国留学生简单地将汉语汉字等同于韩文汉字，教师在汉字教学的过程中有必要让学生走出这一误区，教师可以将留学生经常出现偏误汉字进行汉语汉字与韩文汉字的对比，如汉字“水”与韩文汉字“氷”，“餐桌”与韩语中的“餐卓”等。加强韩国留学生的中韩汉字对比意识，提高其中韩汉字辨别能力，进而减少因韩文汉字干扰而出现的汉字书写偏误。

二　注重渐进性和阶段性

根据留学生的汉语水平，可以将其分为初级、中级和高级三个层次，留学生的汉字教学要根据各个层次学生的水平和特点采用渐进性、阶段性的教学方式，具体来说，可以遵循以下原则：

（一）初级阶段注重笔画和部件教学

留学生偏误产生的重要原因是对汉字只认轮廓，不辨细微，这在初级阶段留学生中更为显著。初级阶段留学生由于刚接触到汉字，对汉字的特点还不是十分了解，对汉字的笔画、笔顺没有一个明确的概念，容易出现相似笔画部件变更的现象，因此对初级阶段留学生强化笔画部件教学是十分有必要的。在教学中，教师可以结合例字将汉字的基本笔画、笔顺、笔形、间架结构等基础知识教授给留学生。基本笔画的教学可以采用对比教学法，所谓的对比教学法指的就是将形近的笔画进行对比教学，如“丨”和“亅”，“乚”和“㇂”等，在教学的过程中，既要指出二者之间的联系，也要指明二者之间的差异，在方便记忆的同时，又起到了辨异的功效。留学生有了笔画的概念后，就要对其进行部件教学。笔画是构字的基本单元，笔画之间具有独立性，又具有组合性，部件由笔画组配而成，在笔画学习的基础上要加强部件教学。崔永华①指出，汉字拆分出的单位越少越有利于汉字的识记，拆分出来的单位可称谓性越强越有利于识记，拆分出来的单位理据性越强越有利于识记。因此与笔画和整字相比，通过部件识记汉字是较为有利的。除此以外，教师还要注重笔画部件的规范化教学。错字、别字、书写失范字很大程度上是笔画部件书写不符合规范造成的，因此，笔画部件的规范化教学对减少汉字偏误有重要意义。如“千”中小撇如果不规范书写，写作短横便成了“干”，“于”里的“亅”如果缺失了钩笔，便成了“干”了，因此必须强化笔画的规范书写。

（二）中级阶段注重汉字的规律

汉字的规律首先是构形规律。汉字是由部件组成的表意体系的文字，在部件的组配中所体现出来的规律就是汉字的构形规律。中级阶段的留学生，对汉字有了比较多的了解，也掌握了一定的汉字量，对汉字的构形规律有了一定的认识。在这个基础上，对中级阶段汉语水平的留学生进行汉字构形规律的教学是有必要的。汉字构形规律内容丰富，深浅不一，可以根据留学生的掌握能力来进行此方面的教学，如通过构形分析总结出“槐、桃、柳、杨”均带有“木”，“煎、熬、蒸”均带有“灬”，利用构形规律教授汉字有助于留学生对汉字的识记。需要明确的是，教学的目的是让留学生能够通过汉字的特点掌握汉字，深层次的汉字研究没有必要过

① 崔永华：《汉字部件和对外汉字教学》，《语言文字应用》1997 年第 3 期。

多涉及。其次重视汉字类属规律。这个过程中可以采用“随文识字”与“集中识字”相结合的办法。如学习带有“氵”的字“河”时，可以将以前学过的“江”“湖”“海”复习一下，同时讲解“氵”在构字方面的意义。留学生汉字学习的过程也是一个积极寻求汉字规律的过程，教师在汉字教授过程中适当讲解汉字规律，可以使汉字更加系统化、条理化、规律化，对留学生汉字学习将起到重要的促进作用。

（三）高级阶段重视汉字辨析

高级阶段的留学生在汉字量上有了很大突破，汉字量的丰富一方面有利于留学生汉语水平的提高，另一方面也容易造成汉字记忆的混淆，出现别字偏误现象。别字偏误很大一部分是由于汉字的读音相同或相近造成的。针对这一偏误现象，在教学中可以强化四声训练，重视汉字读音和声调。在教学过程中，可以强化单字的音调学习、对比音近字来强化四声训练，这不但可以使留学生的汉语发音有很大的提高，同时对音近字的辨别也有很大的作用。另一部分别字是由于字形相近造成的。教师可以进行汉字对比教学，通过形近字对比，加强学生对形近字的辨识，减少形近别字偏误的产生，如，徙—徒；偷—愉；读—续；幻—幼；育—盲；沏—彻；拔—拨；司—可。

三　注重高频偏误

在对外汉字教学过程中，偏误的收集与分析是每个对外汉语教师的基本能力，对外汉语教师需要不断地收集和分析偏误，找出高频偏误的汉字，在教学中要对可能出现的高频偏误现象提前做好准备，以对留学生起到警示的作用。对高频偏误的重点辅导对汉语教师提出了比较高的要求，对外汉语教师只有认真收集分析了众多的汉字偏误，才能做好高频偏误的重点辅导工作，如“辶”留学生大多书写失范折笔缺失，“学字头”“党字头”混淆，产生偏误非常多。另外，我们也将根据韩国留学生汉字偏误库中的偏误频次统计做出针对韩国留学生的高频偏误汉字表，以帮助教师掌握韩国留学生的高频偏误汉字，使教师可以更有针对性地进行对韩汉字教学。

四　注重提高教师汉字能力

教师在教学中承担着引导与示范的作用，教师不规范的书写，如板书、作业批示语中的错别字和书写失范字，势必会给留学生的汉字认知产生一定的负面影响，这种负面影响是完全可以避免的。因此，为了给留学生汉字学习创造良好的学习环境，教师需要提高汉字能力。教学过程中教师应做到以下几点：

第一，教师在板书时要写规范汉字，杜绝错字、别字和书写失范字。

第二，教师在批改作业等无汉字规范意识的情况下，杜绝信手行笔，保证字迹规范。

第三，教师应杜绝因独特认知背景而出现的旧体字、草体字、逆笔等不规范现象。教师汉字能力的提高关系到留学生汉字习得的准确性和规范性，因此教师要加强汉字学理论知识的学习，在教学和日常汉字书写过程中时刻注意书写规范汉字，为留学生汉字学习营造良好的学习环境。

五 注重书法课

这里所说的书法课，指的是以标准楷书为练习对象，以软笔和硬笔为书写工具的汉字训练课，楷书软笔训练和楷书硬笔训练不仅具有艺术价值，而且有规范汉字书写的作用。楷书的特点是结构端正无倾，重心平稳，笔画独立无粘连，部件间疏密有度，这些特点都对汉字教学有着积极的作用。在留学生的汉字书写过程中，汉字被当作单纯的语言记录符号，汉字独有的美学特征却毫无体现，这种书写习惯既不利于汉字的美观，也不利于汉字书写的规范化。因此重视书法课的学习，可以使留学生在发现汉字美学特征的同时规范汉字的书写，减少了汉字书写偏误产生的概率。

第二节 针对韩国留学生词汇教学的建议

一 认识和利用汉语词汇的特点，充分利用中介语语料

认识和利用汉语词汇的特点，是对外汉语词汇教学必不可少的前提和条件。在上一章中我们指出了的汉语词汇本身的特点，教师应充分意识到这些特点给韩国留学生学习词汇带来的困难，并给学生以引导。在此基础上，我们还应该充分利用韩国留学生的中介语语料，因为中介语语料真实地反映了学生习得汉语词汇的情况，在对韩汉语教学中，教师能够通过分析中介语语料，对造成词汇偏误的原因、偏误的类型等有更清楚的认识，

将研究成果应用到教学实践当中，从而确定汉语词汇习得的重点和难点，并针对难点反复进行高强度的练习，提高我们对韩国留学生产生词汇偏误的预见性。同时还要加强汉韩词汇对比研究，不断探索适合韩国留学生的词语教学，通过中韩两国语言专家一起编写有针对性的对韩汉语教材及工具书，帮助学生克服母语的干扰。

二　用适合学生水平的汉语词汇解释词义

韩国留学生汉语词汇偏误产生的原因之一用媒介语释义造成误导，所以在对外汉语的课堂上，要尽可能采用汉语释义，并在词语释义上把握准确、适度的原则。初级阶段的留学生因为接触汉语的时间短，积累的汉语词汇量少，所以在初级阶段的课堂上，完全用汉语释义可能无法完成，可以借助直观的图像或手势体态语等。而在中高级阶段留学生大多已经具备了基本的汉语知识，掌握了一定数量的词汇，所以教师应尽量采取用汉语词语来解释词义的方式。词汇教学是循序渐进的，应该根据学生的实际水平和理解能力按词语难度和使用频度分阶段教学，所以在讲解词汇时“要用学生学过的词语解释生词和用法，不要用没学过的词语，避免用越级词，尤其是超纲词来解释生词”①。

三　充分利用汉字词的优势

前文提到，韩国留学生产生词汇偏误的一个原因就是由于汉字词的存在。韩语中的许多常用词来源于古代汉语，而且其所占比例也相当高，由此看来，韩国人学汉语有很多有利条件，也就是说，韩国人学汉语比别的国家的人学汉语要容易得多。认知主义的二语习得理论认为，语言输入经过分类和内化的心理过程再得到语言的输出。学习者需要下意识地知道所学的东西才能把新的信息输入转变为储存在短期记忆中的信息，再经强化后存储于长期记忆中供以后检索。正是汉、韩两种语言存在如此密切的内在联系，我们更应该充分发挥其优势，通过汉字词揭示汉语和韩国语在语音、词义上的对应关系，不仅要使生词的学习与学习者已有的汉语词汇的构词类型、语义网络相联系，更要使他们与自身已有的有关汉字词的知识结构挂钩，明确对应关系，帮助学习者在内部心理词典中建立多种多样的

① 周小兵：《对外汉语教学导论》，商务印书馆 2010 年版，第 68 页。

语义联系，并让他们了解此类对比的潜在力量，从而帮助他们在新的汉语词汇信息与已有的汉字词汇信息之间建立更多、更深层次的联系，实现词汇的深度习得。作为汉语教师，应该适当引导学生重视汉字词，帮助学生以汉字和汉字词为基础灵活地、成组成批地记忆词语，并用类比方法对汉字词中汉、韩词义相同和不同的部分进行对比，使学生更快地学好词语、掌握词义。

四　提高词汇的重现率

根据艾宾浩斯的遗忘曲线规律，只接触过一次的词语学生会很容易遗忘。因此，要提高词汇的重现率，增强学生的记忆。对于教师来说，提高学生所学词汇的重现率主要依靠课堂教学各环节，特别是复习环节，要"采取短时重现与定时重现相结合的办法"[①]，即以复习上一课的生词为主，并在一定的时间段中对此阶段的词汇进行重复。教师应充分把握每节课前的复习和每个阶段性的复习。汉语语义的特点决定了学习者在认知词语的过程中，就应当采用分析的思维方式，而对于韩国学生来说，由于韩国属于汉字文化圈，学生对某些汉字语素的意义有所了解，并且易于接受这些语素构成的新词语，所以在复习时可以将学过的所有含有相同语素的词语进行串联，分解到每个语素以及语素与语素之间的关系上进行识记和积累。这样做一方面可以利用韩国语中有汉字的优势来加强学生的记忆，另一方面也可以通过对比掌握词语间的区别，避免混淆。

五　通过对比分析来解释近义词和易混淆词

由于韩国属于汉字文化圈，因此韩国留学生能够较早形成对词素意义与功能的了解，所以在词汇教学中，对词素的形、音、义以及构词功能和方式等信息，可以不作为教学重点。而词素的联系与对比则应该作为教学的侧重点，如对形近、音近、义近词等易混淆的词语加以辨析，并且要结合韩国留学生本身的特点有针对性地讲解，"多义、反义、近义词以及词的构成要素等要讲解"（王海峰，2011），强调词与词之间的对比，对词语的语境知识要详细讲解，教师应提供充分的语境，让学生清楚地体会易混淆词语的不同意义和用法。有针对性地对易混淆词进行重点辅导，有助

---

① 王建勤：《汉语作为第二语言的学习者与汉语认知研究》，商务印书馆2006年版。

于改善学生用词不当的状况。

第三节　多层偏误标注的国别化汉语中介语动态语料库与中文教学现代化

语料库的开发应用于研究中，为汉语本体研究、第二语言习得研究提供例证，促进语料库语言学的发展，这都是毋庸置疑的。而中介语语料库的建设如果只面向研究领域，或者间接惠及第二语言教学，那么会弱化语料库的作用。按照我们的设想，多层偏误标注的国别化汉语中介语动态语料库可直接应用于中文电化教学，通过现代教育技术将资源最终转化为学生的语言能力。我们正在试做或即将试做的应用方式如下：

一　利用中介语语料库开设偏误分析课程

目前在汉语教学中，各种教学法纷纷一试身手。普遍的宗旨是弱化词语特别是语法的讲解，强化交际能力的培养。这在大多数课型、学生学习汉语的初级阶段非常实用。但是，经过一至两年的学习，学生在语法方面积存了许多疑问，如不加以解决会造成其语法误用的化石化现象。而传统的偏误分析课程由于课堂容量的限制，给学生提供的例证较少，很多学生听得云里雾里，无法真正搞通令其困惑的语法点。我们利用现有资源试验了新型的偏误分析课。第一步，教师先简要讲解某一语法点，给出正确的例句，进行简单的替换练习或根据情景、利用所学语法点简单输出的练习，帮助学生通过输入和简单输出培养正确的语感。第二步，教师利用课件链接中介语语料库，按照事先搜索的结果提取出与本课语法点相关的偏误类型和例句，并引导学生判断句子正误，分析偏误产生的原因，给出正确句子，带领学生操练。通过第二步，学生基本能够发现错误，指出产生错误的原因。第三步，教师给每台学生机输入部分例句，学生自判断正误，如有错误，给出正确句子。电脑会自动提示学生答案正确与否。如无法给出正确句子，可进行同伴学习，学生两两交互，互相纠错，商讨、判断、重新输入句子，直至得到正确答案。第四步，教师根据学生自操作过程中反映出来的问题点进行点评，加深学生印象。同时，设置复杂情景，要求学生用所学语法点表述，以最终的输出检验学习效果。这部分也可留给学生课下完成。在这个流程中，真正体现了以教师为主导，以学生为主体，讲解与操练相结合，教师、电脑、学生多重交互，先输入后输出，以输入促进输出的理念，在实际教学中收到了良好的效果。

二　利用语料库开发汉字学习多媒体资源库

利用中介语语料库可以实现字、词、句、篇章的自主学习，可使学生摆脱时空限制，拓展学习空间。如：我们拟将3D技术与语料库中的汉字偏误信息相结合开发一个集汉字文化展示与汉字学习为一体的多媒体资源库。具体步骤如下：

（一）认知汉字

本环节选取3000常用汉字中最有文化意义、与六书中的象形、会意、指事关联最为密切的汉字通过3D技术将汉字意义与字形形象化地演示出来。并尽量将相关汉字组成汉字串。如日、月→明，木→本→末→林等。第一期先制作200字，第二期500字，第三期1000字。

（二）摹写汉字

本环节在第一环节基础上以电子笔形式让学习者摹写汉字。屏幕上先出现一个汉字的笔画组合过程，学习者自行学习几次后以电子笔进行摹写。如哪一笔画错写或写得不规范，电脑会出现提示音，并重新演示字形。如完全正确，电脑会出现祝贺音。

本环节将结合汉语笔顺词典和外国留学生汉语中介语语料库中的汉字偏误字形，将容易写错的笔顺和外国学生易错的笔画高亮显示，提醒学习者避免此类偏误。同时，在正确汉字下，将外国学习者易错的别字也一一列出，达到汉字偏误预治的效果。

（三）拓展汉字

本环节将上面演示和摹写过的汉字进行由字到词到句的组配练习，所组配的词限定在汉语水平考试词汇大纲的一定级别内，以此提高外国学习者由字到词的认知能力，对所学汉字的延伸认读、理解能力，全面提升学习者的汉语运用能力。如：

人→木→休：休息、午休，今天我们休息。现在休息十分钟。

本环节还可有效解决形声字难以形象展示的问题。如形旁为原来的象形字，由形旁加上表声偏旁即可组成新的形声字。如：

水→氵+可→河

本资源库的建设，既可丰富并具化汉字本体研究成果，更可将语料库中的偏误信息用于汉字教学或汉字自主学习，对突破汉字瓶颈、促进汉语走向世界起到推动作用。

除上述内容外，语料库还可用于国别化汉语词汇使用电子词典、国别化汉语句法纠偏手机 App 等电子资源的制作，对中文教学现代化的发展大有裨益。

余　论

一　本研究所取得的成果与不足

（一）所取得的成果

1. 较大规模国别化汉语中介语动态语料库的建立

“多层偏误标注的国别化汉语中介语动态语料库”共容纳生语料400万字，其中标注语料300余万字，语料加工细致、全面。是国内规模较大的韩国留学生汉语中介语语料库。该语料库有两个显著的特点，第一个特点是国别化，大规模的韩国留学生汉语中介语语料库为针对韩国学生的汉语中介语研究、汉语教学研究，特别是对韩汉语教学用字表、用词表的制定、分级和检验提供足够数量的语料支撑，具有较强的针对性。第二个特点是动态性。北京语言大学“HSK动态作文语料库”的动态性偏重于历时的可扩充性，是一种“相对动态”。而本语料库的动态性是一种“绝对动态”，既可以对同学段学习者的语料做横向跟踪，也可以对同一学生、同一学生群体在不同学段、不同年级的语料做纵向跟踪，其连贯性的动态语料对汉语习得规律的研究极具价值。该语料库的建设为下一步“国别化汉语中介语语料库库群”的建设奠定了良好的基础。

2. 确立了“基础标注+偏误标注”的标注模式

目前国内已建成的汉语中介语语料库有的致力于句法层面的标注，有的致力于汉字标注，有的着重进行篇章层面标注。有的只标注偏误信息，有的则兼顾偏误信息与正确信息。各种情况，不一而足。因此，国别化汉语中介语语料库建设中我们首先要确立的是标注的模式，确定标注的深度和广度。从理论意义上讲，对语料库的标注覆盖面越广越好，加工越深越好，但随着标注广度和深度的不断拓展，原有标注规则间会产生冲突，甚至会影响到最终标注结果的效度。经过多轮讨论、听取了行内专家意见、参考了国内已建成汉语中介语语料库的经验，我们最终确立了“基础标注+偏误偏注”的标注模式，基础标注做到分词、词性标记和常用正确句式标记；偏误标注做到标点、字、词、句、篇章五个层面的多层标注。

基础标注和偏误标注的双维度标注为切实开展中介语研究提供了强大的支撑，大大提升了本语料库的应用价值。

3. 制定完善了标注规范并修订编写了标注手册

诚如学界同人所说，“目前的汉语中介语语料库建设缺乏统一标准，建库实践带有较大的随意性，标注的内容、方法与代码各不相同，这样建成的汉语中介语语料库在规模、功能、质量、用法等方面存在诸多局限，不能完全适应汉语教学与研究的需要，也不便于实现资源共享”（张宝林，2013）①。目前国内比较成熟、影响较大且在网上公布的汉语中介语语料库是北京语言大学的“HSK 动态作文语料库”，规则比较系统、全面，在征得崔希亮教授同意的前提下，我们的基础偏误类型参照了“HSK 动态作文语料库”的偏误标记形式。在此基础上，根据国别化语料的实际情况，对其进行了细化和完善，形成了科学性、操作性较强的“韩国留学生汉语中介语语料库标注规范 2.0”及配套的标注手册。

在此基础上，对标注员进行培训，经过多轮研讨、试标和审核，安排有资质的标注员对语料进行加工和标注。并要求标注员在标注过程中随时对语料中出现的“标注规范”之外的“新情况”和“特殊情况”进行总结和归纳，通过小型研讨会的形式来确定和统一标注方案，进一步完善了标注手册。

4. 探索了两种标注方式的有机融合

在对语料进行加工时，最理想、最省力的方式莫过于机器自动标注。然而，中介语语料中由于大量偏误的存在，机器标注难度较大。如何在机器标注和人工标注间找到一种平衡，实现两种标注方式的有机结合，是我们在项目实施过程中努力探索的一点。

目前，在汉语中介语语料库建设中，分词和词性标注一般由自动分词软件来完成。基于中介语语料的特殊性，自动分词的错误率较高。所以我们在分词和词性标注层面使用“机标人助”的方法，在机器自动标注后

① 张宝林：《“全球汉语中介语语料库建设和研究”的设计理念》，《语言教学与研究》2013 年第 5 期。

由标注者对标注结果进行严格的审查与修正。在对正确基本句式标注和偏误标注时采用人标机助方式。

对正确句式和偏误进行标注时一般采用人工标注方式。这种方式的优势是可人工判别句式种类和偏误类别，增加了标注的可感度。但这种标注方法对标注员而言是一项十分繁重的工作，不仅费时费力，而且标注代码的一致性较差，标注质量难以保证。在对我们开发的旧库进行数据提取时即出现过由于语误附码（error tagging）格式不统一导致数据提取困难的问题。为了减轻标注员的记忆负担和标注难度，提高标注效率，也为了保证标注代码形式上的一致性，我们开发了配套的标注工具，利用辅助标注工具添加代码，使正确句式标注和偏误标注的代码添加自动化，大大提高了标注正确率，实现了基础标注和偏误标注的人标机助。

5. 建设了多个数据库并进行统计数据的提取保存

项目一共建设了三类数据库，第一类是生语料库和标注语料库。首先对本学校和合作单位的韩国留学生作业和考试中的语料加以收集，将语料图片转录入计算机，并进行语料属性信息的登录和匹配，完成生语料库的构建。在此基础上，按照标注规范和标注手册，利用辅助标注工具对生语料进行标注、加工，最终生成标注语料库。这两个库都经过加密，包含在检索系统的算法软件包中，为检索系统提供数据来源。

第二类数据库是字表和词表，这一类数据库是利用 Qt 软件搭建的语料库数据统计与分析平台自动生成的，以 txt 文本形式提供给用户使用。

第三类数据库是利用语料库数据统计与分析平台对生语料库和标注语料库中各种信息、数据进行统计汇总形成的信息数据库，其结果是依据查询条件查询后直接显示在界面上。

6. 开发完成了应用性强的检索软件

检索软件包括语料加密程序和语料处理程序两个模块。语料加密程序一方面提高了语料源的安全性，另一方面在加密过程中自动对语料属性信息进行去隐私化处理。利用语料处理程序可实现对语料库的查询、检索和各项数据的统计、汇总。主要包括以下三个功能：

（1）可以对偏误语料、基础标注语料、跟踪语料进行有条件查询和检索。

（2）可以对生语料和标注语料这两类语料进行全篇检索；可以从横向和纵向两个维度对语料进行跟踪检索；可以通过字、词、词串、多词等多个元素对所需语料进行统计和查询；可以从基础标注和偏误标注两个层面下的各类标注元素对所需语料进行统计和查询；语料查询结果既可以定位到句子，也可以定位到语篇。

(3) 所有的处理结果可以保留词性标记，可以不保留词性标记。

(二) 存在的不足

1. 部分图片和语料属性信息缺失

第一，部分生语料无对应图片，无法进行字层面错字偏误的字形统计；第二，部分语料属性信息缺失。部分外校语料学习者年龄、语料时间等信息缺失，虽不影响基本研究，但如进行专项研究，会影响数据精度。

2. 语料标注的准确性仍需提高

虽然从自动分词后的人工纠偏到基本正确句式的标注、偏误标注各环节我们都实行了几轮校对，但从检索结果看，依然还有部分错误。主要原因有以下几个方面：第一，本体研究中对某些语言事实的判定存在争议，虽然我们在标注手册中自己规定了标注规范，但仍有部分标注员会因为自己的知识背景出现误判现象，由此造成误标。第二，不同批次标注员之间存在标注精度不完全平衡问题。第三，本体研究中尚未解决的问题反映到中介语中，造成语料标注的随意性。第四，从提取的字表、词表来看，依然有标注不准确导致的字表、词表错误，在后续研究会进一步修正标注；同时由于语料从 2006 年开始收集，有的词如啰嗦和啰唆在当时均收入《现代汉语词典》中，因此“嗦”未做别字处理。

3. 语料库中的语料尚有一定不平衡性

各层级语料存在不完全平衡现象。从目前情况看，中级语料最丰富，高级语料次之，初级语料最少。这虽然与学习者实际情况相符，比较真实，但在后续研究中应尽量对语料进行层次平衡，以为分层研究提供和习得顺序研究提供信度更高的语料。

二 中介语语料库建设与研究前瞻

汉语中介语语料库建设的目的是应用，而为汉语作为第二语言习得研究及汉语教学研究提供实证是应用的两大重点。已经建设完成的汉语中介语语料库在上述两方面研究中已经发挥了重要的作用，基于各类汉语中介语语料库已经出版了很多专著、发表了大量研究论文。如张宝林教授的

《回避与泛化——基于“HSK 动态作文语料库”的“把”字句习得考察》① 一文，将“HSK 动态作文语料库”中有关“把”字句的使用频率与母语者使用“把”字句的频率进行对比，对学界一直以来的观点“外国留学生对“把”字句的使用有回避现象”予以证伪。如没有“HSK 动态作文语料库”中统计数据的支撑，有关把字句习得的研究将失之主观甚至以误传误。笔者所建的“多层偏误标注的国别化汉语中介语动态语料库”也是以应用为导向建库并进行多层偏误标注。与前文所提的已建成的很多库相似，自建库做到了在平面化汉语中介语语料库构建中对语料处理的最大广度。

然而，在建库的后期及建库完成后，我们发现：现有汉语中介语语料库依然难以满足日益发展的研究需要。比如在习得与教学研究中，涉及对照语料时，所采用的基准语料常常为报刊标准语料，学习者中介语语料与母语报刊标准语料在语体风格上相差悬殊，两相对照结果差强人意，亟须建设汉语母语者发展语料库作为学习者中介语发展语料库的对照库。另外，随着汉语作为第二语言习得研究、汉语教学研究的深化，不同语言环境下学习者习得的异同、学习者口笔语表现的差异性、学习者偏误与教材相关性等问题日益引起研究者的兴趣。可以说，早前平面化的汉语中介语语料库已经无法支撑日益丰富、深化的研究需求，必须进行汉语中介语语料库建库理念的再思考。

为此，我们提出建设“多维参照的国别化汉语中介语语料库库群”的设想，并正在付诸实施。该库群以韩国学习者汉语中介语书面语语料、口语语料、多模态语料为主要采集对象，辅以中国学习者汉语发展语料、汉语教材语料，构建国别化中介语库群，并进行多维参照的库群建设与研究。该库群的建设是原有语料库建设的延伸，但同时在建库理念上也是对原有平面化建库理念的一种颠覆，即开始由平面化建库思路向立体化建库理念转变。这种理念的转变必将对语料库建设实践及围绕语料库进行的相关研究产生蝴蝶效应。目前在建的北京语言大学“全球汉语中介语语料库”也正在由平面库向立体库转型。可以预见，未来，汉语中介语语料库类型将不断丰富，通用库规模愈加宏大，国别库愈加深化，而立体化建

① 张宝林：《回避与泛化——基于“HSK 动态作文语料库”的“把”字句习得考察》，《世界汉语教学》2010 年第 2 期。

库理念将逐渐被接受，并经由更多建库实践予以佐证。

三 后续研究计划

在国家社科基金的支持下，在建的“多维参照的国别化汉语中介语动态语料库库群”以 400 万字的“国别化汉语中介语动态语料库”为中心，搜集韩国留学生口语语料、多模态语料、在韩汉语学习者笔语语料、中国中小学生作文语料、汉语教材课文语料，构建四维参照的国别化汉语中介语动态语料库库群，为国别化汉语学习者口语、笔语对照研究、不同语言环境下汉语学习者习得研究、国别化汉语习得与教材相关性研究、国别化汉语中介语系统研究提供一手数据支撑。

在本项目完成过程中，承蒙学界前辈的关心爱护、学界同人的切磋激励，项目推进高效、有序。感谢项目组全体成员的辛勤付出，使项目各环节顺利实施。也感谢使用我们语料库进行研究的各位老师、同学，通过使用检验了语料库的精度，使我们有信心将本语料库做得更好，将项目完成得更圆满。当然，也要感谢国家社科基金的支持，没有一定的财力投入，无法建设如此规模的语料库。有了方方面面的扶持、努力，我们将会在未来更加认真地落实好后续研究计划，力争使项目研究不断推进。

附录 1

词　　表

的/u	113071	是/v	31907	了/u	30388	很/d	27397	不/d	27353
他/r	23653	了/y	17309	有/v	16492	在/p	16114	一/m	15550
人/n	14056	她/r	13312	你/r	12308	也/d	12174	去/v	11723
到/v	10953	个/q	10834	所以/c	10773	时候/n	10566	都/d	10560
说/v	10225	好/a	10175	就/d	9445	这/r	9005	中国/ns	8213
看/v	8194	来/v	8052	想/v	7791	朋友/n	7470	多/a	6897
要/v	6745	对/p	6480	以后/f	6469	但是/c	6017	能/v	5882
得/u	5638	和/c	5638	着/u	5585	现在/t	5254	觉得/v	5237
跟/p	5073	上/f	5072	会/v	5031	喜欢/v	4868	母亲/n	4743
做/v	4741	韩国/ns	4713	大/a	4682	自己/r	4672	他们/r	4620
次/q	4264	一起/d	4211	还/d	4186	孩子/n	4177	那/r	4143
可是/c	4109	什么/r	4056	里/f	3995	吃/v	3982	给/p	3880
没/d	3811	妈妈/n	3777	这样/r	3741	最/d	3719	家/n	3553
时/n	3388	知道/v	3344	这个/r	3327	还有/c	3289	吧/y	3263
的话/u	3238	汉语/n	3211	事/n	3205	太/d	3187	可以/v	3094
买/v	3053	时间/n	3049	和/p	2988	老师/n	2982	因为/c	2901
把/p	2841	东西/n	2833	过/u	2817	们/k	2803	从/p	2763
已经/d	2712	中/f	2709	钱/n	2698	小/a	2672	但/c	2629
呢/y	2626	而且/c	2602	后/f	2597	地方/n	2586	吗/y	2584
生活/n	2512	找/v	2506	如果/c	2489	因为/p	2484	每天/r	2483
真/d	2462	听/v	2457	一样/a	2443	一个/m	2430	今天/t	2421
怎么/r	2297	年/q	2294	父母/n	2281	才/d	2243	学/v	2210
起来/v	2205	问题/n	2198	以前/f	2191	再/d	2186	过/v	2155
虽然/c	2138	非常/d	2118	为了/p	2086	爸爸/n	2072	应该/v	2059

续表

事情/n	2052	上/v	2044	更/d	2006	走/v	1979	学生/n	1915
一定/d	1914	公司/n	1781	几/m	1765	常常/d	1749	打/v	1749
越来越/d	1714	得/v	1698	学校/n	1695	下/v	1691	话/n	1690
被/p	1682	工作/v	1673	比/p	1667	第一/m	1663	身体/n	1659
工作/n	1655	高/a	1651	那个/r	1642	只/d	1637	住/v	1626
开始/v	1624	别人/r	1624	没有/d	1610	坐/v	1605	很多/m	1602
让/v	1594	三/m	1593	生活/v	1589	用/v	1582	一直/d	1571
重要/a	1547	它/r	1533	有的/r	1515	人们/r	1498	国家/n	1466
经常/d	1433	山/n	1421	啊/y	1416	给/v	1396	最近/t	1389
希望/v	1363	幸福/a	1363	回/v	1355	难/a	1354	爱/v	1347
漂亮/a	1339	衣服/n	1331	而/c	1329	岁/q	1327	像/v	1302
见/v	1297	带/v	1280	大学/n	1278	完/v	1273	让/p	1270
南京/ns	1238	向/p	1225	出/v	1223	北京/ns	1221	别/d	1214
高兴/a	1208	菜/n	1207	你们/r	1205	结婚/v	1204	种/q	1203
起/v	1190	帮助/v	1187	容易/a	1168	车/n	1163	比较/d	1147
情况/n	1126	写/v	1100	关系/n	1098	书/n	1097	每/r	1085
出来/v	1078	见面/v	1076	玩/v	1069	当/v	1060	心里/n	1059
成/v	1056	终于/d	1051	城市/n	1039	电话/n	1038	点/q	1036
叫/v	1035	世界/n	1034	旅行/v	1027	性格/n	1020	开/v	1018
天气/n	1010	长/a	1010	发生/v	998	特别/d	998	家人/n	987
同学/n	983	环境/n	983	女/b	980	年/t	980	为什么/r	979
然后/c	975	变/v	974	准备/v	972	脸/n	969	电影/n	965
大家/r	963	一般/a	961	汉语/nz	960	一边/c	959	水平/n	959
丈夫/n	955	上课/v	947	吃饭/v	946	晚上/t	945	社会/n	944
快/a	943	了/v	942	需要/v	930	下/f	915	前/f	915
方面/n	904	样子/n	902	没/v	901	文化/n	900	先/d	890
男/b	888	班/n	886	认为/v	879	认为/v	879	说话/v	879
认识/v	875	突然/a	873	在/d	866	昨天/t	863	刚/d	861
第二/m	855	长/v	851	回家/v	840	问/v	840	感到/v	838
美丽/a	829	当时/t	826	新/a	823	家庭/n	814	其实/d	811
等/v	807	还是/d	803	风景/n	803	儿子/n	803	为/p	802
成绩/n	799	少/a	797	听说/v	795	今年/t	794	谁/r	788
感觉/v	787	总是/d	787	经济/n	786	在/v	785	喝/v	780

续表

发展/v	778	真/a	758	心/n	755	告诉/v	750	女人/n	749
受/v	741	动物/n	738	天/n	736	机会/n	730	决定/v	725
您/r	723	烟台/ns	718	穿/v	713	忙/a	710	水/n	709
等/u	708	每个/r	707	方法/n	706	眼睛/n	704	冬天/t	703
忘/v	702	家/q	700	担心/v	699	了解/v	698	累/a	697
笑/v	695	贵/a	692	玩儿/v	688	这儿/r	687	心情/n	687
出去/v	687	除了/p	684	越/d	683	怎么样/r	681	位/q	679
参加/v	677	死/v	670	女儿/n	665	那时/r	663	放/v	662
路/n	661	姐姐/n	660	拿/v	655	打算/v	650	狗/n	640
得到/v	636	课/n	636	可/d	635	请/v	632	四/m	631
爬/v	630	一点儿/m	628	冷/a	627	想法/n	623	能力/n	622
介绍/v	619	帮/v	618	汽车/n	617	高中/n	613	印象/n	611
比/v	611	原因/n	610	多/d	610	似的/u	606	发现/v	605
好像/v	605	明天/t	605	成功/a	601	电视/n	601	办法/n	600
解决/v	591	哭/v	590	教/v	590	春天/t	589	早上/t	587
可/c	583	感觉/n	580	看见/v	580	有名/a	577	房间/n	576
互相/d	572	上海/ns	571	俩/m	570	睡觉/v	568	舒服/a	567
日/t	566	习惯/n	563	却/d	563	不过/c	556	回来/v	555
部分/n	552	火车/n	551	健康/a	550	二/m	547	商店/n	546
懂/v	546	之间/f	541	连/p	541	留学/v	540	或者/c	538
提高/v	537	男人/n	536	这种/r	536	半/m	535	过去/v	533
所有/b	532	相信/v	529	谈/v	528	人生/n	526	这里/r	525
句/q	522	本来/d	521	好吃/a	521	那儿/r	519	留/v	517
休息/v	516	信/n	515	从来/d	514	作业/n	512	爱情/n	512
有意思/a	510	原来/d	510	下来/v	508	回国/v	505	一点/m	505
因此/c	505	认真/a	504	去年/t	502	意思/n	502	手机/n	501
呀/y	501	有时候/d	501	只要/c	499	宿舍/n	499	年级/n	498
方便/a	493	内容/n	490	进/v	490	快/d	489	弟弟/n	487
继续/v	484	日本/ns	484	这些/r	483	手/n	479	交通/n	478
一些/m	477	名字/n	475	于是/c	473	五/m	473	遇到/v	471
运动/v	471	秋天/t	470	交/v	470	老/a	470	睡/v	469
但/d	469	严重/a	468	考/v	465	有点儿/d	462	中文/n	459
不管/c	459	只有/c	459	热/a	456	送/v	454	国/n	453

续表

那样/r	451	开心/a	450	网/n	450	电脑/n	449	妻子/n	447
干/v	447	健康/n	446	离开/v	444	方式/n	443	使/v	442
雪/n	441	饭/n	441	跑/v	439	花/v	437	南师大/j	436
感谢/v	435	整容/v	434	人们/n	433	过来/v	432	之/u	432
历史/n	430	看到/v	429	结果/n	429	里面/f	427	成为/v	425
广告/n	425	夏天/t	424	肯定/v	423	下去/v	422	可爱/a	421
个子/n	421	选择/v	420	青岛/ns	419	早/a	419	兴趣/n	417
生/v	417	医院/n	415	哥哥/n	412	愿意/v	412	日子/n	412
通过/v	406	卖/v	399	用/p	399	照顾/v	398	路上/s	398
好/d	398	于/p	398	地/n	397	那里/r	396	她们/r	395
雨/n	395	星期/n	394	经验/n	394	平时/t	394	英语/n	391
块/q	389	打工/v	388	大概/d	387	不但/c	387	无论/c	387
奶奶/n	387	远/a	387	感兴趣/l	387	还是/c	386	好处/n	384
关心/v	382	有点/d	381	分钟/q	380	谢谢/v	380	一边/d	380
下/q	380	留学生/n	379	污染/v	379	老人/n	379	与/p	377
压力/n	376	病/n	376	深/a	376	花/n	376	精神/n	375
起床/v	375	现代/t	374	幸福/n	374	农村/n	374	后来/t	373
满意/v	372	喝酒/v	371	感动/v	370	怪/a	370	联系/v	369
下课/v	368	美国/ns	368	差不多/a	367	故事/n	367	紧张/a	366
礼物/n	366	晚/a	365	好看/a	364	读书/v	363	学期/n	362
美/a	362	发/v	362	保护/v	361	全/a	361	通过/p	360
困难/a	360	周末/n	360	坏/a	360	树/n	360	各种各样/l	359
空气/n	359	之前/f	358	系/n	358	音乐/n	356	父亲/n	355
好像/d	355	怕/v	354	以/p	352	头发/n	351	不好/a	351
态度/n	351	或/c	351	读/v	351	照片/n	350	人类/n	350
声音/n	350	中国/n	349	条/q	348	之一/r	345	第三/m	345
条件/n	345	掉/v	344	结束/v	343	房子/n	343	哪/r	343
怎么办/r	342	点儿/q	341	理解/v	341	外国/n	339	交流/v	339
本/q	339	总/d	339	搬/v	339	难忘/a	338	不错/a	338
洗/v	338	不仅/c	337	以为/v	337	语言/n	336	错/a	336
生日/n	335	享受/v	333	同意/v	333	注意/v	332	周围/f	331
感情/n	330	足球/n	330	春节/t	330	办/v	330	老板/n	328
正在/d	328	算/v	328	公园/n	327	为/v	327	动词/n	323

续表

愉快/a	323	事故/n	322	对/a	322	考虑/v	321	只/q	321
十/m	319	张/q	318	换/v	317	永远/d	316	节日/n	316
教育/v	315	失败/v	315	回答/v	314	上学/v	313	生气/v	313
飞机/n	313	经过/v	312	消息/n	311	迟到/v	310	教室/n	310
自行车/n	309	该/v	309	厉害/a	309	大学生/n	307	外面/f	307
即使/c	306	着/v	306	座/q	306	家乡/n	305	行/v	305
地球/n	303	好像/p	303	辛苦/a	302	首先/d	302	小王/nr	302
它们/r	301	分手/v	301	市场/n	301	特别/a	300	产品/n	300
害怕/v	300	头/n	300	下午/t	299	年轻/a	299	比赛/v	298
热情/a	297	许多/m	297	受到/v	297	善良/a	297	恋爱/n	297
心理/n	296	门/n	296	养/v	296	最后/t	295	吵架/v	295
你好/l	295	有点儿/m	294	快乐/a	294	出发/v	294	完全/a	294
胖/a	294	出现/v	292	对/v	292	年轻人/n	292	缺点/n	291
极了/u	291	风/n	291	妈/n	291	取得/v	290	而是/c	290
产生/v	290	变成/v	290	部/q	290	中国人/n	289	很多/a	289
处理/v	289	还/v	289	儿/k	288	几乎/d	287	记得/v	287
酒/n	287	慢/a	287	知识/n	286	羡慕/v	285	传统/n	285
对方/n	284	变化/v	284	关于/p	284	意见/n	284	获得/v	283
干净/a	283	反正/d	282	思想/n	282	错误/n	282	流/v	282
讲/v	282	可/v	282	丢/v	281	钱包/n	280	优点/n	280
站/v	280	公共/b	277	人口/n	277	好/v	277	考试/n	276
聊天/v	276	专业/n	275	爷爷/n	275	当中/f	274	理由/n	273
离婚/v	273	暑假/n	273	差点儿/d	272	放假/v	272	后悔/v	272
婚姻/n	272	字/n	272	十分/d	271	时代/n	271	出生/v	271
满/a	270	正/d	270	级/q	270	聊天儿/v	269	年龄/n	269
名/q	269	吃惊/a	268	留下/v	268	慢慢/d	268	面/n	267
口/q	267	行为/n	266	合适/a	266	使用/v	265	甚至/c	264
西安/ns	263	不同/a	261	六/m	259	随便/a	258	聪明/a	258
只好/d	258	真的/d	257	离/v	257	一样/u	256	子女/n	256
简单/a	256	简直/d	255	无/v	255	短/a	255	深刻/a	254
职员/n	254	只是/d	253	放弃/v	253	附近/n	252	期间/n	252
黑/a	252	票/n	252	接/v	252	造成/v	251	白/a	251
皮肤/n	250	医生/n	249	当/p	249	收/v	249	家务/n	248

续表

祝/v	248	政府/n	247	进去/v	247	唱歌/v	247	坚持/v	245
停/v	245	事儿/n	244	姑娘/n	244	整天/d	244	颜色/n	244
眼/n	244	不得不/d	243	满足/v	243	妹妹/n	242	流利/a	242
饭店/n	242	店/n	242	嘴/n	242	就是/d	241	交往/v	241
并且/c	241	弄/v	241	非/d	240	必须/d	239	手术/n	239
双/q	239	照/v	239	进行/v	238	往/p	238	水果/n	237
锻炼/v	237	充满/v	236	强/a	236	适合/v	234	时/ng	234
气氛/n	233	忘记/v	233	将来/t	232	进步/v	230	低/a	230
号/q	230	生意/n	229	个人/n	229	边/n	229	一会儿/m	228
讲究/v	228	旁边/f	228	小学/n	228	红/a	228	信/v	228
大连/ns	227	生病/v	227	药/n	227	久/a	227	实现/v	226
麻烦/a	226	欢迎/v	226	记忆/n	225	上班/v	224	走路/v	224
太阳/n	224	段/q	224	有些/r	223	点儿/m	223	垃圾/n	222
鼻子/n	222	服务员/n	221	前面/f	221	急/a	221	回去/v	220
逛/v	220	表示/v	219	质量/n	219	警察/n	219	减肥/v	219
由于/p	219	可惜/a	219	常/d	219	下雨/v	218	海/n	218
活/v	218	重视/v	217	敢/v	217	内/f	216	挣/v	216
商品/n	215	去世/v	215	首尔/ns	214	知/v	214	来/f	214
由/p	214	外国人/n	213	看法/n	213	天空/n	213	元/q	213
想念/v	212	由于/c	212	提醒/v	211	引起/v	211	目的/n	210
自然/a	210	未来/t	209	贸易/n	209	要是/c	209	歌/n	209
聊/v	209	清楚/a	208	增加/v	207	曾经/d	206	自然/n	206
对于/p	206	动/v	206	一切/r	205	活动/n	205	长城/ns	204
山顶/s	204	大/d	204	接受/v	203	痛苦/a	203	季节/n	203
船/n	203	明白/v	202	外貌/n	202	外边/f	202	挂/v	202
泰山/ns	201	背/v	201	毕竟/d	200	安静/a	200	比赛/n	200
只有/d	200	队/n	200	楼/n	200	嘛/y	200	所/u	200
眼泪/n	199	咖啡/n	197	无可奈何/i	196	现象/n	196	竟然/d	196
过程/n	196	伤心/a	195	计划/n	195	计划/n	195	进入/v	195
从小/d	194	黄山/ns	194	同屋/n	194	跳/v	194	价格/n	193
安慰/v	193	做饭/v	193	不用/d	193	万/m	193	行/a	193
决心/n	192	眼镜/n	192	包车/v	192	活动/v	192	抽烟/v	192
骑/v	192	脚/n	192	唱/v	192	犯/v	192	点/t	192

续表

片/q	192	鱼/n	191	不知不觉/i	190	对不起/v	190	丰富/a	190
那些/r	190	口语/n	190	尽管/c	190	踢/v	190	多么/d	189
推荐/v	189	难受/a	189	晚饭/n	189	到处/d	189	差不多/l	188
培养/v	188	家里/s	188	八/m	188	猫/n	188	靠/v	187
落/v	187	难过/a	186	失望/a	186	购物/v	186	运动/n	186
气/n	186	瘦/a	186	寄/v	186	打扫/v	185	各种/r	185
奥运会/n	184	新鲜/a	184	七/m	184	辅导/v	183	午饭/n	183
从/d	183	东/f	183	就/c	183	身材/n	182	真正/b	182
要求/v	182	经历/n	182	人家/r	182	街/n	182	碰/v	182
既/d	182	左右/u	181	最好/d	181	顺利/a	181	帅/a	181
令/v	181	总之/c	180	总之/c	180	一共/d	180	技术/n	180
汉城/ns	180	炒/v	180	人民/n	179	理想/a	179	一起/n	179
领导/n	179	克服/v	179	倒/v	179	济州岛/ns	179	安全/a	178
呆/v	178	回/q	178	已/d	178	追求/v	177	有关/v	177
无聊/a	177	到底/d	177	汉字/n	177	近/a	177	学院/n	176
下次/t	176	肚子/n	176	目标/n	176	特点/n	176	女性/n	175
古代/t	175	生命/n	175	差/a	175	亲切/a	174	北京/n	174
练习/v	174	烟/n	174	些/q	174	利用/v	173	司机/n	173
遇/v	173	图书馆/n	172	生气/a	172	加油/v	172	提/v	172
讨厌/v	171	控制/v	171	饿/a	171	白色/n	170	意义/n	170
试/v	170	并/d	170	意味/v	170	反对/v	169	尤其/d	169
如/v	169	长白山/ns	168	阳光/n	168	女孩/n	168	占/v	168
份/q	168	电视剧/n	167	回忆/v	167	想起/v	167	另外/c	167
调皮/a	167	场/q	167	吹/v	167	点/v	167	危险/a	166
感/v	166	因/p	166	冲/v	166	宾馆/n	165	文章/n	165
存在/v	165	爱/n	165	自由/a	164	打扮/v	164	好几/m	163
时期/n	163	挺/d	163	星期天/t	162	爱人/n	162	完成/v	162
经理/n	162	扔/v	162	开车/v	161	桌子/n	161	借/v	161
鞋/n	161	一辈子/n	160	能够/v	160	气候/n	160	对象/n	160
幸亏/d	159	减少/v	159	多少/m	159	改/v	159	小孩子/n	158
打开/v	158	先生/n	158	画/n	158	从而/c	157	国际/n	157
早饭/n	157	泡菜/n	157	味道/n	157	与/c	157	管/v	157
吸烟/v	156	下面/f	156	战争/n	156	主人/n	156	甚至/d	156

续表

盼望/v	156	记/v	156	啦/y	156	南京师范大学/nt	155	二十/m	155
具有/v	155	节目/n	155	夫妻/n	155	偷/v	155	美好/a	154
失去/v	154	床/n	154	戴/v	154	米/q	154	海边/n	153
收到/v	153	再见/v	153	爱好/n	153	地区/n	153	怪不得/d	152
看来/v	152	熟悉/v	152	刚刚/d	152	地位/n	151	上网/v	151
网络/n	151	效果/n	151	肉/n	151	观念/n	150	也许/d	150
理想/n	150	达到/v	150	不断/d	150	说明/v	150	心中/s	150
餐厅/n	150	出租车/n	149	差点儿/m	149	招聘/v	149	门口/s	149
亲自/d	149	步/q	149	同/a	149	韩语/n	148	游览/v	148
适应/v	148	一下子/d	147	激动/a	147	不会/v	147	要求/n	147
游泳/v	147	听力/n	147	到/p	147	拉/v	147	企业/n	146
天天/d	146	价值/n	146	吸引/v	146	咱们/r	146	景色/n	146
欣赏/v	146	语/n	146	孙子/n	145	复习/v	145	表达/v	145
另/r	145	飞/v	145	渐渐/d	144	表现/v	144	尝/v	144
篇/q	144	市/n	144	上面/f	143	严格/a	143	在家/v	143
上午/t	143	重/a	143	鲁东大学/nt	142	每年/r	142	民族/n	142
超市/n	142	在于/v	142	苹果/n	142	活泼/a	142	汤/n	142
挨/v	142	老公/n	141	全部/n	141	坏处/n	141	陪/v	141
难道/d	140	散步/v	140	亲密/a	139	最后/d	139	速度/n	139
表白/v	139	希望/n	139	直接/a	139	病/v	139	尊敬/v	138
何必/d	138	偶尔/d	138	石头/n	137	男女/n	137	拍/v	137
乱/a	137	辆/q	137	杭州/ns	137	打发/v	136	轻松/a	136
食品/n	136	站/n	136	凭/p	136	就/v	136	抱怨/v	135
可怜/a	135	埋怨/v	135	饮食/n	135	经历/v	135	班长/n	135
海/j	135	导游/n	135	地铁/n	134	客人/n	134	放心/v	134
肯定/d	134	举行/v	134	假期/n	134	劝/v	134	故乡/n	133
开朗/a	133	根据/p	133	眼光/n	133	发音/v	133	检查/v	133
脾气/n	133	情景/n	133	梦想/n	133	周/q	133	够/v	132
画/v	132	游/v	132	差/v	132	毒/n	132	愚公/nr	131
明年/t	131	夜景/n	131	轻易/d	131	宠物/n	131	此/r	131
中秋节/n	131	哈哈/o	130	小说/n	130	香港/ns	130	道理/n	130
发达/a	130	发达/v	130	面积/n	130	赶快/d	130	拥有/v	130

续表

暖和/a	130	拆/v	130	形容词/n	129	否则/c	129	生存/v	129
对待/v	129	服/v	129	任务/n	128	成功/v	128	邻居/n	128
妇女/n	128	复杂/a	128	吸/v	128	早晨/t	127	信息/n	127
故宫/ns	127	温和/a	127	一时/d	127	新闻/n	127	银行/n	127
温柔/a	127	分/v	127	待/v	127	草/n	127	按照/p	126
地震/n	126	参观/v	126	研究/v	126	叔叔/n	126	并不/d	126
副/q	126	骗/v	126	基本/a	125	一面/d	125	必要/a	125
正好/d	125	像/p	125	不好意思/l	124	要不是/c	124	行动/v	124
毛病/n	124	面对/v	124	保持/v	124	建筑/n	124	思考/v	124
顿/q	124	选/v	124	跳舞/v	123	鼓励/v	123	考上/v	123
持续/v	123	食堂/n	123	周到/a	123	分/q	123	哪个/r	122
记住/v	122	语法/n	122	出门/v	121	信心/n	121	只是/c	121
珍贵/a	121	不可/v	121	工资/n	121	热闹/a	121	愿望/n	121
西/f	121	那么/c	120	贫穷/a	120	刚才/t	120	遗憾/a	120
行李/n	120	外语/n	120	骂/v	120	会/n	120	疼/a	120
动物园/n	119	其次/c	119	小心/v	119	作品/n	119	小偷/n	119
游戏/n	119	仔细/a	119	谈话/v	119	演员/n	119	搞/v	119
班/q	119	油/n	119	封/q	119	泡/v	119	啤酒/n	119
北京大学/nt	118	名胜古迹/n	118	自信/v	118	受伤/v	118	开发/v	118
要命/v	118	大海/n	118	兔子/n	118	中学/n	118	来到/v	118
法律/n	118	火/n	118	某/r	118	修/v	118	相貌/n	117
名牌/n	117	挫折/n	117	兴奋/a	117	科学/n	117	婚礼/n	117
挑/v	117	躺/v	117	魅力/n	116	无法/d	116	翻译/v	116
不如/v	116	维持/v	116	展现/v	116	包/v	116	身上/f	115
难以/d	115	不少/m	115	赞成/v	115	职业/n	115	服务/v	115
千万/d	115	相比/v	115	者/k	115	尊重/v	114	缘故/n	114
对话/v	114	吵/v	114	墙/n	114	包/n	114	犯罪/v	113
责任/n	113	充分/a	113	会议/n	113	穷/a	113	本人/r	112
拒绝/v	112	当兵/v	112	饭馆/n	112	气/v	112	湖/n	112
入/v	112	岛/n	112	姓/n	112	过分/a	112	危机/n	111
教育/n	111	普通/a	111	蔬菜/n	111	面临/v	111	商量/v	111
词/n	111	懒/a	111	死/a	111	总的来说/c	111	说不定/d	110
海边/s	110	这家/r	110	下车/v	110	高高/z	110	分明/a	110

续表

程度/n	110	作/v	110	赚/v	110	赶紧/d	109	消费/v	109
哪里/r	109	看看/v	109	钥匙/n	109	军队/n	109	亲戚/n	109
忽视/v	109	晚会/n	109	安排/v	109	上次/t	109	逐渐/d	109
间/f	109	调查/v	109	明星/n	109	乱七八糟/i	108	舍不得/v	108
首都/n	108	那边/r	108	破坏/v	108	悠久/a	108	遍/q	108
疼/v	108	鸡/n	108	鼻梁/n	107	到达/v	107	感受/v	107
中间/f	107	眼界/n	107	支持/v	107	死刑/n	107	自然/d	107
猴子/n	107	伤害/v	107	付/v	107	想象/v	107	敬礼/v	106
其他/r	106	黑色/n	106	接触/v	106	答应/v	106	资料/n	106
人才/n	106	创造/v	106	事业/n	106	矛盾/n	106	多少/r	106
显得/v	106	腿/n	106	抓/v	106	货/n	106	城/n	106
小伙子/n	105	单词/n	105	随即/d	105	跑步/v	105	所有/a	105
比较/v	105	不过/d	105	整理/v	105	伟大/a	105	赢/v	105
梦/n	105	红色/n	104	从事/v	104	下班/v	104	报纸/n	104
绿色/n	104	蒙/v	104	无所谓/v	103	戒烟/v	103	果然/d	103
表情/n	103	从此/d	103	小李/nr	103	解脱/v	103	耳朵/n	103
时光/n	103	更加/d	103	校园/n	103	合/v	103	九/m	103
随/p	103	证书/n	102	面前/f	102	坏人/n	102	生产/v	102
怎样/r	102	如此/r	102	怀念/v	102	差别/n	102	很快/d	102
天池/ns	102	尽量/d	102	登/v	102	层/q	102	幅/q	102
一个劲儿/d	101	广场/n	101	礼貌/n	101	大夫/n	101	脑海/n	101
力量/n	101	洗澡/v	101	紧/a	101	爸/n	101	香/a	101
工厂/n	100	好人/n	100	提供/v	100	教授/n	100	摆脱/v	100
跟/v	100	矮/a	100	断/v	100	部/n	100	配/v	100
老/d	100	窗户/n	99	事实/n	99	体验/v	99	只能/d	99
提出/v	99	收拾/v	99	生气/n	99	报名/v	99	盼/v	99
双眼皮/n	98	一句话/l	98	大约/d	98	感受/n	98	忽然/d	98
目前/t	98	一生/n	98	天上/s	98	起码/d	98	苦/a	98
惹/v	98	身/n	98	股/q	98	假/a	98	重新/d	97
管理/v	97	课文/n	97	治疗/v	97	号码/n	97	包括/v	97
同事/n	97	婚/n	97	关/v	97	级/n	97	女孩子/n	96
高高的/z	96	星期六/t	96	机场/n	96	西施/nr	96	天津/ns	96
听见/v	96	位于/v	96	总统/n	96	事件/n	96	作业/v	96

续表

就要/d	96	明显/a	96	发表/v	96	尽管/d	96	内向/a	96
醒/v	96	浓/a	96	定/v	96	量/n	96	口/n	96
绿/a	96	作为/v	96	办公室/n	95	了不起/a	95	上去/v	95
立刻/d	95	赚钱/v	95	作用/n	95	兄弟/n	95	挑战/v	95
不得了/l	94	国庆节/n	94	度过/v	94	上海/n	94	准时/a	94
危害/v	94	正常/a	94	负担/n	94	口味/n	94	就业/v	94
米饭/n	94	捡/v	94	杀/v	94	吓/v	94	对/q	94
打/p	94	力/n	94	缘分/n	94	就是/c	93	折磨/v	93
同时/d	93	勇气/n	93	脑子/n	93	解除/v	93	会儿/q	93
固然/d	93	钻/v	93	翻/v	93	神/n	93	省/v	93
温暖/a	93	天安门/ns	92	孤独/a	92	骄傲/a	92	面包/n	92
种类/n	92	眉毛/n	92	道路/n	92	举办/v	92	期中/t	92
茶/n	92	门/q	92	偷偷/d	92	各个/r	92	干什么/v	91
意识/v	91	代表/v	91	凉快/a	91	进来/v	91	风俗/n	91
遵守/v	91	新娘/n	91	憋/v	91	醉/v	91	王/nr	91
刮/v	91	圣诞节/n	91	颐和园/ns	91	老百姓/n	90	智慧/n	90
中午/t	90	后面/f	90	何况/c	90	年代/n	90	独特/a	90
冠军/n	90	贫困/a	90	救助/v	90	文学/n	90	得了/u	90
顿时/d	90	消除/v	90	自/p	90	抽/v	90	样/q	90
如愿以偿/i	89	什么样/r	89	还要/d	89	笑容/n	89	相继/d	89
许俊/nr	89	掌握/v	89	入学/v	89	做梦/v	89	水林/nr	89
不要/v	89	专家/n	89	偶然/a	89	转/v	89	查/v	89
房/n	89	恢复/v	89	努力/v	88	掩盖/v	88	发展/vn	88
以及/c	88	中心/n	88	尽快/d	88	早就/d	88	阿姨/n	88
亲爱/a	88	差异/n	88	生词/n	88	屋子/n	88	恋爱/v	88
依然/d	87	优秀/a	87	激烈/a	87	价钱/n	87	土/n	87
李/nr	87	实在/a	86	搬家/v	86	一来/c	86	一半/m	86
相反/v	86	日益/d	86	呼吸/v	86	倒/d	86	抱/v	86
洒/v	86	破/v	86	老年人/n	85	沮丧/a	85	同时/c	85
分开/v	85	平安/a	85	三十/m	85	街上/s	85	不安/a	85
乐观/a	85	竞争/v	85	苏州/ns	85	输/v	85	乘/v	85
摸/v	85	辣/a	85	结/v	85	锅/n	85	趁/p	85
实际上/d	84	面试/v	84	小孩/n	84	女生/n	84	蓬莱/ns	84

续表

感激/v	84	顾客/n	84	利益/n	84	胡同/n	84	沟通/v	84
难怪/d	84	做事/v	84	角度/n	84	特色/n	84	自杀/v	84
损害/v	84	亏/v	84	甜/a	84	加/v	84	救/v	84
外国语/n	83	抓住/v	83	遥远/a	83	修理/v	83	政治/n	83
照样/d	83	恐怕/d	83	散/v	83	伤/v	83	喊/v	83
种/v	83	派/v	83	老家/n	82	资源/n	82	全国/n	82
爱好/v	82	单身/n	82	四川/ns	82	其/r	82	如/c	82
村/n	82	通/v	82	闹/v	82	则/c	82	归/v	82
不由得/l	81	白话文/n	81	食物/n	81	明白/a	81	再次/d	81
土地/n	81	树叶/n	81	胜任/v	81	游客/n	81	第四/m	81
送给/v	81	婆婆/n	81	凡是/d	81	早/d	81	云/n	81
痛/a	81	纳闷儿/v	80	别扭/a	80	不久/a	80	实话/n	80
寒假/n	80	允许/v	80	乌龟/n	80	人员/n	80	背景/n	80
暴力/n	80	可怕/a	80	标准/n	80	既然/c	80	案件/n	80
台/q	80	存/v	80	名/n	80	千/m	80	摆/v	80
篮球/n	80	星期一/t	79	主人公/n	79	济南/ns	79	故意/d	79
状态/n	79	病人/n	79	好久/m	79	大人/n	79	干涉/v	79
珍惜/v	79	避免/v	79	建立/v	79	恐怖/a	79	经营/v	79
直/d	79	声/q	79	发/n	79	硬/a	79	南/f	79
含/v	79	处/n	79	寂寞/a	79	哈尔滨/ns	78	青年/n	78
私家/b	78	信赖/v	78	不行/a	78	冷静/a	78	不料/d	78
便/d	78	旧/a	78	声/ng	78	按/v	78	破/a	78
旅行社/n	77	亚洲/ns	77	歌手/n	77	退休/v	77	出差/v	77
运气/n	77	帮忙/v	77	决定/n	77	导致/v	77	脸色/n	77
替/p	77	嫁/v	77	题/n	77	星期五/t	76	团团转/z	76
亲眼/d	76	国民/n	76	预习/v	76	英语/nz	76	材料/n	76
有钱/a	76	始终/d	76	不可/u	76	住院/v	76	改善/v	76
感/vg	76	脏/a	76	血/n	76	应/v	76	戒/v	76
没关系/l	75	威海/ns	75	不够/a	75	权利/n	75	简历/n	75
往往/d	75	行动/n	75	不足/a	75	欺负/v	75	力气/n	75
深深/z	75	目光/n	75	好多/m	75	灿烂/a	75	苦恼/a	75
您好/l	75	河/n	75	年/n	75	博物馆/n	74	回忆/n	74
男孩/n	74	孤单/a	74	不想/v	74	鸡蛋/n	74	及格/v	74

续表

打架/v	74	讨论/v	74	发音/n	74	奥运/j	74	积极/a	74
后果/n	74	帮助/n	74	至于/p	74	套/q	74	趟/q	74
光/d	74	火/a	74	猜/v	74	圆/a	74	比如说/l	73
发脾气/l	73	圆圆/z	73	看待/v	73	是否/d	73	从容/a	73
公布/v	73	倒是/d	73	模仿/v	73	实力/n	73	见到/v	73
偏偏/d	73	乐趣/n	73	决心/v	73	大雨/n	73	宣布/v	73
寸/q	73	节/q	73	甲/n	73	装/v	73	羊/n	73
建/v	73	鸟/n	73	电视机/n	72	发挥/v	72	好不/d	72
家长/n	72	首先/c	72	况且/c	72	当成/v	72	相同/a	72
国外/s	72	嘴唇/n	72	好久/n	72	邮局/n	72	约定/v	72
制度/n	72	主意/n	72	约会/n	72	消失/v	72	物/n	72
石/n	72	宽/a	72	熬/v	72	新街口/ns	71	总算/d	71
早日/d	71	东施/nr	71	商场/n	71	休闲/v	71	短信/n	71
请客/v	71	嘴巴/n	71	上风/n	71	结果/c	71	疾病/n	71
野生/b	71	独立/a	71	究竟/d	71	太太/n	71	吐/v	71
俑/n	71	哈/o	71	印/v	71	怪/v	71	吃一堑长一智/l	71
一天到晚/l	70	之所以/c	70	洗手间/n	70	大多数/m	70	至多/d	70
模糊/a	70	收入/n	70	白白/z	70	纷纷/d	70	感染/v	70
然而/c	70	体会/v	70	申请/v	70	优势/n	70	苗条/a	70
高考/n	70	法院/n	70	才能/n	70	艺术/n	70	依靠/v	70
护照/n	70	政策/n	70	代/v	70	韩/ns	70	毛/n	70
慌/a	70	逗/v	70	忍/v	70	要不然/c	69	规律/n	69
数学/n	69	犯人/n	69	稍微/d	69	春风/n	69	得了/v	69
物质/n	69	香蕉/n	69	脱/v	69	极/d	69	空/a	69
汗/n	69	厅/n	69	所/q	69	害/v	69	开玩笑/v	68
好好儿/d	68	运动员/n	68	变化/n	68	仿佛/d	68	自信/n	68
发布/v	68	与其/c	68	服装/n	68	营养/n	68	信誉/n	68
开学/v	68	位置/n	68	教训/n	68	观点/n	68	主要/a	68
书店/n	68	扭/v	68	道/q	68	望/v	68	数/v	68
期末/t	68	出气筒/n	67	平凡/a	67	之类/r	67	好玩/a	67
碰到/v	67	超过/v	67	姐妹/n	67	倒霉/a	67	办事/v	67
头皮/n	67	正当/a	67	养成/v	67	电子/n	67	军人/n	67
地面/n	67	感/Vg	67	哥/n	67	把/q	67	和/v	67

续表

并/c	67	日/q	67	闪/v	67	惊/v	67	项/q	67
节奏/n	67	座位/n	67	喝西北风/l	66	打招呼/v	66	没什么/l	66
兜圈子/l	66	卫生间/n	66	火车站/n	66	野三坡/ns	66	责任感/n	66
富裕/a	66	求职/v	66	放松/v	66	秀珍/nr	66	最后/f	66
便利/a	66	农民/n	66	流行/v	66	植物/n	66	分为/v	66
男生/n	66	选手/n	66	诚实/a	66	男子/n	66	真实/a	66
沉重/a	66	消磨/v	66	朝鲜/ns	66	形成/v	66	眼花/a	66
对面/f	66	学费/n	66	回到/v	66	节约/v	66	报/v	66
涌/v	66	关键/n	66	酒吧/n	66	赶时髦/l	65	青少年/n	65
毕业生/n	65	残酷/a	65	命运/n	65	星星/n	65	告别/v	65
学历/n	65	积累/v	65	酒店/n	65	录用/v	65	单位/n	65
本书/r	65	关注/v	65	双方/n	65	传/v	65	扑/v	65
擦/v	65	据/p	65	研究生/n	64	残疾人/n	64	内心/n	64
文明/n	64	灭绝/v	64	年纪/n	64	不论/c	64	带头/v	64
美女/n	64	骆驼/n	64	称赞/v	64	失主/n	64	分享/v	64
祝贺/v	64	害羞/a	64	冰箱/n	64	转念/v	64	头脑/n	64
采取/v	64	制造/v	64	平静/a	64	树木/n	64	浪漫/a	64
球/n	64	将/d	64	黄/a	64	江/n	64	纸/n	64
取/v	64	窗/n	64	亮/n	64	总而言之/c	63	开夜车/l	63
小小的/z	63	女孩儿/n	63	普通话/n	63	主义/n	63	迫切/a	63
抗议/v	63	大门/n	63	空调/n	63	海洋/n	63	基础/n	63
机器/n	63	反驳/v	63	失学/v	63	信任/v	63	现实/a	63
名词/n	63	拆台/v	63	釜山/ns	63	集中/v	63	一旦/d	63
人间/n	63	樱桃/n	63	无非/d	63	前边/f	63	来自/v	63
钟/n	63	奖/n	63	瓶/q	63	国/r	63	北/f	63
堵/v	63	工/n	63	约/v	63	打成一片/l	62	世界杯/nz	62
资格/n	62	代表/n	62	善于/v	62	不禁/d	62	指望/v	62
落叶/n	62	里边/f	62	安装/v	62	启事/n	62	原谅/v	62
正确/a	62	初次/d	62	房东/n	62	加上/v	62	孩儿/n	62
网吧/n	62	毒品/n	62	跟着/v	62	也是/v	62	切/v	62
法/n	62	塞/v	62	摔/v	62	男孩子/n	61	题目/n	61
老虎/n	61	出国/v	61	向往/v	61	熟练/a	61	胡适/nr	61
讲课/v	61	巨大/a	61	刊登/v	61	鱿鱼/n	61	红包/n	61

续表

祝福/v	61	欧洲/ns	61	浓厚/a	61	业务/n	61	十二/m	61
自身/r	61	日语/n	61	好听/a	61	梦想/v	61	饱/a	61
灯/n	61	鬼/n	61	踏/v	61	福/n	61	扎/v	61
厚/a	61	馆/n	61	开发区/ns	60	祥林嫂/nr	60	小学生/n	60
索性/d	60	患者/n	60	不比/v	60	周庄/ns	60	心灵/n	60
观察/v	60	状况/n	60	强迫/v	60	到期/v	60	动作/n	60
椅子/n	60	诞生/v	60	情绪/n	60	打击/v	60	泄气/v	60
麻烦/n	60	减轻/v	60	实行/v	60	建议/v	60	弥漫/v	60
院子/n	60	闷/a	60	屋/n	60	以/c	60	道/n	60
声/n	60	牌/n	60	禁不住/v	59	主动/a	59	在乎/v	59
共同/b	59	表明/v	59	负责/v	59	成熟/a	59	原来/n	59
写作/v	59	好在/d	59	教堂/n	59	取消/v	59	名声/n	59
剧烈/a	59	症状/n	59	跨/v	59	闭/v	59	雾/n	59
牙/n	59	首/q	59	王/n	59	既/c	59	理/v	59
度/q	59	皮/n	59	语无伦次/i	59	道歉/v	59	炒鱿鱼/l	58
蓝色/n	58	出事/v	58	发作/v	58	风光/n	58	坚决/a	58
空间/n	58	答案/n	58	大雪/n	58	计划/v	58	计划/v	58
上帝/n	58	坚强/a	58	云南/ns	58	昆明/ns	58	布置/v	58
钢琴/n	58	高级/a	58	形容/v	58	豆腐/n	58	日常/b	58
增长/v	58	声调/n	58	主角/n	58	艰难/a	58	下山/v	58
建筑/v	58	至少/d	58	作文/n	58	师傅/n	58	发型/n	58
中/v	58	次/a	58	针/n	58	乙/n	58	聚/v	58
区/n	58	认/v	58	较/d	58	撞/v	58	费/n	58
高高兴兴/z	57	过日子/v	57	重要性/n	57	迎接/v	57	得知/v	57
不见/v	57	实际/a	57	气息/n	57	雨伞/n	57	逛街/v	57
物价/n	57	进口/v	57	确实/a	57	遗产/n	57	中医/n	57
至今/d	57	句子/n	57	购买/v	57	坦率/a	57	似乎/d	57
恶化/v	57	公寓/n	57	叶子/n	57	明媚/a	57	斤/q	57
别/v	57	桥/n	57	夜/q	57	非洲/ns	57	理直气壮/i	56
运动会/n	56	公务员/n	56	陌生人/n	56	绝对/d	56	不敢/v	56
四季/t	56	十几/m	56	左右/m	56	节省/v	56	公平/a	56
家族/n	56	幽默/a	56	现实/n	56	真心/n	56	著名/a	56
新郎/n	56	普及/v	56	不可/d	56	儿童/n	56	部门/n	56

续表

恐惧/a	56	皇帝/n	56	之中/f	56	词典/n	56	倍/q	56
闻/v	56	肿/v	56	往/v	56	性/k	56	全/d	56
诗/n	56	无济于事/i	56	乒乓球/n	56	踏实/a	56	掏腰包/v	55
寻找/v	55	投入/v	55	操场/n	55	右边/f	55	恳求/v	55
疲劳/a	55	韩语/nz	55	规定/v	55	说法/n	55	资助/v	55
英国/ns	55	促销/v	55	有趣/a	55	刮风/v	55	大方/a	55
书包/n	55	平常/a	55	用品/n	55	邀请/v	55	天堂/n	55
光/v	55	临/v	55	达/v	55	而已/y	55	无论如何/c	54
不相上下/i	54	丰富多彩/i	54	穿小鞋/l	54	电影院/n	54	外地/n	54
成人/n	54	亲人/n	54	鞋子/n	54	表面/n	54	坦白/v	54
托付/v	54	妨碍/v	54	打折/v	54	女子/n	54	一定/b	54
幸运/a	54	热烈/a	54	的确/d	54	客户/n	54	温泉/n	54
磨蹭/v	54	稍稍/d	54	过年/v	54	观光/v	54	任何/r	54
边/d	54	咬/v	54	嫩/a	54	另/d	54	线/n	54
声/Ng	54	颗/q	54	分/t	54	不由得/d	53	目的地/n	53
采访/v	53	网上/s	53	当场/d	53	别提/v	53	信号/n	53
南山/ns	53	烦恼/n	53	雪白/z	53	无比/d	53	各国/n	53
上升/v	53	世纪/n	53	相处/v	53	圆满/a	53	耐心/a	53
预报/v	53	承认/v	53	听话/a	53	发烧/v	53	放学/v	53
十五/m	53	瀑布/n	53	扔掉/v	53	当天/t	53	私房/b	53
委屈/a	53	教会/n	53	物品/n	53	咽/v	53	总/b	53
浇/v	53	烦/v	53	瞒/v	53	追/v	53	体育/n	53
纪念/v	53	五花八门/i	52	耳旁风/l	52	疏忽/v	52	权力/n	52
收获/v	52	敏感/a	52	采用/v	52	随时/d	52	灵活/a	52
项目/n	52	时髦/a	52	寒冷/a	52	担任/v	52	功能/n	52
特意/d	52	几十/m	52	交友/v	52	各自/r	52	顺便/d	52
渴望/v	52	强壮/a	52	保证/v	52	单调/a	52	清/a	52
过/d	52	捞/v	52	校/n	52	宰/v	52	化/v	52
刀/n	52	点/m	52	表/n	52	不约而同/i	51	俗话说/l	51
可能性/n	51	打交道/v	51	记者/n	51	大街/n	51	上瘾/v	51
怀孕/v	51	粗糙/a	51	缺少/v	51	树立/v	51	工具/n	51
费用/n	51	市民/n	51	一百/m	51	征服/v	51	规定/n	51
崇拜/v	51	公斤/q	51	益山/ns	51	牢固/a	51	手续/n	51

续表

牛奶/n	51	胃口/n	51	校长/n	51	外向/a	51	死亡/v	51
回想/v	51	通知/v	51	脚步/n	51	相当/d	51	活力/n	51
呗/y	51	迹/n	51	里/q	51	砍/v	51	色/n	51
夹/v	51	租/v	51	怨/v	51	贴/v	51	与众不同/i	50
人山人海/i	50	问好/v	50	反复/d	50	虐待/v	50	无数/m	50
剩下/v	50	全身/n	50	设计/v	50	限制/v	50	用功/a	50
品质/n	50	朝鲜/n	50	量词/n	50	遇见/v	50	颤抖/v	50
期间/f	50	教师/n	50	障碍/n	50	良好/a	50	老婆/n	50
宝贝/n	50	小小/z	50	开放/v	50	够/d	50	飘/v	50
棒/a	50	因/c	50	拐/v	50	笨/a	50	敲/v	50
自暴自弃/i	49	动不动/d	49	吃老本/l	49	自信心/n	49	大自然/n	49
牙齿/n	49	心目/n	49	距离/n	49	友谊/n	49	毅然/d	49
此外/c	49	喜爱/v	49	精力/n	49	优美/a	49	代替/v	49
噪音/n	49	稳定/a	49	看病/v	49	小吃/n	49	攻读/v	49
中心/f	49	手段/n	49	年糕/n	49	最初/n	49	询问/v	49
各地/n	49	加快/v	49	夸张/v	49	帽子/n	49	热心/a	49
天下/n	49	疙瘩/n	49	呼吁/v	49	杂志/n	49	议论/v	49
饼干/n	49	哀悼/v	49	观众/n	49	景点/n	49	怀疑/v	49
前天/t	49	发出/v	49	续/v	49	竟/d	49	兵/n	49
磨/v	49	夜/t	49	排/v	49	幼儿园/n	49	万里长城/ns	48
安乐死/v	48	化妆/v	48	场面/n	48	喝醉/v	48	操持/v	48
明亮/a	48	左边/f	48	难关/n	48	援助/v	48	烟雾/n	48
五十/m	48	诱惑/v	48	规模/n	48	鲁迅/nr	48	另外/d	48
国内/s	48	而已/u	48	判决/v	48	或是/c	48	演出/v	48
整顿/v	48	母/n	48	旅/n	48	添/v	48	亮/a	48
香/n	48	攻击/v	48	身份/n	48	一模一样/i	47	望子成龙/i	47
干干净净/z	47	建筑物/n	47	班主任/n	47	钻空子/v	47	西瓜/n	47
焦急/a	47	平等/a	47	露出/v	47	蛋糕/n	47	感人/a	47
白天/t	47	投资/v	47	塑料/n	47	成语/n	47	解释/v	47
按时/d	47	苦于/v	47	频繁/a	47	爆炸/v	47	发誓/v	47
工人/n	47	体重/n	47	辞职/v	47	书法/n	47	气馁/a	47
答复/n	47	下台/v	47	不满/v	47	少年/n	47	身高/n	47
组织/v	47	姑姑/n	47	画儿/n	47	香菜/n	47	团聚/v	47

续表

冰/n	47	百/m	47	治/v	47	还/c	47	酱/n	47
耍/v	47	当作/v	47	忍不住/v	46	看不起/v	46	市中心/s	46
二手/b	46	排放/v	46	言语/n	46	功夫/n	46	痛快/a	46
风味/n	46	惦记/v	46	开阔/a	46	团体/n	46	俗话/n	46
敌人/n	46	小张/nr	46	新年/t	46	镇静/v	46	提拔/v	46
温度/n	46	唯一/b	46	癌症/n	46	喝茶/v	46	北韩/ns	46
财产/n	46	失业/v	46	汉字/nz	46	饺子/n	46	被子/n	46
和平/n	46	歌星/n	46	冒/v	46	捂/v	46	边/f	46
将/p	46	演/v	46	抹/v	46	软/a	46	晒/v	46
归/p	46	讲述/v	46	以身作则/i	45	依依不舍/i	45	忍不住/d	45
现代人/n	45	一溜烟/l	45	飞机场/n	45	保障/v	45	恶劣/a	45
那天/r	45	野蛮/a	45	通常/d	45	健身/v	45	场所/n	45
大小/n	45	南方/f	45	其他/b	45	盲目/a	45	仅仅/d	45
报复/v	45	比喻/v	45	优越/a	45	惊讶/a	45	求饶/v	45
应对/v	45	西方/n	45	玩笑/n	45	劳动/v	45	付出/v	45
宝贵/a	45	上市/v	45	结果/d	45	好歹/d	45	评价/v	45
郁闷/a	45	主要/b	45	报销/v	45	饭菜/n	45	建议/n	45
不觉/d	45	念/v	45	院/n	45	搭/v	45	指/v	45
造/v	45	踩/v	45	路/q	45	称/v	45	躲/v	45
棵/q	45	丑/a	45	坐落/v	45	好好先生/l	44	吸烟者/n	44
大不了/a	44	高中生/n	44	合不来/v	44	一下儿/q	44	二十五/m	44
消费者/n	44	不必/d	44	眼里/s	44	乞丐/n	44	完美/a	44
牌子/n	44	停止/v	44	壮观/a	44	接着/v	44	初中/n	44
个性/n	44	聚会/v	44	杀人/v	44	紧急/a	44	谦虚/a	44
心思/n	44	拜年/v	44	商人/n	44	日记/n	44	应酬/v	44
多心/a	44	细心/a	44	合理/a	44	途中/s	44	春香/nr	44
规则/n	44	打的/v	44	心意/n	44	泼/v	44	台/n	44
春/t	44	轻/a	44	盐/n	44	湿/a	44	订/v	44
围/v	44	学/n	44	捐/v	44	哎/e	44	退/v	44
制作/v	44	中学生/n	43	吃不消/v	43	生活费/n	43	风景区/s	43
公安局/n	43	环保/n	43	进修/v	43	如今/t	43	面子/n	43
制止/v	43	草地/n	43	相差/v	43	暖气/n	43	眼帘/n	43
过瘾/a	43	过瘾/a	43	打鼓/v	43	地址/n	43	交换/v	43

续表

后天/t	43	他人/r	43	作家/n	43	海水/n	43	辣椒/n	43
公里/q	43	感叹/v	43	刺眼/a	43	名誉/n	43	品尝/v	43
拍照/v	43	负担/v	43	适当/a	43	惊喜/a	43	错过/v	43
格外/d	43	气温/n	43	坡/n	43	拣/v	43	串/v	43
韩/j	43	腰/n	43	酸/a	43	催/v	43	罪/n	43
室/n	43	架/v	43	累/v	43	古/a	43	笔/q	43
葡萄/n	43	总经理/n	42	后遗症/n	42	昆嵛山/ns	42	动脑筋/v	42
自尊心/n	42	素质/n	42	恋人/n	42	卫生/n	42	佩服/v	42
公路/n	42	来往/v	42	附件/n	42	镜子/n	42	懒觉/n	42
被动/a	42	应聘/v	42	一度/d	42	勇敢/a	42	严肃/a	42
尽兴/n	42	报答/v	42	忽略/v	42	背后/f	42	充足/a	42
空子/n	42	做法/n	42	简陋/a	42	课程/n	42	回避/v	42
意料/v	42	病情/n	42	森林/n	42	接近/v	42	零钱/n	42
村子/n	42	赶/v	42	节/n	42	俑/ns	42	遛/v	42
怪/d	42	饶/v	42	溜/v	42	亮/v	42	抬/v	42
化妆品/n	42	惹是生非/i	42	力不从心/i	41	五颜六色/i	41	自始至终/i	41
人民币/n	41	电视台/n	41	刘义泰/nr	41	面试/n	41	回信/v	41
自从/p	41	坏事/n	41	急躁/a	41	长久/a	41	紧密/a	41
防止/v	41	雪花/n	41	四季/n	41	秋风/n	41	拼命/v	41
厦门/ns	41	周旋/v	41	外表/n	41	牺牲/v	41	旷课/v	41
懂事/a	41	员工/n	41	祖先/n	41	风筝/n	41	因素/n	41
意志/n	41	返航/v	41	美味/a	41	日前/n	41	促进/v	41
网恋/n	41	投靠/v	41	前途/n	41	优惠/n	41	把握/v	41
西湖/ns	41	味儿/n	41	坚定/a	41	为难/v	41	本/r	41
弹/v	41	式/k	41	煮/v	41	怀/v	41	语/ng	41
撇/v	41	特/d	41	响/v	41	提心吊胆/i	40	一帆风顺/i	40
小道消息/n	40	成千上万/l	40	高深莫测/i	40	爱屋及乌/i	40	有识之士/i	40
捧腹大笑/i	40	嘻嘻哈哈/z	40	大操大办/l	40	那时候/n	40	儿女/n	40
烤鸭/n	40	拉面/n	40	不久/d	40	裙子/n	40	方向/n	40
美景/n	40	左右/n	40	百货/n	40	终生/n	40	棒球/n	40
残忍/a	40	数字/n	40	黑白/b	40	长辈/n	40	本身/r	40
假冒/v	40	洋葱/n	40	后边/f	40	急促/a	40	可乐/n	40
良心/n	40	额头/n	40	爬山/v	40	老白/nr	40	大声/a	40

续表

信封/n	40	仁川/ns	40	砸/v	40	边/c	40	脑/n	40
账/n	40	狼/n	40	形/n	40	融/n	40	拂/v	40
鼓/a	40	沾/v	40	卡/n	40	兴高采烈/i	40	详细/a	40
不解之缘/i	39	坚定不移/i	39	大有可为/i	39	实事求是/i	39	相依为命/i	39
惟命是从/i	39	刮目相看/i	39	半边天/n	39	二手货/n	39	巧克力/n	39
上下班/v	39	好意/n	39	疑惑/a	39	单纯/a	39	人权/n	39
表扬/v	39	方言/n	39	厨房/n	39	短发/n	39	红灯/n	39
四十/m	39	皱纹/n	39	因而/c	39	富有/a	39	属于/v	39
尾巴/n	39	赶上/v	39	幸好/d	39	广泛/a	39	借口/n	39
大事/n	39	主张/v	39	中等/b	39	八点/t	39	沉浸/v	39
提示/v	39	手指/n	39	悲哀/a	39	需求/n	39	电器/n	39
温顺/a	39	自豪/a	39	群众/n	39	误会/n	39	上来/v	39
分别/d	39	遭受/v	39	文字/n	39	德国/ns	39	谨慎/a	39
抓紧/v	39	关门/v	39	追问/v	39	延吉/ns	39	例子/n	39
保管/v	39	讲话/v	39	每当/p	39	延长/v	39	失恋/v	39
喜悦/a	39	感/ng	39	中/ns	39	熊/n	39	曾/d	39
混/v	39	蓝/a	39	嘿/e	39	挤/v	39	来/m	39
托/v	39	款/n	39	底/f	39	钓/v	39	来不及/v	38
拿主意/l	38	洗衣机/n	38	占上风/l	38	拉肚子/v	38	看上去/v	38
美容/v	38	甜蜜/a	38	这边/r	38	挡住/v	38	老实/a	38
作为/p	38	培训/v	38	车站/n	38	手表/n	38	人品/n	38
游行/v	38	整整/d	38	一向/d	38	对照/v	38	一日/t	38
道德/n	38	夫妇/n	38	理论/n	38	难题/n	38	婴儿/n	38
合作/v	38	有用/a	38	称号/n	38	毫不/d	38	养育/v	38
话题/n	38	包子/n	38	樱花/n	38	烤/v	38	冬/t	38
露/v	38	糖/n	38	干/a	38	怀/n	38	之/r	38
堆/v	38	碗/n	38	哄/v	38	点/n	38	就/p	38
判/v	38	哎呀/e	38	热泪盈眶/i	37	深恶痛绝/i	37	迫不及待/i	37
没的说/l	37	只不过/d	37	加深/v	37	欲望/n	37	具备/v	37
浑身/n	37	情人/n	37	任意/d	37	立场/n	37	天使/n	37
训练/v	37	人物/n	37	郊区/s	37	为止/u	37	制定/v	37
海外/s	37	雄伟/a	37	从前/t	37	往返/v	37	老王/nr	37
露宿/v	37	哪些/r	37	例如/v	37	小明/nr	37	镇静/a	37

续表

着迷/v	37	公州/ns	37	调整/v	37	不行/v	37	期望/v	37
难看/a	37	桂林/ns	37	前辈/n	37	开门/v	37	糟糕/a	37
七点/t	37	气味/n	37	结合/v	37	显示/v	37	叶/n	37
直/a	37	替/v	37	猪/n	37	睁/v	37	缠/v	37
盖/v	37	靠/p	37	堆/q	37	疯/v	37	期/ng	37
铺/v	37	米/n	37	弊/ng	37	淋/v	37	类/n	37
磕/v	37	价/n	37	看作/v	37	少数民族/n	36	圆光大学/nt	36
视而不见/i	36	理所当然/i	36	旱鸭子/l	36	半瓶醋/n	36	爱面子/l	36
知情者/n	36	运动场/n	36	称为/v	36	学业/n	36	普遍/a	36
出售/v	36	卫生/a	36	严谨/a	36	工程/n	36	屁股/n	36
刺激/v	36	丧失/v	36	树梢/n	36	夜市/n	36	街头/s	36
一连/d	36	倒闭/v	36	笑声/n	36	返回/v	36	污染/n	36
离家/v	36	遗传/v	36	悔改/v	36	义务/n	36	充电/v	36
可以/a	36	台湾/ns	36	封建/a	36	东方/f	36	土豆/n	36
拆毁/v	36	差距/n	36	误会/v	36	下降/v	36	缺乏/v	36
缓解/v	36	成就/n	36	巴士/n	36	主要/d	36	权威/n	36
孤儿/n	36	催促/v	36	督促/v	36	忍耐/v	36	细致/a	36
作风/n	36	标志/n	36	加入/v	36	小姐/n	36	出走/v	36
建设/v	36	受骗/v	36	到来/v	36	藏/v	36	投/v	36
阵/q	36	扫/v	36	细/a	36	慌/v	36	道/v	36
白/d	36	喂/v	36	勾/v	36	乐/v	36	烧/v	36
练/v	36	糊涂/a	36	另一方面/c	35	人地生疏/i	35	心灰意冷/i	35
青春期/n	35	摆架子/l	35	倒胃口/l	35	照相机/n	35	男孩儿/n	35
中国话/n	35	劳动节/t	35	发酒疯/l	35	二十三/m	35	意识/n	35
友情/n	35	改正/v	35	等待/v	35	名义/n	35	加重/v	35
摔倒/v	35	哆嗦/v	35	要么/c	35	熊猫/n	35	景象/n	35
交给/v	35	完善/v	35	衣柜/n	35	发火/v	35	脖子/n	35
强烈/a	35	损坏/v	35	随意/a	35	生物/n	35	统一/v	35
发觉/v	35	起诉/v	35	宰人/v	35	名胜/n	35	大风/n	35
猪肉/n	35	初恋/v	35	麻烦/v	35	大气/n	35	警惕/v	35
震惊/v	35	阅读/v	35	会儿/m	35	学问/n	35	秘密/n	35
六点/t	35	泰国/ns	35	近来/d	35	预防/v	35	滑雪/v	35
逃/v	35	风/nr	35	右/n	35	除/v	35	肯/v	35

续表

晚/t	35	痒/a	35	者/n	35	泪/n	35	愿/v	35
拖/v	35	又/c	35	熟/a	35	胖乎乎/z	35	左思右想/i	34
半信半疑/i	34	抖擞精神/l	34	一部分/m	34	价值观/n	34	现代化/v	34
红眼病/l	34	郊游/v	34	来信/n	34	大地/n	34	动人/a	34
秩序/n	34	忧郁/a	34	沿海/n	34	古老/a	34	淘气/a	34
公交/b	34	暑假/t	34	设施/n	34	课本/n	34	财富/n	34
和煦/a	34	顾虑/v	34	效率/n	34	遭到/v	34	行业/n	34
断绝/v	34	宁可/c	34	平均/a	34	鲜艳/a	34	涌现/v	34
精细/a	34	上级/n	34	献身/v	34	功劳/n	34	趣事/n	34
轶闻/n	34	玩具/n	34	能干/a	34	人情/n	34	怀着/v	34
起飞/v	34	冲击/v	34	胜利/v	34	争取/v	34	构成/v	34
吃力/a	34	大田/ns	34	虎/a	34	串/q	34	自/r	34
代/q	34	坏/v	34	尽/d	34	间/q	34	光/n	34
绝/d	34	电/n	34	掏/v	34	炸/v	34	妙/a	34
正/a	34	摊/v	34	推/v	34	饼/n	34	举/v	34
安然无恙/i	33	问心无愧/i	33	秋高气爽/i	33	合情合理/l	33	闲言碎语/i	33
略逊一筹/i	33	半吊子/l	33	狐狸精/l	33	端午节/n	33	有没有/v	33
比得上/v	33	景福宫/ns	33	补习班/n	33	清明节/t	33	看望/v	33
不幸/a	33	欺骗/v	33	前年/t	33	毛衣/n	33	微笑/n	33
论文/n	33	文件/n	33	重病/n	33	眼力/n	33	南边/f	33
眼看/d	33	实际/n	33	显著/a	33	映入/v	33	脱离/v	33
发明/v	33	石油/n	33	火灾/n	33	嫉妒/v	33	农历/n	33
成果/n	33	损失/n	33	好心/n	33	钟爱/v	33	安娜/nr	33
民俗/n	33	振作/v	33	特产/n	33	黄瓜/n	33	传达/v	33
决心/d	33	行家/n	33	吃香/a	33	上台/v	33	挑选/v	33
纠纷/n	33	客气/a	33	证明/v	33	杯子/n	33	自如/a	33
形象/n	33	祖国/n	33	上诉/v	33	根本/n	33	也好/y	33
照相/v	33	英文/n	33	迷/v	33	苦/n	33	觉/v	33
剪/v	33	求/v	33	型/k	33	份/n	33	搓/v	33
巧/a	33	半途而废/i	32	唱白脸/l	32	敲竹杠/l	32	帮倒忙/l	32
中山陵/ns	32	王府井/ns	32	古迹/n	32	筷子/n	32	跳动/v	32
轻轻/z	32	确认/v	32	高低/n	32	搭配/v	32	数量/n	32
演讲/v	32	扫兴/a	32	实惠/a	32	凉爽/a	32	揭露/v	32

续表

具体/a	32	裤子/n	32	肯定/a	32	忍受/v	32	彩票/n	32
伪劣/b	32	淑女/n	32	健忘/a	32	都市/n	32	设备/n	32
出席/v	32	领导/v	32	销售/v	32	信仰/v	32	铁杵/n	32
心事/n	32	再说/v	32	摊派/v	32	原告/n	32	心疼/v	32
班车/n	32	公主/n	32	居然/d	32	风格/n	32	吸毒/v	32
笑脸/n	32	花园/n	32	检验/v	32	赌/v	32	及/v	32
划/v	32	遍/v	32	未/d	32	补/v	32	奔/v	32
闲/a	32	兼/v	32	利/ng	32	利/n	32	按/p	32
嚷/v	32	面/q	32	相/d	32	解/v	32	号/n	32
缆车/n	32	打抱不平/i	31	尽如人意/i	31	不假思索/i	31	耳边风/l	31
顶梁柱/n	31	大锅饭/l	31	打保票/l	31	丑小鸭/l	31	单相思/l	31
安定/a	31	意外/a	31	心脏/n	31	自在/a	31	东京/ns	31
教学/v	31	努力/n	31	抛弃/v	31	处于/v	31	惊人/a	31
嘲笑/v	31	玉米/n	31	尽头/n	31	哪怕/c	31	疏远/v	31
带来/v	31	崇敬/v	31	身心/n	31	优先/d	31	前进/v	31
汉族/n	31	充沛/a	31	住宿/v	31	个儿/n	31	恭喜/v	31
熬夜/v	31	踌躇/a	31	合资/v	31	款式/n	31	传统/a	31
牛肉/n	31	好久/a	31	热水/n	31	匿名/b	31	挫伤/v	31
集合/v	31	俗语/n	31	报道/v	31	正式/a	31	募捐/v	31
花销/n	31	教训/v	31	据悉/v	31	口袋/n	31	改革/v	31
老鼠/n	31	蚊子/n	31	提前/v	31	明明/d	31	宴请/v	31
华山/ns	31	业余/b	31	凝视/v	31	版本/n	31	有效/a	31
网站/n	31	标志/v	31	十一/m	31	及/c	31	自/d	31
团/n	31	味/n	31	丝/n	31	品/n	31	抖/v	31
蹬/v	31	压/v	31	哇/o	31	恋/v	31	顾/v	31
田/n	31	张/nr	31	耶稣/nr	31	噩梦/n	31	急急忙忙/z	30
身强力壮/i	30	板上钉钉/l	30	大吃一惊/l	30	公共汽车/n	30	如诗如画/l	30
一会儿/d	30	黑压压/z	30	内蒙古/ns	30	方便面/n	30	鬼点子/l	30
男子汉/n	30	唱主角/l	30	华清池/ns	30	后悔药/n	30	当初/t	30
分离/v	30	恶性/b	30	老是/d	30	初衷/n	30	加剧/v	30
有序/a	30	本地/n	30	生长/v	30	调节/v	30	根据/n	30
东边/f	30	抬头/v	30	水分/n	30	北方/f	30	红红/z	30
行人/n	30	提起/v	30	下巴/n	30	先进/a	30	待遇/n	30

续表

承受/v	30	手势/n	30	外滩/ns	30	智商/n	30	沙漠/n	30
现年/n	30	淘汰/v	30	维修/v	30	十八/m	30	一再/d	30
胆子/n	30	占有/v	30	医学/n	30	翻译/n	30	沙滩/n	30
多多/d	30	发泄/v	30	农夫/n	30	反应/n	30	异国/n	30
判断/v	30	枫叶/n	30	城里/s	30	说谎/v	30	点心/n	30
合同/n	30	袋鼠/n	30	交谈/v	30	阶层/n	30	观看/v	30
拆线/v	30	粗重/a	30	引用/v	30	尖锐/a	30	山东/ns	30
童年/t	30	拥抱/v	30	树林/n	30	零食/n	30	蒜/n	30
母/b	30	团/q	30	松/a	30	头/q	30	剩/v	30
根/q	30	撑/v	30	粗/a	30	向/v	30	日/n	30
用/n	30	错/n	30	鼓/n	30	卡/v	30	足/n	30
情/n	30	开门见山/i	29	匆匆忙忙/z	29	磨磨蹭蹭/z	29	定心丸儿/n	29
名不虚传/i	29	忙忙碌碌/l	29	红红的/z	29	亲爱的/l	29	黄昏恋/n	29
不见得/d	29	高尔夫/n	29	好端端/z	29	大部分/m	29	高句丽/n	29
售货员/n	29	科学家/n	29	照片儿/n	29	排队/v	29	傍晚/t	29
广州/ns	29	富人/n	29	除非/c	29	成员/n	29	坏话/n	29
娃娃/n	29	提倡/v	29	孔子/nr	29	公认/v	29	密布/v	29
扑面/v	29	清澈/a	29	忘掉/v	29	小周/nr	29	人数/n	29
各人/r	29	一定/a	29	监狱/n	29	爽快/a	29	黄河/ns	29
法国/n	29	灾难/n	29	好友/n	29	高大/a	29	唠叨/v	29
匆忙/a	29	久久/d	29	报考/v	29	关怀/v	29	嗜好/n	29
脑儿/n	29	赞助/v	29	以后/t	29	茫茫/z	29	有益/a	29
开口/v	29	忙碌/a	29	惬意/a	29	靠山/n	29	辍学/v	29
长相/n	29	保存/v	29	转悠/v	29	明确/a	29	悲伤/a	29
类似/v	29	同情/v	29	保重/v	29	背包/n	29	成都/ns	29
地点/n	29	美术/n	29	答复/v	29	贵族/n	29	开会/v	29
被告/n	29	工业/n	29	弊端/n	29	效益/n	29	不顾/v	29
招呼/v	29	及时/a	29	沈阳/ns	29	喷/v	29	儿/r	29
仍/d	29	塔/n	29	群/q	29	朵/q	29	夸/v	29
染/v	29	稍/d	29	胡/nr	29	处/v	29	桶/n	29
相/n	29	仅/d	29	严厉/a	29	榜样/n	29	艾滋病/n	29
有一点儿/d	28	南京大学/nt	28	心平气和/l	28	而立之年/i	28	一点点/m	28
泼冷水/l	28	白日梦/l	28	挡箭牌/n	28	长舌妇/l	28	吃干醋/l	28

续表

活受罪/v	28	一个劲/d	28	夫子庙/ns	28	倒插门/v	28	祝英台/nr	28
充实/a	28	学位/n	28	回收/v	28	自私/a	28	过敏/v	28
以至/c	28	车子/n	28	舞会/n	28	五一/t	28	作者/n	28
天才/n	28	趁着/p	28	深夜/t	28	罗山/ns	28	肩膀/n	28
以免/d	28	利于/v	28	山峰/n	28	三星/nz	28	在场/v	28
闻名/a	28	有利/a	28	争气/v	28	宝石/n	28	股票/n	28
济州/ns	28	讽刺/v	28	导演/n	28	地图/n	28	青春/n	28
非常/b	28	闯祸/v	28	不许/v	28	持续/d	28	狡猾/a	28
学者/n	28	打听/v	28	排解/v	28	独身/v	28	提前/d	28
主力/n	28	湖水/n	28	待人/v	28	繁重/a	28	不由/d	28
干活/v	28	祈祷/v	28	神圣/a	28	蚂蚁/n	28	饮料/n	28
杜绝/v	28	关心/n	28	错误/a	28	秘密/a	28	和谐/a	28
花钱/v	28	旅馆/n	28	尘土/n	28	要/d	28	泥/n	28
味/ng	28	行/n	28	赔/v	28	性/n	28	拧/v	28
厂/n	28	拾/v	28	挥/v	28	兜/v	28	思/vg	28
麦当劳/nz	28	访问/v	28	家常便饭/l	27	唱对台戏/l	27	无拘无束/i	27
平方公里/q	27	刘海儿/n	27	出洋相/l	27	闭门羹/n	27	唱高调/l	27
张家界/ns	27	一系列/b	27	计算机/n	27	庆州/ns	27	和睦/a	27
成龙/nr	27	进而/c	27	何苦/d	27	罚款/v	27	抚摸/v	27
老大/n	27	西欧/ns	27	西边/f	27	白糖/n	27	赌博/v	27
口气/n	27	央求/v	27	地形/n	27	优异/a	27	人格/n	27
贵重/a	27	同行/n	27	体面/a	27	特长/n	27	擅长/v	27
主妇/n	27	焕发/v	27	敷衍/v	27	召开/v	27	全职/b	27
一番/m	27	实践/v	27	傻眼/v	27	有害/a	27	记性/n	27
想法/v	27	上火/v	27	引进/v	27	沉默/a	27	悲剧/n	27
沉迷/v	27	展销/v	27	威胁/v	27	科长/n	27	谈论/v	27
正直/a	27	符合/v	27	分配/v	27	硬座/n	27	画家/n	27
恼火/a	27	长期/n	27	操心/v	27	博士/n	27	迷路/v	27
大量/m	27	流泪/v	27	项链/n	27	四处/d	27	发热/v	27
大家/n	27	情侣/n	27	第五/m	27	家门/n	27	顶/v	27
凉/a	27	左/n	27	闯/v	27	猛/a	27	冻/v	27
胃/n	27	披/v	27	唉/e	27	漂/v	27	淡/a	27
客/n	27	性/ng	27	姐/n	27	沟/n	27	暖/a	27

续表

伸/v	27	训/v	27	和事佬/l	27	小时候/n	27	幸灾乐祸/l	26
忐忑不安/l	26	弄虚作假/i	26	整整齐齐/z	26	恋恋不舍/i	26	太极拳/n	26
瓜子脸/n	26	话匣子/n	26	跟屁虫/l	26	吹牛皮/l	26	狗腿子/l	26
汉拿山/ns	26	大润发/nz	26	基督教/nz	26	赶不上/v	26	二十一/m	26
陈奂生/nr	26	变色龙/n	26	起跑线/n	26	发高烧/l	26	汽车站/n	26
银珠/nr	26	悠闲/a	26	贴心/a	26	恐龙/n	26	劲儿/n	26
想想/v	26	慢慢/z	26	授予/v	26	居民/n	26	灯光/n	26
不曾/d	26	假如/c	26	深信/v	26	阴历/n	26	宣传/v	26
乌云/n	26	匆匆/a	26	欣慰/a	26	象征/v	26	终身/b	26
战胜/v	26	机构/n	26	神仙/n	26	白菜/n	26	全球/n	26
阻碍/v	26	嫂子/n	26	绝不/d	26	部长/n	26	打算/n	26
浓浓/z	26	界线/n	26	理发/v	26	狼狈/a	26	咨询/v	26
亲手/d	26	移动/v	26	三星/n	26	墨水/n	26	是的/l	26
同伙/n	26	窈窕/a	26	热泪/n	26	祭祀/v	26	分明/d	26
改天/d	26	红薯/n	26	废除/v	26	捐款/v	26	温差/n	26
别致/a	26	干燥/a	26	吐露/v	26	迷住/v	26	嫁妆/n	26
曹操/nr	26	后代/n	26	输入/v	26	伤感/a	26	有时/r	26
轻视/v	26	丢失/v	26	指导/v	26	禁止/v	26	宴会/n	26
排除/v	26	友好/a	26	不用/v	26	箱子/n	26	不妨/d	26
阶段/n	26	家具/n	26	反映/v	26	虎虎/z	26	招呼/n	26
惭愧/a	26	苍白/a	26	灰尘/n	26	交易/n	26	捧/v	26
吼/v	26	到/d	26	时/t	26	秋/n	26	样/n	26
喘/v	26	扶/v	26	暗/a	26	随/v	26	笔/n	26
白眼儿狼/n	26	千差万别/i	25	烟台大学/nt	25	无缘无故/i	25	老实巴交/i	25
加拿大/ns	25	跆拳道/n	25	大不了/d	25	双胞胎/n	25	奥利弗/nr	25
吃干饭/l	25	传声筒/n	25	抱佛脚/l	25	阴沉沉/z	25	不得已/a	25
乘务员/n	25	有利于/v	25	就是说/c	25	护犊子/l	25	梁山伯/nr	25
秦始皇/nr	25	以至于/c	25	英雄/n	25	敬重/v	25	吃惊/v	25
猩猩/n	25	苦头/n	25	反省/v	25	市长/n	25	宁静/a	25
下雪/v	25	动机/n	25	事物/n	25	默默/d	25	灵敏/a	25
山区/n	25	打消/v	25	打破/v	25	精密/a	25	声明/v	25
弥补/v	25	增强/v	25	其它/r	25	海鲜/n	25	其中/f	25
改进/v	25	自由/n	25	创办/v	25	小丽/nr	25	围墙/n	25

续表

例外/n	25	体谅/v	25	立即/d	25	阿里/nr	25	慈祥/a	25
辜负/v	25	发呆/v	25	养老/v	25	撒谎/v	25	残疾/n	25
水原/ns	25	烹饪/v	25	抖擞/v	25	服务/n	25	流失/v	25
灵巧/a	25	上当/v	25	回敬/v	25	无限/b	25	挪用/v	25
离别/v	25	还给/v	25	畅销/v	25	不服/v	25	大象/n	25
综合/v	25	情报/n	25	小红/nr	25	故宫/n	25	乐园/n	25
推迟/v	25	健谈/a	25	车票/n	25	小贩/n	25	出租/v	25
直率/a	25	料理/v	25	现场/n	25	区别/v	25	不良/a	25
精彩/a	25	注重/v	25	画面/n	25	庆祝/v	25	假装/v	25
勤快/a	25	返工/v	25	春游/v	25	暂且/d	25	刺耳/a	25
报告/v	25	独自/d	25	课堂/n	25	震动/v	25	房屋/n	25
空儿/n	25	丹东/ns	25	航空/n	25	亿/m	25	秋/t	25
遭/v	25	先/n	25	满/v	25	跟/c	25	初/n	25
成/q	25	扯/v	25	减/v	25	龙/n	25	咸/a	25
木/n	25	攒/v	25	把/v	25	同/p	25	眨/v	25
碗/q	25	挺/v	25	乐/ag	25	乐/a	25	舞/n	25
朝/p	25	值/v	25	症/ng	25	凡/d	25	数/n	25
刻骨铭心/i	24	碧海云天/ns	24	火烧眉毛/i	24	无价之宝/l	24	好事多磨/i	24
三令五申/i	24	李博德/nr	24	维生素/n	24	九寨沟/ns	24	心眼儿/n	24
湿漉漉/z	24	红绿灯/n	24	干瞪眼/l	24	出难题/l	24	黑黑的/z	24
少林寺/ns	24	进一步/d	24	绊脚石/n	24	海南岛/ns	24	老太太/n	24
夜里/t	24	牢骚/n	24	大会/n	24	戏剧/n	24	房租/n	24
公安/n	24	统计/v	24	隔壁/s	24	范围/n	24	凌晨/t	24
食欲/n	24	某个/r	24	全都/d	24	家电/n	24	半岛/n	24
清新/a	24	遗漏/v	24	一阵/m	24	波浪/n	24	大楼/n	24
人人/n	24	装饰/v	24	开除/v	24	穿着/n	24	留恋/v	24
文静/a	24	文静/a	24	倒退/v	24	冷汗/n	24	人工/b	24
眼神/n	24	骗子/n	24	重大/a	24	开幕/v	24	产业/n	24
朴实/a	24	讥笑/v	24	遭遇/v	24	大多/d	24	地下/s	24
发票/n	24	瑜伽/n	24	安心/a	24	鲜花/n	24	渺小/a	24
拘束/a	24	务必/d	24	洽谈/v	24	虎眼/l	24	串门/v	24
长途/b	24	养病/v	24	习俗/n	24	舒畅/a	24	沿着/p	24
配合/v	24	亲身/d	24	山水/n	24	收留/v	24	激发/v	24

续表

建造/v	24	轻浮/a	24	原来/b	24	早恋/v	24	有事/v	24
书桌/n	24	尊严/n	24	做到/v	24	端正/a	24	鞭炮/n	24
艰苦/a	24	玻璃/n	24	起色/n	24	动力/n	24	碰壁/v	24
审理/v	24	报应/n	24	天然/b	24	宽容/a	24	振奋/v	24
笑话/v	24	潮流/n	24	车厢/n	24	体力/n	24	今后/t	24
地上/s	24	相机/n	24	旅程/n	24	滑/a	24	附/v	24
春/n	24	抢/v	24	亲/d	24	山/ns	24	盯/v	24
安/v	24	洞/n	24	患/v	24	患/v	24	烫/v	24
卷/v	24	牛/n	24	嗯/y	24	腻/a	24	薄/a	24
晕/v	24	支/v	24	足/a	24	纪念品/n	24	成事不足败事有余/l	23
横挑鼻子竖挑眼/l	23	歪歪扭扭/z	23	四通公司/nz	23	脱口而出/i	23	矮半截儿/l	23
踏踏实实/z	23	没完没了/l	23	经济危机/n	23	吃回头草/l	23	争分夺秒/i	23
东道主/n	23	成气候/l	23	睡懒觉/l	23	好玩儿/a	23	抱粗腿/l	23
亚健康/n	23	记忆力/n	23	包含/v	23	红叶/n	23	勤奋/a	23
微风/n	23	前后/f	23	试试/v	23	优厚/a	23	天生/b	23
捕杀/v	23	按照/v	23	正宗/b	23	真诚/a	23	固定/a	23
硕士/n	23	大厦/n	23	工薪/n	23	引导/v	23	尽力/d	23
方案/n	23	专用/b	23	悄悄/d	23	纯洁/a	23	传递/v	23
岩石/n	23	心愿/n	23	夜晚/t	23	准确/a	23	卡车/n	23
寒假/t	23	落后/a	23	雪人/n	23	家常/n	23	陷入/v	23
街道/n	23	前往/v	23	终身/n	23	着陆/v	23	堵车/v	23
萝卜/n	23	口音/n	23	实况/n	23	长远/a	23	降低/v	23
据说/v	23	少数/b	23	起初/d	23	苦难/n	23	教养/n	23
预定/v	23	说服/v	23	融洽/a	23	炫耀/v	23	创业/v	23
丢脸/a	23	夏天/n	23	臃肿/a	23	时尚/n	23	脸型/n	23
奢侈/a	23	彻底/a	23	疑问/n	23	汇率/n	23	基因/n	23
花样/n	23	传说/n	23	选拔/v	23	三四/m	23	山顶/n	23
繁华/a	23	纯粹/a	23	报道/n	23	团结/v	23	逃避/v	23
污点/n	23	局面/n	23	开张/v	23	发酸/v	23	实习/v	23
休假/v	23	多次/d	23	复学/v	23	才干/n	23	证据/n	23
城墙/n	23	河边/s	23	勉强/a	23	发起/v	23	看出/v	23
旅客/n	23	热爱/v	23	过失/n	23	诈骗/v	23	拾掇/v	23

续表

黑板/n	23	充裕/a	23	当地/n	23	护士/n	23	挥手/v	23
旅途/n	23	丽江/ns	23	华丽/a	23	色彩/n	23	够/a	23
伞/n	23	终/d	23	至/v	23	亲/a	23	弱/a	23
副/b	23	递/v	23	瘾/n	23	现/t	23	阳/n	23
旁/f	23	垂/v	23	拎/v	23	伤/n	23	个/m	23
寻/v	23	狂/ag	23	青/a	23	眉/ng	23	观/ng	23
轮/v	23	言/vg	23	瞪/v	23	忙/v	23	证/n	23
松弛/a	23	百闻不如一见/l	22	只怕有心人/l	22	龙门石窟/ns	22	手忙脚乱/i	22
一见钟情/i	22	尽善尽美/i	22	任劳任怨/i	22	一概而论/i	22	对症下药/i	22
走投无路/i	22	朝鲜族/n	22	出风头/l	22	擦边球/l	22	画画儿/v	22
肯德基/nz	22	摩托车/n	22	自信感/n	22	飞机票/n	22	尘城塔/ns	22
挨个儿/d	22	蓬莱阁/ns	22	包打听/l	22	开门红/l	22	花架子/n	22
打官腔/l	22	好好儿/z	22	热辣辣/z	22	好容易/d	22	刘道至/nr	22
赵声远/nr	22	儿童节/n	22	好感/n	22	职位/n	22	别说/c	22
出院/v	22	农业/n	22	整齐/a	22	地理/n	22	招待/v	22
嗓子/n	22	瘦瘦/z	22	过头/a	22	等到/v	22	树枝/n	22
北边/f	22	买卖/n	22	尝试/v	22	欢乐/a	22	芝麻/n	22
线索/n	22	避暑/v	22	打仗/v	22	沉静/a	22	暴雨/n	22
职工/n	22	实用/a	22	发言/v	22	打扰/v	22	粮食/n	22
履行/v	22	深造/v	22	夸奖/v	22	冬装/n	22	彩排/v	22
楼梯/n	22	劝告/v	22	强大/a	22	湛江/ns	22	虚幻/a	22
计较/v	22	全家/n	22	日期/n	22	纯朴/a	22	人士/n	22
经意/v	22	赔偿/v	22	江南/nz	22	肺癌/n	22	一面/n	22
柿子/n	22	迟钝/a	22	发慌/v	22	宇宙/n	22	桥梁/n	22
隐患/n	22	漫画/n	22	跳槽/v	22	摇摆/v	22	洗手/v	22
咳嗽/v	22	感动/a	22	毫无/d	22	山上/s	22	明明/nr	22
维护/v	22	加紧/v	22	神秘/a	22	牧师/n	22	王国/n	22
学究/n	22	滑头/a	22	总得/d	22	勇士/n	22	坠毁/v	22
北美/ns	22	门票/n	22	保留/v	22	品牌/n	22	顺序/n	22
疼爱/v	22	草坪/n	22	早晚/t	22	念书/v	22	蛇/n	22
韩/Ng	22	非/v	22	聘/v	22	别/r	22	舔/v	22
讨/v	22	劈/v	22	身/q	22	钉/v	22	袋/n	22

续表

阴/n	22	填/v	22	肩/n	22	摊/n	22	若/c	22
缺/v	22	言/v	22	升/v	22	社/n	22	罚/v	22
盛/v	22	花/a	22	兴/v	22	笑眯眯/z	22	长途汽车/n	21
辛辛苦苦/z	21	希望工程/nz	21	南山公园/ns	21	头头是道/i	21	损人利己/i	21
心急火燎/i	21	祖祖辈辈/i	21	海誓山盟/i	21	全家人/n	21	蒙克斯/nr	21
背黑锅/l	21	大大的/z	21	光棍儿/n	21	成绩单/n	21	吸毒者/n	21
一块儿/d	21	玄武湖/ns	21	韩国语/nz	21	白费蜡/l	21	放暗箭/l	21
吃软饭/l	21	北朝鲜/ns	21	容貌/n	21	清晰/a	21	签证/n	21
客厅/n	21	童话/n	21	那天/t	21	乘客/n	21	责备/v	21
空姐/n	21	律师/n	21	外出/v	21	假话/n	21	春装/n	21
故障/n	21	样式/n	21	耽误/v	21	挨打/v	21	身上/s	21
魁梧/a	21	老少/n	21	办理/v	21	水面/n	21	邮件/n	21
组成/v	21	富强/a	21	海里/s	21	早餐/n	21	畅快/a	21
考证/v	21	尽情/d	21	糟蹋/v	21	改良/v	21	从未/d	21
挣钱/v	21	文雅/a	21	含量/n	21	消耗/v	21	乌鸦/n	21
氛围/n	21	睡眠/n	21	害处/n	21	特殊/a	21	存放/v	21
制约/v	21	刻苦/a	21	足够/a	21	礼貌/a	21	化学/n	21
失败/n	21	今晚/t	21	登山/v	21	突出/v	21	上衣/n	21
劝说/v	21	惩罚/v	21	车祸/n	21	时刻/n	21	会长/n	21
责怪/v	21	全面/a	21	损失/v	21	油水/n	21	多样/m	21
人体/n	21	从头/d	21	罪犯/n	21	中毒/v	21	厂长/n	21
逃学/v	21	女士/n	21	来源/n	21	酱油/n	21	新婚/n	21
约束/v	21	好事/n	21	木头/n	21	划算/a	21	快捷/a	21
献血/v	21	寂静/a	21	鸡肉/n	21	南部/f	21	暴露/v	21
拳头/n	21	写字/v	21	坠落/v	21	显然/d	21	描写/v	21
笨蛋/n	21	倾注/v	21	伤口/n	21	端正/v	21	得意/a	21
叫作/v	21	老年/t	21	渠道/n	21	陈其/nr	21	入口/n	21
英俊/a	21	阴影/n	21	盈利/n	21	脱销/v	21	回音/n	21
通通/d	21	告白/v	21	远远/d	21	国土/n	21	病毒/n	21
爱心/n	21	生育/v	21	流氓/n	21	山路/n	21	午觉/n	21
一对/m	21	高速/b	21	周/n	21	刻/v	21	届/q	21
悟/v	21	公/b	21	使/p	21	连/v	21	梅/nr	21
煎/v	21	土/a	21	余/m	21	粪/n	21	悔/v	21

续表

保/v	21	圈/n	21	毫/d	21	广/a	21	币/ng	21
撤/v	21	食/n	21	职/ng	21	灵/a	21	挪/v	21
兜/n	21	号/t	21	埋/v	21	朦胧/a	21	独当一面/l	21
迫害/v	21	鳄鱼的眼泪/l	20	澳大利亚/ns	20	垂头丧气/i	20	泣不成声/i	20
怒不可遏/i	20	进出口额/n	20	东方明珠/ns	20	百感交集/i	20	恍然大悟/i	20
得意忘形/i	20	背信弃义/i	20	别具一格/i	20	记忆犹新/i	20	心惊肉跳/l	20
不计其数/i	20	家门口/n	20	长长的/z	20	布朗洛/nr	20	星期三/t	20
打算盘/l	20	早点儿/m	20	亮晶晶/z	20	绿油油/z	20	少不了/v	20
互联网/n	20	出口额/n	20	进口额/n	20	擦屁股/l	20	黄志强/nr	20
美滋滋/z	20	冷清清/z	20	奔头儿/n	20	演唱会/n	20	体育馆/n	20
旅行团/n	20	艺术家/n	20	厚厚的/z	20	没用/a	20	大便/n	20
小鸟/n	20	别说/v	20	加强/v	20	学会/v	20	穷人/n	20
真情/n	20	共享/v	20	作出/v	20	血缘/n	20	奋斗/v	20
面性/n	20	一身/d	20	苦闷/a	20	留意/v	20	本科/n	20
来临/v	20	紫菜/n	20	抵达/v	20	取代/v	20	草原/n	20
蝴蝶/n	20	长长/z	20	农药/n	20	中年/t	20	周边/n	20
人心/n	20	崭新/z	20	收养/v	20	应该/d	20	还有/d	20
冬季/t	20	舞台/n	20	保守/a	20	宣言/n	20	骗人/v	20
挽回/v	20	支付/v	20	慌张/a	20	估计/v	20	确实/d	20
深受/v	20	偶像/n	20	随和/a	20	勤劳/a	20	应付/v	20
敬爱/v	20	洋相/n	20	要紧/a	20	搜索/v	20	惟一/b	20
武术/n	20	早市/n	20	观赏/v	20	滋味/n	20	连接/v	20
预测/v	20	转播/v	20	陈静/nr	20	一千/m	20	媒体/n	20
果园/n	20	一起/s	20	炎热/a	20	商业/n	20	征婚/v	20
花白/a	20	寿命/n	20	惊动/v	20	侵害/v	20	烦人/a	20
赚头/n	20	乐和/a	20	套餐/n	20	光滑/a	20	难堪/a	20
说明/n	20	当今/t	20	基地/n	20	没法/v	20	景观/n	20
露天/b	20	困境/n	20	胳膊/n	20	劣质/b	20	上山/v	20
输出/v	20	指出/v	20	滞销/v	20	签到/v	20	出勤/v	20
决斗/v	20	驳回/v	20	减低/v	20	靠近/v	20	相反/a	20
家伙/n	20	本子/n	20	笑话/n	20	委婉/a	20	电报/n	20
红糖/n	20	平稳/a	20	频道/n	20	抱歉/a	20	谈谈/v	20
大一/j	20	插/v	20	供/v	20	碟/n	20	感/n	20

续表

购/v	20	猛/d	20	浅/a	20	哪/y	20	锁/v	20
单/n	20	晃/v	20	烂/v	20	搁/v	20	立/v	20
牵/v	20	刘/nr	20	圈/q	20	呵/y	20	客/ng	20
绕/v	20	分/n	20	浮/v	20	显/v	20	恨/v	20
销/v	20	挖/v	20	衣/n	20	约/d	20	经/p	20
皱/v	20	命/n	20	窄/a	20	摇/v	20	费/v	20
爽/ag	20	丢三落四/i	19	无穷无尽/i	19	此起彼伏/i	19	打光棍儿/l	19
疯疯癫癫/z	19	立安医院/nt	19	一尘不染/l	19	大摇大摆/a	19	学生会/n	19
单眼皮/n	19	披肩发/n	19	人工湖/n	19	摇钱树/n	19	放鸽子/l	19
不客气/v	19	生命体/n	19	受气包/n	19	玩儿命/v	19	调味品/n	19
葵花子/n	19	西红柿/n	19	插杠子/l	19	雪岳山/ns	19	文言文/n	19
大屯山/ns	19	高尚/a	19	选修/v	19	休学/v	19	传染/v	19
污水/n	19	怪物/n	19	懂得/v	19	实验/n	19	同样/c	19
尊敬/a	19	打针/v	19	比例/n	19	万万/d	19	承担/v	19
治病/v	19	本来/b	19	自动/d	19	分辨/v	19	挑剔/v	19
小溪/n	19	余地/n	19	东北/f	19	油腻/a	19	温馨/a	19
净化/v	19	拜托/v	19	机械/n	19	脚印/n	19	耀眼/a	19
成功/n	19	骨头/n	19	扩展/v	19	台阶/n	19	开封/ns	19
不对/a	19	灾害/n	19	大众/n	19	高雅/a	19	交际/v	19
坚信/v	19	少数/n	19	借口/v	19	上述/b	19	虽说/c	19
扩大/v	19	熏陶/v	19	反之/c	19	天坛/ns	19	发展/n	19
熟人/n	19	零件/n	19	性子/n	19	木浦/ns	19	沙发/n	19
有如/v	19	热线/n	19	以免/c	19	形状/n	19	香味/n	19
铅笔/n	19	特征/n	19	昼夜/n	19	戒指/n	19	例如/c	19
请示/v	19	全体/n	19	途径/n	19	元旦/t	19	刷牙/v	19
投诉/v	19	种地/v	19	小鞋/n	19	生动/a	19	尴尬/a	19
羞涩/a	19	夸张/a	19	中部/f	19	春川/ns	19	夜班/n	19
刺儿/n	19	信服/v	19	念叨/v	19	醉意/n	19	试探/v	19
措施/n	19	广大/a	19	集团/n	19	干部/n	19	公款/n	19
高三/j	19	多年/m	19	媳妇/n	19	网友/n	19	毫无/v	19
精明/a	19	完全/d	19	装修/v	19	完整/a	19	联想/v	19
痛苦/n	19	平整/a	19	口述/v	19	广播/v	19	路口/n	19
公子/n	19	悲观/a	19	恶心/a	19	创新/v	19	自卑/a	19

续表

注明/v	19	检举/v	19	悟性/n	19	刑事/b	19	亿万/m	19
宽松/a	19	自责/v	19	火山/n	19	利弊/n	19	姨妈/n	19
夫人/n	19	品种/n	19	上司/n	19	高度/n	19	十三/m	19
胜利/n	19	会儿/n	19	社团/n	19	栈桥/ns	19	要好/a	19
极了/y	19	万物/n	19	油箱/n	19	医术/n	19	拼/v	19
壮/a	19	官/n	19	肺/n	19	塌/v	19	滑/v	19
台/Ng	19	近/d	19	人/r	19	景/n	19	负/v	19
英/nr	19	库/n	19	任/v	19	流/n	19	失/v	19
臭/a	19	啊/e	19	扬/v	19	论/v	19	来/u	19
铁/n	19	番/q	19	静/a	19	宫/n	19	愁/v	19
量/v	19	多/v	19	狠/a	19	迎/v	19	守/v	19
洋/a	19	低/v	19	整/a	19	争/v	19	实施/v	19
给予/v	19	有志者事竟成/l	19	多多/z	19	国际文化教育学院/nz	18	四通八达/l	18
一五一十/i	18	全罗北道/ns	18	高尔夫球/n	18	戴绿帽子/l	18	唱空城计/l	18
称心如意/i	18	燃眉之急/n	18	近在眼前/l	18	白头偕老/i	18	无家可归/l	18
有条不紊/a	18	狗皮膏药/l	18	横冲直撞/i	18	长篇大论/i	18	三番五次/i	18
由此可见/c	18	笑嘻嘻/z	18	身份证/n	18	手提包/n	18	生鱼片/n	18
懒洋洋/z	18	心里话/n	18	菲律宾/ns	18	一窝蜂/d	18	儿媳妇/n	18
骨碌碌/z	18	合得来/v	18	幽默感/n	18	下水道/n	18	星期二/t	18
兴头儿/n	18	降落伞/n	18	闹别扭/v	18	赔不是/v	18	昆玉山/ns	18
打游击/l	18	一大早/t	18	王大江/nr	18	五台山/ns	18	灰心/a	18
东东/nr	18	孝顺/v	18	收入/v	18	连连/d	18	水质/n	18
弱点/n	18	平原/n	18	回事/n	18	势头/n	18	泪水/n	18
谎话/n	18	贡献/v	18	看重/v	18	冷门/n	18	同样/a	18
情书/n	18	转眼/d	18	氧气/n	18	原料/n	18	能源/n	18
底下/f	18	请求/v	18	脑筋/n	18	介意/v	18	保姆/n	18
手脚/n	18	质问/v	18	最先/d	18	首位/n	18	水乡/n	18
卧室/n	18	洁白/z	18	融化/v	18	后来/n	18	异常/a	18
盘子/n	18	处罚/v	18	花儿/n	18	消极/a	18	煎饼/n	18
停车/v	18	一边/f	18	制品/n	18	中原/n	18	比喻/n	18
领略/v	18	恰好/d	18	文物/n	18	首饰/n	18	发育/v	18
接待/v	18	视频/n	18	中东/ns	18	羞愧/a	18	秘诀/n	18

续表

过渡/v	18	恰巧/d	18	报社/n	18	举止/n	18	祷告/v	18
债务/n	18	不止/v	18	罕见/a	18	仪式/n	18	机密/n	18
敬意/n	18	田野/n	18	顺眼/a	18	娘家/n	18	蓝天/n	18
土气/a	18	遗憾/n	18	中意/v	18	情调/n	18	捧场/v	18
讲台/n	18	腹泻/v	18	佳肴/n	18	皇历/n	18	鸭蛋/n	18
记录/v	18	占领/v	18	原来/a	18	轿车/n	18	可笑/a	18
局长/n	18	腰带/n	18	相似/a	18	念头/n	18	知心/a	18
否定/v	18	漆黑/z	18	后者/r	18	厕所/n	18	略微/d	18
云彩/n	18	惊慌/a	18	涨潮/v	18	拓宽/v	18	人家/n	18
深圳/ns	18	枪毙/v	18	算计/v	18	抢手/a	18	受理/v	18
标本/n	18	概论/n	18	启齿/v	18	继承/v	18	调剂/v	18
探测/v	18	情节/n	18	腼腆/a	18	收集/v	18	爆发/v	18
游玩/v	18	标准/a	18	报酬/n	18	矛盾/a	18	对话/n	18
对付/v	18	通知/n	18	心态/n	18	碰见/v	18	混乱/a	18
火锅/n	18	卧铺/n	18	花草/n	18	和气/a	18	舅舅/n	18
中药/n	18	晴天/n	18	主席/n	18	陶醉/v	18	面貌/n	18
步/n	18	主/a	18	旱/a	18	军/n	18	始/Vg	18
逼/v	18	光/a	18	瞧/v	18	盆/q	18	离/p	18
方/n	18	烦/a	18	孔/nr	18	瓜/n	18	盒/q	18
垮/v	18	习/vg	18	准/a	18	古/t	18	蛋/n	18
期/n	18	朝/v	18	闸/n	18	临/p	18	消/v	18
刷/v	18	折/n	18	凭/c	18	凶/a	18	泡/n	18
谢/v	18	致/v	18	般/u	18	户/q	18	类/q	18
健忘症/n	18	典型/a	18	吃水不忘打井人/l	17	如泣如诉/i	17	毛遂自荐/i	17
助人为乐/i	17	戴高帽儿/l	17	远在天边/l	17	避重就轻/i	17	讨价还价/i	17
无中生有/l	17	好说歹说/i	17	用心良苦/i	17	名正言顺/i	17	德才兼备/a	17
似笑非笑/i	17	竞争力/n	17	出版社/n	17	羽毛球/n	17	侃大山/v	17
山东省/ns	17	手电筒/n	17	龙王庙/ns	17	普通人/n	17	意大利/ns	17
添麻烦/l	17	大酱汤/nz	17	公交车/n	17	辅导班/n	17	乱糟糟/z	17
父母亲/n	17	打天下/l	17	海云大/ns	17	亲情/n	17	肌肉/n	17
优雅/a	17	稳重/a	17	向来/d	17	画画/v	17	狮子/n	17
上街/v	17	无关/v	17	万能/b	17	停学/v	17	修建/v	17

续表

中央/f	17	路线/n	17	类型/n	17	违反/v	17	流水/n	17
自学/v	17	按摩/v	17	兄妹/n	17	网球/n	17	双桥/ns	17
记忆/v	17	预订/v	17	那种/r	17	周末/t	17	伸出/v	17
本质/n	17	韩国/n	17	遗物/n	17	退潮/v	17	退潮/v	17
包裹/n	17	拆开/v	17	军事/n	17	舞蹈/n	17	十九/m	17
撇开/v	17	围绕/v	17	市区/n	17	捉弄/v	17	语文/n	17
增多/v	17	黑黑/z	17	讲解/v	17	肥皂/n	17	钻研/v	17
勤恳/a	17	兼职/b	17	不少/a	17	付款/v	17	宁愿/c	17
一心/d	17	科技/n	17	归来/v	17	娇小/a	17	身躯/n	17
回报/v	17	衣着/n	17	膝盖/n	17	真正/d	17	可贵/a	17
乃至/c	17	应届/b	17	聚会/n	17	提议/v	17	哭声/n	17
万一/c	17	无视/v	17	通话/v	17	二来/c	17	五官/n	17
更新/v	17	调料/n	17	出版/v	17	区分/v	17	晚婚/v	17
早婚/v	17	一万/m	17	考察/v	17	求婚/v	17	升级/v	17
邮包/n	17	假日/n	17	桔子/n	17	开花/v	17	老本/n	17
中旬/t	17	预料/v	17	反应/v	17	庄稼/n	17	高林/nr	17
遗迹/n	17	晴朗/a	17	收藏/v	17	清爽/a	17	跟头/n	17
开戒/v	17	光线/n	17	结构/n	17	咂嘴/v	17	信物/n	17
皮鞋/n	17	用户/n	17	忧虑/n	17	着想/v	17	主体/n	17
料理/n	17	承诺/v	17	浮现/v	17	逃跑/v	17	岳母/n	17
女婿/n	17	正气/n	17	教案/n	17	诞辰/n	17	垂危/v	17
败诉/v	17	案情/n	17	索要/v	17	告白/n	17	南北/n	17
南韩/ns	17	喷泉/n	17	爆竹/n	17	五点/t	17	彩虹/n	17
占据/v	17	豫园/n	17	优惠/a	17	多少/n	17	日程/n	17
歌曲/n	17	脚下/f	17	信念/n	17	渴/a	17	每/d	17
恼/v	17	末/n	17	连/n	17	采/v	17	娶/v	17
亚/ag	17	刁/a	17	咱/r	17	挡/v	17	齐/a	17
晴/a	17	架/q	17	反/v	17	组/n	17	额/n	17
碎/a	17	虽/c	17	饿/v	17	底/n	17	嗯/e	17
戏/n	17	食/vg	17	答/v	17	平/a	17	鼓/v	17
滚/v	17	种/n	17	粥/n	17	响/a	17	冷冷清清/z	17
打入冷宫/l	17	目不转睛/i	17	笔记本/n	17	翻老账/l	17	车到山前必有路/l	16

续表

打肿脸充胖子/l	16	前所未有/i	16	七上八下/i	16	爱不释手/i	16	愁眉苦脸/l	16
束手无策/l	16	众所周知/i	16	打退堂鼓/l	16	风土人情/i	16	搓手顿脚/i	16
安家落户/i	16	无微不至/i	16	喜气洋洋/l	16	自古以来/l	16	奉公守法/i	16
打水漂儿/l	16	疙疙瘩瘩/i	16	自卖自夸/i	16	零用钱/n	16	申请人/n	16
烟台市/ns	16	星期四/t	16	孔令辉/nr	16	想当然/v	16	一下儿/m	16
乱哄哄/z	16	李成在/nr	16	吃不开/a	16	辣椒酱/n	16	吸引力/n	16
眼泡儿/n	16	空荡荡/z	16	土耳其/ns	16	老掉牙/l	16	创造性/n	16
店主/n	16	或许/d	16	勤俭/a	16	血型/n	16	恭敬/a	16
光顾/v	16	家属/n	16	深厚/a	16	难忘/v	16	保护/n	16
学长/n	16	东南/f	16	解雇/v	16	说教/v	16	一会/m	16
一身/n	16	附近/a	16	修养/n	16	泉水/n	16	休养/v	16
停电/v	16	眼前/n	16	内地/n	16	天鹅/n	16	水库/n	16
强悍/a	16	强悍/a	16	遗嘱/n	16	命令/n	16	象征/n	16
包装/v	16	绳子/n	16	生态/n	16	合并/v	16	加班/v	16
补充/v	16	宠爱/v	16	伤疤/n	16	释放/v	16	天赋/n	16
远大/a	16	吸收/v	16	大理/ns	16	歌词/n	16	秘书/n	16
门槛/n	16	固执/a	16	专门/d	16	怜爱/v	16	血压/n	16
体罚/v	16	婆媳/n	16	杀死/v	16	爱惜/v	16	三站/ns	16
性能/n	16	舒坦/a	16	哲学/n	16	冰凉/z	16	惟独/d	16
食用/v	16	一生/m	16	西洋/n	16	模样/n	16	经受/v	16
草莓/n	16	纪律/n	16	关联/v	16	兑换/v	16	化解/v	16
男方/n	16	四周/s	16	虫子/n	16	有意/d	16	再婚/v	16
六十/m	16	结局/n	16	悲惨/a	16	簌簌/o	16	平和/a	16
智元/nr	16	面条/n	16	滥用/v	16	批改/v	16	饶命/v	16
雕刻/v	16	真理/n	16	现状/n	16	意味/n	16	快速/b	16
好转/v	16	废水/n	16	拌饭/nz	16	皮带/n	16	白头/n	16
昨晚/t	16	初恋/n	16	了却/v	16	大于/v	16	内疚/a	16
怨言/n	16	时常/d	16	坟墓/n	16	伤痕/n	16	容忍/v	16
尸体/n	16	明朗/a	16	嘟囔/v	16	不解/v	16	财源/n	16
撤销/v	16	骂街/v	16	开庭/v	16	仙境/n	16	提货/v	16
官司/n	16	枯燥/a	16	橘子/n	16	阶梯/n	16	山沟/n	16
难免/a	16	胜地/n	16	确定/v	16	逆反/v	16	体质/n	16

续表

孟子/nr	16	相见/v	16	王杰/nr	16	十六/m	16	走向/v	16
表现/n	16	子/k	16	肥/a	16	要/c	16	本/d	16
夏/t	16	横/a	16	爹/n	16	降/v	16	墓/n	16
团/v	16	嚼/v	16	龙/i	16	员/n	16	沙/n	16
免/v	16	袋/q	16	丁/nr	16	夜/n	16	例/n	16
型/n	16	赵/nr	16	弊/n	16	设/v	16	愿/vg	16
拌/v	16	迟/a	16	严/a	16	爆/v	16	敬/v	16
属/v	16	拔/v	16	背/n	16	扁/a	16	数/m	16
挽/v	16	张/v	16	想方设法/i	16	莫名其妙/i	16	水土不服/i	15
发达国家/l	15	可想而知/i	15	人际关系/n	15	贤妻良母/l	15	古色古香/i	15
尽心尽力/i	15	千里迢迢/i	15	也就是说/l	15	土里土气/z	15	不辞而别/i	15
不慌不忙/i	15	引人注目/i	15	久而久之/i	15	弄假成真/i	15	添油加醋/i	15
自作自受/i	15	石沉大海/i	15	漂漂亮亮/z	15	爆冷门儿/l	15	吃哑巴亏/l	15
吞吞吐吐/z	15	乘人之危/i	15	吃后悔药/l	15	五四广场/ns	15	想象力/n	15
阿尔芒/nr	15	暖融融/z	15	星期日/t	15	石家庄/ns	15	刘国梁/nr	15
保龄球/n	15	白白的/z	15	迎春花/n	15	吃得开/a	15	交换生/n	15
经不起/v	15	注意力/n	15	串亲戚/l	15	艺术品/n	15	家家悦/nz	15
零花钱/n	15	三轮车/n	15	佛国寺/ns	15	向日葵/n	15	生命线/n	15
潮乎乎/z	15	皱巴巴/z	15	主义者/n	15	清水池/nz	15	阿里郎/nz	15
展览会/n	15	大国/n	15	幼稚/a	15	尾气/n	15	躲避/v	15
回归/v	15	机票/n	15	名单/n	15	光临/v	15	不容/v	15
滑冰/v	15	灵魂/n	15	轻轻/d	15	古都/n	15	喊叫/v	15
即将/d	15	突然/d	15	阳台/n	15	乡村/n	15	来说/v	15
开水/n	15	请假/v	15	屋顶/s	15	灰色/n	15	蓝蓝/z	15
剧场/n	15	疼痛/a	15	池塘/n	15	宫殿/n	15	考场/n	15
吕安/nr	15	矮矮/z	15	左右/f	15	大衣/n	15	播放/v	15
现代/n	15	对手/n	15	活儿/n	15	气势/n	15	温室/n	15
狐狸/n	15	争论/v	15	特地/d	15	读者/n	15	笼子/n	15
快餐/n	15	过分/d	15	桃花/n	15	陌生/n	15	清晨/t	15
口试/n	15	上天/n	15	光州/ns	15	领域/n	15	队员/n	15
吉祥/a	15	法国/ns	15	女方/n	15	威特/nr	15	操劳/v	15
大姐/n	15	小林/nr	15	破裂/v	15	益处/n	15	总结/v	15
蹦极/n	15	落空/v	15	背影/n	15	辈子/n	15	钉子/n	15

续表

结实/a	15	海产/n	15	冷水/n	15	概念/n	15	火暴/a	15
过道/n	15	灵便/a	15	水土/n	15	保佑/v	15	广阔/a	15
世上/f	15	透明/a	15	黄昏/t	15	菩萨/n	15	收容/v	15
果实/n	15	洋财/n	15	兼并/v	15	进攻/v	15	公元/t	15
昏暗/a	15	低头/v	15	排挤/v	15	摊儿/n	15	动荡/a	15
发光/v	15	整体/n	15	买单/v	15	功课/n	15	美妙/a	15
脑袋/n	15	小巧/a	15	只顾/d	15	形式/n	15	高等/z	15
饱含/v	15	原则/n	15	品德/n	15	流传/v	15	打赌/v	15
包袱/n	15	夕阳/n	15	吃苦/v	15	热气/n	15	海风/n	15
轻狂/a	15	名堂/n	15	沉稳/a	15	调解/v	15	起跑/v	15
乘凉/v	15	延伸/v	15	筋骨/n	15	寺庙/n	15	谢意/n	15
喇叭/n	15	成立/v	15	审美/v	15	人群/n	15	风雨/n	15
环顾/v	15	伯父/n	15	不大/d	15	强调/v	15	空虚/a	15
乐意/v	15	同桌/n	15	香水/n	15	痕迹/n	15	可惜/v	15
大哥/n	15	通信/v	15	思维/n	15	恰当/a	15	专心/a	15
子/n	15	主/g	15	制/ng	15	斑/n	15	梨/n	15
枪/n	15	鼠/n	15	逢/v	15	校/ng	15	犹/v	15
冬/Tg	15	服/n	15	除/p	15	当/d	15	鹿/n	15
场/g	15	味/Ng	15	涨/v	15	继/Vg	15	权/n	15
何/r	15	富/a	15	生/a	15	超/v	15	封/v	15
剧/n	15	刑/n	15	支/q	15	整/v	15	偷/d	15
热乎乎/z	15	太原市红十字血液中心/nt	14	得不偿失/i	14	出类拔萃/i	14	有备无患/i	14
无怨无悔/l	14	发扬光大/i	14	量体裁衣/i	14	饭来张口/l	14	衣来伸手/l	14
败事有余/l	14	成事不足/l	14	本末倒置/i	14	大同小异/i	14	不翼而飞/i	14
粗心大意/i	14	闷闷不乐/i	14	接二连三/i	14	取之不尽/i	14	一股脑儿/d	14
井井有条/i	14	耳根子软/l	14	多种多样/l	14	自然环境/n	14	有眼无珠/i	14
五彩缤纷/i	14	录音机/n	14	来不及/d	14	臭豆腐/n	14	农作物/n	14
开心果/n	14	游乐场/n	14	差不多/d	14	发牢骚/v	14	鸡龙山/ns	14
慢性子/n	14	西方人/n	14	流头节/nz	14	嫂夫人/n	14	滑雪场/n	14
财神爷/n	14	游乐园/n	14	一口气/d	14	说不定/v	14	钱财/n	14
天安/ns	14	河流/n	14	老乡/n	14	覆盖/v	14	越南/ns	14
越国/ns	14	景气/a	14	位子/n	14	洛阳/ns	14	潜力/n	14

续表

姓氏/n	14	山脚/n	14	光明/a	14	客观/a	14	汇报/v	14
反抗/v	14	头顶/n	14	绿灯/n	14	打球/v	14	寒风/n	14
不怕/v	14	大酱/n	14	菊花/n	14	嘱咐/v	14	不时/d	14
炒饭/n	14	陆地/n	14	结业/v	14	过节/v	14	玩耍/v	14
指数/n	14	台球/n	14	思念/v	14	身边/n	14	果真/d	14
领土/n	14	调和/v	14	过于/d	14	悠然/a	14	雾气/n	14
叛逆/v	14	增添/v	14	无比/v	14	不便/a	14	王子/n	14
聚集/v	14	运用/v	14	村民/n	14	麻痹/v	14	视力/n	14
行星/n	14	展示/v	14	加以/v	14	角色/n	14	理性/n	14
系统/n	14	高峰/n	14	锅炉/n	14	车辆/n	14	随便/d	14
赢得/v	14	开支/n	14	分类/v	14	作弊/v	14	流行/a	14
商贩/n	14	活跃/a	14	美元/n	14	精致/a	14	反感/a	14
京剧/n	14	雨衣/n	14	花瓶/n	14	灭亡/v	14	宗教/n	14
欢喜/a	14	执行/v	14	受罪/v	14	男性/n	14	口水/n	14
长处/n	14	自首/v	14	主张/n	14	扫地/v	14	宝宝/n	14
真正/a	14	后盾/n	14	浏览/v	14	姑母/n	14	举手/v	14
领奖/v	14	分析/v	14	用途/n	14	辨别/v	14	斗争/v	14
旗号/n	14	往事/n	14	试图/v	14	圣经/n	14	冷淡/a	14
生理/n	14	莲花/n	14	品味/v	14	合计/v	14	回扣/n	14
艳阳/n	14	废话/n	14	同感/n	14	问候/v	14	当时/d	14
有限/a	14	诗人/n	14	美满/a	14	设立/v	14	导演/v	14
视线/n	14	李英/nr	14	是非/n	14	锦江/n	14	歌声/n	14
海面/n	14	心气/n	14	称呼/v	14	展品/n	14	部队/n	14
评价/n	14	定位/v	14	随地/d	14	转学/v	14	在意/v	14
趋势/n	14	问问/v	14	吃亏/v	14	倾盆/b	14	用心/a	14
王星/nr	14	约会/v	14	大型/b	14	宣扬/v	14	黏土/n	14
重温/v	14	曝光/v	14	胜诉/v	14	民事/b	14	上进/v	14
了结/v	14	十四/m	14	过度/a	14	犹如/v	14	字眼/n	14
朗读/v	14	楼房/n	14	机关/n	14	报告/n	14	伴侣/n	14
神经/n	14	佛教/n	14	玫瑰/n	14	警告/v	14	期中/n	14
车铺/n	14	壮丽/a	14	临时/d	14	语气/n	14	餐馆/n	14
货物/n	14	溜达/v	14	春天/n	14	美化/v	14	风情/n	14
恩惠/n	14	角落/n	14	学术/n	14	陶器/n	14	迷人/a	14

续表

自觉/a	14	会话/v	14	虎/n	14	顶/n	14	劲/n	14
摞/v	14	乃/c	14	算/d	14	果/n	14	澡/n	14
蹭/v	14	避/v	14	音/n	14	麻/n	14	隔/v	14
朱/nr	14	座/g	14	向/d	14	少/m	14	愁/ng	14
许/v	14	图/n	14	第/m	14	癌/n	14	签/v	14
汪/nr	14	片/n	14	欠/v	14	料/n	14	海拔/n	14
筋疲力尽/i	14	成分/n	14	行行出状元/l	13	贵人多忘事/l	13	非一日之寒/l	13
八字没一撇/l	13	天安门广场/ns	13	至高无上/l	13	坐立不安/i	13	自告奋勇/i	13
相夫教子/l	13	焉头奋脑/a	13	从容不迫/i	13	玛格丽特/nr	13	阿格尼斯/nr	13
诚心诚意/i	13	冰冻三尺/l	13	赞不绝口/i	13	变化无常/i	13	锦江大桥/ns	13
满不在乎/l	13	祸不单行/i	13	十指连心/i	13	女大当嫁/l	13	千方百计/i	13
学生证/n	13	资格证/n	13	经济学/n	13	洗衣店/n	13	韩国人/n	13
打雪仗/v	13	复印件/n	13	沾边儿/v	13	暖洋洋/z	13	难为情/l	13
唱片儿/n	13	不至于/d	13	不在乎/v	13	一次性/b	13	冰淇淋/n	13
小吃部/n	13	连续剧/n	13	面包车/n	13	副作用/n	13	健身房/n	13
老虎滩/ns	13	免不了/v	13	甜头儿/n	13	三仙山/ns	13	王先生/nr	13
纪念馆/n	13	莫愁湖/ns	13	好容易/a	13	蒲公英/n	13	佛像/n	13
性别/n	13	造句/v	13	大胆/a	13	湿润/a	13	养活/v	13
心口/n	13	早点/d	13	校服/n	13	吵闹/v	13	出口/n	13
专业/b	13	万岁/n	13	慢慢/a	13	抚养/v	13	三点/t	13
傻瓜/n	13	差点/d	13	法规/n	13	驾驶/v	13	手头/n	13
试验/v	13	路边/s	13	静静/z	13	顽皮/a	13	国旗/n	13
粉丝/n	13	母女/n	13	外套/n	13	纽约/ns	13	鼓掌/v	13
基督/n	13	忙活/v	13	冻伤/v	13	漫长/a	13	天地/n	13
境界/n	13	难民/n	13	影片/n	13	连续/d	13	高楼/n	13
摆设/n	13	辉煌/a	13	临近/v	13	队长/n	13	选举/v	13
主题/n	13	年级/q	13	保守/v	13	不利/a	13	肥胖/a	13
短处/n	13	视野/n	13	郊区/ns	13	配套/a	13	营造/v	13
直达/v	13	回顾/v	13	使得/v	13	废气/n	13	标明/v	13
职责/n	13	厨师/n	13	下载/v	13	室内/f	13	细细/d	13
国语/n	13	让步/v	13	脂肪/n	13	影子/n	13	强化/v	13
会员/n	13	助长/v	13	性情/n	13	朴素/a	13	无意/d	13
援手/v	13	正是/d	13	文秘/n	13	产量/n	13	着手/v	13

续表

纠正/v	13	和蔼/a	13	辈子/q	13	发财/v	13	相对/a	13
地瓜/n	13	火柴/n	13	老二/n	13	缺席/v	13	礼拜/n	13
虚伪/a	13	缓和/v	13	典故/n	13	边儿/n	13	邮票/n	13
胡子/n	13	投稿/v	13	八字/n	13	发愁/v	13	盛会/n	13
相亲/v	13	香气/n	13	当年/t	13	门缝/n	13	描述/v	13
老小/n	13	保票/n	13	成民/nr	13	顺着/p	13	银杏/n	13
合伙/v	13	袖子/n	13	翻番/v	13	疗程/n	13	铁路/n	13
大陆/n	13	保鲜/v	13	皮包/n	13	坚硬/a	13	美丽/nr	13
拌饭/n	13	信仰/n	13	处长/n	13	就算/c	13	担子/n	13
欢快/a	13	体贴/v	13	觉悟/v	13	自强/v	13	鱼饵/n	13
平时/n	13	芳龄/n	13	心眼/n	13	界限/n	13	考验/v	13
暖流/n	13	古人/n	13	交加/v	13	出于/v	13	分数/n	13
慌乱/a	13	阴天/n	13	海滩/n	13	叹气/v	13	之下/f	13
瓜葛/n	13	心头/s	13	拉长/v	13	斧子/n	13	现今/t	13
爬泳/n	13	属实/a	13	式样/n	13	撤诉/v	13	春季/t	13
松散/a	13	排列/v	13	诉说/v	13	胖子/n	13	资产/n	13
西部/f	13	少女/n	13	游人/n	13	扑克/n	13	软卧/n	13
体现/v	13	只有/v	13	处境/n	13	自愿/v	13	中灿/nr	13
水饺/n	13	山东/n	13	电梯/n	13	张开/v	13	口感/n	13
途/n	13	引/v	13	万/d	13	批/q	13	蜂/n	13
捉/v	13	春/Tg	13	陡/a	13	偏/a	13	案/n	13
锁/n	13	熄/v	13	薪/n	13	该/r	13	惨/a	13
色/ng	13	丝/q	13	呛/v	13	舍/v	13	泣/v	13
怎/r	13	栽/v	13	些/m	13	漫/v	13	个/r	13
铃/n	13	包/q	13	忧/n	13	碑/n	13	叹/v	13
文/n	13	咧/v	13	省/n	13	圆/n	13	征/v	13
透/v	13	刹/v	13	灌/v	13	顾/vg	13	喜/ag	13
后顾之忧/n	13	四合院/n	13	字幕/n	13	中华人民共和国/ns	12	初生牛犊不怕虎/l	12
赶早不赶晚/l	12	不打不成交/l	12	谈天说地/l	12	不堪设想/i	12	安安静静/z	12
高楼大厦/l	12	惊慌失措/i	12	不亦乐乎/l	12	独生子女/n	12	形影不离/i	12
首尔大学/nt	12	东奔西走/i	12	大手大脚/l	12	脚踏实地/i	12	十全十美/l	12
发愤图强/i	12	不学无术/i	12	不务正业/i	12	八仙过海/i	12	必不可少/l	12

续表

男尊女卑/i	12	坚持不懈/i	12	寥寥无几/i	12	独生子/n	12	空巢症/n	12
自助餐/n	12	情人节/n	12	修理工/n	12	火车票/n	12	寄生虫/l	12
小偷儿/n	12	汉堡包/n	12	背地里/n	12	打是亲/l	12	优越感/n	12
工艺品/n	12	运动鞋/n	12	那会儿/r	12	吃得消/v	12	共同点/n	12
羊肉串/n	12	粉红色/n	12	志愿者/n	12	中东欧/ns	12	王老师/nr	12
奥每加/nz	12	打嘴仗/v	12	大气层/n	12	劳动力/n	12	学习班/n	12
背包袱/l	12	派出所/n	12	职业病/n	12	回复/v	12	风度/n	12
路过/v	12	随后/d	12	黑暗/a	12	短期/b	12	出演/v	12
服刑/v	12	胸口/n	12	放任/v	12	富翁/n	12	福利/n	12
南大/j	12	教练/n	12	呆呆/z	12	设想/v	12	雄壮/a	12
毅力/n	12	人力/n	12	欢呼/v	12	免得/v	12	纷纷/a	12
变迁/v	12	兜儿/n	12	韩服/n	12	仿佛/v	12	转变/v	12
提问/v	12	点头/v	12	曲阜/ns	12	恩爱/a	12	岳父/n	12
等级/n	12	师大/j	12	拉美/ns	12	码头/n	12	九点/t	12
药店/n	12	松树/n	12	获取/v	12	抽空/v	12	放下/v	12
讲座/n	12	业绩/n	12	乐器/n	12	样儿/n	12	发亮/v	12
典礼/n	12	光亮/a	12	海底/n	12	山腰/n	12	惊醒/v	12
田山/ns	12	死心/v	12	海上/s	12	侵略/v	12	私人/n	12
可口/a	12	痒痒/a	12	仙女/n	12	已经/p	12	栏杆/n	12
小路/n	12	协助/v	12	白话/n	12	紧要/a	12	指甲/n	12
效应/n	12	受益/v	12	一致/a	12	受害/v	12	忐忑/a	12
住宅/n	12	冷清/a	12	挨骂/v	12	虚弱/a	12	一流/a	12
少数/m	12	杀害/v	12	面前/n	12	特此/d	12	书房/n	12
海带/n	12	注视/v	12	嫩草/n	12	凭借/p	12	瘫痪/v	12
钻石/n	12	进步/n	12	忘怀/v	12	退伍/v	12	深深/d	12
跳绳/v	12	一等/b	12	徒弟/n	12	口子/n	12	大度/a	12
跋涉/v	12	红岛/ns	12	到底/v	12	叮嘱/v	12	协议/n	12
共同/d	12	红火/a	12	注册/v	12	试卷/n	12	消化/v	12
天性/n	12	死者/n	12	快点/d	12	逊色/a	12	随手/d	12
忘性/n	12	体内/s	12	传说/v	12	名山/n	12	直奔/v	12
小区/n	12	讲价/v	12	八成/d	12	晚辈/n	12	辣酱/n	12
农田/n	12	人身/n	12	石阶/n	12	聋子/n	12	统治/v	12
邻里/n	12	徘徊/v	12	美德/n	12	夜空/n	12	捐款/n	12

续表

盗贼/n	12	团结/a	12	北面/f	12	克制/v	12	势必/d	12
见效/a	12	奖券/n	12	国土/n	12	好歹/n	12	自负/a	12
纪录/n	12	解聘/v	12	堤坝/n	12	修改/v	12	人造/b	12
尖尖/z	12	愚蠢/a	12	抑制/v	12	香山/ns	12	潇洒/a	12
全力/n	12	胆小/a	12	阻止/v	12	脸蛋/n	12	幻想/v	12
情愿/v	12	弱者/n	12	迷信/v	12	吉利/a	12	破产/v	12
懒惰/a	12	外形/n	12	见识/n	12	陈列/v	12	地狱/n	12
讲师/n	12	相识/v	12	水石/nz	12	劳累/a	12	人气/n	12
丢人/a	12	国立/b	12	断定/v	12	更换/v	12	夸大/v	12
操办/v	12	县长/n	12	愤怒/a	12	赞叹/v	12	吸取/v	12
受苦/v	12	愣神/v	12	职称/n	12	组织/n	12	父子/n	12
埋没/v	12	志愿/n	12	通用/v	12	汗水/n	12	请教/v	12
疯子/n	12	自助/v	12	限度/n	12	找到/v	12	相反/c	12
香油/n	12	葬礼/n	12	一旦/c	12	多数/m	12	胃癌/n	12
心酸/a	12	岁数/n	12	理智/n	12	豫园/ns	12	馒头/n	12
酷爱/v	12	文具/n	12	孝道/n	12	路上/n	12	连声/d	12
相通/v	12	服从/v	12	外婆/n	12	帮助/vn	12	拖鞋/n	12
酒窝/n	12	急事/n	12	魔术/n	12	呵呵/o	12	算卦/v	12
图画/n	12	亲友/n	12	搂/v	12	吵/a	12	刻/q	12
沿/v	12	居/vg	12	误/v	12	葱/n	12	吨/q	12
女/n	12	林/n	12	今/t	12	呜/o	12	末/f	12
满/d	12	儿/n	12	间/n	12	丧/Vg	12	总/a	12
场/n	12	悬/v	12	色/Ng	12	捅/v	12	棒/n	12
歪/a	12	尾/ng	12	架/n	12	根/n	12	同/d	12
李/n	12	名/a	12	客/Ng	12	岸/n	12	握/v	12
掀/v	12	狂/a	12	车/q	12	角/q	12	眉/n	12
咒/v	12	折/v	12	赛/v	12	毁/v	12	朴/nr	12
嫌/v	12	段/n	12	照/p	12	割/v	12	姜/nr	12
翘/v	12	撒/v	12	度/v	12	债/n	12	爽/a	12
姨/n	12	气呼呼/z	12	多一事不如少一事/l	11	中国国际旅游公司/nz	11	好酒不怕巷子深/l	11
好钢用在刀刃上/l	11	防君子不防小人/l	11	多个朋友多条路/l	11	重打锣鼓另开张/l	11	不撞南墙不回头/l	11

续表

失败乃成功之母/l	11	好心成了驴肝肺/l	11	好了伤疤忘了疼/l	11	拿人家的手短/l	11	恭敬不如从命/l	11
隔行如隔山/l	11	即期信用证/n	11	饿死胆小的/l	11	撑死胆大的/l	11	哪能不湿鞋/l	11
常做手不笨/l	11	常说口里顺/l	11	恨铁不成钢/l	11	世上无难事/l	11	韩国大学/nt	11
综上所述/c	11	生气勃勃/i	11	徐娘半老/i	11	自顾不暇/i	11	奥林匹克/nz	11
安分守己/i	11	除此之外/c	11	清清楚楚/z	11	平平安安/z	11	应有尽有/i	11
二氧化碳/n	11	一望无际/i	11	大大小小/l	11	自然而然/l	11	倾盆大雨/i	11
蒸蒸日上/i	11	相比之下/l	11	紫菜包饭/nz	11	自得其乐/i	11	大材小用/i	11
吹毛求疵/i	11	川流不息/i	11	承前启后/i	11	层出不穷/i	11	不三不四/i	11
不欢而散/i	11	再借不难/l	11	好借好还/l	11	服谁的管/l	11	端谁的碗/l	11
小事化了/l	11	大事化小/l	11	大公无私/i	11	劈头盖脸/i	11	灵丹妙药/l	11
全心全意/i	11	弯弯曲曲/z	11	星海广场/ns	11	心心相印/i	11	十字路口/n	11
群山大学/nt	11	心狠手辣/i	11	有生以来/l	11	忍无可忍/i	11	轻而易举/i	11
不可思议/i	11	终有一别/l	11	吃闭门羹/l	11	美术馆/n	11	对得起/v	11
柳叶眉/n	11	急性子/n	11	停车场/n	11	黑社会/n	11	葡萄酒/n	11
足球场/n	11	当事人/n	11	大白菜/n	11	生命力/n	11	五花肉/n	11
步步高/ns	11	全世界/n	11	老皇历/n	11	骂是爱/l	11	高射炮/n	11
咖啡厅/n	11	兜着走/l	11	吃不了/l	11	小提琴/n	11	白茫茫/z	11
中文系/n	11	素养坝/ns	11	有意思/v	11	所有权/n	11	吉祥物/n	11
对劲儿/a	11	平方米/q	11	胡萝卜/n	11	工程师/n	11	新天地/ns	11
李老师/nr	11	初中生/n	11	南京市/ns	11	毛泽东/nr	11	圆圆的/z	11
追星族/n	11	鸭绿江/ns	11	光合灯/n	11	耳根子/n	11	伊拉克/ns	11
打旗号/l	11	代表性/n	11	音乐会/n	11	警察局/n	11	哈哈哈/o	11
博览会/n	11	指教/v	11	含义/n	11	盛开/v	11	报刊/n	11
饭食/n	11	必修/v	11	脆弱/a	11	本能/n	11	光彩/a	11
早点/n	11	只得/d	11	罢了/y	11	高烧/n	11	平衡/a	11
保险/n	11	村里/n	11	较大/a	11	百姓/n	11	抽象/a	11
南大/nt	11	学好/v	11	住房/n	11	意愿/n	11	球迷/n	11
赶忙/d	11	终日/d	11	帅哥/n	11	分钟/n	11	留给/v	11
下周/t	11	远处/s	11	盒子/n	11	来回/v	11	身影/n	11
十七/m	11	通宵/v	11	架子/n	11	刹车/v	11	工夫/n	11
热带/n	11	学士/n	11	这次/r	11	收获/n	11	四方/b	11
蜻蜓/n	11	十点/t	11	昆虫/n	11	巴西/ns	11	考卷/n	11

续表

头疼/a	11	眼前/f	11	透过/v	11	眨眼/v	11	展览/v	11
期盼/v	11	有着/v	11	正巧/d	11	做人/v	11	沐浴/v	11
魔鬼/n	11	慌忙/a	11	小黄/nr	11	五四/t	11	偏见/n	11
最后/a	11	最后/b	11	演奏/v	11	滩涂/n	11	供应/v	11
适量/a	11	韩币/n	11	郊区/n	11	集体/n	11	必然/d	11
开通/v	11	后事/n	11	家园/n	11	课外/t	11	投资/n	11
梦幻/n	11	繁多/a	11	营业/v	11	摊位/n	11	游乐/v	11
谈判/v	11	革命/v	11	嘴边/s	11	邮寄/v	11	新编/v	11
结论/n	11	母语/n	11	共存/v	11	转业/v	11	福气/n	11
公正/a	11	绝食/v	11	要害/n	11	卑鄙/a	11	穿过/v	11
小气/a	11	绑架/v	11	长沙/ns	11	辞退/v	11	常识/n	11
渡过/v	11	闹钟/n	11	预算/n	11	海豚/n	11	同居/v	11
长假/n	11	推动/v	11	烈日/n	11	舒适/a	11	将就/v	11
亏得/v	11	节俭/a	11	泰安/ns	11	反馈/v	11	果断/a	11
身子/n	11	西北/f	11	争执/v	11	软弱/a	11	大哈/n	11
选择/n	11	重点/n	11	拿手/a	11	台东/ns	11	外遇/n	11
攀岩/v	11	野炊/v	11	闷热/a	11	气话/n	11	新年/n	11
感恩/v	11	繁荣/a	11	串线/v	11	机密/a	11	西南/f	11
新罗/ns	11	新罗/n	11	促成/v	11	德行/n	11	过时/a	11
大厅/n	11	大葱/n	11	排骨/n	11	音响/n	11	保健/b	11
当时/n	11	世上/s	11	违法/v	11	罗锅/n	11	空闲/a	11
老鸹/n	11	园林/n	11	某些/r	11	封建/n	11	开展/v	11
南瓜/n	11	果树/n	11	信用/n	11	小刘/nr	11	考题/n	11
试想/v	11	大米/n	11	财迷/n	11	翻阅/v	11	走调/v	11
手气/n	11	横财/n	11	发福/v	11	灌溉/v	11	丢丑/v	11
节制/v	11	教材/n	11	顶点/n	11	田地/n	11	凑合/v	11
路灯/n	11	不平/a	11	作料/n	11	口号/n	11	贪污/v	11
烦心/v	11	创作/v	11	女友/n	11	七十/m	11	仑河/nr	11
年青/a	11	反面/n	11	手套/n	11	杂技/n	11	李四/nr	11
张三/nr	11	名气/n	11	走神/v	11	张生/nr	11	再说/c	11
走形/v	11	嘀咕/v	11	紧紧/z	11	猛烈/a	11	想到/v	11
关上/v	11	丫头/n	11	昨天/n	11	原理/n	11	送终/v	11
出息/n	11	掠过/v	11	灰白/b	11	效力/n	11	隐私/n	11

续表

关头/n	11	好笑/a	11	伸手/v	11	空白/n	11	转身/v	11
当代/t	11	词语/n	11	明香/nr	11	名优/a	11	自古/d	11
抽屉/n	11	下棋/v	11	成家/v	11	姐夫/n	11	打车/v	11
倾听/v	11	弱化/v	11	拉松/n	11	手艺/n	11	形态/n	11
冬天/n	11	夫子/n	11	海南/ns	11	台风/n	11	怀抱/n	11
和解/v	11	懊恼/a	11	地道/a	11	硬卧/n	11	急救/v	11
话剧/n	11	列车/n	11	喜悦/n	11	外交/n	11	起/d	11
坤/nr	11	屁/n	11	主/n	11	迷/n	11	银/b	11
冬/n	11	夏/Tg	11	右/f	11	调/v	11	售/v	11
端/v	11	婚/ng	11	珠/n	11	试/n	11	君/n	11
澡/ng	11	糕/n	11	钩/n	11	游/ng	11	瓢/n	11
艳/a	11	妻/n	11	头/a	11	嵌/v	11	机/n	11
烂/a	11	系/v	11	久/n	11	歹/a	11	映/v	11
掠/v	11	挤/a	11	急/v	11	愣/v	11	会/d	11
耳/n	11	硬/d	11	少/v	11	摘/v	11	跌/v	11
师/n	11	歇/v	11	史/n	11	角/n	11	竹/ng	11
佛/n	11	雷/n	11	礼/n	11	纯/a	11	乖/a	11
衣/Ng	11	播/v	11	轿/n	11	蹲/v	11	所/n	11
园/n	11	压岁钱/n	11	峨眉山/ns	11	搭腔/v	11	不能吊死在一棵树上/l	10
当一天和尚撞一天钟/l	10	丑媳妇总得见公婆/l	10	当着真人不说假话/l	10	癞蛤蟆想吃天鹅肉/l	10	功夫不负苦心人/l	10
奥林匹克运动会/n	10	天无绝人之路/l	10	悔青了肠子/l	10	女大十八变/l	10	不由自主/i	10
孤儿寡母/l	10	毫不犹豫/l	10	东施效颦/i	10	宇宙飞船/n	10	可口可乐/n	10
北海公园/ns	10	圣诞老人/n	10	交通工具/n	10	形影相吊/i	10	一如既往/i	10
相提并论/i	10	自然灾害/n	10	不见不散/l	10	出乎意料/i	10	糊涂一时/l	10
开卷有益/i	10	五光十色/i	10	形形色色/z	10	当机立断/i	10	聪明一世/l	10
自寻烦恼/l	10	火上浇油/l	10	有言在先/i	10	没心没肺/l	10	敲锣打鼓/l	10
恭恭敬敬/z	10	心旷神怡/i	10	张冠李戴/i	10	不知所措/i	10	喝墨水儿/l	10
不经意/v	10	纪念日/n	10	开玩笑/l	10	杀人犯/n	10	旅游团/n	10
政治家/n	10	恐惧感/n	10	看样子/l	10	光秃秃/z	10	成就感/n	10
星巴克/nz	10	负责人/n	10	俱乐部/n	10	独生女/n	10	俄罗斯/ns	10
健身器/n	10	营业员/n	10	细细的/z	10	紧箍咒/n	10	黑猩猩/n	10

续表

过山车/n	10	什刹海/ns	10	井冈山/ns	10	冰灯节/nz	10	北韩江/n	10
灶王爷/n	10	吉普车/n	10	庆尚道/ns	10	眼巴巴/d	10	共产党/n	10
口香糖/n	10	研究所/n	10	臭氧层/n	10	翻跟头/l	10	吃豆腐/l	10
心脏病/n	10	杨贵妃/nr	10	冷冰冰/z	10	八十/m	10	大大/d	10
近年/t	10	蜗牛/n	10	九十/m	10	下边/f	10	岗位/n	10
关爱/v	10	无知/a	10	报仇/v	10	职务/n	10	针对/p	10
飞行/v	10	与否/u	10	达成/v	10	由此/p	10	秀丽/a	10
增进/v	10	步行/v	10	科举/n	10	瘦瘦/a	10	孕妇/n	10
宝物/n	10	算得/v	10	餐桌/n	10	学分/n	10	地毯/n	10
磁带/n	10	成年/v	10	争吵/v	10	伴随/v	10	老天/n	10
有些/d	10	礼仪/n	10	油菜/n	10	乘车/v	10	南海/ns	10
祥子/nr	10	累死/v	10	西餐/n	10	多种/m	10	批准/v	10
港口/n	10	落地/v	10	睫毛/n	10	上下/f	10	化肥/n	10
微微/d	10	亭子/n	10	时节/n	10	清洁/a	10	鸽子/n	10
螃蟹/n	10	戏团/n	10	案子/n	10	朝廷/n	10	宣祖/n	10
交错/v	10	背叛/v	10	密码/n	10	大王/n	10	浇水/v	10
痒痒/z	10	口吃/v	10	寡妇/n	10	知暎/nr	10	常见/a	10
考生/n	10	改造/v	10	北大/nt	10	混合/v	10	斜坡/n	10
公公/n	10	管教/v	10	出色/a	10	将军/n	10	菜单/n	10
负面/b	10	核桃/n	10	圈子/n	10	本领/n	10	活跃/v	10
乘坐/v	10	可怜/v	10	有美/nr	10	黑人/n	10	监督/v	10
入迷/a	10	耐心/n	10	冯敏/nr	10	大路/n	10	韭菜/n	10
慢走/v	10	功利/n	10	终极/n	10	条子/n	10	伙伴/n	10
风气/n	10	爱慕/v	10	演技/n	10	单独/d	10	反思/v	10
隧道/n	10	报案/v	10	水洗/b	10	圆形/n	10	鸭子/n	10
感想/n	10	荣誉/n	10	鼓动/v	10	一手/m	10	屏幕/n	10
延续/v	10	灾区/n	10	进度/n	10	莫非/d	10	关怀/n	10
出头/n	10	白费/v	10	苍蝇/n	10	刚才/d	10	下岗/v	10
相对/v	10	单打/n	10	脸皮/n	10	微弱/a	10	听讲/v	10
细胞/n	10	复婚/v	10	倾向/n	10	痴迷/v	10	比拟/v	10
漫游/v	10	麦收/v	10	热度/n	10	一头/d	10	专利/n	10
对劲/a	10	汉江/ns	10	汉江/n	10	侄子/n	10	暴躁/a	10
拍摄/v	10	听写/v	10	嗅觉/n	10	子孙/n	10	胃炎/n	10

续表

众多/m	10	初一/t	10	证件/n	10	李强/nr	10	捣蛋/v	10
老李/nr	10	退货/v	10	主演/n	10	着呢/u	10	经费/n	10
花哨/a	10	水灾/n	10	花费/v	10	外甥/n	10	产地/n	10
中暑/v	10	摇篮/n	10	地板/n	10	几百/m	10	肥沃/a	10
用于/v	10	建成/v	10	昏黄/a	10	把脉/v	10	茫然/a	10
血库/n	10	同类/n	10	明确/v	10	正传/n	10	微小/a	10
深度/n	10	成天/d	10	粉色/n	10	短暂/a	10	路程/n	10
杂音/n	10	附上/v	10	难为/v	10	出错/v	10	场地/n	10
呈现/v	10	技巧/n	10	老爷/n	10	规矩/n	10	解放/v	10
不住/v	10	悉尼/ns	10	懒得/v	10	竹竿/n	10	战斗/v	10
古董/n	10	英台/nr	10	景区/n	10	不良/b	10	插队/v	10
担心/n	10	赌咒/v	10	任期/n	10	热衷/v	10	模范/n	10
急忙/a	10	不理/v	10	加倍/d	10	王朝/n	10	说道/v	10
哽咽/v	10	传颂/v	10	毛巾/n	10	挑食/v	10	官职/n	10
图腾/n	10	词汇/n	10	修好/v	10	缺勤/v	10	肠子/n	10
哲理/n	10	修饰/v	10	铃声/n	10	屈从/v	10	散发/v	10
适合/a	10	凝固/v	10	杨柳/n	10	性感/a	10	次数/n	10
大丘/ns	10	同胞/n	10	孙女/n	10	中断/v	10	发酵/v	10
品格/n	10	均匀/a	10	动手/v	10	青海/ns	10	松鼠/n	10
对比/v	10	地步/n	10	部分/q	10	日语/nz	10	袜子/n	10
仙林/ns	10	酗酒/v	10	上边/f	10	子君/nr	10	生机/n	10
坚定/v	10	无锡/ns	10	绘画/n	10	绿叶/n	10	宝/n	10
妆/n	10	涂/v	10	时/q	10	互/d	10	叼/v	10
不/a	10	咦/o	10	吭/v	10	韩/n	10	节/Ng	10
早/t	10	偏/v	10	拢/v	10	斜/a	10	初/t	10
跪/v	10	捞/v	10	活/a	10	商/n	10	迈/v	10
杨/nr	10	充/v	10	觉/ng	10	尾/n	10	村/g	10
拜/v	10	方/k	10	屎/n	10	扒/v	10	装/n	10
祭/v	10	潮/n	10	鹤/n	10	疯/a	10	持/v	10
岁/n	10	芽/n	10	铺/n	10	文/ng	10	图/v	10
环/v	10	鹅/n	10	囊/n	10	零/m	10	昏/v	10
斩/v	10	秒/q	10	经/v	10	整/n	10	献/v	10
重/d	10	足/d	10	冲/p	10	害/n	10	结账/v	10

续表

过了这个村就没这个店了/l	9	南非环球电器公司/nz	9	好汉不吃眼前亏/l	9	饱汉不知饿汉饥/l	9	矮子里选将军/l	9
发展中国家/l	9	常在河边站/l	9	除此以外/l	9	四面八方/i	9	基督教徒/n	9
反复无常/l	9	家庭妇女/l	9	中国银行/nt	9	多才多艺/a	9	春捂秋冻/l	9
祸从口出/i	9	病从口入/i	9	比上不足/l	9	有始有终/l	9	必有一伤/l	9
泪如泉涌/i	9	浓妆艳抹/l	9	不可言传/l	9	哭笑不得/i	9	大起大落/l	9
哈利波特/nr	9	设计师/n	9	书面语/n	9	主持人/n	9	青海湖/ns	9
脑血栓/n	9	知异山/ns	9	游戏机/n	9	大家庭/n	9	中年人/n	9
李适遥/nr	9	窝囊废/n	9	唱红脸/l	9	保护伞/n	9	这时候/r	9
高跟鞋/n	9	胸大肌/n	9	积极性/n	9	拔尖儿/a	9	啤酒节/n	9
矿泉水/n	9	必要性/n	9	家里人/n	9	黄鼠狼/n	9	黑黝黝/z	9
走后门/l	9	必需品/n	9	了不得/a	9	沃尔玛/nz	9	购买力/n	9
糖尿病/n	9	吃苦头/l	9	栽跟头/l	9	精神病/n	9	进出口/j	9
父母节/t	9	展销会/n	9	一把手/n	9	主考官/n	9	基本上/d	9
鸭嘴兽/n	9	购物狂/n	9	高血压/n	9	智异山/ns	9	感染者/n	9
各地区/s	9	贞丰桥/ns	9	中天门/ns	9	饭馆儿/n	9	多样性/n	9
孤儿院/n	9	香味儿/n	9	钉子户/n	9	顺风耳/l	9	千里眼/l	9
打官司/v	9	传染病/n	9	释迦塔/n	9	养老院/n	9	沙漠化/v	9
公文包/n	9	北京市/ns	9	海产品/n	9	人性/n	9	失眠/v	9
诗集/n	9	心爱/a	9	心爱/v	9	北部/f	9	药物/n	9
眼皮/n	9	薪水/n	9	高山/n	9	罢了/u	9	赡养/v	9
妖精/n	9	群山/n	9	私事/n	9	贡献/n	9	支配/v	9
智力/n	9	分成/v	9	器材/n	9	直播/v	9	瓜子/n	9
随着/p	9	内衣/n	9	四点/t	9	推行/v	9	封闭/v	9
这点/r	9	基本/n	9	认定/v	9	十渡/ns	9	毁灭/v	9
餐具/n	9	出嫁/v	9	火腿/n	9	去掉/v	9	白发/n	9
富于/v	9	船票/n	9	护理/v	9	闪电/n	9	书籍/n	9
参军/v	9	交道/n	9	特有/v	9	暖暖/a	9	中餐/n	9
双手/n	9	源于/v	9	停留/v	9	非难/v	9	裁判/n	9
白痴/n	9	间谍/n	9	飞扬/v	9	蔚蓝/a	9	浴场/n	9
柳树/n	9	浴场/n	9	柳树/n	9	即便/c	9	手帕/n	9
家境/n	9	狠狠/d	9	病状/n	9	愉悦/a	9	计算/v	9
近况/n	9	诧异/a	9	表哥/n	9	挥动/v	9	指挥/v	9

续表

监视/v	9	河水/n	9	无法/v	9	最后/c	9	带领/v	9
危害/n	9	撒娇/v	9	程序/n	9	苦涩/a	9	文凭/n	9
刺猬/n	9	水准/n	9	房价/n	9	成本/n	9	事先/d	9
学习/vn	9	男士/n	9	面目/n	9	行驶/v	9	景致/n	9
夜间/t	9	明珠/n	9	清淡/a	9	个头/n	9	资本/n	9
参与/v	9	未必/d	9	下级/n	9	赞同/v	9	半夜/t	9
李彬/nr	9	祝愿/v	9	可悲/a	9	结交/v	9	夜车/n	9
切磋/v	9	取经/v	9	葫芦/n	9	红脸/n	9	古玩/n	9
球赛/n	9	过夜/v	9	工作/vn	9	眼角/n	9	口哨/n	9
做工/v	9	懒虫/n	9	守时/v	9	拐杖/n	9	反叛/v	9
滑梯/n	9	果汁/n	9	尾辫/n	9	辐射/v	9	近照/n	9
推辞/v	9	理睬/v	9	隐蔽/v	9	数码/n	9	唾沫/n	9
球队/n	9	顾虑/n	9	抢劫/v	9	大山/nr	9	大山/n	9
网页/n	9	重复/v	9	执照/n	9	浓眉/n	9	安乐/a	9
含笑/v	9	敏捷/a	9	天神/n	9	含有/v	9	要素/n	9
本事/n	9	奖励/v	9	原意/v	9	论点/n	9	一来/m	9
啰嗦/a	9	异性/n	9	折腾/v	9	棱角/n	9	名称/n	9
设法/v	9	舆论/n	9	大川/nr	9	桃子/n	9	白云/n	9
集会/n	9	好说/a	9	电灯/n	9	开拓/v	9	西方/s	9
利润/n	9	外贸/n	9	酱汤/n	9	操作/v	9	一律/d	9
祭礼/n	9	大年/nr	9	扇子/n	9	时机/n	9	比方/v	9
不合/v	9	大韩/ns	9	高丽/ns	9	电池/n	9	四周/f	9
四周/n	9	插手/v	9	比萨/n	9	鸡毛/n	9	发芽/v	9
有意/v	9	闲饭/n	9	茶壶/n	9	天真/a	9	自找/v	9
神通/n	9	坏蛋/n	9	当选/v	9	靠垫/n	9	丝绸/n	9
软件/n	9	顶峰/n	9	完备/a	9	见效/v	9	投案/v	9
逐步/d	9	君子/n	9	供职/v	9	艳福/n	9	公办/b	9
公民/n	9	供给/v	9	五音/n	9	发给/v	9	用量/n	9
仗义/a	9	舌头/n	9	法官/n	9	袋子/n	9	分子/n	9
明智/a	9	珍岛/ns	9	数据/n	9	就算/d	9	疲倦/a	9
处处/d	9	崂山/ns	9	关切/v	9	接连/d	9	喧哗/v	9
人为/v	9	伎俩/n	9	迁就/v	9	赛跑/v	9	神气/a	9
房费/n	9	补丁/n	9	狂人/n	9	如初/v	9	网恋/v	9

续表

流感/n	9	起义/v	9	稀少/a	9	古代/n	9	另外/b	9
书架/n	9	所在/n	9	窗帘/n	9	狂热/a	9	瓶子/n	9
周年/n	9	串味/v	9	有力/a	9	掩饰/v	9	街坊/n	9
效力/v	9	细节/n	9	模型/n	9	过度/d	9	深切/a	9
东海/n	9	揪心/a	9	节食/v	9	墙壁/n	9	一次/m	9
老外/n	9	心想/v	9	表弟/n	9	谢绝/v	9	大声/d	9
步入/v	9	清亮/a	9	宽阔/a	9	情趣/n	9	燃放/v	9
透镜/n	9	声远/nr	9	所以/p	9	苦恼/n	9	完岛/ns	9
入境/v	9	依赖/v	9	省会/n	9	山地/n	9	优良/a	9
越发/d	9	抱歉/v	9	狗肉/n	9	韩文/nz	9	开放/a	9
及时/d	9	钱平/nr	9	探讨/v	9	逻辑/n	9	李娜/nr	9
李明/nr	9	似/v	9	担/v	9	拥/Vg	9	欺/Vg	9
叶/ng	9	井/n	9	美/ns	9	横/v	9	坝/n	9
岂/d	9	梳/v	9	诉/Vg	9	海/ns	9	今/Tg	9
亲/b	9	亲/v	9	以/v	9	也/c	9	跟/n	9
且/c	9	贪/v	9	奶/n	9	呼/v	9	败/v	9
淹/v	9	劳/v	9	虫/n	9	行/ng	9	村/ng	9
反/a	9	核/n	9	阴/a	9	阴/b	9	长/n	9
浪/n	9	豆/n	9	会/nt	9	继/v	9	绊/v	9
弯/a	9	泉/n	9	铃/o	9	醋/n	9	傻/a	9
嗯/o	9	缘/ng	9	智/n	9	爱/nr	9	言/n	9
惯/v	9	赴/v	9	溪/n	9	理/n	9	盘/q	9
需/v	9	防/v	9	叮/v	9	编/v	9	崔/nr	9
尖/n	9	霜/n	9	坑/n	9	振振有词/i	9	背着抱着一般沉/l	8
法兰克福汇报/nz	8	汉阳女子大学/nt	8	病急乱投医/l	8	三下五除二/l	8	因人而异/i	8
一年四季/l	8	过意不去/l	8	不一会儿/l	8	不以为然/i	8	痛痛快快/z	8
换句话说/c	8	一氧化碳/n	8	天主教堂/n	8	畏首畏尾/i	8	喜笑颜开/i	8
大家庭制/n	8	勤勤恳恳/z	8	屡教不改/v	8	对牛弹琴/i	8	狼吞虎咽/i	8
了如指掌/i	8	石锅拌饭/n	8	一窍不通/i	8	异口同声/i	8	知识分子/n	8
比下有余/l	8	杯盘狼藉/i	8	乐极生悲/l	8	物归原主/i	8	省吃俭用/i	8
引以为荣/i	8	包教包会/l	8	人行横道/n	8	欺上瞒下/i	8	思前想后/i	8
荡然无存/i	8	海水浴场/ns	8	引人入胜/i	8	管理员/n	8	人事部/nt	8

续表

短短的/z	8	钟点工/n	8	收音机/n	8	乐天派/n	8	黄黄的/z	8
湖南路/ns	8	小燕子/n	8	维修部/n	8	炸酱面/n	8	霓虹灯/n	8
水龙头/n	8	巴不得/v	8	碰钉子/l	8	吝啬鬼/n	8	老大难/l	8
牛脾气/n	8	干活儿/v	8	离谱儿/v	8	被窝儿/n	8	广播员/n	8
东北部/f	8	你们好/l	8	大明湖/ns	8	山西省/ns	8	大使馆/n	8
模特儿/n	8	浓浓的/z	8	犯嘀咕/l	8	降水量/n	8	天然气/n	8
消耗量/n	8	淘汰赛/n	8	左撇子/n	8	说明书/n	8	尽义务/v	8
智多星/n	8	面对面/l	8	游泳馆/n	8	黑乎乎/z	8	受不了/v	8
创造力/n	8	伤脑筋/l	8	天幕城/ns	8	开幕式/n	8	清清的/z	8
冷门儿/n	8	计程车/n	8	乱蓬蓬/z	8	哑巴亏/l	8	陈季常/nr	8
过不去/v	8	男朋友/n	8	塔公园/ns	8	卷铺盖/v	8	谈不上/v	8
酸溜溜/z	8	沙坡头/ns	8	江原道/ns	8	快点儿/l	8	不用说/v	8
河南省/ns	8	祖父母/n	8	无条件/b	8	紫外线/n	8	东南亚/ns	8
自豪感/n	8	癞蛤蟆/n	8	饲养员/n	8	姿态/n	8	睡着/v	8
神情/n	8	挂念/v	8	胖胖/z	8	侵犯/v	8	只要/d	8
代价/n	8	巴黎/ns	8	小河/n	8	恳谈/v	8	形势/n	8
村里/f	8	丑恶/a	8	做成/v	8	眉头/n	8	环绕/v	8
中级/b	8	喜事/n	8	合格/a	8	古城/n	8	陆续/d	8
煤炭/n	8	听得/v	8	亲近/a	8	儿媳/n	8	中央/n	8
初级/b	8	自满/a	8	肥料/n	8	直说/v	8	引发/v	8
围巾/n	8	出名/a	8	听到/v	8	衣裳/n	8	臭味/n	8
来回/n	8	后门/n	8	人大/nt	8	雇用/v	8	将要/d	8
坚固/a	8	北风/n	8	灵光/ns	8	保卫/v	8	公开/v	8
雪景/n	8	图片/n	8	拜访/v	8	兴致/n	8	女的/n	8
珍珠/n	8	燕子/n	8	烦躁/a	8	通道/n	8	登机/v	8
装饰/n	8	后辈/n	8	袭击/v	8	发动/v	8	碧蓝/z	8
犯错/v	8	机械/a	8	显出/v	8	炸弹/n	8	讨好/v	8
行程/n	8	沙子/n	8	讨好/v	8	行程/n	8	沙子/n	8
院长/n	8	向上/v	8	一同/d	8	哭泣/v	8	恳切/a	8
大腿/n	8	财政/n	8	后卫/n	8	山腰/s	8	场合/n	8
远离/v	8	自信/a	8	捐献/v	8	医书/n	8	内部/n	8
刀子/n	8	知事/n	8	感慨/v	8	摆设/v	8	发抖/v	8
夏季/t	8	示威/v	8	端庄/a	8	养家/v	8	冬眠/v	8

续表

变换/v	8	坐下/v	8	休闲/n	8	噪声/n	8	土壤/n	8
阳性/n	8	宏伟/a	8	煤烟/n	8	堆积/v	8	喷池/n	8
依据/p	8	极其/d	8	无穷/b	8	享有/v	8	分解/v	8
阅历/n	8	出家/v	8	扰乱/v	8	气体/n	8	兴建/v	8
牛郎/nr	8	技能/n	8	完善/a	8	堵塞/v	8	围棋/n	8
干扰/v	8	上涨/v	8	打动/v	8	黑黑/a	8	简短/a	8
农事/n	8	台词/n	8	着火/v	8	大脑/n	8	绿茶/n	8
蔚山/ns	8	总共/d	8	根源/n	8	站点/n	8	研究/n	8
豪华/a	8	提包/n	8	捐钱/v	8	白脸/n	8	圈儿/q	8
轻易/a	8	争议/n	8	难听/a	8	省事/a	8	杏花/n	8
章鱼/n	8	冷落/v	8	上门/v	8	施工/v	8	传言/n	8
平日/t	8	矮小/a	8	航班/n	8	好汉/n	8	外号/n	8
清秀/a	8	保宁/ns	8	骨气/n	8	俗气/a	8	狭小/a	8
守护/v	8	当日/t	8	赌气/v	8	健壮/a	8	重担/n	8
耳边/n	8	弟子/n	8	如同/p	8	深情/n	8	林君/nr	8
升职/v	8	出头/v	8	首要/b	8	小看/v	8	世面/n	8
原意/n	8	春节/n	8	议员/n	8	国会/n	8	竹杠/n	8
安山/ns	8	智能/n	8	双打/n	8	仪器/n	8	歌儿/n	8
飞来/v	8	路盲/n	8	闭塞/a	8	惶惶/a	8	冻疮/n	8
接收/v	8	巴掌/n	8	勇于/d	8	退学/v	8	正视/v	8
皑皑/a	8	干杯/v	8	醇美/a	8	球场/n	8	素食/n	8
老龄/b	8	加热/v	8	粗心/a	8	回答/n	8	起源/n	8
支撑/v	8	散散/v	8	步骤/n	8	相遇/v	8	假货/n	8
各地/r	8	种子/n	8	发扬/v	8	注目/v	8	偏僻/a	8
上钩/v	8	订婚/v	8	挑子/n	8	剃头/v	8	吉他/n	8
油画/n	8	苦衷/n	8	交代/v	8	左拉/nr	8	茧子/n	8
锦江/ns	8	妄想/v	8	限于/v	8	鼓舞/v	8	神话/n	8
撇嘴/v	8	插班/v	8	开胃/v	8	骗取/v	8	落枕/v	8
口红/n	8	毒手/n	8	电力/n	8	无偿/d	8	口福/n	8
疗效/n	8	有偿/b	8	苦功/n	8	情操/n	8	隐藏/v	8
拼音/n	8	毒打/v	8	舍友/n	8	告急/v	8	太原/ns	8
棍子/n	8	澳门/ns	8	判刑/v	8	体温/n	8	否认/v	8
长子/n	8	跌倒/v	8	贫血/v	8	冤枉/v	8	证明/n	8

续表

搅拌/v	8	最为/d	8	包容/v	8	奥运/n	8	较真/a	8
蒜头/n	8	发胖/v	8	卷发/n	8	晋升/v	8	不尽/d	8
鲁四/nr	8	起名/v	8	剥夺/v	8	发疯/v	8	成就/v	8
危险/n	8	可靠/a	8	哈欠/n	8	投放/v	8	石滩/ns	8
周营/nr	8	如意/a	8	平坦/a	8	谅解/v	8	虫牙/n	8
冷宫/n	8	用力/a	8	无妨/v	8	响亮/a	8	喘气/v	8
极限/n	8	幼小/a	8	政权/n	8	意会/v	8	贩毒/v	8
悲痛/a	8	烈士/n	8	解开/v	8	任性/a	8	诚恳/a	8
克隆/n	8	容量/n	8	误解/v	8	沉着/a	8	挽救/v	8
细小/a	8	最终/n	8	石像/n	8	攀登/v	8	山谷/s	8
云海/n	8	语调/n	8	品行/n	8	荒唐/a	8	拷贝/n	8
机枪/n	8	串行/v	8	世宗/nr	8	基石/n	8	牛车/n	8
消灭/v	8	吭声/v	8	遛遛/v	8	姿势/n	8	设置/v	8
旗袍/n	8	剖腹/v	8	封地/n	8	致辞/v	8	沾光/v	8
传诵/v	8	脊梁/n	8	前锋/n	8	澡堂/n	8	蜡黄/z	8
钟点/n	8	纤细/a	8	狂风/n	8	今日/t	8	孕育/v	8
厘米/n	8	协商/v	8	老成/a	8	中山/ns	8	庆幸/v	8
寄居/v	8	闪闪/z	8	烟花/n	8	源州/ns	8	晴空/n	8
种种/q	8	珍藏/v	8	用法/n	8	联络/v	8	独立/v	8
报警/v	8	今天/n	8	不得/v	8	查理/nr	8	白酒/n	8
美观/a	8	没事/l	8	晕车/v	8	梅花/n	8	晕倒/v	8
长岛/ns	8	叫声/n	8	花茶/n	8	花粉/n	8	瞬间/n	8
协会/n	8	忙于/v	8	避开/v	8	家教/n	8	看好/v	8
瞟/v	8	本/n	8	那/c	8	勒/v	8	边/k	8
欺/v	8	串/n	8	校/Vg	8	灭/v	8	居/v	8
夏/n	8	揭/v	8	陈/nr	8	借/p	8	无/d	8
集/q	8	瓶/Ng	8	煤/n	8	完/a	8	助/v	8
初/d	8	私/ng	8	勿/d	8	明/a	8	明/d	8
贼/n	8	阳/b	8	胜/v	8	白/v	8	眼/q	8
独/a	8	独/d	8	黄/n	8	像/d	8	匀/a	8
禁/v	8	哗/o	8	块/n	8	映/Vg	8	玉/n	8
孔/n	8	王/Ng	8	搀/v	8	射/v	8	盒/n	8
享/v	8	撇/n	8	排/q	8	胆/n	8	穷/d	8

续表

星/n	8	愧/a	8	祸/n	8	颇/d	8	夫/n	8
尚/d	8	啥/r	8	束/q	8	局/n	8	恤/n	8
馅/n	8	凭/v	8	灶/n	8	食/v	8	衣/ng	8
默/a	8	友/ng	8	辞/ng	8	则/q	8	姜/n	8
列/v	8	岗/n	8	户/n	8	志/ng	8	梁/nr	8
真相/n	8	气球/n	8	做东/v	8	农场/n	8	图像/n	8
算账/v	8	澳洲/ns	8	南京熊猫电视机厂/nz	7	吃人家的嘴软/l	7	环球电器公司/nz	7
国际交流学院/nz	7	婆说婆有理/l	7	公说公有理/l	7	中医药大学/nt	7	就怕货比货/l	7
不怕不识货/l	7	高丽大学/nt	7	万事如意/i	7	直截了当/i	7	高等教育/l	7
天昏地暗/i	7	白雪公主/n	7	热热闹闹/z	7	独一无二/i	7	炯炯有神/i	7
澄虚道院/ns	7	摇头晃脑/l	7	封建社会/n	7	世外桃源/n	7	颐养天年/i	7
大惊小怪/l	7	公共场所/n	7	与此同时/c	7	不了了之/i	7	风调雨顺/a	7
结结巴巴/z	7	精打细算/i	7	犹犹豫豫/z	7	挑字眼儿/l	7	拔刀相助/l	7
汉城大学/nt	7	二虎相斗/l	7	随心所欲/i	7	资本主义/n	7	只可意会/l	7
贼眉鼠眼/i	7	自欺欺人/l	7	听而不闻/了	7	一针见血/i	7	数码相机/n	7
愧悔交加/l	7	人民法院/nt	7	自由自在/i	7	喜怒哀乐/n	7	得意洋洋/i	7
好久不见/l	7	美容师/n	7	连衣裙/n	7	水灵灵/z	7	刘公岛/ns	7
游泳池/n	7	老顽固/n	7	昆明湖/ns	7	用不着/v	7	南京路/ns	7
优缺点/n	7	领导人/n	7	教育学/n	7	拿手戏/l	7	宿舍楼/n	7
朴智星/nr	7	抑郁症/n	7	董事长/n	7	软绵绵/z	7	打哆嗦/v	7
风景画/n	7	本科生/n	7	尽可能/d	7	小卖部/n	7	足球赛/n	7
理发店/n	7	不下于/v	7	运动服/n	7	分界线/n	7	想不到/v	7
打盹儿/v	7	莫过于/l	7	擀面杖/n	7	好意思/l	7	红通通/z	7
教学楼/n	7	口味儿/n	7	一转眼/d	7	皮肤病/n	7	小聪明/n	7
植物园/n	7	清洁工/n	7	女朋友/n	7	黄脸婆/n	7	汉语言/n	7
合唱团/n	7	毕业证/n	7	下坡路/n	7	教育费/n	7	三十五/m	7
人生观/n	7	植物人/n	7	芝麻油/n	7	北海道/ns	7	富安桥/ns	7
理发师/n	7	招待所/n	7	菜篮子/n	7	蒋介石/nr	7	美食家/n	7
行不通/v	7	陈老师/nr	7	有助于/v	7	羽绒服/n	7	烂摊子/n	7
北汉山/ns	7	古时候/t	7	炒冷饭/v	7	半山腰/n	7	鼓劲儿/v	7
体育场/n	7	京畿道/ns	7	西班牙/ns	7	候选人/n	7	支持者/n	7
审判员/n	7	地铁站/n	7	老天爷/n	7	内藏山/ns	7	消费观/n	7

续表

重工业/n	7	信用卡/n	7	一瞬间/n	7	甚至于/d	7	威士忌/n	7
秦皇岛/ns	7	生于/v	7	大邱/ns	7	肥肉/n	7	嘴角/n	7
放开/v	7	烤鸭/v	7	飞舞/v	7	一线/n	7	话音/n	7
光彩/n	7	奉献/v	7	网上/f	7	整治/v	7	西施/n	7
羊肉/n	7	埃及/ns	7	救护/v	7	得体/a	7	百万/m	7
苦痛/n	7	为何/r	7	武功/n	7	直爽/a	7	安全/n	7
足足/d	7	不光/c	7	美人/n	7	商谈/v	7	内在/b	7
发源/v	7	共鸣/v	7	冷战/n	7	有幸/v	7	祖上/n	7
支柱/n	7	潮湿/a	7	走开/v	7	印度/ns	7	煤气/n	7
当众/d	7	涉及/v	7	周游/v	7	罚款/n	7	歌唱/v	7
大蒜/n	7	辫子/n	7	环节/n	7	放屁/v	7	无味/a	7
常州/ns	7	清楚/v	7	清静/a	7	栽种/v	7	诊断/v	7
溪流/n	7	修车/v	7	三百/m	7	扑通/o	7	背着/v	7
树上/s	7	第六/m	7	菠菜/n	7	枪鱼/n	7	蘑菇/n	7
依次/d	7	渊博/a	7	荡漾/v	7	幼年/t	7	动车/n	7
鳄鱼/n	7	文人/n	7	感触/n	7	各位/n	7	好客/a	7
托运/v	7	分担/v	7	玩玩/v	7	最近/d	7	民间/n	7
逃走/v	7	知了/n	7	车上/s	7	海浪/n	7	宜人/a	7
起火/v	7	柔软/a	7	未来/n	7	升高/v	7	惊叹/v	7
只见/v	7	婚纱/n	7	甲板/n	7	芒果/n	7	生怕/v	7
行列/n	7	队伍/n	7	晶莹/a	7	流动/v	7	出血/v	7
痊愈/v	7	连续/v	7	关系/v	7	旺盛/a	7	能量/n	7
饭碗/n	7	前者/r	7	跟随/v	7	执着/a	7	主观/a	7
逼迫/v	7	饲料/n	7	汽油/n	7	阴性/n	7	和尚/n	7
启示/n	7	诚心/n	7	举动/n	7	庄重/a	7	总理/n	7
唱片/n	7	诱发/v	7	惨重/a	7	伦敦/ns	7	无力/a	7
当前/t	7	机能/n	7	破烂/a	7	掌声/n	7	招牌/n	7
思路/n	7	常用/a	7	孝敬/v	7	越过/v	7	日夜/d	7
就职/v	7	兼职/v	7	诉讼/v	7	顽固/a	7	文艺/n	7
闲话/n	7	外科/n	7	中饭/n	7	入场/v	7	为主/v	7
排球/n	7	导游/v	7	旺季/n	7	通气/v	7	记仇/v	7
校花/n	7	点子/n	7	南希/nr	7	抵制/v	7	握手/v	7
送行/v	7	老化/v	7	铜像/n	7	全校/n	7	年底/t	7

续表

延期/v	7	披肩/n	7	母爱/n	7	呕吐/v	7	之前/t	7
惩罚/n	7	年年/d	7	属相/n	7	女装/n	7	退步/v	7
时刻/d	7	奖状/n	7	排外/v	7	当真/d	7	合算/a	7
凉水/n	7	非但/c	7	原价/n	7	公婆/n	7	歧视/v	7
灾民/n	7	笔试/n	7	多彩/a	7	右手/n	7	暗示/v	7
散文/n	7	汇集/v	7	房门/n	7	顺风/v	7	长春/ns	7
移民/n	7	用水/n	7	用语/n	7	泥土/n	7	褥子/n	7
有神/a	7	度假/v	7	作弄/v	7	婶婶/n	7	害臊/a	7
也罢/y	7	好坏/n	7	钓鱼/v	7	吹牛/v	7	写信/v	7
窗口/n	7	停水/v	7	清州/ns	7	宪法/n	7	香烟/n	7
退钱/v	7	姓名/n	7	成交/v	7	贷款/v	7	打败/v	7
瞪眼/v	7	中奖/v	7	秋夕/t	7	摔跤/v	7	胡说/v	7
合乎/v	7	团团/d	7	制法/n	7	聘用/v	7	西式/b	7
摇动/v	7	婚事/n	7	亲身/b	7	无限/a	7	扣子/n	7
名人/n	7	好评/n	7	太公/nz	7	辩论/v	7	深入/a	7
劳动/n	7	儒家/n	7	减价/v	7	中国/nz	7	饭钱/n	7
安慰/a	7	王明/nr	7	展开/v	7	敏廷/nr	7	埋头/v	7
领带/n	7	希腊/ns	7	灿灿/z	7	期间/t	7	百济/ns	7
丘陵/n	7	鹅蛋/n	7	劝阻/v	7	民愤/n	7	成熟/v	7
生肖/n	7	特异/a	7	出狱/v	7	巧妙/a	7	体统/n	7
正式/b	7	慰问/v	7	称呼/n	7	黄历/n	7	钟头/q	7
名言/n	7	大桥/n	7	小雨/nr	7	腐败/a	7	雕刻/n	7
哑巴/n	7	邮费/n	7	毫升/q	7	山西/ns	7	收成/n	7
获悉/v	7	法庭/n	7	本性/n	7	潍坊/ns	7	先辈/n	7
腋下/n	7	签订/v	7	心神/n	7	情感/n	7	取出/v	7
人参/n	7	费心/a	7	升迁/v	7	指定/v	7	对策/n	7
美食/n	7	个个/q	7	透露/v	7	礼教/n	7	东部/f	7
收益/n	7	中途/d	7	千万/m	7	万分/d	7	很快/a	7
屠杀/v	7	算盘/n	7	阳朔/ns	7	漓江/ns	7	恩震/nr	7
民主/a	7	烧香/v	7	梅西/nr	7	雕塑/n	7	饮用/v	7
正义/n	7	无辜/a	7	冷漠/a	7	光荣/a	7	讥讽/v	7
嘲讽/v	7	迷茫/a	7	山林/n	7	牙湖/ns	7	许愿/v	7
下人/n	7	半价/n	7	器具/n	7	摇头/v	7	口服/v	7

续表

心服/v	7	拷贝/v	7	器官/n	7	凶猛/a	7	使劲/v	7
引语/n	7	歇班/v	7	丰满/a	7	熄灯/v	7	滴答/o	7
困惑/a	7	同志/n	7	南北/f	7	东海/ns	7	民众/n	7
发车/v	7	说是/v	7	厌烦/v	7	黄石/ns	7	大巴/n	7
相反/d	7	排泄/v	7	世事/n	7	根本/a	7	剑术/n	7
镇江/ns	7	精干/a	7	韩纸/nz	7	播送/v	7	笔记/n	7
多数/n	7	作文/v	7	陡峭/a	7	王王/nr	7	张明/nr	7
站住/v	7	想见/v	7	临时/b	7	龙井/ns	7	动心/v	7
镜头/n	7	亲生/b	7	祖母/n	7	别墅/n	7	宽广/a	7
高原/n	7	不得/d	7	固然/c	7	以致/c	7	派对/n	7
部分/m	7	恤衫/n	7	碰巧/d	7	不通/a	7	个人/r	7
五日/t	7	英文/nz	7	偷懒/v	7	广东/ns	7	十一/t	7
难事/n	7	美兰/nr	7	绿豆/n	7	花盆/n	7	格言/n	7
断桥/n	7	张丽/nr	7	鸟儿/n	7	自清/nr	7	格子/n	7
水鸟/n	7	王春/nr	7	屁/l	7	话/u	7	掐/v	7
乡/n	7	边/s	7	板/n	7	套/v	7	时/g	7
意/ng	7	世/Ng	7	战/n	7	竖/a	7	鸣/v	7
景/ng	7	里/s	7	笼/ng	7	笼/n	7	拨/v	7
负/b	7	末/Ng	7	儿/ng	7	枚/q	7	饱/v	7
站/q	7	幕/n	7	州/ns	7	灰/n	7	创/v	7
松/n	7	松/v	7	糟/v	7	渐/d	7	黄/z	7
天/t	7	差/n	7	呐/y	7	专/d	7	评/v	7
野/a	7	瓦/n	7	略/d	7	位/n	7	扣/v	7
即/d	7	者/r	7	父/n	7	啃/v	7	颤/v	7
座/n	7	岛/ns	7	坟/n	7	据/v	7	吻/v	7
准/v	7	讽/v	7	趁/v	7	甭/d	7	忧/vg	7
依/v	7	卧/v	7	庙/n	7	形/ng	7	愿/ng	7
日/ng	7	险/a	7	窝/n	7	霉/n	7	告/v	7
环/n	7	迎/vg	7	牢/a	7	桌/ng	7	桌/n	7
唬/v	7	职/n	7	枣/n	7	属/n	7	笑/n	7
趴/v	7	特/a	7	于/nr	7	财/n	7	择/v	7
张/n	7	尖/a	7	佳/a	7	装扮/v	7	融合/v	7
漂流/v	7	水源/n	7	早已/d	7	愚昧/a	7	抽搭/v	7

续表

皇帝的女儿不愁嫁/l	6	南京中医药大学/nt	6	肥水不落外人田/l	6	人逢喜事精神爽/l	6	拉斯维加斯/ns	6
梅花山庄/ns	6	开开心心/z	6	举世闻名/a	6	春暖花开/i	6	下定决心/l	6
大韩民国/ns	6	各式各样/l	6	鱼香茄子/nz	6	天真烂漫/a	6	许许多多/m	6
相亲相爱/l	6	翻来覆去/i	6	疲惫不堪/l	6	谈情说爱/i	6	玉龙雪山/ns	6
吃喝玩乐/l	6	不起眼儿/a	6	远隔重洋/i	6	胡说八道/i	6	人民广场/ns	6
帝国主义/n	6	难舍难分/i	6	显而易见/l	6	心服口服/i	6	入乡随俗/l	6
怪模怪样/l	6	雪上加霜/i	6	三站市场/ns	6	有期徒刑/n	6	发现王国/ns	6
艳阳高照/l	6	短小精干/l	6	家家户户/n	6	一拐一拐/l	6	自然环境/l	6
红十字会/n	6	地广人稀/l	6	心中无数/m	6	传宗接代/i	6	戴高帽子/l	6
有声有色/i	6	未成年/n	6	动作片/n	6	针线活/n	6	四十九/m	6
眼睫毛/n	6	印第安/ns	6	醉醺醺/z	6	棉花糖/n	6	找碴儿/v	6
馊主意/n	6	列车员/n	6	修理费/n	6	老板娘/n	6	鹅蛋脸/n	6
牛仔裤/n	6	趵突泉/ns	6	木浦市/ns	6	小家庭/n	6	古残湖/ns	6
驾驶证/n	6	徐志友/nr	6	瞌睡虫/n	6	墨水儿/l	6	迎客松/n	6
活见鬼/l	6	空城计/l	6	华盛顿/ns	6	王小明/nr	6	李家短/l	6
张家长/l	6	名牌儿/n	6	武打片/n	6	美容院/n	6	比萨饼/n	6
足球迷/n	6	打嗝儿/v	6	酒窝儿/n	6	古铜色/n	6	老皇历/l	6
弯弯的/z	6	多方面/b	6	工业化/v	6	公州市/ns	6	外星人/n	6
自然界/n	6	猪八戒/nr	6	拉拉队/n	6	旅行者/n	6	素养湖/ns	6
匿名信/n	6	流行性/b	6	炊事员/n	6	挑字眼/l	6	教师节/n	6
联合国/nt	6	老人家/n	6	发布会/n	6	走样儿/v	6	故事片/n	6
海带汤/n	6	展览馆/n	6	说实话/l	6	服装店/n	6	现代化/vn	6
太平洋/ns	6	受害者/n	6	运动量/n	6	亚热带/n	6	西霞口/ns	6
百分之/m	6	取款机/n	6	自动化/v	6	不对劲/l	6	一连串/b	6
祝员外/nr	6	天主教/n	6	谭乐诗/nr	6	假面舞/n	6	电话费/n	6
虚荣心/n	6	提货单/n	6	上进心/n	6	接班人/n	6	陈独秀/nr	6
女主人/n	6	转折点/n	6	女主内/l	6	南原市/ns	6	陆家嘴/ns	6
海平面/n	6	核电站/n	6	三姓穴/ns	6	大雁塔/ns	6	徐太智/nr	6
虎丘山/ns	6	管理者/n	6	国际化/v	6	地板革/n	6	咖啡馆/n	6
市政府/n	6	动植物/n	6	书卷气/n	6	四川省/ns	6	塑料袋/n	6
地平线/n	6	莫愁女/nr	6	孙中山/nr	6	售票员/n	6	售票处/n	6
亮亮的/z	6	生存者/n	6	师范/n	6	拜拜/v	6	定义/n	6

续表

奔跑/v	6	副词/n	6	脸颊/n	6	缺陷/n	6	充实/v	6
水稻/n	6	砍伐/v	6	情形/n	6	从今/d	6	平生/n	6
种族/n	6	大意/a	6	逃亡/v	6	特性/n	6	武打/n	6
飞船/n	6	饭后/t	6	大娘/n	6	由此/d	6	体制/n	6
打下/v	6	前景/n	6	污浊/a	6	腐烂/a	6	亲近/v	6
势力/n	6	见得/v	6	临死/v	6	设想/n	6	愣住/v	6
短文/n	6	山村/n	6	根据/v	6	就此/d	6	冷风/n	6
通红/z	6	事项/n	6	庞大/a	6	看成/v	6	大酱/nz	6
抱着/v	6	密密/z	6	小美/nr	6	轻率/a	6	嬉戏/v	6
核心/n	6	每逢/v	6	胸部/n	6	烂漫/a	6	境遇/n	6
波涛/n	6	棉花/n	6	装作/v	6	一路/n	6	奶油/n	6
倒数/n	6	应征/v	6	图表/n	6	其余/r	6	敬佩/v	6
幼儿/n	6	长江/ns	6	往后/t	6	拜见/v	6	必定/d	6
庄严/a	6	对了/l	6	凉鞋/n	6	衬衫/n	6	屋顶/n	6
梨花/n	6	笼罩/v	6	心血/n	6	春子/nr	6	联合/v	6
五千/m	6	织女/n	6	椰子/n	6	吹拂/v	6	宽宽/z	6
最佳/a	6	半天/n	6	高贵/a	6	风趣/a	6	住所/n	6
荒凉/a	6	住处/n	6	住处/n	6	现在/n	6	湿度/n	6
路面/n	6	言行/n	6	宣媚/nr	6	浴室/n	6	公用/b	6
打包/v	6	凶手/n	6	大臣/n	6	御医/n	6	避难/v	6
招手/v	6	血液/n	6	漫天/b	6	期限/n	6	接着/c	6
连续/a	6	性质/n	6	黄土/n	6	适度/a	6	北极/n	6
独裁/a	6	低落/a	6	星美/nr	6	正要/d	6	地名/n	6
担负/v	6	变心/v	6	小道/n	6	录取/v	6	老三/n	6
伟人/n	6	健全/v	6	前提/n	6	顺耳/a	6	文言/n	6
庭院/n	6	敏锐/a	6	疏远/a	6	再生/v	6	公交/n	6
拥挤/a	6	户外/s	6	公益/n	6	依据/n	6	撞钟/v	6
字样/n	6	假设/v	6	主权/n	6	声明/n	6	损伤/v	6
蔓延/v	6	新人/n	6	粗暴/a	6	接壤/v	6	韩币/nz	6
吹风/v	6	门外/s	6	整天/n	6	无奈/a	6	失明/v	6
伯伯/n	6	医疗/n	6	逝世/v	6	涉外/v	6	随处/d	6
局部/n	6	疯狂/a	6	武器/n	6	申请/n	6	东西/f	6
返程/n	6	公告/n	6	开场/v	6	折扣/n	6	骄傲/n	6

续表

扬州/ns	6	其中/s	6	疲惫/a	6	高校/n	6	主任/n	6
宫女/n	6	参战/v	6	死人/n	6	冷酷/a	6	配偶/n	6
型号/n	6	豆芽/n	6	三万/m	6	路非/nr	6	衣食/n	6
环球/n	6	足够/d	6	老子/nr	6	足以/d	6	年轻/n	6
伴儿/n	6	五岳/n	6	后炮/n	6	归功/v	6	晚年/t	6
下手/v	6	个体/n	6	多余/a	6	肉体/n	6	相间/v	6
传真/n	6	义工/n	6	包饭/n	6	紫色/a	6	考入/v	6
女郎/n	6	确信/v	6	预计/v	6	消防/v	6	死机/v	6
洗刷/v	6	保修/v	6	淋浴/n	6	复返/v	6	直发/n	6
钟表/n	6	华美/a	6	荣幸/a	6	无意/v	6	滑道/n	6
向导/n	6	敬语/n	6	桂花/n	6	流浪/v	6	领养/v	6
补偿/v	6	免疫/v	6	慈爱/a	6	拘束/v	6	获奖/v	6
提议/n	6	刊物/n	6	清白/a	6	悲壮/a	6	排斥/v	6
流下/v	6	竹子/n	6	当真/v	6	怀旧/a	6	过后/t	6
罪行/n	6	预约/v	6	朗诵/v	6	宽大/a	6	每天/n	6
满眼/n	6	怦怦/o	6	破灭/v	6	插曲/n	6	取决/v	6
淹没/v	6	青菜/n	6	选择/vn	6	脸形/n	6	平台/n	6
大爷/n	6	关键/a	6	鸟类/n	6	朝向/n	6	贪欲/n	6
天国/n	6	哭丧/v	6	种植/v	6	吝啬/a	6	黄沙/n	6
妍儿/nr	6	周六/t	6	科目/n	6	机体/n	6	宇浩/nr	6
四五/m	6	记事/v	6	鼓捣/v	6	同班/n	6	李亮/nr	6
危急/a	6	做客/v	6	检察/v	6	勇于/v	6	好说/v	6
女式/b	6	落泪/v	6	人称/n	6	面部/n	6	尝尝/v	6
忌讳/v	6	降价/v	6	贷款/n	6	废弃/v	6	清扫/v	6
商家/n	6	清醒/a	6	鞋带/n	6	拖拉/a	6	透气/v	6
外快/n	6	投产/v	6	走俏/a	6	秋千/n	6	饰品/n	6
电扇/n	6	许可/v	6	鱼类/n	6	大韩/nr	6	教官/n	6
礼节/n	6	让座/v	6	嫩嫩/z	6	音像/b	6	逛逛/v	6
祝福/n	6	保健/v	6	下子/q	6	山坡/n	6	迈进/v	6
前门/n	6	百年/m	6	宏大/a	6	约定/n	6	深入/v	6
组长/n	6	眼色/n	6	道德/a	6	露面/v	6	吊桶/n	6
仓库/n	6	难保/v	6	证人/n	6	判断/n	6	无常/v	6
正品/n	6	查询/v	6	盆地/n	6	涵养/n	6	模特/n	6

续表

洋溢/v	6	口罩/n	6	制订/v	6	开胃/a	6	保释/v	6
节气/n	6	国宝/n	6	服气/v	6	内陆/n	6	发电/v	6
山城/n	6	间接/a	6	崩溃/v	6	妙计/n	6	防御/v	6
香皂/n	6	代沟/n	6	胃病/n	6	陶冶/v	6	失约/v	6
平头/n	6	上千/m	6	临床/b	6	库存/n	6	实物/n	6
眼下/t	6	冬至/t	6	头部/n	6	骂人/v	6	梅雨/n	6
快速/a	6	单元/n	6	粗鲁/a	6	栖霞/ns	6	斑花/n	6
参考/v	6	抢救/v	6	签定/v	6	鸡肋/n	6	定期/b	6
施行/v	6	白净/a	6	类似/a	6	年岁/n	6	濒临/v	6
一字/n	6	补药/n	6	柳眉/n	6	柳叶/n	6	早起/t	6
字体/n	6	烦心/a	6	知情/v	6	走廊/n	6	曲折/a	6
百般/d	6	源头/n	6	吃亏/a	6	傲慢/a	6	熟悉/a	6
文登/ns	6	长发/n	6	其二/r	6	非凡/a	6	顺心/a	6
水管/n	6	真的/a	6	昂贵/a	6	公务/n	6	游记/n	6
杠子/n	6	枣庄/ns	6	迷惑/v	6	即墨/ns	6	纠缠/v	6
篮子/n	6	深邃/a	6	方形/n	6	排行/n	6	排行/v	6
志强/nr	6	档次/n	6	大伯/n	6	士气/n	6	福娃/n	6
丢弃/v	6	循环/v	6	苏醒/v	6	雀斑/n	6	丑陋/a	6
长笛/n	6	绿化/v	6	变更/v	6	学友/n	6	奔波/v	6
广播/n	6	胸怀/n	6	局势/n	6	公分/q	6	村庄/n	6
依附/v	6	策略/n	6	好学/a	6	刘海/n	6	急切/a	6
囚牢/n	6	开演/v	6	批阅/v	6	不满/a	6	人际/a	6
油污/n	6	福分/n	6	变得/v	6	相投/v	6	轰隆/o	6
神色/n	6	直线/n	6	偏爱/v	6	消气/v	6	做菜/v	6
怜惜/v	6	留情/v	6	气头/n	6	乡下/s	6	真人/n	6
眼福/n	6	长年/d	6	远远/z	6	僵硬/a	6	寓意/n	6
模拟/v	6	小菜/n	6	强奸/v	6	独岛/ns	6	亏心/a	6
宽裕/a	6	追忆/v	6	照射/v	6	台灯/n	6	伤害/n	6
借以/v	6	休想/v	6	协定/n	6	焦点/n	6	听听/v	6
野营/v	6	几千/m	6	小赵/nr	6	破旧/a	6	毯子/n	6
由来/n	6	照耀/v	6	整洁/a	6	大量/b	6	吊瓶/n	6
纯真/a	6	钢笔/n	6	善女/nr	6	震撼/v	6	荷兰/ns	6
消逝/v	6	云影/n	6	资质/n	6	陪伴/v	6	像话/a	6

续表

耳机/n	6	环视/v	6	推出/v	6	出产/v	6	顽强/a	6
祖父/n	6	表姐/n	6	人文/n	6	啃老/v	6	怪石/n	6
终点/n	6	巩俐/nr	6	安排/n	6	一带/n	6	偶然/d	6
火红/a	6	放过/v	6	瞎子/n	6	没事/v	6	上身/n	6
无名/a	6	地带/n	6	申奥/v	6	失误/n	6	失误/v	6
小小/a	6	复生/v	6	后年/t	6	青蛙/n	6	坚果/n	6
成百/m	6	鼓起/v	6	救命/v	6	圣火/n	6	王华/nr	6
茶叶/n	6	法语/n	6	名贵/a	6	猜测/v	6	蚂蚱/n	6
非典/n	6	分店/n	6	昊昊/nr	6	卖弄/v	6	鲜明/a	6
均/d	6	攀/v	6	肠/n	6	仰/v	6	闷/v	6
搜/v	6	刻/n	6	拥/v	6	织/v	6	涮/v	6
夺/v	6	弓/n	6	抄/v	6	稳/a	6	意/n	6
犹/d	6	购/Vg	6	左/f	6	竖/v	6	毛/q	6
林/nr	6	熊/a	6	弟/n	6	旅/ng	6	瓶/n	6
餐/Ng	6	尽/p	6	框/n	6	梯/n	6	霞/n	6
单/d	6	剑/n	6	私/Ng	6	私/ag	6	杯/n	6
顺/v	6	粉/n	6	明/n	6	甩/v	6	薪/Ng	6
池/n	6	刺/v	6	物/ng	6	峰/ng	6	峰/n	6
溅/v	6	领/v	6	你/n	6	绷/v	6	像/n	6
展/v	6	业/Ng	6	木/ng	6	国/ns	6	方/b	6
方/q	6	民/g	6	民/n	6	家/v	6	安/a	6
队/q	6	众/Ng	6	通/a	6	谷/n	6	原/d	6
界/n	6	岳/Ng	6	杏/n	6	揉/v	6	毫/q	6
患/n	6	科/n	6	南/j	6	星/ng	6	状/n	6
易/a	6	易/g	6	产/v	6	捏/v	6	寺/ng	6
寺/n	6	犯/n	6	蹦/v	6	竹/n	6	踱/v	6
多/n	6	剥/v	6	处/q	6	炖/v	6	值/a	6
却/c	6	很/a	6	是/c	6	是/r	6	貌/ng	6
巢/n	6	雇/v	6	招/v	6	相/v	6	管/n	6
平/q	6	宴/n	6	盘/n	6	般/ag	6	一/n	6
志/n	6	席/ng	6	情/g	6	翼/g	6	绿/n	6
栋/q	6	喜/v	6	亲和力/n	6	候鸟/n	6	欧洲/n	6

续表

每逢佳节倍思亲/l	5	黄海城市花园/ns	5	迪斯尼乐园/ns	5	无精打采/i	5	悬崖峭壁/n	5
鱼香肉丝/nz	5	南京师大/nt	5	山东大学/nt	5	十有八九/l	5	多多少少/m	5
银装素裹/i	5	湖南大学/nt	5	自言自语/i	5	认认真真/z	5	不可开交/i	5
青岛大学/nt	5	呆若木鸡/i	5	名列前茅/i	5	糊里糊涂/z	5	孤孤单单/z	5
自由主义/n	5	烈日炎炎/i	5	安然无恙/a	5	流连忘返/i	5	满载而归/i	5
心花怒放/i	5	各取所需/i	5	扑面而来/l	5	百货大楼/n	5	嘟嘟囔囔/z	5
问心无愧/v	5	慈眉善目/i	5	走街串巷/l	5	断断续续/z	5	糖醋里脊/nz	5
无能为力/i	5	软磨硬泡/l	5	梦寐以求/i	5	成群结队/i	5	花花公子/n	5
不管不顾/l	5	挨门挨户/l	5	嫁狗随狗/l	5	哆哆嗦嗦/v	5	自作多情/i	5
堂堂正正/a	5	不治之症/了	5	过犹不及/i	5	放任自流/i	5	腰酸腿疼/l	5
从从容容/z	5	密密麻麻/z	5	新华书店/nz	5	三国演义/nz	5	来之不易/a	5
不请自来/i	5	怨天怨地/i	5	精明强干/i	5	朦朦胧胧/z	5	指手画脚/i	5
走南闯北/i	5	唠唠叨叨/i	5	津津有味/a	5	木浦大学/n	5	明明白白/z	5
清华大学/nt	5	得意洋洋/a	5	绿色食品/n	5	二道白河/ns	5	教育部/nt	5
新西兰/ns	5	生产力/n	5	休息日/n	5	曾祖母/n	5	双职工/n	5
农产品/n	5	谈恋爱/v	5	蓝蓝的/z	5	技术员/n	5	佳世客/nz	5
代名词/n	5	一刹那/d	5	庆祝会/n	5	雷峰塔/n	5	唐人街/ns	5
景德镇/ns	5	云南省/ns	5	犯不着/v	5	前不久/t	5	专业课/n	5
乔布斯/nr	5	飞来石/ns	5	替罪羊/n	5	桃花运/n	5	书呆子/n	5
老黄牛/n	5	老古董/n	5	局外人/n	5	交际花/n	5	夹生饭/n	5
和稀泥/l	5	篮球场/n	5	足球队/n	5	忙不迭/d	5	大踏步/d	5
老头儿/n	5	哈密瓜/n	5	丢面子/v	5	雪橇场/n	5	发明家/n	5
不能不/d	5	企业家/n	5	走过场/v	5	大理石/n	5	通话费/n	5
中国通/n	5	人行道/n	5	有一点/d	5	疑问词/n	5	滋味儿/n	5
开绿灯/l	5	满足感/n	5	张东健/nr	5	仁寺洞/ns	5	反过来/v	5
甜滋滋/z	5	失业者/n	5	李成桂/nr	5	胖胖的/z	5	惯用语/n	5
殖民地/n	5	亚运会/n	5	重其事/i	5	泡泡糖/n	5	收容所/n	5
打火机/n	5	蛋白质/n	5	有心人/n	5	成年节/nz	5	听诊器/n	5
打包票/l	5	世博会/j	5	自来水/n	5	李明博/nr	5	明孝陵/ns	5
几百年/m	5	纳西族/n	5	陈逸飞/nr	5	全福寺/ns	5	七点钟/t	5
动画片/n	5	龙庆峡/ns	5	八达岭/ns	5	老爷爷/n	5	玩命儿/v	5
总统府/ns	5	总统府/n	5	成年人/n	5	胜利者/n	5	多义词/n	5

续表

玩玩儿/v	5	普洱茶/n	5	唐咖啡/nz	5	调皮鬼/l	5	恐怖片/n	5
文学界/n	5	半导体/n	5	花样儿/n	5	顾不上/v	5	医疗费/n	5
速决战/n	5	设计者/n	5	灰蒙蒙/z	5	国民党/n	5	杀虫剂/n	5
毛毛雨/n	5	爱迪生/nr	5	同情心/n	5	比赛场/n	5	东炮台/ns	5
南天门/ns	5	黄澄澄/z	5	白话诗/n	5	干吃面/n	5	香喷喷/z	5
曹操到/l	5	开场白/n	5	定心丸/n	5	沙尘暴/n	5	白头山/ns	5
瞧不起/v	5	逾越节/n	5	婚外情/n	5	捐献者/n	5	来得及/v	5
双溪寺/ns	5	宁海路/ns	5	吸尘器/n	5	周立华/nr	5	还包者/n	5
卡塞式/b	5	学科/n	5	抑郁/a	5	多谢/v	5	升值/v	5
体形/n	5	万事/n	5	白雪/n	5	专一/a	5	专科/n	5
优柔/a	5	外地/s	5	一号/t	5	品性/n	5	估量/v	5
个别/a	5	方便/v	5	保障/n	5	湖面/n	5	地处/v	5
研制/v	5	基准/n	5	环保/j	5	必需/d	5	一二/m	5
大意/n	5	距离/v	5	严峻/a	5	教父/n	5	指示/n	5
指示/v	5	无数/a	5	改编/v	5	高层/n	5	旅游/n	5
针对/v	5	发射/v	5	湖南/ns	5	继续/d	5	看似/v	5
填写/v	5	转眼/v	5	宽敞/a	5	种田/v	5	不堪/d	5
奉养/v	5	隐瞒/v	5	搁笔/v	5	做出/v	5	多久/d	5
味精/n	5	肝癌/n	5	回族/n	5	发掘/v	5	委员/n	5
合唱/v	5	大树/n	5	山脉/n	5	年老/a	5	通行/v	5
落下/v	5	片子/n	5	干洗/v	5	门卫/n	5	保安/n	5
光芒/n	5	放出/v	5	着眼/v	5	社员/n	5	水池/n	5
追赶/v	5	小人/n	5	心胸/n	5	平壤/ns	5	领悟/v	5
大叔/n	5	逆境/n	5	话语/n	5	丰收/n	5	外人/n	5
间断/v	5	呼呼/o	5	清明/t	5	搞笑/v	5	将近/d	5
后母/n	5	行动/vn	5	乘船/v	5	华人/n	5	历代/t	5
井上/nr	5	古朴/a	5	怏怏/z	5	拇指/n	5	相片/n	5
暴雪/n	5	发笑/v	5	洁白/a	5	帮帮/v	5	不能/d	5
画展/n	5	发现/n	5	羞耻/n	5	长长/a	5	倾诉/v	5
演唱/v	5	雪仗/n	5	康复/v	5	摇晃/v	5	砾石/n	5
正门/n	5	鱼儿/n	5	蜂蜜/n	5	游艇/n	5	春秋/t	5
匆匆/z	5	落榜/v	5	此刻/t	5	妇人/n	5	冰灯/n	5
灯塔/n	5	羊皮/n	5	灯塔/n	5	羊皮/n	5	叹息/v	5

续表

安置/v	5	追逐/v	5	动摇/v	5	不停/d	5	声响/n	5
轻微/a	5	疑心/n	5	诗歌/n	5	倭寇/n	5	先后/d	5
解剖/v	5	鬼火/n	5	慷慨/a	5	长短/n	5	这个/q	5
秘苑/ns	5	龙头/n	5	蜡烛/n	5	温带/s	5	结冰/v	5
协调/a	5	协调/v	5	枕头/n	5	散布/v	5	黄油/n	5
补课/v	5	班级/n	5	本国/r	5	选定/v	5	校门/n	5
水晶/n	5	老弟/n	5	体格/n	5	学堂/n	5	近代/t	5
休闲/vn	5	酸雨/n	5	开垦/v	5	休息/n	5	一边/s	5
不足/v	5	创伤/n	5	郊外/n	5	设计/n	5	野外/n	5
野外/s	5	摄影/v	5	恶毒/a	5	热门/a	5	交流/n	5
歌坛/n	5	发行/v	5	点燃/v	5	演讲/n	5	碑文/n	5
领海/n	5	满足/a	5	饱和/a	5	双眼/n	5	透彻/a	5
终生/m	5	疲劳/n	5	启发/v	5	原地/n	5	盲人/n	5
数额/n	5	黑夜/n	5	探索/v	5	鄙视/v	5	其一/r	5
冲撞/v	5	转移/v	5	小型/b	5	珍爱/v	5	审查/v	5
土质/n	5	杰克/nr	5	奖品/n	5	士兵/n	5	耳环/n	5
中华/b	5	八九/m	5	民风/n	5	雪山/n	5	冒险/v	5
遗留/v	5	第七/m	5	担当/v	5	深思/v	5	查看/v	5
失踪/v	5	束缚/v	5	突起/v	5	细细/z	5	茶馆/n	5
公车/n	5	陈亮/nr	5	购物/n	5	高明/a	5	研修/v	5
一亿/m	5	衡量/v	5	值钱/a	5	原始/a	5	天主/n	5
厚道/a	5	精通/v	5	连忙/d	5	变动/v	5	激情/n	5
想来/v	5	五星/n	5	生涯/n	5	公爵/n	5	上流/n	5
下手/n	5	中东/s	5	一般/d	5	贸易/v	5	耐烦/v	5
恒心/n	5	客车/n	5	信任/n	5	石榴/n	5	生人/n	5
批发/v	5	失灵/v	5	诚意/n	5	利落/a	5	赛车/n	5
支援/v	5	出入/v	5	五百/m	5	呵护/v	5	希望/nr	5
放声/d	5	闲谈/v	5	气盛/a	5	治安/n	5	全场/n	5
涨价/v	5	坚实/a	5	协议/v	5	叙述/v	5	冷场/n	5
强人/n	5	茁壮/a	5	慈母/n	5	小组/n	5	如同/v	5
言论/n	5	传闻/n	5	会谈/v	5	黑发/n	5	时时/d	5
活该/d	5	人事/n	5	地域/n	5	光头/n	5	崇尚/v	5
点钟/t	5	选购/v	5	爱国/a	5	得罪/v	5	见闻/n	5

续表

可恶/a	5	遥控/n	5	海盗/n	5	时而/d	5	温水/n	5
合意/a	5	梨子/n	5	九龙/ns	5	调味/v	5	起伏/v	5
实践/n	5	秧歌/n	5	消夏/v	5	处方/n	5	贝壳/n	5
通讯/n	5	野花/n	5	阴雨/v	5	西藏/ns	5	午睡/v	5
数目/n	5	出处/n	5	高手/n	5	专注/a	5	江南/ns	5
升学/v	5	江北/ns	5	电台/n	5	撞车/v	5	自夸/v	5
全体/a	5	总体/n	5	强力/n	5	刑罚/n	5	外币/n	5
牛皮/n	5	超人/n	5	宁可/d	5	盛情/n	5	转动/v	5
粽子/n	5	颁布/v	5	常言/n	5	团圆/v	5	透风/v	5
厂家/n	5	瞎说/v	5	流逝/v	5	禁烟/v	5	暎敏/nr	5
解答/v	5	省墓/v	5	天边/n	5	蛤蚌/n	5	公害/n	5
极为/d	5	绿绿/z	5	不及/v	5	音像/n	5	丰盛/a	5
关于/v	5	调查/n	5	利利/nr	5	一起/v	5	提升/v	5
倾斜/v	5	日常/a	5	榴莲/n	5	新生/n	5	款待/v	5
客房/n	5	溜走/v	5	职守/n	5	会计/n	5	琐事/n	5
李三/nr	5	性命/n	5	蒙受/v	5	三千/m	5	男友/n	5
酒馆/n	5	小刚/nr	5	产物/n	5	山森/nr	5	凳子/n	5
招引/v	5	寒碜/a	5	南面/f	5	脸儿/n	5	青筋/n	5
事事/n	5	需求/v	5	谁知/c	5	飞翔/v	5	文盲/n	5
认同/v	5	山本/nr	5	招收/v	5	上任/v	5	接纳/v	5
点名/v	5	便秘/n	5	原主/n	5	消遣/v	5	整修/v	5
烟囱/n	5	木板/n	5	席位/n	5	应酬/n	5	动静/n	5
小雨/n	5	妙龄/n	5	重量/n	5	联结/v	5	噪音/n	5
灯泡/n	5	午餐/n	5	值班/v	5	嚷嚷/v	5	背诵/v	5
奴隶/n	5	麻木/a	5	环游/v	5	红豆/n	5	邮编/n	5
助威/v	5	水塘/n	5	谷物/n	5	足迹/n	5	还债/v	5
方子/n	5	病势/n	5	修业/v	5	蒙古/ns	5	早产/v	5
警戒/v	5	燃料/n	5	活性/b	5	长度/n	5	尚且/c	5
山洞/n	5	向馨/nr	5	眼儿/n	5	竭尽/v	5	交情/n	5
膨胀/v	5	恶魔/n	5	大阪/ns	5	幻想/n	5	寓言/n	5
贵宾/n	5	救援/v	5	模式/n	5	走动/v	5	撒气/v	5
网民/n	5	急于/v	5	错失/v	5	牵连/v	5	偷盗/v	5
贫苦/a	5	如故/v	5	极端/d	5	河南/ns	5	法则/n	5

续表

书记/n	5	神父/n	5	爽朗/a	5	酸痛/a	5	物业/n	5
浦东/ns	5	依法/d	5	风头/n	5	王五/nr	5	动身/v	5
畅通/a	5	补习/v	5	迪化/ns	5	佣人/n	5	生平/n	5
牛岛/ns	5	衬衣/n	5	大二/j	5	除夕/t	5	杏眼/n	5
下列/v	5	觉察/v	5	特效/n	5	采集/v	5	莺莺/nr	5
头儿/n	5	红娘/n	5	江西/ns	5	加工/v	5	开头/n	5
实情/n	5	插脚/v	5	捐助/v	5	花生/n	5	抗拒/v	5
水泥/n	5	石碑/n	5	黏糕/n	5	军士/n	5	盖子/n	5
转换/v	5	举报/v	5	概率/n	5	浓郁/a	5	炮弹/n	5
眼球/n	5	电车/n	5	纯京/nr	5	卸任/v	5	誓言/n	5
轮胎/n	5	湿透/v	5	助理/n	5	甲鱼/n	5	翡翠/n	5
秀美/a	5	填空/v	5	保密/v	5	结识/v	5	开导/v	5
缎子/n	5	灾荒/n	5	真挚/a	5	神灵/n	5	注定/v	5
检测/v	5	车道/n	5	公关/n	5	压价/v	5	坐船/v	5
咯噔/o	5	精心/d	5	分外/d	5	推进/v	5	减刑/v	5
外观/n	5	前襟/n	5	探亲/v	5	寺院/n	5	窝囊/a	5
苦劳/n	5	安宁/a	5	无理/a	5	第八/m	5	一体/n	5
判处/v	5	寥寥/a	5	探望/v	5	背地/d	5	兴头/n	5
救济/v	5	谴责/v	5	求援/v	5	泪痕/n	5	熟睡/v	5
饥渴/n	5	绷带/n	5	刚山/ns	5	台北/ns	5	官方/n	5
三七/n	5	告终/v	5	救活/v	5	取笑/v	5	寻常/a	5
递交/v	5	民意/n	5	保养/v	5	动员/v	5	上车/v	5
碧水/n	5	响声/n	5	游船/n	5	单杠/n	5	绰号/n	5
真切/a	5	遗弃/v	5	官腔/n	5	讲话/n	5	照看/v	5
指指/v	5	好受/a	5	丢掉/v	5	无情/a	5	小芹/nr	5
兵役/n	5	无疑/d	5	路途/n	5	淄博/ns	5	索道/n	5
慢性/b	5	牛顿/nr	5	听众/n	5	咸菜/n	5	面容/n	5
装置/n	5	成见/n	5	预想/v	5	夏日/n	5	隔阂/n	5
继母/n	5	诚信/n	5	外界/n	5	肺病/n	5	没落/v	5
旅店/n	5	球拍/n	5	逃课/v	5	绝壁/n	5	悬崖/n	5
小华/nr	5	高兴/v	5	秋游/v	5	王刚/nr	5	优惠/v	5
秀炫/nr	5	大力/d	5	会见/v	5	不料/c	5	毛线/n	5
韩剧/n	5	中介/n	5	怀抱/v	5	国人/n	5	八五/m	5

续表

心迹/n	5	昭英/nr	5	惊险/a	5	后年/n	5	刚好/d	5
国籍/n	5	素罗/nr	5	烘托/v	5	斯文/a	5	时候/r	5
在校/v	5	道谢/v	5	完了/v	5	童年/n	5	近来/n	5
心怀/n	5	晚霞/n	5	石成/nr	5	美知/nr	5	经过/n	5
清凉/a	5	张杰/nr	5	声援/v	5	合身/a	5	磕头/v	5
儒教/n	5	出行/v	5	非典/nz	5	曼谷/ns	5	为难/a	5
大湖/nr	5	天儿/n	5	会话/n	5	国力/n	5	后羿/nr	5
德/n	5	制/n	5	义/ng	5	鼻/Ng	5	源/ng	5
削/v	5	雁/n	5	顶/f	5	顶/q	5	蜡/n	5
增/v	5	呗/x	5	套/n	5	母/ng	5	恼/a	5
美/n	5	稿/n	5	实/Ag	5	箱/g	5	韩/nr	5
当/a	5	知/vg	5	影/n	5	偏/d	5	疤/n	5
钟/q	5	旅/v	5	婚/v	5	始/v	5	伴/v	5
斜/v	5	式/n	5	扇/n	5	岩/n	5	大/b	5
柔/a	5	初/ng	5	苏/j	5	场/ng	5	港/n	5
县/n	5	录/v	5	任/p	5	等/q	5	吊/v	5
肝/n	5	参/n	5	成/nr	5	旷/v	5	传/n	5
该/d	5	漏/v	5	哦/y	5	地/v	5	撅/v	5
碳/n	5	品/ng	5	天/a	5	尿/n	5	稻/n	5
像/a	5	群/n	5	绝/ag	5	困/v	5	缕/q	5
遮/v	5	晚/n	5	湿/v	5	和/n	5	安/n	5
缝/n	5	缝/v	5	同/v	5	男/n	5	赏/v	5
通/q	5	微/a	5	荣/ag	5	伤/a	5	即/v	5
布/n	5	伏/v	5	树/v	5	衬/v	5	迫/v	5
潮/a	5	检/v	5	拄/v	5	都/n	5	浴/v	5
杏/ng	5	扮/v	5	妹/n	5	科/ng	5	医/n	5
性/g	5	酷/a	5	震/v	5	杂/a	5	袭/v	5
丸/ng	5	融/v	5	撕/v	5	操/v	5	许/nr	5
莫/d	5	咒/n	5	乎/u	5	粒/q	5	记/n	5
贩/v	5	熨/v	5	驶/v	5	观/vg	5	症/n	5
胸/ng	5	渗/v	5	友/n	5	责/v	5	汁/ng	5
证/ng	5	瘸/v	5	般/a	5	族/k	5	梁/n	5
燃/v	5	派/a	5	度/n	5	崔/n	5	思/v	5

续表

岳麓山/ns	5	挺拔/a	5	白皙/a	5	装潢/v	5	安详/a	5
亚洲/n	5	公说公有理婆说婆有理/l	4	南京大屠杀纪念馆/ns	4	北京语言文化大学/nt	4	功夫不负有心人/l	4
身在福中不知福/l	4	八字还没一撇/l	4	熊猫电视机厂/nz	4	有贼心没贼胆/l	4	韩国汉城大学/nt	4
西红柿炒鸡蛋/nz	4	吃人家嘴软/l	4	吹胡子瞪眼/i	4	高尔夫球场/n	4	看人下菜碟/l	4
无巧不成书/l	4	河海大学/nt	4	一路顺风/l	4	来来往往/v	4	香格里拉/ns	4
无处不在/l	4	时时刻刻/l	4	仰卧起坐/nz	4	百货商店/n	4	秦始皇陵/ns	4
衣食住行/i	4	神清气爽/l	4	轻轻松松/z	4	蹦蹦跳跳/l	4	异国他乡/l	4
快快乐乐/z	4	平易近人/l	4	全福讲寺/ns	4	翩翩起舞/i	4	白雪皑皑/i	4
郁郁葱葱/z	4	简简单单/z	4	爱宝乐园/ns	4	苏尔伯雷/nr	4	滴水成冰/i	4
能说会道/i	4	不虚此行/i	4	小菜一碟/l	4	靠边儿站/l	4	人道主义/n	4
随随便便/z	4	意想不到/i	4	夜深人静/l	4	随机应变/i	4	有求必应/l	4
相貌堂堂/i	4	情不自禁/i	4	家务活儿/n	4	中央大学/nt	4	从一而终/i	4
万紫千红/i	4	浮想联翩/i	4	愣头愣脑/i	4	艰苦朴素/a	4	毫无疑问/l	4
模模糊糊/z	4	哭笑不得/l	4	硬着头皮/l	4	明辨是非/i	4	无所顾忌/i	4
顺理成章/i	4	突如其来/了	4	小心翼翼/i	4	大失所望/i	4	电子邮件/n	4
油然而生/i	4	梨花女大/j	4	怎么回事/l	4	流行歌曲/n	4	微行御使/nz	4
破破烂烂/z	4	白白净净/z	4	不对劲儿/l	4	细皮嫩肉/i	4	悄无声息/i	4
酸甜苦辣/n	4	烂醉如泥/i	4	社会活动/n	4	像模像样/i	4	蒙在鼓里/i	4
军事基地/n	4	杀气腾腾/i	4	亲朋好友/l	4	漫无目的/a	4	耿耿于怀/i	4
不谋而合/l	4	一连串儿/m	4	苦尽甘来/v	4	墨守成规/i	4	德高望重/a	4
大功告成/v	4	无期徒刑/n	4	聊聊天儿/v	4	大慈恩寺/ns	4	量力而行/i	4
不约而同/z	4	无所事事/i	4	大大方方/z	4	一言既出/i	4	天高气爽/i	4
小鸡肚肠/a	4	支气管炎/n	4	庆熙大学/nt	4	国际学校/nt	4	吉林省/ns	4
流行歌/n	4	人事部/n	4	张老师/nr	4	居留证/n	4	竞争者/n	4
呼吸器/n	4	垃圾桶/n	4	夜总会/n	4	影响力/n	4	阿房宫/ns	4
白色节/t	4	成长期/n	4	天佛山/ns	4	红叶谷/ns	4	死亡率/n	4
海洋馆/n	4	一千万/m	4	塞班岛/ns	4	灵隐寺/ns	4	千佛山/ns	4
内张山/ns	4	银杏树/n	4	阅览室/n	4	冰激凌/n	4	手术室/n	4
小时工/n	4	小儿科/n	4	小报告/n	4	土包子/n	4	三只手/l	4
母老虎/n	4	老一套/l	4	老来俏/l	4	开倒车/l	4	莲花峰/ns	4
随大流/l	4	敲边鼓/l	4	游泳场/n	4	静悄悄/z	4	神经病/n	4

续表

益山市/ns	4	早点儿/d	4	应聘者/n	4	红萝卜/n	4	蛋炒饭/nz	4
奢侈品/n	4	卡路里/n	4	这会儿/r	4	辅导员/n	4	伸懒腰/v	4
糖醋肉/n	4	空落落/z	4	周杰伦/nr	4	汉城市/ns	4	亚细亚/ns	4
出毛病/v	4	当参谋/l	4	知名度/n	4	近年来/l	4	羞答答/z	4
无等山/ns	4	南大门/ns	4	江苏省/ns	4	研究员/n	4	纪录片/n	4
蓝盈盈/z	4	房地产/n	4	交泰殿/ns	4	住宿费/n	4	尖尖的/z	4
千瓦时/q	4	灰姑娘/n	4	演艺界/n	4	心理学/n	4	圆滚滚/z	4
排行榜/n	4	毕加索/nr	4	阿拉伯/ns	4	历史学/n	4	生产量/n	4
光复节/nz	4	电话铃/n	4	绿绿的/z	4	刘德华/nr	4	捉迷藏/v	4
研究院/n	4	营养素/n	4	抽空儿/v	4	眼镜湖/ns	4	入场费/n	4
早产儿/n	4	自卑感/n	4	诸葛亮/nr	4	黄浦江/ns	4	小青岛/ns	4
电饭锅/n	4	书法家/n	4	负罪感/n	4	高丽葬/v	4	年糕汤/n	4
私生活/n	4	食用油/n	4	韩半岛/ns	4	读后感/n	4	支气管/n	4
小朋友/n	4	邓小平/nr	4	中国菜/n	4	保修期/n	4	高压锅/n	4
麻辣烫/n	4	家常菜/n	4	武夷山/ns	4	七点半/t	4	十五日/t	4
伽倻琴/n	4	朴昶民/nr	4	普救寺/ns	4	超短裙/n	4	李梦龙/nr	4
一整天/t	4	德里队/nz	4	主力军/n	4	升降机/n	4	电灯泡/n	4
营养品/n	4	作业本/n	4	中医院/nt	4	数量词/n	4	湿淋淋/z	4
负担感/n	4	独立性/n	4	中国化/v	4	需求量/n	4	深深的/z	4
活生生/z	4	清凉山/ns	4	人情味/n	4	黄乎乎/z	4	学生们/n	4
穷讲究/v	4	由不得/v	4	幼稚园/n	4	心气儿/n	4	大伙儿/r	4
气头儿/n	4	海岸线/n	4	好样的/n	4	老娘儿/n	4	官架子/n	4
安眠药/n	4	严重性/n	4	电话机/n	4	黑油油/z	4	忠清道/ns	4
地理山/n	4	北京人/n	4	烟味儿/n	4	豁出去/v	4	思想家/n	4
邮递员/n	4	卢武铉/nr	4	画外音/n	4	急火火/a	4	创造主/n	4
座右铭/n	4	自由泳/n	4	柏拉默/nr	4	国际日/n	4	求职者/n	4
相对性/n	4	迎宾馆/ns	4	辣椒粉/n	4	地球村/n	4	文武王/n	4
石窟岩/n	4	柳宽顺/nr	4	拙政园/ns	4	打光棍/l	4	光化学/n	4
李小龙/nr	4	灵活性/n	4	保护区/n	4	混血儿/n	4	光明顶/ns	4
呼吸机/n	4	日用品/n	4	灵谷寺/ns	4	范振宇/nr	4	小孩儿/n	4
装饰品/n	4	私家车/n	4	发源地/n	4	玫瑰花/n	4	高一/j	4
关机/v	4	胖胖/a	4	终究/d	4	徒步/d	4	丰厚/a	4
口角/n	4	星期/t	4	面孔/n	4	反复/v	4	罪恶/n	4

续表

社交/n	4	察觉/v	4	文明/a	4	大批/b	4	文科/n	4
留学/n	4	万能/a	4	诚挚/a	4	歌舞/n	4	报到/v	4
本心/n	4	成南/ns	4	道具/n	4	学年/n	4	开办/v	4
网路/n	4	史杰/nr	4	灾祸/n	4	别名/n	4	决赛/n	4
氏族/n	4	流通/v	4	开采/v	4	受累/v	4	费力/a	4
房间/f	4	法令/n	4	作为/n	4	特权/n	4	从属/v	4
容易/d	4	消费/n	4	在即/v	4	见解/n	4	外衣/n	4
汉子/n	4	酒量/n	4	江山/n	4	胆怯/a	4	领袖/n	4
戏弄/v	4	车费/n	4	观览/v	4	仰望/v	4	过期/v	4
自习/v	4	在世/v	4	迎合/v	4	款子/n	4	农活/n	4
跨国/b	4	肠胃/n	4	西海/ns	4	移植/v	4	求助/v	4
怨恨/v	4	花瓣/n	4	姥爷/n	4	银河/n	4	拆除/v	4
火气/n	4	显现/v	4	校车/n	4	陵墓/n	4	白米/n	4
凄凉/a	4	张望/v	4	高温/n	4	相册/n	4	卖方/n	4
难处/n	4	三轮/n	4	路边/n	4	拓展/v	4	闪烁/v	4
古书/n	4	古书/n	4	迟迟/d	4	鼻血/n	4	飞结/nr	4
妥协/v	4	显露/v	4	炊事/n	4	齐全/a	4	花朵/n	4
嘻嘻/o	4	困苦/a	4	汹涌/a	4	苦心/n	4	棉衣/n	4
德语/n	4	面的/n	4	转头/v	4	毛毯/n	4	儒城/ns	4
敦厚/a	4	呼喊/v	4	呼呼/v	4	场景/n	4	闪亮/a	4
物理/n	4	倒数/v	4	国文/n	4	最低/d	4	笑意/n	4
换乘/v	4	蕴涵/v	4	为此/d	4	快快/d	4	室友/n	4
点半/t	4	润相/nr	4	哪边/r	4	后面/n	4	源泉/n	4
二点/t	4	动听/a	4	平淡/a	4	火炉/n	4	老舍/nr	4
反响/n	4	点儿/n	4	收回/v	4	还是/v	4	精灵/n	4
零下/s	4	石匠/n	4	摧毁/v	4	仁慈/a	4	工地/n	4
父女/n	4	繁星/n	4	松饼/n	4	亲属/n	4	外公/n	4
摩托/n	4	柱子/n	4	杂草/n	4	木莲/n	4	枫树/n	4
肤色/n	4	满满/z	4	红红/a	4	麻雀/n	4	饭桌/n	4
交替/v	4	拍手/v	4	时令/n	4	光亮/n	4	美誉/n	4
的士/n	4	飘动/v	4	水量/n	4	赞扬/v	4	纸币/n	4
分裂/v	4	银川/ns	4	银川/ns	4	积蓄/v	4	崭新/a	4
心底/n	4	搜集/v	4	药品/n	4	报复/n	4	伸展/v	4

续表

运输/v	4	成才/v	4	传单/n	4	光海/nr	4	韩医/n	4
慈善/a	4	流落/v	4	告发/v	4	李真/nr	4	精寺/n	4
隶书/n	4	烟筒/n	4	供暖/v	4	依照/p	4	花卉/n	4
翠绿/z	4	田螺/n	4	褪色/v	4	开关/n	4	龙亭/n	4
寒带/n	4	南极/ns	4	激励/v	4	概括/v	4	心境/n	4
喉咙/n	4	呜咽/v	4	飘落/v	4	轮子/n	4	知名/a	4
降落/v	4	抵抗/v	4	边缘/n	4	板块/n	4	变形/v	4
地层/n	4	厚度/n	4	包围/v	4	恩情/n	4	可敬/a	4
呐喊/v	4	一点/d	4	健全/a	4	不只/c	4	野猫/n	4
传播/v	4	评论/n	4	勇猛/a	4	发怒/v	4	小便/n	4
万年/m	4	气象/n	4	一边/n	4	污染/vn	4	用作/v	4
目睹/v	4	交流/vn	4	出众/a	4	细腻/a	4	压抑/a	4
组合/n	4	不屈/v	4	人工/n	4	谈吐/n	4	发明/n	4
为人/v	4	有机/b	4	海岸/n	4	燃烧/v	4	焚烧/v	4
害虫/n	4	秋季/t	4	便利/n	4	肺炎/n	4	培育/v	4
送别/v	4	中共/n	4	人世/n	4	从中/d	4	翅膀/n	4
解救/v	4	扮演/v	4	西装/n	4	背试/v	4	赏识/v	4
视觉/n	4	近视/a	4	鱼缸/n	4	好运/n	4	市区/s	4
受难/v	4	线路/n	4	无形/b	4	变暖/v	4	方位/n	4
醒悟/v	4	丝毫/d	4	冲突/n	4	难度/n	4	内脏/n	4
户口/n	4	琢磨/v	4	不免/d	4	买房/v	4	房产/n	4
减弱/v	4	劝解/v	4	孤僻/a	4	管子/n	4	热点/n	4
置身/v	4	淳朴/a	4	视为/v	4	存款/n	4	销路/n	4
装运/v	4	尽早/d	4	应用/v	4	方面/c	4	世间/n	4
下午/n	4	阻挡/v	4	敬请/v	4	招生/v	4	敬慕/v	4
窗台/n	4	治愈/v	4	语序/n	4	应答/v	4	过奖/v	4
实质/n	4	关节/n	4	开涮/v	4	磨难/n	4	戈壁/n	4
艺人/n	4	园区/n	4	比画/v	4	作曲/v	4	突出/a	4
监禁/v	4	邦布/nr	4	深沉/a	4	适用/a	4	抱抱/v	4
天天/n	4	铁链/n	4	灯笼/n	4	搬运/v	4	交接/v	4
墨镜/n	4	提交/v	4	阿明/nr	4	扒手/n	4	记账/v	4
归途/n	4	言传/v	4	强制/v	4	瘦小/a	4	晕船/v	4
顺真/nr	4	水流/n	4	迷恋/v	4	赛场/n	4	光景/n	4

续表

扫除/v	4	颧骨/n	4	时分/n	4	清净/a	4	剧情/n	4
希望/vn	4	减退/v	4	怀里/s	4	送礼/v	4	虚荣/n	4
敌对/a	4	带动/v	4	琉璃/n	4	共同/a	4	梦见/v	4
搭理/v	4	纷争/n	4	呻吟/v	4	脏话/n	4	考研/v	4
徒刑/n	4	恩乔/nr	4	贴纸/n	4	唐鹏/nr	4	清脆/a	4
出示/v	4	机智/a	4	责骂/v	4	皮球/n	4	警钟/n	4
枝儿/n	4	残疾/a	4	传统/b	4	重点/d	4	西洋/ns	4
科幻/n	4	传教/v	4	老韩/nr	4	资助/n	4	壮勋/nr	4
烤肉/v	4	野鸡/n	4	领会/v	4	阴险/a	4	急用/v	4
无罪/v	4	往年/t	4	法制/n	4	扭曲/v	4	红润/a	4
云雾/n	4	难说/v	4	眺望/v	4	耸立/v	4	心肠/n	4
银幕/n	4	有害/v	4	通讯/v	4	比赛/vn	4	封山/v	4
开开/v	4	晚餐/n	4	落伍/v	4	高照/v	4	肠炎/n	4
河北/ns	4	人和/n	4	暴发/v	4	人均/v	4	教法/n	4
早退/v	4	恐慌/a	4	干预/v	4	病魔/n	4	原文/n	4
饶恕/v	4	违犯/v	4	主食/n	4	还价/v	4	祈愿/v	4
手掌/n	4	来源/v	4	上映/v	4	无端/d	4	新式/a	4
祭礼/v	4	游子/n	4	合力/v	4	同心/v	4	运送/v	4
行事/v	4	松糕/n	4	前头/f	4	固有/b	4	除去/v	4
二百/m	4	炎症/n	4	打字/v	4	喜气/n	4	洗漱/v	4
回答/vn	4	谣言/n	4	大致/d	4	脸面/n	4	柜台/n	4
南端/f	4	偷儿/n	4	横滨/ns	4	修炼/v	4	生菜/n	4
对面/n	4	居留/v	4	憧憬/v	4	清水/n	4	边上/f	4
同乡/n	4	不下/v	4	西服/n	4	发病/v	4	暗恋/v	4
虚假/a	4	影像/n	4	花纹/n	4	海军/n	4	帝王/n	4
空闲/n	4	兴盛/a	4	有余/v	4	中旬/n	4	回响/v	4
预感/v	4	相应/v	4	东方/s	4	内行/n	4	进展/v	4
正日/nr	4	劝架/v	4	叫卖/v	4	几万/m	4	和面/v	4
水田/n	4	老师/nr	4	芦苇/n	4	脱掉/v	4	工艺/n	4
合影/v	4	植树/v	4	应试/v	4	胡话/n	4	韩川/nr	4
新型/b	4	徐才/nr	4	追究/v	4	锦江/nz	4	暴跳/v	4
卷曲/v	4	梨树/n	4	心上/s	4	防备/v	4	色情/n	4
打碎/v	4	泡面/n	4	激起/v	4	加宽/v	4	牢记/v	4

续表

攻打/v	4	登记/v	4	伦理/n	4	稻草/n	4	女足/j	4
注意/n	4	沉醉/v	4	手工/n	4	薄薄/z	4	火炕/n	4
王后/n	4	桌面/n	4	汁儿/n	4	宽度/n	4	天文/n	4
昏黄/z	4	开工/v	4	表露/v	4	淡水/n	4	流域/n	4
语感/n	4	湖畔/n	4	轮椅/n	4	给以/v	4	迁移/v	4
引诱/v	4	知己/n	4	好用/a	4	退役/v	4	弟兄/n	4
四声/n	4	蹬腿/v	4	强盗/n	4	留心/v	4	小豆/n	4
端午/t	4	审判/v	4	香肠/n	4	菜谱/n	4	虾仁/n	4
单人/b	4	苦笑/v	4	步伐/n	4	黄海/ns	4	可可/nr	4
祯珉/nr	4	食言/v	4	赶到/v	4	医药/n	4	白熊/n	4
账户/n	4	猪排/n	4	大火/n	4	功效/n	4	偏重/v	4
明天/n	4	相会/v	4	留念/v	4	乳头/n	4	血管/n	4
师生/n	4	栗子/n	4	糯米/n	4	卫星/n	4	礼堂/n	4
系列/n	4	花轿/n	4	赠送/v	4	葱花/n	4	推测/v	4
隆重/a	4	奥运/nz	4	鸡排/n	4	假发/n	4	六五/m	4
心慌/a	4	虎丘/ns	4	运河/n	4	贪财/v	4	哥们/n	4
黄浦/ns	4	宋城/ns	4	眸子/n	4	一味/d	4	人中/n	4
名次/n	4	容纳/v	4	认识/n	4	老话/n	4	痛哭/v	4
违背/v	4	立法/v	4	糊口/v	4	妓女/n	4	纸张/n	4
压迫/v	4	得病/v	4	厨艺/n	4	散漫/a	4	古话/n	4
典型/n	4	中途/n	4	甜头/n	4	趣味/n	4	突破/v	4
执意/d	4	形象/a	4	但丁/nr	4	办到/v	4	不散/v	4
爱恋/v	4	完工/v	4	臭美/v	4	生来/d	4	女王/n	4
耐性/n	4	忘却/v	4	坐牢/v	4	北端/f	4	独身/n	4
用力/v	4	下流/a	4	对儿/q	4	参谋/v	4	家畜/n	4
打印/v	4	手里/f	4	活宝/n	4	滚滚/z	4	靴子/n	4
怜悯/v	4	情意/n	4	媚态/n	4	见谅/v	4	结婚/n	4
浓重/a	4	旁观/v	4	比率/n	4	喜剧/n	4	镶嵌/v	4
停课/v	4	吐字/v	4	情商/n	4	不端/a	4	钟楼/ns	4
加速/v	4	浮雕/n	4	经商/v	4	军官/n	4	过去/n	4
联赛/n	4	书生/n	4	崇高/a	4	世人/n	4	罐头/n	4
雨水/n	4	殉国/v	4	逃脱/v	4	萌芽/v	4	光阴/n	4
紧紧/d	4	海狮/n	4	扑鼻/v	4	清香/n	4	碧绿/z	4

续表

点击/v	4	泄露/v	4	饮酒/v	4	连任/v	4	更改/v	4
恶意/n	4	破碎/v	4	闪身/v	4	火伤/n	4	担忧/v	4
草木/n	4	叫喊/v	4	头奖/n	4	浪花/n	4	戒备/v	4
松懈/a	4	幽深/a	4	软磨/v	4	高价/n	4	秀美/nr	4
豆浆/n	4	一早/t	4	服侍/v	4	带走/v	4	那次/r	4
穿戴/v	4	爱上/v	4	转告/v	4	塑造/v	4	条约/n	4
店长/n	4	统领/n	4	暂时/n	4	过活/v	4	创建/v	4
诸多/a	4	诸多/m	4	联手/v	4	练练/v	4	试题/n	4
猛地/d	4	替补/v	4	害怕/a	4	丰硕/a	4	十万/m	4
蝉联/v	4	老土/a	4	巫师/n	4	泼妇/n	4	瓶盖/n	4
煞住/v	4	民国/n	4	判定/v	4	夸耀/v	4	诺言/n	4
起步/v	4	管用/a	4	前来/v	4	世代/n	4	连襟/n	4
招领/v	4	闪开/v	4	水桶/n	4	精装/b	4	野心/n	4
演义/n	4	愧悔/a	4	速决/v	4	既是/c	4	季度/n	4
整个/a	4	迷离/a	4	肿瘤/n	4	首次/d	4	贪图/v	4
展望/v	4	注解/n	4	腿脚/n	4	确切/a	4	知足/a	4
医治/v	4	逾越/v	4	发货/v	4	正统/a	4	花香/n	4
阐述/v	4	淡淡/z	4	第十/m	4	大卫/nr	4	带路/v	4
吐痰/v	4	歹说/v	4	冒充/v	4	抨击/v	4	按捺/v	4
骨肉/n	4	唯独/d	4	切记/v	4	力争/v	4	忏悔/v	4
妇道/n	4	网点/n	4	秃子/n	4	田径/n	4	正面/b	4
正面/s	4	打人/v	4	直射/v	4	店铺/n	4	单字/n	4
惊叫/v	4	暖化/v	4	地势/n	4	阴云/n	4	湖边/s	4
烟大/j	4	百盛/nz	4	穿梭/v	4	示范/v	4	入伍/v	4
下令/v	4	考官/n	4	由衷/d	4	机灵/a	4	单薄/a	4
心烦/a	4	立足/v	4	一方/n	4	纸条/n	4	消沉/a	4
足疗/n	4	次日/t	4	超级/b	4	星海/nz	4	名片/n	4
手上/s	4	一晃/v	4	正好/a	4	猛然/d	4	猜猜/v	4
四肢/n	4	瘸子/n	4	隐形/v	4	勇勇/nr	4	杏核/n	4
扶养/v	4	造就/v	4	铉洙/nr	4	看中/v	4	舞厅/n	4
急需/v	4	直到/p	4	垄断/v	4	申报/v	4	折子/n	4
演出/n	4	享乐/v	4	座号/n	4	沉溺/v	4	酒精/n	4
后妈/n	4	题材/n	4	玩意/n	4	毁坏/v	4	退出/v	4

续表

气质/n	4	张华/nr	4	西宁/ns	4	理智/a	4	说说/v	4
无私/b	4	同伴/n	4	俯视/v	4	牙科/n	4	下旬/t	4
尿布/n	4	合成/v	4	计时/v	4	准诚/nr	4	急眼/v	4
心痛/a	4	摘除/v	4	红茶/n	4	睡醒/v	4	蜜蜂/n	4
贤妻/n	4	阿龙/nr	4	滑腻/a	4	好喝/a	4	韩文/n	4
涓生/nr	4	和平/a	4	虎山/ns	4	海蓝/n	4	黑痣/n	4
吓人/a	4	婷婷/nr	4	惠真/nr	4	近来/t	4	云朵/n	4
敞开/v	4	恕渶/nr	4	东佑/nr	4	相当/v	4	滋润/v	4
唤醒/v	4	得奖/v	4	复苏/v	4	严寒/a	4	浪漫/n	4
鼻涕/n	4	漂浮/v	4	瞬间/d	4	出路/n	4	小杨/nr	4
生父/n	4	封头/ns	4	母鸡/n	4	苦瓜/n	4	播出/v	4
淮安/ns	4	光盘/n	4	欣然/d	4	之上/f	4	意思/v	4
嫦娥/nr	4	嫦娥/n	4	仙丹/n	4	清/nr	4	清/n	4
找/a	4	俗/a	4	腮/n	4	制/v	4	鼻/ng	4
鼻/n	4	甚/d	4	拿/p	4	椒/n	4	妆/v	4
士/Ng	4	不/v	4	世/ng	4	世/n	4	实/a	4
愈/d	4	晾/v	4	人/ns	4	节/ng	4	影/ng	4
中/j	4	庄/ns	4	善/ag	4	乃/d	4	至/p	4
谎/n	4	集/v	4	孟/nr	4	犬/Ng	4	末/t	4
扇/q	4	扇/v	4	在/a	4	誉/v	4	红/nr	4
渡/v	4	轻/v	4	连/c	4	杭/j	4	哼/v	4
定/a	4	定/d	4	慈/Ag	4	顺/a	4	呼/o	4
壁/n	4	粉/a	4	现/v	4	曲/q	4	样/a	4
柴/n	4	寿/ng	4	寿/n	4	眼/ns	4	鲜/a	4
极/a	4	员/q	4	穴/n	4	嘿/o	4	游/n	4
驾/v	4	浸/v	4	亦/d	4	捆/v	4	身/ng	4
箭/n	4	尿/v	4	呈/v	4	顿/v	4	饮/v	4
从/v	4	联/v	4	泣/vg	4	裂/v	4	鬼/x	4
崩/v	4	匀/v	4	某/nr	4	家/a	4	良/a	4
良/n	4	些/r	4	拦/v	4	移/v	4	凑/v	4
候/n	4	和/nr	4	条/Ng	4	菊/n	4	秃/a	4
石/ng	4	喝/vg	4	泄/v	4	婶/n	4	快/q	4
器/n	4	壶/n	4	名/ag	4	组/q	4	捋/v	4

续表

艘/q	4	只/c	4	优/n	4	欢/a	4	界/k	4
积/v	4	鸭/Ng	4	喙/n	4	谋/v	4	娇/a	4
榜/n	4	祝/nr	4	浮/a	4	勺/q	4	叠/v	4
馊/a	4	跤/n	4	腌/v	4	柳/ng	4	龟/n	4
习/v	4	指/n	4	功/n	4	印/n	4	期/q	4
备/v	4	舞/v	4	吞/v	4	筒/n	4	抗/v	4
仗/n	4	融/vg	4	卷/n	4	胶/n	4	油/a	4
啪/o	4	闪/n	4	路/ns	4	恶/a	4	吴/nr	4
事/v	4	第/d	4	第/h	4	痕/ng	4	缘/n	4
季/nr	4	季/n	4	高/n	4	智/ag	4	仁/ng	4
封/n	4	锣/n	4	赛/n	4	轮/q	4	赐/v	4
惊/n	4	耗/v	4	升/q	4	吧/n	4	雨/v	4
痛/v	4	呦/e	4	照/n	4	哟/y	4	带/n	4
由/v	4	盘/v	4	列/q	4	重/v	4	淘/v	4
挠/v	4	编/q	4	宠/v	4	运/v	4	灾/n	4
撩/v	4	棋/n	4	纱/n	4	兴/n	4	园/ng	4
曰/v	4	党/n	4	威/n	4	料/v	4	川/n	4
唉声叹气/i	4	幸福感/n	4	洛杉矶/ns	4	松子/ns	4	嘈杂/a	4
美洲/ns	4	拍卖/v	4	搅和/v	4	冰冻三尺非一日之寒/l	3	二虎相斗必有一伤/l	3
肥水不流外人田/l	3	韩国外国语大学/nt	3	不管三七二十一/l	3	淑明女子大学/nt	3	兴华贸易公司/nz	3
国际旅游公司/nt	3	加勒比海湾/ns	3	三思而后行/l	3	一去不复返/l	3	秦始皇帝陵/ns	3
花山由美子/nr	3	汉语言文学/nz	3	南师大附中/nt	3	脸红脖子粗/l	3	迪士尼乐园/ns	3
老虎滩公园/ns	3	八万大藏经/nz	3	一九九一年/t	3	何乐而不为/l	3	中山小学/nt	3
檀国大学/nt	3	东国大学/nt	3	滴滴答答/o	3	善解人意/l	3	似懂非懂/l	3
年复一年/l	3	日复一日/l	3	哈哈大笑/l	3	鸟语花香/i	3	纷纷扬扬/i	3
诗情画意/n	3	素不相识/i	3	骆驼祥子/nz	3	哥伦比亚/ns	3	念念不忘/i	3
天坛公园/ns	3	民主主义/n	3	别别扭扭/z	3	物美价廉/l	3	千姿百态/i	3
鸡皮疙瘩/n	3	先入为主/i	3	共产主义/n	3	死心眼儿/n	3	格陵兰岛/ns	3
栩栩如生/a	3	千千万万/m	3	光彩夺目/a	3	忠清北道/nz	3	迫不得已/i	3
根深蒂固/l	3	哈佛大学/nt	3	屡见不鲜/i	3	再接再厉/i	3	于事无补/i	3
植树造林/l	3	深思熟虑/i	3	莫衷一是/i	3	众说纷纭/i	3	抗日战争/n	3
五颜六色/a	3	如饥似渴/i	3	兴致勃勃/i	3	亭亭玉立/i	3	晕晕乎乎/z	3

续表

丝绸之路/ns	3	数一数二/i	3	还珠格格/nz	3	目瞪口呆/i	3	门当户对/l	3
服务行业/n	3	才貌双全/l	3	意犹未尽/i	3	肃然起敬/i	3	花花绿绿/z	3
前功尽弃/i	3	力所能及/i	3	暻园大学/nt	3	忠清南道/ns	3	无所不谈/i	3
甩手掌柜/n	3	小肚鸡肠/n	3	开小差儿/l	3	一字一顿/l	3	原原本本/i	3
情投意合/l	3	鸡毛蒜皮/l	3	屡教不改/i	3	隔三岔五/i	3	光彩照人/l	3
东奔西跑/l	3	高级中学/n	3	垂涎欲滴/i	3	路见不平/l	3	双眼皮儿/n	3
优柔寡断/i	3	知足常乐/i	3	叹为观止/i	3	各色各样/a	3	敬而远之/i	3
老老实实/z	3	游手好闲/i	3	岂有此理/l	3	虎头蛇尾/i	3	记忆犹新/a	3
人民大学/nt	3	或多或少/d	3	不堪回首/i	3	恰到好处/i	3	不在话下/i	3
得天独厚/l	3	游刃有余/i	3	左顾右盼/i	3	以防万一/l	3	中国联通/nz	3
美华公司/nt	3	专心致志/i	3	多多益善/i	3	牟氏庄园/ns	3	漆黑漆黑/z	3
雪白雪白/z	3	各有千秋/i	3	人生地疏/i	3	言听计从/i	3	长生不老/l	3
友好广场/ns	3	千辛万苦/i	3	和蔼可亲/i	3	花枝招展/i	3	黄牌警告/l	3
暖暖和和/z	3	淑明女大/j	3	细皮嫩肉/l	3	巴塞罗那/ns	3	哭哭啼啼/z	3
欧阳子涵/nr	3	老大不小/i	3	跨国公司/ns	3	一无所知/i	3	东倒西歪/l	3
有说有笑/l	3	韩非乐园/nt	3	生老病死/i	3	立案医院/nt	3	喋喋不休/i	3
风度翩翩/i	3	抛砖引玉/i	3	欢欢喜喜/z	3	敷衍了事/i	3	风雨交加/a	3
海洋生物/n	3	杀一儆百/i	3	畏手畏脚/i	3	重蹈覆辙/i	3	社会工作/n	3
心烦意乱/i	3	娇小玲珑/a	3	塑料袋儿/n	3	回味无穷/i	3	孤苦伶仃/a	3
节衣缩食/i	3	一蹴而就/v	3	漠不关心/i	3	以暴抗暴/v	3	山珍海味/n	3
齐心协力/i	3	手舞足蹈/i	3	王婆卖瓜/l	3	不义之财/n	3	俑博物馆/ns	3
信号灯/n	3	导火线/n	3	当地人/n	3	音乐家/n	3	化妆师/n	3
神秘感/n	3	洋娃娃/n	3	复制品/n	3	山西路/ns	3	汗阿鲁/nr	3
迪斯科/n	3	小姑子/n	3	海洛因/n	3	没问题/l	3	温哥华/ns	3
工作者/n	3	明东洞/ns	3	更衣室/n	3	加油站/n	3	姜太公/nr	3
脚后跟/n	3	水逾里/ns	3	老龄化/v	3	正义感/n	3	恨不得/v	3
跳跳板/nz	3	教育法/n	3	太行山/ns	3	传真机/n	3	紫禁城/ns	3
蒙蒙亮/z	3	没意思/a	3	责任心/n	3	轻工业/n	3	巨济岛/ns	3
海洋性/n	3	一等奖/n	3	杂志社/n	3	手腕儿/n	3	段少培/nr	3
障碍物/n	3	黑名单/n	3	李智雅/nr	3	献殷勤/l	3	烧高香/l	3
气管炎/n	3	碰钉子/v	3	跑龙套/l	3	老油条/l	3	拉关系/l	3
哭鼻子/l	3	打瞌睡/v	3	白卷儿/n	3	假面具/n	3	王力宏/nr	3
卫生品/n	3	卫生巾/n	3	寻短见/l	3	乌鸦嘴/n	3	开小灶/l	3

续表

恶作剧/v	3	戴高帽/l	3	欣欣然/z	3	普遍性/n	3	经营学/n	3
牡丹花/n	3	即墨路/ns	3	行李箱/n	3	禽流感/nz	3	千字文/n	3
保宁市/ns	3	中医学/n	3	回扣儿/n	3	跑步机/n	3	暴风雨/n	3
唱歌儿/v	3	李大仁/nr	3	糖葫芦/n	3	看得起/v	3	果汁儿/n	3
胖嘟嘟/a	3	胖嘟嘟/z	3	筼筜湖/ns	3	世界观/n	3	公园儿/n	3
知识面/n	3	冠心病/n	3	没门儿/l	3	真心话/n	3	西北风/n	3
真实性/n	3	必胜客/nz	3	大连市/ns	3	垃圾筒/n	3	演艺人/n	3
评论家/n	3	做礼拜/v	3	孤独感/n	3	成功者/n	3	白花花/z	3
拉丁文/n	3	庆会楼/ns	3	吃闲饭/l	3	败家子/n	3	直直的/z	3
烟台山/ns	3	歇后语/n	3	决定性/n	3	科学界/n	3	梳妆台/n	3
梧桐树/n	3	会议室/n	3	老头子/n	3	死胡同/n	3	靠得住/a	3
进化论/n	3	做手脚/v	3	成交量/n	3	京几道/ns	3	脸蛋儿/n	3
艺术界/n	3	遛弯儿/v	3	二流子/n	3	性格儿/n	3	制宪节/nz	3
显忠日/t	3	三一节/nz	3	三十八/m	3	洗衣间/n	3	伊妹儿/n	3
美发厅/n	3	取决于/v	3	见世面/v	3	非武装/b	3	体温表/n	3
被害者/n	3	过家家/l	3	话剧团/n	3	天文台/n	3	利用率/n	3
拖拉机/n	3	医学界/n	3	黄豆芽/n	3	新加坡/ns	3	标志性/n	3
发生率/n	3	美人鱼/n	3	小辫子/n	3	因特网/n	3	大同江/ns	3
要面子/l	3	保育院/n	3	牺牲品/n	3	汉拏山/ns	3	进出额/n	3
虎跳峡/ns	3	大提琴/n	3	教科书/n	3	无计划/b	3	维修工/n	3
周庄镇/ns	3	维修费/n	3	综合性/b	3	村里人/n	3	水平线/n	3
回老家/l	3	前观街/nr	3	五点半/t	3	十一日/t	3	十一号/t	3
玉皇顶/ns	3	海云台/ns	3	塞多纳/ns	3	粑粑汤/n	3	五十一/m	3
开眼界/l	3	成春香/nr	3	第三者/n	3	人力车/n	3	全家福/n	3
张小红/nr	3	西太后/nr	3	高峰期/n	3	免疫力/n	3	老实说/v	3
落汤鸡/n	3	小笼包/n	3	失败者/n	3	基督徒/n	3	爱好者/n	3
草绿色/n	3	打哈欠/v	3	民主化/v	3	甜蜜蜜/a	3	热腾腾/z	3
早早儿/d	3	轻飘飘/z	3	干巴巴/z	3	淘气鬼/n	3	冷丝丝/z	3
露馅儿/v	3	法保殿/n	3	审判官/n	3	世界化/v	3	上海路/n	3
旁观者/n	3	第一名/n	3	三多岛/ns	3	安全感/n	3	核武器/n	3
夏威夷/ns	3	后备箱/n	3	飞行员/n	3	海边儿/n	3	圆珠笔/n	3
悠久性/n	3	洗衣粉/n	3	物理学/n	3	口头禅/n	3	卫生纸/n	3
在野党/n	3	执政党/n	3	聊聊天/v	3	春香节/nz	3	绿豆芽/n	3

续表

光闪闪/z	3	一方面/c	3	近代化/v	3	日全食/n	3	急匆匆/z	3
流线型/n	3	高敞郡/ns	3	警惕性/n	3	自闭症/n	3	老黄历/n	3
维他命/n	3	欢呼声/n	3	碧辉煌/a	3	稳定感/n	3	忧郁症/n	3
土含山/ns	3	斑纹狗/n	3	节约型/n	3	盥洗台/n	3	旅游者/n	3
获得者/n	3	民俗村/ns	3	红彤彤/z	3	孩子气/n	3	奉德寺/nz	3
虎丘塔/ns	3	黄真伊/nr	3	幸运儿/n	3	地下水/n	3	生产性/n	3
呼吸道/n	3	打水漂/l	3	经济区/s	3	小老婆/n	3	优越性/n	3
节电器/n	3	单人床/n	3	书桌儿/n	3	油菜花/n	3	国内外/n	3
大丈夫/n	3	成功率/n	3	纺织娘/n	3	医疗界/n	3	找麻烦/v	3
显示器/n	3	实用性/n	3	芝麻酱/n	3	花生油/n	3	安琪儿/n	3
上班儿/v	3	询问处/n	3	西游记/nz	3	创始人/n	3	娱乐场/n	3
消费品/n	3	多样化/v	3	第一次/m	3	棒球场/n	3	电影节/n	3
啤酒城/n	3	华侨/n	3	多亏/d	3	国运/n	3	当心/v	3
继继/v	3	无心/d	3	生硬/a	3	反差/n	3	着凉/v	3
流畅/a	3	地产/n	3	语音/n	3	自己/n	3	相称/a	3
六日/t	3	孝子/n	3	圆滑/a	3	吃醋/v	3	茶杯/n	3
追求/n	3	尊贵/a	3	天生/a	3	孤立/a	3	九里/ns	3
盛产/v	3	陕西/ns	3	恭敬/v	3	烧毁/v	3	长女/n	3
学妹/n	3	临行/v	3	食粮/n	3	白白/d	3	演艺/n	3
若是/c	3	他杀/v	3	仇人/n	3	毒药/n	3	半生/n	3
适于/v	3	小数/n	3	通常/b	3	教学/n	3	补票/v	3
说来/v	3	任用/v	3	立志/v	3	次要/b	3	字典/n	3
大抵/d	3	实验/v	3	汉堡/ns	3	无处/d	3	建交/v	3
传导/v	3	瞩目/v	3	本地/r	3	炒菜/v	3	蒸笼/n	3
贵人/n	3	王室/n	3	轻轻/a	3	市内/s	3	大汗/n	3
满头/n	3	看头/n	3	不比/p	3	印度/n	3	访友/v	3
缩短/v	3	眼珠/n	3	乌黑/a	3	终日/t	3	日出/n	3
乡里/n	3	挣脱/v	3	报恩/v	3	先祖/n	3	不法/a	3
不法/b	3	志英/nr	3	抹布/n	3	书信/n	3	监测/v	3
福福/nr	3	烦恼/v	3	三代/n	3	气派/n	3	商务/n	3
国界/n	3	奶酪/n	3	雨天/n	3	过冬/v	3	精子/n	3
忠于/v	3	入侵/v	3	皇宫/n	3	显眼/a	3	鼓楼/ns	3
明朝/n	3	漫步/v	3	扶梯/n	3	车门/n	3	冷气/n	3

续表

乐队/n	3	能力/v	3	一家/n	3	幽静/a	3	夜晚/n	3
丽娜/nr	3	添加/v	3	得出/v	3	畏惧/v	3	按钮/n	3
保温/a	3	平地/n	3	王陵/n	3	花坛/n	3	构造/v	3
贯穿/v	3	压倒/v	3	打雷/v	3	破费/v	3	古文/n	3
庆典/n	3	为数/v	3	调羹/n	3	海苔/n	3	太极/n	3
香菇/n	3	杂菜/n	3	浓度/n	3	刺骨/z	3	幽雅/a	3
现况/n	3	累积/v	3	血统/n	3	混血/n	3	水网/n	3
九百/m	3	买卖/v	3	幼年/n	3	街头/n	3	民警/n	3
蛾子/n	3	全然/d	3	圣节/t	3	圣诞/t	3	心病/n	3
草原/nr	3	推开/v	3	上场/v	3	贺卡/n	3	逗留/v	3
力为/nr	3	成长/vn	3	小韩/nr	3	大道/n	3	笔直/z	3
南方/n	3	分野/n	3	虎妞/nr	3	善事/n	3	下身/n	3
会堂/n	3	男的/n	3	银子/n	3	松柏/n	3	贤明/a	3
贤明/n	3	蛋挞/n	3	介绍/n	3	愚笨/a	3	抽泣/v	3
毛笔/n	3	值日/v	3	换车/v	3	区间/n	3	旧式/b	3
使唤/v	3	闲暇/n	3	亮亮/z	3	海鸥/n	3	问安/v	3
杜鹃/n	3	晃动/v	3	蔚蓝/z	3	著称/v	3	宾客/n	3
边境/n	3	淙淙/z	3	贪玩/v	3	打盹/v	3	景物/n	3
高空/s	3	照亮/v	3	颜料/n	3	绣花/v	3	熊津/ns	3
庭园/n	3	日落/n	3	以南/f	3	江水/n	3	限定/v	3
风采/n	3	海滨/n	3	熟练/v	3	海滨/n	3	海滨/s	3
熟练/v	3	崭新/b	3	开始/n	3	现在/d	3	现在/p	3
前行/v	3	胎儿/n	3	来年/t	3	眼熟/a	3	油亮/z	3
细长/a	3	插入/v	3	单恋/n	3	西山/ns	3	汉文/n	3
成效/n	3	银色/n	3	胆量/n	3	村落/n	3	派兵/v	3
安稳/a	3	刑场/n	3	高潮/n	3	飘舞/v	3	洞穴/n	3
合适/v	3	远望/v	3	名医/n	3	刹那/d	3	挽留/v	3
几个/m	3	仁术/n	3	失职/v	3	迟早/d	3	偷看/v	3
留步/v	3	村长/n	3	精巧/a	3	主柱/n	3	地震/v	3
后期/t	3	象形/n	3	企鹅/n	3	内外/n	3	作法/n	3
皇家/n	3	麻痹/a	3	干枯/v	3	畅游/v	3	北宋/n	3
软软/z	3	碰撞/v	3	谜语/n	3	弹性/n	3	上部/f	3
寒窗/n	3	通往/v	3	轰动/v	3	另一/m	3	取胜/v	3

续表

辩护/v	3	此时/n	3	放映/v	3	考取/v	3	感谢/n	3
缺憾/n	3	诅咒/v	3	求救/v	3	后悔/a	3	北大/j	3
定居/v	3	管理/n	3	预见/v	3	真岛/nz	3	饭桶/n	3
气色/n	3	纯种/n	3	沉闷/a	3	人影/n	3	不快/a	3
废物/n	3	郊外/s	3	狩猎/v	3	公演/v	3	铜钱/n	3
钟声/n	3	史迹/n	3	隐退/v	3	专辑/n	3	时装/n	3
登台/v	3	组员/n	3	英勇/a	3	飞天/n	3	露水/n	3
首相/n	3	饥饿/n	3	寒气/n	3	印刷/v	3	假设/n	3
农家/n	3	战场/n	3	契机/n	3	卓越/a	3	繁殖/v	3
遗传/vn	3	湿地/n	3	枯竭/v	3	瓦斯/n	3	海域/n	3
自给/v	3	限制/n	3	微粒/n	3	手法/n	3	拼搏/v	3
安逸/a	3	享福/v	3	原故/n	3	饲养/v	3	体系/n	3
无奈/d	3	无奈/v	3	闪动/v	3	生姜/n	3	造福/v	3
听觉/n	3	太平/a	3	契约/n	3	加大/v	3	多方/d	3
打量/v	3	频率/n	3	不易/a	3	弹琴/v	3	鲁莽/a	3
老气/a	3	灵感/n	3	决不/d	3	东西/r	3	不准/d	3
旱冰/n	3	劝导/v	3	发言/n	3	弯弯/z	3	消散/v	3
征求/v	3	比如/c	3	祈求/v	3	下海/v	3	少数/a	3
洞窟/n	3	喷发/v	3	技艺/n	3	安放/v	3	遗体/n	3
抚慰/v	3	悬空/v	3	资历/n	3	参见/v	3	被窝/n	3
推广/v	3	绯闻/n	3	门牙/n	3	救人/v	3	存款/v	3
白领/b	3	四百/m	3	婆家/n	3	出世/v	3	亲家/n	3
勒索/v	3	公约/n	3	田园/n	3	高粱/n	3	推移/v	3
束缚/n	3	南非/ns	3	除了/c	3	目录/n	3	黄河/n	3
兰州/ns	3	遗址/n	3	情境/n	3	就读/v	3	周焕/nr	3
裕美/nr	3	楼上/f	3	黝黑/a	3	处世/v	3	布满/v	3
室内/s	3	网虫/n	3	坚韧/a	3	注射/v	3	主动/d	3
外籍/b	3	摄取/v	3	课余/n	3	照例/d	3	流露/v	3
中小/b	3	特价/n	3	带有/v	3	宁愿/d	3	培培/nr	3
青椒/n	3	顺应/v	3	工员/n	3	清清/z	3	吴静/nr	3
首道/ns	3	聋哑/n	3	回头/n	3	帅气/a	3	玛丽/nr	3
焕发/v	3	多美/nr	3	同岁/n	3	请安/v	3	瑜珈/n	3
认错/v	3	斗志/n	3	驼峰/n	3	中立/v	3	晚年/n	3

续表

例外/a	3	丢脸/v	3	速度/a	3	麦恩/nr	3	生产/vn	3
毕业/vn	3	骑车/v	3	破案/v	3	漱口/v	3	胶水/n	3
发夹/n	3	哎呀/y	3	社长/n	3	税款/n	3	听话/v	3
熄灭/v	3	天分/n	3	淋浴/v	3	浓浓/a	3	固守/v	3
明澈/a	3	平日/n	3	寸头/n	3	秃头/n	3	半空/n	3
下船/v	3	福相/n	3	柔和/a	3	有空/v	3	画幅/n	3
宜家/ns	3	意想/v	3	染色/v	3	气儿/n	3	夕照/n	3
俭省/a	3	高二/n	3	甜美/a	3	畅怀/d	3	远足/v	3
封皮/n	3	柏林/ns	3	电铃/n	3	心急/a	3	亨修/nr	3
旅舍/n	3	肚皮/n	3	清风/n	3	炽热/a	3	瓷砖/n	3
匠人/n	3	小子/n	3	密林/n	3	鲁大/nt	3	民歌/n	3
川菜/n	3	满怀/v	3	呼声/n	3	攻克/v	3	清单/n	3
笔者/n	3	清闲/a	3	馅儿/n	3	长龙/n	3	寒心/a	3
拖延/v	3	治理/v	3	偷偷/z	3	手臂/n	3	纱窗/n	3
拨打/v	3	入狱/v	3	入睡/v	3	大三/j	3	逃犯/n	3
耳边/s	3	捐赠/v	3	贴吧/n	3	才能/d	3	指点/v	3
尺子/n	3	卡片/n	3	启蒙/b	3	出动/v	3	海啸/n	3
衰退/v	3	昏迷/v	3	反常/a	3	企图/v	3	暗自/d	3
灭种/v	3	秀流/a	3	鲜血/n	3	红线/n	3	路人/n	3
水儿/n	3	不到/v	3	动画/n	3	巡回/v	3	除外/v	3
公社/n	3	讨厌/a	3	竞选/v	3	再不/d	3	进取/v	3
提早/v	3	十五/t	3	瞌睡/n	3	小灶/n	3	背后/n	3
烤肉/n	3	吉林/ns	3	文章/vn	3	招贴/n	3	协同/v	3
多样/a	3	猖狂/a	3	血汗/n	3	点钟/q	3	料到/v	3
不过/u	3	讲理/v	3	底细/n	3	煎熬/v	3	薄弱/a	3
运行/v	3	泉城/ns	3	外堂/n	3	牵挂/v	3	同步/v	3
秀气/a	3	定量/n	3	缭绕/v	3	空余/a	3	大川/ns	3
认可/v	3	成哲/nr	3	教徒/n	3	周五/t	3	打牌/v	3
倾向/v	3	疤痕/n	3	迢迢/a	3	冻死/v	3	有利/v	3
拍打/v	3	俄国/ns	3	兜风/v	3	阴雨/n	3	二话/n	3
讯息/n	3	精壮/a	3	声儿/n	3	酌情/v	3	奖牌/n	3
聚合/v	3	明洞/ns	3	人均/j	3	车间/n	3	告状/v	3
坚守/v	3	馆子/n	3	指责/v	3	缩小/v	3	如愿/v	3

续表

病痛/n	3	插嘴/v	3	嫌疑/n	3	少许/m	3	老辈/n	3
狠毒/a	3	恩人/n	3	西方/f	3	总数/n	3	在行/a	3
墙上/s	3	调理/v	3	率直/a	3	造型/n	3	李林/nr	3
报价/v	3	长官/n	3	纯净/a	3	脑瓜/n	3	清醒/v	3
怯场/a	3	长途/n	3	丽丽/nr	3	搀扶/v	3	撒尿/v	3
美子/nr	3	气喘/v	3	扫墓/v	3	飞逝/v	3	鼻头/n	3
以后/c	3	板子/n	3	烟鬼/n	3	重重/z	3	菖蒲/n	3
强国/n	3	纪念/n	3	图图/nr	3	必备/v	3	门儿/n	3
若干/m	3	话柄/n	3	走运/a	3	茫茫/a	3	用具/n	3
钢铁/n	3	岁拜/v	3	集合/n	3	脱节/v	3	盹儿/n	3
年度/n	3	春山/ns	3	好过/a	3	从业/v	3	泄漏/v	3
俯瞰/v	3	下子/l	3	无尽/b	3	无尽/v	3	红眼/n	3
幅度/n	3	造船/v	3	平民/n	3	字句/n	3	活气/n	3
陶瓷/n	3	建国/v	3	可亲/a	3	懒散/a	3	拉萨/ns	3
赐予/v	3	短篇/n	3	正事/n	3	顶级/b	3	中国/v	3
无害/v	3	鼓励/vn	3	鼓励/n	3	人选/n	3	配件/n	3
姚明/nr	3	呼噜/n	3	着呢/y	3	完蛋/v	3	元默/nr	3
闹市/n	3	老师/v	3	号称/v	3	随行/v	3	人缘/n	3
孟秋/nr	3	表妹/n	3	山羊/n	3	朴票/nr	3	春川/nr	3
合影/n	3	希腊/v	3	锅台/n	3	寻求/v	3	森山/nr	3
簌簌/z	3	无常/d	3	精美/a	3	安田/nr	3	大妈/n	3
悔恨/v	3	耐克/nz	3	停业/v	3	法案/n	3	哎呦/e	3
周一/t	3	贫富/n	3	分散/v	3	通风/v	3	百济/n	3
遗憾/v	3	三国/n	3	三国/t	3	门生/n	3	桃树/n	3
睡衣/n	3	黑客/n	3	艰辛/a	3	主见/n	3	稻田/n	3
相约/v	3	娱乐/vn	3	初等/b	3	倡议/n	3	倡议/v	3
尚未/d	3	人手/v	3	诱惑/n	3	伤亡/v	3	上演/v	3
夸赞/v	3	听取/v	3	凭着/p	3	谷穗/n	3	纵然/c	3
换取/v	3	考勤/v	3	爱华/nr	3	喧闹/a	3	难闻/a	3
平米/q	3	碧海/n	3	映衬/v	3	兽医/n	3	撇下/v	3
刺鼻/a	3	太祖/n	3	装备/n	3	吃水/n	3	都城/n	3
忠告/n	3	构思/v	3	梯子/n	3	星座/n	3	直径/n	3
梯形/n	3	等候/v	3	致富/v	3	军营/n	3	芳香/n	3

续表

水位/n	3	穷困/a	3	无偿/b	3	复制/v	3	竣工/v	3
犯法/v	3	复员/v	3	算命/v	3	侵占/v	3	犯规/v	3
柔道/n	3	夹克/n	3	原委/n	3	股市/n	3	萧条/a	3
状元/n	3	何处/r	3	奖赏/v	3	续聘/v	3	哪种/r	3
收看/v	3	抽筋/v	3	哀求/v	3	补考/v	3	清代/t	3
牙关/n	3	均衡/a	3	威胁/n	3	日趋/d	3	影碟/n	3
国防/n	3	西单/ns	3	记录/n	3	层次/n	3	作客/v	3
只怕/d	3	八日/t	3	倒霉/v	3	交警/n	3	韩娜/nr	3
心结/n	3	极度/d	3	姑父/n	3	电机/n	3	信纸/n	3
枯槁/a	3	握住/v	3	晶晶/nr	3	海豹/n	3	直立/v	3
疣赘/n	3	写作/n	3	细微/a	3	儿科/n	3	委托/v	3
早恋/n	3	见外/a	3	鸡翅/n	3	急诊/n	3	烧酒/n	3
牛排/n	3	九建/nr	3	大佛/n	3	鸵鸟/n	3	韧性/n	3
胚胎/n	3	外教/n	3	招募/v	3	散心/v	3	冰山/n	3
保育/v	3	壮实/a	3	松果/n	3	暖炉/n	3	细菌/n	3
忠实/a	3	正如/p	3	糖稀/n	3	盖饭/n	3	窒息/v	3
丑闻/n	3	八百/m	3	头巾/n	3	牙山/ns	3	姑妈/n	3
惊异/v	3	抢夺/v	3	恩施/ns	3	正派/a	3	大全/n	3
榨取/v	3	全貌/n	3	支出/n	3	编辑/n	3	编辑/v	3
回味/v	3	林立/v	3	快艇/n	3	传授/v	3	行书/n	3
作战/v	3	表率/n	3	讲演/v	3	贿赂/v	3	检点/a	3
生死/n	3	越狱/v	3	仆人/n	3	儿歌/n	3	撒火/v	3
时兴/v	3	批判/v	3	孙宁/nr	3	混淆/v	3	截止/v	3
不善/a	3	感悟/v	3	白族/n	3	赛跑/n	3	人流/n	3
红旗/n	3	后退/v	3	琐碎/a	3	主意/v	3	户主/n	3
生疏/a	3	持有/v	3	逗乐/v	3	增大/v	3	男装/n	3
最好/a	3	年末/t	3	能人/n	3	账单/n	3	阿丽/nr	3
娘子/n	3	红装/n	3	内科/n	3	硬朗/a	3	泰希/nr	3
遥望/v	3	论调/n	3	事务/n	3	伤员/n	3	刚强/a	3
河汉/n	3	缘由/n	3	远近/n	3	完好/a	3	温阳/ns	3
锁头/n	3	陈旧/a	3	省钱/v	3	海景/n	3	忽闪/v	3
姨母/n	3	鬼脸/n	3	大二/n	3	问号/n	3	极地/n	3
行走/v	3	不惜/v	3	无权/v	3	鬼怪/n	3	定名/v	3

续表

唯一/a	3	书报/n	3	互助/v	3	赌场/n	3	杂念/n	3
终归/d	3	评判/v	3	老牛/nr	3	香炉/n	3	诗文/n	3
塑像/n	3	大片/n	3	圣地/n	3	忘情/v	3	手绢/n	3
求学/v	3	荒地/n	3	完毕/v	3	和好/v	3	侄女/n	3
献给/v	3	火警/n	3	下跌/v	3	美貌/n	3	喜堂/n	3
删除/v	3	国产/b	3	失常/a	3	婚约/n	3	香花/n	3
罪责/n	3	区别/n	3	事例/n	3	李刚/nr	3	门铃/n	3
争夺/v	3	海蜒/n	3	姥姥/n	3	王丽/nr	3	另外/a	3
部位/n	3	智齿/n	3	任职/v	3	病床/n	3	拷打/v	3
任命/v	3	比作/v	3	破碎/a	3	谈话/n	3	沉没/v	3
债主/n	3	寿星/n	3	车窗/n	3	拐弯/v	3	良机/n	3
破除/v	3	敌军/n	3	启迪/v	3	思乡/v	3	岸边/s	3
烟瘾/n	3	亲热/a	3	茄子/n	3	辞谢/v	3	熨斗/n	3
连锁/v	3	舒服/v	3	坦荡/a	3	预备/v	3	查找/v	3
智利/ns	3	会场/n	3	阶级/n	3	萦绕/v	3	礼品/n	3
智然/nr	3	快活/a	3	前言/n	3	不去/v	3	炮火/n	3
活动/vn	3	顺天/ns	3	肝炎/n	3	货币/n	3	油门/n	3
青山/n	3	打起/v	3	精心/a	3	情怀/n	3	运动/vn	3
过路/v	3	过世/v	3	气力/n	3	证物/n	3	强者/n	3
一时/n	3	参赛/v	3	难言/v	3	菜碟/n	3	架桥/v	3
奥妙/a	3	国内/f	3	荷花/n	3	排练/v	3	财神/n	3
少儿/n	3	心扉/n	3	乡下/n	3	睡梦/n	3	吼声/n	3
工匠/n	3	宽恕/v	3	海内/s	3	妯娌/n	3	头名/n	3
洗涤/v	3	矫正/v	3	魁伟/a	3	内幕/n	3	出题/v	3
傻子/n	3	内涵/n	3	落实/v	3	可言/v	3	狂欢/v	3
肖琴/nr	3	食量/n	3	受潮/v	3	兼顾/v	3	志愿/v	3
欺诈/v	3	莫大/a	3	凶狠/a	3	无效/v	3	乐曲/n	3
知足/v	3	某人/r	3	竞争/n	3	服毒/v	3	饥渴/a	3
独岛/n	3	内政/n	3	急剧/d	3	山岗/n	3	平方/n	3
全长/n	3	彷徨/v	3	提防/v	3	跳高/v	3	透漏/v	3
珠海/ns	3	章程/n	3	工商/n	3	地壳/n	3	喝彩/v	3
众人/n	3	想必/d	3	偿命/v	3	殴打/v	3	狠心/a	3
鞠躬/v	3	上方/f	3	后备/b	3	反而/c	3	成败/n	3

续表

自身/n	3	保管/n	3	符号/n	3	碟子/n	3	低声/d	3
屋里/s	3	奔头/n	3	上阵/v	3	交货/v	3	手心/n	3
破损/v	3	雨具/n	3	退回/v	3	美玉/n	3	占用/v	3
漆器/n	3	惋惜/a	3	全卅/ns	3	出卖/v	3	画像/n	3
卡通/n	3	全市/n	3	情史/n	3	三礼/ns	3	并举/v	3
缓慢/a	3	清理/v	3	滋生/v	3	日渐/d	3	史话/n	3
东大/j	3	监控/v	3	小鬼/n	3	圈套/n	3	肉类/n	3
字义/n	3	善心/n	3	到家/v	3	牙医/n	3	口腔/n	3
露骨/a	3	气愤/a	3	云龙/ns	3	偷窃/v	3	星海/ns	3
从众/v	3	照顾/n	3	飞越/v	3	震惊/a	3	一句/m	3
正好/z	3	承德/ns	3	暑天/n	3	身后/f	3	盘旋/v	3
适宜/a	3	扩散/v	3	胖嫂/n	3	险峻/a	3	寄予/v	3
堪称/v	3	过多/a	3	山崖/n	3	铭记/v	3	独子/n	3
碰上/v	3	自发/d	3	饭盒/n	3	大师/n	3	脱落/v	3
江苏/ns	3	旅顺/ns	3	在勋/nr	3	东门/n	3	散开/v	3
智障/n	3	亲爱/b	3	丰饶/a	3	黑米/n	3	尾骨/n	3
饭量/n	3	依靠/n	3	林格/n	3	俊秀/a	3	红桥/ns	3
匙子/n	3	节约/a	3	演出/vn	3	这里/f	3	诱人/a	3
水虎/n	3	轮换/v	3	溺爱/v	3	毒瘤/n	3	衰弱/a	3
帝国/n	3	温情/n	3	热潮/n	3	银波/n	3	清福/n	3
强求/v	3	粪便/n	3	栈桥/n	3	全景/n	3	不大/a	3
烟碱/n	3	执拗/a	3	民工/n	3	倔强/a	3	此后/t	3
暮色/n	3	调动/v	3	根子/n	3	杏仁/n	3	毛栗/n	3
变色/v	3	暗箭/n	3	读写/v	3	理念/n	3	五六/m	3
问卷/n	3	妖娆/a	3	陈设/n	3	懒腰/n	3	应有/b	3
床头/s	3	碗柜/n	3	本次/r	3	跟着/p	3	沸腾/v	3
国度/n	3	广东/n	3	长房/n	3	厌世/a	3	施暴/v	3
大田/n	3	人种/n	3	地道/n	3	豆儿/n	3	鲜鱼/n	3
爽口/a	3	瑰丽/a	3	绯红/a	3	牛鑫/nr	3	凉皮/n	3
蒜薹/n	3	小花/nr	3	嘹亮/a	3	鲁镇/ns	3	山头/n	3
白沙/ns	3	林美/nr	3	春光/n	3	兑泳/nr	3	三日/t	3
动辄/d	3	喷嚏/n	3	鼻炎/n	3	瞬间/t	3	贤雅/nr	3
游历/v	3	小杨/r	3	服饰/n	3	酒会/n	3	照料/v	3

续表

病房/n	3	风扇/n	3	荒谬/a	3	字塔/n	3	大湖/ns	3
红星/n	3	阳平/ns	3	碟片/n	3	绘画/v	3	栅栏/n	3
韩流/n	3	把手/n	3	打扮/n	3	齐园/ns	3	牛劲/n	3
中外/j	3	春雨/n	3	清/v	3	悲/a	3	切/d	3
半/q	3	话/ng	3	义/j	3	亏/n	3	周/t	3
源/g	3	源/n	3	万/q	3	素/n	3	颊/n	3
伐/v	3	诚/ag	3	批/v	3	朋/n	3	目/Ng	3
函/Ng	3	吼/x	3	沿/p	3	板/g	3	附/Vg	3
母/Ng	3	残/a	3	将/v	3	噗/o	3	近/v	3
居/Vg	3	美/j	3	乱/v	3	呆/a	3	痣/n	3
咦/y	3	实/ag	3	眠/Vg	3	毛/nr	3	景/Ng	3
早/ag	3	早/n	3	中/a	3	中/n	3	载/q	3
林/Ng	3	林/ng	3	爷/Ng	3	肚/n	3	端/f	3
端/n	3	端/q	3	善/nr	3	善/v	3	拱/v	3
始/vg	3	译/v	3	笼/q	3	海/s	3	至/d	3
亲/n	3	集/vg	3	杆/ng	3	拳/q	3	犬/n	3
戳/v	3	卦/n	3	餐/ng	3	餐/n	3	偶/d	3
果/d	3	霞/ng	3	须/d	3	英/ns	3	跟/d	3
初/a	3	删/v	3	单/a	3	己/r	3	直/v	3
慈/a	3	顺/nr	3	壁/Ng	3	明/ag	3	肾/n	3
参/v	3	成/n	3	懈/a	3	层/n	3	白/n	3
惦/v	3	样/r	3	沉/a	3	昨/t	3	余/a	3
幼/a	3	镇/n	3	线/q	3	刺/n	3	龙/nr	3
炮/n	3	句/n	3	净/a	3	仇/n	3	品/v	3
悉/v	3	眯/v	3	扛/v	3	觉/g	3	臂/ng	3
行/vg	3	黄/nr	3	倾/v	3	纪/Ng	3	裕/Ag	3
旗/n	3	从/f	3	雕/v	3	裤/n	3	件/n	3
皆/d	3	触/v	3	咳/v	3	监/Vg	3	咋/r	3
业/ng	3	徒/d	3	盆/n	3	揣/v	3	反/d	3
家/r	3	移/vg	3	唇/Ng	3	蛙/n	3	裱/v	3
堂/q	3	筐/n	3	漫/a	3	炸/a	3	休/Vg	3
休/n	3	休/v	3	燎/v	3	凳/ng	3	野/b	3
块/g	3	汇/v	3	券/n	3	体/ng	3	体/g	3

续表

首/ng	3	首/n	3	丁/n	3	揪/v	3	碧/Ng	3
闲/v	3	税/n	3	即/c	3	个/n	3	嘎/o	3
育/vg	3	育/v	3	父/Ng	3	勇/Ag	3	优/a	3
缩/v	3	界/q	3	隐/v	3	限/v	3	铁/a	3
誓/Vg	3	卵/n	3	惟/d	3	交/n	3	欲/ng	3
欲/d	3	止/v	3	鸭/n	3	谜/n	3	蛮/d	3
株/q	3	膝/n	3	嫖/v	3	境/ng	3	掷/v	3
贝/n	3	排/n	3	柳/n	3	寒/n	3	隆/v	3
西/j	3	堑/n	3	汉/ng	3	哇/y	3	具/q	3
蟹/n	3	剁/v	3	克/q	3	置/v	3	利/v	3
搂/v	3	瞎/v	3	日/j	3	款/q	3	毕/vg	3
椅/ng	3	圆/vg	3	圆/v	3	束/v	3	怕/a	3
温/a	3	永/d	3	窜/v	3	获/v	3	宽/n	3
拧/a	3	乎/y	3	导/vg	3	痕/n	3	季/q	3
观/n	3	仁/n	3	礼/j	3	很/u	3	域/n	3
剧/ng	3	是/n	3	貌/n	3	轮/g	3	偿/v	3
面/m	3	雅/a	3	废/v	3	羞/vg	3	贤/ag	3
暖/ag	3	溪/ng	3	汁/n	3	抛/v	3	称/n	3
命/x	3	歉/n	3	吟/v	3	冠/n	3	证/vg	3
格/n	3	族/n	3	访/v	3	率/n	3	啦/o	3
令/p	3	毒/a	3	捕/v	3	派/q	3	噘/v	3
晓/nr	3	小/d	3	滩/ng	3	滩/g	3	滩/n	3
识/v	3	桩/q	3	砰/o	3	婆/n	3	喜/a	3
不屑一顾/i	3	没精打采/i	3	异乎寻常/a	3	望女成凤/i	3	抽抽搭搭/z	3
山清水秀/i	3	所作所为/n	3	战士/n	3	称作/v	3	树懒/n	3
高阳市/ns	3	几率/n	3	树荫/n	3	鲁东/j	3	拦柜/n	3
过了这个村没这个店/l	2	真人面前不说假话/l	2	当一天和尚撞一天钟/l	2	罗山国家森林公园/ns	2	景福宫现代美术馆/nz	2
千里之行始于足下/l	2	物品二次使用运动/nz	2	联合国教科文组织/nt	2	十五个吊桶打水/l	2	丑媳妇总得公婆/l	2
柳暗花明又一村/l	2	天安外国语大学/nt	2	奥利弗特威斯特/nr	2	不到长城非好汉/l	2	失败是成功之母/l	2
背着抱着一样沉/l	2	南京工业大学/nt	2	八角九层石塔/ns	2	韩国中央大学/nt	2	圣德大王神钟/nz	2

续表

茶不思饭不想/l	2	好汉不吃眼亏/l	2	大屠杀纪念馆/nz	2	防君子不防小人/l	2	肥水不落外田/l	2
三寸不烂之舌/l	2	天安外语大学/nt	2	四通电脑公司/nz	2	上气不接下气/l	2	前言不搭后语/l	2
乌兹别克斯坦/ns	2	韩国观光大学/nt	2	刀子嘴豆腐心/l	2	中国移动通信/nz	2	韩国任荷大学/nt	2
左耳听右耳冒/l	2	吃不了兜着走/l	2	一步一个脚印/l	2	千叮咛万嘱咐/l	2	南京国际学校/nt	2
青岛海洋大学/nt	2	中国海洋大学/nt	2	北京语言大学/nt	2	长途汽车站/n	2	三百六十行/l	2
十一点五十/t	2	南京大屠杀/nz	2	幻彩咏香江/ns	2	仙林南师大/nt	2	泥菩萨过河/l	2
天公不作美/l	2	大男子主义/l	2	印度尼西亚/ns	2	共产主义者/n	2	温故而知新/l	2
南非共和国/ns	2	信号山公园/ns	2	清明上河园/ns	2	印象刘三姐/nz	2	艺术的殿堂/nz	2
鲁迅纪念馆/ns	2	巴塞罗那队/nz	2	小儿麻痹症/n	2	太平洋板块/ns	2	加利福尼亚/ns	2
中央电视台/nt	2	不吃回头草/l	2	宁海水浴场/ns	2	除非己莫为/l	2	若要人不知/l	2
舒舒服服/z	2	叽叽喳喳/o	2	五台花园/ns	2	釜山大学/nt	2	启明大学/nt	2
南山宾馆/ns	2	百花齐放/i	2	水滴石穿/i	2	江原大学/nt	2	唧唧喳喳/o	2
济州大学/nt	2	世示大学/nt	2	心满意足/i	2	纪念邮票/n	2	观光大学/nt	2
弱肉强食/i	2	映入眼帘/l	2	天文学家/n	2	武汉大学/nt	2	天津大学/nt	2
大娘水饺/ns	2	韩国外大/nt	2	随时随地/l	2	议论纷纷/i	2	水到渠成/i	2
瓜熟蒂落/i	2	变幻莫测/i	2	一衣带水/i	2	光阴似箭/i	2	食物中毒/nz	2
远走高飞/i	2	意大利语/nz	2	锦上添花/i	2	每时每刻/l	2	高丽时代/t	2
羊肉串儿/n	2	目不暇接/i	2	东张西望/i	2	一知半解/i	2	当务之急/i	2
心灵手巧/i	2	实实在在/z	2	美不胜收/i	2	荡气回肠/i	2	扣人心弦/i	2
南京师范/nt	2	鳞次栉比/i	2	绚丽多姿/i	2	一年半载/i	2	中药大学/nt	2
高等学校/n	2	皓然一色/i	2	模糊不清/a	2	粉妆玉砌/i	2	淅淅沥沥/z	2
里里外外/l	2	豁然开朗/i	2	普普通通/z	2	默默无言/i	2	勉勉强强/z	2
文质彬彬/a	2	东医宝监/nz	2	西海大桥/n	2	光合作用/n	2	自由恋爱/l	2
举目无亲/i	2	天寒地冻/i	2	点点滴滴/l	2	爱因斯坦/nr	2	庆尚北道/ns	2
出人头地/i	2	近墨者黑/i	2	诸如此类/l	2	自然资源/n	2	不可或缺/i	2
二氧化硫/n	2	一事无成/a	2	滥竽充数/v	2	若无其事/l	2	事与愿违/i	2
反过来说/c	2	必要条件/n	2	上上下下/l	2	高跟儿鞋/n	2	合不拢嘴/l	2
爱家乐园/nz	2	黄富集团/nz	2	尖峰时刻/nz	2	土生土长/i	2	供不应求/l	2
生机勃勃/i	2	老态龙钟/i	2	乌鲁木齐/ns	2	计划生育/nz	2	黑龙江省/ns	2
北京现代/nz	2	另眼相看/i	2	乐山大佛/ns	2	杜甫草堂/ns	2	天府广场/ns	2

续表

老有所乐/i	2	劳有所得/i	2	甜甜蜜蜜/z	2	完美无缺/i	2	详详细细/z	2
有一得一/l	2	无可厚非/i	2	世宗大王/nr	2	层林尽染/i	2	以貌取人/i	2
慌慌张张/z	2	风和日丽/a	2	变化多端/l	2	气喘吁吁/i	2	众口难调/i	2
发扬光大/l	2	大大咧咧/z	2	鸦雀无声/i	2	庆尚南道/ns	2	个人主义/n	2
弘益大学/nt	2	一言一行/i	2	指指点点/v	2	嗤之以鼻/i	2	正正当当/z	2
揭不开锅/l	2	所向无敌/i	2	光明正大/a	2	宽宏大量/l	2	女里女气/a	2
无可否认/l	2	大显身手/v	2	东拉西扯/v	2	形迹可疑/l	2	美其名曰/l	2
循序渐进/i	2	呱呱坠地/i	2	价值连城/i	2	不正之风/n	2	座无虚席/i	2
少女时代/nz	2	不厌其烦/i	2	鬼斧神工/i	2	运在天边/l	2	大饱眼福/i	2
跑来跑去/v	2	呼朋引伴/i	2	手册节日/t	2	笨手笨脚/l	2	依山傍水/i	2
比格披萨/nz	2	无影无踪/i	2	从头到尾/i	2	事业有成/l	2	平平淡淡/z	2
瞬息万变/i	2	好不容易/l	2	无微不至/a	2	悬崖绝壁/i	2	窃窃私语/i	2
一言不发/i	2	目空一切/i	2	喜怒无常/i	2	游手好闲/a	2	坚固耐用/a	2
利己主义/n	2	没大没小/l	2	浪漫主义/n	2	据理力争/i	2	一声不响/l	2
麻痹大意/i	2	中医学院/nt	2	百年树人/l	2	十年树木/l	2	不服水土/i	2
嫁鸡随鸡/l	2	古往今来/l	2	彼此彼此/l	2	不分彼此/i	2	拖拖拉拉/z	2
意味深长/i	2	农贸市场/n	2	转念一想/i	2	磁山温泉/ns	2	天沐温泉/ns	2
泡菜炒饭/n	2	黄海明珠/ns	2	长江宾馆/nz	2	振华商厦/nz	2	食草动物/n	2
无声无息/i	2	挑三拣四/i	2	诚诚公司/nz	2	昌原大学/nt	2	忠心耿耿/i	2
乐观主义/n	2	男女老少/i	2	一气之下/l	2	高高低低/z	2	富丽堂皇/i	2
夜以继日/i	2	一举一动/i	2	轶闻趣事/l	2	勤学苦练/i	2	刮目相待/i	2
应对自如/i	2	一点一滴/i	2	无所不为/了	2	病入膏肓/i	2	黑不溜秋/z	2
丽江古城/ns	2	嚎啕大哭/v	2	三八广场/ns	2	韩屋村庄/ns	2	毛骨悚然/i	2
松木耳蘑/n	2	新刊小说/nz	2	连说带笑/l	2	不言而喻/i	2	耳鼻喉科/n	2
平安无事/i	2	谢天谢地/i	2	白里透红/l	2	迷迷糊糊/a	2	王母娘娘/n	2
白白嫩嫩/z	2	坑坑洼洼/z	2	忍俊不禁/i	2	和好如初/l	2	气势汹汹/i	2
慌手慌脚/z	2	羞愧难当/l	2	清风公园/nz	2	义不容辞/v	2	伊美公司/nz	2
对外汉语/nz	2	立安医院/nz	2	一般脑儿/d	2	成百上千/i	2	成百上千/m	2
无动于衷/i	2	烟消云散/i	2	大步流星/i	2	察言观色/i	2	治病救人/v	2
东拼西凑/l	2	花里胡哨/z	2	一官半职/i	2	人满为患/i	2	义务教育/n	2
恶性肿瘤/n	2	深信不疑/i	2	短小精悍/a	2	世界大战/n	2	有头有脸/i	2
东南大学/nt	2	妇道人家/n	2	沾亲带故/l	2	下不为例/l	2	见利忘义/l	2
缘木求鱼/i	2	莞尔一笑/i	2	不置可否/i	2	有气无力/i	2	一念之差/n	2

续表

新陈代谢/i	2	新陈代谢/v	2	投案自首/i	2	生儿育女/l	2	聚精会神/i	2
端端正正/a	2	有情有义/a	2	悠然自得/i	2	品学兼优/i	2	古今中外/l	2
笑脸相迎/l	2	哥本哈根/ns	2	自然规律/n	2	自私自利/i	2	开诚布公/i	2
严母慈父/i	2	海底世界/ns	2	全力以赴/a	2	乐天世界/nz	2	东躲西藏/i	2
才疏学浅/i	2	韩国语系/n	2	南洋农场/ns	2	自力更生/i	2	闻名遐迩/i	2
闻名于世/l	2	出人意料/i	2	有条有理/i	2	恩爱如初/i	2	吃后头草/l	2
重男轻女/i	2	唱独角戏/l	2	健健康康/z	2	掉以轻心/i	2	生鱼片儿/n	2
一日三餐/l	2	鲁迅公园/ns	2	递信一号/nz	2	后悔莫及/i	2	大打出手/v	2
忍气吞声/v	2	延世大学/nt	2	百无聊赖/i	2	水平如镜/i	2	忧心如焚/i	2
安安稳稳/z	2	百里挑一/i	2	黄土高原/ns	2	精神病者/n	2	银波公园/ns	2
胡思乱想/v	2	日落西山/i	2	所见所闻/i	2	具体化/v	2	银行卡/n	2
打印机/n	2	正常人/n	2	寒山寺/ns	2	法门寺/ns	2	随身听/n	2
关系网/n	2	练习场/n	2	祭主岛/n	2	好胜心/n	2	守门员/n	2
李美英/nr	2	水原市/ns	2	同义词/n	2	狠狠地/z	2	中心街/ns	2
先铭怡/nr	2	电影儿/n	2	青海省/ns	2	接下来/l	2	音乐厅/n	2
上海市/ns	2	这么样/r	2	没说的/l	2	武侯祠/ns	2	黑色节/t	2
茶花女/nr	2	目击者/n	2	时不时/d	2	映山红/n	2	江道园/ns	2
长沙市/ns	2	青年团/n	2	修理员/n	2	紫禁城/n	2	光秃秃/a	2
高中学/n	2	口头语/n	2	三里屯/ns	2	东南部/f	2	高美善/nr	2
一刹那/t	2	迪斯尼/ns	2	龙井茶/n	2	快餐厅/n	2	博物院/n	2
圆嘟嘟/z	2	勤务员/n	2	艺术区/ns	2	格列佛/nr	2	紫微星/n	2
无名山/ns	2	社会性/n	2	五十分/t	2	有意义/a	2	三十二/m	2
起眼儿/a	2	全州市/ns	2	清溪川/ns	2	犯不上/v	2	老油子/n	2
天都峰/ns	2	抢劫犯/n	2	工程学/n	2	纸条儿/n	2	三十几/m	2
深呼吸/n	2	鲁木齐/ns	2	不起眼/a	2	一条龙/l	2	一锅粥/l	2
一刀切/l	2	一场空/n	2	咬耳朵/l	2	眼中钉/n	2	可不是/d	2
香饽饽/n	2	忘年交/n	2	捅娄子/l	2	孙悟空/nr	2	耍贫嘴/l	2
笔杆子/n	2	人来疯/l	2	翘尾巴/l	2	怕死鬼/n	2	磨洋工/l	2
命根子/n	2	门外汉/n	2	流水账/n	2	撂挑子/l	2	连轴转/v	2
老鼻子/l	2	小气鬼/n	2	挖墙脚/l	2	拖油瓶/l	2	套近乎/l	2
死脑筋/l	2	死对头/n	2	势利眼/n	2	破天荒/l	2	满堂彩/l	2
卖关子/l	2	露一手/l	2	老眼光/l	2	老狐狸/n	2	老封建/l	2
老搭档/n	2	拉下水/l	2	优等生/n	2	老底儿/n	2	电脑盲/n	2

续表

被害人/n	2	热心肠/n	2	创可贴/n	2	春和楼/ns	2	小灵通/nz	2
过来人/n	2	圣诞树/n	2	找茬儿/v	2	优惠券/n	2	便利店/n	2
说不上/v	2	有意识/v	2	紧绷绷/z	2	普遍化/v	2	胃溃疡/n	2
会计学/n	2	社会学/n	2	原动力/n	2	北极熊/n	2	随大溜/l	2
购买者/n	2	母亲节/n	2	显示屏/n	2	豆浆机/n	2	地方儿/n	2
饮用水/n	2	见面礼/n	2	监视器/n	2	外来户/n	2	制造业/n	2
董事会/n	2	复活节/t	2	慢慢地/z	2	语言学/n	2	五十万/m	2
遥控器/n	2	疑问句/n	2	打手机/n	2	电影迷/n	2	安全带/n	2
旅行费/n	2	服务业/n	2	强制性/n	2	邱大娘/nr	2	打白条/l	2
大束镇/ns	2	手术费/n	2	感受性/n	2	专卖店/n	2	铁公鸡/l	2
黑糊糊/z	2	未婚夫/n	2	打字员/n	2	小刻子/nr	2	黄橙橙/z	2
出门儿/v	2	静静地/z	2	爱情片/n	2	真实感/n	2	墨西哥/ns	2
西南部/f	2	一头热/l	2	五台县/ns	2	工作服/n	2	失眠症/n	2
波斯菊/n	2	虎相斗/l	2	修政殿/ns	2	商业界/n	2	康宁殿/ns	2
肇事者/n	2	有的是/l	2	心上人/n	2	哈滨尔/ns	2	转眼间/t	2
塌塌的/z	2	刺猬头/n	2	挺挺的/z	2	三明治/n	2	空空的/z	2
素养江/ns	2	滑雪板/n	2	愚人节/n	2	随意性/n	2	占地儿/v	2
带头儿/v	2	茶馆儿/n	2	新唐书/nz	2	旧唐书/nz	2	傻乎乎/z	2
一般化/v	2	魔术师/n	2	玛丽娜/nr	2	几百万/m	2	华清池/n	2
交通费/n	2	好日子/n	2	东洋人/n	2	一万年/m	2	特效药/n	2
巳已经/d	2	说真的/l	2	比方说/l	2	乳制品/n	2	经得起/v	2
挑战性/n	2	脂肪肝/n	2	大扫除/v	2	忍耐力/n	2	复习题/n	2
手续费/n	2	红小豆/n	2	开天节/nz	2	老师节/t	2	植树节/t	2
五一节/nz	2	非正式/b	2	阳历节/n	2	阴历节/n	2	咖喱饭/n	2
火龙果/n	2	玉米面/n	2	上班族/n	2	笑哈哈/z	2	富山区/ns	2
长寿面/n	2	三等奖/n	2	面包店/n	2	三点半/t	2	上下课/v	2
白血病/n	2	繁体字/n	2	敦義门/n	2	全球化/v	2	肃靖门/n	2
大家好/l	2	崇礼门/n	2	大幅度/d	2	意中人/n	2	十三陵/ns	2
实习生/n	2	出生率/n	2	陕西省/ns	2	待会儿/d	2	照相馆/n	2
观光地/n	2	圆白菜/n	2	养鸡场/n	2	细胞壁/n	2	满意度/n	2
全罗道/ns	2	中央门/ns	2	后百济/ns	2	民族性/n	2	外甥女/n	2
陶瓷器/n	2	太宗台/ns	2	八大关/ns	2	李莹雪/nr	2	啤酒街/ns	2
中老年/n	2	鹰钩鼻/n	2	四十二/m	2	毕业者/n	2	流浪汉/n	2

续表

想不开/v	2	原子能/n	2	哲学家/n	2	甲骨文/n	2	劳动者/n	2
孤单单/z	2	不人道/a	2	北戴河/ns	2	使用率/n	2	温泉区/s	2
大田市/ns	2	篮球架/n	2	孟加拉/ns	2	有趣儿/a	2	吹风机/n	2
百货店/n	2	白鹿潭/ns	2	说服力/n	2	崇圣寺/ns	2	观察力/n	2
开发部/n	2	正比例/n	2	日本人/n	2	大连港/ns	2	外事处/nt	2
这样子/r	2	墨尔本/ns	2	机器人/n	2	蛋酥卷/n	2	农民工/n	2
韩国菜/n	2	特色菜/n	2	热水器/n	2	桑拿浴/n	2	站点儿/n	2
咖啡因/n	2	培训班/n	2	开山祖/n	2	红眼病/n	2	八点钟/t	2
三点钟/t	2	白头翁/n	2	九华山/ns	2	粉嘟嘟/z	2	泰安市/ns	2
二十日/t	2	高球场/n	2	感叹号/n	2	春秋节/t	2	朴同学/nr	2
樱桃嘴/n	2	菜市场/n	2	四十六/m	2	水族馆/n	2	大众化/v	2
孙飞虎/nr	2	崔莺莺/nr	2	发洋财/l	2	喘吁吁/z	2	六点半/t	2
祝家庄/ns	2	观众席/n	2	十八日/t	2	苏东坡/nr	2	抽风机/n	2
延坪岛/ns	2	推销员/n	2	研究室/n	2	可怜虫/n	2	梅花山/ns	2
煤气灶/n	2	钟小波/nr	2	猪流感/n	2	许老师/nr	2	四十八/m	2
五十四/m	2	推土机/n	2	消防车/n	2	长寿山/ns	2	看不惯/v	2
修理部/n	2	少白发/n	2	家务活/n	2	李太太/nr	2	超负荷/l	2
赵苗苗/nr	2	不一样/a	2	冰雕节/nz	2	旅游费/n	2	本土化/n	2
诱惑力/n	2	雪缶山/ns	2	奥妙性/n	2	十五六/m	2	讨论会/n	2
差旅费/n	2	贫困生/n	2	黄灿灿/z	2	有色石/nz	2	指挥者/n	2
工具箱/n	2	末班车/n	2	日记本/n	2	温暖化/v	2	雨花石/n	2
发电厂/n	2	中央台/nt	2	隐蔽性/n	2	旅行家/n	2	安徽省/ns	2
走调儿/v	2	纪念碑/n	2	机械化/v	2	毛烘烘/z	2	裤兜儿/n	2
公山城/n	2	领导者/n	2	一边儿/c	2	共和国/n	2	慢悠悠/z	2
尹峰吉/nr	2	李承晚/nr	2	看起来/l	2	外地人/n	2	门口儿/s	2
代表团/n	2	干劲儿/n	2	灰白色/n	2	台怀镇/ns	2	犹太人/n	2
潜水艇/n	2	钢琴家/n	2	数得着/v	2	青年人/n	2	鱼肚白/n	2
水汪汪/z	2	血淋淋/z	2	一般般/z	2	打折扣/v	2	杨老师/nr	2
黑漆漆/z	2	诈骗犯/n	2	融危机/n	2	衣兜儿/n	2	白蒙蒙/z	2
一百年/m	2	保护者/n	2	愈来愈/d	2	士大夫/n	2	新鲜感/n	2
直统统/z	2	算得上/v	2	爆竹声/n	2	龙头岩/n	2	情人谷/ns	2
三连冠/n	2	电容量/n	2	检察院/n	2	一对儿/q	2	李舜臣/nr	2
大规模/b	2	委员会/n	2	文学家/n	2	一骨碌/d	2	同时代/t	2

续表

地摊儿/n	2	脸盘儿/n	2	外向型/n	2	康晰淙/nr	2	拉拉拉/nz	2
污染者/n	2	构造论/n	2	初学者/n	2	岩石圈/n	2	不要脸/a	2
未婚妻/n	2	白眼狼/l	2	东道国/n	2	匈牙利/ns	2	宿舍费/n	2
离婚率/n	2	意志力/n	2	儒达山/ns	2	通知书/n	2	奥帆赛/nz	2
食物链/n	2	代表作/n	2	兴冲冲/z	2	拐弯儿/v	2	鼓浪屿/ns	2
电算员/n	2	单行线/n	2	台儿庄/ns	2	澡堂子/n	2	德发长/nz	2
西安市/ns	2	可信性/n	2	爆米花/n	2	双鱼座/n	2	暖水瓶/n	2
说不得/v	2	风景影/n	2	安眼岛/ns	2	格尔木/ns	2	雄赳赳/a	2
暴风雪/n	2	张国荣/nr	2	纪行团/n	2	早早地/z	2	无烟日/n	2
医务所/n	2	有数儿/a	2	急诊室/n	2	胆结石/n	2	快递员/n	2
氟利昂/n	2	太阳镜/n	2	防晒霜/n	2	韩国馆/n	2	鸭蛋脸/n	2
过劳死/n	2	花椒粉/n	2	哥们儿/n	2	无影塔/n	2	老姑娘/n	2
称之为/v	2	男主外/l	2	庆州市/ns	2	四百万/m	2	出发点/n	2
敬老堂/n	2	地方税/n	2	济州道/ns	2	李善荣/nr	2	严肃性/n	2
表现力/n	2	诺贝尔/nr	2	水中陵/n	2	多宝塔/n	2	毛茸茸/z	2
吸烟率/n	2	一时间/d	2	方便兜/n	2	英派斯/ns	2	鼎盛期/n	2
制作人/n	2	五道口/ns	2	车仁表/nr	2	死刑犯/n	2	期待感/n	2
运动者/n	2	微生物/n	2	水产业/n	2	针叶树/n	2	老婆婆/n	2
畜牧业/n	2	安全性/n	2	喝墨水/l	2	发动机/n	2	死亡者/n	2
水漂儿/n	2	唱黑脸/l	2	化合物/n	2	烦心事/n	2	翻旧账/l	2
尼古丁/n	2	健美操/n	2	石沟屯/ns	2	够劲儿/a	2	小腿肚/n	2
招贴画/n	2	世界性/n	2	清华园/ns	2	不夜城/n	2	危机感/n	2
十四日/t	2	犹太教/n	2	十字架/n	2	反对者/n	2	刺激性/n	2
近视眼/n	2	婚外恋/n	2	携带者/n	2	产业化/v	2	演艺圈/n	2
咀嚼感/n	2	炒年糕/n	2	不二价/v	2	一万八/m	2	广东省/ns	2
大豆酱/n	2	直肠子/l	2	摄影机/n	2	重点性/n	2	原子弹/n	2
池秀焕/nr	2	合理性/n	2	多元化/v	2	青梅膏/n	2	大门口/s	2
一眨眼/d	2	清洁剂/n	2	黄善花/nr	2	电动车/n	2	凝聚力/n	2
领唱者/n	2	王海平/nr	2	婚姻率/n	2	饭盒儿/n	2	显通寺/ns	2
林大福/nr	2	卖衣店/n	2	监护室/n	2	橡皮擦/n	2	江原州/ns	2
戴德生/nr	2	麦克风/n	2	洗涤剂/n	2	垃圾箱/n	2	青岛市/ns	2
图书室/n	2	脑髓炎/n	2	梨泰院/n	2	飘飘然/r	2	购物区/s	2
亮闪闪/z	2	海内外/s	2	大长今/nz	2	韩屋村/ns	2	操练者/n	2

续表

酱豆腐/n	2	崔蕴溯/nr	2	三十万/m	2	光良/nr	2	经书/n	2
唐诗/n	2	佛典/n	2	富贵/a	2	美容/n	2	当初/n	2
贬值/v	2	别扭/l	2	意外/n	2	得分/n	2	得分/v	2
纠结/v	2	没用/v	2	定义/v	2	缥缈/a	2	满天/n	2
刘絮/nr	2	真勇/nr	2	炯完/nr	2	商贸/j	2	共有/v	2
参天/a	2	满分/n	2	浓密/a	2	校内/s	2	早晨/n	2
十日/t	2	沉睡/v	2	决断/v	2	眉目/n	2	将来/n	2
脸部/n	2	毒瘾/n	2	网上/v	2	坏事/v	2	孤立/v	2
前面/n	2	候时/n	2	快感/n	2	清除/v	2	湖园/ns	2
老头/n	2	关中/ns	2	背面/f	2	情州/ns	2	荫成/ns	2
磨炼/v	2	疏忽/n	2	熟习/v	2	蒙住/v	2	表扬/n	2
平生/d	2	演艺/v	2	清洲/ns	2	教父/nz	2	无数/b	2
意图/n	2	型男/n	2	片场/n	2	有序/b	2	识别/v	2
解读/v	2	武汉/ns	2	罪人/n	2	真真/z	2	物体/n	2
次要/a	2	足足/z	2	入门/v	2	雷博/nr	2	书本/n	2
坎坷/n	2	元元/nr	2	处在/v	2	高官/n	2	列传/n	2
固定/v	2	同样/b	2	溜冰/v	2	汉堡/n	2	雪地/n	2
讲究/a	2	笔画/n	2	烙印/n	2	盛行/v	2	二战/j	2
黑大/nt	2	曹姨/nr	2	周业/nr	2	美语/nz	2	永近/nr	2
转眼/t	2	诙谐/a	2	重油/n	2	果然/c	2	原油/n	2
原煤/n	2	矿石/n	2	过敏/a	2	汗珠/n	2	干裂/v	2
海参/n	2	热乎/a	2	坚决/d	2	请求/n	2	记叙/v	2
记载/n	2	记载/v	2	识破/v	2	良民/n	2	市内/f	2
不会/d	2	尽力/v	2	临终/n	2	举例/v	2	坐席/n	2
富足/a	2	零头/n	2	勤勉/a	2	门路/n	2	出场/v	2
坏点/n	2	采纳/v	2	隔壁/n	2	培训/n	2	寄托/v	2
暖器/n	2	赞皙/nr	2	水净/nr	2	在光/nr	2	欣欣/nr	2
何莲/nr	2	使者/n	2	孝善/nr	2	舅妈/n	2	奴婢/n	2
拉屎/v	2	再次/c	2	免得/c	2	入院/v	2	充血/v	2
身姿/n	2	芭蕾/n	2	轻盈/a	2	远处/n	2	智娜/nr	2
徐徐/d	2	尽心/a	2	杀菌/v	2	放松/a	2	西海/n	2
坏死/v	2	存折/n	2	怨恨/n	2	贞子/nr	2	坚贞/a	2
忠贞/a	2	小巷/n	2	善荣/nr	2	放在/v	2	通红/a	2

续表

韩服/nz	2	通过/u	2	长廊/n	2	折叠/v	2	来回/d	2
抄写/v	2	精妙/a	2	精练/a	2	急速/d	2	盒饭/n	2
难处/a	2	汉中/ns	2	荒山/ns	2	李白/nr	2	舟舟/nr	2
努习/a	2	路旁/s	2	视角/n	2	黄鱼/n	2	稻米/n	2
杂粮/n	2	枯叶/n	2	青翠/a	2	首先/b	2	异样/a	2
陀螺/n	2	晨练/v	2	旋律/n	2	伯母/n	2	扶持/v	2
苦处/n	2	出海/v	2	咕噜/o	2	树皮/n	2	流淌/v	2
山势/n	2	南站/ns	2	丰收/v	2	谦让/v	2	渔村/n	2
出炉/v	2	雨期/n	2	信箱/n	2	银装/n	2	行礼/v	2
清朝/t	2	媒人/n	2	线条/n	2	刺骨/a	2	里边/s	2
岛屿/n	2	特写/n	2	孝珍/nr	2	防守/v	2	守卫/v	2
凋零/v	2	锅子/n	2	碎末/n	2	算术/n	2	病症/n	2
穷苦/a	2	劳工/n	2	美名/n	2	一阵/d	2	纯白/a	2
纯白/z	2	游程/n	2	独到/a	2	南师/j	2	暑期/n	2
丁琦/nr	2	荣根/nr	2	走进/v	2	习气/n	2	气功/n	2
徐州/ns	2	喵喵/o	2	街灯/n	2	苏杭/ns	2	扑腾/o	2
静寂/a	2	跑跑/v	2	阿优/nr	2	菜场/n	2	雨点/n	2
一声/n	2	雷声/n	2	咖喱/n	2	彼此/d	2	五号/t	2
八号/t	2	全民/n	2	米酒/n	2	加薪/v	2	枯萎/v	2
风沙/n	2	天体/n	2	免费/a	2	男的/b	2	右面/f	2
假山/n	2	仍旧/d	2	耐力/n	2	编制/v	2	特有/a	2
林敏/nr	2	圣洁/a	2	韩餐/n	2	扎针/v	2	飘扬/v	2
冰雕/n	2	探险/v	2	对称/a	2	一下/d	2	博爱/a	2
基督/nz	2	门徒/n	2	甘地/nr	2	空军/n	2	滞留/v	2
雏鸡/n	2	无能/a	2	走去/v	2	巧合/a	2	作响/v	2
甜甜/z	2	板栗/n	2	吻合/v	2	古风/n	2	杨树/n	2
黑熊/n	2	鸟声/n	2	施与/v	2	席卷/v	2	微微/z	2
末尾/n	2	中年/n	2	提到/v	2	细嫩/a	2	春花/n	2
春秋/n	2	衡山/ns	2	名录/n	2	列为/v	2	凛冽/a	2
灵秀/a	2	矜持/a	2	唤起/v	2	起头/v	2	棒子/n	2
不休/v	2	凉亭/n	2	站立/v	2	反射/v	2	失足/v	2
碧波/n	2	垂直/v	2	水坑/n	2	黄黄/z	2	城郭/n	2
望见/v	2	纸屑/n	2	传记/n	2	饵食/n	2	上空/n	2

续表

学界/n	2	制服/n	2	崎岖/a	2	活像/v	2	打滑/v	2
回路/n	2	海滨/ns	2	冬日/t	2	悠悠/z	2	空空/z	2
筏子/n	2	中卫/ns	2	回路/n	2	海滨/ns	2	冬日/t	2
悠悠/z	2	空空/z	2	筏子/n	2	中卫/ns	2	喂养/v	2
明净/a	2	雪白/a	2	泳衣/n	2	盛夏/t	2	旋转/v	2
海里/q	2	潜水/v	2	虾子/n	2	三亚/ns	2	包裹/v	2
木炭/n	2	版库/n	2	复发/v	2	疗养/v	2	玩弄/v	2
不停/v	2	盈美/nr	2	风韵/n	2	当局/n	2	愚昧/n	2
绵绵/z	2	瓷器/n	2	揭开/v	2	婊子/n	2	无声/b	2
蒙头/n	2	挨饿/v	2	闪光/n	2	私奔/v	2	开枪/v	2
瞄准/v	2	搜查/v	2	争斗/v	2	负伤/v	2	八道/ns	2
安危/n	2	传来/v	2	漫天/v	2	漫天/z	2	宣纸/n	2
明宗/n	2	蓬勃/a	2	谋生/v	2	学识/n	2	怪怪/z	2
慷慨/v	2	静默/v	2	八角/n	2	初期/t	2	合用/v	2
正音/v	2	火坑/n	2	遐想/v	2	涂抹/v	2	临睡/v	2
耐劳/a	2	宣判/v	2	上帝/nr	2	瑟瑟/z	2	修剪/v	2
后周/n	2	后汉/n	2	后晋/n	2	风水/n	2	树干/n	2
衙署/n	2	富丽/a	2	久远/a	2	南极/n	2	开创/v	2
夏季/n	2	之间/n	2	信奉/v	2	妥当/a	2	星球/n	2
憔悴/a	2	喷洒/v	2	口吃/n	2	厢房/n	2	受惊/v	2
渗透/v	2	闪耀/v	2	隐身/v	2	斑点/n	2	测定/v	2
强度/n	2	震度/n	2	冬季/n	2	地表/s	2	震中/n	2
震源/n	2	假说/n	2	传出/v	2	单子/n	2	诊所/n	2
偕老/v	2	战友/n	2	坦白/a	2	网罗/v	2	没劲/a	2
苦味/n	2	以往/t	2	半身/n	2	小路/nr	2	乙烯/n	2
执着/v	2	选中/v	2	超越/v	2	落选/v	2	女兵/n	2
甄别/v	2	包装/n	2	一点/q	2	杰出/a	2	示众/v	2
侦探/n	2	不只/d	2	公费/n	2	转入/v	2	相干/v	2
憎恨/v	2	贫穷/n	2	厌恶/v	2	灵气/n	2	议会/n	2
罢课/v	2	口头/n	2	苏联/ns	2	文法/n	2	登场/v	2
庶民/n	2	大纲/n	2	评论/v	2	红军/n	2	逮捕/v	2
内战/n	2	布告/n	2	大使/n	2	现出/v	2	汪汪/z	2
绒毛/n	2	灵性/n	2	看家/v	2	蟹条/n	2	叫唤/v	2

续表

犀利/a	2	忌妒/v	2	拦住/v	2	墨鱼/n	2	未婚/v	2
平面/n	2	激光/n	2	停滞/v	2	小阳/n	2	泰阳/n	2
卵子/n	2	歪曲/v	2	犯罪/vn	2	即位/v	2	君王/n	2
王宫/n	2	之一/u	2	总台/n	2	省长/n	2	奠定/v	2
泛滥/v	2	而言/c	2	始祖/n	2	彩灯/n	2	启示/v	2
外行/n	2	佛爷/n	2	缩减/v	2	宣言/v	2	顾忌/v	2
组合/v	2	迎风/v	2	刚毅/a	2	恶行/n	2	灰暗/a	2
母子/n	2	年头/n	2	字形/n	2	书体/n	2	风化/v	2
粗略/a	2	沉思/v	2	缓冲/v	2	浅海/n	2	管道/n	2
致力/v	2	伐木/v	2	被害/v	2	干旱/n	2	堆肥/n	2
恶臭/n	2	储藏/v	2	尘埃/n	2	水滴/n	2	数值/n	2
死因/n	2	王婆/nr	2	用处/n	2	禁锢/v	2	捕捉/v	2
整天/t	2	羽毛/n	2	行径/n	2	善行/n	2	相符/a	2
来访/v	2	精华/n	2	融入/v	2	风潮/n	2	配料/n	2
社区/n	2	近视/n	2	细雨/n	2	灾殃/n	2	女神/n	2
青色/n	2	购房/v	2	要点/n	2	装配/v	2	杂物/n	2
慎思/v	2	寒意/n	2	远视/v	2	远见/n	2	遮挡/v	2
改变/vn	2	恍惚/a	2	毒性/n	2	罪名/n	2	双语/n	2
市里/s	2	末日/n	2	武侠/n	2	电线/n	2	近路/n	2
出丑/v	2	来看/v	2	拜佛/v	2	默哀/v	2	民生/n	2
溶液/n	2	重症/n	2	画本/n	2	深夜/n	2	要不/d	2
宝岛/n	2	朝国/ns	2	圣人/n	2	封禅/v	2	不知/v	2
地摊/n	2	低档/a	2	河道/n	2	海湾/n	2	石雕/n	2
市郊/n	2	牙膏/n	2	享誉/v	2	大清/ns	2	所有/r	2
河滨/n	2	束草/ns	2	备受/v	2	阵地/n	2	虽然/d	2
别号/n	2	海口/ns	2	影响/vn	2	忽而/d	2	证言/n	2
衷心/a	2	祭堂/n	2	起初/t	2	触动/v	2	作用/v	2
外滩/s	2	早期/b	2	早期/t	2	日夜/n	2	兼职/n	2
烟味/n	2	女性/b	2	烟头/n	2	抵挡/v	2	表演/vn	2
皇上/n	2	物件/n	2	看管/v	2	出品/n	2	赞美/v	2
永别/v	2	白眼/n	2	订购/v	2	敦煌/ns	2	样品/n	2
运费/n	2	规格/n	2	询盘/v	2	阿仁/nr	2	方面/q	2
辅助/v	2	放纵/v	2	万象/n	2	各方/r	2	必须/a	2

续表

猫眼/n	2	古巴/ns	2	便服/n	2	真话/n	2	半夜/n	2
隔离/v	2	七八/m	2	包儿/n	2	包儿/q	2	细细/a	2
六七/m	2	补贴/n	2	补贴/v	2	插播/v	2	医德/n	2
面谈/v	2	环球/v	2	课余/t	2	学哥/n	2	牡丹/n	2
实战/n	2	铁道/n	2	希京/nr	2	著作/n	2	本校/r	2
韩语/ng	2	长城/n	2	多半/d	2	多半/m	2	无助/a	2
友善/a	2	看看/z	2	供需/n	2	史记/n	2	思思/nr	2
预报/n	2	分开/n	2	营销/n	2	开发/vn	2	糕点/n	2
地川/ns	2	研究/vn	2	回头/d	2	汉人/n	2	区号/n	2
通畅/a	2	伸直/v	2	嫣思/nr	2	敏惠/nr	2	领取/v	2
元锡/nr	2	五岳/j	2	后炮/l	2	打烊/v	2	越是/d	2
声称/v	2	碴儿/n	2	丽山/ns	2	丽山/n	2	茶花/n	2
随身/b	2	故人/n	2	背心/n	2	产婆/n	2	一般/u	2
贫民/n	2	转交/v	2	寮棚/n	2	个体/b	2	超出/v	2
递减/v	2	接吻/v	2	英才/n	2	山川/n	2	大款/n	2
合肥/ns	2	春面/n	2	记挂/v	2	黑白/n	2	法子/n	2
年初/t	2	油条/n	2	剧本/n	2	包饭/v	2	盖儿/n	2
野猪/n	2	旱灾/n	2	咽喉/n	2	本职/n	2	携带/v	2
实事/n	2	餐车/n	2	盈余/n	2	紧迫/a	2	小车/n	2
公事/n	2	打乱/v	2	麻辣/a	2	麻辣/z	2	不舍/a	2
不舍/v	2	飘香/v	2	冰凌/n	2	银亮/a	2	江畔/n	2
落山/v	2	相撞/v	2	朴素/nr	2	集聚/v	2	漫漫/a	2
说法/v	2	从不/d	2	宜家/nz	2	面色/n	2	热浪/n	2
鲤鱼/n	2	雷峰/n	2	美来/nr	2	在恩/nr	2	扶安/ns	2
结课/v	2	小镇/n	2	劝告/n	2	自选/v	2	唯美/a	2
踌躇/v	2	路标/n	2	免税/v	2	南美/ns	2	蒙蒙/a	2
敏善/nr	2	遇难/v	2	呼啸/v	2	米线/n	2	石林/ns	2
木船/n	2	周日/n	2	周日/t	2	懦弱/a	2	第几/m	2
凑近/v	2	师哥/n	2	鲁大/ns	2	驶去/v	2	切身/b	2
亲吻/v	2	放眼/v	2	退缩/v	2	何在/v	2	可行/v	2
解法/n	2	开卷/v	2	一手/n	2	打斛/v	2	歌迷/n	2
卫士/n	2	强硬/a	2	台内/ns	2	镇定/a	2	依稀/a	2
重洋/n	2	女权/n	2	赴约/v	2	狭隘/a	2	双重/b	2

续表

常情/n	2	甘愿/v	2	大肆/d	2	大三/n	2	签名/v	2
缺课/v	2	帖子/n	2	每天/d	2	每天/t	2	跳蚤/n	2
怦怦/z	2	替换/v	2	才能/v	2	丁克/n	2	手巾/n	2
生生/n	2	干练/a	2	启蒙/v	2	高喊/v	2	后腿/n	2
坦诚/a	2	加盟/v	2	貌似/v	2	万一/m	2	万一/n	2
弱小/a	2	斗争/n	2	听课/v	2	夹板/n	2	印尼/ns	2
得名/v	2	战国/n	2	左手/n	2	空炮/n	2	惟一/a	2
奖励/n	2	复合/b	2	吻节/t	2	一来/f	2	一来/v	2
殷勤/n	2	高级/b	2	再也/d	2	台面/n	2	七五/m	2
末期/t	2	勾引/v	2	家里/f	2	家里/n	2	移民/v	2
可以/c	2	可以/d	2	白日/n	2	半截/m	2	楼层/n	2
朝向/v	2	刘翔/nr	2	片儿/q	2	师资/n	2	夺得/v	2
执著/a	2	人道/a	2	人道/n	2	保准/v	2	酒杯/n	2
摆摊/v	2	出格/v	2	病患/n	2	彻夜/d	2	学说/n	2
思索/v	2	遥控/v	2	国花/n	2	射门/v	2	鹌鹑/n	2
五行/n	2	橡皮/n	2	刘鑫/nr	2	六脾/n	2	五脏/n	2
异议/n	2	下酒/a	2	回应/v	2	果皮/n	2	胜负/n	2
阴阳/n	2	里脊/n	2	继而/c	2	全职/a	2	喜钱/n	2
北海/ns	2	变天/v	2	蜈蚣/n	2	蝎子/n	2	谈心/v	2
定时/b	2	分歧/n	2	敢于/v	2	渡船/n	2	闹事/v	2
未经/d	2	女娲/nr	2	模子/n	2	倾倒/v	2	礼拜/v	2
虚无/a	2	门球/n	2	千百/m	2	枣子/n	2	闻名/v	2
缓和/a	2	腕儿/n	2	资讯/n	2	轰轰/o	2	悲叹/v	2
沙滩/ns	2	一一/d	2	游泳/n	2	换气/v	2	豪爽/a	2
自律/v	2	尾声/n	2	同班/v	2	公园/ns	2	山崩/v	2
开窍/a	2	离谱/v	2	地段/n	2	好些/m	2	大话/n	2
境况/n	2	荣获/v	2	交往/vn	2	绝迹/v	2	做主/v	2
格式/n	2	重心/n	2	八成/l	2	统一/a	2	用人/v	2
苹果/ns	2	恶人/n	2	平价/b	2	诽谤/v	2	一贯/d	2
健忘/v	2	饥荒/n	2	抉择/v	2	攻势/n	2	存活/v	2
无线/b	2	名分/n	2	认得/v	2	私立/b	2	在行/v	2
夜光/nr	2	关联/n	2	讨价/v	2	根儿/q	2	贪婪/a	2
脾儿/n	2	叛军/n	2	刺绣/n	2	幸会/v	2	劳驾/v	2

续表

支票/n	2	双双/nr	2	订货/v	2	停战/v	2	签署/v	2
防治/v	2	柿饼/n	2	辩解/v	2	断然/d	2	手腕/n	2
火势/n	2	怎么/d	2	链子/n	2	前方/f	2	揣摩/v	2
串儿/q	2	宠坏/v	2	吃素/v	2	安家/v	2	改用/v	2
贺词/n	2	军心/n	2	问候/n	2	新罗/nr	2	新罗/nz	2
说理/v	2	弃儿/n	2	莱山/ns	2	海阳/ns	2	松糕/ng	2
危重/a	2	黑亮/z	2	固有/a	2	盛大/a	2	盛大/b	2
重重/a	2	上旬/t	2	室外/f	2	日文/n	2	白鹭/n	2
相好/v	2	受凉/v	2	豆油/n	2	牡蛎/n	2	水道/n	2
疏通/v	2	吃劲/a	2	比方/n	2	只管/d	2	搬动/v	2
赠品/n	2	粉刺/n	2	卧床/v	2	请罪/v	2	音质/n	2
流离/v	2	练功/v	2	性急/a	2	理科/n	2	石塔/n	2
纬度/n	2	高丽/n	2	历法/n	2	绑带/n	2	照照/v	2
潮水/n	2	共处/v	2	柑橘/n	2	菜花/n	2	片刻/t	2
成浩/nr	2	韩式/b	2	依恋/a	2	高超/a	2	留级/v	2
鱼头/n	2	沿着/v	2	现时/t	2	清水/nr	2	挂碍/v	2
打头/v	2	边上/s	2	会所/n	2	石桥/n	2	相儿/n	2
嗡嗡/o	2	凸起/v	2	贤荣/nr	2	交纳/v	2	保健/n	2
邪气/n	2	单间/n	2	热量/n	2	患病/v	2	印儿/n	2
勃勃/a	2	口语/nz	2	下子/n	2	创立/v	2	耕地/v	2
世上/n	2	干事/n	2	干事/v	2	无尽/a	2	熟语/n	2
包修/v	2	战地/n	2	天灾/n	2	父母/r	2	岱庙/n	2
沙拉/n	2	矗立/v	2	主管/v	2	历经/v	2	娇惯/v	2
气魄/n	2	追尾/v	2	骨折/v	2	搞定/v	2	不愧/d	2
盎然/z	2	预感/n	2	西药/n	2	相应/a	2	典范/n	2
儒家/nz	2	花白/z	2	虚心/a	2	平均/v	2	纯粹/b	2
先头/b	2	东方/n	2	这部/r	2	限界/n	2	内行/a	2
主演/v	2	舒缓/a	2	风险/n	2	安慰/n	2	疗法/n	2
丧气/a	2	刘备/nr	2	张力/nr	2	麦克/nr	2	平板/n	2
大韦/nr	2	冈田/nr	2	圣贤/nr	2	黄牛/n	2	稻子/n	2
老张/nr	2	十字/n	2	不胜/d	2	豹子/n	2	赵军/nr	2
韩笑/nr	2	英英/nr	2	罢工/v	2	理论/v	2	朴青/nr	2
较量/v	2	持家/v	2	大水/n	2	征兆/n	2	自大/a	2

续表

白手/d	2	吕成/nr	2	交待/v	2	花费/n	2	混账/n	2
灿灿/nr	2	分娩/v	2	鉴赏/v	2	跟风/v	2	战后/t	2
精湛/a	2	浸透/v	2	抚摩/v	2	测试/v	2	南面/n	2
普及/a	2	地区/s	2	踢球/v	2	田里/s	2	秋收/n	2
呆板/a	2	应援/v	2	班会/n	2	用尽/v	2	健美/a	2
鸿雁/n	2	限量/n	2	前夜/n	2	速食/n	2	白昼/n	2
处分/n	2	处分/v	2	未尝/d	2	搭乘/v	2	喧闹/v	2
拥堵/v	2	甩掉/v	2	歌剧/n	2	顺手/a	2	肺部/n	2
烟草/n	2	六百/m	2	点缀/v	2	收购/v	2	非常/a	2
彩色/n	2	供桌/n	2	寝宫/n	2	装备/v	2	残留/v	2
宫阙/n	2	纪录/vn	2	正宫/n	2	礼花/n	2	曲线/n	2
真品/n	2	现存/v	2	掉头/v	2	枢纽/n	2	城门/n	2
构思/n	2	拱形/n	2	政界/n	2	门窗/n	2	观测/v	2
逸闻/n	2	解围/v	2	水路/n	2	贼心/n	2	应允/v	2
毛儿/n	2	剪刀/n	2	官员/n	2	消瘦/a	2	伸张/v	2
毫米/q	2	特质/n	2	珠子/n	2	东洋/ns	2	转向/v	2
湖畔/s	2	赤字/n	2	新兴/a	2	遛狗/v	2	盗窃/v	2
常务/b	2	口儿/n	2	数落/v	2	请托/v	2	腐败/n	2
风浪/n	2	石子/n	2	钢筋/n	2	即时/d	2	贯通/v	2
赌钱/v	2	友爱/a	2	友爱/n	2	伙食/n	2	笔筒/n	2
机长/n	2	烤箱/n	2	卷子/n	2	见过/v	2	步子/n	2
招远/ns	2	陷害/v	2	警犬/n	2	练习/n	2	含泪/v	2
须要/v	2	流窜/v	2	吸纳/v	2	临界/b	2	求爱/v	2
工场/n	2	勺子/n	2	腹地/n	2	谢顶/v	2	并排/v	2
意向/n	2	受罚/v	2	冲浪/v	2	句号/n	2	喇嘛/n	2
审判/n	2	县里/n	2	自慰/v	2	寒食/t	2	搅动/v	2
短途/b	2	领路/v	2	大寒/t	2	电费/n	2	水费/n	2
雪橇/n	2	刨冰/n	2	降温/v	2	妹夫/n	2	元揆/nr	2
含意/n	2	双人/b	2	助阵/v	2	知慧/nr	2	通商/v	2
妍珠/nr	2	磨练/v	2	电气/n	2	脚趾/n	2	肉食/n	2
司法/n	2	校友/n	2	瑕疵/n	2	象牙/n	2	千克/q	2
分布/v	2	别称/n	2	阳刚/a	2	产妇/n	2	怒气/n	2
棕色/n	2	甩卖/v	2	三鲜/n	2	硬挺/v	2	体检/v	2

续表

赔钱/v	2	隐约/d	2	摄入/v	2	纤维/n	2	永恒/a	2
永恒/b	2	大坝/n	2	酸奶/n	2	舞狮/v	2	黎明/t	2
看护/v	2	划拳/v	2	犀牛/n	2	蛀牙/n	2	获胜/v	2
山大/nt	2	攒钱/v	2	智恩/nr	2	调换/v	2	吮吸/v	2
身长/n	2	胎盘/n	2	胎生/b	2	先导/n	2	督导/v	2
靠边/v	2	专职/b	2	胆大/a	2	洁癖/n	2	厄运/n	2
惦念/v	2	简称/n	2	变质/v	2	编入/v	2	拉链/n	2
照常/d	2	茂盛/a	2	刘邦/nr	2	失掉/v	2	机制/n	2
相隔/v	2	安然/a	2	费心/v	2	迎来/v	2	标示/v	2
许婚/v	2	桔梗/n	2	牛头/n	2	宴席/n	2	不丹/ns	2
排名/v	2	腥味/n	2	匀称/a	2	煮沸/v	2	忧虑/v	2
作乐/v	2	听信/v	2	酒徒/n	2	恩正/nr	2	光泽/n	2
露天/n	2	手下/n	2	奉承/v	2	山庄/n	2	门面/n	2
嘟嘟/o	2	寿司/n	2	票价/n	2	初恋/vn	2	打造/v	2
运营/v	2	办公/v	2	讲讲/v	2	兵营/n	2	轻便/a	2
披萨/n	2	后海/ns	2	财务/n	2	子夜/t	2	杂乱/a	2
卧车/n	2	敦实/a	2	顺零/nr	2	诱导/v	2	贤惠/a	2
奔腾/v	2	半路/s	2	阁楼/n	2	减员/v	2	意境/n	2
蛮干/v	2	气馁/v	2	违规/v	2	军舰/n	2	厚望/n	2
警方/n	2	曲调/n	2	球技/n	2	沦为/v	2	望子/n	2
累人/a	2	沙化/v	2	身亡/v	2	波兰/ns	2	女佣/n	2
回转/v	2	部下/n	2	贿赂/n	2	规范/v	2	终结/v	2
近邻/n	2	拖欠/v	2	政党/n	2	纳粹/n	2	纽带/n	2
群居/v	2	丧事/n	2	前妻/n	2	疏于/v	2	天命/n	2
车程/n	2	浅薄/a	2	耳闻/v	2	冒犯/v	2	打伞/v	2
相思/v	2	眼中/s	2	悦耳/a	2	拿住/v	2	暴徒/n	2
药水/n	2	收据/n	2	任课/vn	2	阳光/a	2	包车/n	2
吵吵/v	2	幽蓝/a	2	极端/a	2	委屈/n	2	委屈/v	2
山门/n	2	鱼竿/n	2	钓竿/n	2	咋呼/v	2	螺丝/n	2
恐怕/v	2	豌豆/n	2	评估/v	2	涵义/n	2	藐视/v	2
判官/n	2	用意/n	2	瞬时/n	2	明快/a	2	火花/n	2
正当/v	2	逼真/a	2	千万/n	2	平常/n	2	神户/ns	2
深奥/a	2	处事/v	2	描写/n	2	池水/n	2	含蓄/a	2

续表

正装/n	2	榜尾/n	2	转达/v	2	网名/n	2	饼子/n	2
贴画/n	2	童装/n	2	汤池/n	2	青队/n	2	白队/n	2
沙土/n	2	嚣张/a	2	发质/n	2	贤彬/nr	2	景山/ns	2
秀姬/nr	2	纳闷/a	2	纳闷/v	2	外卖/n	2	振华/nr	2
厦大/nz	2	厦大/j	2	眼科/n	2	得失/n	2	气概/n	2
义气/n	2	失火/v	2	胶卷/n	2	中彩/v	2	瘦弱/a	2
平时/d	2	提及/v	2	见识/v	2	新手/n	2	幼虫/n	2
开赴/v	2	悲情/a	2	积极/d	2	展厅/n	2	开心/v	2
来去/v	2	大同/ns	2	宏观/n	2	接应/v	2	皇后/n	2
假期/t	2	新颖/a	2	仁心/n	2	教本/n	2	男儿/n	2
参谋/n	2	时速/n	2	文书/n	2	语种/n	2	学弟/n	2
心切/a	2	自制/v	2	豁达/a	2	南洋/nz	2	荣成/ns	2
张娜/nr	2	豆酱/n	2	双亲/n	2	过客/n	2	近似/v	2
大州/ns	2	和风/n	2	聪敏/a	2	承诺/n	2	舒展/v	2
注释/n	2	下游/n	2	结婚/vn	2	肉感/a	2	监考/v	2
控制/n	2	鸟石/nz	2	强占/v	2	断交/v	2	竹林/n	2
显摆/v	2	失利/v	2	领情/a	2	万状/a	2	炮击/v	2
大略/d	2	人命/n	2	仁宪/nr	2	梦龙/nr	2	推却/v	2
墓碑/n	2	简易/a	2	雷电/n	2	结拜/v	2	浙江/ns	2
东晋/n	2	智叟/nr	2	增高/v	2	渤海/ns	2	年迈/a	2
方登/nr	2	截肢/v	2	死伤/v	2	汶川/ns	2	居于/v	2
规划/n	2	冷笑/v	2	泼辣/a	2	欢笑/v	2	书院/n	2
福娃/nz	2	兰花/n	2	武力/n	2	药效/n	2	潮气/n	2
柜子/n	2	退换/v	2	文才/nr	2	山伯/nr	2	和好/a	2
煤矿/n	2	推翻/v	2	高档/a	2	高档/b	2	大军/n	2
镇压/v	2	劝勉/v	2	境地/n	2	声乐/n	2	绝伦/v	2
作罢/v	2	志气/n	2	年限/n	2	很久/a	2	仙礼/nr	2
期满/v	2	反问/v	2	首脑/n	2	大中/nr	2	利害/n	2
娇媚/a	2	苦楚/n	2	绅士/n	2	神秘/n	2	公私/n	2
交还/v	2	飞速/d	2	哄骗/v	2	果子/n	2	浴池/n	2
空话/n	2	贩卖/v	2	教授/v	2	战术/n	2	严正/a	2
生手/n	2	公物/n	2	有轨/b	2	鹦鹉/n	2	须知/n	2
客栈/n	2	带鱼/n	2	鲳鱼/n	2	吝惜/v	2	所在/v	2

续表

三等/b	2	哪样/r	2	账号/n	2	头等/b	2	鞋店/n	2
溶解/v	2	卓著/a	2	气恼/a	2	推卸/v	2	笼包/n	2
闪避/v	2	图案/n	2	周期/n	2	深渊/n	2	疑虑/n	2
寿诞/n	2	庆贺/v	2	化除/v	2	更衣/v	2	坡度/n	2
赌徒/n	2	凄惨/a	2	疲乏/a	2	聚敛/v	2	普查/v	2
服用/v	2	料想/v	2	筐子/n	2	迷茫/v	2	天池/n	2
封锁/v	2	作怪/v	2	出面/v	2	今人/n	2	担忧/n	2
麻将/n	2	家产/n	2	拐棍/n	2	倘若/c	2	弯曲/a	2
心动/v	2	支取/v	2	看透/v	2	权益/n	2	果敢/a	2
嘲弄/v	2	夜幕/n	2	爱河/n	2	天亮/v	2	强劲/a	2
飞快/a	2	原先/d	2	开路/v	2	排出/v	2	玄彬/nr	2
吹动/v	2	事迹/n	2	兼备/v	2	妒忌/v	2	徐民/nr	2
上年/t	2	杏树/n	2	草鸡/n	2	顺利/v	2	赶回/v	2
芹菜/n	2	训诫/v	2	尽责/v	2	尽职/v	2	哎哟/e	2
权衡/v	2	美称/n	2	横穿/v	2	友人/n	2	扭转/v	2
美式/b	2	洋气/a	2	审问/v	2	山谷/n	2	国庆/n	2
车轮/n	2	挣扎/v	2	今夜/t	2	感知/v	2	庐山/ns	2
奸诈/a	2	惆怅/a	2	埋葬/v	2	鼻孔/n	2	蒙山/ns	2
穿戴/n	2	子弟/n	2	海地/ns	2	无价/a	2	扑空/v	2
桌上/s	2	虾酱/n	2	条理/n	2	好胜/a	2	小狗/n	2
鼻塞/v	2	摸摸/v	2	洒水/v	2	呜呜/o	2	面粉/n	2
开动/v	2	搓搓/v	2	摊主/n	2	掉泪/v	2	大体/d	2
大体/n	2	小摊/n	2	发红/v	2	辅音/n	2	字母/n	2
趁机/v	2	证实/v	2	摊贩/n	2	外资/n	2	额外/b	2
说话/n	2	妙用/n	2	木柴/n	2	自卑/n	2	草屋/n	2
不宜/d	2	聚聚/v	2	洋洋/nr	2	知英/nr	2	加劲/v	2
信件/n	2	划水/v	2	轮流/v	2	阻力/n	2	离职/v	2
爬行/v	2	学法/n	2	烟火/n	2	日报/n	2	裤脚/n	2
证券/n	2	盈利/v	2	形体/n	2	住手/v	2	水汽/n	2
醉汉/n	2	结巴/n	2	结巴/v	2	总要/d	2	居多/v	2
酒力/n	2	珍本/n	2	甲寺/ns	2	山涧/n	2	古木/n	2
描绘/v	2	春季/n	2	开辟/v	2	自得/v	2	困惑/n	2
私心/n	2	遛鸟/v	2	辛劳/a	2	沉痛/a	2	热恋/v	2

续表

俑坑/n	2	可信/a	2	画框/n	2	世俗/n	2	狂言/n	2
修路/v	2	隔膜/n	2	油田/n	2	储量/n	2	满心/d	2
下药/v	2	旮旯/n	2	恩智/nr	2	怅惘/a	2	林谷/nr	2
荡然/a	2	衣角/n	2	原本/a	2	使命/n	2	火苗/n	2
棉袄/n	2	俘虏/n	2	伶俐/a	2	职权/n	2	美英/nr	2
演示/v	2	了事/v	2	分辩/v	2	领空/n	2	久违/v	2
施展/v	2	橙子/n	2	定语/n	2	闻到/v	2	长叹/v	2
仓促/a	2	出逃/v	2	凝聚/v	2	打断/v	2	旷工/v	2
竞争/vn	2	启程/v	2	徐娘/nr	2	钱物/n	2	嚎啕/d	2
北韩/n	2	量刑/v	2	策划/v	2	附属/b	2	一圈/m	2
母校/n	2	鲸鱼/n	2	一种/m	2	回乡/v	2	活现/v	2
见见/v	2	咬咬/v	2	采购/v	2	山鳖/n	2	生猛/a	2
惹事/v	2	投注/v	2	翻天/v	2	营火/n	2	积雪/n	2
丁力/nr	2	投向/v	2	湖泊/n	2	率先/d	2	不思/v	2
天然/a	2	有为/a	2	笑语/n	2	寄情/v	2	相瞒/v	2
衬托/v	2	区域/n	2	削减/v	2	处决/v	2	几天/n	2
反悔/v	2	大赛/n	2	停机/v	2	世故/a	2	边际/n	2
严禁/v	2	走私/v	2	湿气/n	2	很早/a	2	更多/a	2
集中/a	2	难产/v	2	位居/v	2	晃眼/a	2	人海/n	2
搞好/v	2	积水/n	2	新华/nz	2	死亡/n	2	女工/n	2
找找/v	2	颁奖/v	2	三八/m	2	耕田/n	2	路费/n	2
收起/v	2	耳根/n	2	导弹/n	2	看齐/v	2	留神/v	2
整夜/t	2	放手/v	2	市容/n	2	绝境/n	2	领先/v	2
缠住/v	2	复仇/v	2	离去/v	2	梵高/nr	2	晚安/l	2
挂件/n	2	服役/v	2	事后/t	2	地主/n	2	眉儿/n	2
秀发/n	2	雅致/a	2	碰头/v	2	水中/s	2	人形/n	2
一代/n	2	抵消/v	2	监管/v	2	实时/n	2	好似/p	2
高举/v	2	层层/q	2	美玉/nr	2	池里/f	2	老东/nt	2
薄膜/n	2	降临/v	2	雪碧/n	2	古酿/n	2	哗哗/o	2
轮到/v	2	惠圣/nr	2	畏缩/v	2	补语/n	2	娴熟/a	2
房客/n	2	推销/v	2	绍兴/ns	2	奉化/ns	2	屏风/n	2
立业/v	2	福音/n	2	不单/d	2	压制/v	2	真空/n	2
野兽/n	2	心宽/a	2	天职/n	2	粉笔/n	2	魔法/n	2

续表

红痘/n	2	中秋/t	2	规章/n	2	耳光/n	2	犹疑/a	2
分割/v	2	宽心/a	2	既然/d	2	骨架/n	2	乞讨/v	2
三亿/m	2	挂号/v	2	柔弱/a	2	无用/a	2	组建/v	2
外景/n	2	武王/nr	2	感化/v	2	对付/a	2	警惕/n	2
黄龙/ns	2	滑稽/a	2	查票/v	2	换座/v	2	足浴/n	2
花店/n	2	忧愁/n	2	麻醉/v	2	退款/v	2	胜西/nr	2
卖家/n	2	中韩/nt	2	取钱/v	2	重头/n	2	不成/u	2
李洁/nr	2	见地/n	2	授受/v	2	心浮/a	2	聆听/v	2
指引/v	2	爵士/n	2	食管/n	2	缩手/v	2	水井/n	2
海运/n	2	受挫/v	2	守备/v	2	科隆/ns	2	岔儿/n	2
放炮/v	2	混浊/a	2	别处/n	2	胜利/a	2	涌出/v	2
稀薄/a	2	秋景/n	2	残废/v	2	统制/v	2	适宜/v	2
捣乱/v	2	封面/n	2	重任/n	2	绝种/v	2	鼓劲/v	2
红门/ns	2	博客/n	2	水手/n	2	繁杂/a	2	颠倒/v	2
珍重/v	2	取材/v	2	团队/n	2	协作/v	2	落差/n	2
简明/a	2	齐国/n	2	平定/v	2	涂料/n	2	梦境/n	2
统管/v	2	生前/t	2	探病/v	2	纹山/ns	2	越战/n	2
植皮/v	2	深重/a	2	高龄/n	2	跨越/v	2	从命/v	2
字数/n	2	回电/n	2	现行/b	2	称谓/n	2	烟民/n	2
阿美/nr	2	赛手/n	2	外在/b	2	衣袖/n	2	流程/n	2
约约/v	2	对抗/v	2	果蔬/n	2	根治/v	2	评评/v	2
分寸/n	2	发炎/v	2	哪天/r	2	浮躁/a	2	手杖/n	2
眼圈/n	2	上前/v	2	挑逗/v	2	旁人/r	2	美白/v	2
修复/v	2	外来/b	2	试婚/v	2	消毒/v	2	巨头/n	2
赚取/v	2	总分/n	2	警报/n	2	出境/v	2	饼铛/n	2
清酒/n	2	一天/t	2	凑巧/a	2	惊喜/n	2	退职/v	2
弱势/a	2	炸鸡/n	2	消释/v	2	公然/d	2	微薄/a	2
便是/v	2	老季/nr	2	引擎/n	2	不乏/v	2	最多/d	2
觉着/v	2	竖起/v	2	圣歌/n	2	出产/n	2	引资/v	2
招商/v	2	壮大/v	2	驯养/v	2	惨剧/n	2	手车/n	2
如若/c	2	践踏/v	2	退化/v	2	老爸/n	2	波纹/n	2
铭璐/nr	2	重用/v	2	梦乡/n	2	团员/n	2	变为/v	2
自修/v	2	方针/n	2	深表/v	2	熔岩/n	2	乾陵/ns	2

续表

建设/n	2	美龄/nr	2	看上/v	2	提亲/v	2	图纸/n	2
货车/n	2	赵丽/nr	2	承株/nr	2	教头/n	2	真浩/nr	2
牧民/n	2	津贴/n	2	残障/n	2	跑车/n	2	茄克/n	2
雇主/n	2	折服/v	2	密室/n	2	学到/v	2	站牌/n	2
发自/v	2	总站/n	2	憨厚/a	2	喧嚣/v	2	姐弟/n	2
接到/v	2	拉扯/v	2	安排/vn	2	衰老/a	2	下厨/v	2
主编/n	2	底儿/n	2	鹿鹿/n	2	子汉/nr	2	松林/n	2
仙景/n	2	江村/ns	2	双目/n	2	游击/n	2	出出/v	2
高兴/n	2	醒醒/v	2	高调/n	2	闲事/n	2	朋友/a	2
下水/v	2	枝子/n	2	心软/a	2	结发/v	2	物产/n	2
依傍/v	2	路上/f	2	干醋/n	2	光民/nr	2	暖和/v	2
王雨/nr	2	说情/v	2	头头/n	2	红雨/nr	2	竞走/v	2
脸上/f	2	听从/v	2	酒疯/n	2	哼哼/v	2	盛载/v	2
电子/nz	2	现有/v	2	丽水/ns	2	三三/m	2	走遍/v	2
同等/b	2	牛仔/n	2	工蚁/n	2	难办/a	2	南通/ns	2
发霉/v	2	看台/n	2	意念/n	2	应有/v	2	鞋柜/n	2
毒素/n	2	地上/f	2	体操/n	2	西湖/n	2	印象/v	2
早晚/d	2	安图/ns	2	至交/n	2	必将/d	2	允雅/nr	2
同座/n	2	依依/a	2	解体/v	2	仁川/nr	2	戒毒/v	2
大田/nr	2	过错/n	2	画儿/v	2	多少/a	2	多少/d	2
停下/v	2	败坏/v	2	艾滋/n	2	秋天/n	2	格外/a	2
去除/v	2	合法/a	2	晚期/t	2	涉足/v	2	外边/s	2
九日/t	2	干菜/n	2	山菜/n	2	陷没/v	2	二二/m	2
晚恋/v	2	应季/b	2	恋爱/vn	2	味觉/n	2	王莹/nr	2
谎价/n	2	嘉雄/nr	2	生吃/v	2	薯条/n	2	编剧/n	2
姝究/nr	2	威慑/v	2	防卫/v	2	凶恶/a	2	铭心/v	2
时候/t	2	年份/n	2	围脖/n	2	帮工/v	2	鲁家/nz	2
手术/v	2	焦躁/a	2	会馆/n	2	阿毛/nr	2	仙界/n	2
壮伟/a	2	锐利/a	2	探看/v	2	枪子/n	2	灯火/n	2
任何/a	2	晶亮/a	2	成真/v	2	亡灵/n	2	青梅/n	2
花溪/ns	2	西滨/ns	2	内岛/ns	2	洪亮/a	2	长白/ns	2
新异/a	2	右耳/n	2	左耳/n	2	光日/nr	2	专长/n	2
达莱/nr	2	看懂/v	2	羚羊/n	2	公德/n	2	林林/nr	2

续表

海大/nt	2	海岛/n	2	唱儿/v	2	至于/v	2	自觉/v	2
映照/v	2	粉红/b	2	窍门/n	2	精深/a	2	重庆/ns	2
石雨/nr	2	皮匠/n	2	查阅/v	2	洒落/v	2	相当/a	2
春每/nr	2	繁花/n	2	农贸/b	2	同一/a	2	四日/t	2
咯吱/o	2	知音/n	2	看书/v	2	多情/a	2	娟娟/nr	2
银丝/n	2	换季/v	2	气量/n	2	自荐/v	2	心得/n	2
特技/n	2	他乡/n	2	志向/n	2	继父/n	2	烹调/v	2
能手/n	2	敬酒/v	2	眼疾/n	2	吵嘴/v	2	鬼神/n	2
赶走/v	2	鸳鸯/n	2	骰子/n	2	膏药/n	2	遗失/v	2
雇员/n	2	交织/v	2	张罗/v	2	施舍/v	2	影星/n	2
入队/v	2	旺旺/nr	2	时钟/n	2	美餐/n	2	颤动/v	2
民宿/n	2	指头/n	2	天儿/q	2	车把/n	2	遗恨/v	2
讲学/v	2	法学/n	2	休战/v	2	韩流/nz	2	叫好/v	2
赵玲/nr	2	放大/v	2	翻越/v	2	泰州/ns	2	布局/n	2
国学/n	2	中外/n	2	学派/n	2	四书/n	2	蜜/n	2
魏/nr	2	赌/n	2	步/v	2	合/a	2	肥/n	2
孙/nr	2	元/n	2	半/a	2	话/y	2	罗/nr	2
紫/a	2	紫/n	2	揩/v	2	义/n	2	周/nr	2
每/m	2	素/i	2	为/c	2	渣/n	2	测/v	2
浓/b	2	过/c	2	要/a	2	殿/ng	2	描/v	2
袖/n	2	肖/n	2	目/n	2	台/ng	2	函/n	2
感/Ng	2	琴/n	2	暴/Vg	2	暴/a	2	厘/q	2
板/v	2	时/ns	2	时/a	2	时/d	2	喔/y	2
意/v	2	盗/v	2	凉/v	2	漆/v	2	恼/n	2
仙/Ng	2	仙/ng	2	厌/v	2	碍/v	2	居/n	2
秋/Tg	2	不/c	2	购/vg	2	咦/e	2	箱/ng	2
箱/n	2	服/ng	2	罐/n	2	铝/n	2	当/b	2
当/n	2	人/a	2	人/u	2	人/v	2	女/a	2
苦/v	2	瞬/Vg	2	宋/nr	2	先/a	2	先/c	2
影/Ng	2	中/t	2	载/v	2	另/a	2	林/ns	2
非/b	2	善/Ag	2	里/n	2	弃/v	2	伴/n	2
海/g	2	俄/ns	2	无/g	2	亲/ng	2	铛/o	2
痰/n	2	集/n	2	遍/a	2	程/q	2	昂/v	2

续表

以/f	2	侄/Ng	2	唧/e	2	侧/n	2	她/v	2
给/c	2	给/u	2	尽/a	2	在/t	2	誉/vg	2
山/v	2	舱/n	2	慎/a	2	益/a	2	益/g	2
舌/ng	2	鳄/n	2	蛾/n	2	须/v	2	红/n	2
红/v	2	酸/v	2	希/Vg	2	希/v	2	便/a	2
斗/v	2	脚/l	2	且/d	2	下/d	2	下/r	2
光/ng	2	旋/v	2	究/Vg	2	杯/ng	2	哼/e	2
秦/t	2	关/n	2	热/n	2	壁/ng	2	任/n	2
罪/x	2	悬/a	2	明/t	2	邻/a	2	忆/v	2
混/a	2	火/v	2	钙/n	2	逞/v	2	逞/x	2
亚/Ag	2	亚/j	2	猴/n	2	侃/v	2	该/b	2
彩/Ng	2	彩/ng	2	彩/a	2	州/n	2	崽/n	2
术/n	2	劳/ng	2	劳/Vg	2	劳/vg	2	池/Ng	2
灰/b	2	次/d	2	余/v	2	网/v	2	杨/n	2
句/Ng	2	员/k	2	瓢/l	2	护/v	2	罩/v	2
铲/v	2	妻/ng	2	着/n	2	舍/n	2	悉/Vg	2
页/n	2	页/q	2	纷/ag	2	喇/o	2	返/Vg	2
而/d	2	枉/d	2	前/t	2	茵/ng	2	外/v	2
塘/n	2	莲/ng	2	街/v	2	群/ng	2	议/v	2
计/Vg	2	痘/n	2	魔/ng	2	绝/a	2	崴/v	2
盲/ng	2	从/c	2	联/g	2	手/m	2	手/q	2
忽/d	2	展/n	2	呐/e	2	业/n	2	徒/ng	2
徒/n	2	逆/v	2	僧/n	2	开/q	2	架/g	2
方/nr	2	方/a	2	民/ng	2	呲/v	2	高/a	2
耶/y	2	良/ag	2	良/nr	2	矿/n	2	没/r	2
把/d	2	把/n	2	宿/Vg	2	候/Ng	2	和/d	2
和/u	2	甲/a	2	缓/v	2	往/d	2	贷/v	2
诸/r	2	庭/n	2	档/Ng	2	档/ng	2	做/d	2
抵/v	2	同/c	2	伯/nr	2	石/ns	2	男/v	2
滥/a	2	泄/x	2	楼/ns	2	楼/q	2	航/g	2
映/vg	2	掠/g	2	扬/vg	2	扬/nr	2	微/ag	2
体/n	2	首/Ng	2	拴/v	2	唉/y	2	孝/ng	2
孝/ag	2	快/v	2	搅/v	2	踩/v	2	会/q	2

续表

论/n	2	壶/q	2	者/u	2	芙/nr	2	棚/n	2
来/d	2	复/vg	2	复/d	2	只/v	2	荤/n	2
原/a	2	欢/v	2	兆/q	2	迫/g	2	卜/n	2
检/vg	2	淡/b	2	寻/g	2	呵/o	2	岳/ng	2
累/n	2	交/ng	2	龄/ng	2	龄/nr	2	都/v	2
帘/ng	2	鸭/ng	2	语/v	2	枝/q	2	抹/q	2
署/n	2	噢/y	2	正/b	2	悄/a	2	技/Ng	2
农/ng	2	膝/ng	2	越/v	2	激/v	2	帽/n	2
版/n	2	蹿/v	2	并/v	2	贝/Ng	2	常/a	2
辛/Ag	2	嗡/e	2	嗡/o	2	吾/x	2	咕/o	2
神/g	2	神/x	2	想/d	2	馋/a	2	吻/n	2
脉/ng	2	寒/a	2	匠/ng	2	毙/v	2	梦/v	2
鲁/ag	2	鲁/nr	2	炕/n	2	状/ng	2	医/ng	2
愧/n	2	砖/n	2	史/ng	2	辩/v	2	兄/n	2
型/ng	2	钥/ng	2	袜/n	2	具/vg	2	禾/ng	2
阶/ng	2	青/n	2	克/v	2	剃/v	2	忠/a	2
粘/v	2	培/v	2	奉/v	2	绒/n	2	丸/n	2
卷/a	2	蠢/a	2	闹/a	2	掘/v	2	日/m	2
险/n	2	甘/ag	2	逗/a	2	糊/v	2	温/b	2
告/vg	2	恶/ag	2	恶/g	2	崇/nz	2	级/m	2
秀/a	2	营/n	2	嘻/o	2	怪/ag	2	廊/n	2
嗅/v	2	牢/n	2	戏/v	2	赖/v	2	观/v	2
高/b	2	洁/x	2	棺/n	2	胸/n	2	爱/vn	2
恋/g	2	恋/n	2	鹰/n	2	焯/v	2	面/v	2
陷/v	2	洋/n	2	相/ng	2	决/vg	2	决/v	2
援/vg	2	废/a	2	氏/n	2	经/n	2	辞/n	2
辞/v	2	雄/ag	2	平/v	2	浊/a	2	梢/ng	2
贤/a	2	邀/v	2	点/a	2	整/m	2	太/a	2
匹/q	2	皱/a	2	倚/v	2	述/v	2	冠/v	2
表/vg	2	表/v	2	深/d	2	特/ag	2	秤/v	2
坚/a	2	寓/ng	2	么/y	2	郊/n	2	一/nz	2
配/a	2	聋/v	2	溺/v	2	裁/v	2	情/ng	2
喽/y	2	幸/vg	2	杵/x	2	陵/ng	2	索/vg	2

续表

冲/a	2	汪/o	2	掣/v	2	容/ng	2	章/n	2
楞/v	2	所/p	2	逊/vg	2	真/n	2	亭/ng	2
赞/v	2	曰/vg	2	疑/vg	2	餍/v	2	坑/v	2
务/n	2	祥/nr	2	缴/v	2	栏/n	2	喜/vg	2
喜/n	2	纹/ng	2	了/a	2	质/ng	2	川/ns	2
受益匪浅/i	2	龇牙咧嘴/v	2	甜言蜜语/n	2	玩意儿/n	2	签到簿/n	2
普吉岛/ns	2	打鱼/v	2	牌坊/ns	2	头像/n	2	骨骼/n	2
麒麟/n	2	起航/v	2	掺和/v	2	无锡新加坡工业园开发有限公司/nt	1	南京师范大学附属中学/nt	1
上海大韩民国临时政府/ns	1	苏宁环球饭店健康中心/nt	1	山东烟台盱飒专修学院/nt	1	鼻子不是鼻子脸不是脸/l	1	一家人不认识一家人/l	1
无锡新加坡工业园社/nt	1	北京第二外国语学院/nt	1	不能在一棵树上吊死/l	1	北京经济管理干部院/nt	1	南京熊猫电视机公司/nz	1
泛太平洋游泳锦标赛/nz	1	南京玄武区银城东苑/nz	1	南京锦湖轮胎公司/nz	1	南京熊猫电器公司/nz	1	柳暗花明又一村/l	1
嫁鸡随鸡嫁狗随狗/l	1	北京四通电脑公司/nz	1	烟台职业技术学院/nt	1	心急吃不了热豆腐/l	1	耀华国际教育学校/nz	1
北京首都师范大学/nt	1	幼吾幼以及人之幼/l	1	老吾老以及人之老/l	1	亚东仙林大学城/ns	1	熊猫电视机公司/nz	1
南京熊猫电视机/nz	1	上海外国语大学/nt	1	大青水力发电站/nz	1	来而不往非礼也/l	1	韩国农办中央会/nt	1
四一九革命节日/t	1	庆商南道固城郡/ns	1	烟台海边游记早/d	1	青少年帮助公司/nz	1	北京大学出版社/nt	1
一年之计在于春/l	1	鼓楼一中心小学/nt	1	中国历史博物馆/ns	1	人民英雄纪念碑/ns	1	书中自有颜如玉/l	1
无规矩不成方圆/l	1	女人无才便是德/l	1	女子无才便是德/l	1	棍棒之下出孝子/l	1	现代建筑公司/nt	1
抗日战争时期/nt	1	百分之七八十/m	1	上海临时政府/nt	1	东北师范大学/nt	1	圣索非亚教堂/ns	1
公州师范大学/nt	1	欧亚细亚板块/ns	1	江南水师学堂/nt	1	迈克尔杰克逊/nr	1	北京师范大学/nt	1
广开土王陵碑/ns	1	文化革命时期/nz	1	南京艺术大学/nt	1	爱尔兰迦略克/ns	1	香港海洋公园/ns	1
梨花女子大学/nt	1	陆军士官学校/nt	1	晓庄师范学院/nt	1	国际文化教育/nz	1	三星电脑公司/nz	1
水成高中学院/nt	1	北京联合大学/nt	1	文一女子高中/nt	1	北京物资大学/nt	1	亿四千五百万/m	1
韩国梨花大学/nt	1	昌原文成大学/nt	1	忠清南道瑞山/ns	1	天津外国大学/ns	1	南京熊猫公司/nz	1
天有不测风云/l	1	南京晓欢大学/nt	1	名胜名胜古迹/n	1	毛主席纪念馆/ns	1	兵麓山风景区/ns	1

续表

河北经贸大学/nt	1	邻居长邻居短/l	1	北方交通大学/nt	1	千七百八十四/m	1	天津师范大学/n	1
中外合资公司/nz	1	明人不做暗事/l	1	奥林匹克以后/f	1	爱德国际学校/nt	1	海洋性气候/n	1
可持续发展/nz	1	老信徒温泉/ns	1	一年复一年/l	1	一日复一日/l	1	三百六十五/m	1
汉城里大学/nt	1	外国语大学/nt	1	从从容不迫/i	1	磨磨蹭蹭的/z	1	玄武湖公园/ns	1
南京博物馆/ns	1	天安外国语/nt	1	清凉山公园/ns	1	心服口不服/i	1	南山专家楼/ns	1
南山专字楼/ns	1	南山专家路/ns	1	文化旅游区/ns	1	东南大学/nt	1	富华游乐园/ns	1
哥伦比亚人/n	1	全罗道全州/ns	1	女高中学校/nt	1	中国共产党/n	1	环翠楼公园/nz	1
庆尚南道动/ns	1	名不见经传/l	1	过氧化脂质/nz	1	迷笛音乐节/nz	1	不尽如人意/i	1
人工呼吸机/n	1	瑞雪兆丰年/l	1	成浩日报社/nt	1	瓦努阿图岛/ns	1	小青岛公园/ns	1
八大关景区/ns	1	木家博物馆/nz	1	市立美术馆/nz	1	中央博物馆/nz	1	难买寸光阴/l	1
湖光北山色/l	1	三国志演义/nz	1	开门红公司/n	1	酸辣土豆丝/nz	1	有得必有失/l	1
宁夏自治区/ns	1	了各种各样/l	1	早期采用者/nz	1	北京出版社/nt	1	一百三十万/m	1
有滋有味儿/l	1	一碗水端平/l	1	不期然而然/l	1	华夏旅行社/nz	1	皮蛋瘦肉粥/nz	1
番茄蛋花汤/nz	1	寒稻香蘑饭/nz	1	菲律宾板块/ns	1	再建团教育/nz	1	合作伙伴儿/n	1
五方韩国城/ns	1	礼轻情义重/l	1	千里送鹅毛/l	1	痛痛快快儿/z	1	左朝鲜时代/t	1
爱国主义者/nz	1	狗不嫌家贫/l	1	儿不嫌母丑/l	1	民族主义者/n	1	沙特阿拉伯/ns	1
自由主义者/n	1	纳粹主义者/n	1	碳水化合物/n	1	天造地设的/a	1	保护主义者/nz	1
文学革命论/nz	1	光州广域市/ns	1	中央研究院/nt	1	碑林博物馆/ns	1	革命博物馆/ns	1
无绝人之路/l	1	半坡博物馆/nt	1	人民大会党/ns	1	人生地不熟/l	1	民主劳动党/nz	1
倚天屠龙记/nz	1	东方明珠塔/ns	1	蹬鼻子上脸/l	1	迈克杰克逊/nr	1	人不可貌相/l	1
奥林匹克将/d	1	上海博物馆/ns	1	留学生协会/nt	1	北京火车站/ns	1	广域自动化/n	1
递信七十号/nz	1	协助杀人罪/n	1	计划划生育/nz	1	家和万事成/l	1	消费者协会/nt	1
吉尔吉斯斯坦/ns	1	哈萨克斯坦/ns	1	六零六初中/nt	1	伊斯坦布尔/ns	1	多尔哈鲁邦/nr	1
研究生学院/nt	1	新华书城/nz	1	银城东苑/ns	1	海物饭店/nz	1	上阳市场/ns	1

续表

斯里兰卡/ns	1	法正大学/nt	1	南市大学/nt	1	王府大街/nt	1	半死不活/a	1
全州大学/nt	1	风吹雨打/l	1	全北大学/nt	1	树明女大/nt	1	南京公司/nt	1
怡景花园/ns	1	全州大习/nt	1	淑明女子/nz	1	语言大学/nt	1	茂茂密密/z	1
顺天大学/nt	1	仁济大学/nt	1	艺术大学/nt	1	石油大学/nt	1	凤凰西街/ns	1
一口咬定/i	1	不懈努力/l	1	一言为定/i	1	小兴安岭/ns	1	各行各业/l	1
咯吱咯吱/o	1	具体地说/c	1	古香古色/i	1	巴巴多斯/ns	1	一石二鸟/i	1
阿甘正传/nz	1	厦门大学/nt	1	韩国白石/nt	1	克罗地亚/ns	1	平起平坐/i	1
云山雾海/ns	1	商贸汉语/n	1	死气沉沉/i	1	文仲时期/t	1	则天武后/nr	1
仰韶文化/n	1	不速之客/i	1	长大成人/l	1	顾名思义/v	1	兴仁之门/n	1
这样一来/l	1	地下铁道/n	1	迎面而来/l	1	江苏大学/nt	1	苏州大学/nt	1
无边无际/i	1	吉林大学/nt	1	钻牛角尖/i	1	家喻户晓/i	1	锦绣河山/n	1
难以置信/i	1	礼仪之邦/i	1	大一点儿/m	1	悄不声儿/z	1	美国大学/nt	1
师范大学/nt	1	神采奕奕/i	1	引领而望/i	1	发展国家/l	1	无所不能/i	1
优哉游哉/i	1	北海宾馆/ns	1	轻手轻脚/i	1	疾风劲草/i	1	狂人日记/nz	1
高中学生/n	1	不期而遇/i	1	工商银行/nt	1	牙湖花园/ns	1	中华民国/n	1
创业宾馆/nt	1	说来话长/l	1	毫无顾忌/i	1	呜呜咽咽/z	1	九死一生/i	1
洋洋洒洒/i	1	疏疏落落/z	1	红红绿绿/z	1	亲亲密密/z	1	绰绰有余/a	1
结结实实/z	1	相映争辉/i	1	地理学家/n	1	蜚声中外/i	1	气势磅礴/l	1
千峰竞秀/i	1	昏头昏脑/l	1	胆战心惊/i	1	老老小小/l	1	北斗七星/n	1
干干巴巴/z	1	一草一木/i	1	层峦叠嶂/i	1	影影绰绰/i	1	痛快淋漓/i	1
严严实实/z	1	见不得人/i	1	不省人事/i	1	精疲力竭/i	1	美中不足/i	1
琼枝玉叶/a	1	藏经版库/n	1	皮包骨头/i	1	浑然一色/i	1	昂首阔步/i	1
啼笑皆非/i	1	扪心自问/i	1	大雪纷飞/i	1	忠清道山/ns	1	社会制度/n	1
不清不浊/n	1	参差不齐/i	1	聊以自慰/i	1	太古时代/n	1	光合反应/n	1
北洋军阀/n	1	荒无人烟/i	1	细亚板块/ns	1	北美板块/ns	1	骄阳似火/l	1
言传身教/v	1	语重心长/a	1	弘文学院/nt	1	矿路学堂/nt	1	潇潇洒洒/z	1
三味书屋/n	1	现代化论/n	1	保守主义/n	1	实用主义/n	1	社会主义/n	1
克思主义/n	1	春夏秋冬/l	1	五四运动/n	1	文学革命/n	1	印第安人/n	1
热带雨林/n	1	孟加拉国/ns	1	产业革命/n	1	诸子百家/n	1	荣华富贵/i	1
高速公路/n	1	自作主张/i	1	无为而治/i	1	利华学校/nz	1	俗不可耐/i	1
兢兢业业/a	1	靖国神社/n	1	思绪万千/i	1	换而言之/c	1	同甘共苦/i	1
谨谨慎慎/z	1	徒劳无功/a	1	生搬硬套/i	1	呜呼痛哉/i	1	鹦鹉学舌/i	1
海伦凯勒/nr	1	习以为常/i	1	千真万确/i	1	喜不自禁/i	1	不可再生/a	1

续表

朝三暮四/i	1	琳琅满目/a	1	见机行事/i	1	鼠目寸光/a	1	恩将仇报/v	1
绳之以法/i	1	灭顶之灾/n	1	玩物丧志/i	1	华而不实/a	1	各种客样/a	1
无怨无悔/i	1	玄奘法师/nr	1	三民主义/n	1	外柔内刚/l	1	国泰民安/i	1
一分为二/v	1	山明水秀/a	1	异彩纷呈/a	1	教书育人/l	1	简而言之/l	1
真才实学/i	1	光云大学/nt	1	另眼相待/l	1	入土为安/l	1	落叶归根/i	1
改邪归正/i	1	不离不弃/i	1	同窟万丈/ns	1	追悔莫及/i	1	韩林大学/nz	1
莫名巧妙/i	1	森罗万象/i	1	二十八日/t	1	通红通红/z	1	越来越多/a	1
仁川大学/nt	1	智者见智/i	1	南秀大厦/nz	1	仁者见仁/i	1	忠州大学/nt	1
大众书局/nz	1	王府井街/ns	1	女子大学/nt	1	南宿大厦/n	1	中文学院/nt	1
不容乐观/i	1	十八史略/nz	1	八十五六/m	1	四物游戏/n	1	壇国大学/nt	1
中央大街/ns	1	无本之木/i	1	利花公园/ns	1	无源之水/i	1	十三明陵/ns	1
血液循环/n	1	有氧运动/n	1	蔫头耷脑/i	1	崭露头角/i	1	长吁短叹/l	1
泰然自若/i	1	勇往直前/i	1	养尊处优/l	1	享乐主义/n	1	轻轻快快/a	1
卡尔威特/nr	1	潮南大学/nz	1	南山大佛/ns	1	漫山遍野/i	1	共青团员/n	1
漫山红遍/l	1	年过半百/l	1	北陵公园/ns	1	海洋大学/nt	1	尼亚加拉/ns	1
浩然之气/n	1	快快活活/z	1	碧海蓝天/i	1	安安全全/z	1	高高大大/z	1
一扫而光/i	1	只言片语/i	1	嘉泉大学/nt	1	通商学部/n	1	恒茂公司/n	1
一泻千里/i	1	男权主义/n	1	东方神起/nz	1	三五成群/l	1	途意不去/l	1
说东道西/l	1	南艺大学/nt	1	指指点点/z	1	有口无心/i	1	直言不讳/i	1
制片公司/n	1	接连不断/l	1	摩肩接踵/a	1	期期艾艾/i	1	揩油水儿/l	1
韩东大学/nt	1	揭老底儿/l	1	交白卷儿/l	1	亚特兰大/ns	1	咄咄逼人/a	1
心安理得/a	1	蓬头垢面/i	1	白发苍苍/i	1	尽收眼底/i	1	尽收眼底/l	1
中山公园/ns	1	老弱病残/j	1	知冷知热/a	1	嘘寒问暖/v	1	赏心悦目/a	1
盛气凌人/a	1	修身养性/v	1	门庭若市/a	1	全心全力/d	1	谈无说地/v	1
按部就班/i	1	斯芬克斯/ns	1	风调雨顺/i	1	日日夜夜/t	1	相差无几/l	1
直话直说/l	1	矢志不渝/i	1	各执己见/v	1	埋头苦干/v	1	地地道道/z	1
宁缺毋滥/i	1	开源节流/v	1	更新换代/i	1	磨蹭磨蹭/z	1	咎由自取/v	1
细嚼慢咽/i	1	挑字眼儿/l	1	抱头鼠窜/i	1	乐于助人/i	1	辞旧迎新/i	1
和和睦睦/z	1	骨瘦如柴/i	1	置之不理/i	1	无足轻重/i	1	园光大学/nt	1
和和气气/z	1	候鸟望台/ns	1	望台群山/ns	1	从今以后/l	1	无关紧要/l	1
时代广场/ns	1	山光水色/i	1	兄弟姐妹/n	1	侯家洼村/ns	1	百战不殆/i	1
知己知彼/i	1	冰冻三尺/i	1	光天化日/i	1	搬弄是非/i	1	别有用心/i	1
大有可为/a	1	自食恶果/l	1	少言寡语/a	1	吊儿郎当/a	1	不可聪明/a	1

续表

无影无踪/a	1	清清白白/z	1	恭喜发财/l	1	大吃大喝/l	1	安全系数/n	1
沉默寡言/i	1	面红耳赤/a	1	精力充沛/l	1	各显神通/l	1	持之以恒/i	1
神采飞扬/i	1	春光明媚/i	1	春意盎然/a	1	春意盎然/i	1	海尔集团/nt	1
回肠荡气/i	1	完完整整/z	1	珠光宝气/i	1	鸡龙山脉/ns	1	风景如画/i	1
一举多得/i	1	朝鲜战争/nz	1	赏罚分明/i	1	对外贸易/n	1	先人后己/i	1
藕断丝连/i	1	一塌糊涂/i	1	脱贫致富/i	1	零零碎碎/z	1	动荡不安/i	1
得意扬扬/z	1	不胫而走/i	1	相持不下/i	1	油嘴滑舌/i	1	丰衣足食/i	1
艰苦朴素/i	1	气急败坏/i	1	无亲无故/i	1	狗拿耗子/l	1	不可理喻/i	1
迫在眉睫/i	1	智能手机/n	1	平心静气/i	1	自讨苦吃/i	1	铺张浪费/v	1
紫菜饭卷/nz	1	不可逾越/i	1	无可争辩/l	1	吃苦耐劳/i	1	公事公办/i	1
爱憎分明/i	1	一年树米/l	1	生猛海鲜/l	1	夸大其词/i	1	自身难保/l	1
下落不明/l	1	欢呼雀跃/l	1	一劳永逸/i	1	食欲不振/l	1	妙不可言/i	1
不折不扣/i	1	成家立业/v	1	想开点儿/l	1	红红火火/a	1	不知好歹/i	1
不郎不秀/a	1	犹豫不决/i	1	天沐温泉/nz	1	因材施教/i	1	工商大学/nt	1
堆积如山/i	1	东洋机电/nz	1	铁板炒菜/n	1	挺身而出/i	1	青年家园/nz	1
农业银行/nz	1	温血动物/l	1	爬行动物/n	1	功不可没/i	1	默默无闻/i	1
截然不同/i	1	知彼知己/i	1	孔子学院/nt	1	不惑之年/i	1	自来卷儿/n	1
漫天要价/l	1	如此这般/l	1	韩中交流/nz	1	三姑市场/nz	1	石滩公园/ns	1
石滩广场/ns	1	玉米花儿/n	1	同心协力/i	1	红烧茄子/nz	1	世世代代/l	1
忠南瑞山/ns	1	种族歧视/l	1	难能可贵/i	1	人之常情/i	1	乐在其中/i	1
有所不同/l	1	哺乳动物/l	1	消费者团/nt	1	摇摇摆摆/v	1	生产总值/n	1
五百五亿/m	1	耍嘴皮子/l	1	花言巧语/i	1	忐忐忑忑/a	1	不大不小/l	1
青山绿水/i	1	蔚为大观/i	1	绚丽多彩/i	1	鼓楼大街/ns	1	隐隐约约/z	1
龙庭公园/ns	1	鹅蛋脸儿/n	1	老老少少/n	1	绝代佳人/i	1	虚张声势/i	1
威风凛凛/i	1	百科全书/n	1	义正词严/i	1	青红皂白/i	1	来日方长/i	1
从古到今/l	1	社会形态/n	1	一无是处/i	1	砸锅卖铁/i	1	量力而为/i	1
一年到头/l	1	吃喝嫖赌/l	1	救死扶伤/i	1	华安国际/nz	1	莱山国际/nz	1
礼尚往来/i	1	乌七八糟/i	1	草木皆兵/i	1	顶头上司/n	1	孤立无援/i	1
贝克汉姆/nr	1	得意门生/i	1	轻口薄舌/i	1	花花肠子/l	1	年深日久/i	1
情随事迁/i	1	莫逆之交/i	1	张家花园/ns	1	大理古城/ns	1	战战兢兢/i	1
噼里啪啦/o	1	嚎啕大哭/l	1	千秋万代/i	1	巧克力石/nz	1	宁死不屈/i	1
彻头彻尾/a	1	心潮澎湃/i	1	不出所料/i	1	忙里偷闲/i	1	一万四千/m	1
天公作美/l	1	十七孔桥/ns	1	各样各色/a	1	惴惴不安/a	1	天文台场/ns	1

续表

非综合性/b	1	头晕眼花/i	1	德胜商店/nz	1	半生不熟/l	1	家用电器/l	1
抱佛脚每/r	1	好吃懒做/l	1	雷电交加/i	1	药学大学/nt	1	斗山公司/nz	1
比比皆是/l	1	五短身材/l	1	那时候时/r	1	无可替代/l	1	望洋兴叹/i	1
玉皇大帝/nr	1	火冒三丈/l	1	训民正音/nz	1	专心一意/i	1	小老顽固/n	1
竭尽全力/i	1	自来卷发/l	1	满满当当/z	1	铁面无私/l	1	三只小熊/nz	1
空中小姐/n	1	女扮男装/l	1	子子孙孙/n	1	兼而有之/i	1	同等学力/l	1
八面玲珑/l	1	移情别恋/l	1	煞费苦心/l	1	不怎么样/l	1	飞沙走石/n	1
一见如故/i	1	一见如故/l	1	糖醋鲤鱼/n	1	三星电子/nz	1	五星红旗/n	1
韩式饭馆/l	1	有限公司/n	1	贼喊捉贼/l	1	哭丧着脸/l	1	固执己见/i	1
司空见惯/i	1	循循善诱/i	1	乱七八糟/i	1	吵吵闹闹/z	1	旅顺监狱/nt	1
上当受骗/l	1	关联银行/nt	1	不择手段/a	1	笑掉大牙/l	1	走后门儿/l	1
希望小学/nt	1	倾国倾城/i	1	无可挽回/i	1	感情用事/i	1	交头接耳/i	1
胳膊肘子/n	1	动物学家/n	1	惶惶不安/i	1	伊斯兰教/n	1	欢声笑语/i	1
烟台古酿/nz	1	斩钉截铁/i	1	大中城市/n	1	清晰可见/l	1	潜移默化/i	1
唾沫星子/l	1	东摇西晃/l	1	电闪雷鸣/l	1	晴空万里/l	1	焦头烂额/i	1
鹅毛大雪/l	1	博学多识/l	1	小不点儿/n	1	黑白分明/i	1	狂风暴雨/i	1
没话找话/l	1	格鲁吉亚/ns	1	咕咕哝哝/o	1	连续不断/i	1	坚强不屈/i	1
人见人爱/v	1	明镜高悬/v	1	一落千丈/i	1	心不在焉/l	1	举世瞩目/l	1
阳光一百/ns	1	如烟如梦/l	1	仔仔细细/z	1	毛手毛脚/z	1	穷追猛打/l	1
石头子儿/n	1	疑惑不解/i	1	人心惶惶/i	1	有生力量/n	1	周而复始/i	1
苦不堪言/i	1	好人好事/n	1	团结一致/i	1	美轮美奂/i	1	博物馆长/n	1
繁荣富强/a	1	五项原则/n	1	乡土气息/l	1	好大喜功/l1	1	三聚氰胺/n	1
人造卫星/n	1	优胜劣汰/v	1	难言之隐/l8	1	重温旧梦/v	1	明察秋毫/i	1
坦白从宽/i	1	通货膨胀/l	1	艰苦奋斗/i	1	太阳黑子/n	1	心中有数/a	1
招摇撞骗/v	1	大年初一/t	1	历历在目/i	1	左看右看/v	1	迪斯科厅/n	1
执迷不悟/v	1	农民起义/n	1	空前绝后/a	1	王一世宗/nr	1	天气预报/n	1
名利双收/v	1	奉公执法/l	1	疏忽职守/l	1	以理服人/l	1	流行感冒/n	1
公交汽车/n	1	黑恶势力/n	1	踌躇不前/i	1	三星公司/nt	1	说长道短/i	1
说长道短/v	1	心灰意懒/a	1	青藏高原/ns	1	痴心妄想/v	1	苦思冥想/i	1
半老徐娘/i	1	怨天尤人/i	1	火急火燎/i	1	温故知新/i	1	万般无奈/a	1
平平整整/a	1	平平整整/z	1	手下留情/l	1	老娘儿们/n	1	广为传颂/v	1
不乏其人/i	1	慢慢吞吞/z	1	令人信服/l	1	完美无瑕/a	1	自强不息/i	1
人无完人/i	1	单身主义/n	1	闪闪烁烁/v	1	耀华国际/ns	1	交口称誉/i	1

续表

二话不说/l	1	有口难辩/i	1	才华横溢/i	1	接踵而来/i	1	二零一二/t	1
坐井观天/i	1	无依无靠/a	1	无依无靠/i	1	无依无靠/l	1	不过如此/i	1
屈指可数/i	1	巧取豪夺/i	1	分门别类/i	1	答非所问/i	1	事在人为/i	1
生死存亡/n	1	汉拿大学/n	1	惶悸不安/i	1	不肖子孙/i	1	崇实大学/n	1
职业学院/nz	1	生渊小学/nz	1	难以计数/i	1	清郁寡欢/i	1	以暴制暴/i	1
改过自新/i	1	光宗耀祖/i	1	差一点儿/d	1	暴饮暴食/i	1	难上加难/i	1
四四方方/a	1	孔府家菜/nz	1	以诚待人/i	1	各持己见/i	1	良苦用心/i	1
心如刀割/i	1	先见之明/i	1	南开大学/n	1	投其所好/i	1	待人接物/v	1
畅所欲言/v	1	无学无能/i	1	百年偕老/i	1	情有独钟/i	1	全神贯注/i	1
废寝忘食/i	1	丰富多样/m	1	名副其实/i	1	井冈山区/s	1	比肩继踵/i	1
一唱一和/v	1	一箭双雕/i	1	无法形容/v	1	宽心丸儿/n	1	明明清清/z	1
欣喜若狂/a	1	一朝一夕/n	1	死心塌地/v	1	推陈出新/l	1	见义勇为/v	1
泡沫塑料/n	1	宾馆中学/nt	1	惊涛骇浪/n	1	明明确确/z	1	到此为止/u	1
目不识丁/i	1	大有作为/l	1	面目全非/l	1	刻不容缓/i	1	绿色植物/n	1
指点迷津/v	1	全国各地/n	1	南阳农场/ns	1	眼高手低/i	1	消化不良/n	1
傻不愣登/a	1	林格氏液/n	1	肆无忌惮/d	1	单眼皮儿/n	1	高尔夫场/ns	1
浓眉大眼/a	1	近在眉睫/a	1	鬼哭山庄/nz	1	始于足下/l	1	一家之主/l	1
车满为患/i	1	风雪交加/i	1	严加惩办/i	1	相互依存/v	1	山山水水/l	1
克服困难/v	1	独立自主/l	1	真真正正/a	1	量入为出/i	1	格格不入/a	1
保护主义/n	1	虚虚实实/l	1	固步自封/i	1	国民经济/n	1	沁人心脾/i	1
阿里巴巴/nz	1	绘声绘色/l	1	人各有志/l	1	积土成山/i	1	反客为主/i	1
孤掌难鸣/i	1	滴水穿石/i	1	简洁明了/i	1	昏昏迷迷/l	1	昏昏沉沉/l	1
日久生情/i	1	十里八村/i	1	心知肚明/i	1	谈婚论嫁/i	1	晴天霹雳/n	1
小心谨慎/i	1	唧唧咕咕/a	1	风风火火/a	1	人来人往/i	1	无人问津/i	1
晃晃悠悠/a	1	豪言壮语/n	1	不容置疑/i	1	纪录片儿/n	1	人所共知/l	1
一路平安/i	1	招商银行/nz	1	意料之中/l	1	女中豪杰/n	1	毫无保留/i	1
二话没说/i	1	担惊受怕/i	1	翻江倒海/v	1	头重脚轻/a	1	心术不正/i	1
堂堂须眉/a	1	生机盎然/a	1	群口相声/n	1	白日做梦/l	1	主心骨儿/n	1
绳锯木断/i	1	亲密无间/a	1	后悔不迭/i	1	自以为是/i	1	临阵磨枪/i	1
无忧无虑/a	1	按劳分配/l	1	吃亚巴亏/l	1	忘恩负义/l	1	仪表堂堂/a	1
不闻不问/v	1	勾三搭四/v	1	打官腔儿/l	1	本本分分/a	1	装模作样/v	1
假仁假义/n	1	天花乱坠/a	1	背了黑锅/l	1	左等右等/v	1	水天一色/i	1
耳熟能详/i	1	霸王别姬/nt	1	毫无怨言/l	1	交口称赞/i	1	三三五五/m	1

续表

西海大学/n	1	银河怡海/ns	1	身子骨儿/n	1	垃圾食品/n	1	铺天盖地/a	1
永世不忘/v	1	激动不已/l	1	出租车费/n	1	胜利广场/n	1	绚烂多彩/a	1
五彩斑斓/l	1	稀稀疏疏/z	1	长久之计/l	1	感慨万千/i	1	同心同德/i	1
近朱者赤/i	1	权宜之计/n	1	一无所有/i	1	辛亥革命/n	1	短篇小说/n	1
定时炸弹/n	1	自相矛盾/a	1	乌烟瘴气/n	1	偷偷摸摸/a	1	花天酒地/a	1
暴跳如雷/v	1	极乐世界/n	1	飘飘欲仙/l	1	体弱多病/a	1	京酱肉丝/n	1
想来想去/l	1	思前顾后/l	1	独到之处/i	1	死有余辜/a	1	罪大恶极/a	1
哄堂大笑/v	1	千载难逢/i	1	东山再起/i	1	有根有据/z	1	百般无奈/l	1
悲剧命运/n	1	拖泥带水/a	1	二零零九/t	1	三从之义/i	1	阳光花园/ns	1
全罗南道/ns	1	五色斑斓/i	1	东岸鲸窟/ns	1	怦然心动/i	1	密密丛丛/z	1
自报家门/i	1	相向无语/l	1	忧心如酲/i	1	不慌不乱/l	1	实话实说/v	1
大开眼界/i	1	微不足道/i	1	轰轰烈烈/z	1	取长补短/i	1	权衡利弊/v	1
未成年人/n	1	人文大学/ns	1	东京大厦/ns	1	无线电话/n	1	有线电话/n	1
倍感亲切/v	1	牵肠挂肚/v	1	不可言状/i	1	鱼香魔芋/n	1	熙熙攘攘/a	1
哈利? 波特/nr	1	青筋暴跳/v	1	风霜雪雨/n	1	文文静静/a	1	少失怙恃/i	1
小巧玲珑/l	1	素质教育/n	1	仁荷大学/nt	1	哩哩啦啦/z	1	始终如一/a	1
情窦初开/v	1	汉阳大学/n	1	一九九四/t	1	心理学家/n	1	见财起意/l	1
自说自话/v	1	总的说来/c	1	假戏真做/l	1	倾家荡产/v	1	疏于职守/a	1
千篇一律/a	1	先天不足/a	1	雨后春笋/n	1	一臂之力/n	1	春来冬去/l	1
千锤百炼/v	1	千叮万嘱/v	1	凑凑合合/z	1	心直口快/a	1	中途而废/i	1
万万不可/i	1	胸有成竹/a	1	轮廓分明/a	1	身临其境/v	1	心甘情愿/a	1
塔山公园/nt	1	酒肉朋友/n	1	此言不虚/d	1	拼死拼活/i	1	史密松宁/nt	1
茶余饭后/n	1	垂涎三尺/a	1	心有余悸/a	1	大炅书城/nz	1	做贼心虚/i	1
孙先生/nr	1	博爱坊/nz	1	王峰顶/n	1	综合体/n	1	结婚场/n	1
任何人/r	1	工作处/n	1	学位证/n	1	类人猿/n	1	人类学/n	1
居住地/n	1	道德性/n	1	管家婆/n	1	附属品/n	1	爱情剧/n	1
杀人者/n	1	李连杰/nr	1	武术片/n	1	背带裤/n	1	高粱酒/n	1
间接性/n	1	老奶奶/n	1	家务事/n	1	抢手货/n	1	昂大学/n	1
翻译官/n	1	电脑科/n	1	唯心论/n	1	播音员/n	1	喜滋滋/z	1
冷嗖嗖/a	1	猹少年/nz	1	眼珠儿/n	1	张帅帅/nr	1	小叔子/n	1
管理处/n	1	保险箱/n	1	诬陷罪/n	1	出场费/n	1	根据地/n	1
朴英雄/nr	1	范德忠/nr	1	的当代/t	1	十六亿/m	1	空洞洞/z	1
申请书/n	1	零售价/n	1	黄老师/nr	1	分公司/n	1	贸易官/n	1

续表

刘智杰/nr	1	文化宫/n	1	定决心/l	1	旁边儿/s	1	苞菜汤/n	1
一十九/m	1	法语系/n	1	体育课/n	1	王京京/nr	1	开放化/v	1
李宇春/nr	1	黑沉沉/z	1	老大娘/n	1	蓝色鸟/n	1	石彦茂/nr	1
贸易学/n	1	高蓓蓓/nr	1	咸水湖/n	1	观光学/n	1	天目湖/n	1
未婚者/n	1	已婚者/n	1	水果店/ns	1	毛主席/nr	1	人派线/n	1
申美贝/nr	1	邹老师/nr	1	汉武帝/nr	1	李世民/nr	1	唐太宗/nr	1
肥胖症/n	1	叮铃铃/o	1	低血压/n	1	柔韧性/n	1	吴贞顺/nr	1
崔真明/nr	1	平安节/t	1	俯卧撑/n	1	山水画/n	1	设计图/n	1
造物主/n	1	融洽者/n	1	管理局/n	1	杀人案/n	1	谋杀罪/n	1
戒指节/t	1	师兄弟/n	1	独创性/n	1	格丽特/nr	1	地下室/n	1
执行者/n	1	继承人/n	1	损失费/n	1	智能化/n	1	植物学/n	1
动物学/n	1	缩写本/n	1	夜景区/n	1	有事儿/n	1	丁一宇/nr	1
收款台/n	1	生煎包/nz	1	好几千/m	1	环翠楼/n	1	车票费/n	1
四弦琴/n	1	收录机/n	1	作曲者/n	1	饼干节/t	1	无意识/b	1
南锣香/ns	1	高鼻梁/n	1	名胜地/n	1	闹肚子/l	1	清溪山/ns	1
集体照/n	1	充其量/d	1	特别的/r	1	战斗机/n	1	合理化/v	1
竞技场/n	1	履历书/n	1	世界语/n	1	停车站/n	1	比基尼/n	1
芭蕾舞/n	1	大屠杀/n	1	珉宇姬/nr	1	雪花儿/n	1	崔贝宁/ns	1
增加加/v	1	唐玄宗/n	1	长恨歌/nz	1	白居易/nr	1	通气管/n	1
淡淡的/a	1	数不清/a	1	李喜英/nr	1	自制力/n	1	适应力/n	1
十六号/t	1	中良区/s	1	五味瓶/n	1	资源部/n	1	商品化/v	1
制作者/n	1	成一莫/nr	1	省事儿/v	1	戴安娜/nr	1	赵琴秀/nr	1
尤定西/nr	1	录像带/n	1	白鹅岭/ns	1	出格儿/v	1	李静梅/nr	1
威胁性/n	1	朱丽叶/nz	1	文艺界/n	1	李敏透/nr	1	留言板/n	1
必备品/n	1	大石头/ns	1	住院费/n	1	避孕药/n	1	水墨画/n	1
旅行箱/n	1	电子学/n	1	史蒂夫/nr	1	寻开心/l	1	站住脚/l	1
保不住/d	1	李美香/nr	1	肉馅儿/n	1	拖后腿/l	1	个性化/v	1
爱德华/nr	1	制造商/n	1	李贞美/nr	1	姜元爽/nr	1	剖腹产/v	1
全美正/nr	1	油水儿/n	1	自习室/n	1	交白卷/l	1	礼习班/nz	1
莲花峰/n	1	上台面/l	1	墙头草/n	1	牵线线/l	1	牵红线/l	1
捞油水/l	1	一丝丝/m	1	没事儿/l	1	中交学/j	1	花节日/t	1
必用品/n	1	双打员/n	1	单打员/n	1	培训费/n	1	锦标赛/n	1
协同心/n	1	圆明园/ns	1	一样样/a	1	秋千戏/nz	1	孤残湖/ns	1

续表

凑份子/v	1	私底下/s	1	文化馆/n	1	名牌子/n	1	连锁店/n	1
公车站/n	1	纽约吧/ns	1	双截棍/n	1	秘书学/n	1	婚礼堂/n	1
中高生/n	1	中医大/j	1	送电影/n	1	太阳神/n	1	看喜欢/v	1
天地然/ns	1	天地然/nz	1	山师大/j	1	中医药/n	1	张艺谋/nr	1
府牙难/nr	1	日出峰/ns	1	二把刀/n	1	刘小磊/nr	1	秧歌队/n	1
全大勋/nr	1	漫游费/n	1	西家短/l	1	东家长/l	1	气头上/n	1
李小红/nr	1	匡芦路/ns	1	流行病/n	1	班车费/n	1	舒俊杰/nr	1
指挥部/n	1	营销商/n	1	贩卖器/n	1	协议书/n	1	餐巾纸/n	1
右下方/f	1	韩国学/ns	1	性价比/n	1	八公山/ns	1	母亲节/nt	1
有顾客/n	1	小龙女/nr	1	中心带/n	1	脚腕子/n	1	保证书/n	1
脚脖子/n	1	心痒痒/z	1	桃花源/ns	1	静静的/z	1	冷冷的/z	1
钻空子/l	1	狂欢节/t	1	李先敬/nr	1	鲁齐娅/nr	1	禁烟者/n	1
多民族/b	1	九一六/m	1	生活品/n	1	绿森森/z	1	步行者/n	1
慢慢儿/z	1	松柏树/j	1	这么些/r	1	足球迷/l	1	大连台/n	1
今儿个/t	1	啦啦队/n	1	不敢当/l	1	钵山里/ns	1	海望堀/ns	1
活动场/n	1	手指甲/n	1	苦不迭/i	1	德寿宫/ns	1	弥勒佛/n	1
英格兰/ns	1	回事儿/n	1	有钱包/n	1	呼啦啦/o	1	碧云天/ns	1
压迫感/n	1	轻音乐/n	1	十八号/t	1	引导者/n	1	强制性/b	1
村委会/nt	1	高脂血/nz	1	滴溜溜/z	1	无止境/b	1	毒品者/n	1
性关系/n	1	成功感/n	1	批评者/n	1	手头儿/n	1	事不足/l	1
有名度/n	1	广告商/n	1	广告费/n	1	修车店/n	1	翻译家/n	1
铁公鸡/n	1	玉米花/n	1	五千万/m	1	开始学/n	1	赶得上/v	1
工厂区/s	1	好吃点/nz	1	王小二/nr	1	骂是爱/v	1	怨不得/d	1
水料包/n	1	不一定/d	1	张广才/ns	1	完达山/n	1	倭肯河/n	1
松花江/n	1	牡丹江/n	1	生产率/n	1	节假日/n	1	武术家/n	1
飘悠悠/z	1	美发院/n	1	义兄妹/n	1	点点头/v	1	必修课/n	1
二十号/t	1	凉丝丝/z	1	食文化/n	1	诊疗费/n	1	时候学/n	1
黄晶晶/z	1	坏好处/n	1	始皇帝/nr	1	南北韩/ns	1	南北韩/nt	1
季准基/nr	1	锦江桥/ns	1	回家路/nz	1	西北部/f	1	变成黄/a	1
电视台/nt	1	李知婚/nr	1	南韩山/ns	1	睡美人/nr	1	顾眼前/l	1
橘红色/n	1	蓝晶晶/z	1	孔乙己/nz	1	克拉贝/nr	1	康乐室/ns	1
姜镐童/nr	1	昆明站/ns	1	铁饭碗/n	1	教练员/n	1	朴泰俊/nr	1
李英玉/nr	1	思维力/n	1	行动物/n	1	多条路/l	1	李昌号/nr	1

续表

徐广利/nr	1	敬老院/n	1	朴美英/nr	1	高利贷/n	1	南艺大/nt	1
武诗雅/nr	1	生存权/n	1	纺织业/n	1	别客气/l	1	建设者/n	1
时候侯/n	1	衣服费/n	1	香奈儿/nz	1	崔秀连/nr	1	日程表/n	1
销售者/n	1	预产期/n	1	不得劲/a	1	蓬乱头/n	1	脏脏的/z	1
干干的/z	1	卷卷的/z	1	全索罗/nr	1	俞智完/nr	1	方块字/n	1
黑眼珠/n	1	一样式/n	1	雪白色/n	1	好好的/z	1	一心态/n	1
农工业/j	1	高才生/n	1	得人心/a	1	中国史/n	1	中选择/v	1
江大桥/ns	1	非言语/b	1	薄薄的/z	1	过敏源/n	1	西医院/n	1
深深地/z	1	粘糊糊/z	1	建设部/nt	1	喷水池/n	1	鲍鱼粥/n	1
大熊猫/n	1	组委会/n	1	肥皂泡/n	1	斜拉桥/n	1	联谊会/n	1
左朝鲜/ns	1	黑灿灿/z	1	责任制/n	1	卢寿辰/nr	1	失聪者/n	1
运输费/n	1	各种样/l	1	榨汁机/n	1	质检员/n	1	仙人掌/n	1
煤气费/n	1	座谈会/n	1	俗话儿/n	1	贵重性/n	1	女儿都/d	1
灵敏度/n	1	求助员/n	1	直挺挺/z	1	正体性/n	1	手术刀/n	1
冷空气/n	1	外访团/n	1	体教室/n	1	香奈尔/nz	1	年产量/n	1
恐惧症/n	1	受难者/n	1	处理机/n	1	还不过/c	1	整容者/n	1
功攻击/v	1	不倒翁/n	1	在南京/nr	1	碰运气/l	1	水化物/n	1
尽孝心/l	1	判断力/n	1	经验者/n	1	服务性/n	1	受收到/v	1
药大学/nt	1	销售员/n	1	学科长/n	1	纪念照/n	1	郊校外/s	1
模范生/n	1	收藏品/n	1	人事处/n	1	赞助商/n	1	粘乎乎/z	1
棒棒糖/n	1	非健康/b	1	人文学/n	1	主人家/n	1	民籍法/n	1
营业部/n	1	留余地/l	1	门槛儿/n	1	高血脂/n	1	营业额/n	1
新鲜度/n	1	保质期/n	1	地质学/n	1	差别化/vn	1	爆冷门/l	1
吃独食/v	1	青年路/ns	1	康乃馨/n	1	韩文节/nz	1	寒食节/t	1
四五点/t	1	国家级/b	1	招远市/ns	1	谢谢你/l	1	青春痘/n	1
万愚节/nz	1	韩文节/nz	1	贸易科/n	1	游艺室/n	1	慈恩寺/ns	1
杨家界/ns	1	重九节/nz	1	百中节/nz	1	三寒食/t	1	东海市/ns	1
收视费/n	1	十三号/t	1	徐世龙/nr	1	新石器/n	1	十五分/t	1
莲华汤/ns	1	海藻汤/ns	1	千五百/m	1	九龙汤/ns	1	小白菜/n	1
生日卡/n	1	购买部/n	1	赴海路/ns	1	富海路/ns	1	营养学/n	1
标准间/n	1	南大街/ns	1	二等奖/n	1	田红欣/nr	1	九点半/t	1
喜羊羊/n	1	臭臭的/z	1	黑洞洞/z	1	黄山路/ns	1	长江路/ns	1
副食品/n	1	保险杠/n	1	具慧智/nr	1	红丹丹/z	1	东经塔/ns	1

续表

贬义词/n	1	防弹衣/n	1	五星级/b	1	生产品/n	1	公费生/n	1
银行员/n	1	肃智门/n	1	安某某/nr	1	生力军/n	1	黄婆脸/n	1
眼镜儿/n	1	玫瑰色/n	1	管岳山/ns	1	闹笑话/v	1	三鲜汤/n	1
毛巾被/n	1	体重机/n	1	实习员/n	1	饼干儿/n	1	统治者/n	1
李为新/nr	1	安定性/n	1	南京站/n	1	小摊儿/n	1	提个醒/l	1
宋康溢/nr	1	歌唱团/n	1	杨在素/nr	1	冰棍儿/n	1	养护室/n	1
张力建/nr	1	野里坡/ns	1	野三地/ns	1	基础课/n	1	管理部/n	1
诱惑性/n	1	护肤品/n	1	八角形/n	1	全北道/ns	1	双刃剑/n	1
生活区/s	1	洗碗机/n	1	十六日/t	1	农神祭/nz	1	龙神祭/nz	1
春川市/s	1	海蛎子/n	1	东风菜/nz	1	多岛海/nz	1	进修班/n	1
太阳山/ns	1	民俗学/n	1	默默地/z	1	关节炎/n	1	宴会场/n	1
何静春/nr	1	革命性/n	1	压力锅/n	1	合作社/n	1	鼠眼豆/nz	1
圆佛教/nt	1	数据居/n	1	营养员/n	1	盖浇饭/n	1	四神观/ns	1
完山州/ns	1	白鹿谭/n	1	经营费/n	1	青羊管/ns	1	小卖店/n	1
新闻社/n	1	天地湖/ns	1	九十八/m	1	出师表/nz	1	历史剧/n	1
糖醋鱼/n	1	绿茵茵/z	1	秦皇陵/ns	1	陶渊明/nr	1	明信片/n	1
服兵役/v	1	五大山/ns	1	腾龙洞/ns	1	爱莲说/nz	1	最好看/a	1
周敦颐/nr	1	美术品/n	1	南浦洞/ns	1	龙岩峡/ns	1	服装学/n	1
商业街/n	1	市北区/ns	1	偶像剧/n	1	缺点儿/n	1	中轴线/n	1
太清宫/ns	1	季风性/n	1	胶州湾/ns	1	龙井峡/ns	1	张信科/nr	1
开封府/ns	1	包青天/nr	1	芙蓉园/ns	1	自来卷/n	1	自个儿/r	1
编辑部/n	1	灰太狼/n	1	建筑群/n	1	自驾车/n	1	南工大/nt	1
近现代/t	1	高架桥/n	1	钱晓婷/nr	1	卖国贼/n	1	企业法/n	1
泡菜汤/n	1	冬奥会/j	1	发电站/n	1	全诚大/nr	1	治疗剂/n	1
打喷嚏/v	1	新罗国/ns	1	东西部/n	1	五十九/m	1	商品房/n	1
闹饥荒/v	1	无指性/b	1	出国部/n	1	三百万/m	1	终点站/n	1
大法院/nz	1	滑冰场/n	1	催眠曲/n	1	急救车/n	1	同鹤寺/ns	1
设施区/s	1	闹新房/v	1	岳父母/n	1	老花眼/n	1	石灰水/n	1
火山品/n	1	畜产物/n	1	理发厅/n	1	手机摊/n	1	水果摊/n	1
披萨饼/n	1	冰淇凌/n	1	乐天利/ns	1	八十五/m	1	下苦功/l	1
小数点/n	1	制片场/n	1	火车场/n	1	管理学/n	1	洱海湖/ns	1
导游员/n	1	邓丽君/nr	1	逗趣儿/v	1	张雅文/nr	1	胡从梅/nr	1
恐龙园/ns	1	太平湖/ns	1	松紧带/n	1	白皑皑/z	1	猛兽区/s	1

续表

紫菜卷/n	1	招风耳/n	1	脑门儿/n	1	烟台港/ns	1	离不开/v	1
歌剧院/ns	1	百分率/n	1	训练场/n	1	大体上/d	1	风味儿/n	1
手把手/l	1	魔法师/n	1	早上好/l	1	黄謥玎/nr	1	玉泉山/ns	1
颐知园/ns	1	刀面汤/n	1	摇篮歌/n	1	摇篮曲/n	1	文台场/ns	1
白净净/z	1	逗乐儿/v	1	压根儿/d	1	澄虚道/ns	1	韩叔芹/nr	1
够朋友/l	1	胆小鬼/n	1	成卷机/n	1	磨不开/v	1	衣料儿/n	1
双休日/n	1	服务台/n	1	温度表/n	1	社交场/n	1	将军肚/n	1
堪萨斯/ns	1	五点钟/t	1	福建省/ns	1	一点钟/t	1	高帽子/n	1
丹凤街/ns	1	白天鹅/n	1	李德伟/nr	1	珠江路/ns	1	琉璃厂/ns	1
福德房/ns	1	三十号/t	1	中山里/ns	1	氯化钠/n	1	本课科/n	1
胡先生/nr	1	三十日/t	1	一阵风/d	1	缪兴梅/nr	1	佛香阁/nz	1
林东近/nr	1	理发员/n	1	水彩画/n	1	灵阴寺/ns	1	较真儿/a	1
蒜头儿/n	1	化学家/n	1	长颈鹿/n	1	汗珠儿/n	1	体育官/n	1
红嘟嘟/z	1	志理山/ns	1	韩罗山/ns	1	秘书科/n	1	有问题/n	1
王同学/nr	1	洋槐花/n	1	十二五/m	1	元来元/nr	1	温桑柔/a	1
汉口路/ns	1	胡老师/nr	1	直筒子/n	1	田世成/nr	1	李班长/nr	1
朴班长/nr	1	明古寺/ns	1	成南市/ns	1	站务员/n	1	何程程/nr	1
太阳能/n	1	百八十/m	1	崔相国/nr	1	传达室/n	1	育幼院/n	1
看香居/nt	1	衣服摊/n	1	非卖品/n	1	衣服机/n	1	大人物/n	1
新仁宪/nr	1	虹红口/ns	1	文昌院/nz	1	德和院/nz	1	全聚德/nz	1
牛郎星/n	1	织女星/n	1	中山路/ns	1	草桥亭/ns	1	蔡文姬/nr	1
上虞县/ns	1	上浇油/l	1	夫登山/ns	1	二五日/t	1	上海滩/ns	1
王屋山/ns	1	死心眼/l	1	唐山市/ns	1	香薰浴/nz	1	收费站/n	1
核试验/n	1	友谊赛/n	1	一年生/b	1	合情理/l	1	雪人儿/n	1
朴选手/nr	1	九点钟/t	1	日本堡/ns	1	乌冬面/n	1	台球场/n	1
萨文河/ns	1	所罗门/nr	1	十分钟/t	1	血小板/n	1	胆固醇/n	1
民丹岛/ns	1	巴厘岛/ns	1	霎时间/n	1	丹风路/ns	1	看得上/v	1
女儿器/n	1	博览馆/n	1	砍焕价/v	1	一百二/m	1	拍照相/v	1
南山塔/n	1	扁平足/n	1	秦帝皇/nr	1	朴泰桓/nr	1	关键性/n	1
收货员/n	1	梦游症/n	1	朱自清/nr	1	王经理/nr	1	制海权/n	1
爱尔兰/ns	1	孙女儿/n	1	贤内助/l	1	从今年/t	1	招待会/n	1
无穷花/n	1	时间表/n	1	加湿器/n	1	有一天/l	1	干洗店/n	1
名片儿/n	1	凤尾船/n	1	窗帘儿/n	1	孔老师/nr	1	比目鱼/n	1

续表

酸味儿/n	1	虎皮兰/n	1	安重根/nr	1	羊毛衫/n	1	香港岛/ns	1
咖啡色/n	1	电热毯/n	1	木须肉/n	1	周期性/n	1	实定法/n	1
拘束性/n	1	合格证/n	1	失职者/n	1	阴森森/z	1	唱反调/v	1
林承太/nr	1	创造者/n	1	愉小琴/nr	1	电脑室/n	1	劣质品/n	1
科学者/n	1	爽肤水/n	1	张太太/nr	1	净化机/n	1	复杂化/v	1
大部分/n	1	彼一时/l	1	李先生/nr	1	主动权/n	1	托儿所/n	1
提升机/n	1	回音壁/n	1	下辈子/n	1	洗脸盆/n	1	李承受/nr	1
原子尘/n	1	利比亚/ns	1	古玩儿/n	1	融雪剂/n	1	许彩华/nr	1
行得通/v	1	李在先/nr	1	文具盒/n	1	营养剂/n	1	到了儿/d	1
架不住/v	1	色家园/nz	1	三国志/nt	1	芝罘区/s	1	包圆儿/v	1
白细胞/n	1	水管儿/n	1	红包节/n	1	好心人/n	1	主导者/n	1
消费量/n	1	龙景峡/ns	1	鸡肉卷/n	1	多层性/n	1	消费群/n	1
标准化/v	1	接近性/n	1	和服务/n	1	标志着/v	1	失学率/n	1
南京府/ns	1	医保费/n	1	送别会/n	1	手推车/n	1	废弃物/n	1
李总统/nr	1	以色列/ns	1	长方形/n	1	男人味/n	1	孙庆焕/nr	1
崔汉介/nr	1	黑龙江/ns	1	鸭舌帽/n	1	象征物/n	1	眼镜蛇/n	1
野山坡/ns	1	小白山/ns	1	三名岛/ns	1	建筑业/n	1	春香传/n	1
侵略期/n	1	降雨量/n	1	漫画家/n	1	说闲话/l	1	第一线/n	1
占有欲/n	1	真面目/n	1	飞轮海/nr	1	理事会/n	1	胖墩墩/z	1
集中力/n	1	倒影儿/n	1	稻草人/n	1	自杀率/n	1	仕老师/n	1
自愿者/n	1	抽象石/nz	1	凉飕飕/z	1	胡锦涛/nr	1	裁判员/n	1
薰衣草/n	1	每个人/n	1	正当年/v	1	会员证/n	1	亮光光/z	1
江泽民/nr	1	二把手/n	1	烹饪法/n	1	残疾证/n	1	会员卡/n	1
菜味儿/n	1	汽车费/n	1	右撇子/n	1	十三亿/m	1	人物石/nz	1
顺天湾/ns	1	救生圈/n	1	广告单/n	1	山水石/nz	1	白晃晃/z	1
诚实性/n	1	圆光班/nt	1	圆乎乎/z	1	葵花籽/n	1	张帼英/nr	1
独裁者/n	1	石中石/nz	1	染发油/n	1	大手笔/n	1	买卖人/n	1
美味香/ns	1	机关枪/n	1	联欢会/n	1	虎皮石/nz	1	大学路/n	1
晕乎乎/z	1	风景点/n	1	自然美/n	1	消防员/n	1	火山灰/n	1
时候儿/n	1	审美观/n	1	徐霞客/nr	1	热带鱼/n	1	雁荡山/ns	1
吃不上/v	1	抽象性/n	1	休宁县/ns	1	八喜队/n	1	欠债者/n	1
谣慌山/nr	1	李太白/nr	1	合格者/n	1	张先生/nr	1	李小山/nr	1
足球员/n	1	改行率/n	1	造型物/n	1	死读书/v	1	连翘花/n	1

续表

农民们/n	1	鬼地方/n	1	掩护所/n	1	整容术/n	1	洗手液/n	1
印刷品/n	1	遗传学/n	1	联合会/n	1	爱国者/n	1	腿肚子/n	1
亲人们/n	1	资助商/n	1	科学性/n	1	初代税/n	1	闵行区/ns	1
升仙坊/n	1	水逾洞/ns	1	汉城江/ns	1	灵住山/ns	1	冰雪节/n	1
竹筏子/n	1	王老板/nr	1	权威性/n	1	男人婆/n	1	高句丽/ns	1
自治区/n	1	大小便/n	1	奥委会/j	1	徐秀珍/nr	1	合伙儿/v	1
呜咽咽/z	1	浅绿色/n	1	白玉莲/n	1	侵略者/n	1	病虫害/n	1
赤裸裸/z	1	病毒性/n	1	看不见/v	1	跑步器/n	1	海味儿/n	1
成真庆/nr	1	潜水衣/n	1	加害者/n	1	输入法/n	1	脚印儿/n	1
非暴力/n	1	初恋者/n	1	优秀性/n	1	奶制品/n	1	手榴弹/n	1
西北边/f	1	不停蹄/i	1	被告人/n	1	海印寺/ns	1	保育器/n	1
三角山/ns	1	青瓦台/ns	1	过得去/v	1	解放军/n	1	后脑勺/n	1
乌龙茶/n	1	数不着/v	1	探测器/n	1	三八节/t	1	蓝湛湛/z	1
教学法/n	1	蓝莹莹/z	1	深刻性/n	1	遇险者/n	1	穷骨头/n	1
通行费/n	1	体育界/n	1	有功者/n	1	阿波罗/nr	1	聋哑症/n	1
传家宝/n	1	陈列品/n	1	无梁殿/ns	1	黄宣媚/nr	1	上林苑/ns	1
候机室/n	1	集合地/n	1	福利费/n	1	急性病/n	1	双面性/n	1
恳谈会/n	1	高级者/n	1	医疗室/n	1	希特勒/nr	1	鼓鼓的/z	1
质异山/ns	1	麻风病/n	1	销售量/n	1	葬礼场/n	1	李舜辰/nr	1
输出率/n	1	王小丫/nr	1	起义军/n	1	黑匣子/n	1	选手团/n	1
繁殖期/n	1	露宿者/n	1	过头儿/a	1	李东民/nr	1	电子费/n	1
第六感/n	1	危险期/n	1	领事馆/n	1	守护神/n	1	刘义太/nr	1
恶势力/n	1	考试场/n	1	朴柱焼/nr	1	季秀英/nr	1	检察官/n	1
三无岛/ns	1	坛基坛/n	1	说话者/n	1	下功夫/v	1	那家短/l	1
饥饿感/n	1	广告栏/n	1	毒害者/n	1	劳动厅/n	1	半齿音/n	1
半舌音/n	1	麻痹症/n	1	生育率/n	1	海水面/n	1	统率力/n	1
半决赛/n	1	热带性/n	1	寒带性/n	1	冷笑话/n	1	串门儿/n	1
生长期/t	1	交易所/n	1	葡萄汁/n	1	炕板石/n	1	逻辑性/n	1
青年期/n	1	修车工/n	1	始信峰/ns	1	映花堂/n	1	资格者/n	1
几十万/m	1	宙合楼/n	1	芙蓉池/ns	1	后花园/n	1	汉语界/n	1
昌德宫/n	1	绕圈子/v	1	玄武岩/n	1	与会者/n	1	常委会/j	1
李明捕/nr	1	爱字石/ns	1	自荐信/n	1	臭味儿/n	1	不安定/a	1
文学品/n	1	航空员/n	1	说明文/n	1	漫画片/n	1	一般性/n	1

续表

故意性/n	1	淘气包/n	1	翡翠谷/ns	1	通关局/n	1	西洋人/n	1
宇航员/n	1	指挥家/n	1	无线电/n	1	公息日/n	1	诞辰日/n	1
镇痛剂/n	1	总动员/v	1	刽子手/n	1	遇难者/n	1	献忠日/n	1
军火库/n	1	气体层/n	1	集中化/v	1	五角形/n	1	老爷们/n	1
娘儿们/n	1	咨询所/n	1	所在地/n	1	建昌宫/n	1	证券界/n	1
节度使/n	1	蒸发量/n	1	继承者/n	1	眼珠子/n	1	黑黢黢/a	1
血液病/n	1	妇女节/n	1	忠武公/nr	1	乾川洞/ns	1	音乐盒/n	1
捣蛋鬼/n	1	玻璃杯/n	1	存放箱/n	1	祝酒辞/n	1	送年会/n	1
放贷者/n	1	储物柜/n	1	一晃儿/v	1	文化史/n	1	反对派/n	1
西北方/f	1	瓶盖儿/n	1	债权人/n	1	债务人/n	1	好朋友/n	1
朴玉希/nr	1	研云云/nr	1	冷飕飕/a	1	校门口/s	1	地震波/n	1
南北极/n	1	地震机/n	1	所有者/n	1	污染方/n	1	恐怖感/n	1
五边形/n	1	南美洲/ns	1	硬邦邦/z	1	辽宁省/ns	1	全珉哲/nr	1
焉德才/nr	1	初中等/b	1	东北话/n	1	邹昭华/nr	1	绝望感/n	1
护理学/n	1	发明品/n	1	会员国/n	1	六边形/n	1	日出生/v	1
本命年/n	1	老伴儿/n	1	李兄弟/n	1	李和承/nr	1	发展史/n	1
足球界/n	1	清洁员/n	1	模仿性/n	1	不得食/l	1	保守层/n	1
犯罪率/n	1	六七十/m	1	出孝子/l	1	美美容/v	1	李明信/nr	1
下班儿/v	1	工作费/n	1	诺萨姆/nr	1	人权派/n	1	白带鱼/nz	1
纱帽岩/ns	1	白木莲/n	1	荣山江/ns	1	西南边/f	1	七八十/m	1
特别法/n	1	农活儿/n	1	摄氏度/q	1	便利性/n	1	白谐颂/nr	1
受气筒/n	1	采访者/n	1	新潮社/nz	1	初中级/m	1	周作人/nr	1
幻灯片/n	1	展览品/n	1	驱虫药/n	1	直辖市/n	1	最后边/n	1
寿境吾/nr	1	陈家赓/ns	1	太平军/n	1	青坡洞/ns	1	五百年/m	1
健全性/n	1	慢吞吞/z	1	龙山区/ns	1	王海仁/nr	1	王明天/nr	1
王东东/nr	1	妇女病/n	1	心电图/n	1	摩天台/ns	1	名星路/ns	1
毛绒绒/a	1	爱哭鬼/n	1	法西斯/n	1	暴力性/n	1	韩淑芹/nr	1
蔡先雅/nr	1	鸣沙山/ns	1	高明洁/nr	1	芳香剂/n	1	回民街/ns	1
传教士/n	1	艺术性/n	1	四喜饭/nz	1	脏兮兮/z	1	一般人/n	1
个体户/n	1	海滩儿/n	1	花博会/n	1	饱嗝儿/n	1	跳楼机/n	1
贱骨头/n	1	林正白/nr	1	四十几/m	1	教科文/j	1	无政府/b	1
集贸图/ns	1	台北市/ns	1	李大钊/nr	1	使劲儿/v	1	三角形/n	1
嘉峪关/ns	1	齐齐的/z	1	面试员/n	1	新文学/n	1	沈恩惠/nr	1

续表

权赫寿/nr	1	奠基者/n	1	文言体/n	1	平常人/n	1	贵宾席/n	1
永续性/n	1	体育会/n	1	江远道/ns	1	釜山市/ns	1	同龄人/n	1
哲学者/n	1	鲁仲连/nr	1	广域市/ns	1	家家儿/n	1	首尔市/ns	1
南北朝/n	1	李韩松/nr	1	建筑师/n	1	湖南省/ns	1	上庄村/n	1
积溪县/n	1	目的语/n	1	规划署/n	1	现阶段/t	1	固定化/n	1
黑死病/n	1	李路思/nr	1	沈珉柱/ns	1	鲜花儿/n	1	作品名/n	1
纸杯子/n	1	规律性/n	1	动画书/n	1	全京淑/nr	1	晚礼服/n	1
行李架/n	1	警卫室/n	1	动力学/n	1	止痛剂/n	1	钥匙扣/n	1
娱乐室/n	1	清菊酱/n	1	药方子/n	1	保险证/n	1	任天堂/n	1
校漂族/n	1	草食女/ns	1	草食男/ns	1	消化剂/n	1	红外线/n	1
孙晓丽/nr	1	水蒸气/n	1	辩证法/n	1	皱纹儿/n	1	张云霞/nr	1
练歌房/n	1	勤政殿/n	1	中石化/nz	1	中石油/nz	1	办事处/n	1
非生理/b	1	功能性/n	1	性功能/n	1	胃肠道/n	1	香香的/z	1
乐观者/n	1	高宗王/n	1	保证人/n	1	通知单/n	1	突突地/z	1
全身心/a	1	东南边/f	1	兵务局/n	1	到头儿/v	1	方向盘/n	1
景德王/n	1	救难船/n	1	黄仁基/nr	1	石窟庵/n	1	孙茂恒/nr	1
徐重原/nr	1	雪垩山/ns	1	圣歌队/n	1	访问者/n	1	乾始祭/v	1
独立国/n	1	投资者/n	1	夫乙那/nr	1	蝴蝶鱼/n	1	吸盘鲨/n	1
老一辈/n	1	情绪化/v	1	良乙那/nr	1	到头来/d	1	法律化/v	1
规范化/v	1	市场化/v	1	高乙那/ns	1	太阳光/n	1	御花园/n	1
充门面/l	1	钓鱼竿/n	1	坤宁殿/n	1	中和殿/n	1	陌生感/n	1
听不懂/ns	1	太和殿/n	1	神武门/n	1	休闲服/n	1	刘英丽/nr	1
小雁塔/ns	1	中西部/f	1	简言之/v	1	琐事儿/n	1	不失为/v	1
啃老族/n	1	落东江/n	1	结婚者/n	1	当事者/n	1	避难所/n	1
创业者/n	1	京德王/n	1	第二天/t	1	音乐性/n	1	对歌坛/n	1
主心骨/n	1	全国性/n	1	红彤彤/a	1	笑盈盈/z	1	知识点/n	1
慰安妇/n	1	江东门/ns	1	广播站/n	1	院务科/nt	1	高恩淑/nr	1
电影业/n	1	正宗性/n	1	宾馆剧/n	1	大东江/n	1	牛角尖/n	1
楷书体/n	1	玩笑话/n	1	仿制品/n	1	补贴费/n	1	非计划/b	1
生产者/n	1	生物课/n	1	领导力/n	1	朴赞浩/nr	1	生物体/n	1
怪怪的/z	1	报名费/n	1	一伙儿/n	1	后边儿/n	1	行政区/n	1
急救室/n	1	颁奖礼/n	1	拉家常/l	1	绝不会/d	1	狮子林/ns	1
导游册/n	1	妻管严/l	1	开垦业/n	1	五六十/m	1	中文版/n	1

续表

事务性/n	1	处理场/n	1	大白山/ns	1	撒哈拉/n	1	方块儿/n	1
喜悦感/n	1	看得见/v	1	休息地/n	1	三十六/m	1	高科技/n	1
李孝丽/nr	1	工业国/n	1	温度差/n	1	不及格/v	1	考试题/n	1
老人言/n	1	酷酷的/a	1	阔叶树/n	1	聚餐会/n	1	适龄期/n	1
说大话/v	1	代言人/n	1	豆满江/ns	1	有机肥/n	1	多会儿/r	1
长舌头/l	1	有机物/n	1	游击战/n	1	好事儿/n	1	撒撒娇/v	1
吸附性/n	1	大气候/l	1	张万年/nr	1	辅导费/n	1	矮半截/l	1
一摊子/m	1	骗人精/n	1	小算盘/n	1	尔景福/ns	1	假惺惺/a	1
绿帽子/l	1	交响曲/n	1	臭烘烘/z	1	庆功宴/n	1	矮墩墩/z	1
断肠草/n	1	对台戏/l	1	教务处/n	1	张柏芝/nr	1	共同体/n	1
篮球部/n	1	女人缘/l	1	苦头儿/n	1	下半生/n	1	八大馆/n	1
王明清/nr	1	练习题/n	1	北韩山/ns	1	头皮屑/n	1	绿生生/z	1
火红色/n	1	内装山/ns	1	研讨会/n	1	王英美/nr	1	王德隐/nr	1
七巧节/n	1	单卵性/b	1	乌鹊桥/n	1	咽喉癌/n	1	食道癌/n	1
消化道/n	1	艳阳天/n	1	单一化/v	1	好莱坞/ns	1	小饰品/n	1
大忙人/l	1	软乎乎/z	1	通风口/n	1	黑板擦/n	1	日光灯/n	1
天花板/n	1	四边形/n	1	呼吸法/n	1	一半儿/m	1	散散步/v	1
卫星机/n	1	国仙道/n	1	酸牛奶/n	1	右上角/f	1	土黄色/n	1
洗发精/n	1	莲蓬头/n	1	坐便器/n	1	柔韧度/n	1	右边儿/f	1
左边儿/f	1	北边儿/f	1	南门儿/n	1	课程表/n	1	聋哑人/n	1
洗衣房/n	1	拐棍子/k	1	受伤者/n	1	开裆裤/n	1	过渡期/n	1
哀悼日/n	1	撑不住/d	1	永久性/n	1	连续性/n	1	英语角/n	1
免税店/n	1	石灰岩/n	1	鞭炮声/n	1	主席台/n	1	生物链/n	1
钟鼓楼/ns	1	聊天室/n	1	犹太历/n	1	茂大厦/ns	1	见见面/v	1
才老师/nr	1	桔子花/n	1	旅游业/n	1	光化门/ns	1	济洲道/ns	1
空虚感/n	1	戒毒者/n	1	破坏性/n	1	有害性/n	1	三百亿/m	1
悲剧性/n	1	土谷祠/n	1	多方位/a	1	没劲儿/a	1	脑门子/n	1
主角儿/n	1	性行为/n	1	中转站/n	1	偷渡客/n	1	制造者/n	1
不外乎/v	1	原生态/n	1	内外型/n	1	韩联社/n	1	合法化/a	1
耍酒疯/l	1	反抗性/n	1	氧气量/n	1	需水量/n	1	无止尽/d	1
开发商/n	1	步行街/n	1	心血管/n	1	菇酱汤/nz	1	运动衣/n	1
多半儿/m	1	大头菜/n	1	皮肤炎/n	1	飞机餐/n	1	平行线/n	1
水产品/n	1	狗肉味/n	1	电冰箱/n	1	不挑剔/v	1	好不好/a	1

续表

年头儿/n	1	菜摊儿/n	1	一万三/m	1	珍贵性/n	1	火辣辣/a	1
全齐美/i	1	亲密感/n	1	哥儿们/n	1	小说家/n	1	骨感美/a	1
有情人/n	1	中山市/ns	1	长相儿/n	1	外祖母/n	1	涅利英/nr	1
雾蒙蒙/z	1	摔跟头/v	1	牛肉粉/n	1	意沟通/v	1	一阵儿/m	1
大腕儿/n	1	空架子/n	1	结发妻/n	1	相思病/n	1	老好人/l	1
贺老六/nr	1	疯婆子/n	1	办公楼/n	1	候车室/n	1	小市民/n	1
非道德/b	1	仙境源/ns	1	望天礁/ns	1	软软的/z	1	摄像机/n	1
耳垂儿/n	1	膀扇儿/n	1	一元化/v	1	大欢岭/ns	1	小虾汤/nz	1
翡翠色/n	1	牛岛峰/ns	1	城山浦/ns	1	成山浦/ns	1	沃佐地/ns	1
痛苦感/n	1	紫菜饭/nz	1	拌冷面/nz	1	胡蝇屎/n	1	开头儿/t	1
清洁济/n	1	李忠敬/nr	1	李受珍/nr	1	裴永男/nr	1	泰婷婷/nr	1
地铁费/n	1	大洋洲/ns	1	选手们/n	1	火炬手/n	1	电子钟/n	1
战斗力/n	1	王林林/nr	1	死伤者/n	1	司机们/n	1	轻轻地/z	1
婚姻者/n	1	辣味儿/n	1	犹豫予/a	1	无国界/b	1	科教书/n	1
留手机/n	1	四十万/m	1	不可不/d	1	四十三/m	1	溜冰鞋/n	1
旱冰鞋/n	1	关系学/n	1	一个时/t	1	脚底板/n	1	化妆台/n	1
发明者/n	1	现而今/t	1	拾包人/r	1	匿名者/n	1	定性化/v	1
服务费/n	1	请求书/n	1	电脑化/v	1	理工科/n	1	布告栏/n	1
电算学/n	1	整容业/n	1	睫毛炎/n	1	三神山/nz	1	企划社/n	1
自然观/n	1	朱家角/nt	1	排放量/n	1	污染物/n	1	学步车/n	1
工作日/n	1	唐三藏/nr	1	地震所/n	1	几维鸟/n	1	二十多/m	1
听不到/v	1	蛀书虫/n	1	夜猫子/n	1	超水平/b	1	总决赛/n	1
塌鼻子/n	1	统计学/n	1	开发者/n	1	秋老虎/n	1	长条桌/n	1
黄海道/ns	1	花木兰/n	1	使用量/n	1	鼻梁儿/n	1	生态界/n	1
福仁堂/ns	1	孔夫子/nr	1	慈善家/n	1	急慌慌/z	1	崔安娜/nr	1
石掘岩/ns	1	土王岩/ns	1	洗洁精/n	1	王文娟/nr	1	交换员/n	1
补助费/n	1	细分化/v	1	高级化/v	1	家乐福/nt	1	娱乐界/n	1
千百年/m	1	朱芽芹/nr	1	沙汉住/ns	1	就业者/n	1	朴修珍/nr	1
十八盘/ns	1	中关门/ns	1	关帝庙/ns	1	工商业/n	1	吴哥窟/ns	1
柬埔寨/ns	1	林清玄/nr	1	散文家/n	1	一阵子/d	1	不像话/l	1
姜茶敏/nr	1	装载机/n	1	张绍绍/nr	1	寒拉山/ns	1	危险性/n	1
安卡拉/ns	1	异国性/n	1	幼稚生/n	1	龙门洞/n	1	中央路/ns	1
宝洁岛/ns	1	大观园/ns	1	刘姥姥/nr	1	溜冰场/n	1	纪念物/n	1

续表

雪峰山/ns	1	手术台/n	1	曹美景/nr	1	西归浦/ns	1	闺秀房/nz	1
电线杆/n	1	过敏性/a	1	黄山市/ns	1	眼圈儿/n	1	合并症/n	1
刹那间/t	1	软磨儿/v	1	看不到/v	1	嗓子眼/n	1	活动性/n	1
李受炫/nr	1	生产国/n	1	华尔街/ns	1	百老汇/ns	1	说礼院/nz	1
大西洋/ns	1	喜事儿/n	1	茶香阁/nz	1	形怪状/a	1	鹅卵石/n	1
一个半/m	1	堂兄弟/n	1	广安里/ns	1	南一岛/ns	1	王太祖/nr	1
红豆沙/n	1	怎么了/r	1	一开始/m	1	慢腾腾/a	1	候客室/n	1
通信兵/n	1	悄悄话/n	1	棒棰岛/ns	1	崔鑫/nr	1	医科/n	1
王晨/nr	1	周伟/nr	1	于兵/nr	1	二胡/n	1	乐音/n	1
仁济/nz	1	南上/ns	1	面向/v	1	曹品/nr	1	李琴/nr	1
徐岗/nr	1	去向/n	1	汤洁/nr	1	旧书/n	1	徐伟/nr	1
大字/n	1	卒业/v	1	吴妍/nr	1	灵验/a	1	外围/n	1
横贯/v	1	师徒/n	1	杨过/nr	1	亲昵/a	1	富贵/n	1
高一/n	1	敢当/v	1	续续/v	1	车美/nr	1	王朋/nr	1
纠结/a	1	模糊/v	1	满天/a	1	无心/v	1	宏丽/nr	1
林相/nr	1	白雪/nr	1	松丽/nr	1	造句/n	1	亨度/nr	1
志民/nr	1	周成/nr	1	英珠/nr	1	不够/d	1	海边/j	1
打网/v	1	百花/n	1	承娥/nr	1	朝语/nz	1	厌倦/v	1
骄阳/n	1	银景/nr	1	炫镐/nr	1	闲散/a	1	圆圆/a	1
粗粗/z	1	午后/t	1	校内/n	1	提手/n	1	尹周/nr	1
坐子/n	1	黑暗/n	1	儿话/n	1	伙计/n	1	后话/n	1
东真/nr	1	美珠/nr	1	回身/v	1	得力/a	1	必得/d	1
孝顺/n	1	佳人/n	1	阿者/nr	1	本体/n	1	美男/n	1
采访/n	1	自从/d	1	二手/n	1	取得/d	1	骂声/n	1
如上/d	1	如上/v	1	恶性/n	1	龙仁/ns	1	依兰/ns	1
西府/ns	1	除仓/ns	1	宝鸡/ns	1	彩果/n	1	带着/v	1
捂住/v	1	植入/v	1	必需/a	1	丰足/a	1	侵入/v	1
有点/m	1	结为/v	1	失望/n	1	倒流/v	1	吵闹/a	1
发愣/v	1	平衡/n	1	担架/n	1	警车/n	1	大奖/n	1
玟静/nr	1	顺从/v	1	关爱/n	1	连用/p	1	嘴子/n	1
西丝/ns	1	始皇/nr	1	叛乱/v	1	把戏/n	1	改作/v	1
沮丧/v	1	地学/n	1	醉拳/nz	1	发放/v	1	江流/n	1
尊重/n	1	农庄/n	1	永久/a	1	永久/b	1	后生/n	1

续表

半生/m	1	独白/n	1	提琴/n	1	小佟/nr	1	信感/n	1
熊掌/n	1	站票/n	1	苦儿/n	1	余假/a	1	余假/n	1
立志/d	1	剩余/a	1	剩余/n	1	剩余/v	1	丹丹/nr	1
手中/s	1	大者/n	1	头衔/n	1	恩朱/nr	1	先前/d	1
先前/t	1	同样/q	1	努力/Vg	1	天伦/n	1	故意/a	1
故意/b	1	故意/v	1	甜品/n	1	大号/b	1	由此/c	1
孤独/n	1	升入/v	1	南外/j	1	南大/ns	1	南大/nz	1
广西/ns	1	湖北/ns	1	但是/d	1	但是/z	1	汉风/nz	1
洛阳/n	1	不容/d	1	如梭/l	1	健身/vn	1	清朗/a	1
称法/n	1	一样/q	1	采油/v	1	十分/m	1	十分/q	1
城外/s	1	折磨/n	1	呆呆/a	1	不禁/v	1	指望/n	1
浩劫/n	1	情格/n	1	坐席/n	1	付费/v	1	挫折/v	1
多么/a	1	珠斌/nr	1	专用/v	1	以外/l	1	腰包/n	1
水缸/n	1	后背/n	1	凡人/n	1	山神/n	1	传告/v	1
难点/n	1	兴奋/n	1	秒钟/n	1	天父/n	1	遗遗/a	1
缓缓/d	1	缓缓/z	1	首选/n	1	首选/v	1	随着/d	1
体性/n	1	眼看/v	1	前生/n	1	前生/t	1	倾心/v	1
彩霞/n	1	寄托/n	1	分钟/t	1	美喜/nr	1	贤淑/nr	1
孝珠/nr	1	欢呼/n	1	东完/nr	1	跳跃/v	1	旅览/v	1
晶婀/nr	1	子姬/nr	1	信爱/nr	1	还在/d	1	三英/nr	1
渴求/v	1	星星/nt	1	胡花/nr	1	宝玉/n	1	过人/v	1
时荣/nr	1	一会/d	1	一会/n	1	车钱/n	1	风波/n	1
圣媛/nr	1	二门/n	1	就任/v	1	荣荣/nr	1	韩林/nr	1
祯媛/nr	1	盛勋/nr	1	宰旭/nr	1	明日/t	1	陡然/d	1
圣烈/nr	1	预祝/v	1	龙植/nr	1	本来/c	1	美顺/nr	1
执教/v	1	泰沅/nr	1	贤爱/nr	1	银化/nr	1	凌晨/n	1
运命/n	1	油区/s	1	增加/d	1	喷水/v	1	百怪/i	1
脚尖/n	1	苦闷/n	1	山野/n	1	铜陵/ns	1	邻村/n	1
冻僵/v	1	滑板/n	1	白饭/n	1	润淑/nr	1	骨髓/n	1
新衣/n	1	春期/t	1	信守/v	1	出名/v	1	惟珍/nr	1
喜珍/nr	1	淑子/nr	1	顺子/nr	1	淫乱/a	1	淫乱/v	1
前人/n	1	鼓楼/n	1	编成/v	1	承喜/nr	1	六号/t	1
西风/n	1	朱棣/nr	1	明朝/t	1	楼台/n	1	橡子/n	1

续表

猜想/n	1	猜想/v	1	近郊/s	1	掺杂/v	1	炎炎/a	1
京娥/nr	1	家访/v	1	独唱/v	1	其次/d	1	紧接/v	1
来说/c	1	来说/u	1	小孙/nr	1	右边/s	1	题解/n	1
沟通/v	1	路边/f	1	何燕/nr	1	石块/n	1	皎洁/a	1
皎洁/z	1	双边/b	1	陈习/nr	1	王丁/nr	1	丽萍/nr	1
吴燕/nr	1	河冲/nr	1	丽娜/x	1	一颗/q	1	口译/v	1
门口/ns	1	名菜/n	1	以前/n	1	王乐/nr	1	猪头/n	1
录音/vn	1	挺立/v	1	仍然/c	1	妥协/n	1	宫廷/n	1
奉送/v	1	成年/n	1	食盐/n	1	日照/ns	1	邻接/v	1
保暖/a	1	袅袅/z	1	蒸汽/n	1	秤星/n	1	计量/v	1
电压/n	1	微型/b	1	甘甜/nr	1	甘甜/a	1	庶人/n	1
崛起/v	1	首先/a	1	首先/n	1	俊俊/nr	1	名将/n	1
颂扬/v	1	来历/n	1	玩味/v	1	假扮/v	1	回声/n	1
棒槌/n	1	留住/v	1	柳条/n	1	根底/n	1	怜恤/v	1
冬初/t	1	秋末/t	1	下面/n	1	天哪/l	1	佛家/n	1
罪过/n	1	扭头/v	1	草根/n	1	那么/d	1	冰花/n	1
德语/nz	1	内山/ns	1	小具/nr	1	关英/nr	1	黄楼/ns	1
糕汤/n	1	外长/n	1	腰子/n	1	振动/v	1	怀子/n	1
祭拜/v	1	纸片/n	1	银针/n	1	轿子/n	1	誓约/n	1
清朝/n	1	花冠/n	1	王族/n	1	并非/d	1	闹剧/n	1
佩带/v	1	一道/d	1	底色/n	1	咸淡/n	1	木耳/n	1
韩腊/ns	1	休养/n	1	闪亮/d	1	东北/ns	1	东北/s	1
特写/v	1	忧郁/vg	1	师大/nt	1	跃进/v	1	落后/v	1
焦黄/a	1	焦黄/z	1	备用/v	1	对岸/s	1	东巴/nz	1
识字/v	1	东亚/ns	1	征用/v	1	同时/t	1	当然/c	1
密集/v	1	长江/n	1	承蒙/v	1	迷数/ns	1	管保/v	1
想象/n	1	迂回/v	1	知人/n	1	余阳/nr	1	审计/v	1
一五/m	1	球子/n	1	录器/n	1	大笑/v	1	哈哈/y	1
佑真/nr	1	顾顾/v	1	赶路/v	1	三声/n	1	二声/n	1
珍珠/nr	1	保拉/nr	1	主家/n	1	圣诞/n	1	学教/nr	1
英泰/nr	1	佑珍/nr	1	时差/n	1	精镐/nr	1	高球/n	1
钟仁/nr	1	智荣/nr	1	瑰琪/x	1	沙丘/n	1	放晴/v	1
依然/z	1	上坟/v	1	棉被/n	1	舍儿/n	1	豆子/n	1

续表

那里/f	1	成焕/nr	1	俊渊/nr	1	古营/ns	1	交费/v	1
智善/nr	1	爱护/vn	1	白薯/n	1	山中/ns	1	河蚌/n	1
鱼糕/n	1	一八/m	1	北方/n	1	值得/a	1	教导/vn	1
大白/nr	1	古典/n	1	课间/n	1	课间/t	1	寿棺/n	1
寿衣/n	1	水瓶/n	1	简介/n	1	长篇/n	1	年轮/n	1
茅盾/nr	1	砰砰/o	1	感触/v	1	雪球/n	1	现象/v	1
京淑/nr	1	墓陵/n	1	贵妃/n	1	承旭/nr	1	左面/f	1
胃肠/n	1	球馆/n	1	喜庆/a	1	力史/n	1	感冒/vn	1
之淑/nr	1	瘦长/a	1	编制/n	1	风云/nz	1	亮光/n	1
融化/n	1	凡中/nr	1	德秀/nr	1	宛如/v	1	张东/nr	1
何等/d	1	打闹/v	1	放行/v	1	转转/v	1	后来/c	1
八度/n	1	息休/v	1	国节/t	1	秀英/nr	1	讲座/v	1
结下/v	1	期待/vn	1	实体/n	1	神学/n	1	羞耻/a	1
酝酿/v	1	早读/n	1	摇曳/v	1	加厚/v	1	反向/a	1
五谷/n	1	厚厚/a	1	香香/a	1	香香/z	1	稻浪/n	1
布衣/n	1	织女/nr	1	乐章/n	1	上下/n	1	甜瓜/n	1
合奏/v	1	芙蓉/n	1	藤子/n	1	回廊/n	1	屋檐/n	1
质朴/a	1	樟树/n	1	熊子/n	1	俊雨/nr	1	富饶/a	1
成群/v	1	耕种/v	1	满满/d	1	嘴里/s	1	彩缎/n	1
软和/a	1	胡乱/a	1	暑热/n	1	渲染/v	1	乖乖/a	1
乖乖/z	1	枝杈/n	1	朝阳/ns	1	朝阳/n	1	窗外/f	1
蓝蓝/a	1	亮亮/a	1	沿海/f	1	扑入/v	1	主导/n	1
东风/n	1	黄色/a	1	穿着/v	1	嗖嗖/z	1	画廊/n	1
朝气/n	1	荠菜/n	1	侧耳/d	1	风姿/n	1	朗润/a	1
春困/n	1	乌树/n	1	嫩绿/a	1	轻风/n	1	垂柳/n	1
狗熊/n	1	五彩/a	1	冬夜/n	1	各异/a	1	四海/n	1
观止/v	1	明代/n	1	明代/t	1	无不/d	1	峨眉/ns	1
花叶/n	1	雄姿/n	1	面纱/n	1	及天/l	1	舞动/v	1
精粹/a	1	黟县/ns	1	皖南/n	1	枯枝/n	1	后人/n	1
初冬/t	1	冰面/n	1	劲平/nr	1	大根/nr	1	摆动/v	1
拱桥/n	1	荫凉/a	1	出游/v	1	清早/t	1	悠然/z	1
兀立/v	1	生成/v	1	人迹/n	1	清洁/v	1	滚烫/a	1
滚烫/z	1	偌大/a	1	上冻/v	1	黄黄/a	1	惹眼/a	1

续表

命名/v	1	雄鸡/n	1	星光/n	1	新妇/n	1	乳汁/n	1
奶水/n	1	流向/n	1	梳子/n	1	下乡/v	1	上灯/v	1
上岛/ns	1	群群/z	1	凄冷/a	1	虹江/n	1	瓦片/n	1
上空/f	1	棉絮/n	1	浓黑/a	1	周代/n	1	险阻/n	1
滚圆/z	1	嗦嗦/z	1	升高/a	1	往日/t	1	饭团/n	1
落日/n	1	渔船/n	1	淋漓/z	1	浴场/ns	1	过瘾/v	1
冬日/n	1	船夫/n	1	悠悠/d	1	带子/n	1	背阳/a	1
赤脚/n	1	风雪/n	1	宁夏/ns	1	甘肃/ns	1	落日/n	1
渔船/n	1	淋漓/z	1	浴场/ns	1	总之/d	1	过瘾/v	1
冬日/n	1	船夫/n	1	悠悠/d	1	带子/n	1	背阳/a	1
背阳/v	1	赤脚/n	1	风雪/n	1	宁夏/ns	1	甘肃/ns	1
阵脚/n	1	羽翼/n	1	感应/n	1	积蓄/n	1	蜿蜒/a	1
弄得/v	1	传神/a	1	莱阳/ns	1	盛夏/n	1	椰雕/n	1
纷扬/a	1	海里/ns	1	潜水/n	1	渔网/n	1	渔夫/n	1
鲍鱼/n	1	避寒/n	1	国父/n	1	保有/v	1	流经/v	1
木版/n	1	流入/v	1	疼痛/n	1	合照/v	1	抽噎/v	1
姻缘/n	1	不配/a	1	不配/v	1	任意/b	1	肚脐/n	1
不凡/a	1	平房/n	1	惊诧/a	1	这样/d	1	这样/n	1
老套/a	1	真喜/nr	1	醒来/v	1	一夜/n	1	枝干/n	1
胸脯/n	1	脱光/v	1	事态/n	1	单恋/v	1	萧瑟/a	1
疮痂/n	1	丰年/n	1	瑞雪/n	1	汉文/nz	1	一派/b	1
靠后/v	1	前卫/n	1	偏差/n	1	交叉/v	1	竹片/n	1
奥秘/n	1	木匠/n	1	流过/v	1	新居/n	1	无比/a	1
疑心/v	1	透剔/a	1	送走/v	1	勾勾/v	1	黄莺/n	1
小白/nr	1	恬静/a	1	复印/v	1	寄养/v	1	余生/n	1
暗中/d	1	药草/n	1	不便/d	1	伤病/n	1	时空/n	1
猜忌/v	1	风土/n	1	明军/n	1	伤兵/n	1	北上/v	1
心醉/v	1	兴起/v	1	陷落/v	1	确保/v	1	使臣/n	1
枪械/n	1	侵略/n	1	吐出/v	1	刑法/n	1	刑官/n	1
谒见/v	1	漫天/a	1	内部/f	1	嘱托/n	1	嘱托/v	1
砚台/n	1	加鞭/i	1	刹那/n	1	刹那/t	1	立刻/v	1
几个/r	1	拜别/v	1	登基/v	1	命令/v	1	次序/n	1
中人/n	1	辽远/a	1	背叛/n	1	私人/b	1	盾牌/n	1

续表

发生/c	1	里面/s	1	交游/v	1	龛室/n	1	覆连/n	1
基坛/n	1	初期/n	1	船舶/n	1	接着/d	1	强风/n	1
风速/n	1	扩充/v	1	母音/n	1	应该/c	1	应该/r	1
喉音/n	1	齿音/n	1	唇音/n	1	舌音/n	1	牙音/n	1
全浊/n	1	次清/n	1	全清/n	1	字音/n	1	御制/n	1
相聚/v	1	壁炉/n	1	铺盖/v	1	合拢/v	1	这个/f	1
蔷薇/n	1	窄窄/z	1	左右/v	1	楼阁/n	1	一个/n	1
一个/r	1	雪崩/n	1	正房/n	1	彩石/n	1	跟踪/v	1
冬青/n	1	牙签/n	1	砂石/n	1	先代/n	1	耐劳/v	1
乞求/v	1	原因/c	1	电源/n	1	接通/v	1	枝叶/n	1
养料/n	1	海洋/nr	1	海洋/ns	1	荣耀/a	1	灌汤/n	1
宝地/n	1	改建/v	1	后梁/n	1	宣武/ns	1	唐代/n	1
汴梁/n	1	建都/v	1	朝代/n	1	独有/a	1	温带/n	1
北极/ns	1	撒手/v	1	炙热/a	1	磨灭/v	1	卸下/v	1
搭配/n	1	轻薄/a	1	激进/a	1	强健/a	1	踏雪/v	1
称颂/v	1	察看/v	1	新星/n	1	文坛/n	1	衣领/n	1
远方/n	1	远方/s	1	软软/a	1	睡熟/v	1	壮烈/a	1
天宫/n	1	风琴/n	1	红人/n	1	经常/b	1	土块/n	1
悲怆/a	1	墙角/n	1	闲人/n	1	磁场/n	1	张大/v	1
尺度/n	1	振幅/n	1	地表/n	1	厚重/a	1	滑动/v	1
表层/n	1	独舞/n	1	舞蹈/v	1	反动/a	1	地幔/n	1
站岗/v	1	世家/n	1	邪教/n	1	官吏/n	1	小队/n	1
三一/m	1	东炫/nr	1	瞻望/v	1	示威/n	1	相敏/nr	1
仰面/v	1	叔母/n	1	败北/v	1	以往/n	1	本国/n	1
挺直/v	1	瑞士/ns	1	海峡/n	1	娇气/a	1	沙特/ns	1
差劲/a	1	现代/nz	1	轰动/n	1	看守/v	1	藤椅/n	1
明知/v	1	划分/v	1	跨入/v	1	荷塘/n	1	绕过/v	1
忍心/a	1	五四/ns	1	揭示/v	1	看客/n	1	愚弱/a	1
纵使/c	1	行将/d	1	趴下/v	1	水师/n	1	上苍/n	1
深远/a	1	点滴/n	1	五经/n	1	困顿/a	1	本人/n	1
宪政/n	1	兴趣/v	1	求证/v	1	论证/v	1	国故/n	1
致密/a	1	发奋/v	1	下层/f	1	下层/n	1	谢谢/l	1
论争/v	1	俗字/n	1	对仗/v	1	套语/n	1	讲求/v	1

续表

刍议/v	1	从小/a	1	文体/n	1	卑下/a	1	孟哥/n	1
孔丘/nr	1	流派/n	1	史学/n	1	归国/v	1	周报/n	1
执笔/v	1	宣战/v	1	抗日/v	1	私塾/n	1	胡传/nr	1
官僚/n	1	中下/f	1	公家/n	1	忠臣/n	1	真岛/n	1
富态/a	1	夜盲/n	1	开交/v	1	破译/v	1	默契/n	1
龙龙/n	1	保镖/n	1	戏耍/v	1	锋利/a	1	彻悟/v	1
善熏/nr	1	随从/n	1	未婚/vn	1	冰河/n	1	航天/n	1
航天/v	1	打坐/v	1	分列/v	1	雄性/b	1	雄性/n	1
极性/n	1	渔民/n	1	犯罪/n	1	穿越/v	1	相映/v	1
山河/n	1	搁置/v	1	前期/t	1	雕花/n	1	门框/n	1
桌椅/n	1	英亩/n	1	天公/n	1	大成/nr	1	古墓/n	1
年间/n	1	道民/n	1	春祭/v	1	拥挤/n	1	满堂/n	1
管辖/v	1	分管/v	1	致敬/v	1	农耕/n	1	农具/n	1
豪无/v	1	再现/v	1	缩影/n	1	相待/v	1	处所/n	1
花边/n	1	花池/n	1	青铜/n	1	欲绝/v	1	哀痛/a	1
铁水/n	1	士人/n	1	不利/n	1	净土/n	1	极乐/v	1
佛国/n	1	浩繁/a	1	秦朝/n	1	世纪/q	1	登载/v	1
成套/a	1	举动/v	1	专集/n	1	枪杀/v	1	号召/v	1
序幕/n	1	睁开/v	1	无穷/a	1	玲珑/a	1	口径/n	1
跪下/v	1	污辱/v	1	枪声/n	1	白骨/n	1	纷飞/v	1
战火/n	1	阴冷/a	1	欢腾/v	1	斑白/n	1	大洋/n	1
天皇/n	1	雄健/a	1	六朝/n	1	楷书/n	1	磨耗/v	1
壮重/a	1	南进/v	1	北魏/n	1	黑赤/a	1	四角/n	1
出道/v	1	宝儿/n	1	粗略/d	1	距今/v	1	南宋/n	1
盘门/ns	1	潜在/a	1	击打/v	1	极大/a	1	碎屑/n	1
盐类/n	1	粒子/n	1	鸣笛/v	1	河川/n	1	游者/n	1
油轮/n	1	臭氧/n	1	尾部/n	1	沙眼/n	1	盐分/n	1
海流/n	1	移用/v	1	溶化/v	1	矿物/n	1	勘探/v	1
世界/ns	1	世界/k	1	虫害/n	1	荒芜/a	1	家禽/n	1
异物/n	1	适量/d	1	千亿/m	1	择菜/v	1	腐蚀/v	1
病菌/n	1	漂移/v	1	低空/n	1	逆温/n	1	凝结/v	1
菌核/n	1	随便/p	1	碳酸/n	1	煤油/n	1	修辞/n	1
饱满/a	1	答卷/n	1	选项/n	1	三大/n	1	二大/n	1

续表

一大/n	1	天壤/n	1	运算/v	1	克己/v	1	财宝/n	1
负面/a	1	基础/a	1	启发/n	1	捉住/v	1	每次/d	1
每次/t	1	惨叫/v	1	猎人/n	1	赞赏/v	1	罪孽/n	1
捏造/v	1	体验/n	1	感人/v	1	拼命/a	1	喜鹊/n	1
儿时/n	1	干吗/y	1	索取/v	1	转圈/v	1	影迷/n	1
暑假/d	1	武馆/n	1	移居/v	1	小龙/nr	1	忠诚/a	1
肃然/a	1	社区/s	1	海伦/nr	1	盲女/n	1	安安/nr	1
赶跑/v	1	好运/a	1	开旷/a	1	婚嫁/n	1	历练/v	1
苍天/n	1	冰冰/n	1	困扰/v	1	井山/ns	1	大喊/v	1
生计/n	1	应当/p	1	忧患/n	1	远虑/n	1	窗门/n	1
烧伤/v	1	思量/v	1	死水/n	1	昔日/n	1	冲动/n	1
顾及/v	1	永世/d	1	不甘/v	1	英明/a	1	依旧/d	1
死地/n	1	动脑/v	1	牢狱/n	1	缜密/a	1	兼得/v	1
自称/v	1	强夺/v	1	棋子/n	1	高额/n	1	材料/n	1
建康/n	1	偷渡/v	1	李民/nr	1	剃刀/n	1	福畐/x	1
批评/vn	1	儒学/n	1	乎乎/z	1	晕晕/z	1	贫乏/a	1
自足/v	1	排序/n	1	身本/n	1	一世/l	1	市里/f	1
淡然/a	1	贪心/n	1	显洙/nr	1	攀比/vn	1	总会/d	1
形影/n	1	同龄/a	1	同龄/n	1	几点/t	1	搭车/v	1
白嫩/a	1	阵子/q	1	棺木/n	1	肃静/a	1	祭坛/n	1
民权/n	1	眼眶/n	1	校区/n	1	浦口/ns	1	无边/z	1
相互/b	1	烟气/n	1	家训/n	1	民宅/n	1	横闯/v	1
换班/v	1	转车/v	1	常用/v	1	王冠/n	1	刻石/n	1
低档/b	1	低档/n	1	劳作/n	1	劳作/v	1	街区/n	1
扭扭/z	1	似地/u	1	毛布/n	1	一流/b	1	麦面/n	1
相邻/v	1	蜂拥/v	1	运台/ns	1	平洞/n	1	西区/ns	1
都是/d	1	所有/c	1	原道/n	1	洗浴/v	1	热播/v	1
乡土/n	1	佳境/n	1	土产/n	1	直观/a	1	城邑/n	1
虽然/p	1	采摘/v	1	沉寂/a	1	四溢/v	1	先民/g	1
远古/n	1	民谣/n	1	下榻/v	1	乡校/n	1	以东/f	1
韩屋/ns	1	义乌/ns	1	祖传/a	1	成片/a	1	真象/n	1
陈述/n	1	陈述/v	1	缅怀/v	1	紫铜/n	1	坐像/n	1
石刻/n	1	暗喻/v	1	拱门/n	1	繁茂/a	1	写照/n	1

续表

手迹/n	1	长眠/v	1	沙石/n	1	休眠/v	1	极点/n	1
中听/a	1	介于/p	1	说唱/v	1	担当/n	1	大餐/n	1
递增/v	1	结晶/n	1	进化/v	1	牵手/v	1	同党/n	1
冷冷/z	1	齐肩/a	1	目送/v	1	硝烟/n	1	日夜/t	1
泡影/n	1	侮辱/v	1	烟价/n	1	幸运/n	1	馅饼/n	1
投胎/v	1	清贫/a	1	低俗/a	1	孩了/n	1	精光/z	1
只能/c	1	指明/v	1	明灯/n	1	诬陷/v	1	女鬼/n	1
医女/n	1	运作/v	1	郎郎/nr	1	野性/n	1	革命/n	1
入土/v	1	私宅/n	1	平白/a	1	残忍/n	1	相知/n	1
体面/n	1	报盘/n	1	妥善/a	1	写写/v	1	治沙/v	1
稳步/d	1	装运/n	1	查收/v	1	南亚/n	1	喀什/ns	1
一级/b	1	固执/n	1	前世/n	1	前世/t	1	流言/n	1
上楼/v	1	小船/n	1	校队/n	1	初中/j	1	世间/f	1
佛身/n	1	祖师/n	1	隋唐/n	1	工期/n	1	瞳孔/n	1
需要/u	1	九三/m	1	风霜/n	1	大麻/n	1	重要/n	1
扶贫/v	1	能否/d	1	遍及/v	1	告知/v	1	及早/d	1
李珠/nr	1	不在/v	1	八万/m	1	反感/n	1	南英/nr	1
愧疚/v	1	同上/f	1	道馆/n	1	购物/vg	1	驾照/n	1
门将/n	1	自由/v	1	送货/v	1	二日/t	1	以候/t	1
第二/c	1	第二/n	1	长城/nz	1	淑姬/nr	1	草场/n	1
后天/n	1	进座/n	1	前站/n	1	助手/n	1	江宁/ns	1
然后/t	1	第一/c	1	地气/n	1	地暖/n	1	次年/t	1
提案/n	1	身处/v	1	近海/n	1	药酒/n	1	孩子/r	1
王岩/nr	1	四平/ns	1	季丽/nr	1	张丹/nr	1	张倩/nr	1
老子/n	1	道家/nz	1	小叶/nr	1	从前/d	1	转业/n	1
邮电/nt	1	财经/nt	1	工大/nt	1	林大/nt	1	酸菜/n	1
地下/f	1	英妃/nr	1	奶茶/n	1	鸭血/n	1	花束/n	1
工学/n	1	松伊/nr	1	专修/v	1	池洙/nr	1	营销/v	1
敬珍/nr	1	白石/ns	1	英州/ns	1	冈商/n	1	奢求/v	1
年轻/r	1	目前/n	1	高头/n	1	赶来/v	1	西站/n	1
失神/v	1	有人/l	1	有人/n	1	优越/n	1	失败/a	1
健在/v	1	身旁/f	1	身旁/s	1	正仁/nr	1	这篇/q	1
打平/v	1	决胜/v	1	得逞/v	1	宋永/nr	1	王璐/nr	1

续表

安成/ns	1	强雄/nr	1	课题/n	1	讨论/n	1	暴政/n	1
嬴政/nr	1	苦寒/a	1	白水/n	1	惠林/nr	1	视频/v	1
生情/g	1	腿部/n	1	向前/f	1	当晚/t	1	窗边/s	1
学姐/n	1	师兄/n	1	卡森/nr	1	琇熙/nr	1	成恩/nr	1
春梅/nr	1	敬老/v	1	所需/d	1	遮盖/v	1	红脸/l	1
面壁/v	1	暗算/n	1	暗算/v	1	阴谋/n	1	挑花/n	1
触电/v	1	机厂/n	1	颐养/v	1	无耻/a	1	找碴/v	1
路段/n	1	行进/v	1	难受/v	1	羊群/n	1	几经/v	1
剧组/n	1	遭殃/v	1	空巢/n	1	兴旺/a	1	进步/vn	1
血栓/n	1	成名/v	1	武艺/n	1	作曲/n	1	逆子/n	1
级别/n	1	绝交/v	1	女星/n	1	随身/a	1	歹徒/n	1
窘境/n	1	省事/v	1	繁盛/a	1	打枪/v	1	威迫/v	1
一般/c	1	贸易/vn	1	情义/n	1	英镑/q	1	解释/n	1
真巧/d	1	爱惜/n	1	罗斯/nr	1	神童/n	1	安抚/v	1
适用/v	1	通晓/v	1	洛赫/ns	1	哈勒/ns	1	回报/n	1
长沙/n	1	工作/a	1	工作/l	1	工作/m	1	汪娜/nr	1
鬓角/n	1	红帽/n	1	快递/n	1	快递/v	1	脑门/n	1
名著/n	1	晋江/n	1	晋级/n	1	晋级/v	1	跳绳/n	1
南门/ns	1	硬件/n	1	查验/v	1	表格/n	1	刺客/n	1
铁丝/n	1	油漆/n	1	淡紫/a	1	外伤/n	1	内伤/n	1
筒袜/n	1	时尚/a	1	跌跤/v	1	折秤/v	1	命案/n	1
小册/nr	1	心算/v	1	发套/n	1	终年/d	1	终年/n	1
侦查/v	1	交税/v	1	不断/v	1	跌跤/v	1	生水/n	1
烧火/v	1	盗版/n	1	盗版/v	1	预算/v	1	记帐/v	1
酒宴/n	1	谋杀/v	1	间或/d	1	拂晓/t	1	洗器/n	1
概要/n	1	指缝/n	1	深绿/a	1	瓜石/n	1	醉人/a	1
好闻/a	1	晴和/a	1	广度/n	1	切面/n	1	美真/nr	1
海兰/nr	1	惧怕/v	1	中等/a	1	城山/ns	1	时针/n	1
半空/s	1	禁受/v	1	透射/v	1	缝隙/n	1	云层/n	1
天光/n	1	溪水/n	1	海蚀/n	1	家居/n	1	全班/n	1
高二/t	1	佛山/ns	1	年底/n	1	冰凉/a	1	高峻/a	1
韩元/n	1	下方/f	1	散落/v	1	木林/n	1	扁柏/n	1
搭讪/v	1	而后/d	1	岛国/n	1	絮叨/v	1	鹅毛/n	1

续表

情均/nr	1	石岛/ns	1	石岛/n	1	蒙蒙/z	1	京修/nz	1
历时/v	1	小苏/nr	1	供奉/v	1	扁舟/n	1	敬畏/v	1
九寨/ns	1	冰冷/a	1	砂锅/n	1	春城/ns	1	春城/nz	1
钉锤/n	1	橡胶/n	1	真姬/nr	1	飞吻/v	1	群舞/n	1
宏壮/a	1	潜泳/v	1	划艇/n	1	鲁大/j	1	认生/a	1
挪移/v	1	吊车/n	1	尖叫/v	1	进军/v	1	黑脸/n	1
绽出/v	1	曝晒/v	1	怀里/f	1	名城/n	1	归于/v	1
短剧/n	1	总编/n	1	刷卡/v	1	到任/v	1	七九/m	1
糟心/a	1	岩浆/n	1	球员/n	1	合算/v	1	把门/v	1
欠款/v	1	过后/n	1	思绪/n	1	尸身/n	1	婉拒/v	1
长椅/n	1	复读/v	1	轻重/n	1	唐山/ns	1	改观/v	1
藏奸/v	1	吩咐/v	1	更正/v	1	却步/v	1	音调/n	1
洋货/n	1	宵夜/n	1	至真/nr	1	埋怨/n	1	风物/n	1
呻吟/n	1	姨表/n	1	爆满/v	1	通俗/a	1	写法/n	1
皮儿/n	1	耻辱/n	1	巍峨/a	1	巍峨/z	1	怒火/n	1
华发/n	1	狂笑/v	1	可观/a	1	虚头/n	1	名士/n	1
告示/n	1	原稿/n	1	深情/a	1	留言/v	1	远隔/v	1
怦怦/x	1	遗书/n	1	刑警/n	1	闯入/v	1	灵药/n	1
简略/a	1	歧视/n	1	遗忘/v	1	风雅/a	1	食指/n	1
透惑/v	1	生生/z	1	正爱/nr	1	想念/n	1	报答/n	1
莽撞/a	1	挪步/v	1	对等/b	1	颓然/a	1	许久/d	1
色调/n	1	艳丽/a	1	童真/a	1	练就/v	1	身为/v	1
聪颖/a	1	科研/v	1	脱期/v	1	排版/v	1	削弱/v	1
影坛/n	1	赌片/n	1	机敏/a	1	反照/v	1	迹象/n	1
嘣噔/v	1	复天/n	1	企图/n	1	世莲/nr	1	少量/b	1
少量/m	1	亮丽/a	1	街市/n	1	有的/u	1	围裙/n	1
落水/v	1	美色/n	1	即刻/d	1	私企/n	1	一并/d	1
连读/v	1	衔接/v	1	二时/t	1	谈起/v	1	移动/vn	1
西北/s	1	辈子/k	1	万一/d	1	斗山/nt	1	斗山/n	1
斗争/vn	1	五十/t	1	秀云/n	1	高高/a	1	高高/d	1
不仅/d	1	忽略/d	1	取决/n	1	战国/t	1	换成/v	1
惟一/d	1	惟一/m	1	火葬/n	1	赋予/ns	1	赋予/v	1
倒车/v	1	用功/v	1	三星/nr	1	三星/ns	1	三星/nt	1

续表

鬼点/n	1	复合/vn	1	全面/n	1	花节/t	1	尤茨/nz	1
养母/n	1	环境/ng	1	高级/n	1	高香/n	1	墙头/n	1
下属/n	1	末期/f	1	瞌睡/v	1	家里/ns	1	旗号/l	1
虎眼/n	1	安山/nr	1	架势/n	1	头条/n	1	铜牌/n	1
吐诉/v	1	片儿/k	1	片儿/n	1	头筹/n	1	进程/n	1
多样/n	1	懊丧/a	1	书面/n	1	点钟/n	1	初雪/n	1
保准/d	1	图书/n	1	服务/vn	1	失主/r	1	核对/v	1
过问/v	1	爱国/v	1	不过/t	1	哭丧/a	1	但愿/v	1
讲理/a	1	竭力/d	1	治疗/vn	1	治疗/n	1	开衫/n	1
出外/v	1	单一/b	1	水区/s	1	泥滩/n	1	刘京/nr	1
徐英/nr	1	取名/v	1	沙尘/n	1	运行/vn	1	九健/nr	1
吠叫/v	1	互动/v	1	表里/n	1	体表/n	1	偿还/v	1
方差/n	1	云天/n	1	密度/n	1	脱身/v	1	裁缝/n	1
指向/v	1	仇恨/n	1	仇恨/v	1	不公/a	1	富国/ns	1
先是/c	1	先是/d	1	礼服/n	1	不止/d	1	皮蛋/n	1
农产/n	1	制炼/v	1	剑眉/n	1	抗病/b	1	抗病/v	1
定量/b	1	统统/d	1	贸然/d	1	牵强/a	1	倾泻/v	1
害人/v	1	刻薄/a	1	尖酸/a	1	精兵/n	1	棘手/a	1
石松/n	1	艄公/n	1	画境/n	1	抽身/v	1	实践/vn	1
泥和/ns	1	秀彬/nr	1	很少/m	1	放风/v	1	插花/v	1
收视/v	1	巨石/n	1	定员/n	1	白云/nz	1	偏好/v	1
光鲜/a	1	归宿/n	1	拔河/v	1	匿名/n	1	书名/n	1
不再/d	1	富豪/n	1	独奏/v	1	伴奏/n	1	伴奏/v	1
遮掩/v	1	琴键/n	1	储备/v	1	捣鼓/v	1	宣泄/v	1
磅秤/n	1	暴食/v	1	暴饮/v	1	旺市/n	1	欧美/ns	1
角锥/ns	1	露底/v	1	秀泳/nr	1	边儿/f	1	惶惶/x	1
轰轰/z	1	教课/v	1	麦子/n	1	开户/v	1	一一/m	1
游泳/vn	1	住户/n	1	憋闷/a	1	盲从/v	1	淫荡/a	1
虚拟/v	1	升水/nr	1	紧绷/v	1	陶艺/n	1	声儿/q	1
定价/v	1	淋湿/v	1	开窍/v	1	收场/v	1	歉收/v	1
阴郁/a	1	无可/d	1	小憩/v	1	窗口/s	1	溃疡/v	1
熟知/v	1	一头/q	1	喜好/n	1	喜好/v	1	知性/a	1
红酒/n	1	评分/v	1	出汗/v	1	龙茨/nz	1	雨季/t	1

续表

泡妞/v	1	贪嘴/a	1	山根/n	1	中点/n	1	人均/b	1
人均/n	1	集会/v	1	八成/m	1	聘请/v	1	统一/vn	1
统一/b	1	录像/n	1	判罚/v	1	闭路/b	1	种姓/n	1
腿子/n	1	女式/n	1	立夏/t	1	水利/b	1	英国/n	1
多般/a	1	初步/b	1	律法/n	1	抉择/n	1	说辞/n	1
讪笑/v	1	拿走/v	1	实心/b	1	寻呼/n	1	松溪/nr	1
恳请/v	1	切实/a	1	娟娥/nr	1	全体/d	1	校对/v	1
墙上/n	1	未曾/d	1	争相/d	1	佳音/n	1	恭候/v	1
火爆/a	1	献花/v	1	小明/nt	1	风是/nr	1	油桃/n	1
感激/a	1	原件/n	1	贫困/n	1	上好/a	1	收支/n	1
过硬/a	1	耐用/a	1	补给/v	1	换钱/v	1	小葱/n	1
售价/n	1	私房/n	1	坚挺/a	1	欧元/n	1	净洁/a	1
上座/n	1	上座/v	1	入席/v	1	掏钱/v	1	百色/ns	1
磨蹭/a	1	来劲/a	1	突击/v	1	喔哟/e	1	喔哟/o	1
美的/nz	1	促销/n	1	场次/n	1	山色/n	1	夺目/v	1
开战/v	1	发音/m	1	少时/t	1	象棋/n	1	胸围/n	1
联谊/v	1	钳子/n	1	军用/b	1	气压/n	1	捐弃/v	1
甲级/b	1	怨气/n	1	条目/n	1	伴伴/nr	1	动笔/v	1
立意/v	1	托子/n	1	自问/p	1	顽童/n	1	电眼/n	1
短缺/v	1	新式/b	1	残次/b	1	长途/a	1	回程/n	1
中奖/n	1	西南/s	1	特意/v	1	途径/v	1	化越/d	1
安家/nr	1	习习/a	1	过场/n	1	毽子/n	1	酒酿/n	1
野菜/n	1	失聪/v	1	吸食/v	1	朝鲜/nz	1	短浅/a	1
臣子/n	1	迈步/v	1	新罗/t	1	挫伤/n	1	正初/t	1
岁首/t	1	烧烤/n	1	首页/n	1	余热/n	1	老龄/a	1
艺员/n	1	咻咻/o	1	大年/n	1	急病/n	1	应急/v	1
啊呀/y	1	嘉禅/nz	1	黑亮/a	1	家小/n	1	海儿/n	1
以后/d	1	除去/p	1	话费/n	1	过时/v	1	断言/v	1
国画/n	1	合租/v	1	目地/n	1	点菜/v	1	新疆/nr	1
新疆/ns	1	到会/v	1	祭祖/v	1	花图/n	1	纸牌/n	1
热茶/n	1	小辈/n	1	智原/nr	1	檀君/nr	1	小珍/nr	1
很好/a	1	忧伤/a	1	有心/v	1	门儿/q	1	捕获/v	1
上等/a	1	城阳/ns	1	球门/n	1	分区/n	1	陷于/v	1

续表

议案/n	1	脚踝/n	1	切成/v	1	同路/v	1	服输/v	1
花斗/nz	1	开机/v	1	茫茫/b	1	甜食/n	1	凉席/n	1
蛀齿/v	1	复兴/v	1	辖区/n	1	主教/n	1	流转/v	1
检讨/v	1	不合/a	1	日光/n	1	打理/v	1	磋商/v	1
众多/a	1	推断/v	1	老人/a	1	风景/ns	1	短蛸/n	1
蟾蜍/n	1	长孙/n	1	海蜇/n	1	高丽/nz	1	演进/v	1
起源/v	1	便器/n	1	旧正/nz	1	初一/m	1	片刻/m	1
嗵嗵/o	1	学校/ng	1	学校/v	1	犹新/i	1	色泽/n	1
沿用/v	1	韩式/ns	1	韩式/n	1	宝藏/n	1	谋求/v	1
依恋/v	1	博物/n	1	让座/n	1	长进/v	1	宋林/nr	1
洗衣/v	1	钟根/nr	1	理理/v	1	河里/s	1	战功/n	1
技工/n	1	剪剪/z	1	逛逛/z	1	土路/n	1	华安/ns	1
正点/d	1	正点/n	1	可身/a	1	糕饼/n	1	下头/f	1
兜兜/n	1	庆南/ns	1	祝福/vn	1	气血/n	1	风寒/n	1
转化/v	1	周转/v	1	阳春/n	1	匡庄/ns	1	福岛/ns	1
海货/n	1	简朴/a	1	一面/m	1	出去/c	1	种菜/v	1
菜地/n	1	捣蛋/a	1	园子/n	1	小陈/nr	1	海尔/nz	1
了了/y	1	害羞/v	1	接济/v	1	说和/v	1	公里/n	1
一起/m	1	一起/q	1	京根/nr	1	王庙/ns	1	外面/s	1
销量/n	1	淡绿/nr	1	淡绿/a	1	影像/p	1	影像/v	1
沧桑/n	1	意象/n	1	文句/n	1	石板/n	1	铺砌/v	1
对视/v	1	开明/a	1	有限/b	1	太百/ns	1	森严/a	1
祭天/v	1	而外/u	1	城楼/n	1	瓮城/ns	1	前门/ns	1
东国/ns	1	到校/v	1	佳朗/nr	1	群臣/n	1	宝座/n	1
头绪/n	1	靠谱/v	1	国都/n	1	物流/n	1	绿意/n	1
麦田/n	1	约定/vn	1	有余/l	1	满街/n	1	花都/n	1
新生/b	1	描述/n	1	磨合/v	1	重建/v	1	意趣/n	1
负责/a	1	预料/n	1	药膏/n	1	交友/vg	1	包票/n	1
浪荡/a	1	探访/v	1	珍品/n	1	药费/n	1	街上/n	1
虚心/i	1	自省/v	1	势态/n	1	胡吹/v	1	紊乱/a	1
总是/v	1	拘留/v	1	宝贵/nr	1	宝贵/n	1	反应/vn	1
防盗/v	1	沉默/v	1	生动/v	1	舒缓/v	1	悲惨/n	1
悲剧/a	1	进展/vn	1	尴尬/v	1	病理/n	1	停放/v	1

续表

清廉/a	1	丧气/r	1	大江/nr	1	养殖/v	1	成民/ns	1
小山/nr	1	阿伦/nr	1	张书/nr	1	王义/nr	1	啊珠/nr	1
劳资/n	1	若澳/nr	1	大伟/nr	1	接替/v	1	王宁/nr	1
格卓/nr	1	吕研/nr	1	明冬/nr	1	阿雨/nr	1	吕岩/nr	1
高东/nr	1	皮特/nr	1	刘康/nr	1	搬弄/v	1	高田/nr	1
短袖/n	1	收敛/v	1	文娱/n	1	担待/v	1	言重/v	1
老师/a	1	低廉/a	1	着落/n	1	优胜/n	1	大将/n	1
西蒙/nr	1	刀刃/n	1	二千/m	1	顶撞/v	1	顺着/v	1
连绵/z	1	险些/d	1	王勋/nr	1	介入/v	1	李文/nr	1
卢雨/nr	1	晚秋/t	1	方艾/nr	1	宽限/v	1	周宁/nr	1
达人/n	1	作证/v	1	开往/v	1	野党/nt	1	与党/nt	1
分期/v	1	骂名/n	1	连累/v	1	风衣/n	1	李贫/nr	1
劣势/n	1	周文/nr	1	异国/b	1	阿杰/nr	1	同窗/n	1
朴四/nr	1	先决/b	1	输血/v	1	及至/p	1	兰玉/nr	1
李顺/nr	1	懈气/v	1	栈道/n	1	架设/v	1	朴强/nr	1
力作/n	1	季顺/nr	1	白羊/n	1	布料/n	1	义卖/v	1
吃香/v	1	奶妈/n	1	要得/a	1	征候/n	1	森水/nr	1
文档/n	1	丘兰/nr	1	那乡/ns	1	玩伴/n	1	伴旅/n	1
大牛/nr	1	如实/d	1	传销/v	1	劳尔/nr	1	大妈/nr	1
纠葛/n	1	增长/n	1	囤积/v	1	期间/r	1	谋取/v	1
治丧/v	1	病假/n	1	名品/n	1	专卖/v	1	裤腰/n	1
理儿/n	1	合心/a	1	眼目/n	1	关税/n	1	百济/nz	1
抵赖/v	1	添堵/v	1	桃园/ns	1	桃园/n	1	悲哀/n	1
三国/nz	1	锦宙/nr	1	锦宙/x	1	地区/ns	1	蓬乱/a	1
秋收/v	1	结果/v	1	薄的/z	1	香树/n	1	推理/v	1
浓的/z	1	养护/v	1	远行/v	1	春寒/n	1	发痒/v	1
替代/v	1	收割/v	1	红海/ns	1	异同/n	1	反腐/v	1
凉风/n	1	轻柔/a	1	沙沙/o	1	怀想/v	1	胜熙/nr	1
赈济/v	1	决裂/v	1	征得/v	1	租赁/v	1	诱惑/vn	1
逗弄/v	1	纵容/v	1	鸣啼/v	1	考勤/n	1	不和/a	1
不和/v	1	足印/n	1	茶儿/n	1	门户/n	1	开火/v	1
亲和/a	1	抬掇/v	1	门前/s	1	碧海/nz	1	啡咖/n	1
康溢/nr	1	青春/a	1	心焦/a	1	蕴含/v	1	怀念/n	1

续表

拥护/v	1	树冠/n	1	放荡/a	1	薄薄/a	1	亚运/n	1
热心/n	1	太祖/nr	1	工种/n	1	供品/n	1	立时/d	1
诗经/nz	1	诗经/n	1	评奖/v	1	服罪/v	1	扩建/v	1
在位/v	1	世钟/nr	1	筹备/v	1	继位/v	1	外露/v	1
手镯/n	1	泡吧/v	1	大麦/n	1	失手/v	1	睡意/n	1
药力/n	1	渣滓/n	1	免职/v	1	低迷/a	1	商界/n	1
转而/c	1	字条/n	1	合口/a	1	合口/v	1	塞车/n	1
巨额/b	1	厨具/n	1	应酬/vn	1	成衣/n	1	日式/b	1
巫婆/n	1	用以/d	1	原作/n	1	敌意/n	1	东洋/nz	1
毒气/n	1	新兴/b	1	知法/v	1	拂尘/n	1	唢呐/n	1
丰裕/a	1	抓奖/v	1	摸奖/v	1	售卖/v	1	纪事/n	1
爆破/v	1	督察/v	1	上品/n	1	田心/nr	1	寿辰/nr	1
乳液/n	1	飙升/v	1	趁早/d	1	保鲜/a	1	下垂/v	1
失丢/v	1	新款/b	1	年少/a	1	娜娜/nr	1	应变/v	1
随机/d	1	小卢/nr	1	溪涧/n	1	亲朋/n	1	水里/s	1
芳草/n	1	天涯/n	1	木桥/n	1	妙处/n	1	聘任/v	1
走样/v	1	乳母/n	1	鱼刺/n	1	漏水/v	1	荒野/n	1
摈弃/v	1	块头/n	1	胡扯/v	1	有待/v	1	次等/b	1
清代/n	1	再则/c	1	习性/n	1	小名/n	1	美酒/n	1
包退/v	1	包换/v	1	王姐/nr	1	考砸/v	1	聚餐/v	1
水张/nr	1	账目/n	1	脱水/v	1	主考/n	1	浴缸/n	1
爱意/n	1	脱发/v	1	景况/n	1	壮健/a	1	编织/v	1
尖尖/a	1	成事/v	1	日用/b	1	丸药/n	1	大任/n	1
过关/v	1	愁绪/n	1	售货/v	1	崽儿/n	1	奔走/v	1
松针/n	1	吊丧/v	1	辟邪/v	1	压惊/v	1	古时/t	1
秋分/t	1	春分/t	1	论语/nz	1	起哄/v	1	真熙/nr	1
草房/n	1	围抢/v	1	广大/b	1	进城/v	1	定然/d	1
巴里/nr	1	智爱/nr	1	酒鬼/n	1	祛除/v	1	小雪/nr	1
小雪/t	1	七夕/t	1	乐歌/n	1	胡椒/n	1	芙陪/nr	1
太工/nr	1	好吗/l	1	对门/n	1	修正/v	1	堂弟/n	1
丹枫/nz	1	论述/v	1	德华/nr	1	重叠/v	1	丽王/nr	1
香江/ns	1	秀真/nr	1	篷车/n	1	世龙/nr	1	快意/a	1
楼下/s	1	身孕/n	1	童心/n	1	电流/n	1	蚯蚓/n	1

续表

蝲蛄/n	1	河狸/n	1	扁扁/z	1	脚掌/n	1	扁平/b	1
走兽/n	1	学名/n	1	司法/v	1	毛皮/n	1	乳腺/n	1
产卵/v	1	踪影/n	1	啧啧/o	1	行车/v	1	消解/v	1
针眼/n	1	筷子/n	1	咚咚/o	1	交融/v	1	故都/n	1
裂痕/n	1	喝水/v	1	埋伏/v	1	头盔/n	1	药房/n	1
地雷/n	1	磁极/n	1	敌手/n	1	直立/a	1	茶艺/n	1
变脸/v	1	一年/m	1	欢悦/a	1	织物/n	1	蹄子/n	1
背阴/n	1	迈开/v	1	嫁人/v	1	山参/n	1	阶石/n	1
步履/n	1	排场/n	1	惨痛/a	1	晨报/n	1	硕果/n	1
造访/v	1	营运/v	1	大四/j	1	筋肉/n	1	惜爱/v	1
刀工/n	1	唾液/n	1	婚期/n	1	年薪/n	1	永恒/z	1
秧苗/n	1	影视/n	1	诊疗/v	1	心领/v	1	齿轮/n	1
得劲/a	1	课时/n	1	充分/d	1	健将/n	1	看那/r	1
家事/n	1	径直/d	1	死尸/n	1	富川/ns	1	董事/n	1
工会/n	1	排便/v	1	输送/v	1	奶汁/n	1	自主/a	1
哺乳/v	1	求取/v	1	泥潭/n	1	奔驰/v	1	细心/n	1
专职/n	1	前脚/n	1	后脚/n	1	扇形/n	1	早育/n	1
周岁/n	1	一兆/m	1	预产/v	1	光照/n	1	传承/v	1
田埂/n	1	木棍/n	1	打糕/n	1	受精/v	1	生殖/v	1
外族/n	1	灌木/n	1	辛辣/a	1	炭火/n	1	安谧/a	1
梯田/n	1	任教/v	1	石炭/n	1	冤枉/a	1	庆尚/ns	1
乳房/n	1	冥想/v	1	桑拿/n	1	脂质/n	1	衣裙/n	1
钞票/n	1	来宾/n	1	线团/n	1	一旁/f	1	省略/v	1
暑气/n	1	打结/v	1	廉价/a	1	博览/v	1	安然/z	1
稠密/a	1	币帛/nz	1	尾随/v	1	引路/v	1	占卜/v	1
婚书/n	1	犬齿/n	1	蛋黄/n	1	松仁/n	1	水芹/n	1
蕨菜/n	1	茼蒿/n	1	五味/n	1	五色/n	1	铜器/n	1
质感/n	1	总部/n	1	角斗/v	1	财团/n	1	寒暄/v	1
平辈/n	1	摆法/n	1	土著/n	1	禀赋/n	1	凛凛/z	1
肉质/n	1	蒜泥/n	1	鼓词/n	1	勉强/d	1	勉强/n	1
定都/v	1	甄萱/nr	1	四兆/m	1	私费/n	1	会餐/n	1
会餐/v	1	禁忌/n	1	汤勺/n	1	过滤/v	1	笊篱/n	1
跳板/n	1	美言/n	1	砂糖/n	1	条状/n	1	邑城/ns	1

续表

瑞山/ns	1	繁忙/a	1	巷子/n	1	受贿/v	1	惠暎/nr	1
小云/nr	1	高挑/a	1	眼窝/n	1	种花/v	1	塔莎/nr	1
在京/nr	1	成礼/nr	1	果农/n	1	恩之/nr	1	嘿嘿/o	1
哇塞/o	1	慧智/nr	1	知晓/v	1	焰火/n	1	门帘/n	1
出笼/v	1	龙口/ns	1	雄心/n	1	发卡/n	1	小肠/n	1
兵士/n	1	日成/nr	1	风向/n	1	傻气/n	1	嚷嚷/v	1
鬈发/n	1	悬念/n	1	天英/nr	1	广岸/ns	1	灵山/ns	1
灵山/n	1	回醒/v	1	周现/nr	1	话头/n	1	喷涌/v	1
水柱/n	1	粗大/a	1	画卷/n	1	论说/v	1	帆船/n	1
格局/n	1	沧海/n	1	相望/v	1	贪财/a	1	内海/ns	1
环抱/v	1	咕哝/v	1	沦亡/v	1	在雄/nr	1	慈悲/a	1
刚直/a	1	厚实/a	1	污吏/n	1	青啤/n	1	贪官/n	1
馄饨/n	1	小喜/nr	1	索车/n	1	储蓄/n	1	储蓄/v	1
支出/v	1	选美/v	1	条纹/n	1	召英/ns	1	孝贞/nr	1
夜色/n	1	停泊/v	1	缠绕/v	1	地盘/n	1	城堡/n	1
辉映/v	1	倒映/v	1	太湖/ns	1	顺差/n	1	银梅/nr	1
早起/v	1	本垒/ns	1	沙场/n	1	胜似/v	1	通车/v	1
落成/v	1	创作/n	1	议论/n	1	草书/n	1	魏晋/t	1
东汉/t	1	本届/r	1	灿烂/n	1	位次/n	1	改掉/v	1
京华/nr	1	遭罪/v	1	所幸/d	1	拼图/n	1	叶问/nr	1
相依/v	1	挥挥/v	1	鄙夷/v	1	半时/t	1	人质/n	1
接连/v	1	周施/v	1	完满/a	1	反方/n	1	成亲/v	1
矿难/n	1	读物/n	1	俄语/n	1	驾车/v	1	倒在/v	1
压到/v	1	进货/v	1	故里/n	1	狡诈/a	1	改动/v	1
乡镇/n	1	有形/b	1	默许/v	1	仰慕/v	1	祈福/v	1
规范/a	1	规范/n	1	共识/n	1	弄堂/n	1	私密/a	1
公房/n	1	远亲/n	1	天井/n	1	里弄/n	1	病态/n	1
体贴/a	1	胜过/v	1	本意/n	1	维系/v	1	合作/n	1
互通/v	1	聊聊/v	1	落教/nz	1	脱出/v	1	实例/n	1
留传/v	1	延缓/v	1	败露/v	1	失意/a	1	报偿/v	1
认领/v	1	吗啡/n	1	规矩/a	1	醒酒/v	1	觉悟/n	1
老刘/nr	1	小勇/nr	1	割断/v	1	单方/n	1	互换/v	1
代理/n	1	代理/v	1	递送/v	1	起誓/v	1	弟妹/n	1

续表

淫秽/a	1	而今/t	1	暴力/a	1	扣分/v	1	花市/n	1
药丸/n	1	童车/n	1	觉醒/v	1	乱腾/a	1	老生/n	1
躯壳/n	1	二虎/nr	1	低烧/n	1	痞子/n	1	班导/n	1
犯困/v	1	东部/n	1	伤神/a	1	伤神/v	1	出租/n	1
质地/n	1	弄弄/v	1	胶泥/n	1	湖山/ns	1	老方/nr	1
盆花/n	1	感悟/n	1	吵嚷/v	1	潺潺/x	1	小街/n	1
淡雅/a	1	瓦房/n	1	山上/f	1	苔衣/n	1	外办/j	1
极端/n	1	迷宫/n	1	太守/n	1	巡访/v	1	相似/v	1
谚语/n	1	摆列/v	1	费劲/a	1	费劲/v	1	磁山/ns	1
鱼漂/n	1	忠厚/a	1	清纯/a	1	光洁/a	1	熊区/s	1
车流/n	1	笨拙/a	1	市立/ns	1	闲书/n	1	谨慎/v	1
海关/n	1	港湾/n	1	河南/n	1	宋朝/t	1	遍遍/q	1
工整/a	1	度数/n	1	喉结/n	1	招风/v	1	寸板/n	1
挖苦/v	1	品位/n	1	澎湃/a	1	装修/n	1	非得/d	1
懒惰/n	1	薄情/a	1	符合/a	1	帮忙/vn	1	帮忙/n	1
平常/d	1	平常/t	1	鸟巢/ns	1	鸟巢/n	1	殿堂/n	1
节节/d	1	脸孔/n	1	漏斗/n	1	胡须/n	1	络腮/n	1
前额/n	1	隐没/v	1	勾画/v	1	七百/m	1	列入/v	1
共计/v	1	项羽/nr	1	彩绘/n	1	其二/c	1	政务/n	1
夏宫/ns	1	贬义/n	1	时界/n	1	美王/nr	1	鲜亮/a	1
延边/ns	1	延边/n	1	县委/n	1	变革/v	1	按说/d	1
刮起/v	1	易懂/a	1	染上/v	1	笔调/n	1	蟑螂/n	1
搭帮/v	1	载运/v	1	山下/s	1	贵姓/n	1	工科/n	1
铜币/n	1	多云/n	1	复旦/nz	1	振华/ns	1	振华/nt	1
振华/nz	1	厦大/nt	1	抽奖/v	1	得了/a	1	杂烩/n	1
野游/n	1	顶嘴/v	1	家私/n	1	勾当/n	1	亏空/v	1
信儿/n	1	含糊/a	1	饱饱/z	1	液体/n	1	字儿/n	1
暴病/n	1	复查/v	1	阿拉/nr	1	齐达/nr	1	单行/v	1
取信/v	1	前线/n	1	连词/n	1	流星/n	1	发困/v	1
平年/n	1	强手/n	1	高升/v	1	退婚/v	1	秦代/t	1
情色/n	1	愚弄/v	1	返还/v	1	获释/v	1	太后/nr	1
响起/v	1	岳家/n	1	关门/ns	1	下臣/n	1	上坡/v	1
刁难/v	1	水墨/n	1	得的/u	1	截儿/q	1	交结/v	1

续表

投身/v	1	旧事/n	1	个多/a	1	权威/a	1	无妨/d	1
保洁/v	1	名声/nr	1	坏的/v	1	漆黑/a	1	向着/p	1
向着/v	1	斑斑/z	1	倒塌/v	1	用心/n	1	用心/v	1
迷惑/a	1	虚岁/n	1	葵花/n	1	土语/n	1	河汶/ns	1
多段/a	1	烘烘/z	1	滚滚/a	1	郁郁/a	1	克服/vn	1
冬节/t	1	润台/nr	1	疮口/n	1	老幺/n	1	近人/n	1
壮阔/a	1	匈奴/n	1	天山/ns	1	玉皇/ns	1	出气/v	1
省钱/a	1	离弃/v	1	蹲儿/v	1	孤傲/a	1	土猪/n	1
桃红/a	1	途中/n	1	龙人/ns	1	意见/v	1	飘拂/v	1
吃光/v	1	方格/n	1	蕴藏/v	1	大二/t	1	耳轮/n	1
绝版/v	1	眉宇/n	1	虎头/n	1	电缆/n	1	冰碴/n	1
日号/q	1	耄耋/n	1	闲气/n	1	洋槐/n	1	崔巍/a	1
招致/v	1	优等/a	1	岔道/n	1	住址/n	1	指导/vn	1
网址/n	1	旧年/n	1	和者/n	1	列出/v	1	夜宵/n	1
特色/a	1	怜美/nr	1	战斗/n	1	订车/v	1	极限/a	1
考验/n	1	宣永/nr	1	挑战/n	1	处理/vn	1	杰作/n	1
要挟/v	1	伺机/v	1	红娘/nr	1	侍女/n	1	遗骸/n	1
再说/d	1	引出/v	1	不算/d	1	不算/v	1	动物/ng	1
玉石/n	1	器械/n	1	病号/n	1	伤风/v	1	娇嫩/a	1
劳累/n	1	获准/v	1	开头/v	1	润泽/a	1	捯饬/v	1
白儿/n	1	厨子/n	1	领情/v	1	脱险/v	1	追随/v	1
思恋/v	1	算数/v	1	病源/n	1	手石/nz	1	负罪/v	1
投递/v	1	信里/n	1	后世/n	1	及第/v	1	江边/n	1
江边/s	1	安生/a	1	旗帜/n	1	魔女/n	1	乡愁/n	1
七日/t	1	娘娘/n	1	支流/n	1	阅览/v	1	坎儿/n	1
老五/n	1	剪报/n	1	何谓/v	1	县令/n	1	鄞县/ns	1
拜师/v	1	艺术/nr	1	起议/v	1	默念/v	1	才学/n	1
班昭/nr	1	参拜/v	1	表态/v	1	牧场/n	1	穷尽/v	1
侧面/f	1	侧面/n	1	毁容/v	1	本着/p	1	思希/nr	1
余震/n	1	方达/nr	1	丧生/v	1	运球/v	1	规划/v	1
德里/ns	1	德里/nz	1	西甲/nz	1	民办/b	1	永三/nr	1
润珠/nr	1	踊跃/a	1	栽培/v	1	雕塑/v	1	投机/v	1
迎春/n	1	目击/v	1	投票/v	1	专制/a	1	专制/n	1

续表

祝父/nr	1	万松/nz	1	浴盆/n	1	公议/n	1	明镜/n	1
选样/v	1	现场/d	1	实木/b	1	爱吧/ns	1	会面/v	1
主办/v	1	准予/v	1	特等/b	1	柠檬/n	1	家口/n	1
监察/v	1	民心/n	1	冲刷/v	1	河床/n	1	所得/n	1
挨个/d	1	赤壁/ns	1	张飞/nr	1	吴用/nr	1	新意/n	1
重伤/n	1	枪弹/n	1	胖人/r	1	脂酸/nz	1	辞呈/n	1
无辜/n	1	奈何/v	1	馆儿/n	1	昂扬/a	1	愤慨/a	1
雷鸣/v	1	坟头/n	1	素服/n	1	少爷/n	1	许配/v	1
求亲/v	1	梁兄/nr	1	书箱/n	1	辞别/v	1	浓妆/n	1
作物/n	1	瘦肉/n	1	戏院/n	1	韩版/j	1	终于/p	1
韩军/n	1	心声/n	1	事变/n	1	不祥/a	1	巨星/n	1
索尼/nz	1	飞鱼/n	1	落幕/v	1	办案/v	1	现任/a	1
现任/b	1	电炉/n	1	路痴/n	1	孱弱/a	1	诸位/r	1
兴办/v	1	事宜/n	1	外商/n	1	外客/n	1	当下/d	1
快慢/n	1	毒草/n	1	战备/n	1	出赛/v	1	教员/n	1
上膘/v	1	学子/n	1	越轨/v	1	无缺/v	1	选民/n	1
天仙/n	1	光荣/n	1	萌芽/vn	1	厂子/n	1	扩招/v	1
外乡/n	1	漂泊/v	1	一经/d	1	主谋/n	1	名目/n	1
坏法/n	1	洞房/n	1	老年/n	1	投保/v	1	强加/v	1
做作/a	1	赔礼/v	1	后娘/n	1	创设/v	1	清仓/v	1
嫖娼/v	1	礁石/n	1	苦苦/z	1	硬坐/n	1	稿子/n	1
增设/v	1	粗野/a	1	武装/n	1	五洲/n	1	关闭/v	1
拖把/n	1	定做/v	1	鹰头/n	1	瓶口/n	1	宛然/d	1
牙套/n	1	短衫/n	1	跃动/v	1	插头/n	1	乳白/a	1
清香/a	1	碧绿/a	1	喷头/n	1	花木/n	1	蝾螺/n	1
二号/t	1	黄酱/n	1	用费/n	1	容忍/n	1	寒衣/n	1
叶片/n	1	水灵/a	1	水壶/n	1	囚禁/v	1	新村/ns	1
床位/n	1	校际/n	1	龙虾/n	1	登录/v	1	淘宝/n	1
双击/v	1	发送/v	1	速溶/a	1	猛烈/v	1	转为/v	1
熔化/v	1	出台/v	1	更动/v	1	笑星/n	1	稳妥/a	1
全程/n	1	完璧/n	1	透亮/v	1	除草/v	1	直走/v	1
坡儿/n	1	短跑/n	1	反攻/v	1	剑道/n	1	料子/n	1
白纸/n	1	糊弄/v	1	栋梁/n	1	抗震/v	1	疲弱/a	1

续表

疲困/a	1	面料/n	1	同事/v	1	官府/n	1	聚居/v	1
烦闷/a	1	买账/v	1	智谋/n	1	智取/v	1	前任/b	1
湛蓝/a	1	乱世/a	1	乱世/n	1	脚气/n	1	疫苗/n	1
邦交/n	1	安康/a	1	置信/v	1	雨林/n	1	左腿/n	1
祸害/n	1	怕事/a	1	怕事/v	1	车头/n	1	瞥见/v	1
装点/v	1	进言/v	1	正法/v	1	如何/c	1	如何/d	1
狭窄/a	1	连队/n	1	自尊/n	1	自尊/v	1	贬低/v	1
积云/n	1	隐居/v	1	特快/a	1	省内/n	1	执政/v	1
发麻/v	1	小强/nr	1	商量/n	1	惊吓/v	1	超员/v	1
通报/n	1	通报/v	1	广博/a	1	切断/v	1	夸口/v	1
查点/v	1	臂弯/n	1	索桥/n	1	激荡/v	1	午夜/t	1
阵雨/n	1	没命/v	1	难色/n	1	冲锋/n	1	奔涌/v	1
棍棒/n	1	抵御/v	1	原先/b	1	待命/v	1	毁害/v	1
牲畜/n	1	硬气/a	1	落照/n	1	天花/n	1	裂开/v	1
暴动/v	1	放射/v	1	造孽/v	1	撞击/v	1	翻身/v	1
危难/n	1	稚嫩/a	1	铁索/n	1	积木/n	1	晚宴/n	1
打闪/v	1	容情/v	1	衣衫/n	1	无缘/v	1	付钱/v	1
徜徉/v	1	礼恩/nr	1	补助/v	1	大厂/ns	1	常明/nr	1
还手/v	1	石像/nr	1	吆喝/v	1	秀才/n	1	开锅/v	1
妈呀/y	1	租车/v	1	费事/a	1	番茄/n	1	良母/nr	1
尽责/a	1	尽职/a	1	王莉/nr	1	澡盆/n	1	纸船/n	1
请进/v	1	旁白/n	1	九六/m	1	网瘾/n	1	全年/t	1
休憩/v	1	头昏/a	1	华市/ns	1	周围/s	1	强势/a	1
强势/n	1	宝洁/nr	1	宝洁/nz	1	薄冰/n	1	云梯/n	1
定性/v	1	电网/n	1	配方/n	1	标识/n	1	鸡心/n	1
铭刻/v	1	电信/n	1	汤水/n	1	鳜鱼/n	1	冲洗/v	1
一瞬/t	1	晨光/n	1	恶感/n	1	右翼/n	1	牵制/v	1
牙刷/n	1	发带/n	1	鼻尖/n	1	粗短/z	1	差错/n	1
全新/b	1	义弟/n	1	搅乱/v	1	驾到/v	1	昏倒/v	1
劝诫/v	1	肩头/n	1	绿水/n	1	寨门/n	1	山壁/n	1
北欧/ns	1	助教/n	1	好色/a	1	小新/nr	1	蜡笔/n	1
不忍/v	1	韩城/ns	1	侍从/n	1	炯炯/a	1	雇佣/v	1
悲观/n	1	胜于/v	1	乐观/n	1	实效/n	1	老孙/nr	1

续表

提款/v	1	救出/v	1	将帅/n	1	小抄/n	1	轱辘/n	1
澄清/v	1	年费/n	1	歪斜/v	1	虚构/v	1	试穿/v	1
糖果/n	1	无机/b	1	皱眉/v	1	装满/v	1	产值/n	1
盛放/v	1	不适/a	1	不适/v	1	浮肿/v	1	分摊/v	1
倩倩/nr	1	灯会/n	1	车带/n	1	水电/n	1	常服/n	1
书费/n	1	胰子/n	1	改锥/n	1	解压/v	1	苍苍/a	1
救灾/v	1	呜呜/a	1	方圆/n	1	真儿/nr	1	劈柴/v	1
上调/v	1	寄信/v	1	风貌/n	1	药学/n	1	言情/v	1
政法/j	1	一元/m	1	业余/a	1	背弃/v	1	辞典/n	1
宽绰/a	1	烛光/n	1	荒岛/ns	1	店面/n	1	肉片/n	1
建校/v	1	全才/n	1	报站/v	1	保梅/nr	1	惩治/v	1
打垮/v	1	高宗/nr	1	升温/v	1	独创/v	1	创新/a	1
创新/n	1	和局/v	1	逐年/d	1	里暗/nt	1	元音/n	1
提神/v	1	下调/v	1	老农/n	1	一只/m	1	压低/v	1
补觉/v	1	按着/v	1	汩汩/nr	1	支部/n	1	趁机/d	1
揭晓/v	1	小腿/n	1	远游/v	1	一口/q	1	保住/v	1
发狂/v	1	支教/v	1	折价/v	1	中西/n	1	偷听/v	1
口才/n	1	动向/n	1	扑灭/v	1	寿险/n	1	词序/n	1
杂费/n	1	盆景/n	1	妍丽/a	1	作声/v	1	三伏/t	1
贫瘠/a	1	项圈/n	1	伪善/a	1	畅谈/v	1	火化/v	1
亡命/v	1	多嘴/v	1	菜园/n	1	水瓢/n	1	撒泼/v	1
痛感/n	1	叫苦/v	1	起身/v	1	拆洗/v	1	材质/n	1
珍宝/n	1	存入/v	1	精髓/n	1	抖动/v	1	理事/n	1
张洋/nr	1	暧昧/a	1	笔友/n	1	针孔/n	1	午间/n	1
午间/t	1	迷乱/a	1	积压/a	1	症结/n	1	责问/v	1
减产/v	1	走过/v	1	离间/v	1	入会/v	1	叉子/n	1
纸面/n	1	乱来/v	1	雨量/n	1	替补/n	1	减刑/n	1
疾呼/v	1	竞技/n	1	蓝领/b	1	现眼/v	1	消肿/v	1
烧掉/v	1	仰卧/v	1	蝶泳/n	1	丑行/n	1	蛙泳/n	1
仰泳/n	1	粮仓/n	1	鱼片/n	1	晨风/n	1	清幽/a	1
相声/n	1	洋服/n	1	质疑/v	1	暴行/n	1	主队/n	1
翩翩/a	1	花丛/n	1	止住/v	1	褂子/n	1	高涨/a	1
名册/n	1	佳绩/n	1	滑头/n	1	浪潮/n	1	追上/v	1

续表

驰来/v	1	首季/n	1	全集/n	1	雨靴/n	1	渔女/n	1
甲型/b	1	青瓷/n	1	情面/n	1	修筑/v	1	变性/v	1
战败/v	1	战犯/n	1	看破/v	1	定亲/v	1	濒于/v	1
白搭/v	1	奥妙/n	1	决议/n	1	抽出/v	1	缺页/v	1
回校/v	1	汉地/ns	1	光溜/a	1	高分/n	1	国内/n	1
安宁/n	1	自封/v	1	大伙/n	1	故地/n	1	佛经/n	1
僧人/n	1	发蒙/v	1	盖布/n	1	台下/f	1	祖神/x	1
道人/n	1	假药/n	1	卖衣/v	1	欠债/v	1	相像/a	1
急迫/a	1	丑事/n	1	横线/n	1	鞋底/n	1	神态/n	1
打扇/v	1	回赠/v	1	摊开/v	1	实学/n	1	立脚/v	1
火烧/v	1	上士/n	1	俏皮/a	1	陪葬/v	1	墓葬/n	1
筹集/v	1	明博/nr	1	甘心/v	1	容恕/v	1	晨雾/n	1
痞子/n	1	快车/n	1	盖菜/n	1	毒枭/n	1	蹉跎/v	1
肝火/n	1	取暖/v	1	头饰/n	1	失血/v	1	书香/b	1
兵器/n	1	陶俑/n	1	授奖/v	1	播映/v	1	城管/n	1
元首/n	1	忽地/d	1	叱责/v	1	零工/n	1	收取/v	1
气锅/n	1	相连/v	1	矫治/v	1	军属/n	1	雪灾/n	1
暴风/n	1	凶犯/n	1	老牌/b	1	猎头/n	1	容器/n	1
虐政/n	1	刺史/n	1	微贱/a	1	出身/v	1	没收/v	1
功臣/n	1	阴部/n	1	庆真/nr	1	古物/n	1	新闻/ns	1
肝脏/n	1	逃往/v	1	行迹/n	1	著者/n	1	稿件/n	1
又是/c	1	磨刀/v	1	狂妄/a	1	宅院/n	1	原有/d	1
原有/v	1	奶粉/n	1	空地/n	1	逗趣/v	1	紧缩/v	1
通货/n	1	傀儡/n	1	经营/vn	1	酣睡/v	1	淅淅/o	1
悬殊/a	1	泰熙/nr	1	货单/n	1	恩来/nr	1	轰炸/v	1
债权/n	1	略带/v	1	发梢/n	1	升官/v	1	王林/nr	1
动容/v	1	自责/n	1	梁山/n	1	追想/v	1	脸红/v	1
怀表/n	1	药材/n	1	食客/n	1	充数/v	1	毁损/v	1
推展/v	1	磁卜/n	1	小崔/nr	1	边疆/n	1	劲头/n	1
人犯/n	1	市情/n	1	铺垫/n	1	桥头/n	1	炫目/a	1
收受/v	1	伤寒/n	1	刺探/v	1	城武/nr	1	袖口/n	1
急流/n	1	色相/n	1	领口/n	1	抬眼/v	1	擅于/v	1
边鼓/n	1	敲敲/v	1	视察/v	1	不妙/a	1	负债/v	1

续表

干线/n	1	表彰/v	1	古板/a	1	后排/n	1	引来/v	1
错字/n	1	上岗/v	1	早操/n	1	详尽/a	1	失言/v	1
相近/a	1	颇为/d	1	铜元/n	1	兜子/n	1	战前/t	1
熟识/v	1	撩拨/v	1	羞辱/v	1	接线/v	1	柏油/n	1
考虑/n	1	斗嘴/v	1	诱拐/v	1	升涨/v	1	晶片/n	1
棕熊/n	1	预先/d	1	头彩/n	1	盗用/v	1	房主/n	1
迷糊/v	1	摩擦/v	1	应激/vg	1	应激/v	1	觉到/v	1
绪论/n	1	某人/n	1	腰肢/n	1	冒牌/b	1	腐化/v	1
打响/v	1	账务/n	1	长裙/n	1	先烈/n	1	颀长/a	1
灯节/n	1	检票/v	1	窃取/v	1	脚腕/n	1	划定/v	1
柔美/a	1	放债/v	1	音信/n	1	明艳/a	1	跳神/v	1
悲欢/n	1	诸侯/n	1	货箱/n	1	有效/v	1	入托/v	1
炸锅/v	1	重负/n	1	词人/n	1	歌谣/n	1	国势/n	1
论据/n	1	抛锚/v	1	冰舞/n	1	减慢/v	1	吾辈/n	1
挂断/v	1	栖息/v	1	昨夜/t	1	孤岛/n	1	出庭/v	1
卸货/v	1	编造/v	1	哝哝/v	1	嘟哝/v	1	升起/v	1
一遍/m	1	北韩/j	1	修订/v	1	南韩/j	1	惯例/n	1
场长/n	1	摇滚/n	1	美军/n	1	轮船/n	1	出航/v	1
素养/n	1	下跪/v	1	铺开/v	1	猛虎/n	1	染发/v	1
巴赫/nr	1	献艺/v	1	扬帆/v	1	推倒/v	1	扭伤/v	1
硫酸/n	1	张文/nr	1	煤焦/n	1	见怪/v	1	忍让/v	1
洗洗/v	1	辛勤/a	1	播种/v	1	屁精/l	1	泥泞/a	1
变幻/v	1	浓绿/a	1	果核/n	1	灼热/z	1	大李/nr	1
小鸡/n	1	唧唧/o	1	养鸡/v	1	喂食/v	1	内需/n	1
拉动/v	1	玩乐/v	1	张强/nr	1	红牌/n	1	黄牌/n	1
吃尽/v	1	劫持/v	1	溜出/v	1	溜了/v	1	肇事/v	1
噘嘴/v	1	重力/n	1	摔断/v	1	补补/v	1	治治/v	1
盼头/n	1	懒人/n	1	粘上/v	1	拿出/v	1	下滑/v	1
撑杆/v	1	辛酸/a	1	根除/v	1	结尾/n	1	掉队/v	1
鞭子/n	1	靠着/v	1	自传/n	1	延迟/v	1	漏题/v	1
白宫/ns	1	白宫/n	1	每人/r	1	不拘/v	1	脚板/n	1
铜铃/n	1	大半/m	1	营地/n	1	绿洲/n	1	放满/v	1
篮下/f	1	提上/v	1	流尽/v	1	绱鞋/v	1	严冬/n	1

续表

气泡/n	1	待业/v	1	千儿/m	1	爆胎/v	1	冲力/n	1
挖掘/v	1	出资/v	1	偏离/v	1	水牛/n	1	雅观/a	1
麋鹿/n	1	时政/n	1	沟渠/n	1	纵横/a	1	备胎/n	1
瞒着/v	1	点明/v	1	落笔/v	1	改期/v	1	改到/v	1
才女/n	1	响应/v	1	潜逃/v	1	慧志/nr	1	蒸锅/n	1
美京/nr	1	分断/v	1	毒贩/n	1	沾染/v	1	自恋/v	1
官军/n	1	虚职/n	1	分封/v	1	低价/n	1	公立/a	1
眼睑/n	1	核子/n	1	就业/n	1	书柜/n	1	边远/b	1
世态/n	1	到了/v	1	昏乱/a	1	公式/n	1	张嘴/v	1
就像/v	1	信条/n	1	航海/v	1	通关/v	1	奔向/v	1
沙袋/n	1	根基/n	1	拉人/v	1	遗言/n	1	账簿/n	1
司员/n	1	那位/r	1	释迦/nr	1	公示/v	1	搭档/n	1
拆迁/v	1	夺命/v	1	扩张/v	1	供求/n	1	遍布/v	1
舞场/n	1	很晚/a	1	碟儿/n	1	争端/n	1	分头/d	1
分头/n	1	原著/n	1	译本/n	1	废纸/n	1	诉苦/v	1
敌机/n	1	击中/v	1	船舷/n	1	战机/n	1	朦朦/a	1
搭载/v	1	变数/n	1	超生/v	1	整队/v	1	突变/v	1
私利/n	1	雨声/n	1	爷们/n	1	当了/v	1	水痕/n	1
水星/n	1	一半/n	1	行市/n	1	行情/n	1	教主/n	1
正支/nr	1	剪子/n	1	宗主/n	1	发奖/v	1	商厦/n	1
扫了/v	1	水火/n	1	拯救/v	1	无故/d	1	蚁巢/n	1
喘息/v	1	古道/nz	1	画法/n	1	前代/n	1	无损/v	1
建起/v	1	顺产/v	1	弄坏/v	1	起见/u	1	起见/v	1
正面/d	1	正面/f	1	正面/n	1	联通/nt	1	火烛/n	1
烛火/n	1	适合/i	1	返来/v	1	清点/v	1	倒掉/v	1
标点/n	1	炊烟/n	1	难熬/a	1	大牙/n	1	结伴/v	1
按期/d	1	发薪/v	1	他家/r	1	年终/n	1	食儿/n	1
水獭/n	1	利率/n	1	私债/n	1	庆幸/vg	1	原子/n	1
大声/n	1	大声/z	1	黄的/a	1	稀罕/a	1	稀罕/v	1
乡间/s	1	囚犯/n	1	增产/v	1	好走/a	1	自流/v	1
整夜/n	1	昏花/a	1	历程/n	1	侦破/v	1	作案/v	1
占先/v	1	焚化/v	1	拿到/v	1	核弹/n	1	航线/n	1
宽容/v	1	修整/v	1	喝的/n	1	照抄/v	1	顶头/n	1

续表

悔悟/v	1	最新/a	1	算是/d	1	写完/v	1	占得/v	1
华灯/n	1	即使/d	1	画风/n	1	晕乎/a	1	找钱/v	1
薄命/a	1	自尽/v	1	事后/n	1	四万/m	1	针头/n	1
恩娅/nr	1	轻快/a	1	惊厥/v	1	碰面/v	1	满真/nr	1
望去/v	1	振奋/a	1	水珠/n	1	走步/v	1	炸开/v	1
协力/d	1	冰川/n	1	发臭/v	1	泥巴/n	1	嬉闹/v	1
水权/n	1	盔甲/n	1	尘垢/n	1	鱼鳞/n	1	宫舍/n	1
罗列/v	1	减速/v	1	照耀/vn	1	逐一/d	1	涟漪/n	1
保全/v	1	掀起/v	1	苍山/n	1	绿柳/n	1	秃顶/n	1
挥霍/v	1	盛装/n	1	浑浊/a	1	布袋/n	1	纸杯/n	1
粉尘/n	1	异地/n	1	纯正/a	1	青草/n	1	珉哲/nr	1
认输/v	1	酒瓶/n	1	百盛/nt	1	恐吓/v	1	苦练/v	1
朗朗/a	1	波光/n	1	济事/v	1	神经/a	1	渺茫/a	1
做起/v	1	紧身/v	1	定律/n	1	双休/b	1	状语/n	1
果糖/n	1	错句/n	1	备课/v	1	湿疹/n	1	键盘/n	1
敲打/v	1	矿工/n	1	春卷/n	1	爱老/v	1	尊老/v	1
严惩/v	1	安居/v	1	孝心/n	1	利己/v	1	违约/v	1
变态/a	1	变态/n	1	这时/n	1	这时/t	1	壁画/n	1
审美/vn	1	当代/n	1	精品/n	1	逍遥/a	1	家财/n	1
挂屏/n	1	旋涡/n	1	呼吸/n	1	处死/v	1	结怨/v	1
稳当/a	1	梳理/v	1	驱虫/v	1	存在/n	1	护工/n	1
三流/a	1	初见/v	1	人像/n	1	聊上/v	1	苛刻/a	1
关心/vn	1	恩英/nr	1	对话/vn	1	脸庞/n	1	起眼/a	1
没错/a	1	帐篷/n	1	大量/a	1	中秋/n	1	琵琶/n	1
舒心/a	1	季风/n	1	河口/f	1	条令/n	1	心绪/n	1
离散/v	1	要脸/a	1	已婚/b	1	事由/n	1	内含/n	1
补救/v	1	残余/n	1	出轨/v	1	下设/v	1	吸吮/v	1
牵涉/v	1	再者/c	1	抽血/v	1	梳洗/v	1	中庸/n	1
费解/a	1	怪罪/v	1	驱使/v	1	报怨/v	1	柔顺/a	1
溪谷/n	1	赏花/v	1	千米/q	1	燃起/v	1	禁放/v	1
大步/n	1	决策/n	1	木偶/n	1	隔绝/v	1	猜疑/v	1
薯童/n	1	冗长/a	1	改过/v	1	工序/n	1	梅天/n	1
犬种/n	1	低沉/a	1	药方/n	1	晃摇/v	1	苛待/v	1

续表

误导/v	1	全洲/ns	1	无须/d	1	冒昧/a	1	倾慕/v	1
逃票/v	1	偷猎/v	1	高见/n	1	张勇/nr	1	玩赏/v	1
总社/n	1	所以/d	1	米粉/n	1	王情/nr	1	忧愁/a	1
不定/a	1	不定/b	1	零嘴/n	1	小腹/n	1	开馆/v	1
复原/v	1	明清/nz	1	何不/d	1	追悼/v	1	回民/n	1
馋猫/n	1	判决/n	1	有氧/v	1	多数/b	1	眼馋/v	1
四大/j	1	耍赖/v	1	手垢/n	1	次日/n	1	丹菲/nr	1
喷饭/v	1	无座/a	1	期中/r	1	香芋/n	1	中韩/nz	1
圣惠/nr	1	充值/v	1	气愤/v	1	鲶鱼/n	1	走风/v	1
娟秀/a	1	凭照/n	1	不成/y	1	气节/n	1	解说/v	1
夜餐/n	1	贪食/v	1	衣服/a	1	衣服/v	1	自家/r	1
问世/v	1	不巧/d	1	也好/l	1	擦亮/v	1	出神/v	1
手笔/n	1	心疼/a	1	车铺/v	1	汽艇/n	1	照顾/vn	1
微黑/a	1	儿子/u	1	啾鸣/v	1	花展/n	1	似乎/v	1
偷走/v	1	敬上/v	1	发声/v	1	浮动/v	1	踏上/v	1
敬恩/nr	1	打嗝/v	1	双唇/n	1	美岛/nz	1	正善/nr	1
断乎/d	1	狰狞/a	1	粗拙/a	1	凉凉/a	1	内急/v	1
圆光/nt	1	圆光/n	1	水族/n	1	肉麻/a	1	三角/b	1
死鬼/n	1	闹腾/v	1	感伤/a	1	喧腾/v	1	印记/n	1
闺蜜/n	1	可嘉/v	1	朝霞/n	1	护卫/v	1	红日/n	1
体现/t	1	山景/n	1	耳语/n	1	鹏瑞/nr	1	团儿/n	1
驴友/n	1	远去/v	1	普陀/ns	1	衣架/n	1	感官/n	1
冲破/v	1	黄花/n	1	认出/v	1	浓雾/n	1	铁板/n	1
偏巧/d	1	塔山/ns	1	如常/v	1	一分/t	1	难免/d	1
难免/v	1	嵩山/ns	1	恒山/ns	1	梳头/v	1	雄威/n	1
无头/n	1	浅浅/a	1	菊叶/n	1	偏分/v	1	塌塌/v	1
残废/n	1	绿装/n	1	辽宁/ns	1	鲜族/n	1	水上/s	1
辩明/v	1	作成/v	1	盖章/v	1	乱动/v	1	翻新/v	1
疯狗/n	1	纹身/n	1	乾隆/nz	1	背信/v	1	而以/y	1
余裕/a	1	创意/v	1	可疑/a	1	小爷/n	1	链套/n	1
婚龄/n	1	丹麦/ns	1	修鞋/n	1	修鞋/v	1	前列/n	1
苍劲/a	1	挂牌/v	1	星儿/n	1	顶上/f	1	顶上/n	1
心仪/v	1	登上/v	1	光复/v	1	对口/b	1	相逢/v	1

续表

肮脏/a	1	劳苦/a	1	营帐/n	1	四处/n	1	顶端/n	1
转折/n	1	银白/b	1	浩瀚/a	1	红门/n	1	东岳/n	1
召集/v	1	理工/n	1	抚育/v	1	起居/n	1	虔诚/a	1
佼佼/a	1	烧化/v	1	遵行/v	1	贤人/n	1	宾语/n	1
插话/n	1	荒废/v	1	不慎/a	1	不慎/d	1	尾岛/ns	1
曲子/n	1	壁纸/n	1	华彩/nt	1	韩食/n	1	汉朝/n	1
汉朝/t	1	皮筋/n	1	萌生/v	1	面生/a	1	雪莱/nr	1
姊妹/n	1	洞察/v	1	四市/ns	1	帮手/n	1	叔父/n	1
梦魇/n	1	前程/n	1	保送/v	1	心静/a	1	笼统/a	1
病况/n	1	八三/m	1	龟尾/ns	1	辱骂/v	1	看去/v	1
校外/n	1	读法/n	1	躲藏/v	1	烫伤/v	1	恶化/a	1
撞上/v	1	掉落/v	1	透出/v	1	地洞/n	1	救赎/v	1
伤处/n	1	高龄/nr	1	高龄/b	1	火焰/n	1	左臂/n	1
活用/v	1	所迫/v	1	鸡雏/n	1	轻生/v	1	火海/n	1
丧命/v	1	张口/v	1	选用/v	1	不甚/d	1	改写/v	1
创始/v	1	半死/a	1	回电/v	1	复电/v	1	轻声/a	1
电文/n	1	不多/nr	1	过上/v	1	抗癌/v	1	蒸腾/v	1
水气/n	1	水体/n	1	根系/n	1	田间/s	1	蚊蝇/n	1
消纳/v	1	归结/v	1	双赢/v	1	理会/v	1	流进/v	1
污物/n	1	发狠/v	1	可取/v	1	擦拭/v	1	纸巾/n	1
油渍/n	1	管制/v	1	疼爱/n	1	某种/r	1	贵州/ns	1
楼道/n	1	调门/n	1	草鞋/n	1	上高/ns	1	春夜/n	1
阵静/nr	1	几种/m	1	指的/d	1	还好/d	1	短板/n	1
皇冠/ns	1	上扬/v	1	醒目/a	1	短裙/n	1	常在/d	1
光辉/n	1	顾家/v	1	可不/d	1	可不/l	1	洋弓/n	1
反映/n	1	各类/r	1	当季/n	1	体积/n	1	构成/n	1
日子/ns	1	日子/v	1	鼻骨/n	1	临朐/ns	1	台顶/s	1
网购/v	1	怡景/nz	1	背部/n	1	骨科/n	1	有数/a	1
诊室/n	1	乐富/nr	1	恐惧/n	1	联络/n	1	转给/v	1
基于/p	1	独立/n	1	重合/v	1	围观/v	1	万州/ns	1
吃糖/v	1	防护/v	1	美白/a	1	黑斑/n	1	普快/j	1
直到/d	1	货源/n	1	诊察/v	1	西医/n	1	射箭/v	1
概况/n	1	时辰/n	1	报失/v	1	追星/v	1	汤碗/n	1

续表

做寿/v	1	弯岛/ns	1	挟持/v	1	节目/v	1	环卫/n	1
废品/n	1	徒然/a	1	消食/v	1	硬化/v	1	动脉/n	1
过劳/v	1	淤积/v	1	猝死/v	1	胸闷/a	1	胸闷/v	1
腹胀/v	1	倦怠/a	1	蒸发/v	1	变熟/v	1	火力/n	1
佐料/n	1	食油/n	1	一天/m	1	巩固/v	1	全心/a	1
全心/d	1	到头/v	1	公同/b	1	条件/q	1	鲜活/a	1
一段/m	1	毗邻/v	1	家风/n	1	治国/v	1	修身/v	1
翻倒/v	1	大权/n	1	甚严/a	1	起始/v	1	待见/v	1
搂抱/v	1	这里/n	1	掠夺/v	1	白人/n	1	随口/d	1
小声/a	1	答对/v	1	派生/v	1	可卡/n	1	异母/b	1
亲爸/n	1	亲妈/n	1	后爸/n	1	生子/v	1	累赘/a	1
母性/n	1	卑微/a	1	年幼/n	1	良朋/n	1	密友/n	1
敌视/v	1	祸首/n	1	离异/v	1	低估/v	1	接送/v	1
口信/n	1	撤职/v	1	自愿/d	1	熄火/v	1	教会/v	1
缧绁/n	1	救生/v	1	未知/a	1	未知/n	1	未知/v	1
皮衣/n	1	大笔/b	1	丑女/n	1	流血/v	1	脉络/n	1
亲信/n	1	计策/n	1	抢占/v	1	突地/z	1	浓色/n	1
秋色/n	1	皇帝/t	1	看花/v	1	夏日/nr	1	夏日/t	1
生育/n	1	均等/d	1	把风/v	1	哺育/v	1	愈合/v	1
泪花/n	1	追捧/v	1	演说/vn	1	演说/v	1	新潮/n	1
相仿/v	1	税收/n	1	远速/a	1	加法/n	1	人鱼/n	1
上万/m	1	逆反/a	1	信贷/n	1	亲生/v	1	制裁/v	1
脚跟/n	1	推向/v	1	护短/v	1	德性/n	1	哺养/v	1
赖账/v	1	猖獗/a	1	何尝/d	1	文武/n	1	二伯/n	1
利息/n	1	安于/v	1	片面/a	1	片面/n	1	裤衩/n	1
禁闭/v	1	那时/t	1	主页/n	1	拍子/n	1	轮番/d	1
狡黠/a	1	自退/j	1	实务/n	1	秀贞/nr	1	明仁/nr	1
书堆/n	1	宁肯/c	1	宁肯/d	1	句型/n	1	周二/t	1
悟出/v	1	临走/v	1	候车/v	1	治本/v	1	治标/v	1
分贝/n	1	心率/n	1	平实/a	1	贝类/n	1	三朝/m	1
正规/a	1	上校/n	1	责罚/v	1	省却/v	1	有弊/v	1
安享/v	1	柔性/n	1	血脉/n	1	军操/n	1	求得/v	1
指尖/n	1	乏味/a	1	具实/d	1	绵薄/a	1	主英/nr	1

续表

狐臭/n	1	扼要/a	1	汉山/ns	1	芦柴/n	1	干脆/d	1
做伴/v	1	跪拜/v	1	乾陵/nr	1	乾陵/nz	1	年制/n	1
主持/v	1	皇朝/n	1	犯愁/v	1	接踵/v	1	低潮/n	1
口吻/n	1	闲聊/v	1	告辞/v	1	漏掉/v	1	南下/v	1
详述/v	1	淡化/v	1	情谊/n	1	原形/n	1	播音/v	1
妍曝/nr	1	矫健/a	1	相距/v	1	打转/v	1	极力/d	1
恩淑/nr	1	皮草/n	1	秋菊/nr	1	受赏/v	1	斟酌/v	1
牦牛/n	1	猫儿/n	1	咸湖/n	1	直至/d	1	直至/p	1
挑动/v	1	沿岸/s	1	妨害/v	1	和谈/v	1	议和/v	1
快报/n	1	播报/v	1	买方/n	1	捡到/v	1	王艺/nr	1
仪表/n	1	脑瘤/n	1	论谈/v	1	有缘/v	1	包扎/v	1
车轴/n	1	后座/n	1	付诸/v	1	真事/n	1	深层/a	1
彰显/v	1	喧嚣/a	1	逗笑/v	1	打怵/v	1	脏乱/a	1
水草/n	1	晨曦/n	1	大幸/n	1	伯乐/nr	1	常客/n	1
怀胎/v	1	便当/a	1	无私/a	1	相等/v	1	刊印/v	1
水边/s	1	肚里/f	1	平滑/a	1	后劲/n	1	斟满/v	1
劝酒/v	1	鹿鹿/nr	1	贪吃/v	1	应邀/v	1	某一/r	1
偶然/n	1	睿麟/nr	1	橙黄/a	1	侠侣/n	1	神雕/n	1
武林/n	1	江湖/n	1	作诗/v	1	关羽/nr	1	说书/v	1
医院/nt	1	黄务/ns	1	动乱/n	1	笑貌/n	1	警局/n	1
鞍山/ns	1	周详/a	1	老鹰/n	1	派头/n	1	车影/n	1
高挺/a	1	大漠/n	1	请到/v	1	班内/f	1	旻贞/nr	1
水波/n	1	泛起/v	1	波动/v	1	重逢/v	1	崇信/v	1
平分/v	1	素来/d	1	水漂/n	1	之中/u	1	令人/v	1
灿然/z	1	道义/n	1	磨石/n	1	恩泽/n	1	乐意/a	1
推举/v	1	中用/a	1	中看/a	1	欢心/n	1	招摇/v	1
恩怨/n	1	捶捶/v	1	拿奖/v	1	狡辩/v	1	权势/n	1
叛徒/n	1	卑劣/a	1	伪诈/v	1	内秀/a	1	傻劲/n	1
森森/a	1	门风/n	1	黏糊/a	1	狗屎/n	1	秋游/n	1
喜酒/n	1	妖女/n	1	犯傻/v	1	呆子/n	1	耕耘/v	1
危局/n	1	身世/n	1	侦察/v	1	欺压/v	1	博学/a	1
感性/a	1	营生/v	1	知阳/nr	1	裸露/v	1	菜刀/n	1
对应/v	1	耗费/v	1	新秀/nr	1	老练/a	1	承继/v	1

续表

灵通/a	1	添乱/v	1	无干/v	1	腰伤/n	1	头目/n	1
微软/nt	1	阴沉/a	1	国权/n	1	军权/n	1	回升/v	1
大腕/n	1	秉性/n	1	抢先/v	1	捣鬼/v	1	撒撒/v	1
安利/n	1	寅虎/nr	1	欢迎/n	1	傲气/a	1	能耐/n	1
小样/n	1	他俩/r	1	哇哇/o	1	后台/n	1	破事/n	1
远门/n	1	正经/a	1	王强/nr	1	王雪/nr	1	阿华/nr	1
勒令/v	1	勾搭/v	1	水性/n	1	失礼/v	1	大喜/nr	1
俗事/n	1	炒面/n	1	招架/v	1	劝劝/v	1	竞走/n	1
悔过/v	1	春洲/ns	1	方队/n	1	庆洲/ns	1	王红/nr	1
请帖/n	1	西村/ns	1	娘俩/n	1	自保/v	1	太监/n	1
昏君/n	1	补品/n	1	巡游/v	1	私吞/v	1	富余/a	1
富余/v	1	皇妃/n	1	裁员/v	1	温州/ns	1	才子/n	1
今早/t	1	明和/nr	1	拆散/v	1	管管/v	1	油瓶/n	1
拉倒/v	1	起点/n	1	相交/v	1	拘管/v	1	告密/v	1
王韦/nr	1	有成/v	1	喂奶/v	1	挥手/n	1	南风/n	1
剧增/v	1	每当/d	1	车主/n	1	巨变/n	1	高昂/a	1
通勤/n	1	插图/n	1	三时/t	1	进站/v	1	山花/n	1
新绿/n	1	志惠/nr	1	词性/n	1	端来/v	1	明爽/a	1
豁然/d	1	把握/n	1	习题/n	1	代言/v	1	人头/n	1
可气/a	1	淡漠/v	1	异味/n	1	现有/b	1	后记/n	1
学阀/n	1	食材/n	1	升日/nr	1	收发/v	1	辽阔/a	1
幅员/n	1	同等/a	1	北朝/n	1	邀请/n	1	消亡/v	1
碰巧/v	1	日元/n	1	网通/n	1	肩负/v	1	飞跑/v	1
怠慢/v	1	搁板/n	1	雅静/a	1	污迹/n	1	陈设/v	1
日后/d	1	服帖/a	1	气孔/n	1	夫子/ns	1	应有/a	1
挂钟/n	1	白板/n	1	吸气/v	1	帘子/n	1	卧房/n	1
床尾/s	1	地上/n	1	警卫/n	1	书城/n	1	帘儿/n	1
床单/n	1	上次/r	1	仙林/nr	1	规制/n	1	里头/f	1
和谐/v	1	相宜/a	1	相宜/v	1	驳诘/v	1	食谱/n	1
活泼/v	1	减小/v	1	印象/a	1	主犯/n	1	树根/n	1
膀子/n	1	凋谢/v	1	衣物/n	1	水产/n	1	停停/v	1
可心/a	1	研读/v	1	悉心/a	1	悉心/d	1	美差/n	1
心智/n	1	回首/v	1	效能/n	1	名药/n	1	元气/n	1

续表

极品/n	1	梁朝/t	1	入座/v	1	坦然/a	1	对号/v	1
欢声/n	1	早晚/n	1	绝妙/a	1	土冢/n	1	祥勋/nr	1
贤珠/nr	1	梅花/nr	1	新白/ns	1	为期/v	1	张张/q	1
殷切/a	1	访客/n	1	珠熙/nr	1	鸟瞰/v	1	松江/ns	1
壮志/n	1	豪情/n	1	背书/v	1	绿色/a	1	牛羊/n	1
蒙古族/n	1	蒙文/nz	1	小康/n	1	裁减/v	1	辛格/nr	1
物种/n	1	大寿/n	1	毛孔/n	1	留有/v	1	延时/v	1
小小/d	1	免除/v	1	趋向/v	1	拳脚/n	1	重婚/v	1
积聚/v	1	本位/n	1	侥幸/a	1	期终/t	1	失恋/n	1
漩涡/n	1	壮胆/v	1	驱寒/v	1	蹙眉/v	1	明意/nr	1
从实/d	1	辨明/v	1	饭局/n	1	禁毒/v	1	四川/n	1
乐子/n	1	震慑/v	1	也是/d	1	放火/v	1	兜揽/v	1
屈辱/n	1	短工/n	1	水平/ns	1	水平/a	1	卖淫/v	1
拐骗/v	1	耗尽/v	1	剂量/n	1	损耗/v	1	剥削/v	1
毁掉/v	1	惹起/v	1	窥伺/v	1	新的/a	1	海菜/n	1
查明/v	1	禽兽/n	1	下蛋/v	1	瞎话/n	1	经由/p	1
私运/v	1	投药/v	1	绮丽/a	1	偷运/v	1	龙辉/nr	1
二奶/n	1	亲子/n	1	埋藏/v	1	有望/v	1	闲逛/v	1
昏睡/v	1	醉酒/n	1	醉酒/v	1	焦油/n	1	激素/n	1
分泌/v	1	发问/v	1	装装/v	1	饮品/n	1	碑林/ns	1
衰竭/v	1	中风/v	1	一发/d	1	装蒜/v	1	胡闹/v	1
财力/n	1	辣味/n	1	那件/r	1	依托/v	1	惊扰/v	1
剩女/n	1	鳀鱼/n	1	粗粮/n	1	冰汤/n	1	苏子/n	1
手感/n	1	正元/nr	1	飘摇/v	1	叶子/nr	1	娜丽/nr	1
拳菜/n	1	热闹/n	1	热闹/v	1	油脂/n	1	猪油/n	1
缺损/v	1	低质/n	1	田中/nr	1	熟菜/n	1	腥气/a	1
腥气/n	1	脾胃/n	1	取向/n	1	喜筵/n	1	面食/n	1
四八/m	1	凉拌/v	1	酸水/n	1	咀嚼/v	1	瑰丽/n	1
瑰丽/z	1	料儿/n	1	换货/v	1	亮堂/a	1	倚靠/v	1
忌惮/v	1	高薪/n	1	挑拣/v	1	尺寸/n	1	很大/a	1
香甜/a	1	真善/nr	1	拍拍/v	1	歉意/n	1	一七/m	1
俐廷/nr	1	猫粮/n	1	它的/r	1	成千/m	1	稀烂/z	1
壁球/n	1	镇右/nr	1	备至/a	1	人伦/n	1	船长/n	1

续表

眷属/n	1	供养/v	1	家政/n	1	浅红/n	1	防范/v	1
持久/a	1	遏制/v	1	陈雅/nr	1	笑料/n	1	脚底/n	1
冰车/n	1	守旧/a	1	苍老/a	1	思正/nr	1	开释/v	1
整改/v	1	做好/v	1	其间/t	1	力行/v	1	安知/v	1
小事/n	1	勿失/v	1	铺子/n	1	丧志/v	1	航行/v	1
挫败/v	1	铲子/n	1	芥末/n	1	时候/u	1	菜桌/n	1
铺上/v	1	炒炒/v	1	芝士/n	1	碎片/n	1	怀疑/n	1
骨感/n	1	凉菜/n	1	条儿/q	1	丝儿/n	1	鸡精/n	1
病征/n	1	干饭/n	1	开放/n	1	假托/v	1	在校/b	1
苏苏/nr	1	今昔/n	1	对吧/l	1	碰打/v	1	几下/m	1
风湿/n	1	眼红/v	1	喊声/n	1	偏方/n	1	四下/d	1
宽慰/v	1	没辙/v	1	倾力/v	1	问诊/v	1	寻医/v	1
疫情/n	1	抽枝/v	1	近日/t	1	得救/v	1	老账/n	1
上周/t	1	害死/v	1	摧残/v	1	祭品/n	1	底层/n	1
残害/v	1	鉴于/p	1	痴情/a	1	听者/n	1	橐橐/o	1
履声/n	1	横竖/d	1	骤然/d	1	鞋跟/n	1	坠入/v	1
年华/n	1	伤逝/v	1	更为/d	1	沉沉/a	1	黑幕/n	1
宗法/n	1	沾手/v	1	失子/v	1	丧夫/v	1	再嫁/v	1
恶习/n	1	斜视/v	1	怒目/v	1	嫌弃/v	1	东家/n	1
染病/v	1	清平/a	1	平野/n	1	断桥/ns	1	白河/ns	1
尚熙/nr	1	温润/a	1	林海/ns	1	烽山/ns	1	伢湾/ns	1
交界/v	1	飘飘/v	1	吧嗒/o	1	假面/n	1	摇橹/v	1
王峰/nr	1	任何/d	1	和音/n	1	和善/a	1	四度/n	1
整形/v	1	诱饵/n	1	鸡窝/n	1	开屏/v	1	孔雀/n	1
改道/v	1	屈服/v	1	理疗/n	1	高了/y	1	天蓝/n	1
喳喳/x	1	圣山/n	1	铁栅/n	1	英姬/nr	1	李朝/n	1
降生/v	1	嬉笑/v	1	铃音/n	1	傻笑/v	1	打眼/v	1
店里/n	1	解决/d	1	解决/n	1	北窗/n	1	空旷/a	1
途程/n	1	江陵/ns	1	睡袋/n	1	石梁/n	1	飘洒/v	1
拂面/v	1	屏障/n	1	峭壁/n	1	团块/n	1	红藻/n	1
有民/nr	1	黑沙/ns	1	到处/n	1	四边/n	1	美美/nr	1
美美/d	1	美美/z	1	炒糕/nz	1	贞美/nr	1	冷面/nz	1
窥视/v	1	梦想/a	1	眉棱/n	1	国字/n	1	融进/v	1

续表

惺忪/a	1	揉揉/v	1	广袤/a	1	故居/n	1	游逛/v	1
入夏/v	1	咕咕/o	1	化映/nr	1	成海/nr	1	有真/nr	1
生字/n	1	多慧/nr	1	元宝/n	1	助人/v	1	力求/v	1
盐城/ns	1	永存/v	1	空位/n	1	元燮/nr	1	直白/a	1
越加/d	1	银贞/nr	1	抱有/v	1	举起/v	1	里氏/n	1
体魄/n	1	妮妮/nr	1	迎迎/nr	1	贝贝/nr	1	欢欢/nr	1
吐沫/n	1	限用/v	1	正美/nr	1	天数/n	1	安检/v	1
狂烈/a	1	近来/a	1	热血/n	1	病室/n	1	粗气/n	1
据点/n	1	愁容/n	1	行儿/q	1	乐谱/n	1	黑山/ns	1
指路/v	1	活计/n	1	笨重/a	1	欠身/v	1	始末/n	1
伤者/n	1	怪事/n	1	招揽/v	1	玩物/n	1	灵机/n	1
传人/v	1	绝佳/a	1	文友/nr	1	哲勋/nr	1	您们/r	1
特定/b	1	辞去/v	1	案例/n	1	巧遇/v	1	反且/d	1
原定/v	1	铲儿/n	1	原状/n	1	枝头/n	1	四千/m	1
粉红/n	1	积攒/v	1	土木/n	1	谨防/v	1	工钱/n	1
翻转/v	1	告诫/v	1	搁浅/v	1	时段/n	1	天桥/n	1
得宝/nz	1	相姬/nr	1	王民/nr	1	性希/nr	1	功底/n	1
开设/v	1	糨糊/n	1	博大/a	1	大容/nr	1	丑媳/n	1
脚下/n	1	远道/a	1	兴隆/a	1	良友/n	1	清华/nt	1
论评/n	1	南星/nt	1	肌肤/n	1	贝尔/nz	1	比划/v	1
正南/nr	1	光华/n	1	偶尔/a	1	拾得/v	1	文岩/nr	1
解约/v	1	附加/v	1	七号/t	1	节减/v	1	文本/n	1
少山/ns	1	探究/v	1	信使/n	1	明了/v	1	孩童/n	1
懵懂/a	1	肤浅/a	1	淡泊/a	1	实感/a	1	大婶/n	1
桌前/f	1	远房/b	1	花园/ns	1	放到/v	1	胸上/f	1
呆滞/a	1	情神/n	1	挪动/v	1	倒影/n	1	淡妆/n	1
顶层/n	1	深色/b	1	长款/b	1	微胖/a	1	颓废/a	1
韩善/nr	1	知永/nr	1	英玉/nr	1	原缎/n	1	识趣/v	1
德隐/nr	1	宏熙/nr	1	法语/nz	1	贤智/nr	1	白克/nr	1
手电/n	1	弘锡/nr	1	流出/v	1	长方/b	1	京姜/nr	1
异象/n	1	春蚕/n	1	夏虫/n	1	夹杂/v	1	蓬松/a	1
眷念/v	1	严父/n	1	教诲/n	1	爹妈/n	1	仿效/v	1
赞许/v	1	称道/v	1	称许/v	1	师长/n	1	品貌/n	1

续表

带回/v	1	头痛/n	1	冷血/a	1	白种/b	1	僵局/n	1
下颌/n	1	肥硕/a	1	褶皱/n	1	全北/ns	1	一中/j	1
分校/n	1	小三/n	1	专程/d	1	所长/n	1	结合/n	1
专攻/v	1	临门/v	1	双喜/n	1	守则/n	1	赵杰/nr	1
违章/v	1	副业/n	1	丹东/f	1	化装/v	1	骨灰/n	1
传呼/v	1	南开/ns	1	高声/d	1	十亿/m	1	黄帝/nr	1
老伴/n	1	威严/a	1	堂哥/n	1	堂姐/n	1	乱子/n	1
眼罩/n	1	开炮/v	1	视听/n	1	贯彻/v	1	借鉴/v	1
本义/n	1	风靡/v	1	贺年/v	1	威信/n	1	孤寂/a	1
车夫/n	1	当即/d	1	周折/n	1	车速/n	1	绝技/n	1
剧院/n	1	衰落/v	1	细化/v	1	残存/v	1	点数/n	1
肉眼/n	1	趋于/v	1	高速/d	1	兴亡/n	1	职场/n	1
群体/n	1	非人/b	1	销禁/v	1	探询/v	1	竹篓/n	1
设宴/v	1	橱柜/n	1	死党/n	1	南昌/n	1	交口/ns	1
日历/n	1	成材/v	1	中计/v	1	囚笼/n	1	拘禁/v	1
裤带/n	1	抱病/v	1	赤子/n	1	强压/v	1	海草/n	1
扎实/a	1	功率/n	1	那儿/k	1	尊称/n	1	跑道/n	1
并存/v	1	锻炼/vn	1	普吉/ns	1	哲人/n	1	下地/v	1
大办/v	1	短裤/n	1	图章/n	1	装有/v	1	睡睡/v	1
福礼/nr	1	滑倒/v	1	交易/v	1	包管/v	1	军服/n	1
走读/v	1	获益/v	1	神殿/ns	1	宗明/nr	1	倒头/v	1
刘兰/nr	1	职能/n	1	眯眯/v	1	汽水/n	1	同声/n	1
瘫软/v	1	欣然/z	1	志希/nr	1	壮汉/n	1	悲酸/a	1
腾空/v	1	沉入/v	1	细弱/a	1	下脚/v	1	顺路/v	1
脱班/v	1	打气/v	1	翻动/v	1	张漫/nr	1	嗓门/n	1
高薇/nr	1	法力/n	1	子弹/n	1	舔舔/v	1	毛发/n	1
开课/v	1	松开/v	1	把儿/n	1	本色/n	1	美贞/nr	1
喷壶/n	1	胎梦/n	1	梳妆/v	1	神韵/n	1	杜甫/nr	1
望女/v	1	盼子/v	1	冰雪/n	1	蟋蟀/n	1	洁净/a	1
芬芳/n	1	五五/m	1	高地/n	1	捷径/n	1	测量/v	1
对准/v	1	江河/n	1	焦土/n	1	物资/n	1	异域/n	1
鹿子/n	1	风凉/a	1	蜷缩/v	1	王梅/nr	1	飞碟/n	1
太空/n	1	科里/nz	1	火箭/n	1	白合/nr	1	白合/n	1

续表

林肯/nr	1	扬起/v	1	开锁/v	1	左眼/n	1	邪恶/a	1
驱遣/v	1	驱散/v	1	作古/v	1	归终/v	1	木塔/n	1
翻滚/v	1	吃相/n	1	一齐/d	1	隆起/v	1	施加/v	1
城区/s	1	新店/ns	1	准备/n	1	富平/ns	1	澌澌/o	1
干巴/a	1	庙堂/n	1	沫儿/n	1	从兄/n	1	堂兄/n	1
玉盘/n	1	祭奠/v	1	佳节/n	1	异乡/n	1	门镜/n	1
翻版/n	1	石佛/n	1	哄劝/v	1	五万/m	1	谢老/nr	1
借给/v	1	小童/nr	1	汉学/n	1	柄贤/nr	1	近处/s	1
干泳/nr	1	留园/ns	1	体能/n	1	球形/n	1	来由/n	1
鲁国/n	1	雄智/nr	1	真爱/n	1	踪迹/n	1	水洼/n	1
闭上/v	1	名扬/v	1	留影/v	1	过招/v	1	李哪/nr	1
招考/v	1	初选/v	1	镇坤/nr	1	卫兵/n	1	离队/v	1
猫咪/n	1	欢送/v	1	难/l	1	似/d	1	宝/a	1
骨/Ng	1	骨/n	1	隅/n	1	子/nr	1	悲/Ag	1
魏/n	1	鑫/nr	1	合/n	1	靓/ag	1	靓/a	1
找/n	1	盏/q	1	疏/ag	1	疏/a	1	疏/g	1
疏/l	1	颈/ng	1	颈/n	1	刎/vg	1	途/ng	1
德/nr	1	德/ns	1	切/y	1	肥/i	1	俗/n	1
半/b	1	话/q	1	话/v	1	主/ag	1	濒/vg	1
捐/x	1	彻/vg	1	罗/n	1	及/a	1	袁/n	1
讯/ng	1	亏/ng	1	转/z	1	轧/v	1	坡/a	1
床/v	1	哽/v	1	态/ng	1	态/x	1	奸/v	1
蒸/v	1	枕/v	1	塌/a	1	素/a	1	素/d	1
舟/n	1	走/d	1	过/n	1	甚/x	1	冰/v	1
柜/n	1	要/f	1	嗨/o	1	剖/v	1	殿/n	1
织/n	1	捧/q	1	输/a	1	尔/g	1	尔/r	1
尔/v	1	介/vg	1	介/n	1	介/p	1	穿/n	1
穿/r	1	穿/u	1	台/nr	1	统/v	1	哩/o	1
哩/y	1	鳖/n	1	哔/o	1	那/d	1	那/v	1
倍/n	1	氢/n	1	氧/n	1	或/d	1	迹/ns	1
到/b	1	到/u	1	突/a	1	突/d	1	突/v	1
感/k	1	勒/ns	1	妆/vg	1	边/q	1	暴/v	1
蓬/a	1	板/ng	1	附/vg	1	稳/v	1	庆/v	1

续表

母/g	1	时/Ng	1	时/nr	1	时/u	1	时/v	1
禄/n	1	但/p	1	意/Ng	1	意/ns	1	意/g	1
曝/v	1	漆/n	1	其/q	1	将/n	1	将/t	1
风/ns	1	风/v	1	蝶/n	1	恼/ag	1	士/ng	1
牝/n	1	迷/ng	1	迷/k	1	银/ng	1	银/n	1
欧/j	1	厌/ag	1	敌/ng	1	敌/a	1	邹/n	1
漾/v	1	校/Ng	1	校/j	1	近/s	1	近/t	1
代/n	1	秋/v	1	瘪/a	1	忌/Vg	1	忌/v	1
噙/v	1	不/q	1	不/r	1	不/s	1	皙/a	1
实/n	1	左/a	1	误/ng	1	弦/n	1	战/vg	1
抱/r	1	眠/v	1	紧/d	1	紧/v	1	去/c	1
筷/n	1	调/n	1	贵/x	1	烛/ng	1	愈/a	1
箱/q	1	服/Ng	1	服/q	1	悖/vg	1	俺/r	1
罐/ng	1	悟/x	1	砂/Ng	1	砂/b	1	砂/n	1
弛/v	1	韩/ng	1	韩/b	1	此/c	1	碴/n	1
当/c	1	公/n	1	人/l	1	人/m	1	女/j	1
趟/v	1	节/t	1	景/d	1	知/n	1	兔/ng	1
兔/n	1	娘/n	1	缀/v	1	另/v	1	谁/nt	1
羽/g	1	得/d	1	得/e	1	得/l	1	非/h	1
非/k	1	吃/n	1	熊/v	1	兽/ng	1	委/ng	1
委/vg	1	委/n	1	肚/ng	1	变/vn	1	变/a	1
偏/p	1	庄/Ng	1	善/n	1	拱/ng	1	钟/nz	1
军/j	1	旅/vn	1	旅/vg	1	里/r	1	法/ng	1
法/nr	1	法/j	1	法/v	1	徐/nr	1	终/vg	1
终/n	1	弃/g	1	弃/x	1	氦/n	1	孵/v	1
始/n	1	贸/n	1	诉/vg	1	谨/ag	1	谨/d	1
笼/x	1	刨/v	1	让/c	1	让/r	1	邓/nr	1
予/g	1	予/v	1	今/ng	1	今/n	1	擤/v	1
谎/ng	1	闭/nr	1	膜/n	1	拘/p	1	气/d	1
雾/a	1	雾/x	1	孟/n	1	仍/r	1	屯/ng	1
逮/v	1	杆/n	1	杆/q	1	蝉/n	1	拳/n	1
植/v	1	犬/ng	1	卦/q	1	末/ng	1	末/g	1
满/n	1	唧/v	1	儿/m	1	儿/q	1	她/f	1

续表

泰/Ng	1	泰/nr	1	完/n	1	在/ns	1	在/f	1
在/q	1	在/r	1	在/u	1	在/z	1	辰/n	1
受/d	1	果/c	1	框/v	1	慎/v	1	益/vg	1
益/n	1	菲/nr	1	梯/ng	1	典/g	1	典/n	1
百/a	1	卫/Vg	1	红/b	1	菌/n	1	英/Ng	1
岩/Ng	1	绣/v	1	枫/ng	1	枫/n	1	击/v	1
丹/a	1	褐/a	1	橙/a	1	丧/v	1	簪/n	1
荡/v	1	大/k	1	斗/nz	1	努/Vg	1	欣/ag	1
缪/nr	1	橹/n	1	杭/Ng	1	仪/k	1	抑/v	1
唯/d	1	驻/vg	1	驻/v	1	副/v	1	场/p	1
下/i	1	下/p	1	下/s	1	梅/Ng	1	匪/n	1
甜/n	1	顷/q	1	港/ns	1	/j	1	露/n	1
单/v	1	贪/a	1	君/nr	1	私/a	1	私/b	1
杯/Ng	1	哼/o	1	哼/y	1	康/Ag	1	晃/a	1
邮/ng	1	秦/nr	1	庸/nr	1	定/b	1	膏/ng	1
皇/n	1	慈/ag	1	宣/x	1	站/vn	1	莱/n	1
水/ns	1	撮/q	1	墨/n	1	袍/ng	1	简/a	1
简/g	1	黑/n	1	烘/v	1	勤/ag	1	勤/a	1
勤/n	1	勤/v	1	票/v	1	热/z	1	呼/r	1
唐/nr	1	糕/ng	1	糕/x	1	糙/a	1	录/n	1
叽/o	1	司/n	1	罪/ng	1	罪/v	1	执/a	1
滋/Ng	1	慌/u	1	勿/v	1	道/vg	1	粉/ng	1
塔/ns	1	团/a	1	明/v	1	邻/ng	1	等/m	1
等/n	1	忆/n	1	脾/n	1	味/k	1	参/Ng	1
参/ng	1	参/vg	1	键/n	1	成/Vg	1	成/a	1
阳/ng	1	颚/n	1	咯/y	1	刁/v	1	侃/g	1
彩/n	1	白/m	1	盾/n	1	嗣/vg	1	术/ng	1
巴/n	1	冻/a	1	灰/ag	1	灰/a	1	次/n	1
瓮/n	1	商/ng	1	商/t	1	幼/Ag	1	政/g	1
创/vg	1	烙/v	1	绩/Ng	1	序/n	1	陋/ag	1
陋/n	1	句/ng	1	句/p	1	宅/a	1	恐/Vg	1
恐/v	1	腕/n	1	强/d	1	欸/e	1	喂/y	1
物/g	1	窍/n	1	窍/x	1	恩/ng	1	恩/n	1

续表

地/a	1	地/i	1	地/q	1	效/ng	1	旬/Ng	1
旬/ng	1	旬/m	1	旬/n	1	旬/q	1	员/ng	1
泳/ng	1	泳/vg	1	泳/n	1	泳/x	1	游/vg	1
歪/v	1	铜/b	1	铜/n	1	踮/v	1	乌/a	1
寅/nr	1	礁/n	1	迁/v	1	故/ng	1	故/n	1
棉/n	1	毋/v	1	皂/n	1	着/a	1	卸/v	1
册/n	1	华/nr	1	陶/n	1	振/nr	1	振/a	1
振/v	1	页/Ng	1	头/m	1	规/ng	1	熙/nr	1
垫/v	1	召/vg	1	捆/q	1	针/q	1	针/v	1
幺/n	1	侯/n	1	觉/vg	1	觉/nr	1	覆/Vg	1
化/vg	1	麦/n	1	乏/v	1	身/v	1	而/v	1
枉/v	1	机/ng	1	机/v	1	冢/nz	1	前/a	1
箭/v	1	茵/n	1	筋/n	1	筋/x	1	恕/x	1
杠/ng	1	殷/t	1	天/v	1	外/a	1	齿/Ng	1
玩/a	1	莲/nr	1	纪/v	1	江/nr	1	江/ns	1
像/ng	1	询/Vg	1	考/n	1	饮/n	1	缚/v	1
悔/vg	1	计/ng	1	计/n	1	绝/n	1	绝/v	1
涵/v	1	熏/v	1	从/r	1	童/ng	1	系/ng	1
叩/v	1	监/vg	1	徒/v	1	久/q	1	久/v	1
奥/Ag	1	比/b	1	比/c	1	比/u	1	盆/ng	1
雀/n	1	奴/Ng	1	奴/n	1	锤/n	1	燕/n	1
朗/v	1	沓/q	1	膳/g	1	国/q	1	国/v	1
开/a	1	阔/a	1	架/Ng	1	架/ng	1	方/d	1
方/f	1	方/g	1	民/nr	1	嫂/Ng	1	嫂/ng	1
嫂/n	1	妇/ng	1	籍/Ng	1	奏/v	1	婢/x	1
笛/n	1	干/r	1	仲/Ng	1	肿/a	1	顽/ag	1
歹/ag	1	桃/n	1	脏/n	1	迭/v	1	迭/x	1
颜/Ng	1	颜/ng	1	耶/e	1	家/b	1	家/p	1
孩/n	1	估/vg	1	潜/vg	1	潜/g	1	距/v	1
毯/n	1	唇/n	1	胖/v	1	胖/x	1	逝/v	1
凿/v	1	饭/a	1	饭/v	1	根/d	1	根/p	1
宿/n	1	祛/v	1	槽/Ng	1	鞍/ng	1	鞍/n	1
和/a	1	和/r	1	亡/vg	1	缓/a	1	麻/a	1

续表

饰/ng	1	翻/i	1	咂/v	1	队/nz	1	堂/ng	1
堂/n	1	恰/d	1	条/v	1	菊/Ng	1	尹/nr	1
秃/v	1	卖/n	1	档/n	1	档/q	1	淌/v	1
炼/v	1	敏/nr	1	同/b	1	茂/ag	1	跃/v	1
繁/Ag	1	繁/ag	1	幽/ag	1	耸/vg	1	野/n	1
犟/a	1	醉/a	1	泄/g	1	猹/n	1	泛/v	1
众/n	1	众/r	1	赏/n	1	猎/n	1	通/o	1
籽/n	1	漱/v	1	扬/x	1	微/Ag	1	锰/n	1
钴/n	1	匆/x	1	体/t	1	首/m	1	押/v	1
畔/n	1	镶/v	1	刘/n	1	唉/v	1	孝/vg	1
孝/j	1	快/n	1	碧/ag	1	碧/n	1	荣/nr	1
撑/a	1	愣/ag	1	榨/v	1	会/ns	1	会/r	1
会/t	1	股/n	1	股/v	1	违/v	1	午/x	1
李/x	1	圈/v	1	个/f	1	个/p	1	个/u	1
者/ng	1	者/v	1	昌/x	1	名/ng	1	名/v	1
来/a	1	来/c	1	来/i	1	来/y	1	复/Vg	1
俞/Ng	1	倦/a	1	唔/r	1	裙/ng	1	菇/ng	1
耳/ng	1	哈/e	1	赘/g	1	赘/v	1	伏/n	1
伏/x	1	只/s	1	势/ng	1	势/g	1	势/n	1
俯/v	1	穗/n	1	嘞/e	1	嘞/o	1	嘞/x	1
艮/a	1	啼/v	1	原/g	1	王/ng	1	王/r	1
臊/a	1	臊/v	1	拯/v	1	杖/n	1	铁/v	1
嗜/Vg	1	嗜/vg	1	寻/Vg	1	誓/n	1	誓/v	1
呵/v	1	番/m	1	岳/n	1	龄/g	1	欲/vg	1
欲/g	1	欲/n	1	欲/v	1	止/Vg	1	谦/a	1
损/g	1	损/n	1	都/ns	1	都/a	1	帘/n	1
蛰/v	1	弯/q	1	弯/v	1	遂/d	1	趣/n	1
浴/n	1	晨/n	1	晨/x	1	发/ng	1	发/ns	1
洞/ns	1	蹼/n	1	瀑/n	1	座/ng	1	枝/n	1
矣/e	1	豁/v	1	仨/m	1	伙/n	1	伙/q	1
谙/v	1	正/p	1	正/v	1	辫/n	1	北/j	1
享/g	1	梭/n	1	向/n	1	向/t	1	鬓/n	1
孬/a	1	吮/v	1	技/n	1	炉/n	1	蘸/v	1

续表

膝/Ng	1	扮/g	1	赤/ag	1	赤/a	1	分/a	1
樽/q	1	竞/vg	1	竞/v	1	版/q	1	仔/Ng	1
境/n	1	沸/v	1	蹿/x	1	肢/ng	1	匙/n	1
撇/q	1	伍/n	1	据/n	1	神/a	1	神/v	1
想/n	1	皞/nr	1	泪/v	1	泪/x	1	武/ng	1
武/n	1	摘/a	1	瞅/v	1	篆/ng	1	脉/n	1
捣/v	1	沥/v	1	冯/nr	1	垮/a	1	崖/n	1
柳/nr	1	窟/n	1	寒/ag	1	匠/n	1	倔/a	1
赠/v	1	科/nr	1	好/b	1	穷/v	1	习/ng	1
富/n	1	廉/ag	1	廉/a	1	星/j	1	鲁/j	1
鲁/n	1	例/g	1	汉/n	1	逸/vg	1	医/v	1
象/ng	1	象/n	1	古/ng	1	剂/n	1	福/a	1
晶/ng	1	愧/v	1	龇/v	1	生/b	1	史/g	1
呃/e	1	哇/e	1	诫/v	1	兄/ng	1	嗖/o	1
学/ng	1	学/vn	1	瘀/n	1	产/n	1	遗/vg	1
遗/v	1	鼎/n	1	帚/n	1	赵/ng	1	期/v	1
额/g	1	因/n	1	预/vg	1	畅/ag	1	精/a	1
疲/a	1	具/v	1	延/vg	1	恨/n	1	柱/g	1
柱/n	1	朝/vg	1	朝/n	1	朝/t	1	稠/a	1
惭/a	1	叹/g	1	青/ag	1	嘱/v	1	煞/d	1
靴/ng	1	堵/a	1	堵/q	1	虚/a	1	夫/ng	1
蓄/v	1	忠/ag	1	贞/a	1	宫/ng	1	掸/v	1
纳/v	1	文/nr	1	粘/a	1	烫/a	1	爰/v	1
形/g	1	形/v	1	蜥/n	1	绒/ng	1	仗/ng	1
仗/v	1	与/v	1	脆/a	1	丸/q	1	利/a	1
利/g	1	利/x	1	卷/ng	1	卷/q	1	蔽/vg	1
蔽/v	1	贺/vg	1	贺/nr	1	冀/ng	1	给/v	1
銮/n	1	烈/a	1	千/q	1	区/s	1	谓/vg	1
谓/n	1	瞎/a	1	日/d	1	椅/n	1	迟/v	1
窝/q	1	窝/v	1	书/ns	1	操/ng	1	刃/n	1
辉/ng	1	霉/a	1	问/n	1	底/ns	1	多/b	1
绑/v	1	尊/n	1	尊/v	1	许/n	1	镁/n	1
宾/n	1	丽/ag	1	用/c	1	淫/ag	1	温/ag	1

续表

告/g	1	适/v	1	恶/n	1	超/d	1	超/n	1
脂/Ng	1	炎/nz	1	炎/g	1	绳/n	1	探/v	1
促/vg	1	动/a	1	动/n	1	秀/ag	1	秀/n	1
有/vn	1	有/vg	1	控/g	1	被/q	1	被/v	1
咒/g	1	帝/ng	1	帝/n	1	阁/ng	1	粒/n	1
记/ng	1	警/n	1	吉/ng	1	才/a	1	才/p	1
阿/h	1	这/d	1	贱/a	1	叔/n	1	第/q	1
栗/n	1	养/n	1	携/v	1	较/p	1	办/n	1
篇/ng	1	篇/n	1	季/ng	1	币/n	1	俩/r	1
值/n	1	羹/n	1	柿/n	1	租/n	1	冤/a	1
府/n	1	酿/v	1	智/nz	1	馅/ng	1	仁/a	1
兰/ng	1	礼/nz	1	礼/g	1	钠/n	1	屏/ng	1
薯/n	1	综/vg	1	叨/z	1	啐/v	1	双/a	1
双/n	1	盈/v	1	剧/g	1	桶/q	1	链/n	1
承/vg	1	睛/n	1	膘/n	1	是/p	1	是/q	1
是/u	1	刹/n	1	昏/n	1	食/ng	1	恋/b	1
言/ng	1	哨/n	1	爆/g	1	雅/ag	1	惊/ng	1
拾/m	1	狗/r	1	镜/ng	1	馆/ng	1	耗/n	1
洋/ag	1	洋/nz	1	视/vg	1	视/g	1	视/v	1
冕/nr	1	凸/ag	1	凸/v	1	波/g	1	察/g	1
援/g	1	废/ag	1	茧/n	1	朴/ag	1	全/nr	1
宗/ng	1	屡/d	1	经/d	1	舒/v	1	勃/z	1
辞/vg	1	耀/vg	1	豪/ng	1	豪/ag	1	则/d	1
平/n	1	醪/g	1	驴/n	1	力/ng	1	听/n	1
普/ag	1	普/a	1	佣/n	1	衰/vg	1	俏/a	1
艺/ng	1	贤/g	1	况/g	1	低/f	1	诱/vg	1
唤/v	1	拽/v	1	哟/e	1	啄/v	1	篷/n	1
暖/ng	1	暖/Vg	1	暖/v	1	责/n	1	由/c	1
济/ng	1	济/v	1	慢/d	1	点/d	1	泡/q	1
挟/v	1	宴/ng	1	窗/ng	1	列/n	1	码/n	1
码/q	1	码/v	1	罚/n	1	耕/v	1	述/vg	1
缸/n	1	称/ng	1	峡/ns	1	俊/ag	1	俊/n	1
彼/r	1	凄/g	1	焦/a	1	丰/a	1	冠/ng	1

续表

般/d	1	户/ng	1	户/l	1	格/v	1	嘉/ag	1
囚/x	1	重/q	1	背/a	1	秤/n	1	坚/v	1
么/nr	1	族/g	1	郊/ng	1	访/vg	1	涌/vg	1
钢/n	1	聋/a	1	溺/vg	1	席/n	1	巨/ag	1
颠/v	1	驼/vg	1	踹/v	1	抨/vg	1	博/a	1
博/v	1	坊/n	1	他/n	1	阙/n	1	楹/n	1
凌/ng	1	喽/e	1	喽/o	1	辍/vg	1	花/nr	1
癖/ng	1	确/a	1	确/d	1	幸/ng	1	令/n	1
嗬/e	1	凡/a	1	浩/x	1	裸/ag	1	泻/v	1
更/n	1	更/v	1	戒/n	1	陵/n	1	捕/vg	1
看/u	1	扁/n	1	呢/e	1	呢/n	1	于/d	1
惬/x	1	飞/n	1	幢/q	1	绿/v	1	拊/g	1
唷/e	1	掣/g	1	授/v	1	艇/n	1	争/n	1
贫/ag	1	贫/a	1	速/ag	1	容/g	1	容/n	1
派/n	1	章/q	1	循/vg	1	锦/g	1	荫/g	1
所/c	1	所/d	1	晓/vg	1	晓/v	1	掩/v	1
老/b	1	老/h	1	挎/v	1	娃/ng	1	娃/n	1
疵/ng	1	猝/d	1	小/b	1	巾/n	1	度/ng	1
凤/x	1	绽/v	1	壳/n	1	崔/ng	1	滩/q	1
害/ng	1	兴/a	1	劫/ng	1	疾/ag	1	栖/g	1
爽/z	1	赞/vg	1	园/ns	1	京/ns	1	京/n	1
卒/v	1	标/v	1	务/d	1	躬/vg	1	鞠/vg	1
祥/a	1	恙/ng	1	颦/v	1	质/n	1	川/ng	1

附录 2

字　表

的	121346	了	53364	是	47540	一	41874	不	40154	有	34057	很	29473	他	28715	人	27409
们	25683	以	25382	在	24471	时	22951	个	20460	这	19929	来	19097	学	19024	国	18729
好	18452	天	17859	中	16048	得	16016	到	15898	去	15033	上	14805	你	13850	她	13761
生	13707	大	13360	子	13338	说	13335	后	13006	也	12491	所	12363	要	12275	多	12245
为	12189	家	12057	可	11836	么	11560	候	11420	就	10864	都	10840	看	10768	没	10718
想	10327	地	10269	那	9913	儿	9872	样	9635	但	9627	和	9557	起	9540	对	9304
还	9303	过	9244	会	8865	能	8363	话	8336	心	8162	事	8100	妈	7908	友	7860
常	7833	觉	7808	自	7758	现	7738	朋	7553	年	7547	里	7449	下	7417	然	7264
习	7234	因	6899	小	6880	着	6932	经	6811	点	6570	吃	6553	语	6507	方	6293
最	6259	情	6186	别	6077	发	5942	出	5793	老	5784	面	5719	高	5663	给	5504
意	5487	开	5473	成	5445	感	5415	韩	5405	跟	5392	做	5365	活	5346	作	5344
而	5328	什	5320	比	5310	欢	5249	喜	5227	间	5169	次	5137	真	5080	力	5019
孩	5016	回	4963	前	4944	己	4880	汉	4876	打	4861	道	4824	气	4721	工	4673
每	4611	如	4491	知	4485	从	4461	动	4422	定	4363	越	4274	爸	4253	见	4198
当	4168	公	4145	女	4101	只	4025	车	4024	长	4000	行	3993	爱	3992	山	3984
东	3980	果	3968	师	3957	西	3918	电	3898	难	3826	听	3804	太	3773	于	3748
用	3679	外	3581	边	3577	钱	3542	今	3487	问	3478	怎	3463	吧	3436	等	3404
重	3306	身	3263	日	3235	买	3192	分	3175	法	3172	京	3147	旅	3131	第	3123
同	3107	水	3106	之	3094	又	3080	已	3078	母	3076	服	3067	理	3052	把	3045
游	3011	像	2989	且	2983	饭	2944	眼	2923	明	2913	让	2904	快	2898	考	2862
期	2825	应	2820	三	2813	非	2811	父	2803	文	2787	业	2784	手	2783	南	2746
容	2739	机	2733	无	2733	相	2712	信	2703	才	2701	吗	2697	关	2694	种	2689
实	2656	走	2643	呢	2642	找	2618	再	2603	体	2589	海	2577	美	2549	物	2539
受	2532	认	2513	题	2512	兴	2504	名	2503	结	2496	望	2476	本	2471	直	2449

续表

该	2447	头	2443	几	2442	思	2419	风	2382	努	2366	课	2351	二	2329	住	2326
件	2320	近	2291	平	2290	书	2259	白	2254	性	2250	变	2243	解	2241	婚	2197
交	2187	教	2185	虽	2183	更	2179	通	2170	幸	2164	口	2148	市	2143	司	2131
其	2129	玩	2129	节	2112	十	2091	男	2086	试	2085	北	2077	福	2070	校	2058
帮	2037	系	2021	进	2016	特	2012	亲	2011	安	1982	决	1974	完	1961	晚	1955
化	1950	正	1947	少	1931	路	1916	留	1898	总	1895	早	1886	它	1877	新	1871
被	1868	花	1860	始	1846	格	1829	放	1827	城	1810	菜	1809	影	1797	班	1793
门	1789	坐	1758	差	1753	加	1745	先	1739	亮	1734	色	1721	向	1709	衣	1706
原	1696	景	1686	全	1676	便	1672	易	1668	助	1653	些	1650	各	1646	办	1641
照	1641	烟	1628	世	1627	表	1608	带	1593	希	1589	提	1582	干	1575	场	1568
夫	1566	部	1550	乐	1541	者	1534	告	1532	代	1526	处	1524	姐	1519	品	1512
视	1505	象	1500	忘	1493	终	1485	台	1472	病	1471	运	1470	主	1469	啊	1452
漂	1451	四	1449	岁	1440	识	1430	记	1429	热	1428	笑	1426	满	1419	界	1418
星	1414	脸	1411	况	1406	春	1400	由	1383	流	1377	较	1368	房	1365	合	1365
喝	1361	周	1344	此	1341	利	1341	刚	1329	失	1326	算	1325	准	1322	位	1319
五	1316	故	1307	店	1304	忙	1297	包	1296	光	1285	内	1282	字	1281	害	1274
整	1274	谢	1272	空	1265	假	1254	写	1252	火	1249	度	1247	健	1243	反	1240
离	1230	轻	1228	济	1219	展	1210	管	1208	半	1207	弟	1203	张	1197	员	1195
球	1192	苦	1190	音	1187	死	1182	保	1181	深	1180	错	1179	目	1172	社	1172
叫	1171	使	1167	环	1164	备	1163	连	1161	声	1149	睡	1147	商	1146	境	1142
息	1139	历	1122	院	1119	除	1113	冷	1098	远	1097	级	1093	或	1092	丽	1087
酒	1077	需	1076	般	1072	哪	1072	网	1068	产	1068	消	1062	务	1057	功	1054
康	1048	毕	1042	请	1035	园	1033	怕	1019	趣	1019	词	1019	红	1017	接	1013
担	1008	求	1007	贵	1006	单	993	足	991	突	989	量	985	困	979	丈	975
慢	967	脑	967	哥	967	尽	962	聊	961	观	961	往	953	养	951	神	944
诉	941	惯	937	民	931	医	930	急	929	收	926	至	924	岛	922	坏	921
任	920	论	919	雨	907	待	903	首	903	昨	901	报	901	条	900	青	900
改	898	谈	895	言	888	步	886	庭	885	味	883	王	881	皮	881	入	877
参	876	礼	869	累	868	冬	868	持	863	奶	860	费	858	读	854	休	850
愿	845	久	844	绩	842	雪	839	念	838	清	834	谁	834	穿	832	适	831
片	829	续	829	怪	823	必	822	导	816	讲	815	您	815	紧	811	广	811
食	810	秋	807	午	805	价	804	何	802	恋	801	严	801	馆	801	遇	796
优	796	印	794	拿	794	精	789	强	789	选	788	舍	787	树	787	伤	783

续表

似	783	传	782	黑	777	调	775	随	774	顾	767	烦	766	英	763	式	761
古	761	句	757	达	753	万	753	许	751	职	750	共	749	八	741	睛	735
育	733	州	733	狗	729	客	728	汽	727	命	722	倒	720	复	719	黄	719
香	716	数	712	惊	711	建	709	术	709	取	707	制	703	乎	701	飞	697
站	697	歌	695	与	695	吸	694	类	694	爬	690	互	687	介	687	并	686
响	684	唱	681	温	680	静	678	简	674	答	668	哭	663	绝	663	极	662
护	660	肯	655	跑	653	继	653	绍	649	造	648	妻	646	洗	641	舒	637
钟	637	切	636	农	635	村	633	演	630	资	627	懂	627	夜	626	爷	622
油	621	赛	617	阳	610	立	607	送	606	形	606	李	605	义	605	刻	604
号	603	宿	602	落	601	街	601	却	600	染	600	画	600	尔	597	妹	593
石	591	六	590	约	589	俩	585	验	585	充	584	料	583	计	582	专	581
善	579	富	579	初	578	注	578	究	578	区	577	票	576	室	574	竟	573
架	569	百	567	床	565	双	559	程	556	呀	552	末	552	统	551	乡	548
忆	545	引	544	压	543	另	541	偷	539	围	537	坚	537	良	536	质	535
背	533	即	532	嘴	531	够	531	毛	528	夏	528	减	527	及	527	顺	525
短	524	态	523	卖	521	貌	518	哈	518	敬	510	际	509	根	508	修	508
脚	507	土	505	团	503	座	501	梦	499	七	497	污	496	堂	494	痛	492
联	491	独	490	史	487	林	486	鲜	486	犯	485	存	483	块	483	掉	479
板	479	争	479	束	478	政	478	鱼	478	换	476	细	474	危	473	转	471
千	468	右	468	赶	468	圆	467	药	465	祝	464	队	464	仅	464	概	464
密	463	吵	458	麻	458	净	457	左	456	装	456	缺	454	择	452	跳	450
屋	450	败	449	享	448	怀	447	误	446	议	445	甚	443	排	443	未	441
悔	440	绿	439	剧	438	搬	437	布	435	宜	435	巴	433	断	433	胖	432
靠	431	暖	431	具	430	将	428	恼	427	洋	427	评	423	娘	423	抱	422
乱	417	负	417	辛	417	拉	425	证	416	磨	415	鼻	415	激	414	松	412
季	412	渐	410	呼	408	低	405	胜	405	领	403	怨	403	克	402	军	401
顶	400	挑	400	破	398	值	397	示	396	停	396	丢	396	肉	395	虑	395
泪	393	迟	393	招	392	获	392	标	391	举	389	亏	388	米	388	疼	387
弃	387	查	385	批	385	遗	384	依	384	战	382	鞋	381	永	380	效	380
尊	379	练	378	基	378	熟	377	鼓	376	族	376	脱	376	迎	374	据	373
附	372	智	371	姑	370	责	369	致	369	草	369	抽	367	指	367	奥	365
显	363	泡	363	冒	361	察	361	益	361	模	360	折	360	线	359	醒	359
毒	359	楼	358	则	358	既	358	江	357	免	356	底	353	元	353	叶	353

续表

劳	352	科	352	湖	351	增	351	厉	349	暑	349	图	348	惜	348	沉	348
规	347	辈	346	耳	345	忍	344	按	344	旁	344	弄	338	段	337	份	337
龄	337	散	337	碰	337	戏	336	龙	336	愉	335	货	335	穷	333	微	332
闻	331	冲	330	士	330	普	330	推	329	警	329	划	329	缘	329	敢	328
杀	327	确	326	积	326	妇	326	治	325	餐	325	预	325	材	325	鲁	324
肥	324	销	324	讨	323	居	323	烈	323	泰	323	兵	322	忽	322	设	321
追	321	翻	319	珍	319	俗	318	府	318	牌	317	彩	315	丰	315	购	315
浪	314	灵	314	异	313	省	313	婆	313	迷	310	临	310	鸡	308	九	307
云	307	投	307	令	307	慕	305	须	303	称	303	野	303	志	302	纪	302
付	301	颜	300	厅	299	顿	299	状	298	阿	297	逛	296	拆	295	闹	294
瘦	294	封	294	虎	293	率	293	退	292	占	292	止	289	漫	289	采	289
摆	289	炒	289	宫	288	施	287	壮	287	姓	287	曾	287	羡	286	扫	285
角	285	险	284	胡	284	借	282	律	282	浓	282	姻	282	聪	281	牛	281
血	281	骗	281	户	281	罪	279	朝	278	权	278	露	276	盼	275	恐	275
偶	274	镜	274	恶	274	途	273	私	273	灯	272	症	272	奖	271	船	271
肤	271	暗	270	技	270	闷	269	冰	269	眉	268	赞	268	舞	267	迹	267
呆	267	暴	266	叔	265	租	264	器	264	贫	263	银	263	厚	262	德	261
案	261	集	260	研	260	救	260	创	259	否	259	蛋	258	河	258	孤	257
维	256	超	256	蓝	256	懒	256	猫	255	固	255	迫	255	氛	254	宾	254
华	253	型	252	炼	252	寒	252	官	251	配	251	速	250	培	249	贸	249
劲	248	慌	248	支	248	凉	247	桌	247	铁	247	操	245	秀	245	端	245
挣	244	慰	243	码	243	杂	242	尝	242	源	242	洲	242	闲	242	聘	241
梁	241	吹	241	纷	241	楚	240	肚	240	戒	239	营	239	辣	239	锻	238
挂	238	览	238	众	237	醉	237	宝	237	谓	236	扭	236	筑	235	避	235
局	235	垃	234	寄	233	促	233	圾	232	木	232	款	232	残	232	抓	232
咖	230	赚	230	朗	229	登	229	财	229	守	228	啡	227	庆	227	范	227
势	227	博	226	偏	225	糟	224	泼	224	脾	224	拍	224	震	224	例	223
嘛	222	悉	222	勇	222	检	222	素	222	池	222	匆	221	戴	221	汤	221
归	221	挨	221	扔	220	纸	219	锅	219	蒙	218	宽	217	饿	216	奈	215
训	215	挺	215	拥	214	乌	214	泳	213	损	213	虚	212	骑	212	川	211
奋	211	荐	211	辅	211	艺	211	厌	210	遍	210	层	208	劝	208	窗	208
股	208	乘	207	牙	207	聚	206	稍	206	茶	205	威	204	瓜	203	仍	203
刑	203	卫	201	亚	201	孙	201	悠	199	佛	199	章	199	盖	198	帅	198

续表

余	198	饮	198	腿	197	凡	196	巧	196	赏	196	烂	196	欣	195	击	195
桥	193	踢	193	禁	193	判	193	刺	193	犹	192	墙	192	伙	191	豆	191
诞	191	凭	191	厂	191	刮	190	默	190	疑	189	圣	189	爽	189	串	188
杯	188	拾	187	控	187	替	187	扮	186	滑	186	拜	186	踏	186	粗	186
副	185	田	185	悲	185	烧	184	祖	184	埋	183	鬼	183	尤	182	沙	182
阴	181	晨	181	含	180	怜	179	陪	179	鸭	179	丧	178	零	178	诚	178
彼	178	伟	177	派	177	骂	177	篇	177	陌	176	矮	176	刘	176	鸟	175
硬	175	承	175	皇	175	勤	174	软	174	钻	174	译	174	置	173	糕	173
补	173	疾	173	胃	173	群	172	甜	172	偿	172	限	172	灾	172	秘	171
返	170	供	169	扬	169	托	169	升	169	征	169	笔	168	某	167	啦	167
夸	166	套	166	络	166	酱	165	疗	165	柔	164	咱	163	邮	163	坡	163
欺	162	仿	162	敏	162	腰	162	企	162	宣	162	沟	161	闭	161	愚	161
录	160	瓶	160	坦	160	项	160	疯	159	防	158	溜	158	糊	158	卡	158
索	158	蹭	157	抖	157	捐	157	庄	157	涉	157	港	156	挫	155	稳	154
握	154	帝	153	妆	153	述	153	略	153	宠	153	兜	153	吐	152	齐	152
邻	152	胆	151	闪	151	辆	151	豫	150	挥	150	掌	149	疏	149	纯	148
惹	148	童	148	箱	148	杭	148	灰	148	授	148	嫁	148	毫	147	输	147
苹	146	骨	146	憾	145	励	145	玉	145	额	145	透	144	圈	144	摊	144
贝	143	朵	143	脏	142	繁	142	泉	142	盾	142	融	141	弱	141	陈	141
延	140	澡	140	废	140	碍	140	莫	139	典	139	昆	139	患	139	售	139
罗	138	搞	138	誉	138	啤	137	列	137	糖	137	拔	137	祥	136	丑	136
兄	135	袋	135	摇	134	滩	134	宁	134	组	134	惠	134	朴	134	耐	133
障	133	仔	132	扑	132	苏	132	逐	132	罚	132	竞	132	爆	131	筒	131
湿	131	雾	131	申	131	遭	130	蓬	130	嫩	130	惑	130	伞	129	寺	129
矛	129	虫	129	碌	128	瘾	128	攻	128	撞	127	姨	127	涌	127	尾	127
羊	127	珠	126	逃	126	井	126	趁	125	忧	125	卷	125	潮	125	汗	124
饼	124	戚	124	摸	124	俊	124	羞	123	酸	123	灭	123	献	123	赢	122
津	122	狼	122	插	122	降	122	辞	122	兔	122	吊	121	恩	121	桃	121
钉	121	触	121	洒	121	鱿	121	播	120	魅	120	弊	120	针	120	属	120
启	119	植	119	俑	119	喊	118	镇	118	搭	118	灿	118	拒	118	塞	118
武	118	躺	117	熊	117	妙	117	贴	117	吉	117	擦	117	髦	117	棒	116
筋	116	仙	116	映	116	欧	116	篮	116	屁	116	裕	116	匙	116	尘	116
冠	115	郁	115	盘	115	莱	115	愧	115	牢	115	恳	115	泄	115	测	114

续表

狂	114	旧	114	昏	114	钥	114	叹	113	幅	113	寻	113	蔬	113	滋	112
斤	112	隐	112	诗	112	纳	112	阶	111	傲	111	郊	111	祸	111	醋	111
饶	111	茫	110	著	110	猴	110	序	110	谅	109	甲	109	盛	109	旦	109
访	108	斗	108	寂	108	抗	108	熬	108	炸	107	幼	107	腐	107	摔	107
塔	107	刀	107	哀	107	尖	107	移	106	疲	106	竹	106	肿	106	癌	106
嫂	106	遵	105	遥	105	斯	105	赌	105	鼠	105	劣	105	尚	105	慧	105
兼	104	督	104	骄	104	颐	104	樱	104	策	104	饱	104	亡	104	暂	104
曲	104	帽	104	释	104	滨	104	撇	104	奔	103	腾	103	括	103	添	103
藏	103	琴	103	丝	103	吓	102	郎	102	铺	102	伸	101	歉	101	仁	101
订	101	挽	100	掩	100	憋	100	渴	99	悟	99	堵	99	委	99	敲	99
挡	99	横	99	倾	99	巳	99	崇	99	币	98	峰	98	赖	98	挤	98
席	97	寸	97	监	96	洁	96	织	96	壁	96	烤	95	捡	95	钢	95
酬	95	振	95	欲	95	距	94	笨	94	酷	94	愁	94	恢	94	逗	94
雄	94	娱	94	毁	94	歹	94	淡	94	账	94	阵	93	厦	93	艰	93
掏	93	仗	93	侯	93	构	93	妨	93	询	92	猜	92	航	92	冻	92
猪	92	哎	91	孔	91	幽	91	碎	90	畅	90	碗	90	堆	89	频	89
剩	89	荣	88	援	88	晶	88	艳	88	炎	88	浮	88	隔	88	弥	88
龟	88	宰	88	伦	87	饰	87	淘	87	飘	87	拐	87	奏	87	沮	87
允	86	惟	86	阔	85	怖	85	喷	85	痒	85	混	85	雅	84	番	84
荡	84	轮	84	淋	84	猛	84	粉	84	咽	84	驳	84	谨	84	疙	84
瘩	84	幕	83	垂	83	恭	83	执	83	苗	83	堑	83	悦	82	肩	82
版	82	拼	82	霉	82	寞	82	谎	82	刊	82	哄	81	伯	81	弹	81
沿	81	涂	81	陵	81	协	81	拳	81	屈	80	倍	80	皱	80	催	80
盈	80	卧	80	誓	80	浇	80	贺	79	梯	79	蜜	79	孝	79	齿	79
签	79	唇	78	趟	78	拘	78	葱	78	肺	78	键	77	寿	77	躁	76
抬	76	诱	76	探	76	媳	76	递	76	杠	76	悄	75	缓	75	庙	75
波	75	梅	75	伴	75	慎	74	岳	74	惧	74	润	74	娃	74	椒	74
陆	73	窝	73	盆	73	孕	73	宴	73	赔	73	喻	73	徒	72	巨	72
拖	72	塑	72	寓	72	墨	72	驼	72	椅	71	歪	71	媚	71	央	71
狠	71	盲	71	乙	71	瞒	70	豪	70	旱	70	嗦	70	猩	70	耍	70
予	70	夹	70	迅	70	陶	70	审	70	宗	70	蕉	69	紫	69	弯	69
扎	69	仰	69	君	69	抢	69	跨	69	库	69	晴	68	炮	68	绪	68
骆	68	均	67	撒	67	阅	67	慈	67	怒	67	沾	67	焦	66	丹	66

续表

汇	66	衷	66	披	66	泣	66	釜	66	遛	66	颤	65	邀	65	毅	65
臭	65	础	65	肠	64	耀	64	岩	64	祭	64	碧	64	浴	64	娜	64
敌	64	叨	63	帘	63	躲	63	晕	63	堪	63	森	63	拌	63	棍	63
脆	62	佳	62	咬	62	箭	62	刹	62	旷	62	傅	62	抹	62	闯	62
柳	62	泥	62	嘻	62	瞪	62	薄	61	唯	61	厨	61	亿	61	幻	61
饺	61	洞	61	枪	60	吁	60	杰	60	编	60	棵	60	鹅	59	嘟	59
烫	59	恰	59	腻	59	贩	59	傻	59	擞	59	砍	59	眠	58	翩	58
哆	58	绕	58	裙	58	纠	58	噪	58	旗	58	革	58	拣	58	滴	57
乓	57	射	57	撑	57	纹	57	柜	57	薪	57	捂	57	狱	56	乒	56
恨	56	兑	56	赵	56	氧	56	萄	56	尼	56	呗	56	呵	55	颗	55
谊	55	贤	55	卑	55	乞	55	笼	55	舌	55	瀑	55	阻	55	柱	54
葡	54	杏	54	蒜	54	劈	54	捞	54	磕	54	肃	53	虐	53	裤	53
溪	53	乃	53	夺	53	悼	53	丁	53	兰	53	伪	53	搓	53	措	52
嗯	52	胸	52	侵	52	详	52	谷	52	曹	52	雕	52	拂	52	糙	52
陋	52	撤	52	旋	52	吞	51	眯	51	晃	51	扶	51	胞	51	违	51
佩	51	麦	51	蛮	51	惦	51	贪	51	渡	51	狐	51	漠	51	钓	51
铃	50	痕	50	描	50	洽	50	锦	50	秦	50	桶	50	咸	50	嘱	50
揭	50	刷	50	狸	50	馁	50	讽	50	摩	50	逊	50	涨	50	捧	50
柿	49	宇	49	晒	49	淑	49	墓	49	勾	49	挪	49	若	49	燃	49
牲	48	漉	48	桂	48	抚	48	湾	48	杨	48	谦	48	址	48	惨	48
盐	48	浦	48	徐	48	昧	48	苍	48	核	47	燥	47	胎	47	喂	47
凝	47	坠	47	萨	47	讶	47	扩	47	腔	47	嚷	47	债	47	忐	46
忑	46	祷	46	浸	46	盒	46	抵	46	缠	46	乏	46	综	46	哦	45
踩	45	牺	45	扣	45	扰	45	丸	45	嘿	45	羹	45	仪	44	畏	44
荒	44	碟	44	丐	44	喘	44	帆	44	泛	44	欠	44	萝	44	截	44
嵛	44	奉	44	贼	43	魔	43	榜	43	煎	43	洛	43	煮	43	卜	43
锁	43	砸	42	蜡	42	哇	42	娇	42	勃	42	忠	42	侣	42	枝	42
逆	42	咒	42	脖	41	竖	41	唠	41	夕	41	浑	41	裁	41	蜂	41
俭	41	届	41	煤	41	剪	41	唐	41	耗	41	惕	41	筝	41	沈	41
稀	40	滚	40	枫	40	陷	40	漏	40	链	40	愣	40	叛	40	嘲	40
傍	40	梢	40	愤	39	瞎	39	逢	39	域	39	凶	39	载	39	婴	39
汰	39	澳	39	锐	39	匿	39	迁	39	捉	39	莲	39	犊	39	筹	39
恙	39	梨	38	抛	38	伏	38	斜	38	眨	38	眶	38	簌	38	殿	38

续表

癫	38	哲	38	党	38	铭	38	睁	38	顽	38	勉	38	秃	38	骚	38
辨	38	募	38	舅	38	妒	37	祈	37	哑	37	辉	37	芽	37	捕	37
符	37	秒	37	坛	37	耶	36	杜	36	缆	36	驶	36	漆	36	宙	36
疤	36	腹	36	蹬	36	蚂	36	旬	36	践	36	搜	36	浅	36	倡	36
湛	36	羽	36	膏	36	雷	36	剂	36	葵	36	迢	36	甬	36	轶	36
彻	35	罢	35	唉	35	芝	35	悬	35	隆	35	窟	35	雇	35	轿	35
斑	35	牵	35	秩	35	踌	35	酉	35	岗	35	辜	35	绊	35	盗	35
坝	35	杵	35	煦	34	膀	34	凌	34	扇	34	径	34	攀	34	棱	34
姜	34	谐	34	躇	34	寥	34	嫉	33	炫	33	蚁	33	填	33	吏	33
召	33	县	33	浩	33	碑	33	筷	33	艾	33	扁	33	澈	33	朦	33
丘	33	塌	32	绳	32	瞬	32	捷	32	惬	32	睦	32	贯	32	粮	32
谋	32	董	32	亭	32	蚊	32	胁	32	吼	32	诈	32	沛	32	蒸	32
枯	31	嗓	31	霞	31	拓	31	娄	31	潜	31	擅	31	惩	31	咕	31
薯	31	扯	31	械	31	巾	31	狡	31	嗜	31	拧	31	冈	31	讥	31
高	31	稣	30	伍	30	囔	30	翼	30	跃	30	匹	30	押	30	耽	30
玄	30	忌	30	敷	30	衍	30	抑	30	璃	30	栽	30	奂	30	辍	30
孟	30	咨	30	胧	30	崭	30	粹	29	汁	29	驾	29	硕	29	蹦	29
逼	29	宏	29	搁	29	仇	29	肝	29	液	29	伽	29	袱	29	鳄	29
鸽	29	姿	29	估	29	炉	29	芒	29	崔	28	缝	28	阁	28	鹿	28
惭	28	攒	28	懈	28	凑	28	叮	28	玛	28	册	28	奢	28	裂	28
鞭	28	涩	28	肌	28	瑜	28	迪	28	佬	28	匣	28	瑰	28	猾	28
烹	28	牧	27	寨	27	汪	27	诺	27	菲	27	岸	27	摄	27	虹	27
贞	27	袖	27	卓	27	辰	27	痴	27	侈	27	贡	27	粪	27	饥	27
渺	27	惶	27	灶	27	弗	27	棋	26	尺	26	皂	26	寡	26	晰	26
狈	26	铜	26	舔	26	稚	26	鸣	26	咳	26	蛇	26	衡	26	氏	26
祀	26	匀	26	灌	26	鸦	26	碳	26	皑	26	厢	26	窈	26	窕	26
燎	26	掠	26	钩	26	锣	26	饪	26	缩	25	蔚	25	巷	25	尿	25
覆	25	坪	25	跌	25	逝	25	坟	25	蹈	25	滞	25	馨	25	槽	25
栈	25	玻	25	稻	25	履	25	诊	25	捣	25	跆	25	坎	25	诵	25
廷	25	掇	24	魁	24	梧	24	杆	24	菊	24	盯	24	昌	24	朱	24
爰	24	狮	24	滥	24	屯	24	熄	24	窄	24	裹	24	坷	24	档	24
煞	24	囊	24	渠	24	挖	24	迈	23	犬	23	蛤	23	黝	23	殊	23
伊	23	臃	23	鸣	23	柴	23	瞧	23	杖	23	拨	23	诸	23	媒	23

续表

吾	23	愈	23	拎	23	炊	23	脂	23	巢	23	塘	23	蝶	23	盟	23
膝	23	毯	23	痹	22	吴	22	佑	22	儒	22	恍	22	噩	22	陡	22
哨	22	葬	22	嗽	22	绷	22	稿	22	辩	22	脉	22	弛	22	坊	22
哗	22	钝	22	罕	21	侃	21	厘	21	栏	21	嚼	21	俱	21	芳	21
泻	21	旺	21	剔	21	沃	21	歇	21	诀	21	疚	21	辫	21	搂	21
匆	21	宵	21	昼	21	刁	21	遏	21	御	21	熏	21	衬	21	胳	21
膊	21	绵	21	坑	21	蝴	21	辑	21	偕	21	券	21	抿	21	棉	21
臣	21	蹋	21	婉	21	澄	21	粥	21	俄	20	勒	20	堡	20	垮	20
姆	20	橘	20	趋	20	暇	20	轰	20	壤	20	遂	20	桔	20	毙	20
尴	20	尬	20	绘	20	聋	20	芦	20	泽	20	吻	19	怦	19	咧	19
睫	19	黎	19	紊	19	燕	19	矿	19	煌	19	甘	19	哑	19	霜	19
赋	19	籍	19	涵	19	敦	19	瓦	19	婶	19	葛	19	贷	19	铅	19
乖	19	喇	19	伐	19	玫	19	衫	19	嘀	19	黏	19	吕	19	癞	18
蟆	18	纽	18	喧	18	慨	18	跤	18	伺	18	屏	18	尸	18	腼	18
腆	18	刃	18	税	18	虾	18	闸	18	纱	18	嫌	18	页	18	崩	18
晋	18	肴	18	兽	18	厕	18	婿	18	炯	18	亦	18	圳	18	吭	18
悍	18	卦	18	淮	18	拷	18	彬	18	躯	18	梳	17	馅	17	割	17
析	17	壶	17	曝	17	爹	17	咐	17	拟	17	娶	17	矢	17	谱	17
菩	17	搅	17	恤	17	稼	17	摘	17	槛	17	倦	17	屠	17	宅	17
枣	17	鄙	17	蔼	16	莹	16	昂	16	匠	16	翁	16	窍	16	剑	16
呐	16	屎	16	呈	16	饵	16	荷	16	肪	16	崖	16	磁	16	怡	16
吝	16	侄	16	赴	16	乳	16	莓	16	肖	16	暵	16	蒲	16	翠	15
疵	15	邦	15	魂	15	翘	15	雁	15	屡	15	罩	15	淹	15	扒	15
劫	15	剥	15	雀	15	咦	15	讯	15	廊	15	淇	15	斧	15	萃	15
蟹	15	竿	15	晓	15	嵌	15	颂	15	叭	15	剖	15	脊	15	俏	15
呛	15	沐	15	莺	15	锡	15	逾	15	拢	14	惫	14	禾	14	浏	14
绑	14	恒	14	熙	14	潇	14	勋	14	宋	14	绒	14	蠢	14	逸	14
函	14	枕	14	峨	14	柏	14	啬	14	茄	14	啃	14	摞	14	捅	14
葫	14	殖	14	瓢	14	宪	14	懊	14	蔫	14	夯	14	缤	14	帐	13
坤	13	沫	13	僻	13	胶	13	瘫	13	艇	13	赤	13	浊	13	爪	13
惰	13	袜	13	恕	13	竭	13	峭	13	盹	13	甩	13	佣	13	掀	13
妃	13	蔽	13	妖	13	跪	13	溺	13	揪	13	署	13	驴	13	瞌	13
剃	13	袭	13	峡	13	穴	13	枉	12	役	12	蹲	12	循	12	蜓	12

续表

唤	12	呦	12	鹤	12	姥	12	甥	12	昊	12	腊	12	嗅	12	矩	12
徘	12	徊	12	蝇	12	瓷	12	渊	12	腕	12	菇	12	兆	12	舟	12
哼	12	烘	12	搀	12	狭	12	绸	12	丫	12	吨	12	阜	12	耿	12
岂	12	瘓	12	醺	12	馒	12	仑	12	跋	12	炭	12	堤	12	兹	11
踪	11	娥	11	曼	11	蜻	11	豚	11	衰	11	豁	11	蓄	11	溢	11
芹	11	焕	11	凳	11	茂	11	歧	11	姬	11	婷	11	遮	11	疫	11
亨	11	榴	11	時	11	亥	11	赠	11	仓	11	喉	11	垫	11	迭	11
妍	11	唧	11	哽	11	猬	11	屉	11	鞶	11	溉	11	迦	11	奴	11
唾	11	俞	11	拱	11	斩	11	醇	11	碴	11	馈	11	鸹	11	冯	11
倭	11	冤	10	嬉	10	肢	10	崂	10	栗	10	挚	10	削	10	囚	10
粒	10	纤	10	涝	10	蛙	10	耸	10	喳	10	咯	10	玲	10	妄	10
奸	10	涛	10	叼	10	琐	10	馊	10	蘑	10	酵	10	酗	10	窃	10
隶	10	廉	10	侍	10	俐	10	瘤	10	箍	10	壳	10	螃	10	隧	10
绰	10	框	10	淙	10	蜗	10	卸	10	抄	10	锋	10	襟	10	诧	10
逻	10	疮	10	峻	10	缚	10	涮	10	帕	10	長	10	韭	10	磋	10
乔	10	栓	10	栖	9	卵	9	笛	9	烛	9	茧	9	漓	9	颇	9
埃	9	臂	9	赡	9	掘	9	颊	9	袍	9	乍	9	睬	9	敞	9
俯	9	骤	9	溃	9	妥	9	屑	9	翔	9	啰	9	汹	9	狍	9
菌	9	瘸	9	珉	9	仲	9	伎	9	臊	9	與	9	螺	9	谍	9
邱	9	彤	9	辐	9	畔	9	斥	9	藉	9	叙	9	啼	9	颁	8
蕴	8	拙	8	嫦	8	梭	8	漾	8	叠	8	霓	8	烁	8	嘉	8
凄	8	橙	8	揉	8	怯	8	濒	8	栋	8	熨	8	僵	8	吟	8
浆	8	契	8	裳	8	岭	8	韧	8	砖	8	勺	8	琓	8	储	8
辱	8	漱	8	畜	8	啥	8	谣	8	耕	8	翅	8	侧	8	胀	8
铉	8	阮	8	抨	8	趴	8	哟	8	嗝	8	咋	8	腋	8	猎	8
纵	8	曰	8	苑	8	絮	8	禺	8	枚	8	渔	8	夷	8	耻	8
桑	8	瞟	8	牡	8	粑	8	嗡	8	捏	8	仆	8	咪	7	砰	7
拦	7	遣	7	畿	7	讳	7	娟	7	乾	7	痣	7	炖	7	缎	7
墅	7	讼	7	娇	7	皙	7	痊	7	焚	7	翡	7	橇	7	蒋	7
昔	7	菠	7	苔	7	罐	7	腥	7	淫	7	昭	7	殷	7	彷	7
徨	7	帖	7	褥	7	韦	7	粘	7	巩	7	溶	7	庞	7	滩	7
弓	7	谭	7	爵	7	茅	7	瑞	7	呕	7	凤	7	谜	7	砂	7
鼎	7	绣	7	卢	7	慷	7	渗	7	贬	7	瑟	7	芙	7	秧	7

续表

缸	7	擀	7	鑫	7	娣	7	掐	7	唬	7	赐	7	炕	7	椰	7
戈	7	朔	7	洼	6	蔓	6	淅	6	驱	6	邪	6	甫	6	茁	6
撼	6	栩	6	撩	6	靴	6	國	6	蚱	6	涯	6	拄	6	搏	6
噔	6	珑	6	绯	6	莽	6	痰	6	邃	6	卅	6	蒂	6	沸	6
蚌	6	溅	6	喔	6	辽	6	鹰	6	抉	6	缕	6	删	6	冶	6
赘	6	瑕	6	洙	6	陕	6	萌	6	趵	6	酿	6	焉	6	皆	6
哝	6	膨	6	贿	6	窜	6	橡	6	挠	6	垦	6	邓	6	喋	6
洱	6	凛	6	麓	6	肋	6	秤	6	祯	6	茸	6	踱	6	阪	5
啪	5	羿	5	沥	5	淄	5	荫	5	撕	5	碜	5	羅	5	憧	5
憬	5	萧	5	锤	5	榨	5	禅	5	拇	5	艮	5	冗	5	汩	5
叽	5	豹	5	携	5	嚣	5	嘈	5	泊	5	粽	5	巡	5	進	5
嚎	5	啕	5	砾	5	嗖	5	艘	5	嗒	5	摧	5	姑	5	阂	5
疆	5	嫖	5	禽	5	伶	5	涡	5	涤	5	怠	5	辟	5	寅	5
侦	5	盎	5	株	5	踵	5	捆	5	镶	5	囟	5	膜	5	魏	5
撅	5	東	5	鹏	5	贱	5	揣	5	淳	5	吮	5	轨	5	呻	5
蝉	5	噜	5	巫	5	谴	5	逞	5	赂	5	癖	5	扛	5	筐	5
飛	5	啸	5	腮	5	棚	5	華	5	茵	5	琉	5	寐	5	龍	5
寇	5	蛾	5	裸	5	狄	5	韓	5	咚	4	佳	4	泱	4	柄	4
涎	4	奠	4	眸	4	栅	4	赳	4	犀	4	暮	4	萦	4	鉴	4
髓	4	呱	4	蛀	4	涕	4	吱	4	姝	4	辙	4	渶	4	诫	4
铲	4	汶	4	丛	4	瞰	4	倔	4	涓	4	倚	4	喱	4	逮	4
驷	4	琢	4	仃	4	酌	4	绚	4	晾	4	痘	4	遐	4	氣	4
睹	4	渌	4	喽	4	忏	4	扳	4	凸	4	轴	4	暻	4	猖	4
哺	4	怅	4	荤	4	铛	4	垄	4	倻	4	郡	4	馋	4	悯	4
硫	4	黢	4	卉	4	殉	4	掠	4	噘	4	腌	4	莞	4	阐	4
殃	4	喵	4	嚏	4	瞩	4	潢	4	暧	4	颧	4	褪	4	杉	4
弦	4	蜓	4	汲	4	衵	4	颈	4	瓣	4	哩	4	酥	4	兢	4
鞠	4	躬	4	筏	4	蓉	4	宛	4	潭	4	狩	4	糯	4	兒	4
捋	4	咙	4	苇	4	褐	4	喙	4	尹	4	纺	4	妞	4	饽	4
弘	4	屿	4	曷	4	侮	4	粱	4	棺	4	琪	4	飕	4	雏	4
瘟	4	眺	4	穗	4	檀	4	師	4	婢	4	跔	4	墩	4	妓	4
槁	4	辄	3	卒	3	拗	3	熔	3	卯	3	灼	3	韵	3	揍	3
颠	3	崎	3	绅	3	惋	3	蹴	3	愛	3	庶	3	陽	3	苟	3

续表

诲	3	眷	3	姚	3	恪	3	魄	3	叉	3	戳	3	惺	3	佐	3
鲸	3	斓	3	礁	3	忽	3	慑	3	殴	3	儆	3	丙	3	咀	3
剁	3	籽	3	肾	3	碱	3	祠	3	蹩	3	窒	3	肇	3	盥	3
風	3	殇	3	巍	3	娆	3	憎	3	谝	3	佚	3	麟	3	嘞	3
嘎	3	诅	3	沦	3	浙	3	怅	3	璐	3	隘	3	肆	3	酪	3
挟	3	缶	3	敝	3	骇	3	赫	3	棕	3	陀	3	岔	3	涼	3
垢	3	寝	3	辖	3	掣	3	涧	3	淆	3	篷	3	彦	3	颖	3
舜	3	妯	3	娌	3	楷	3	烙	3	绢	3	桩	3	驰	3	匪	3
刨	3	淌	3	矾	3	敛	3	鹦	3	鹉	3	侨	3	鲤	3	谬	3
叟	3	篱	3	匈	3	鸵	3	缀	3	牟	3	蛎	3	甄	3	胚	3
厄	3	兢	3	疣	3	趾	3	菖	3	崽	3	吡	3	鸥	3	芭	3
蕾	3	渣	3	蹿	3	驻	3	诽	3	诙	3	鞍	3	濟	3	島	3
挝	3	旭	3	篑	3	笃	3	痳	3	裱	3	揩	3	僧	3	珈	3
邹	3	纭	3	竣	3	阙	3	哉	3	靖	3	鹏	3	徽	3	扉	3
噗	3	悚	3	掷	3	炽	3	嘹	3	鳞	3	弩	3	钮	3	缭	3
圭	3	來	3	镸	3	凋	3	砌	3	桐	3	崴	2	溯	2	悖	2
皎	2	绽	2	澌	2	娴	2	惚	2	褶	2	芬	2	岖	2	醪	2
膘	2	見	2	颓	2	攮	2	芋	2	究	2	蹉	2	羚	2	妮	2
饨	2	窥	2	藻	2	橹	2	渤	2	憨	2	锢	2	橐	2	況	2
芥	2	鬓	2	惮	2	無	2	焯	2	梗	2	伺	2	孪	2	揽	2
肓	2	冢	2	咛	2	闰	2	阀	2	嗤	2	迩	2	旮	2	旯	2
噢	2	祔	2	掺	2	鄘	2	捶	2	诤	2	庸	2	娄	2	斟	2
彰	2	琼	2	聆	2	倘	2	沁	2	驯	2	泾	2	擎	2	惆	2
惘	2	戍	2	蹓	2	跶	2	猝	2	蚤	2	憔	2	悴	2	纬	2
楞	2	梵	2	綄	2	焰	2	矜	2	佼	2	稽	2	睑	2	袄	2
闺	2	菅	2	兮	2	钠	2	舰	2	蔡	2	猿	2	苛	2	谙	2
枢	2	娩	2	娅	2	獭	2	簿	2	拯	2	棘	2	槛	2	冥	2
壑	2	斛	2	俘	2	虏	2	踩	2	瓮	2	蝎	2	竽	2	纲	2
庫	2	仕	2	锥	2	薰	2	陸	2	骐	2	豌	2	缴	2	渥	2
莉	2	業	2	孽	2	诰	2	舱	2	鲳	2	泠	2	娲	2	祛	2
恻	2	孫	2	幺	2	槐	2	耄	2	钙	2	間	2	惴	2	澎	2
湃	2	瞳	2	昽	2	潺	2	脯	2	沧	2	邑	2	懦	2	稠	2
鹤	2	鹑	2	龇	2	吠	2	蹄	2	盔	2	靓	2	啧	2	揆	2

续表

鲍	2	兩	2	谤	2	咏	2	詠	2	蜈	2	蚣	2	镐	2	岱	2
匡	2	書	2	嗵	2	魚	2	柑	2	鹭	2	咻	2	戶	2	毋	2
阖	2	讪	2	憩	2	磅	2	茬	2	嘘	2	郭	2	咄	2	撂	2
衔	2	蚀	2	拴	2	寮	2	烊	2	嫣	2	蓓	2	曆	2	矗	2
沅	2	笆	2	诬	2	隋	2	畐	2	鹊	2	勘	2	氟	2	烯	2
铝	2	衙	2	薇	2	藐	2	砚	2	瞄	2	婊	2	咔	2	庐	2
嵋	2	鸿	2	藤	2	黒	2	歳	2	習	2	缪	2	境	2	栴	2
琦	2	袅	2	養	2	義	2	萎	2	媛	2	築	2	骰	2	鸳	2
鸯	2	夭	2	糁	2	洌	2	茨	2	晧	2	皓	2	奕	2	唧	2
芊	2	猹	2	秽	2	憶	1	棰	1	啨	1	拊	1	蜷	1	蟋	1
蟀	1	踹	1	廓	1	俸	1	柬	1	埔	1	诡	1	橱	1	篓	1
啄	1	拽	1	笋	1	靡	1	務	1	窦	1	擢	1	颌	1	颏	1
怙	1	恃	1	蚕	1	怔	1	懵	1	泙	1	惡	1	俳	1	酲	1
蹟	1	冀	1	炬	1	裴	1	衮	1	忪	1	歡	1	嶺	1	怏	1
伢	1	烽	1	畸	1	瞅	1	咾	1	蛰	1	筵	1	鳀	1	泌	1
瘴	1	漩	1	侥	1	枋	1	裆	1	额	1	膳	1	诘	1	滉	1
霸	1	陪	1	塚	1	骏	1	園	1	纡	1	秉	1	嗇	1	嗬	1
达	1	槈	1	耘	1	踮	1	锯	1	虱	1	锖	1	旻	1	睿	1
怵	1	庇	1	霹	1	雳	1	扼	1	孵	1	氦	1	黠	1	衩	1
獗	1	鲨	1	噙	1	垩	1	牝	1	铮	1	缧	1	绁	1	鳌	1
吡	1	淤	1	掮	1	朐	1	渍	1	拭	1	簇	1	赎	1	姊	1
倍	1	虔	1	瀚	1	肮	1	岚	1	嵩	1	茹	1	滿	1	臧	1
賸	1	樣	1	淒	1	狰	1	狞	1	啾	1	罣	1	鲶	1	琵	1
琶	1	逍	1	鄉	1	痧	1	粧	1	雯	1	霍	1	厥	1	蘸	1
舷	1	協	1	說	1	泞	1	酣	1	傀	1	儡	1	氰	1	胺	1
吪	1	跎	1	枭	1	痞	1	擤	1	倫	1	酚	1	減	1	復	1
帼	1	胰	1	遨	1	泗	1	潘	1	钻	1	铫	1	卿	1	弈	1
隊	1	麒	1	藿	1	驮	1	鲽	1	沟	1	吆	1	罘	1	镁	1
肘	1	瞥	1	場	1	瘀	1	璧	1	蝾	1	汀	1	娼	1	孱	1
桓	1	摹	1	霎	1	浒	1	柠	1	檬	1	踊	1	凿	1	虞	1
鄞	1	掴	1	饬	1	骸	1	螯	1	欸	1	氯	1	烩	1	朕	1
譓	1	玎	1	谚	1	經	1	痦	1	羔	1	垒	1	馄	1	沌	1
焐	1	鬈	1	冕	1	莎	1	笊	1	滤	1	漳	1	萱	1	禀	1

续表

暄	1	茼	1	蒿	1	蕨	1	帛	1	钞	1	谧	1	埂	1	旰	1
飒	1	蜥	1	凖	1	伹	1	腺	骼	1	蹼	1	蝲	1	蛄	1	
蚯	1	蚓	1	晌	1	扦	1	沓	1	摈	1	叩	1	飙	1	喷	1
豕	1	颚	1	滓	1	镯	1	赁	1	悖	1	赈	1	廳	1	壹	1
囤	1	轧	1	胫	1	藕	1	鲜	1	哏	1	椎	1	晤	1	當	1
苯	1	绒	1	雖	1	學	1	陼	1	绐	1	蜇	1	蜡	1	蚌	1
蛸	1	堀	1	钵	1	踝	1	笃	1	孬	1	覚	1	仨	1	钳	1
咎	1	疱	1	渝	1	讦	1	館	1	飯	1	凖	1	佰	1	艄	1
诶	1	線	1	逨	1	捌	1	幢	1	嘣	1	璜	1	吩	1	啐	1
煙	1	豊	1	翌	1	帚	1	呃	1	嶽	1	漢	1	挈	1	隙	1
冼	1	險	1	鲁	1	運	1	轉	1	恫	1	镑	1	拈	1	阄	1
窘	1	轲	1	讧	1	琇	1	厷	1	壇	1	逅	1	倩	1	苞	1
許	1	區	1	俺	1	嗳	1	錄	1	禄	1	專	1	彭	1	盏	1
硝	1	楹	1	缅	1	榻	1	荚	1	涅	1	缜	1	琅	1	凯	1
坞	1	芜	1	钴	1	鈷	1	锰	1	錳	1	丞	1	庵	1	亩	1
镖	1	撮	1	傕	1	僚	1	塾	1	箸	1	刍	1	钊	1	瞻	1
幔	1	哔	1	怆	1	嗨	1	袁	1	炙	1	汴	1	隅	1	睐	1
挎	1	蔷	1	舶	1	龛	1	烧	1	扪	1	谒	1	痂	1	脐	1
噎	1	槟	1	杧	1	蜿	1	掸	1	峦	1	嶂	1	闵	1	兀	1
樽	1	皖	1	黟	1	礴	1	蜚	1	矣	1	癬	1	荠	1	杈	1
渲	1	樟	1	檐	1	蜘	1	曙	1	曳	1	酝	1	費	1	爭	1
賢	1	咆	1	錢	1	雲	1	谕	1	鎬	1	呈	1	際	1	馬	1
绦	1	簪	1	梓	1	迂	1	槌	1	崛	1	寫	1	質	1	層	1
應	1	嗎	1	境	1	積	1	萍	1	涘	1	個	1	棣	1	韶	1
婀	1	沪	1	唔	1	斌	1	钰	1	敕	1	佟	1	筆	1	玟	1
瘪	1	氢	1	獵	1	氏	1	凰	1	杳	1	磊	1	憐	1	發	1
睅	1	燮	1	爽	1	倌	1	汻	1	甬	1	炅	1	車	1	渎	1
苻	1	曦	1	牦	1	魇	1	涟	1	漪	1	麋	1	锚	1	颀	1
褂	1	瘠	1	剑	1	徜	1	徉	1	刎	1	帜	1	噼	1	蟑	1
螂	1	篆	1	犟	1	銮	1	杲	1	徘	1	毽	1	殆	1	峪	1
喀	1	赓	1	铤	1	恬	1	顷	1								